SCHOTT MESSBUCH

SCHOTT MESSBUCH

FÜR DIE SONN- UND FESTTAGE DES LESEJAHRES B

Originaltexte der authentischen deutschen Ausgabe
des Messbuches und des Messlektionars

Mit Einführungen herausgegeben
von den Benediktinern der Erzabtei Beuron

VERLAG HERDER

Die Ständige Kommission für die Herausgabe der gemeinsamen liturgischen Bücher im deutschen Sprachgebiet erteilte für die aus diesen Büchern entnommenen Texte die Abdruckerlaubnis. Die darin enthaltenen biblischen Texte sind Bestandteil der von den Bischofskonferenzen des deutschen Sprachgebiets approbierten revidierten Einheitsübersetzung der Heiligen Schrift (2016).

© 2020 staeko.net

© Verlag Herder GmbH, Freiburg im Breisgau 2023
Alle Rechte vorbehalten
www.herder.de
Umschlaggestaltung: Verlag Herder
Satz: SatzWeise, Bad Wünnenberg
Herstellung: Druckerei C.H.Beck, Nördlingen

Printed in Germany   C

ISBN 978-3-451-38234-5 (Kunstleder)
ISBN 978-3-451-38235-2 (Leder)

VORWORT

Seit 1884 steht der Name von Pater Anselm Schott für ein Buch, das 80 Jahre lang die Texte der heiligen Messe in deutscher Übersetzung und mit Erklärungen den Gläubigen nahebrachte, das Schott Messbuch, oder einfach nur der SCHOTT.

Mit der Liturgiereform des II. Vatikanischen Konzils ist diese Aufgabe keineswegs zum Ende gekommen. Vielmehr stellte sich nun die Aufgabe, das neue Missale romanum Papst Pauls VI., das ab dem ersten Adventssonntag 1969 in Gebrauch genommen wurde, auch über den Kreis des Klerus hinaus einer breiten Öffentlichkeit bekannt zu machen. Die Bischöfe gaben die liturgischen Texte schrittweise in vorläufigen und endgültigen Übersetzungen heraus. Ebenso wurde mit den Übersetzungen der Lesungen aus der heiligen Schrift verfahren. Diesen Entwicklungsschritten der offiziellen liturgischen Bücher sind die Herausgeber des SCHOTT stets gefolgt.

Mit dem Lesejahr B der Jahre 2020/2021 geht es wieder einen Schritt weiter, da die revidierte Einheitsübersetzung der heiligen Schrift fortlaufend in die Liturgie eingeführt wird. Im Zuge dieser Veränderungen haben die Bearbeiter die unübertroffenen Einführungen zu den Schriftlesungen des Beuroner Pater Odo Haggenmüller dem modernen Sprachempfinden behutsam angepasst, durchweg neue Fürbitten formuliert und neue Meditationstexte ausgewählt.

Die Marke SCHOTT umfasst heute eine große Buchfamilie, die ganz im Dienste der römisch-katholischen Liturgie steht. Zu den Büchern mit den Texten der Eucharistiefeier, dem klassischen Schott Messbuch und dem Fürbittbuch, gesellen sich inzwischen auch musikalische Ergänzungen wie ein Kantorale, ein Chorbuch und eine Sammlung mit Liedvorschlägen, die eine vertiefte Arbeit mit dem Gotteslob 2013 ermöglicht.

SCHOTT bedeutet eine seriöse und kompetente Anleitung und Hilfestellung bei der Vorbereitung der Liturgie der Eucharistie. Der SCHOTT will aber nicht nur auf dem Schreibtisch benützt werden;

seine liturgiewürdige Gestaltung erlaubt es auch, ihn zur gottesdienstlichen Feier mitzunehmen.

All diese Anliegen verfolgen die Herausgeber und Bearbeiter mit der vorliegenden Ausgabe auch im 136. Jahr des SCHOTT.

Beuron, am 24. Juni 2020, dem Hochfest der Geburt des heiligen Johannes des Täufers

✚ Tutilo Burger OSB, Erzabt

INHALT

Vorwort	5*
Abkürzungen der biblischen Bücher	11*
Kalendarium der Sonntage und Herrenfeste Lesejahr B	12*
Einführung	
A. Das Messbuch	16*
B. Das Kirchenjahr	17*
C. Die heilige Versammlung	18*

DAS HERRENJAHR

Der Advent
1.–4. Adventssonntag	2

Die Weihnachtszeit
Weihnachten	
Am Heiligen Abend	28
In der Heiligen Nacht	36
Am Morgen	42
Am Tag	47
Fest der Heiligen Familie	54
Neujahr – Hochfest der Gottesmutter Maria	64
2. Sonntag nach Weihnachten	70
Taufe des Herrn	82

Die Fastenzeit – Österliche Bußzeit
Aschermittwoch	92
1.–5. Fastensonntag	100
Die Karwoche	135
Palmsonntag	135
Gründonnerstag	163
Karfreitag	181
Karsamstag	205

Die Osterzeit

Ostersonntag
   Osternacht — 206
   Am Tag — 248
Ostermontag — 258
2.–6. Sonntag der Osterzeit — 267
Christi Himmelfahrt — 297
7. Sonntag der Osterzeit — 305
Pfingsten — 312
Pfingstmontag — 334

Die Zeit im Jahreskreis

2.–33. Sonntag im Jahreskreis — 443

Herrenfeste im Jahreskreis
   Dreifaltigkeitssonntag — 341
   Fronleichnam — 347
   Heiligstes Herz Jesu — 357
   Christkönigssonntag — 637

DIE FEIER DER GEMEINDEMESSE

Eröffnung — 367
Wortgottesdienst — 373
Eucharistiefeier — 380
   1. Hochgebet — 383
   2. Hochgebet — 390
   3. Hochgebet — 396
   4. Hochgebet — 403
Entlassung — 413
Präfationen — 415
   Advent I–V — 415
   Weihnachten I–III — 416
   Erscheinung des Herrn — 417
   Taufe Jesu — 418
   1.–5. Fastensonntag — 418
   Fastenzeit I–IV — 420

Inhalt 9*

Palmsonntag	421
Gründonnerstag (Chrisam-Messe)	421
Leiden Christi I und II	422
Osterzeit I–V	423
Christi Himmelfahrt I und II	424
Pfingsten	425
Heiliger Geist I und II	426
Heiligste Dreifaltigkeit	426
Heiligstes Herz Jesu	427
Königtum Christi	427
Sonntage im Jahreskreis I–VIII	427
Heilige Eucharistie I und II	430
Jungfrau Maria I und II	431
Engel	432
Heiliger Josef	432
Heilige I und II	433
Darstellung des Herrn (2. Februar)	434
Verkündigung des Herrn (25. März)	434
Johannes der Täufer (24. Juni)	434
Petrus und Paulus (29. Juni)	435
Verklärung Christi (6. August)	435
Mariä Aufnahme in den Himmel (15. August)	435
Kreuzerhöhung (14. September)	436
Allerheiligen (1. November)	436
Ohne Erbsünde empfangene Jungfrau Maria (8. Dezember)	437
Kirchweihe I und II	437
Brautmesse	438
Einheit der Christen	438
Für die Verstorbenen I–V	439
Wochentage I–III	440

WEITERE HERRENFESTE UND GEDENKTAGE DER HEILIGEN

2. Februar	Darstellung des Herrn	643
19. März	Heiliger Josef	652

25. März	Verkündigung des Herrn	659
24. Juni	Geburt des hl. Johannes des Täufers	665
29. Juni	Apostel Petrus und Paulus	678
6. August	Verklärung des Herrn	691
15. August	Mariä Aufnahme in den Himmel	697
14. September	Kreuzerhöhung	708
1. November	Allerheiligen	713
2. November	Allerseelen	720
9. November	Weihetag der Lateranbasilika	736
8. Dezember	Ohne Erbsünde empfangene Jungfrau Maria	740
26. Dezember	Stephanus	747
27. Dezember	Johannes	752
28. Dezember	Unschuldige Kinder	757

Beim Jahresgedächtnis einer Kirchweihe 762

ANHANG

Anhang I
Commune-Texte für den Gesang des Antwortpsalms 771
  Kehrverse 771
  Antwortpsalmen 772

Anhang II
Rufe vor dem Evangelium für die Sonntage im Jahreskreis 787
Rufe vor dem Evangelium in der Fastenzeit und in Messen für Verstorbene 791

Anhang III
Fürbitten 792

Verzeichnis der Schriftlesungen 821
Verzeichnis der Antwortpsalmen 826
Alphabetisches Heiligenverzeichnis 828
Quellennachweis 836

ABKÜRZUNGEN DER BIBLISCHEN BÜCHER

ALTES TESTAMENT

Gen	Genesis	Spr	Sprichwörter
Ex	Exodus	Koh	Kohelet
Lev	Levitikus	Hld	Hohelied
Num	Numeri	Weish	Weisheit
Dtn	Deuteronomium	Sir	Jesus Sirach
Jos	Josua	Jes	Jesaja
Ri	Richter	Jer	Jeremia
Rut	Rut	Klgl	Klagelieder
1 Sam	1 Samuel	Bar	Baruch
2 Sam	2 Samuel	Ez	Ezechiel
1 Kön	1 Könige	Dan	Daniel
2 Kön	2 Könige	Hos	Hosea
1 Chr	1 Chronik	Joël	Joël
2 Chr	2 Chronik	Am	Amos
Esra	Esra	Obd	Obadja
Neh	Nehemia	Jona	Jona
Tob	Tobit	Mi	Micha
Jdt	Judit	Nah	Nahum
Est	Ester	Hab	Habakuk
1 Makk	1 Makkabäer	Zef	Zefanja
2 Makk	2 Makkabäer	Hag	Haggai
Ijob	Ijob	Sach	Sacharja
Ps	Psalmen	Mal	Maleachi

NEUES TESTAMENT

Mt	Matthäusevangelium	1 Tim	1. Timotheusbrief
Mk	Markusevangelium	2 Tim	2. Timotheusbrief
Lk	Lukasevangelium	Tit	Titusbrief
Joh	Johannesevangelium	Phlm	Philemonbrief
Apg	Apostelgeschichte	Hebr	Hebräerbrief
Röm	Römerbrief	Jak	Jakobusbrief
1 Kor	1. Korintherbrief	1 Petr	1. Petrusbrief
2 Kor	2. Korintherbrief	2 Petr	2. Petrusbrief
Gal	Galaterbrief	1 Joh	1. Johannesbrief
Eph	Epheserbrief	2 Joh	2. Johannesbrief
Phil	Philipperbrief	3 Joh	3. Johannesbrief
Kol	Kolosserbrief	Jud	Judasbrief
1 Thess	1. Thessalonicherbrief	Offb	Offenbarung des Johannes
2 Thess	2. Thessalonicherbrief		

KALENDARIUM DER SONNTAGE UND HERRENFESTE LESEJAHR B

	Seite	2023/2024	2026/2027	2029/2030	2032/2033	2035/2036
Weihnachtsfestkreis						
1. Adventssonntag	2	3.12.2023	29.11.2026	2.12.2029	28.11.2032	2.12.2035
2. Adventssonntag	9	10.12.	6.12.	9.12.	5.12.	9.12.
3. Adventssonntag	15	17.12.	13.12.	16.12.	12.12.	16.12.
4. Adventssonntag	21	24.12.	20.12.	23.12.	19.12.	23.12.
Geburt des Herrn – Weihnachten	28	25.12.	25.12.	25.12.	25.12.	25.12.
1. Sonntag nach Weihnachten – Fest der Hl. Familie	54	31.12.	27.12.	30.12.	26.12.	30.12.
Oktavtag von Weihnachten – Maria Gottesmutter	64	1.1.2024	1.1.2027	1.1.2030	1.1.2033	1.1.2036
2. Sonntag nach Weihnachten	70	—	3.1.	—	2.1.	—
Erscheinung des Herrn	76	6.1.	6.1.	6.1.	6.1.	6.1.
Sonntag nach Erscheinung – Taufe des Herrn	82	7.1.	10.1.	13.1.	9.1.	13.1.
Osterfestkreis						
Aschermittwoch	92	14.2.	10.2.	6.3.	2.3.	27.2.
1. Fastensonntag	100	18.2.	14.2.	10.3.	6.3.	2.3.
2. Fastensonntag	107	25.2.	21.2.	17.3.	13.3.	9.3.
3. Fastensonntag	113	3.3.	28.2.	24.3.	20.3.	16.3.
4. Fastensonntag	121	10.3.	7.3.	31.3.	27.3.	23.3.
5. Fastensonntag	128	17.3.	14.3.	7.4.	3.4.	30.3.

Kalendarium der Sonntage und Herrenfeste Lesejahr B

	Seite	2023/2024	2026/2027	2029/2030	2032/2033	2035/2036
Palmsonntag	135	24.3.	21.3.	14.4.	10.4.	6.4.
Gründonnerstag	163	28.3.	25.3.	18.4.	14.4.	10.4.
Karfreitag	181	29.3.	26.3.	19.4.	15.4.	11.4.
Auferstehung des Herrn – Ostern	206	31.3.	28.3.	21.4.	17.4.	13.4.
Ostermontag	258	1.4.	29.3.	22.4.	18.4.	14.4.
2. Sonntag der Osterzeit	267	7.4.	4.4.	28.4.	24.4.	20.4.
3. Sonntag der Osterzeit	273	14.4.	11.4.	5.5.	1.5.	27.4.
4. Sonntag der Osterzeit	279	21.4.	18.4.	12.5.	8.5.	4.5.
5. Sonntag der Osterzeit	285	28.4.	25.4.	19.5.	15.5.	11.5.
6. Sonntag der Osterzeit	291	5.5.	2.5.	26.5.	22.5.	18.5.
Christi Himmelfahrt	297	9.5.	6.5.	30.5.	26.5.	22.5.
7. Sonntag der Osterzeit	305	12.5.	9.5.	2.6.	29.5.	25.5.
Pfingsten	312	19.5.	16.5.	9.6.	5.6.	1.6.
Pfingstmontag	334	20.5.	17.5.	10.6.	6.6.	2.6.
Jahreskreis						
2. Sonntag im Jahreskreis	443	14.1.	17.1.	20.1.	16.1.	20.1.
3. Sonntag im Jahreskreis	449	21.1.	24.1.	27.1.	23.1.	27.1.
4. Sonntag im Jahreskreis	454	28.1.	31.1.	3.2.	30.1.	3.2.
5. Sonntag im Jahreskreis	460	4.2.	7.2.	10.2.	6.2.	10.2.
6. Sonntag im Jahreskreis	465	11.2.	—	17.2.	13.2.	17.2.

Kalendarium der Sonntage und Herrenfeste Lesejahr B

	Seite	2023/2024	2026/2027	2029/2030	2032/2033	2035/2036
7. Sonntag im Jahreskreis	471	—	—	24.2.	20.2.	24.2.
8. Sonntag im Jahreskreis	476	—	—	3.3.	27.2.	—
9. Sonntag im Jahreskreis	482	2.6.	30.5.	—	—	—
10. Sonntag im Jahreskreis	489	9.6.	6.6.	—	—	—
11. Sonntag im Jahreskreis	496	16.6.	13.6.	—	—	15.6.
12. Sonntag im Jahreskreis	501	23.6.	20.6.	23.6.	19.6.	22.6.
13. Sonntag im Jahreskreis	506	30.6.	27.6.	30.6.	26.6.	29.6.
14. Sonntag im Jahreskreis	515	7.7.	4.7.	7.7.	3.7.	6.7.
15. Sonntag im Jahreskreis	520	14.7.	11.7.	14.7.	10.7.	13.7.
16. Sonntag im Jahreskreis	527	21.7.	18.7.	21.7.	17.7.	20.7.
17. Sonntag im Jahreskreis	533	28.7.	25.7.	28.7.	24.7.	27.7.
18. Sonntag im Jahreskreis	539	4.8.	1.8.	4.8.	31.7.	3.8.
19. Sonntag im Jahreskreis	545	11.8.	8.8.	11.8.	7.8.	10.8.
20. Sonntag im Jahreskreis	551	18.8.	(15.8.)	18.8.	14.8.	17.8.
21. Sonntag im Jahreskreis	557	25.8.	22.8.	25.8.	21.8.	24.8.
22. Sonntag im Jahreskreis	563	1.9.	29.8.	1.9.	28.8.	31.8.
23. Sonntag im Jahreskreis	570	8.9.	5.9.	8.9.	4.9.	7.9.
24. Sonntag im Jahreskreis	575	15.9.	12.9.	15.9.	11.9.	14.9.
25. Sonntag im Jahreskreis	582	22.9.	19.9.	22.9.	18.9.	21.9.
26. Sonntag im Jahreskreis	587	29.9.	26.9.	29.9.	25.9.	28.9.
27. Sonntag im Jahreskreis	594	6.10.	3.10.	6.10.	2.10.	5.10.
28. Sonntag im Jahreskreis	601	13.10.	10.10.	13.10.	9.10.	12.10.

EINFÜHRUNG

A. DAS MESSBUCH

Das Zweite Vatikanische Konzil hatte angeordnet: „Der Mess-Ordo soll so überarbeitet werden, dass der Sinn der einzelnen Teile und ihr wechselseitiger Zusammenhang deutlicher hervortreten und die fromme und tätige Teilnahme der Gläubigen erleichtert wird." (Konstitution Sacrosanctum Concilium, Nr. 50) Der Mess-Ordo ist im Wesentlichen das, was im deutschen Messbuch als „Feier der Gemeindemesse" bezeichnet wird. Darüber hinaus hatte das Konzil bestimmt, dass alle wichtigeren Teile der Bibel im Verlauf einer bestimmten Zeit im Gottesdienst vorgelesen werden sollten. So ergab sich nach dem Konzil die Notwendigkeit, das ganze Messbuch gründlich zu überarbeiten.

Das durch diese Überarbeitung entstandene neue Missale Romanum, das Römische Messbuch, wurde 1969 von Papst Paul VI. veröffentlicht. Die deutsche Ausgabe des Römischen Messbuchs, von der Deutschen Bischofskonferenz approbiert und vom Papst bestätigt, wurde 1975 eingeführt. Eine zweite Auflage erschien 1975 im lateinischen Original, 1988 in der approbierten deutschen Übersetzung. Das Schott Messbuch enthält die Texte dieser im deutschen Sprachraum zurzeit gültigen, zweiten Auflage.

Die überlieferte Grundordnung der Messfeier und auch das theologische Grundverständnis der Messe haben sich im neuen Messbuch nicht geändert. Einzelne Riten und Texte wurden in einfachere und klarere Formen gebracht. Neu waren im Mess-Ordo von 1969 vor allem das II., III. und IV. Hochgebet; diese konnten jetzt anstelle des alten römischen Messkanons, der nun als I. Hochgebet bezeichnet wird, verwendet werden. Dies war eine wesentliche Bereicherung der Liturgie, die im Allgemeinen auch dankbar aufgenommen wurde. Neu waren diese Hochgebete in Wirklichkeit nicht; sie greifen in ihrer Struktur und ihren Aussagen auf älteste Liturgien zurück. Entsprechendes gilt auch von andern „Neuerungen" in der Messliturgie.

Kalendarium der Sonntage und Herrenfeste Lesejahr B

	Seite	2023/2024	2026/2027	2029/2030	2032/2033	2035/2036
29. Sonntag im Jahreskreis	608	20.10.	17.10.	20.10.	16.10.	19.10.
30. Sonntag im Jahreskreis	614	27.10.	24.10.	27.10.	23.10.	26.10.
31. Sonntag im Jahreskreis	619	3.11.	31.10.	3.11.	30.10.	2.11.
32. Sonntag im Jahreskreis	625	10.11.	7.11.	10.11.	6.11.	9.11.
33. Sonntag im Jahreskreis	631	17.11.	14.11.	17.11.	13.11.	16.11.
Christkönigssonntag (34. Sonntag)	637	24.11.	21.11.	24.11.	20.11.	23.11.
Herrenfeste im Jahreskreis						
Dreifaltigkeitssonntag	341	26.5.	23.5.	16.6.	12.6.	8.6.
Fronleichnam	347	30.5.	27.5.	20.6.	16.6.	12.6.
Heiligstes Herz Jesu	357	7.6.	4.6.	28.6.	24.6.	20.6.

B. DAS KIRCHENJAHR

Im Ablauf des Jahres feiert die Kirche das Mysterium Christi und damit ihr eigenes Lebensgeheimnis. Wir sind gewohnt, das Kirchenjahr mit dem Advent, der Zeit der Erwartung, zu beginnen, und wir beschließen es mit dem letzten Sonntag nach Pfingsten. Dabei erfahren wir jedes Jahr, wie Erwartung und Erfüllung ineinandergreifen.

1. Das erste und ursprünglich einzige Fest im christlichen Jahr ist Ostern, das „Pascha des Herrn". Die Drei Österlichen Tage (vom Abend des Gründonnerstags bis zur Vesper des Ostersonntags) sind der Höhepunkt des ganzen Kirchenjahres. Das christliche Osterfest hat seine Wurzeln in der Paschafeier des Alten Bundes. Israel feierte am Paschafest die Befreiung aus der ägyptischen Knechtschaft als die große Rettungstat seines Gottes. Inhalt des christlichen Festes, im Deutschen „Osterfest" genannt, ist die neue, größere Befreiung, die Christus durch seinen Tod und seine Auferstehung der ganzen Menschheit gebracht hat. „Als unser Paschalamm ist Christus geopfert worden", schreibt der Apostel Paulus an die Christen von Korinth (1 Kor 5, 7). Sooft die christliche Gemeinde in ihrer Eucharistiefeier die Erinnerung an den Tod und die Auferstehung Christi begeht, feiert sie Ostern. Das tut sie vor allem am ersten Wochentag, dem „Tag des Herrn". Jeder Sonntag ist ein kleines Osterfest.

Mit der Feier des Todes und der Auferstehung Jesu an Ostern verbindet sich die Erinnerung an seine Himmelfahrt und an die Sendung des Heiligen Geistes. Schon früh entstanden daher, als Begleitfeste von Ostern, die Feste Christi Himmelfahrt und Pfingsten. Als Vorbereitung auf Ostern, als Zeit der Umkehr und der Erneuerung, dient die Fastenzeit, die sechs Wochen vor Ostern beginnt. So umfasst die österliche Festzeit den Zeitraum von Aschermittwoch bis zum Pfingstsonntag. Einen festen Termin hat das Osterfest nicht: Es wird nach abendländischem Brauch am Sonntag nach dem ersten Frühlingsvollmond begangen.

2. Neben Ostern, das als Mitte und Gipfel des liturgischen Jahres zu gelten hat, steht als zweites Hochfest Weihnachten, das Fest der

Menschwerdung, an dem wir Jesus, das Kind der Jungfrau Maria, als den wahren Gottessohn begrüßen und anbeten.

Die vorausgehenden Wochen des Advents und das abschließende Fest der Erscheinung (Epiphanie) erweitern und vertiefen den Festgedanken von Weihnachten. „Advent" bedeutete, ebenso wie „Epiphanie", in der Zeit, als diese Feste entstanden, die Ankunft des Herrschers, seinen glückverheißenden Einzug in eine Stadt. An Weihnachten feiern wir mehr die Ankunft des Herrn in Armut und Schwachheit, eben seine menschliche Geburt; die Adventszeit aber erinnert uns, ebenso wie das abschließende Epiphaniefest, an das Kommen Christi in Macht und Herrlichkeit, das wir erwarten.

3. Zwischen dem Weihnachts- und dem Osterfestkreis liegen die „Sonntage im Jahreskreis", die grünen Sonntage. Die „Zeit im Jahreskreis" umfasst 33 oder 34 Wochen. Sie beginnt am Sonntag nach dem 6. Januar und dauert zunächst bis zum Dienstag vor dem Aschermittwoch. Dann beginnt sie wieder mit dem Montag (Dienstag) nach Pfingsten und endet am Samstag vor dem ersten Adventssonntag.

Der Inhalt auch dieser gewöhnlichen Sonntage und Wochentage ist Christus selbst, der in seiner Kirche und mit ihr den Weg durch das Jahr und durch die Jahrhunderte geht. Dass wir die Wahrheit seiner Auferstehung erkennen, die Macht seiner Liebe erfahren und uns für sein Kommen bereit machen, das ist der Sinn des Kirchenjahres und alles liturgischen Tuns.

C. DIE HEILIGE VERSAMMLUNG

Der Ort, wo christlicher Gottesdienst gefeiert wird, ist die versammelte Gemeinde der Gläubigen: derer, die an Jesus Christus glauben, an seinen Tod am Kreuz, an die göttliche Macht seines Lebens und an sein Kommen in Herrlichkeit.

Diese Versammlung ist mehr als nur die Summe von Einzelnen, die in einer Kirche beten oder am Sonntag eine Pflicht erfüllen wollen. Gott selbst ist es, der sie zusammenruft, so wie er einst am Sinai die „Kinder Israels" zusammengerufen hat, um zu ihnen zu sprechen und sie zu seinem Volk zu machen. Von der Begegnung mit Gott und vom immer neuen Hören auf sein Wort lebt das Volk Gottes auf seinem Weg durch die Wüste der Jahrhunderte. Hierin gleicht das neue Gottesvolk, die Kirche Christi, dem Volk, zu dem Gott am Sinai gesprochen hat.

Von Anfang an war den Christen die Zusammenkunft zur eucharistischen Feier geradezu lebenswichtig. Sie ohne Not zu versäumen, galt als gefährliche Nachlässigkeit, gefährlich für den Glauben des Einzelnen wie für den Bestand der Gemeinde. „Wir können nicht auf unsere Sonntagsversammlungen verzichten: Die Versammlungen am Tag des Herrn können nicht unterbrochen werden", das erklärten christliche Märtyrer vor dem heidnischen Richter zur Zeit des Kaisers Diokletian. In der Versammlung zur heiligen Feier erfährt und bekundet die Kirche sich selbst, ihren Glauben und ihre Hoffnung. Zwar existiert die Kirche als Gemeinschaft der Glaubenden auch dann, wenn sie nicht versammelt ist, aber sie würde zu bestehen aufhören, wenn ihre Glieder sich nicht immer wieder versammeln würden. Die versammelte Gemeinde am Ort weiß sich dem größeren Ganzen verbunden durch den einen Glauben und die eine Taufe, den einen Geist und die eine gemeinsame Hoffnung. Der Bischof der Diözese und das Oberhaupt der Gesamtkirche werden daher in jeder Messfeier genannt. Die Freuden und Nöte anderer Gemeinden und aller Menschen sind dem betenden Gedenken gegenwärtig. Nach den Aussagen des Hebräerbriefs (Kapitel 12), die auch in liturgischen Texten wiederkehren, ist der Horizont der christlichen Liturgie noch viel weiter: Die festliche Versammlung ereignet sich im himmlischen Jerusalem, in der Stadt des lebendigen Gottes, in der Gemeinschaft mit den Engeln des Himmels, mit den Brüdern und Schwestern, die bereits zur Vollendung gelangt sind, und vor allem: in der Gemeinschaft mit Christus selbst und seiner Hingabe im Opfer.

„Wo zwei oder drei in meinem Namen versammelt sind, da bin ich mitten unter ihnen" (Mt 18, 20): Diese Verheißung Jesu gilt ganz besonders da, wo sich die Gemeinde (Ortskirche, Hausgemeinschaft) versammelt, um das Wort Gottes zu hören und Eucharistie zu feiern. Da lebt Christus durch den Glauben in den Herzen der Versammelten, er spricht zu ihnen durch das Wort der Schrift, er ist gegenwärtig in der Person dessen, der in der Gemeinde den priesterlichen Dienst erfüllt; besonders aber ist er zugegen in den eucharistischen Gestalten von Brot und Wein. Er selbst gibt sich den Seinen als Brot des Lebens, als das wahre Osterlamm, wie er beim Abendmahl sich den Jüngern als Speise und Trank gereicht hat. Diese Begegnung mit dem Herrn in der Eucharistie gilt es, in jeder Generation neu zu „lernen". Jede Generation muss befähigt werden, mit der Liturgie zu leben; sie ist ja kein isoliertes Zwischenspiel, sondern sie soll die lebendige Mitte unseres Lebens sein. Dazu will auch der SCHOTT als Hilfe dienen.

DAS HERRENJAHR

DER ADVENT

ERSTER ADVENTSSONNTAG

Die Welt ist noch nicht fertig, die Geschichte ist nicht zu Ende. Nichts wird bleiben, wie es ist. Die Zukunft ist, wie die Gegenwart, Licht und Dunkel zugleich. Unsere eigentliche Zukunft aber ist Christus und wir warten auf seinen Tag, auf das Kommen Christi in Wahrheit und Klarheit. Gott gibt uns die gegenwärtige Zeit als Zeit der Gnade, als Weg in die Zukunft. „Ich bin der Weg", sagt uns Christus.

ERÖFFNUNGSVERS   Ps 25 (24), 1–3

Zu dir, Herr, erhebe ich meine Seele. Mein Gott, dir vertraue ich.
Lass mich nicht scheitern, lass meine Feinde nicht triumphieren!
Denn niemand, der auf dich hofft, wird zuschanden.

TAGESGEBET

Herr, unser Gott,
alles steht in deiner Macht;
du schenkst das Wollen und das Vollbringen.
Hilf uns, dass wir auf dem Weg der Gerechtigkeit
Christus entgegengehen
und uns durch Taten der Liebe
auf seine Ankunft vorbereiten,
damit wir den Platz zu seiner Rechten erhalten,
wenn er wiederkommt in Herrlichkeit.
Er, der in der Einheit des Heiligen Geistes
mit dir lebt und herrscht in alle Ewigkeit.

ZUR 1. LESUNG   *Die Lesung aus dem Buch Jesaja ist ein Gebet aus dunkler Zeit; nach der Heimkehr aus dem babylonischen Exil war die Situation in Jerusalem fast aussichtslos. Das Gebet beginnt mit der Anrufung Gottes: „Du bist unser Vater, unser Erlöser von jeher." Gott schenkt Zukunft denen, die seinen Namen anrufen. Er ist unser Vater.*

ERSTE LESUNG Jes 63, 16b–17.19b; 64, 3–7

Hättest du doch den Himmel zerrissen und wärest herabgestiegen!

Lesung
aus dem Buch Jesája.

^{16b} Du, HERR*, bist unser Vater,
„Unser Erlöser von jeher" ist dein Name.
¹⁷ Warum lässt du uns, HERR, von deinen Wegen abirren
und machst unser Herz hart,
sodass wir dich nicht fürchten?
Kehre zurück um deiner Knechte willen,
um der Stämme willen, die dein Erbbesitz sind!
^{19b} Hättest du doch den Himmel zerrissen und wärest herabgestiegen,
sodass die Berge vor dir erzitterten.
^{64,3} Seit Urzeiten hat man nicht vernommen,
hat man nicht gehört;
kein Auge hat je einen Gott außer dir gesehen,
der an dem handelt, der auf ihn harrt.
⁴ Du kamst dem entgegen, der freudig Gerechtigkeit übt,
denen, die auf deinen Wegen an dich denken.

Siehe, du warst zornig
und wir sündigten;
bleiben wir künftig auf ihnen,
werden wir gerettet werden.
⁵ Wie ein Unreiner sind wir alle geworden,
unsere ganze Gerechtigkeit ist wie ein beflecktes Kleid.
Wie Laub sind wir alle verwelkt,
unsere Schuld trägt uns fort wie der Wind.

---

* Der Gottesname, der im Hebräischen mit den vier Buchstaben JHWH wiedergegeben wird, wurde schon in biblischer Zeit aus Ehrfurcht nicht ausgesprochen. Die jüdische Tradition liest stattdessen „Adonaj", „(mein) Herr". So wird der Gottesname in der revidierten Einheitsübersetzung mit der Schreibweise „der HERR" wiedergegeben.

⁶ Niemand ruft deinen Namen an,
keiner rafft sich dazu auf, festzuhalten an dir.
Denn du hast dein Angesicht vor uns verborgen
   und hast uns zergehen lassen in der Gewalt unserer Schuld.
⁷ Doch nun, HERR, du bist unser Vater.
Wir sind der Ton und du bist unser Töpfer,
wir alle sind das Werk deiner Hände.

ANTWORTPSALM   Ps 80 (79)*, 2ac u. 3bc.15–16.18–19 (Kv: vgl. 4)

Kv Stelle uns wieder her, o Gott!   GL 46, 1**
Lass dein Angesicht leuchten und wir sind gerettet. – Kv

²ᵃᶜ Du Hirte Israels, höre! *
Der du auf den Kérubim thronst, erscheine!
³ᵇᶜ Wecke deine gewaltige Kraft *
und komm zu unserer Rettung! – (Kv)

¹⁵ Gott der Heerscharen, kehre doch zurück, /
blicke vom Himmel herab und sieh, *
sorge für diesen Weinstock!
¹⁶ Beschütze, was deine Rechte gepflanzt hat, *
und den Sohn, den du dir stark gemacht! – (Kv)

¹⁸ Deine Hand sei über dem Mann zu deiner Rechten, *
über dem Menschensohn, den du dir stark gemacht.
¹⁹ Wir werden nicht von dir weichen. *
Belebe uns und wir rufen deinen Namen an. – Kv

ZUR 2. LESUNG   *Christen sind dankbare Menschen, dankbar für die Gaben des Geistes, den Glauben und die Hoffnung auf die „Offenbarung unseres Herrn Jesus Christus". Ihm gehen wir entgegen. Die alltägliche Form des Glaubens aber ist die Treue.*

---

* Die Zählung in den Klammern bezieht sich bei den Antwortpsalmen auf die Vulgata.
** Anstelle des abgedruckten Kehrverses kann ein entsprechender Kehrvers aus dem „Gotteslob", auf den jeweils in dieser Form verwiesen wird, gesungen werden. Weitere Kehrvers-Vorschläge bietet das SCHOTT Kantorale.

ZWEITE LESUNG 1 Kor 1, 3–9

Wir warten auf die Offenbarung unseres Herrn Jesus Christus

Lesung
  aus dem ersten Brief des Apostels Paulus
  an die Gemeinde in Korinth.

³ Gnade sei mit euch
und Friede von Gott, unserem Vater,
  und dem Herrn Jesus Christus!
⁴ Ich danke meinem Gott jederzeit euretwegen
  für die Gnade Gottes,
    die euch in Christus Jesus geschenkt wurde,
⁵ dass ihr an allem reich geworden seid in ihm,
an aller Rede und aller Erkenntnis.
⁶ Denn das Zeugnis über Christus wurde bei euch gefestigt,
⁷ sodass euch keine Gnadengabe fehlt,
  während ihr
    auf die Offenbarung unseres Herrn Jesus Christus wartet.
⁸ Er wird euch auch festigen bis ans Ende,
sodass ihr schuldlos dasteht
  am Tag unseres Herrn Jesus Christus.
⁹ Treu ist Gott,
  durch den ihr berufen worden seid
    zur Gemeinschaft mit seinem Sohn Jesus Christus,
    unserem Herrn.

RUF VOR DEM EVANGELIUM Vers: Ps 85 (84), 8

Halleluja. Halleluja.

Lass uns schauen, o HERR, deine Huld
und schenke uns dein Heil.

Halleluja.

ZUM EVANGELIUM *Es gibt Ereignisse der Zukunft, die wir im Voraus berechnen und vielleicht auch beeinflussen können. Das große Ereignis aber, auf das wir warten, hat kein Datum in unserem Kalender. „Ihr wisst nicht, wann die Zeit da ist." Bis dahin, bis „der Hausherr kommt", ist Zeit des Wachens: verantwort-*

lich jede Stunde leben und nach dem Herrn ausschauen, der kommen wird – an seinem Tag.

1 EVANGELIUM Mk 13, 33–37

Seid wachsam! Denn ihr wisst nicht, wann der Hausherr kommt

✚ Aus dem heiligen Evangelium nach Markus.

In jener Zeit sprach Jesus zu seinen Jüngern:

³³ Gebt Acht
und bleibt wach!
Denn ihr wisst nicht, wann die Zeit da ist.

³⁴ Es ist wie mit einem Mann,
der sein Haus verließ, um auf Reisen zu gehen:
Er übertrug die Vollmacht seinen Knechten,
jedem eine bestimmte Aufgabe;
dem Türhüter befahl er, wachsam zu sein.

³⁵ Seid also wachsam!
Denn ihr wisst nicht, wann der Hausherr kommt,
ob am Abend oder um Mitternacht,
ob beim Hahnenschrei oder erst am Morgen.

³⁶ Er soll euch, wenn er plötzlich kommt,
nicht schlafend antreffen.

³⁷ Was ich aber euch sage,
das sage ich allen:
Seid wachsam!

Oder:

2 EVANGELIUM Mk 13, 24–37

Dann wird man den Menschensohn in Wolken kommen sehen, mit großer Kraft und Herrlichkeit. Seid wachsam! Denn ihr wisst nicht, wann der Hausherr kommt

✚ Aus dem heiligen Evangelium nach Markus.

Jesus sprach zu seinen Jüngern:

²⁴ In jenen Tagen, nach jener Drangsal,
wird die Sonne verfinstert werden

und der Mond wird nicht mehr scheinen;
²⁵ die Sterne werden vom Himmel fallen
    und die Kräfte des Himmels werden erschüttert werden.
²⁶ Dann wird man den Menschensohn
    in Wolken kommen sehen,
      mit großer Kraft und Herrlichkeit.
²⁷ Und er wird die Engel aussenden
    und die von ihm Auserwählten
      aus allen vier Windrichtungen zusammenführen,
    vom Ende der Erde bis zum Ende des Himmels.
²⁸ Lernt etwas aus dem Vergleich mit dem Feigenbaum!
    Sobald seine Zweige saftig werden und Blätter treiben,
      erkennt ihr, dass der Sommer nahe ist.
²⁹ So erkennt auch ihr,
    wenn ihr das geschehen seht,
      dass er nahe vor der Tür ist.
³⁰ Amen, ich sage euch:
  Diese Generation wird nicht vergehen,
    bis das alles geschieht.
³¹ Himmel und Erde werden vergehen,
  aber meine Worte werden nicht vergehen.
³² Doch jenen Tag und jene Stunde kennt niemand,
  auch nicht die Engel im Himmel,
  nicht einmal der Sohn,
    sondern nur der Vater.
³³ Gebt Acht
    und bleibt wach!
  Denn ihr wisst nicht, wann die Zeit da ist.
³⁴ Es ist wie mit einem Mann,
    der sein Haus verließ, um auf Reisen zu gehen:
  Er übertrug die Vollmacht seinen Knechten,
  jedem eine bestimmte Aufgabe;
  dem Türhüter befahl er, wachsam zu sein.
³⁵ Seid also wachsam!

Denn ihr wisst nicht, wann der Hausherr kommt,
ob am Abend oder um Mitternacht,
ob beim Hahnenschrei oder erst am Morgen.
36 Er soll euch, wenn er plötzlich kommt,
nicht schlafend antreffen.
37 Was ich aber euch sage,
das sage ich allen:
Seid wachsam!

Glaubensbekenntnis, S. 374 ff.
Fürbitten vgl. S. 792 ff.

ZUR EUCHARISTIEFEIER *Wachen heißt achtsam der Wirklichkeit begegnen, die uns umgibt, und der Wirklichkeit, der wir entgegengehen. Diese Wirklichkeit ist Jesus Christus selbst. Er kommt auf uns zu: in seinem Wort, im Sakrament, in den Schwestern und Brüdern.*

GABENGEBET

Allmächtiger Gott,
alles, was wir haben, kommt von dir.
Nimm die Gaben an, die wir darbringen.
Mache sie für uns in diesem Leben
zum Sakrament der Erlösung
und rufe uns an deinen Tisch im kommenden Reich.
Darum bitten wir durch Christus, unseren Herrn.

Adventspräfation, S. 415 f.

KOMMUNIONVERS
Ps 85 (84), 13

Der Herr wird seinen Segen spenden,
und unsere Erde bringt ihre Frucht hervor.

SCHLUSSGEBET

Herr, unser Gott,
du hast uns an deinem Tisch
mit neuer Kraft gestärkt.
Zeige uns den rechten Weg
durch diese vergängliche Welt

und lenke unseren Blick auf das Unvergängliche,
damit wir in allem dein Reich suchen.
Darum bitten wir durch Christus, unseren Herrn.

FÜR DEN TAG UND DIE WOCHE

Im Advent richtet die Kirche ihren Blick auf den wiederkommenden Christus. Es ist gut, in einer Zeit des Kirchenjahres besonders an Christus als den Kommenden zu denken. Vielleicht darf man sagen: Er ist schon unterwegs. Durch seine erste Ankunft hat er ein Band zur Welt geknüpft, das nicht mehr zerrissen werden kann. In seinem Wort und in seinem Sakrament kommt er über die Jahrhunderte hinweg immer wieder zu seiner Kirche. Seine Ankunft in Herrlichkeit wird enthüllen, wie sehr er schon gegenwärtig war. (Alfred Kardinal Bengsch)

ZWEITER ADVENTSSONNTAG

Wiederkunft Christi und Ende der Welt: Das sind Ereignisse, die unsere Vorstellungskraft übersteigen. Den wichtigsten Punkt aber kennen Christen: dass die Geschichte dieser Welt die Geschichte Gottes ist, dass Gott die Welt vollenden will, nicht zerstören. Die Offenbarung der Herrlichkeit Gottes wird von denen jetzt schon erfahren, die sich Gott zuwenden mit der ganzen Kraft ihres Lebens.

ERÖFFNUNGSVERS
Vgl. Jes 30, 19.30

Der Herr wird kommen, um die Welt zu erlösen.
Volk Gottes, mach dich bereit.
Höre auf ihn, und dein Herz wird sich freuen.

TAGESGEBET

Allmächtiger und barmherziger Gott,
deine Weisheit allein zeigt uns den rechten Weg.
Lass nicht zu,
dass irdische Aufgaben und Sorgen uns hindern,
deinem Sohn entgegenzugehen.
Führe uns durch dein Wort und deine Gnade
zur Gemeinschaft mit ihm,
der in der Einheit des Heiligen Geistes
mit dir lebt und herrscht in alle Ewigkeit.

ZUR 1. LESUNG *Der Gott Israels ist bei seinem Volk, auch in der Fremde. Er wird es aus dem babylonischen Exil in die Heimat zurückführen, wie er es früher aus der ägyptischen Knechtschaft befreit hat. Der Prophet hat in dieser Zeit der Not den Auftrag, zu trösten und dem Volk wieder Hoffnung zu geben. Gott ist treu, sein Wort gilt. Und er ist mächtig, die Schuld zu vergeben und das Verlorene zu retten.*

ERSTE LESUNG

Jes 40, 1–5.9–11

Bahnt für den HERRN einen Weg!

Lesung
   aus dem Buch Jesaja.

¹ Tröstet, tröstet mein Volk,
   spricht euer Gott.
² Redet Jerusalem zu Herzen
   und ruft ihr zu,
      dass sie vollendet hat ihren Frondienst,
      dass gesühnt ist ihre Schuld,
   dass sie empfangen hat aus der Hand des HERRN Doppeltes
      für all ihre Sünden!
³ Eine Stimme ruft:
      In der Wüste bahnt den Weg des HERRN,
      ebnet in der Steppe eine Straße für unseren Gott!
⁴ Jedes Tal soll sich heben,
      jeder Berg und Hügel sich senken.
   Was krumm ist, soll gerade werden,
      und was hüglig ist, werde eben.
⁵ Dann offenbart sich die Herrlichkeit des HERRN,
   alles Fleisch wird sie sehen.
   Ja, der Mund des HERRN hat gesprochen.
⁹ Steig auf einen hohen Berg,
      Zion, du Botin der Freude!
   Erheb deine Stimme mit Macht,
      Jerusalem, du Botin der Freude!
   Erheb deine Stimme, fürchte dich nicht!

Sag den Städten in Juda:
Siehe, da ist euer Gott.
¹⁰ Siehe, GOTT, der Herr, kommt mit Macht,
er herrscht mit starkem Arm.
Siehe, sein Lohn ist mit ihm
und sein Ertrag geht vor ihm her.
¹¹ Wie ein Hirt weidet er seine Herde,
auf seinem Arm sammelt er die Lämmer,
an seiner Brust trägt er sie,
die Mutterschafe führt er behutsam.

ANTWORTPSALM

Ps 85 (84), 9–10.11–12.13–14 (Kv: 8)

GL 633, 5

Kv Lass uns schauen, o HERR, deine Huld
und schenke uns dein Heil! – Kv

⁹ Ich will hören, was Gott redet: /
Frieden verkündet der HERR seinem Volk und seinen Frommen, *
sie sollen sich nicht zur Torheit wenden.
¹⁰ Fürwahr, sein Heil ist denen nahe, die ihn fürchten, *
seine Herrlichkeit wohne in unserm Land. – (Kv)
¹¹ Es begegnen einander Huld und Treue; *
Gerechtigkeit und Friede küssen sich.
¹² Treue sprosst aus der Erde hervor; *
Gerechtigkeit blickt vom Himmel hernieder. – (Kv)
¹³ Ja, der HERR gibt Gutes *
und unser Land gibt seinen Ertrag.
¹⁴ Gerechtigkeit geht vor ihm her *
und bahnt den Weg seiner Schritte. – Kv

ZUR 2. LESUNG *Die frühe Christenheit erwartete die Wiederkunft des Herrn in naher Zukunft (1 Thess 4,14–17). Aber die Jahre vergingen und es geschah nichts; wie sollte man das verstehen und im Glauben bewältigen? Die Antwort des zweiten Petrusbriefs: Die Zeit Gottes hat andere Maße als unsere Menschenzeit. Unsere Zeit ist begrenzt; sie wird verlängert, weil Gott will, dass alle Menschen sich bekehren und gerettet werden. Für Christen aber gilt jetzt schon das Gesetz der kommenden Welt: Sie sollen in ihrer Gesinnung und ihrer Tat glaubwürdig sein und ein Leben in Frieden und Gerechtigkeit führen.*

ZWEITE LESUNG
2 Petr 3, 8–14

Wir erwarten einen neuen Himmel und eine neue Erde

Lesung
aus dem zweiten Brief des Apostels Petrus.

⁸ Dies eine, Geliebte, soll euch nicht verborgen bleiben,
dass beim Herrn ein Tag wie tausend Jahre
und tausend Jahre wie ein Tag sind.

⁹ Der Herr der Verheißung zögert nicht,
wie einige meinen, die von Verzögerung reden,
sondern er ist geduldig mit euch,
weil er nicht will, dass jemand zugrunde geht,
sondern dass alle zur Umkehr gelangen.

¹⁰ Der Tag des Herrn wird aber kommen wie ein Dieb.
Dann werden die Himmel mit Geprassel vergehen,
die Elemente sich in Feuer auflösen
und die Erde und die Werke auf ihr
wird man nicht mehr finden.

¹¹ Wenn sich das alles in dieser Weise auflöst:
Wie heilig und fromm müsst ihr dann leben,

¹² die Ankunft des Tages Gottes erwarten
und beschleunigen!
An jenem Tag werden die Himmel in Flammen aufgehen
und die Elemente im Feuer zerschmelzen.

¹³ Wir erwarten gemäß seiner Verheißung
einen neuen Himmel und eine neue Erde,
in denen die Gerechtigkeit wohnt.

¹⁴ Deswegen, Geliebte, die ihr dies erwartet,
bemüht euch darum, von ihm ohne Makel und Fehler
in Frieden angetroffen zu werden!

RUF VOR DEM EVANGELIUM
Vers: Lk 3, 4b.6

Halleluja. Halleluja.

Bereitet den Weg des Herrn!
Macht gerade seine Straßen!
Und alle Menschen werden das Heil Gottes schauen.

Halleluja.

ZUM EVANGELIUM *Das Wort „Evangelium" bedeutet Frohe Botschaft: die Gute Nachricht von Jesus, dem Christus, dem verheißenen Retter, Gottessohn und Menschensohn. Er selbst in seiner Person ist das Evangelium Gottes; in seinem Wort und seiner Tat spricht Gott die Menschen an. Johannes der Täufer war sein Vorbote und Wegbereiter; er trat als Prophet auf, der sich demütig beugte vor dem Größeren, der nach ihm kam.*

EVANGELIUM
Mk 1, 1–8

Bereitet den Weg des Herrn!

☩ Aus dem heiligen Evangelium nach Markus.

¹ Anfang des Evangeliums von Jesus Christus, Gottes Sohn.
² Wie geschrieben steht beim Propheten Jesája –

Siehe, ich sende meinen Boten vor dir her,
    der deinen Weg bahnen wird.

³ Stimme eines Rufers in der Wüste:
Bereitet den Weg des Herrn!
Macht gerade seine Straßen! –,

⁴ so trat Johannes der Täufer in der Wüste auf
    und verkündete eine Taufe der Umkehr
    zur Vergebung der Sünden.

⁵ Ganz Judäa und alle Einwohner Jerusalems zogen zu ihm hinaus;
sie bekannten ihre Sünden
    und ließen sich im Jordan von ihm taufen.

⁶ Johannes trug ein Gewand aus Kamelhaaren
    und einen ledernen Gürtel um seine Hüften
und er lebte von Heuschrecken und wildem Honig.

⁷ Er verkündete:
   Nach mir kommt einer, der ist stärker als ich;
ich bin es nicht wert,
   mich zu bücken und ihm die Riemen der Sandalen zu lösen.
⁸ Ich habe euch mit Wasser getauft,
   er aber wird euch mit dem Heiligen Geist taufen.

Glaubensbekenntnis, S. 374 ff.
Fürbitten vgl. S. 792 ff.

ZUR EUCHARISTIEFEIER *Die Stimme in der Wüste gilt auch uns. Gott hat uns in seine Nähe gerufen. Im Hören auf sein Wort und im Teilen unserer Gaben bereiten wir ihm den Weg in unsere Herzen.*

GABENGEBET

Barmherziger Gott,
wir bekennen, dass wir immer wieder versagen
und uns nicht auf unsere Verdienste berufen können.
Komm uns zu Hilfe, ersetze, was uns fehlt,
und nimm unsere Gebete und Gaben gnädig an.
Darum bitten wir durch Christus, unseren Herrn.

Adventspräfation, S. 415 f.

KOMMUNIONVERS Bar 5,5; 4,36

Jerusalem, erhebe dich,
steig auf den Berg und schau die Freude,
die von deinem Gott zu dir kommt.

SCHLUSSGEBET

Herr, unser Gott,
im heiligen Mahl
hast du uns mit deinem Geist erfüllt.
Lehre uns durch die Teilnahme an diesem Geheimnis,
die Welt im Licht deiner Weisheit zu sehen
und das Unvergängliche mehr zu lieben
als das Vergängliche.
Darum bitten wir durch Christus, unseren Herrn.

FÜR DEN TAG UND DIE WOCHE

Das ist die Verkündigung Johannes' des Täufers: bereiten – uns bereiten für die Begegnung mit diesem Kind, das uns das Lächeln zurückgeben wird. Als der Täufer das Kommen Jesu verkündigt, sind die Israeliten gleichsam wieder im Exil, denn sie sind unter der römischen Herrschaft, die sie zu Fremden in ihrer eigenen Heimat macht, regiert von mächtigen Besatzern, die über ihr Leben entscheiden. Aber die wahre Geschichte ist nicht die, die von den Mächtigen gemacht wird, sondern die, die Gott zusammen mit seinen Kleinen macht. Die wahre Geschichte – die in Ewigkeit bleiben wird – ist die, die Gott mit seinen Kleinen schreibt: Gott mit Maria, Gott mit Jesus, Gott mit Josef, Gott mit den Kleinen. (Papst Franziskus)

DRITTER ADVENTSSONNTAG

Der Mensch fragt nach Sinn und sehnt sich nach Glück. Sein Herz ist unruhig, bis es das Ziel seiner Sehnsucht erreicht hat. Sehnsucht nach Gott ist Sehnsucht nach Frieden und Freude, nach der Fülle.

ERÖFFNUNGSVERS   Phil 4, 4.5

Freut euch im Herrn zu jeder Zeit! Noch einmal sage ich: Freut euch! Denn der Herr ist nahe.

TAGESGEBET

Allmächtiger Gott,
sieh gütig auf dein Volk,
das mit gläubigem Verlangen
das Fest der Geburt Christi erwartet.
Mache unser Herz bereit
für das Geschenk der Erlösung,
damit Weihnachten für uns alle
ein Tag der Freude und der Zuversicht werde.
Darum bitten wir durch Jesus Christus.

ZUR 1. LESUNG   *Wenn der Geist Gottes über einen Propheten kommt, ist das wie eine Salbung, eine Weihe für den Dienst, der ihm aufgetragen wird: Gottes Wort der Welt zu sagen. – Die Worte am Anfang der heutigen Lesung hat Jesus auf sich selbst bezogen (Lk 4,18-19; Jes 61,1-2). Er ist der Gesalbte Gottes, der „Christus", mehr und anders als alle Propheten. Sein Wort vom Reich Gottes ist Frohe Botschaft für die Armen. Wer dieses Wort aufnimmt, für den hat das große Fest Gottes begonnen.*

ERSTE LESUNG   Jes 61, 1–2a.10–11
Von Herzen freue ich mich am HERRN

Lesung
  aus dem Buch Jesája.

¹ Der Geist GOTTES, des Herrn, ruht auf mir.
Denn der HERR hat mich gesalbt;
er hat mich gesandt,
  um den Armen frohe Botschaft zu bringen,
  um die zu heilen, die gebrochenen Herzens sind,
um den Gefangenen Freilassung auszurufen
und den Gefesselten Befreiung,
^{2a} um ein Gnadenjahr des HERRN auszurufen.
¹⁰ Von Herzen freue ich mich am HERRN.
Meine Seele jubelt über meinen Gott.
Denn er kleidet mich in Gewänder des Heils,
  er hüllt mich in den Mantel der Gerechtigkeit,
wie ein Bräutigam sich festlich schmückt
und wie eine Braut ihr Geschmeide anlegt.
¹¹ Denn wie die Erde ihr Gewächs hervorbringt
  und der Garten seine Saat sprießen lässt,
  so lässt GOTT, der Herr, Gerechtigkeit sprießen
  und Ruhm vor allen Nationen.

ANTWORTPSALM   Lk 1, 46b–48.49–50.53–54 (Kv: vgl. Jes 61, 10b)
Kv Meine Seele jubelt über Gott, meinen Retter. – Kv   GL 650, 2

^{46b} Meine Seele preist die Größe des Herrn *
⁴⁷ und mein Geist jubelt über Gott, meinen Retter.
⁴⁸ Denn auf die Niedrigkeit seiner Magd hat er geschaut. *
Siehe, von nun an preisen mich selig alle Geschlechter. – (Kv)

Dritter Adventssonntag

⁴⁹ Denn der Mächtige hat Großes an mir getan *
und sein Name ist heilig.
⁵⁰ Er erbarmt sich von Geschlecht zu Geschlecht *
über alle, die ihn fürchten. – (Kv)
⁵³ Die Hungernden beschenkt er mit seinen Gaben *
und lässt die Reichen leer ausgehen.
⁵⁴ Er nimmt sich seines Knechtes Israel an *
und denkt an sein Erbarmen. – Kv

ZUR 2. LESUNG *Als Christen leben wir mit voller Verantwortung in unserer Welt. In dieser Welt ist die christliche Gemeinde der Ort des Glaubens und der Hoffnung, des Gebets und der Freude. Der Geist Gottes macht uns fähig, die Gegenwart zu verstehen und verantwortlich auf die Zukunft hin zu leben, auf „den Tag der Ankunft unseres Herrn Jesus Christus".*

ZWEITE LESUNG
1 Thess 5, 16–24

Der Gott des Friedens bewahre euren Geist, eure Seele und euren Leib, damit ihr ohne Tadel seid bei der Ankunft unseres Herrn

Lesung
aus dem ersten Brief des Apostels Paulus
an die Gemeinde in Thessalónich.

Schwestern und Brüder!
¹⁶ Freut euch zu jeder Zeit!
¹⁷ Betet ohne Unterlass!
¹⁸ Dankt für alles;
denn das ist der Wille Gottes für euch
in Christus Jesus.
¹⁹ Löscht den Geist nicht aus!
²⁰ Verachtet prophetisches Reden nicht!
²¹ Prüft alles und behaltet das Gute!
²² Meidet das Böse in jeder Gestalt!
²³ Er selbst, der Gott des Friedens, heilige euch ganz und gar
und bewahre euren Geist,
eure Seele und euren Leib unversehrt,

damit ihr ohne Tadel seid
  bei der Ankunft unseres Herrn Jesus Christus.
²⁴ Gott, der euch beruft, ist treu;
er wird es tun.

RUF VOR DEM EVANGELIUM
Vers: vgl. Jes 61, 1ab (Lk 4, 18)

Halleluja. Halleluja.

Der Geist des Herrn ruht auf mir.
Der Herr hat mich gesandt,
den Armen die frohe Botschaft zu bringen.

Halleluja.

ZUM EVANGELIUM *Die Propheten des Ersten Bundes haben Gottes Geist und Gottes Wort empfangen. Der Letzte von ihnen, Johannes der Täufer, steht an der Schwelle des Neuen Bundes. Er ist die Stimme, die in der Wüste ruft; er bereitet den Weg für den Größeren, der nach ihm kommt. Dieser einzigartigen Berufung des Johannes entspricht die vollkommene Treue, mit der er bis zuletzt seine Aufgabe erfüllt hat.*

EVANGELIUM
Joh 1, 6–8.19–28

Mitten unter euch steht einer, den ihr nicht kennt

✚ Aus dem heiligen Evangelium nach Johannes.

⁶ Ein Mensch trat auf, von Gott gesandt;
sein Name war Johannes.
⁷ Er kam als Zeuge,
  um Zeugnis abzulegen für das Licht,
  damit alle durch ihn zum Glauben kommen.
⁸ Er war nicht selbst das Licht,
  er sollte nur Zeugnis ablegen für das Licht.
¹⁹ Und dies ist das Zeugnis des Johannes,
  als die Juden
  von Jerusalem aus Priester und Leviten zu ihm sandten
  mit der Frage: Wer bist du?
²⁰ Er bekannte und leugnete nicht;
er bekannte: Ich bin nicht der Christus.

²¹ Sie fragten ihn: Was dann?
Bist du Elíja?
Und er sagte: Ich bin es nicht.
Bist du der Prophet?
Er antwortete: Nein.
²² Da sagten sie zu ihm: Wer bist du?
Wir müssen denen, die uns gesandt haben, Antwort geben.
Was sagst du über dich selbst?
²³ Er sagte:
Ich bin die Stimme eines Rufers in der Wüste:
Ebnet den Weg für den Herrn!,
wie der Prophet Jesája gesagt hat.
²⁴ Die Abgesandten gehörten zu den Pharisäern.
²⁵ Sie fragten Johannes und sagten zu ihm:
Warum taufst du dann, wenn du nicht der Christus bist,
nicht Elíja und nicht der Prophet?
²⁶ Johannes antwortete ihnen: Ich taufe mit Wasser.
Mitten unter euch steht einer, den ihr nicht kennt,
²⁷ der nach mir kommt;
ich bin nicht würdig,
ihm die Riemen der Sandalen zu lösen.
²⁸ Dies geschah in Betánien,
jenseits des Jordan,
wo Johannes taufte.

Glaubensbekenntnis, S. 374 ff.
Fürbitten vgl. S. 792 ff.

ZUR EUCHARISTIEFEIER *Christus ist mitten unter uns, aber seine Wirklichkeit ist verborgen im Geheimnis, das wir feiern. Er ist die Mitte, er ist das Herz seiner Gemeinde. Seine Hingabe lässt uns Anteil haben an der Fülle des Geistes, die uns verheißen ist.*

GABENGEBET

Herr, unser Gott,
in dieser Feier
erfüllen wir den Auftrag deines Sohnes.
Nimm unsere Gaben an
und gib deiner Kirche die Gnade,
immer und überall sein Opfer zu feiern.
Schenke uns durch dieses Geheimnis dein Heil,
das du der Welt bereitet hast.
Darum bitten wir durch Christus, unseren Herrn.

Adventspräfation, S. 415 f.

KOMMUNIONVERS

Jes 35, 4

Sagt den Verzagten: Habt Mut, fürchtet euch nicht!
Seht, hier ist euer Gott!
Er selbst wird kommen und euch erretten.

SCHLUSSGEBET

Barmherziger Gott,
komm durch dieses heilige Mahl
uns schwachen Menschen zu Hilfe.
Reinige uns von Schuld
und mache uns bereit für das kommende Fest.
Darum bitten wir durch Christus, unseren Herrn.

FÜR DEN TAG UND DIE WOCHE

Gerade weil wir auf Christus setzen und uns ihm verdanken, wissen wir uns ermutigt, unsere Möglichkeiten zur Entfaltung zu bringen und unser eigenes sterbliches Leben in Freiheit zu verwirklichen. Wer geduckte, verkrümmte und verängstigte Menschen kleinhalten will, ist bei Jesus völlig fehl am Platze. Selbstlos kann nur jemand sein, der ein Selbst hat, das er geben kann. Johannes ist alles andere als ein Schwächling. Gerade weil er ein so kraftvoller und starker Mensch ist, kann er seine Jünger abgeben: Geht über den Jordan zu Jesus! Er ist der Messias. (Franz Kamphaus)

VIERTER ADVENTSSONNTAG

Auf einer früheren Stufe der Offenbarung konnte die Macht als das erscheinen, was die Gottheit vom Menschen unterscheidet. Dann aber offenbarte Gott seine Macht und Größe in der Schwachheit: in der Geburt Jesu, in seinem Leiden und Sterben. Wenn wir dem Geheimnis Gottes näherkommen wollen, müssen wir umdenken: auf Macht und Größe verzichten, um in der Ohnmacht, etwa durch kleine Taten der Liebe, die Macht Gottes kennenzulernen.

ERÖFFNUNGSVERS
Vgl. Jes 45, 8

Tauet, ihr Himmel, von oben!
Ihr Wolken, regnet herab den Gerechten!
Tu dich auf, o Erde, und sprosse den Heiland hervor!

TAGESGEBET

Allmächtiger Gott,
gieße deine Gnade in unsere Herzen ein.
Durch die Botschaft des Engels
haben wir die Menschwerdung Christi,
deines Sohnes, erkannt.
Führe uns durch sein Leiden und Kreuz
zur Herrlichkeit der Auferstehung.
Darum bitten wir durch ihn, Jesus Christus.

ZUR 1. LESUNG *Gott hat Israel aus Ägypten herausgeführt und im Land Kanaan eingepflanzt. Er hat David als König von Israel bestätigt. Nun will David für die Bundeslade, das Zeichen der Gegenwart Gottes, einen Tempel bauen. Aber Gott braucht keinen Tempel aus Stein; er ist an allen Orten und für alle Menschen da. Vielmehr wird Gott für David ein „Haus" bauen, das heißt, seiner Familie Bestand geben, bis die Zeit erfüllt ist: bis aus der Jungfrau Maria der wahre Thronerbe Davids geboren wird (vgl. das Evangelium).*

ERSTE LESUNG
2 Sam 7, 1–5.8b–12.14a.16

Dein Haus und dein Königtum werden vor dir auf ewig bestehen bleiben

Lesung
  aus dem zweiten Buch Sámuel.

In jenen Tagen
¹ als König David in seinem Haus wohnte
  und der HERR ihm Ruhe
  vor allen seinen Feinden ringsum verschafft hatte,
² sagte er zu dem Propheten Natan:
Ich wohne in einem Haus aus Zedernholz,
die Lade Gottes aber wohnt in einem Zelt.
³ Natan antwortete dem König:
  Geh nur und tu alles, was du im Herzen hast;
denn der HERR ist mit dir.
⁴ Aber in jener Nacht erging das Wort des HERRN an Natan:
⁵ Geh zu meinem Knecht David
  und sag zu ihm: So spricht der HERR:
Du willst mir ein Haus bauen, damit ich darin wohne?
⁸ᵇ Ich habe dich von der Weide und von der Herde weggeholt,
  damit du Fürst über mein Volk Israel wirst,
⁹ und ich bin überall mit dir gewesen,
  wohin du auch gegangen bist.
Ich habe alle deine Feinde vor deinen Augen vernichtet
und ich werde dir einen großen Namen machen,
  der dem Namen der Großen auf der Erde gleich ist.
¹⁰ Ich werde meinem Volk Israel einen Platz zuweisen
  und es einpflanzen,
damit es an seinem Ort wohnen kann
und sich nicht mehr ängstigen muss
und schlechte Menschen es nicht mehr unterdrücken wie früher
¹¹ und auch von dem Tag an,
  an dem ich Richter in meinem Volk Israel eingesetzt habe.
Ich verschaffe dir Ruhe vor allen deinen Feinden.

Nun verkündet dir der HERR,
   dass der HERR dir ein Haus bauen wird.
¹² Wenn deine Tage erfüllt sind
   und du dich zu deinen Vätern legst,
   werde ich deinen leiblichen Sohn
   als deinen Nachfolger einsetzen
   und seinem Königtum Bestand verleihen.
¹⁴ᵃ Ich werde für ihn Vater sein
   und er wird für mich Sohn sein.
¹⁶ Dein Haus und dein Königtum
   werden vor dir auf ewig bestehen bleiben;
   dein Thron wird auf ewig Bestand haben.

ANTWORTPSALM   Ps 89 (88), 2–3.20a u. 4–5.27 u. 29 (Kv: 2a)

Kv Von der Huld des HERRN   GL 657,3
will ich ewig singen. – Kv

² Von der Huld des HERRN will ich ewig singen, *
   von Geschlecht zu Geschlecht mit meinem Mund deine Treue verkünden.
³ Denn ich bekenne: Auf ewig ist Huld gegründet, *
   im Himmel deine Treue gefestigt. – (Kv)
²⁰ᵃ Einst hast du in einer Vision zu deinen Frommen gesprochen: /
⁴ „Ich habe einen Bund geschlossen mit meinem Erwählten *
   und David, meinem Knecht, geschworen:
⁵ Auf ewig gebe ich deinem Haus festen Bestand *
   und von Geschlecht zu Geschlecht gründe ich deinen Thron. – (Kv)
²⁷ Er wird zu mir rufen: Mein Vater bist du, *
   mein Gott, der Fels meiner Rettung.
²⁹ Auf ewig werde ich ihm meine Huld bewahren, *
   mein Bund mit ihm ist verlässlich." – Kv

ZUR 2. LESUNG   *In der Verkündigung des Evangeliums wird die Absicht Gottes offenbar; alle Menschen und Völker sind zum Glauben berufen. Gott schließt niemand aus, seine erbarmende Liebe umfasst alle. Das lässt sich nicht an den Ereignissen der Geschichte ablesen; für den Apostel Paulus war es die große Offenbarung, die seinem Leben einen neuen Sinn gegeben hat: für die Heiden-*

völker Bote des Evangeliums zu sein. Davon kann er nur mit Staunen und großer Ehrfurcht sprechen.

ZWEITE LESUNG   Röm 16, 25–27

Das Geheimnis, das seit ewigen Zeiten unausgesprochen war, wurde jetzt offenbar

Lesung
  aus dem Brief des Apostels Paulus
  an die Gemeinde in Rom.

²⁵ **Dem, der die Macht hat, euch Kraft zu geben**
  – gemäß meinem Evangelium
  und der Botschaft von Jesus Christus,
  gemäß der Offenbarung jenes Geheimnisses,
  das seit ewigen Zeiten unausgesprochen war,
²⁶ **jetzt aber nach dem Willen des ewigen Gottes offenbart**
  und durch prophetische Schriften kundgemacht wurde,
  um alle Heiden zum Gehorsam des Glaubens zu führen –,
²⁷ **ihm, dem einen, weisen Gott,**
  sei Ehre durch Jesus Christus in alle Ewigkeit! Amen.

RUF VOR DEM EVANGELIUM   Vers: vgl. Lk 1, 38

Halleluja. Halleluja.

Maria sagte:
Siehe, ich bin die Magd des Herrn;
mir geschehe nach deinem Wort.

Halleluja.

ZUM EVANGELIUM *Über alle Untreue der Menschen hinweg hat Gott seine Verheißung wahrgemacht. Sie erfüllt sich in Jesus, dem Sohn Davids. Gott braucht dazu keine äußeren Machtmittel, aber er braucht die Zustimmung der Jungfrau, die er dazu erwählt hat, die Mutter des Erlösers zu werden. Maria hört das Wort des Gottesboten und sagt ihr Ja.*

EVANGELIUM Lk 1, 26–38

Du wirst schwanger werden und einen Sohn wirst du gebären

✢ Aus dem heiligen Evangelium nach Lukas.

²⁶ In jener Zeit wurde der Engel Gábriel
   von Gott in eine Stadt in Galiläa namens Nazaret
²⁷ zu einer Jungfrau gesandt.
   Sie war mit einem Mann namens Josef verlobt,
      der aus dem Haus David stammte.
   Der Name der Jungfrau war Maria.
²⁸ Der Engel trat bei ihr ein
   und sagte: Sei gegrüßt, du Begnadete,
      der Herr ist mit dir.
²⁹ Sie erschrak über die Anrede
   und überlegte, was dieser Gruß zu bedeuten habe.
³⁰ Da sagte der Engel zu ihr: Fürchte dich nicht, Maria;
   denn du hast bei Gott Gnade gefunden.
³¹ Siehe, du wirst schwanger werden
   und einen Sohn wirst du gebären;
      dem sollst du den Namen Jesus geben.
³² Er wird groß sein
   und Sohn des Höchsten genannt werden.
   Gott, der Herr, wird ihm den Thron seines Vaters David geben.
³³ Er wird über das Haus Jakob in Ewigkeit herrschen
   und seine Herrschaft wird kein Ende haben.
³⁴ Maria sagte zu dem Engel:
   Wie soll das geschehen, da ich keinen Mann erkenne?
³⁵ Der Engel antwortete ihr:
   Heiliger Geist wird über dich kommen
   und Kraft des Höchsten wird dich überschatten.
   Deshalb wird auch das Kind heilig
      und Sohn Gottes genannt werden.
³⁶ Siehe, auch Elisabet, deine Verwandte,
   hat noch in ihrem Alter einen Sohn empfangen;

obwohl sie als unfruchtbar gilt,
   ist sie schon im sechsten Monat.
³⁷ Denn für Gott ist nichts unmöglich.
³⁸ Da sagte Maria:
   Siehe, ich bin die Magd des Herrn;
   mir geschehe, wie du es gesagt hast.
   Danach verließ sie der Engel.

Glaubensbekenntnis, S. 374 ff.
Fürbitten vgl. S. 792 ff.

ZUR EUCHARISTIEFEIER *Wie Maria mit uns geschehen lassen, uns dem Wirken des Geistes öffnen, dem Wort der Verheißung in uns Raum geben: Das steht am Anfang der neuen Schöpfung. So kann der Geist Gottes auch uns erfüllen und heiligen. Das Sakrament, das wir empfangen, ist dafür das große, mächtige Zeichen.*

GABENGEBET

Herr, unser Gott,
wir legen die Gaben auf den Altar.
Heilige sie durch deinen Geist,
der mit seiner Kraft
die Jungfrau Maria überschattet hat.
Darum bitten wir durch Christus, unseren Herrn.

Adventspräfation, S. 415 f.

KOMMUNIONVERS Jes 7, 14

Seht, die Jungfrau wird empfangen und einen Sohn gebären.
Sein Name ist Immanuel, Gott mit uns.

SCHLUSSGEBET

Allmächtiger Gott,
du hast uns in diesem Mahl das Heil zugesagt
und uns schon jetzt Anteil daran gegeben.
Lass uns das Kommen deines Sohnes
in Freude erwarten

und mache uns umso eifriger in deinem Dienst,
je näher das Fest seiner Geburt heranrückt.
Darum bitten wir durch Christus, unseren Herrn.

FÜR DEN TAG UND DIE WOCHE
Mit der Ankündigung des Engels will der Evangelist Lukas sagen, dass in Maria Gott etwas völlig Neues, etwas Einzigartiges beginnt. ... Keiner ihrer Nachbarn konnte das Geheimnis erahnen, das Maria aus Nazareth in sich trug. Geschehen nicht gerade die größten Geheimnisse in tiefer Stille? In der Geschichte genügen manchmal einige wenige Menschen, um den Lauf der Ereignisse zu ändern. Das Vertrauen, das Maria aufbrachte, und ihr Mut genügten, um Gott in die Menschheit eingehen zu lassen. Gott wollte, dass diese junge Frau ihr Ja in Freiheit sagt. Sie tut es: „Ich bin die Magd des Herrn, mir geschehe, wie du es gesagt hast" (Lk 1,38). ... Von jeder und jedem von uns erwartet Gott dieses Ja für das ganze Leben. Es ist, als ob er zu uns sagt: „Ich brauche dich, damit das Evangelium alle Menschen erreichen kann. Hab' keine Angst, an deine Grenzen zu stoßen, fürchte dich nicht zu leiden; ich lasse dich nicht im Stich." (Frère Alois, Taizé)

DIE WEIHNACHTSZEIT

25. Dezember

HOCHFEST DER GEBURT DES HERRN
WEIHNACHTEN – CHRISTTAG

Am Heiligen Abend

Aus pastoralen Gründen ist es erlaubt, schon am Weihnachtsabend statt der hier vorgesehenen Texte diejenigen der Mitternachtsmesse zu nehmen.

Die Menschheit bewegt sich – heute und immer – zwischen Angst und Hoffnung. Die Hoffnung hat ihren letzten Grund allein in der Treue Gottes. Jesus, der Sohn, ist das leibhaftige Ja Gottes zu seiner Verheißung. Rettung und Heil kommen durch ihn – wenn wir ihn aufnehmen: Wenn wir uns bereitmachen für sein Wort und seine Gabe.

ERÖFFNUNGSVERS
Vgl. Ex 16, 6–7

Heute sollt ihr es erfahren:
Der Herr kommt, um uns zu erlösen,
und morgen werdet ihr seine Herrlichkeit schauen.
Ehre sei Gott, S. 371 f.

TAGESGEBET

Gütiger Gott,
Jahr für Jahr erwarten wir voll Freude
das Fest unserer Erlösung.
Gib, dass wir deinen Sohn von ganzem Herzen
als unseren Retter und Heiland aufnehmen,
damit wir ihm
voll Zuversicht entgegengehen können,
wenn er am Ende der Zeiten als Richter wiederkommt.
Er, der in der Einheit des Heiligen Geistes
mit dir lebt und herrscht in alle Ewigkeit.

ZUR 1. LESUNG *Erlösung, Heil, Herrlichkeit: Wir haben Mühe, diese Worte richtig zu verstehen. Freiheit, Gesundheit, Friede, Glück: Diese Worte verstehen wir besser. Das meint der Prophet, der in Jes 62 als Beter und Tröster spricht. Im Glauben weiß er: Gott wird ihn hören, denn Gott liebt sein Volk und seine heilige Stadt.*

ERSTE LESUNG
Jes 62, 1–5

Der HERR hat an dir Gefallen

Lesung
 aus dem Buch Jesája.

¹ Um Zions willen werde ich nicht schweigen,
 um Jerusalems willen nicht still sein,
 bis hervorbricht wie ein helles Licht seine Gerechtigkeit
  und sein Heil wie eine brennende Fackel.

² Dann sehen die Nationen deine Gerechtigkeit
  und alle Könige deine Herrlichkeit.
 Man ruft dich mit einem neuen Namen,
  den der Mund des HERRN für dich bestimmt.

³ Du wirst zu einer prächtigen Krone in der Hand des HERRN,
  zu einem königlichen Kopfschmuck in der Hand deines Gottes.

⁴ Nicht länger nennt man dich „Verlassene"
  und dein Land nicht mehr „Verwüstung",
 sondern du wirst heißen: „Ich habe Gefallen an dir"
  und dein Land wird „Vermählte" genannt.
 Denn der HERR hat an dir Gefallen
  und dein Land wird vermählt.

⁵ Wie der junge Mann sich mit der Jungfrau vermählt,
  so vermählt sich mit dir dein Erbauer.
 Wie der Bräutigam sich freut über die Braut,
  so freut sich dein Gott über dich.

ANTWORTPSALM   Ps 89 (88), 20a u. 4–5.16–17.27 u. 29 (Kv: 2a)

Kv Von der Huld des HERRN GL 657, 3
will ich ewig singen. – Kv

^{20a} Einst hast du in einer Vision zu deinen Frommen gesprochen: /
⁴ „Ich habe einen Bund geschlossen mit meinem Erwählten *
und David, meinem Knecht, geschworen:
⁵ Auf ewig gebe ich deinem Haus festen Bestand *
und von Geschlecht zu Geschlecht gründe ich deinen Thron. – (Kv)
¹⁶ Selig das Volk, das den Jubelruf kennt, *
HERR, sie gehen im Licht deines Angesichts.
¹⁷ Sie freuen sich allezeit über deinen Namen *
und sie jubeln über deine Gerechtigkeit. – (Kv)
²⁷ Er wird zu mir rufen: Mein Vater bist du, *
mein Gott, der Fels meiner Rettung.
²⁹ Auf ewig werde ich ihm meine Huld bewahren, *
mein Bund mit ihm ist verlässlich." – Kv

ZUR 2. LESUNG   *Auf seiner ersten Missionsreise wird Paulus in Antiochia (in Pisidien) eingeladen, in der Synagoge am Sabbat ein „Wort des Trostes" zu sagen. Er erinnert seine jüdischen Zuhörer an die Geschichte Israels von Abraham bis zu Johannes dem Täufer. Johannes hat auf Jesus hingewiesen und zur Umkehr aufgerufen. Niemand kann Jesus als den Retter und Herrn erkennen, wenn er nicht bereit ist, ein anderer Mensch zu werden.*

ZWEITE LESUNG   Apg 13, 16–17.22–25

Aus Davids Geschlecht hat Gott dem Volk Israel Jesus als Retter geschickt

Lesung
   aus der Apostelgeschichte.

¹⁶ In der Synagoge von Antióchia in Pisídien stand Paulus auf,
gab mit der Hand ein Zeichen
und sagte:
   Ihr Israeliten und ihr Gottesfürchtigen, hört!
¹⁷ Der Gott dieses Volkes Israel hat unsere Väter erwählt
   und das Volk in der Fremde erhöht, im Land Ägypten;
er hat sie mit hoch erhobenem Arm von dort herausgeführt.

Weihnachten – Am Heiligen Abend

²² Dann erhob er David zu ihrem König,
von dem er bezeugte:
Ich habe David, den Sohn des Ísai,
als einen Mann nach meinem Herzen gefunden,
der alles, was ich will, vollbringen wird.
²³ Aus seinem Geschlecht
hat Gott dem Volk Israel, der Verheißung gemäß,
Jesus als Retter geschickt.
²⁴ Vor dessen Auftreten hat Johannes
dem ganzen Volk Israel eine Taufe der Umkehr verkündet.
²⁵ Als Johannes aber seinen Lauf vollendet hatte,
sagte er: Ich bin nicht der, für den ihr mich haltet;
aber siehe, nach mir kommt einer,
dem die Sandalen von den Füßen zu lösen ich nicht wert bin.

RUF VOR DEM EVANGELIUM

Halleluja. Halleluja.

Morgen wird die Sünde der Erde getilgt
und über uns herrscht der Retter der Welt.

Halleluja.

ZUM EVANGELIUM   *Sohn Davids, Sohn Abrahams: Als wahrer Mensch, als Kind eines bestimmten Volkes tritt der Sohn Gottes in diese Welt ein. Auf ihn, den Messias, war die Geschichte Israels hingeordnet; auf ihn warten die Völker der Erde, auch wenn sie es nicht wissen. – Mit Ehrfurcht schaut Josef, der stille und treue Helfer, auf das Geheimnis der ihm anvertrauten Frau.*

EVANGELIUM   Mt 1, 1–25   ☐1

Stammbaum Jesu Christi, des Sohnes Davids, des Sohnes Abrahams

✚ Aus dem heiligen Evangelium nach Matthäus.

¹ Buch des Ursprungs Jesu Christi,
des Sohnes Davids, des Sohnes Abrahams:
² Abraham zeugte den Ísaak,
Ísaak zeugte den Jakob,

Jakob zeugte den Juda und seine Brüder.
³ Juda zeugte den Perez und den Serach
   mit der Tamar.
Perez zeugte den Hezron,
Hezron zeugte den Aram,
⁴ Aram zeugte den Amminádab,
Amminádab zeugte den Nachschon,
Nachschon zeugte den Salmon.
⁵ Salmon zeugte den Boas
   mit der Rahab.
Boas zeugte den Obed
   mit der Rut.
Obed zeugte den Ísai,
⁶ Ísai zeugte David, den König.

David zeugte den Sálomo
   mit der Frau des Uríja.
⁷ Sálomo zeugte den Rehábeam,
Rehábeam zeugte den Abíja,
Abíja zeugte den Asa,
⁸ Asa zeugte den Jóschafat,
Jóschafat zeugte den Joram,
Joram zeugte den Usíja.
⁹ Usíja zeugte den Jotam,
Jotam zeugte den Ahas,
Ahas zeugte den Hiskíja,
¹⁰ Hiskíja zeugte den Manásse,
Manásse zeugte den Amos,
Amos zeugte den Joschíja.
¹¹ Joschíja zeugte den Jójachin und seine Brüder;
das war zur Zeit der Babylonischen Gefangenschaft.

¹² Nach der Babylonischen Gefangenschaft
   zeugte Jójachin den Scheáltiël,
Scheáltiël zeugte den Serubbábel,
¹³ Serubbábel zeugte den Ábihud,
Ábihud zeugte den Éljakim,

Éljakim zeugte den Azor.
¹⁴ Azor zeugte den Zadok,
Zadok zeugte den Achim,
Achim zeugte den Éliud,
¹⁵ Éliud zeugte den Eleásar,
Eleásar zeugte den Mattan,
Mattan zeugte den Jakob.
¹⁶ Jakob zeugte den Josef, den Mann Marias;
von ihr wurde Jesus geboren,
der der Christus genannt wird.
¹⁷ Im Ganzen sind es also von Abraham bis David
vierzehn Generationen,
von David bis zur Babylonischen Gefangenschaft
vierzehn Generationen
und von der Babylonischen Gefangenschaft bis zu Christus
vierzehn Generationen.
¹⁸ Mit der Geburt Jesu Christi war es so:
Maria, seine Mutter, war mit Josef verlobt;
noch bevor sie zusammengekommen waren,
zeigte sich, dass sie ein Kind erwartete –
durch das Wirken des Heiligen Geistes.
¹⁹ Josef, ihr Mann,
der gerecht war und sie nicht bloßstellen wollte,
beschloss, sich in aller Stille von ihr zu trennen.
²⁰ Während er noch darüber nachdachte,
siehe, da erschien ihm ein Engel des Herrn im Traum
und sagte: Josef, Sohn Davids,
fürchte dich nicht, Maria als deine Frau zu dir zu nehmen;
denn das Kind, das sie erwartet,
ist vom Heiligen Geist.
²¹ Sie wird einen Sohn gebären;
ihm sollst du den Namen Jesus geben;
denn er wird sein Volk von seinen Sünden erlösen.

²² Dies alles ist geschehen,
   damit sich erfüllte,
   was der Herr durch den Propheten gesagt hat:
²³ Siehe: Die Jungfrau wird empfangen
   und einen Sohn gebären
   und sie werden ihm den Namen Immánuel geben,
   das heißt übersetzt: Gott mit uns.
²⁴ Als Josef erwachte,
   tat er, was der Engel des Herrn ihm befohlen hatte,
   und nahm seine Frau zu sich.
²⁵ Er erkannte sie aber nicht, bis sie ihren Sohn gebar.
   Und er gab ihm den Namen Jesus.

Oder Kurzfassung:

2 EVANGELIUM   Mt 1, 18–25
Maria wird einen Sohn gebären; ihm sollst du den Namen Jesus geben

✛ Aus dem heiligen Evangelium nach Matthäus.

¹⁸ Mit der Geburt Jesu Christi war es so:
   Maria, seine Mutter, war mit Josef verlobt;
   noch bevor sie zusammengekommen waren,
      zeigte sich, dass sie ein Kind erwartete –
   durch das Wirken des Heiligen Geistes.
¹⁹ Josef, ihr Mann,
      der gerecht war und sie nicht bloßstellen wollte,
   beschloss, sich in aller Stille von ihr zu trennen.
²⁰ Während er noch darüber nachdachte,
      siehe, da erschien ihm ein Engel des Herrn im Traum
   und sagte: Josef, Sohn Davids,
   fürchte dich nicht, Maria als deine Frau zu dir zu nehmen;
   denn das Kind, das sie erwartet,
      ist vom Heiligen Geist.
²¹ Sie wird einen Sohn gebären;
   ihm sollst du den Namen Jesus geben;
   denn er wird sein Volk von seinen Sünden erlösen.

²² Dies alles ist geschehen,
  damit sich erfüllte,
  was der Herr durch den Propheten gesagt hat:
²³ Siehe: Die Jungfrau wird empfangen
  und einen Sohn gebären
und sie werden ihm den Namen Immánuel geben,
das heißt übersetzt: Gott mit uns.
²⁴ Als Josef erwachte,
  tat er, was der Engel des Herrn ihm befohlen hatte,
  und nahm seine Frau zu sich.
²⁵ Er erkannte sie aber nicht, bis sie ihren Sohn gebar.
Und er gab ihm den Namen Jesus.

Glaubensbekenntnis, S. 374 ff.
Zu den Worten hat Fleisch angenommen bzw. empfangen durch den Heiligen Geist knien alle.
Fürbitten vgl. S. 795 f.

ZUR EUCHARISTIEFEIER *„Gott ist mit uns": In Jesus ist der prophetische Name Wirklichkeit geworden. Gott ist bei uns, der helfende, rettende Gott. In seinem Namen haben wir Gemeinschaft auch mit allen, die an seine Gegenwart glauben.*

GABENGEBET

Herr, unser Gott,
mit der Menschwerdung deines Sohnes
hat unsere Rettung begonnen.
Nimm diese Gaben an
und mache uns durch diese Opferfeier bereit
für das Geheimnis der Heiligen Nacht,
in der wir den Ursprung unserer Erlösung
festlich begehen.
Darum bitten wir durch Christus, unseren Herrn.

Weihnachtspräfation, S. 416 f.
In den Hochgebeten I–III eigener Einschub

KOMMUNIONVERS
Vgl. Jes 40, 5

Die Herrlichkeit des Herrn wird offenbar,
und alle Menschen erfahren Gottes Heil.

SCHLUSSGEBET

Allmächtiger Gott,
gib uns Anteil am göttlichen Leben
durch die Menschwerdung deines Sohnes,
dessen Fleisch und Blut
wir im Sakrament empfangen haben.
Darum bitten wir durch ihn, Christus, unseren Herrn.

DEN TRÄUMEN TRAUEN

*Josef ist der Mann, der sich in Dienst nehmen lässt und immer wieder aufbricht, losgeht. Er glaubt den Träumen und ihrer Botschaft – gegen allen Augenschein, allen Widerständen zum Trotz. ... Es geht darum, den Träumen zu trauen, den Träumen einer besseren, anderen Welt, in der Liebe, Freiheit und Hoffnung lebt. Und es geht darum, dass wir selbst Hoffnungszeichen dieser neuen Welt sind – weil wir hoffen gegen alle Hoffnungslosigkeit, vertrauen gegen alle Resignation, glauben gegen alle scheinbare Realität – so wie Josef geglaubt und vertraut hat.
(Andrea Schwarz)*

In der Heiligen Nacht

Gott hat Ja gesagt zum Menschen, zu allen und zu jedem. Zu mir. Gott kommt uns entgegen, er nimmt uns an. Das Wort, das er uns sagt, ist sein Sohn: „Ein Kind ist uns geboren." Gott liebt uns und er wartet auf unsere Liebe.

ERÖFFNUNGSVERS
Ps 2, 7

Der Herr sprach zu mir:
Mein Sohn bist du, heute habe ich dich gezeugt.

Oder:

Freut euch im Herrn,
heute ist uns der Heiland geboren.
Heute ist der wahre Friede vom Himmel herabgestiegen.

Ehre sei Gott, S. 371 f.

TAGESGEBET

Herr, unser Gott,
in dieser hochheiligen Nacht
ist uns das wahre Licht aufgestrahlt.
Lass uns dieses Geheimnis
im Glauben erfassen und bewahren,
bis wir im Himmel
den unverhüllten Glanz deiner Herrlichkeit schauen.
Darum bitten wir durch Jesus Christus.

ZUR 1. LESUNG *Einem verwüsteten Land, einem verängstigten Volk kündigt der Prophet (um 730 v.Chr.) eine Zukunft an, in der es Gerechtigkeit, Frieden und Freude gibt. Jetzt schon leuchtet ein Licht in die Finsternis herein: die Geburt des königlichen Kindes, des Retters. Übergroße Namen und Eigenschaften werden ihm zugesprochen; der Blick weitet sich: In dem neugeborenen Kind liegt die Hoffnung der Menschheit beschlossen.*

ERSTE LESUNG   Jes 9, 1–6

Ein Sohn wurde uns geschenkt; man rief seinen Namen aus:
Fürst des Friedens

Lesung
   aus dem Buch Jesája.

¹ Das Volk, das in der Finsternis ging,
   sah ein helles Licht;
über denen, die im Land des Todesschattens wohnten,
   strahlte ein Licht auf.
² Du mehrtest die Nation,
   schenktest ihr große Freude.
Man freute sich vor deinem Angesicht,
   wie man sich freut bei der Ernte,
   wie man jubelt, wenn Beute verteilt wird.
³ Denn sein drückendes Joch
   und den Stab auf seiner Schulter,
   den Stock seines Antreibers zerbrachst du
wie am Tag von Mídian.

⁴ Jeder Stiefel, der dröhnend daherstampft,
 jeder Mantel, im Blut gewälzt, wird verbrannt,
wird ein Fraß des Feuers.
⁵ Denn ein Kind wurde uns geboren,
ein Sohn wurde uns geschenkt.
Die Herrschaft wurde auf seine Schulter gelegt.
Man rief seinen Namen aus:
 Wunderbarer Ratgeber, Starker Gott,
Vater in Ewigkeit, Fürst des Friedens.
⁶ Die große Herrschaft
 und der Frieden sind ohne Ende
auf dem Thron Davids und in seinem Königreich,
um es zu festigen und zu stützen durch Recht und Gerechtigkeit,
 von jetzt an bis in Ewigkeit.
Der Eifer des HERRN der Heerscharen
 wird das vollbringen.

ANTWORTPSALM   Ps 96 (95), 1–2.3 u. 11.12–13a (Kv: vgl. Lk 2, 11)

Kv Heute ist uns der Heiland geboren: GL 635, 3
Christus, der Herr. – Kv

¹ Singet dem HERRN ein neues Lied, *
singt dem HERRN, alle Lande,
² singt dem HERRN, preist seinen Namen! *
Verkündet sein Heil von Tag zu Tag! – (Kv)

³ Erzählt bei den Nationen von seiner Herrlichkeit, *
bei allen Völkern von seinen Wundern!
¹¹ Der Himmel freue sich, die Erde frohlocke, *
es brause das Meer und seine Fülle. – (Kv)

¹² Es jauchze die Flur und was auf ihr wächst. *
Jubeln sollen alle Bäume des Waldes
¹³ᵃ vor dem HERRN, denn er kommt, *
denn er kommt, um die Erde zu richten. – Kv

ZUR 2. LESUNG *Gottes Wort ist hörbar, seine Gnade ist sichtbar geworden: im Sohn, der geboren wurde und gestorben ist für uns. Zwischen der ersten Ankunft Christi und der Offenbarung seiner Herrlichkeit läuft die Zeit der Geschichte und die unseres eigenen Lebens. Es ist eine Zeit der Hoffnung und der Bewährung.*

ZWEITE LESUNG   Tit 2, 11–14
Die Gnade Gottes ist erschienen, um alle Menschen zu retten

Lesung
   aus dem Brief des Apostels Paulus an Titus.

¹¹ Die Gnade Gottes ist erschienen,
   um alle Menschen zu retten.
¹² Sie erzieht uns dazu,
   uns von der Gottlosigkeit
   und den irdischen Begierden loszusagen
und besonnen, gerecht und fromm in dieser Welt zu leben,
¹³ während wir auf die selige Erfüllung unserer Hoffnung warten:
auf das Erscheinen der Herrlichkeit
   unseres großen Gottes und Retters Christus Jesus.
¹⁴ Er hat sich für uns hingegeben,
   damit er uns von aller Ungerechtigkeit erlöse
und für sich ein auserlesenes Volk schaffe,
   das voll Eifer danach strebt, das Gute zu tun.

RUF VOR DEM EVANGELIUM   Vers: vgl. Lk 2, 10–11
Halleluja. Halleluja.

Ich verkünde euch eine große Freude:
Heute ist uns der Retter geboren;
er ist der Christus, der Herr.

Halleluja.

ZUM EVANGELIUM *Aus Betlehem stammte Isai, der Ahnherr des davidischen Königshauses. Dort wird Jesus, der Sohn Davids, geboren, der Gottessohn, der Messias. Himmel und Erde (Engel und Menschen) huldigen ihm, auch wenn es noch Nacht ist. Das Zeichen seiner Ankunft ist die Armut, die Schwachheit des Kindes.*

EVANGELIUM
Lk 2, 1–14

Heute ist euch der Retter geboren

✛ Aus dem heiligen Evangelium nach Lukas.

1 Es geschah aber in jenen Tagen,
    dass Kaiser Augústus den Befehl erließ,
    den ganzen Erdkreis in Steuerlisten einzutragen.
2 Diese Aufzeichnung war die erste;
    damals war Quirínius Statthalter von Syrien.
3 Da ging jeder in seine Stadt, um sich eintragen zu lassen.
4 So zog auch Josef
    von der Stadt Nazaret in Galiläa
    hinauf nach Judäa in die Stadt Davids, die Betlehem heißt;
    denn er war aus dem Haus und Geschlecht Davids.
5 Er wollte sich eintragen lassen
    mit Maria, seiner Verlobten,
    die ein Kind erwartete.
6 Es geschah, als sie dort waren,
    da erfüllten sich die Tage, dass sie gebären sollte,
7 und sie gebar ihren Sohn, den Erstgeborenen.
Sie wickelte ihn in Windeln
    und legte ihn in eine Krippe,
    weil in der Herberge kein Platz für sie war.
8 In dieser Gegend lagerten Hirten auf freiem Feld
    und hielten Nachtwache bei ihrer Herde.
9 Da trat ein Engel des Herrn zu ihnen
    und die Herrlichkeit des Herrn umstrahlte sie
    und sie fürchteten sich sehr.
10 Der Engel sagte zu ihnen: Fürchtet euch nicht,
    denn siehe, ich verkünde euch eine große Freude,
    die dem ganzen Volk zuteilwerden soll:
11 Heute ist euch in der Stadt Davids der Retter geboren;
    er ist der Christus, der Herr.

¹² Und das soll euch als Zeichen dienen:
Ihr werdet ein Kind finden,
   das, in Windeln gewickelt, in einer Krippe liegt.
¹³ Und plötzlich war bei dem Engel ein großes himmlisches Heer,
das Gott lobte
   und sprach:
¹⁴   Ehre sei Gott in der Höhe
und Friede auf Erden
   den Menschen seines Wohlgefallens.

Glaubensbekenntnis, S. 374 ff.
Zu den Worten hat Fleisch angenommen bzw. empfangen durch den Heiligen Geist knien alle.
Fürbitten vgl. S. 795 f.

ZUR EUCHARISTIEFEIER   *Im schwachen und wehrlosen Kind erscheint der starke Gott und Fürst des Friedens. In einer Welt voll Hass und Gewalt wird die Krippe von Betlehem zum Symbol der Hoffnung und des Friedens.*

GABENGEBET

Allmächtiger Gott,
in dieser heiligen Nacht
bringen wir dir unsere Gaben dar.
Nimm sie an
und gib, dass wir durch den wunderbaren Tausch
deinem Sohn gleichgestaltet werden,
in dem unsere menschliche Natur
mit deinem göttlichen Wesen vereint ist.
Darum bitten wir durch ihn, Christus, unseren Herrn.

Weihnachtspräfation, S. 416 f.
In den Hochgebeten I–III eigener Einschub

KOMMUNIONVERS   Joh 1, 14

Das Wort ist Fleisch geworden,
und wir haben seine Herrlichkeit geschaut.

SCHLUSSGEBET

Herr, unser Gott,
in der Freude über die Geburt unseres Erlösers
bitten wir dich:
Gib uns die Gnade, ihm unser ganzes Leben zu weihen,
damit wir einst Anteil erhalten
an der ewigen Herrlichkeit deines Sohnes,
der mit dir lebt und herrscht in alle Ewigkeit.

GNADE

Es ist Gnade, wenn wir unverhofft wieder gesund werden oder nur mit knapper Not einem Unheil entkommen sind. Es ist Gnade, wenn uns in aller Ausweglosigkeit das Tor zur Hoffnung wenigstens einen Spalt weit offensteht. Es ist Gnade, wenn wir zu Weihnachten etwas von diesem göttlichen Geschenk erahnen, auf dem sich unser menschliches Dasein gründet. (Christa Spilling-Nöker)

Am Morgen

Wo ist Betlehem? Gar nicht weit, gleich nebenan: da, wo wir Jesus finden, in Armut und Liebe. Er ist einer von uns geworden, der ewige Sohn wurde ein kleines Menschenkind. Er hat lachen und weinen gelernt.

ERÖFFNUNGSVERS   Vgl. Jes 9, 1.5; Lk 1, 33

Ein Licht strahlt heute über uns auf, denn geboren ist uns der Herr.
Und man nennt ihn: Starker Gott, Friedensfürst,
Vater der kommenden Welt.
Seine Herrschaft wird kein Ende haben.
Ehre sei Gott, S. 371 f.

TAGESGEBET

Allmächtiger Gott,
dein ewiges Wort ist Fleisch geworden,
um uns mit dem Glanz deines Lichtes zu erfüllen.
Gib, dass in unseren Werken widerstrahlt,
was durch den Glauben in unserem Herzen leuchtet.
Darum bitten wir durch ihn, Jesus Christus.

Weihnachten – Am Morgen

ZUR 1. LESUNG *In schwieriger Zeit wird der Stadt Jerusalem und ihren Einwohnern das Heil angekündigt. Gott hat sein Volk wieder angenommen, er führt die Gefangenen heim. Die Verheißung geht aber über den Rahmen rein politischer Erwartungen hinaus; sie gilt dem neuen Volk der Erlösten, einem neuen Zion, mit dem Gott einen neuen, ewigen Bund schließt.*

ERSTE LESUNG Jes 62, 11–12
Siehe, deine Rettung kommt

Lesung
  aus dem Buch Jesája.

¹¹ Siehe, der HERR hat es bekannt gemacht bis ans Ende der Erde.
Sagt der Tochter Zion:
  Siehe, deine Rettung kommt.
  Siehe, sein Lohn ist mit ihm
  und sein Ertrag
    geht vor ihm her!
¹² Dann wird man sie nennen „Heiliges Volk",
„Erlöste des HERRN".
Und du wirst genannt werden:
  „Begehrte, nicht mehr verlassene Stadt".

ANTWORTPSALM Ps 97 (96), 1 u. 6.11–12 (Kv: vgl. Jes 9, 1; Lk 2, 11)

Kv Ein Licht strahlt heute über uns auf: GL 635, 4
Geboren ist Christus, der Herr. – Kv

¹ Der HERR ist König. Es juble die Erde! *
Freuen sollen sich die vielen Inseln.
⁶ Seine Gerechtigkeit verkünden die Himmel, *
seine Herrlichkeit schauen alle Völker. – (Kv)
¹¹ Licht wird ausgesät für den Gerechten, *
Freude für die, die geraden Herzens sind.
¹² Freut euch am HERRN, ihr Gerechten, *
dankt seinem heiligen Namen! – Kv

ZUR 2. LESUNG *Gott hat sich in Jesus als der Liebende und der Barmherzige offenbart. Er rettet uns: Er befreit uns von unserer Vergangenheit und gibt uns die Kraft seines Geistes zu einem neuen Anfang in unserem Leben als Christen.*

ZWEITE LESUNG Tit 3, 4–7
Gott hat uns gerettet nach seinem Erbarmen

Lesung
  aus dem Brief des Apostels Paulus an Titus.

⁴ **Als die Güte**
  und Menschenfreundlichkeit Gottes, unseres Retters, erschien,
⁵ **hat er uns gerettet**
  – nicht aufgrund von Werken der Gerechtigkeit,
  die wir vollbracht haben,
sondern nach seinem Erbarmen –
durch das Bad der Wiedergeburt
  und die Erneuerung im Heiligen Geist.
⁶ **Ihn hat er in reichem Maß über uns ausgegossen**
  durch Jesus Christus, unseren Retter,
⁷ **damit wir durch seine Gnade gerecht gemacht werden**
und das ewige Leben erben, das wir erhoffen.

RUF VOR DEM EVANGELIUM Vers: Lk 2, 14
Halleluja. Halleluja.

Ehre sei Gott in der Höhe
und Friede auf Erden den Menschen seines Wohlgefallens.

Halleluja.

ZUM EVANGELIUM *Die Hirten kommen nach Betlehem. Sie schauen und staunen, sie glauben und erzählen. Maria begreift noch nicht alles; glaubend bewahrt sie das Gehörte in ihrem Herzen, um es ein Leben lang zu bedenken. Sie kann uns darin ein Vorbild sein, das in der Heiligen Schrift Gelesene ein Leben lang zu überdenken.*

EVANGELIUM
Lk 2, 15–20

Die Hirten fanden Maria und Josef und das Kind

✝ Aus dem heiligen Evangelium nach Lukas.

¹⁵ Als die Engel von den Hirten
 in den Himmel zurückgekehrt waren,
 sagten die Hirten zueinander:
Lasst uns nach Betlehem gehen,
 um das Ereignis zu sehen, das uns der Herr kundgetan hat!

¹⁶ So eilten sie hin
 und fanden Maria und Josef
 und das Kind, das in der Krippe lag.

¹⁷ Als sie es sahen,
 erzählten sie von dem Wort,
 das ihnen über dieses Kind gesagt worden war.

¹⁸ Und alle, die es hörten,
 staunten über das, was ihnen von den Hirten erzählt wurde.

¹⁹ Maria aber
 bewahrte alle diese Worte
 und erwog sie in ihrem Herzen.

²⁰ Die Hirten kehrten zurück,
 rühmten Gott
 und priesen ihn für alles, was sie gehört und gesehen hatten,
 so wie es ihnen gesagt worden war.

Glaubensbekenntnis, S. 374 ff.
Zu den Worten hat Fleisch angenommen bzw. empfangen durch den Heiligen Geist knien alle.
Fürbitten vgl. S. 795 f.

ZUR EUCHARISTIEFEIER *Jesus, schenke mir die Sehnsucht, dich wie die Hirten immer wieder zu suchen und mache mich bereit, die Frohe Botschaft mit Worten und Taten zu verkünden.*

GABENGEBET

Himmlischer Vater,
erfülle die Gaben dieser Erde mit deinem Segen,
damit sie das Geheimnis dieses Tages darstellen:
Wie Christus
als neugeborener Mensch und als wahrer Gott
vor uns aufleuchtet,
so lass uns durch diese irdische Speise
das göttliche Leben empfangen.
Darum bitten wir durch ihn, Christus, unseren Herrn.

Weihnachtspräfation, S. 416f.
In den Hochgebeten I–III eigener Einschub

KOMMUNIONVERS Vgl. Sach 9, 9

Juble laut, Tochter Zion, jauchze, Tochter Jerusalem,
siehe, dein König kommt zu dir, der Heilige, der Heiland der Welt.

SCHLUSSGEBET

Herr, unser Gott,
die Menschwerdung deines Sohnes
erfülle uns mit Freude und Dank.
Lass uns dieses unergründliche Geheimnis
im Glauben erfassen und in tätiger Liebe bekennen.
Darum bitten wir durch Christus, unseren Herrn.

ZUR KRIPPE

Wer sich zur Krippe aufmacht, glaubt daran, dass der Mensch auch anders könnte: dass er fähig zu Liebe und Friede wäre. Wer sich zur Krippe aufmacht, glaubt an die Macht des göttlichen Friedens. Wer sich zur Krippe aufmacht, glaubt, im kleinen Kind der Größe und Macht Gottes zu begegnen. Wenn heute Menschen wegen Kriegen und Terroranschlägen sagen: Wie kann man noch Weihnachten feiern, müssen wir antworten: Erst recht müssen wir jetzt Weihnachten feiern. All diese Menschen in den Krisengebieten unserer Welt brauchen die Krippe: die Zuversicht, dass Gott auch heute in den Dreck des Lebens kommt, uns auch dort nahe ist. (Urban Federer)

Am Tag

Wort aus dem Schweigen, Licht in eine dunkle Welt hinein, Leben, das stärker ist als der Tod: Das sind nicht mehr nur Ideen und Hoffnungen, es ist das Ereignis in der Mitte der Zeit. Die Welt merkt es kaum. Und doch ist alles anders geworden. Gott hat sich seiner Welt ausgeliefert und er nimmt sich nicht mehr zurück.

ERÖFFNUNGSVERS
Vgl. Jes 9, 5

Ein Kind ist uns geboren, ein Sohn ist uns geschenkt.
Auf seinen Schultern ruht die Herrschaft.
Ehre sei Gott, S. 371 f.

TAGESGEBET

Allmächtiger Gott,
du hast den Menschen
in seiner Würde wunderbar erschaffen
und noch wunderbarer wiederhergestellt.
Lass uns teilhaben an der Gottheit deines Sohnes,
der unsere Menschennatur angenommen hat.
Er, der in der Einheit des Heiligen Geistes
mit dir lebt und herrscht in alle Ewigkeit.

ZUR 1. LESUNG   *Noch ist die gute Nachricht, dass Gott sich um die Menschen kümmert, nicht überall angekommen. Aber die „Wächter", Menschen mit wachem Herzen und sehenden Augen, verkünden die große Freude. Es gibt Hoffnung mitten in einer Trümmerlandschaft. Gott sagt allen Völkern der Erde: Ich bin da.*

ERSTE LESUNG
Jes 52, 7–10

Alle Enden der Erde werden das Heil unseres Gottes sehen

Lesung
   aus dem Buch Jesája.

⁷ Wie willkommen sind auf den Bergen
   die Schritte des Freudenboten, der Frieden ankündigt,
der eine frohe Botschaft bringt und Heil verheißt,
der zu Zion sagt: Dein Gott ist König.

8 Horch, deine Wächter erheben die Stimme,
sie beginnen alle zu jubeln.
Denn sie sehen mit eigenen Augen,
   wie der HERR nach Zion zurückkehrt.

9 Brecht in Jubel aus,
jauchzt zusammen,
   ihr Trümmer Jerusalems!
Denn der HERR hat sein Volk getröstet,
er hat Jerusalem erlöst.

10 Der HERR hat seinen heiligen Arm
   vor den Augen aller Nationen entblößt
und alle Enden der Erde
   werden das Heil unseres Gottes sehen.

ANTWORTPSALM   Ps 98 (97), 1.2–3b.3c–4.5–6 (Kv: vgl. 3cd)

Kv Alle Enden der Erde   GL 55, 1
sehen das Heil unsres Gottes. – Kv

1 Singet dem HERRN ein neues Lied, *
denn er hat wunderbare Taten vollbracht!
Geholfen hat ihm seine Rechte *
und sein heiliger Arm. – (Kv)

2 Der HERR hat sein Heil bekannt gemacht *
und sein gerechtes Wirken enthüllt vor den Augen der Völker.

3ab Er gedachte seiner Huld *
und seiner Treue zum Hause Israel. – (Kv)

3cd Alle Enden der Erde *
sahen das Heil unsres Gottes.

4 Jauchzet dem HERRN, alle Lande, *
freut euch, jubelt und singt! – (Kv)

5 Spielt dem HERRN auf der Leier, *
auf der Leier zu lautem Gesang!

6 Mit Trompeten und lautem Widderhorn *
jauchzt vor dem HERRN, dem König! – Kv

Weihnachten – Am Tag

ZUR 2. LESUNG *Durch das Wort Gottes, den ewigen Sohn, wurde am Anfang die Welt erschaffen; „in dieser Endzeit aber" kommt der Sohn, um die Welt mit Gott zu versöhnen. Vom Christusereignis her verstehen wir den Ersten Bund als Zeit der Verheißung und Erwartung. Die Erfüllung ist anders, als die Propheten es wissen konnten: sie ist göttlicher und zugleich menschlicher.*

ZWEITE LESUNG
Hebr 1, 1–6

Gott hat zu uns gesprochen durch den Sohn

Lesung
   aus dem Hebräerbrief.

¹ Vielfältig und auf vielerlei Weise
   hat Gott einst zu den Vätern gesprochen durch die Propheten;
² am Ende dieser Tage
   hat er zu uns gesprochen durch den Sohn,
   den er zum Erben von allem eingesetzt,
   durch den er auch die Welt erschaffen hat;
³ er ist der Abglanz seiner Herrlichkeit
   und das Abbild seines Wesens;
   er trägt das All durch sein machtvolles Wort,
   hat die Reinigung von den Sünden bewirkt
   und sich dann zur Rechten der Majestät in der Höhe gesetzt;
⁴ er ist umso viel erhabener geworden als die Engel,
   wie der Name, den er geerbt hat, ihren Namen überragt.

⁵ Denn zu welchem Engel hat er jemals gesagt:
   Mein Sohn bist du,
   ich habe dich heute gezeugt,
   und weiter:
   Ich will für ihn Vater sein
   und er wird für mich Sohn sein?
⁶ Wenn er aber den Erstgeborenen wieder in die Welt einführt,
   sagt er:
   Alle Engel Gottes sollen sich vor ihm niederwerfen.

RUF VOR DEM EVANGELIUM

Halleluja. Halleluja.

Aufgeleuchtet ist uns aufs Neue der Tag der Erlösung:
Ein großes Licht ist heute auf Erden erschienen.
Kommt, ihr Völker, und betet an den Herrn, unseren Gott!

Halleluja.

ZUM EVANGELIUM   *Ewig spricht Gott sein eigenes Wesen aus dem Wort, das Licht ist von Gottes Licht und Glut von seiner Glut. Die Welt ist geschaffen worden durch dieses Wort. Und das Wort ist Fleisch geworden. Gott wird nie mehr aufhören, uns zu sagen, dass er da ist und dass er uns liebt. Wir können zwar Gott nicht sehen, können aber Wesentliches von ihm erfahren durch das, was Jesus damals über ihn gesagt hat.*

1 EVANGELIUM   Joh 1, 1–18

Das Wort ist Fleisch geworden und hat unter uns gewohnt

☩ Aus dem heiligen Evangelium nach Johannes.

1 Im Anfang war das Wort
und das Wort war bei Gott
und das Wort war Gott.
2 Dieses war im Anfang bei Gott.
3 Alles ist durch das Wort geworden
und ohne es wurde nichts, was geworden ist.
4 In ihm war Leben und
das Leben war das Licht der Menschen.
5 Und das Licht leuchtet in der Finsternis
und die Finsternis hat es nicht erfasst.
6 Ein Mensch trat auf, von Gott gesandt;
sein Name war Johannes.
7 Er kam als Zeuge,
um Zeugnis abzulegen für das Licht,
damit alle durch ihn zum Glauben kommen.
8 Er war nicht selbst das Licht,
er sollte nur Zeugnis ablegen für das Licht.

9 Das wahre Licht, das jeden Menschen erleuchtet,
    kam in die Welt.
10 Er war in der Welt
    und die Welt ist durch ihn geworden,
    aber die Welt erkannte ihn nicht.
11 Er kam in sein Eigentum,
    aber die Seinen nahmen ihn nicht auf.
12 Allen aber, die ihn aufnahmen,
    gab er Macht, Kinder Gottes zu werden,
   allen, die an seinen Namen glauben,
13 die nicht aus dem Blut,
    nicht aus dem Willen des Fleisches,
    nicht aus dem Willen des Mannes,
    sondern aus Gott geboren sind.
14 Und das Wort ist Fleisch geworden
    und hat unter uns gewohnt
   und wir haben seine Herrlichkeit geschaut,
   die Herrlichkeit des einzigen Sohnes vom Vater,
    voll Gnade und Wahrheit.
15 Johannes legt Zeugnis für ihn ab
   und ruft:
    Dieser war es, über den ich gesagt habe:
    Er, der nach mir kommt,
    ist mir voraus, weil er vor mir war.
16 Aus seiner Fülle haben wir alle empfangen,
    Gnade über Gnade.
17 Denn das Gesetz wurde durch Mose gegeben,
    die Gnade und die Wahrheit kamen durch Jesus Christus.
18 Niemand hat Gott je gesehen.
   Der Einzige, der Gott ist und am Herzen des Vaters ruht,
    er hat Kunde gebracht.

Oder Kurzfassung:

[2] EVANGELIUM Joh 1, 1–5.9–14

Das Wort ist Fleisch geworden und hat unter uns gewohnt

✚ Aus dem heiligen Evangelium nach Johannes.

¹ Im Anfang war das Wort
und das Wort war bei Gott
und das Wort war Gott.
² Dieses war im Anfang bei Gott.
³ Alles ist durch das Wort geworden
und ohne es wurde nichts, was geworden ist.
⁴ In ihm war Leben und
das Leben war das Licht der Menschen.
⁵ Und das Licht leuchtet in der Finsternis
und die Finsternis hat es nicht erfasst.
⁹ Das wahre Licht, das jeden Menschen erleuchtet,
kam in die Welt.
¹⁰ Er war in der Welt
und die Welt ist durch ihn geworden,
aber die Welt erkannte ihn nicht.
¹¹ Er kam in sein Eigentum,
aber die Seinen nahmen ihn nicht auf.
¹² Allen aber, die ihn aufnahmen,
gab er Macht, Kinder Gottes zu werden,
allen, die an seinen Namen glauben,
¹³ die nicht aus dem Blut,
nicht aus dem Willen des Fleisches,
nicht aus dem Willen des Mannes,
sondern aus Gott geboren sind.
¹⁴ Und das Wort ist Fleisch geworden
und hat unter uns gewohnt
und wir haben seine Herrlichkeit geschaut,
die Herrlichkeit des einzigen Sohnes vom Vater,
voll Gnade und Wahrheit.

Weihnachten – Am Tag

Glaubensbekenntnis, S. 374 ff.
Zu den Worten hat Fleisch angenommen bzw. empfangen durch den Heiligen Geist knien alle.
Fürbitten vgl. S. 795 f.

ZUR EUCHARISTIEFEIER *Mit jedem Wort aus seinem Mund nehmen wir Jesus selbst in uns auf, in Brot und Wein wird er selbst uns zur Nahrung. Und wer ihn aufnimmt, hat Anteil an seinem göttlichen Leben.*

GABENGEBET

Gott, unser Vater,
in diesen Gaben
willst du uns Versöhnung schenken
und uns wieder mit dir verbinden.
Nimm sie an
und gib durch sie unserem heiligen Dienst
die höchste Vollendung.
Darum bitten wir durch Christus, unseren Herrn.

Weihnachtspräfation, S. 416 f.
In den Hochgebeten I–III eigener Einschub

KOMMUNIONVERS   Ps 98 (97), 3

Alle Enden der Erde sahen die rettende Tat unseres Gottes.

SCHLUSSGEBET

Barmherziger Gott,
in dieser heiligen Feier
hast du uns deinen Sohn geschenkt,
der heute als Heiland der Welt geboren wurde.
Durch ihn sind wir wiedergeboren
zum göttlichen Leben,
führe uns auch zur ewigen Herrlichkeit durch ihn,
der mit dir lebt und herrscht in alle Ewigkeit.

Vor der Krippe sind wir mit allen verbunden, die in aller Welt verstreut sind, und auch über alle Welt hinaus. Das ist ein trostvolles Geheimnis. – Wohin das göttliche Kind uns auf dieser Erde führen will, das wissen wir nicht und sollen wir nicht vor der Zeit fragen. Nur das wissen wir, dass denen, die den Herrn lieben, alle Dinge zum Guten gereichen. (Edith Stein/Sr. Teresia Benedicta a Cruce)

Sonntag in der Weihnachtsoktav

oder, wenn Weihnachten auf einen Sonntag fällt, 30. Dezember.
Vor dem Evangelium wird dann nur eine Lesung genommen.

FEST DER HEILIGEN FAMILIE

Für die Familie von heute, Vater, Mutter und Kinder, was kann für sie die Heilige Familie von Nazaret bedeuten? Damals war doch alles ganz anders. Alles? Maria und Josef liebten das Kind und sorgten für es.
Fragen und Schmerzen warten auf das Kind und die Eltern. Nichts kann ihnen schaden: nichts dem Kind, das geliebt wird, und nichts den Eltern, die vertrauen und bereit sind, das Leben des Kindes und ihr eigenes zu wagen.

ERÖFFNUNGSVERS
Lk 2, 16

Die Hirten eilten hin und fanden Maria und Josef
und das Kind, das in einer Krippe lag.

Ehre sei Gott, S. 371 f.

TAGESGEBET

Herr, unser Gott,
in der Heiligen Familie
hast du uns ein leuchtendes Vorbild geschenkt.
Gib unseren Familien die Gnade,
dass auch sie in Frömmigkeit und Eintracht leben
und einander in der Liebe verbunden bleiben.
Führe uns alle
zur ewigen Gemeinschaft in deinem Vaterhaus.
Darum bitten wir durch Jesus Christus.

ZUR 1. LESUNG *Mahnungen, wie sie der „Sohn des Sirach" im 2. Jahrhundert v. Chr. geschrieben hat, wagt heute kaum mehr jemand zu schreiben. Umso notwendiger ist es, sie zu überdenken. – Die Lesung hat keine Beziehung zur Heiligen Familie von Nazaret; sie dient allgemein der Familie von damals und von heute als Maßstab eigenen Handelns.*

Fest der Heiligen Familie 55

ERSTE LESUNG Sir 3, 2–6.12–14 (3–7.14–17a)* 1

Wer den Herrn fürchtet, ehrt seine Eltern

Lesung
aus dem Buch Jesus Sirach.

² Der Herr hat dem Vater Ehre verliehen bei den Kindern
und das Recht der Mutter bei den Söhnen bestätigt.
³ Wer den Vater ehrt,
sühnt Sünden,
⁴ und wer seine Mutter ehrt,
sammelt Schätze.
⁵ Wer den Vater ehrt, wird Freude haben an den Kindern
und am Tag seines Gebets
wird er erhört.
⁶ Wer den Vater ehrt, wird lange leben,
und seiner Mutter verschafft Ruhe, wer auf den Herrn hört.
¹² Kind, nimm dich deines Vaters im Alter an
und kränke ihn nicht, solange er lebt!
¹³ Wenn er an Verstand nachlässt,
übe Nachsicht
und verachte ihn nicht in deiner ganzen Kraft!
¹⁴ Denn die dem Vater erwiesene Liebestat wird nicht vergessen;
und statt der Sünden wird sie dir zur Erbauung dienen.

ANTWORTPSALM Ps 128 (127), 1–2.3.4–5 (Kv: vgl. 1) 1

Kv Selig die Menschen, GL 71, 1
die Gottes Wege gehn. – Kv

¹ Selig jeder, der den Herrn fürchtet, *
der auf seinen Wegen geht!
² Was deine Hände erarbeitet haben, wirst du genießen; *
selig bist du – es wird dir gut ergehn. – (Kv)
³ Deine Frau ist wie ein fruchtbarer Weinstock *
im Innern deines Hauses.

---

* Die Verszählung in den Klammern bezieht sich bei den Lesungen auf die Nova Vulgata.

Wie Schösslinge von Ölbäumen sind deine Kinder *
rings um deinen Tisch herum. – (Kv)

⁴ Siehe, so wird der Mann gesegnet, *
der den HERRN fürchtet.

⁵ Es segne dich der HERR vom Zion her. *
Du sollst schauen das Glück Jerusalems alle Tage deines Lebens. – Kv

Oder:

ZUR 1. LESUNG *Mit einer dreifachen Verheißung hatte Gott Abraham auf den Weg geschickt: Nachkommenschaft, Land und Segen. Abraham vertraute dem Wort Gottes; glaubend wartete er, bis ihm der verheißene Sohn geboren wurde, der Erbe des Segens. Abraham nannte ihn Isaak: Kind der Freude Gottes und seiner Eltern.*

ERSTE LESUNG

Gen 15, 1–6; 21, 1–3

Dein leiblicher Sohn wird dein Erbe sein

Lesung
aus dem Buch Génesis.

In jenen Tagen
15,1 erging das Wort des HERRN in einer Vision an Abram:
Fürchte dich nicht, Abram,
ich selbst bin dir ein Schild;
dein Lohn wird sehr groß sein.

² Abram antwortete: Herr und GOTT,
was kannst du mir geben?
Ich gehe kinderlos dahin
und Erbe meines Hauses ist Eliéser aus Damáskus.

³ Und Abram sagte:
Siehe, du hast mir keine Nachkommen gegeben;
so wird mich mein Hausklave beerben.

⁴ Aber siehe, das Wort des HERRN erging an ihn:
Nicht er wird dich beerben,
sondern dein leiblicher Sohn wird dein Erbe sein.

⁵ Er führte ihn hinaus
und sprach: Sieh doch zum Himmel hinauf
und zähl die Sterne,
  wenn du sie zählen kannst!
Und er sprach zu ihm:
  So zahlreich werden deine Nachkommen sein.
⁶ Und er glaubte dem HERRN
und das rechnete er ihm als Gerechtigkeit an.

²¹,¹ Der HERR nahm sich Saras an,
  wie er gesagt hatte,
und er tat Sara so, wie er versprochen hatte.
² Sara wurde schwanger
und gebar dem Abraham noch in seinem Alter einen Sohn
  zu der Zeit, die Gott angegeben hatte.
³ Abraham gab seinem Sohn, den ihm Sara gebar,
  den Namen Ísaak.

ANTWORTPSALM Ps 105 (104), 1–2.3–4.5–6.8–9 (Kv: vgl. 7a.8a) ②

Kv Der HERR ist unser Gott; GL 60, 1
auf ewig gedenkt er seines Bundes. – Kv

¹ Dankt dem HERRN! Ruft seinen Namen aus! *
Macht unter den Völkern seine Taten bekannt!
² Singt ihm und spielt ihm, *
sinnt nach über all seine Wunder! – (Kv)
³ Rühmt euch seines heiligen Namens! *
Die den HERRN suchen, sollen sich von Herzen freuen.
⁴ Fragt nach dem HERRN und seiner Macht, *
sucht sein Angesicht allezeit! – (Kv)
⁵ Gedenkt der Wunder, die er getan hat, *
seiner Zeichen und der Beschlüsse seines Mundes!
⁶ Ihr Nachkommen seines Knechtes Abraham, *
ihr Kinder Jakobs, die er erwählt hat. – (Kv)

⁸ Auf ewig gedachte er seines Bundes, *
des Wortes, das er gebot für tausend Geschlechter,
⁹ des Bundes, den er mit Abraham geschlossen, *
seines Eides, den er Ísaak geschworen hat. – Kv

ZUR 2. LESUNG *Allen Mahnungen an die Gemeinde und ihre verschiedenen Teile voraus steht die Aussage, dass Gott uns kennt und liebt. Daraus ergibt sich die Grundregel für das Zusammenleben der Christen: Die Liebe ist das Band, das alles zusammenhält und vollkommen macht. Wo das Wort Christi gehört wird, wohnt der Friede und wird die Freude spürbar, die aus Gott kommt.*

1 **ZWEITE LESUNG** Kol 3, 12–21

Die Liebe ist das Band der Vollkommenheit

**Lesung
aus dem Brief des Apostels Paulus
an die Gemeinde in Kolóssä.**

Schwestern und Brüder!
¹² Bekleidet euch,
als Erwählte Gottes, Heilige und Geliebte,
mit innigem Erbarmen,
Güte, Demut, Milde, Geduld!
¹³ Ertragt einander
und vergebt einander,
wenn einer dem anderen etwas vorzuwerfen hat!
Wie der Herr euch vergeben hat,
so vergebt auch ihr!
¹⁴ Vor allem bekleidet euch mit der Liebe,
die das Band der Vollkommenheit ist!
¹⁵ Und der Friede Christi triumphiere in euren Herzen.
Dazu seid ihr berufen als Glieder des einen Leibes.
Seid dankbar!
¹⁶ Das Wort Christi wohne mit seinem ganzen Reichtum bei euch.
In aller Weisheit belehrt und ermahnt einander!
Singt Gott Psalmen, Hymnen und geistliche Lieder
in Dankbarkeit in euren Herzen!

Fest der Heiligen Familie

¹⁷ Alles, was ihr in Wort oder Werk tut,
   geschehe im Namen Jesu, des Herrn.
Dankt Gott, dem Vater, durch ihn!
¹⁸ Ihr Frauen,
ordnet euch den Männern unter,
   wie es sich im Herrn geziemt!
¹⁹ Ihr Männer,
liebt die Frauen
   und seid nicht erbittert gegen sie!
²⁰ Ihr Kinder,
gehorcht euren Eltern in allem,
denn das ist dem Herrn wohlgefällig!
²¹ Ihr Väter,
schüchtert eure Kinder nicht ein,
   damit sie nicht mutlos werden!

RUF VOR DEM EVANGELIUM
Vers: Kol 3, 15a.16a [1]

Halleluja. Halleluja.

Der Friede Christi triumphiere in euren Herzen.
Das Wort Christi wohne mit seinem ganzen Reichtum bei euch.

Halleluja.

Oder:

ZUR 2. LESUNG *Es versteht sich nicht von selbst, dass ein Mensch sich nach dem Wort Gottes richtet. Die Lesung weist auf die großen Gestalten des Ersten Bundes, die Patriarchen, hin. Sie gingen den Weg des Glaubens und vertrauten der Zusage Gottes, auch wenn sie und ihre Nachkommen Gottes Gebote oft nicht hielten.*

ZWEITE LESUNG
Hebr 11, 8.11–12.17–19 [2]

Der Glaube Abrahams, Saras und Isaaks

Lesung
   aus dem Hebräerbrief.

⁸ Aufgrund des Glaubens gehorchte Abraham dem Ruf,
   wegzuziehen in ein Land, das er zum Erbe erhalten sollte;

und er zog weg,
   ohne zu wissen, wohin er kommen würde.
¹¹ Aufgrund des Glaubens
   empfing selbst Sara, die unfruchtbar war, die Kraft,
   trotz ihres Alters noch Mutter zu werden;
denn sie hielt den für treu,
   der die Verheißung gegeben hatte.
¹² So stammen denn auch von einem einzigen Menschen,
   dessen Kraft bereits erstorben war,
   viele ab:
zahlreich wie die Sterne am Himmel
   und der Sand am Meeresstrand, den man nicht zählen kann.
¹⁷ Aufgrund des Glaubens hat Abraham den Ísaak hingegeben,
   als er auf die Probe gestellt wurde;
er gab den einzigen Sohn dahin,
   er, der die Verheißungen empfangen hatte
¹⁸ und zu dem gesagt worden war:
   Durch Ísaak wirst du Nachkommen haben.
¹⁹ Er war überzeugt,
   dass Gott sogar die Macht hat, von den Toten zu erwecken;
darum erhielt er Ísaak auch zurück.
Das ist ein Sinnbild.

2 RUF VOR DEM EVANGELIUM   Vers: vgl. Hebr 1, 1–2

Halleluja. Halleluja.
Einst hat Gott zu den Vätern gesprochen durch die Propheten;
heute aber hat er zu uns gesprochen durch den Sohn.
Halleluja.

ZUM EVANGELIUM   *Die Eltern Jesu halten sich an die Vorschrift des Gesetzes. Sie bringen ihr Kind zum Tempel, um es dem Herrn zu weihen und das vorgeschriebene Opfer darzubringen. Durch Worte des greisen Simeon wird offenbar, dass Jesus nicht, wie die anderen Erstgeborenen, einfach der Familie zurückgegeben wird. An das Loblied des Simeon schließt sich eine Weissagung an, von der auch Maria, die Mutter, betroffen wird. Schon wird das Kreuz sichtbar.*

Zunächst aber wird das Kind bei seinen Eltern in Nazaret bleiben und von ihnen alles lernen: sprechen, gehen, beten, arbeiten.

EVANGELIUM Lk 2,22–40
Das Kind wuchs heran, erfüllt mit Weisheit

✛ Aus dem heiligen Evangelium nach Lukas.

²² Als sich für die Eltern Jesu
   die Tage der vom Gesetz des Mose
   vorgeschriebenen Reinigung erfüllt hatten,
brachten sie das Kind nach Jerusalem hinauf,
   um es dem Herrn darzustellen,
²³ wie im Gesetz des Herrn geschrieben ist:
   Jede männliche Erstgeburt
   soll dem Herrn heilig genannt werden.
²⁴ Auch wollten sie ihr Opfer darbringen,
   wie es das Gesetz des Herrn vorschreibt:
ein Paar Turteltauben oder zwei junge Tauben.
²⁵ Und siehe, in Jerusalem lebte ein Mann namens Símeon.
Dieser Mann war gerecht und fromm
   und wartete auf den Trost Israels
und der Heilige Geist ruhte auf ihm.
²⁶ Vom Heiligen Geist war ihm offenbart worden,
   er werde den Tod nicht schauen,
   ehe er den Christus des Herrn gesehen habe.
²⁷ Er wurde vom Geist in den Tempel geführt;
und als die Eltern das Kind Jesus hereinbrachten,
   um mit ihm zu tun, was nach dem Gesetz üblich war,
²⁸   nahm Símeon das Kind in seine Arme
und pries Gott mit den Worten:
²⁹ Nun lässt du, Herr,
   deinen Knecht, wie du gesagt hast, in Frieden scheiden.
³⁰ Denn meine Augen haben das Heil gesehen,
³¹   das du vor allen Völkern bereitet hast,

³² ein Licht, das die Heiden erleuchtet,
und Herrlichkeit für dein Volk Israel.
³³ Sein Vater und seine Mutter
staunten über die Worte, die über Jesus gesagt wurden.
³⁴ Und Símeon segnete sie
und sagte zu Maria, der Mutter Jesu:
Siehe, dieser ist dazu bestimmt,
dass in Israel viele zu Fall kommen
und aufgerichtet werden,
und er wird ein Zeichen sein, dem widersprochen wird, –
³⁵ und deine Seele wird ein Schwert durchdringen.
So sollen die Gedanken vieler Herzen offenbar werden.
³⁶ Damals lebte auch Hanna, eine Prophetin,
eine Tochter Pénuëls, aus dem Stamm Ascher.
Sie war schon hochbetagt.
Als junges Mädchen hatte sie geheiratet
und sieben Jahre mit ihrem Mann gelebt;
³⁷ nun war sie eine Witwe von vierundachtzig Jahren.
Sie hielt sich ständig im Tempel auf
und diente Gott Tag und Nacht mit Fasten und Beten.
³⁸ Zu derselben Stunde trat sie hinzu,
pries Gott
und sprach über das Kind
zu allen, die auf die Erlösung Jerusalems warteten.
³⁹ Als seine Eltern alles getan hatten,
was das Gesetz des Herrn vorschreibt,
kehrten sie nach Galiläa in ihre Stadt Nazaret zurück.
⁴⁰ Das Kind wuchs heran und wurde stark,
erfüllt mit Weisheit,
und Gottes Gnade ruhte auf ihm.

Oder Kurzfassung:

EVANGELIUM
Lk 2, 22.39–40 · 2

Das Kind wuchs heran, erfüllt mit Weisheit

✛ Aus dem heiligen Evangelium nach Lukas.

²² Als sich für die Eltern Jesu
die Tage der vom Gesetz des Mose
vorgeschriebenen Reinigung erfüllt hatten,
brachten sie das Kind nach Jerusalem hinauf,
um es dem Herrn darzustellen.

³⁹ Als seine Eltern alles getan hatten,
was das Gesetz des Herrn vorschreibt,
kehrten sie nach Galiläa in ihre Stadt Nazaret zurück.

⁴⁰ Das Kind wuchs heran und wurde stark,
erfüllt mit Weisheit,
und Gottes Gnade ruhte auf ihm.

Am Sonntag: Glaubensbekenntnis, S. 374 ff.
Fürbitten vgl. S. 795 f.

ZUR EUCHARISTIEFEIER *Jesus hat unser menschliches Leben mit all seinen Facetten geteilt. Nichts Menschliches ist ihm fremd geblieben. Bei den Gaben auf dem Altar hat alles Platz, was unser Leben ausmacht. Hier ist der Ort, wo Veränderung und Wandlung beginnt.*

GABENGEBET

Herr, unser Gott,
am Fest der Heiligen Familie
bringen wir das Opfer der Versöhnung dar.
Höre auf die Fürsprache
der jungfräulichen Gottesmutter
und des heiligen Josef.
Erhalte unsere Familien in deiner Gnade
und in deinem Frieden.
Darum bitten wir durch Christus, unseren Herrn.

Weihnachtspräfation, S. 416 f.
In den Hochgebeten I–III eigener Einschub

KOMMUNIONVERS
Bar 3, 38

Unser Gott ist auf der Erde erschienen,
als Mensch unter den Menschen.

SCHLUSSGEBET

**Gott, unser Vater,
du hast uns mit dem Brot des Himmels gestärkt.
Bleibe bei uns mit deiner Gnade,
damit wir das Vorbild der Heiligen Familie nachahmen
und nach der Mühsal dieses Lebens
in ihrer Gemeinschaft das Erbe erlangen,
das du deinen Kindern bereitet hast.
Darum bitten wir durch Christus, unseren Herrn.**

Wir sind aufgerufen, uns gegenseitig zu achten und zu ermutigen und alle zu erreichen, die in Not sind. Die christlichen Familien haben diese besondere Aufgabe: die Liebe Gottes auszustrahlen und das lebenspendende Wasser seines Geistes zu verströmen. Das ist heute besonders wichtig, denn wir erleben die Ausbreitung neuer Wüsten, die durch eine Kultur des Egoismus und der Gleichgültigkeit gegenüber den anderen gebildet werden. (Papst Franziskus)

1. Januar – Neujahr

OKTAVTAG VON WEIHNACHTEN
HOCHFEST DER GOTTESMUTTER MARIA

Dieser Tag soll ein Anfang werden, nicht nur im Kalender. Im Namen Gottes und im Licht seines Angesichts gehen wir unsern Weg durch das neue Jahr, geborgen in seinem beständigen Schutz. Wir schauen auf den Sohn und wissen uns mit Maria und allen Heiligen verbunden.

ERÖFFNUNGSVERS
Sedulius

Gruß dir, heilige Mutter, du hast den König geboren,
der in Ewigkeit herrscht über Himmel und Erde.

Oder: Vgl. Jes 9,1.5; Lk 1,33

Ein Licht strahlt heute über uns auf,
denn geboren ist uns der Herr.

Oktavtag von Weihnachten – Hochfest der Gottesmutter Maria

Und man nennt ihn: Starker Gott, Friedensfürst,
Vater der kommenden Welt.
Seine Herrschaft wird kein Ende haben.
Ehre sei Gott, S. 371 f.

TAGESGEBET

Barmherziger Gott,
durch die Geburt deines Sohnes
aus der Jungfrau Maria
hast du der Menschheit das ewige Heil geschenkt.
Lass uns (auch im neuen Jahr) immer und überall
die Fürbitte der gnadenvollen Mutter erfahren,
die uns den Urheber des Lebens geboren hat,
Jesus Christus,
deinen Sohn, unseren Herrn und Gott,
der in der Einheit des Heiligen Geistes
mit dir lebt und herrscht in alle Ewigkeit.

ZUR 1. LESUNG *Am Morgen der Schöpfung hat Gott Menschen und Tiere gesegnet. Kraft des Lebens, Frucht des Feldes, Friede in der Natur und unter den Menschen: das sind die Gaben seines Segens. Nur Gott kann eigentlich segnen; im „Licht seines Angesichts", in seiner gnadenvollen Gegenwart, wird alles heil und gut. Menschen segnen, indem sie den Namen und die Kraft Gottes herbeirufen.*

ERSTE LESUNG   Num 6, 22–27

So sollen sie meinen Namen auf die Israeliten legen und ich werde sie segnen

**Lesung
aus dem Buch Númeri.**

²² **Der Herr sprach zu Mose:**
²³ **Sag zu Aaron und seinen Söhnen:
So sollt ihr die Israeliten segnen;
sprecht zu ihnen:**
²⁴ **Der Herr segne dich und behüte dich.**
²⁵ **Der Herr lasse sein Angesicht über dich leuchten
und sei dir gnädig.**

²⁶ Der HERR wende sein Angesicht dir zu
und schenke dir Frieden.
²⁷ So sollen sie meinen Namen auf die Israeliten legen
und ich werde sie segnen.

ANTWORTPSALM Ps 67 (66), 2–3.5–6.7–8 (Kv: 2a)

Kv Gott sei uns gnädig und segne uns. – Kv GL 45, 1

² Gott sei uns gnädig und segne uns. *
Er lasse sein Angesicht über uns leuchten,
³ damit man auf Erden deinen Weg erkenne, *
deine Rettung unter allen Völkern. – (Kv)
⁵ Die Nationen sollen sich freuen und jubeln, /
denn du richtest die Völker nach Recht *
und leitest die Nationen auf Erden.
⁶ Die Völker sollen dir danken, o Gott, *
danken sollen dir die Völker alle. – (Kv)
⁷ Die Erde gab ihren Ertrag. *
Gott, unser Gott, er segne uns!
⁸ Es segne uns Gott! *
Fürchten sollen ihn alle Enden der Erde. – Kv

ZUR 2. LESUNG   *Christus ist gekommen, um uns frei zu machen; frei von den Mächten des Schicksals und der Geschichte, auch frei von dem, was am Gesetz des Ersten Bundes veraltet war. Er gibt uns seinen Geist als das neue Gesetz unseres Lebens.*

ZWEITE LESUNG Gal 4, 4–7

Gott sandte seinen Sohn, geboren von einer Frau, damit wir die Sohnschaft erlangen

Lesung
aus dem Brief des Apostels Paulus
an die Gemeinden in Galátien.

Schwestern und Brüder!
⁴ Als die Zeit erfüllt war,
sandte Gott seinen Sohn,

geboren von einer Frau
   und dem Gesetz unterstellt,
⁵ damit er die freikaufe, die unter dem Gesetz stehen,
   und damit wir die Sohnschaft erlangen.
⁶ Weil ihr aber Söhne seid,
   sandte Gott den Geist seines Sohnes in unsere Herzen,
den Geist, der ruft: Abba, Vater.
⁷ Daher bist du nicht mehr Sklave, sondern Sohn;
bist du aber Sohn,
   dann auch Erbe,
Erbe durch Gott.

RUF VOR DEM EVANGELIUM   Vers: vgl. Hebr 1, 1–2
Halleluja. Halleluja.

Einst hat Gott zu den Vätern gesprochen durch die Propheten;
heute aber hat er zu uns gesprochen durch den Sohn.

Halleluja.

ZUM EVANGELIUM   *Jesus wurde in die Ordnung des Ersten Bundes hineingeboren und hat sich dem Gesetz unterstellt. Sein Name Jesus (Jeschua, Josua: Jahwe rettet) deutet an, was er sein wird: Retter, Heiland der Welt; in Mt 1,21 wird erklärt: „denn er wird sein Volk von seinen Sünden erlösen".*

EVANGELIUM   Lk 2, 16–21
Sie fanden Maria und Josef und das Kind.
Als acht Tage vorüber waren, gab man dem Kind den Namen Jesus

✠ Aus dem heiligen Evangelium nach Lukas.

In jener Zeit
¹⁶   eilten die Hirten nach Betlehem
   und fanden Maria und Josef
   und das Kind, das in der Krippe lag.
¹⁷ Als sie es sahen,
   erzählten sie von dem Wort,
   das ihnen über dieses Kind gesagt worden war.

68 Oktavtag von Weihnachten – Hochfest der Gottesmutter Maria

¹⁸ Und alle, die es hörten,
   staunten über das, was ihnen von den Hirten erzählt wurde.
¹⁹ Maria aber
   bewahrte alle diese Worte
   und erwog sie in ihrem Herzen.
²⁰ Die Hirten kehrten zurück,
   rühmten Gott
   und priesen ihn für alles, was sie gehört und gesehen hatten,
   so wie es ihnen gesagt worden war.
²¹ Als acht Tage vorüber waren
   und das Kind beschnitten werden sollte,
   gab man ihm den Namen Jesus,
   den der Engel genannt hatte,
   bevor das Kind im Mutterleib empfangen war.

Glaubensbekenntnis, S. 374 ff.
Fürbitten vgl. S. 795 f., 816

ZUR EUCHARISTIEFEIER *Unsere Lebenszeit liegt in der Hand Gottes. Er schenkt uns immer wieder einen neuen Anfang – so auch heute. Wir dürfen aus seiner Zusage leben: „Ich bin bei euch alle Tage, bis zur Vollendung der Welt." (Mt 28,20)*

GABENGEBET

Barmherziger Gott, von dir kommt alles Gute,
und du führst es zum Ziel.
Wir danken dir für den Anfang des Heiles,
das du uns in der Geburt deines Sohnes
aus der Jungfrau Maria eröffnet hast.
Höre auf ihre Fürsprache
und führe uns (in diesem Jahr)
näher zu dir.
Darum bitten wir durch Christus, unseren Herrn.

Marienpräfation, S. 431 f., oder Weihnachtspräfation, S. 416 f.
In den Hochgebeten I–III eigener Einschub

KOMMUNIONVERS Hebr 13, 8
Jesus Christus ist derselbe gestern und heute und in Ewigkeit.

SCHLUSSGEBET

Herr, unser Gott,
am Fest der seligen Jungfrau Maria,
die wir als Mutter deines Sohnes
und Mutter der Kirche bekennen,
haben wir voll Freude
das heilige Sakrament empfangen.
Lass es uns eine Hilfe sein,
die uns zum ewigen Leben führt.
Darum bitten wir durch Christus, unseren Herrn.

Schöpfer meiner Stunden und meiner Jahre,
du gibst mir viel Zeit.
Sie liegt hinter mir. Sie liegt vor mir.
Sie war mein, sie wird mein sein
und ich habe sie von dir.
Ich danke dir für jeden Schlag der Uhr.
Er ist ein Schritt auf deinem Weg mit mir.
Ich bitte dich nicht um mehr Zeit,
als du mir beschieden hast.
Ich bitte aber um viel Achtsamkeit,
den Anruf jeder Stunde zu hören.
Ich bitte dich, dass ein wenig meiner Zeit
frei ist von Befehl und Pflicht.
Ein wenig für Stille.
Ein wenig für das sorglose Spiel
und viel für die Menschen,
die einen Tröster brauchen.
Ich bitte dich um Sorgfalt,
dass ich meine Zeit nicht töte,
nicht verderbe oder vertreibe.
Jede Stunde ist ein Streifen Land.
Ich möchte sie öffnen mit dem Pflug,

möchte Liebe hineinwerfen,
Gedanken und Gespräche,
damit Frucht aus ihr wächst.
Segne du meinen Tag. (Jörg Zink)

ZWEITER SONNTAG NACH WEIHNACHTEN

Die guten Anfänge kommen aus der Stille. Im unfassbaren Schweigen spricht Gott sein Wort, den ewigen Sohn. Das Licht leuchtet, es rettet und richtet. Im Licht des ewigen Wortes steht unsere Zeit, auch dieses neu begonnene Jahr.

ERÖFFNUNGSVERS   Weish 18, 14–15

Als tiefes Schweigen das All umfing
und die Nacht bis zur Mitte gelangt war,
da stieg dein allmächtiges Wort, o Herr,
vom Himmel herab, vom königlichen Thron.
Ehre sei Gott, S. 371 f.

TAGESGEBET

Allmächtiger, ewiger Gott,
du erleuchtest alle, die an dich glauben.
Offenbare dich den Völkern der Erde,
damit alle Menschen
das Licht deiner Herrlichkeit schauen.
Darum bitten wir durch Jesus Christus.

ZUR 1. LESUNG   *Das Wort Gottes steht der Welt nicht nur gegenüber, es durchdringt sie, es ist die ständige Quelle all dessen, was in der Welt lebt und leuchtet. In der Schrift (Spr 8) wird das Wort Gottes gleichgesetzt mit Gottes ewiger Weisheit. Durch sein Wort und seine Weisheit ist Gott gegenwärtig bei seinem Volk und in seinem Tempel. In Zukunft aber wird die Menschheit Jesu der lebendige Tempel Gottes sein.*

Zweiter Sonntag nach Weihnachten

ERSTE LESUNG Sir 24, 1–2.8–12 (1–4.12–16)

Die Weisheit Gottes schlug Wurzeln in einem ruhmreichen Volk

Lesung
    aus dem Buch Jesus Sirach.

1 Die Weisheit lobt sich selbst
    und inmitten ihres Volkes rühmt sie sich.
2 In der Versammlung des Höchsten öffnet sie ihren Mund
    und in Gegenwart seiner Macht rühmt sie sich:
8 Der Schöpfer des Alls gebot mir,
    der mich schuf, ließ mein Zelt einen Ruheplatz finden.
    Er sagte: In Jakob schlag dein Zelt auf
    und in Israel sei dein Erbteil!
9 Vor der Ewigkeit, von Anfang an, hat er mich erschaffen
    und bis in Ewigkeit vergehe ich nicht.
10 Im heiligen Zelt diente ich vor ihm,
    so wurde ich auf dem Zion fest eingesetzt.
11 In der Stadt, die er ebenso geliebt hat, ließ er mich Ruhe finden,
    in Jerusalem ist mein Machtbereich,
12 ich schlug Wurzeln in einem ruhmreichen Volk,
    im Anteil des Herrn, seines Erbteils.

ANTWORTPSALM Ps 147 (146), 12–13.14–15.19–20 (Kv: Joh 1, 14)

Kv Das Wort ist Fleisch geworden und hat unter uns gewohnt. – Kv

(Oder: Halleluja.) GL 255

12 Jerusalem, rühme den HERRN! *
    Zion, lobe deinen Gott!
13 Denn er hat die Riegel deiner Tore festgemacht, *
    die Kinder in deiner Mitte gesegnet. – (Kv)
14 Er verschafft deinen Grenzen Frieden, *
    er sättigt dich mit bestem Weizen.
15 Er sendet seinen Spruch zur Erde, *
    in Eile läuft sein Wort dahin. – (Kv)
19 Er verkündet Jakob sein Wort, *
    Israel seine Gesetze und seine Entscheide.

²⁰ An keinem anderen Volk hat er so gehandelt, *
sie kennen sein Recht nicht. – Kv

ZUR 2. LESUNG   *In seinem Sohn hat Gott uns all das geschenkt, was im Ersten Bund vorbereitet war. Aber wir brauchen die klare Schau des Glaubens und ein lauteres Herz, um unsere Berufung zu begreifen und ihr durch die Tat zu entsprechen. Mit dem größeren Glauben wächst auch unsere Hoffnung auf Teilhabe an Gottes Herrlichkeit.*

ZWEITE LESUNG   Eph 1,3–6.15–18

Gott hat uns im Voraus dazu bestimmt, seine Söhne zu werden durch
Jesus Christus

Lesung
   aus dem Brief des Apostels Paulus
   an die Gemeinde in Éphesus.
³ **Gepriesen sei Gott,**
   der Gott und Vater unseres Herrn Jesus Christus.
   Er hat uns mit allem Segen seines Geistes gesegnet
      durch unsere Gemeinschaft mit Christus im Himmel.
⁴ **Denn in ihm hat er uns erwählt vor der Grundlegung der Welt,**
   damit wir heilig und untadelig leben vor ihm.
⁵ **Er hat uns aus Liebe im Voraus dazu bestimmt,**
   seine Söhne zu werden durch Jesus Christus
   und zu ihm zu gelangen nach seinem gnädigen Willen,
⁶ **zum Lob seiner herrlichen Gnade.**
   Er hat sie uns geschenkt in seinem geliebten Sohn.
¹⁵/¹⁶ **Darum höre ich nicht auf, für euch zu danken,**
   wenn ich in meinen Gebeten an euch denke;
   denn ich habe von eurem Glauben an Jesus, den Herrn,
   und von eurer Liebe zu allen Heiligen gehört.
¹⁷ **Der Gott Jesu Christi, unseres Herrn,**
   der Vater der Herrlichkeit,
   gebe euch den Geist der Weisheit und Offenbarung,
   damit ihr ihn erkennt.

¹⁸ Er erleuchte die Augen eures Herzens,
 damit ihr versteht,
 zu welcher Hoffnung ihr durch ihn berufen seid,
welchen Reichtum
 die Herrlichkeit seines Erbes den Heiligen schenkt.

RUF VOR DEM EVANGELIUM Vers: vgl. 1 Tim 3, 16
Halleluja. Halleluja.

Christus, offenbart im Fleisch, verkündet unter den Völkern,
Christus, geglaubt in der Welt: Ehre sei dir!

Halleluja.

ZUM EVANGELIUM *Durch das Wort, das vor aller Zeit war, ist die Zeit und die Welt geworden. Licht und Leben kommen von ihm. Und das Wort ist Fleisch geworden. Denen, die ihn aufnehmen, weist Christus den Weg, und er schenkt ihnen Gnade und Herrlichkeit.*

EVANGELIUM Joh 1, 1–18 [1]
Das Wort ist Fleisch geworden und hat unter uns gewohnt

siehe S. 50f.

Oder Kurzfassung:

EVANGELIUM Joh 1, 1–5.9–14 [2]
Das Wort ist Fleisch geworden und hat unter uns gewohnt

✠ Aus dem heiligen Evangelium nach Johannes.

¹ Im Anfang war das Wort
und das Wort war bei Gott
und das Wort war Gott.
² Dieses war im Anfang bei Gott.
³ Alles ist durch das Wort geworden
 und ohne es wurde nichts, was geworden ist.
⁴ In ihm war Leben und
 das Leben war das Licht der Menschen.

⁵ Und das Licht leuchtet in der Finsternis
  und die Finsternis hat es nicht erfasst.
⁹ Das wahre Licht, das jeden Menschen erleuchtet,
  kam in die Welt.
¹⁰ Er war in der Welt
  und die Welt ist durch ihn geworden,
  aber die Welt erkannte ihn nicht.
¹¹ Er kam in sein Eigentum,
  aber die Seinen nahmen ihn nicht auf.
¹² Allen aber, die ihn aufnahmen,
  gab er Macht, Kinder Gottes zu werden,
allen, die an seinen Namen glauben,
¹³ die nicht aus dem Blut,
  nicht aus dem Willen des Fleisches,
  nicht aus dem Willen des Mannes,
  sondern aus Gott geboren sind.
¹⁴ Und das Wort ist Fleisch geworden
  und hat unter uns gewohnt
und wir haben seine Herrlichkeit geschaut,
die Herrlichkeit des einzigen Sohnes vom Vater,
  voll Gnade und Wahrheit.

Glaubensbekenntnis, S. 374 ff.;   Fürbitten vgl. S. 795 f.

ZUR EUCHARISTIEFEIER *Das fleischgewordene Wort, der Sohn Gottes, wohnt auch jetzt unter uns. In der Gemeinschaft der Glaubenden, die seinen Tod und seine Auferstehung feiern, dürfen wir seine lebendige Gegenwart erfahren.*

GABENGEBET

Herr, unser Gott,
heilige unsere Gaben
durch die Menschwerdung deines Sohnes.
Durch seine Geburt hast du allen Menschen
den Weg der Wahrheit gewiesen
und ihnen dein Reich verheißen.

Lass uns in dieser Feier verkosten,
was du denen bereitet hast, die dich lieben.
Darum bitten wir durch Christus, unseren Herrn.
Weihnachtspräfation, S. 416f.

KOMMUNIONVERS Joh 1, 12
Allen, die ihn aufnahmen,
gab er Macht, Kinder Gottes zu werden.

SCHLUSSGEBET
Herr, unser Gott,
befreie uns durch die Wirkung dieses Sakramentes
von unseren Fehlern und Sünden.
Erfülle unser Verlangen und schenke uns alles,
was wir zum Heil nötig haben.
Darum bitten wir durch Christus, unseren Herrn.

FÜR DEN TAG UND DIE WOCHE
Aus dem Himmel ohne Grenzen
trittst du tastend an das Licht,
du hast Namen und Gesicht,
du bist wehrlos wie wir Menschen.

Als ein Kind bist du gekommen
– noch dein Schatten macht uns blind –
unnachspürbar wie der Wind,
der vorbeiweht in den Bäumen.

Wie ein Feuer vorgefunden,
wie ein Stern zu uns gesandt,
Spur, die weist in fremdes Land,
in den Tod bist du verschwunden.

Wie ein Quell bist du begraben,
nur noch Wüste hüllt dich ein.
Wird da je ein andrer sein,
wird die Erde Frieden haben?

Als ein Wort bist du gegeben,
Furcht und Hoffnung in der Nacht,
wie ein Schmerz, der heil uns macht,
wie ein Neubeginn des Lebens.
(Huub Oosterhuis)

6. Januar

ERSCHEINUNG DES HERRN

Hochfest

Epiphanie, Erscheinung des Herrn: göttliche Wahrheit und Herrlichkeit leuchten, wenn auch noch verborgen, in dem Kind von Betlehem. Suchende Menschen finden den Weg (Magier, Könige, Sterndeuter). Sie kommen mit Gaben und gehen als Beschenkte. Weil dieses Kind geboren wurde, gibt es für alle Menschen Hoffnung, auch für die in der Ferne.

ERÖFFNUNGSVERS
Vgl. Mal 3, 1; 1 Chr 19, 12

Seht, gekommen ist der Herrscher, der Herr.
In seiner Hand ist die Macht und das Reich.
Ehre sei Gott, S. 371 f.

TAGESGEBET

Allherrschender Gott,
durch den Stern, dem die Weisen gefolgt sind,
hast du am heutigen Tag
den Heidenvölkern deinen Sohn geoffenbart.
Auch wir haben dich schon im Glauben erkannt.
Führe uns vom Glauben
zur unverhüllten Anschauung deiner Herrlichkeit.
Darum bitten wir durch Jesus Christus.

ZUR 1. LESUNG   *Licht bedeutet in der Bibel Offenbarung der Macht und Herrlichkeit Gottes, auch sein rettendes Eingreifen in die Geschichte der Menschen. Nach dunklen Jahren (538 v.Chr., Ende des babylonischen Exils) kann der Rest des Volkes Israel wieder Hoffnung haben. Gott ist da, er holt sein Volk heim. Die Völker der Erde staunen und kommen herbei, um mit ihren Gaben dem Gott Israels zu huldigen.*

ERSTE LESUNG Jes 60, 1–6
Die Herrlichkeit des HERRN geht strahlend auf über dir

**Lesung
aus dem Buch Jesája.**

1 **Steh auf, werde licht, Jerusalem,
denn es kommt dein Licht
und die Herrlichkeit des HERRN geht strahlend auf über dir.**
2 **Denn siehe, Finsternis bedeckt die Erde
und Dunkel die Völker,
doch über dir geht strahlend der HERR auf,
seine Herrlichkeit erscheint über dir.**
3 **Nationen wandern zu deinem Licht
und Könige zu deinem strahlenden Glanz.**
4 **Erhebe deine Augen ringsum und sieh:
Sie alle versammeln sich, kommen zu dir.
Deine Söhne kommen von fern,
deine Töchter werden auf der Hüfte sicher getragen.**
5 **Da wirst du schauen und strahlen,
dein Herz wird erbeben und sich weiten.**

**Denn die Fülle des Meeres wendet sich dir zu,
der Reichtum der Nationen kommt zu dir.**
6 **Eine Menge von Kamelen bedeckt dich,
Hengste aus Mídian und Efa.
Aus Saba kommen sie alle,
Gold und Weihrauch bringen sie
und verkünden die Ruhmestaten des HERRN.**

ANTWORTPSALM
Ps 72 (71), 1–2.7–8.10–11.12–13 (Kv: 11)

Kv Alle Könige werfen sich vor ihm nieder,   GL 260
es dienen ihm alle Völker. – Kv

1 Verleih dein Richteramt, o Gott, dem König, *
dem Königssohn gib dein gerechtes Walten.
2 Er regiere dein Volk in Gerechtigkeit *
und deine Elenden durch rechtes Urteil. – (Kv)

7 In seinen Tagen sprosse der Gerechte *
und Fülle des Friedens, bis der Mond nicht mehr da ist.
8 Er herrsche von Meer zu Meer, *
vom Strom bis an die Enden der Erde. – (Kv)

10 Die Könige von Tarschisch und von den Inseln bringen Gaben, *
mit Tribut nahen die Könige von Scheba und Saba.
11 Alle Könige werfen sich vor ihm nieder, *
es dienen ihm alle Völker. – (Kv)

12 Ja, er befreie den Armen, der um Hilfe schreit, *
den Elenden und den, der keinen Helfer hat.
13 Er habe Mitleid mit dem Geringen und Armen, *
er rette das Leben der Armen. – Kv

ZUR 2. LESUNG *Schon im Alten Testament war zu lesen, dass Gott Rettung und Heil nicht nur dem Volk Israel zugedacht hat. Aber solche Aussagen waren im Judentum weithin überhört, jedenfalls nicht in ihrer ganzen Tragweite verstanden worden. Selbst für Paulus, den Schriftkundigen, war es eine große Offenbarung, dass Gott ohne Unterschied alle Völker zum messianischen Heil beruft.*

ZWEITE LESUNG
Eph 3, 2–3a.5–6

Jetzt ist offenbart worden: Auch die Heiden haben an der Verheißung in Christus Jesus teil

Lesung
    aus dem Brief des Apostels Paulus
    an die Gemeinde in Éphesus.

Schwestern und Brüder!
2 Ihr habt gehört,
    welches Amt die Gnade Gottes mir für euch verliehen hat.

³ᵃ Durch eine Offenbarung
   wurde mir das Geheimnis kundgetan.
⁵ Den Menschen früherer Generationen wurde es nicht kundgetan,
  jetzt aber ist es seinen heiligen Aposteln und Propheten
   durch den Geist offenbart worden:
⁶ dass nämlich die Heiden Miterben sind,
  zu demselben Leib gehören
  und mit teilhaben an der Verheißung in Christus Jesus
   durch das Evangelium.

RUF VOR DEM EVANGELIUM   Vers: vgl. Mt 2, 2
Halleluja. Halleluja.

Wir haben seinen Stern gesehen
und sind gekommen, dem Herrn zu huldigen.

Halleluja.

ZUM EVANGELIUM *Fremden Menschen, Ausländern, Heiden leuchtet der Stern. Sie suchen und fragen, bis sie den neugeborenen König finden. Die Gelehrten in Jerusalem wissen aus der Schrift, wo der Messias geboren werden soll, aber keiner von ihnen geht nach Betlehem. So wird schon am Anfang des Matthäusevangeliums sichtbar, was am Schluss klar ausgesprochen wird: Alle Völker der Erde sind zum Heil berufen, das Jesus Christus gebracht hat (Mt 28,18–20).*

EVANGELIUM   Mt 2, 1–12
Wir haben seinen Stern aufgehen sehen und sind gekommen, um ihm zu huldigen

✠ Aus dem heiligen Evangelium nach Matthäus.

¹ Als Jesus zur Zeit des Königs Herodes
   in Betlehem in Judäa geboren worden war,
    siehe, da kamen Sterndeuter aus dem Osten nach Jerusalem
² und fragten: Wo ist der neugeborene König der Juden?
  Wir haben seinen Stern aufgehen sehen
  und sind gekommen, um ihm zu huldigen.

³ Als König Herodes das hörte, erschrak er
und mit ihm ganz Jerusalem.
⁴ Er ließ alle Hohepriester
und Schriftgelehrten des Volkes
zusammenkommen
und erkundigte sich bei ihnen,
wo der Christus geboren werden solle.
⁵ Sie antworteten ihm: in Betlehem in Judäa;
denn so steht es geschrieben bei dem Propheten:
⁶ Du, Betlehem im Gebiet von Juda,
bist keineswegs die unbedeutendste
unter den führenden Städten von Juda;
denn aus dir wird ein Fürst hervorgehen,
der Hirt meines Volkes Israel.
⁷ Danach rief Herodes die Sterndeuter heimlich zu sich
und ließ sich von ihnen genau sagen,
wann der Stern erschienen war.
⁸ Dann schickte er sie nach Betlehem
und sagte: Geht und forscht sorgfältig nach dem Kind;
und wenn ihr es gefunden habt, berichtet mir,
damit auch ich hingehe und ihm huldige!
⁹ Nach diesen Worten des Königs machten sie sich auf den Weg.

Und siehe, der Stern, den sie hatten aufgehen sehen,
zog vor ihnen her
bis zu dem Ort, wo das Kind war;
dort blieb er stehen.
¹⁰ Als sie den Stern sahen,
wurden sie von sehr großer Freude erfüllt.
¹¹ Sie gingen in das Haus
und sahen das Kind und Maria, seine Mutter;
da fielen sie nieder und huldigten ihm.
Dann holten sie ihre Schätze hervor
und brachten ihm Gold, Weihrauch und Myrrhe als Gaben dar.

¹² Weil ihnen aber im Traum geboten wurde,
nicht zu Herodes zurückzukehren,
zogen sie auf einem anderen Weg heim in ihr Land.

Glaubensbekenntnis, S. 374 ff.
Fürbitten vgl. S. 797

ZUR EUCHARISTIEFEIER   *Die Feier der Eucharistie ist „Mysterium des Glaubens", ein großes, göttlich-menschliches Geben und Empfangen: Wir bringen als Gabe unser Leben mit Freude und Hoffnung, Trauer und Angst, damit es erhellt wird vom Licht der göttlichen Herrlichkeit.*

GABENGEBET

Allmächtiger Gott,
nimm die Gaben deiner Kirche an.
Sie bringt nicht mehr Gold,
Weihrauch und Myrrhe dar,
sondern er, den diese Gaben bezeichnen,
wird für uns geopfert und uns zur Speise gegeben,
unser Herr Jesus Christus,
der mit dir lebt und herrscht in alle Ewigkeit.

Präfation von Erscheinung des Herrn, S. 417 f.
In den Hochgebeten I–III eigener Einschub

KOMMUNIONVERS   Vgl. Mt 2, 2

Wir haben seinen Stern aufgehen sehen
und sind gekommen, dem Herrn mit Geschenken zu huldigen.

SCHLUSSGEBET

Wir danken dir, allmächtiger Gott,
für die heiligen Gaben
und bitten dich:
Erhelle unsere Wege mit dem Licht deiner Gnade,
damit wir in Glauben und Liebe erfassen,
was du uns im Geheimnis der Eucharistie geschenkt hast.
Darum bitten wir durch Christus, unseren Herrn.

Der neue König, den [die Sterndeuter] anbeteten, war ganz anders, als sie erwartet hatten. So mussten sie lernen, dass Gott anders ist, als wir ihn uns gewöhnlich vorstellen. Nun begann ihre innere Wanderung. Sie begann in dem Augenblick, in dem sie sich vor diesem Kind niederwarfen und es als den verheißenen König anerkannten ... Nun lernen sie, dass sie sich selbst geben müssen – kein geringeres Geschenk verlangt dieser König. Nun lernen sie, dass ihr Leben von der Weise geprägt sein muss, wie Gott Macht ausübt und wie Gott selber ist: Sie müssen Menschen der Wahrheit, der Barmherzigkeit werden ... Sie müssen lernen, sich zu verlieren und gerade so sich zu finden. Indem sie weggehen von Bethlehem, müssen sie auf der Spur des wahren Königs bleiben, in der Nachfolge Jesu. (Benedikt XVI.)

Sonntag nach dem 6. Januar

TAUFE DES HERRN

Fest

Auch die Taufe Jesu ist ein Epiphaniegeschehen: Aufleuchten des sich offenbarenden Gottes. Der Vater nennt Jesus, der sich in die Reihe der Sünder gestellt hat, seinen geliebten Sohn. Der Geist Gottes ruht auf ihm, er wird ihn in die Wüste hinausführen, dann nach Galiläa, Jerusalem, Golgota. In der Kraft dieses Geistes wird Jesus sich als Opfer darbringen für die Sünde der Welt.

ERÖFFNUNGSVERS Vgl. Mt 3, 16–17

Als Jesus getauft war, öffnete sich der Himmel,
und er sah den Geist Gottes wie eine Taube auf sich herabkommen.
Und die Stimme des Vaters aus dem Himmel sprach:
Das ist mein geliebter Sohn, an dem ich Gefallen habe.
Ehre sei Gott, S. 371 f.

TAGESGEBET

Allmächtiger, ewiger Gott,
bei der Taufe im Jordan
kam der Heilige Geist auf unseren Herrn Jesus Christus herab
und du hast ihn als deinen geliebten Sohn geoffenbart.

Gib, dass auch wir,
die aus dem Wasser und dem Heiligen Geist wieder geboren sind,
in deinem Wohlgefallen stehen
und als deine Kinder aus der Fülle dieses Geistes leben.
Darum bitten wir durch Jesus Christus.

Oder:

Allmächtiger Gott,
dein einziger Sohn,
vor aller Zeit aus dir geboren,
ist in unserem Fleisch sichtbar erschienen.
Wie er uns gleichgeworden ist in der menschlichen Gestalt,
so werde unser Inneres neu geschaffen nach seinem Bild.
Darum bitten wir durch ihn,
der in der Einheit des Heiligen Geistes
mit dir lebt und herrscht in alle Ewigkeit.

ZUR 1. LESUNG *In der Form einer Gottesrede beschreibt der Prophet die Berufung des „Knechtes". Der Gottesknecht, eine geheimnisvolle prophetisch-königliche Gestalt im zweiten Teil des Jesaja-Buches, soll allen Völkern Gottes Treue und Erbarmen verkünden; Für diese Aufgabe wird er mit dem Geist Gottes ausgerüstet. Das Neue Testament sieht diese Aussage in Jesus Christus erfüllt (vgl. Jes 42,1 und das Gotteswort bei der Taufe Jesu: Mt 3,17).*

ERSTE LESUNG Jes 42, 5a.1–4.6–7 [1]

Siehe, das ist mein Knecht, an ihm finde ich Gefallen

**Lesung
aus dem Buch Jesája.**

⁵ᵃ **So spricht Gott, der HERR:**
¹ **Siehe, das ist mein Knecht, den ich stütze;
das ist mein Erwählter, an ihm finde ich Gefallen.
Ich habe meinen Geist auf ihn gelegt,
er bringt den Nationen das Recht.**
² **Er schreit nicht und lärmt nicht
und lässt seine Stimme nicht auf der Gasse erschallen.**
³ **Das geknickte Rohr zerbricht er nicht
und den glimmenden Docht löscht er nicht aus;**

ja, er bringt wirklich das Recht.
⁴ Er verglimmt nicht und wird nicht geknickt,
    bis er auf der Erde das Recht begründet hat.
Auf seine Weisung warten die Inseln.
⁶ Ich, der HERR, habe dich aus Gerechtigkeit gerufen,
ich fasse dich an der Hand.
Ich schaffe und mache dich
    zum Bund mit dem Volk,
    zum Licht der Nationen,
⁷ um blinde Augen zu öffnen,
    Gefangene aus dem Kerker zu holen
    und die im Dunkel sitzen, aus der Haft.

1 ANTWORTPSALM Ps 29 (28), 1–2.3ac–4.3b u. 9b–10 (Kv: vgl. 11b)

Kv Der HERR schenkt seinem Volk den Frieden. – Kv   GL 263

¹ Bringt dar dem HERRN, ihr Himmlischen, *
bringt dar dem HERRN Ehre und Macht!
² Bringt dar dem HERRN die Ehre seines Namens, *
werft euch nieder vor dem HERRN in heiliger Majestät! – (Kv)
³ᵃᶜ Die Stimme des HERRN über den Wassern: *
der HERR über gewaltigen Wassern.
⁴ Die Stimme des HERRN voller Kraft, *
die Stimme des HERRN voll Majestät. – (Kv)
³ᵇ Der Gott der Ehre hat gedonnert. *
⁹ᵇ In seinem Palast ruft alles: Ehre!
¹⁰ Der HERR thronte über der Flut, *
der HERR thronte als König in Ewigkeit. – Kv

Oder:

ZUR 1. LESUNG *An alle, die Durst haben nach dem lebendigen Wasser, ergeht die Einladung: Kommt, trinkt, esst! Aber auch: Hört und seht! Das Wort Gottes ist wahr und verlässlich. Der neue Bund, der angekündigt wird, ist die Erfüllung der alten Verheißung. Das wird einem mutlosen Volk gesagt, das Mühe hat, an die Zukunft zu glauben, die Gott ihm schenken will.*

ERSTE LESUNG Jes 55, 1–11

Kommt zum Wasser; hört und ihr werdet aufleben!

Lesung
   aus dem Buch Jesája.

So spricht der Herr:
1 Auf, alle Durstigen, kommt zum Wasser!
Die ihr kein Geld habt, kommt,
kauft Getreide und esst, kommt und kauft ohne Geld
und ohne Bezahlung Wein und Milch!
2 Warum bezahlt ihr mit Geld, was euch nicht nährt,
und mit dem Lohn eurer Mühen, was euch nicht satt macht?
Hört auf mich,
   dann bekommt ihr das Beste zu essen
und könnt euch laben an fetten Speisen!
3 Neigt euer Ohr und kommt zu mir,
hört und ihr werdet aufleben!
Ich schließe mit euch einen ewigen Bund:
Die Erweise der Huld für David sind beständig.
4 Siehe, ich habe ihn zum Zeugen für die Völker gemacht,
zum Fürsten und Gebieter der Nationen.
5 Siehe, eine Nation, die du nicht kennst, wirst du rufen
und eine Nation, die dich nicht kannte, eilt zu dir,
um des Herrn, deines Gottes, des Heiligen Israels willen,
weil er dich herrlich gemacht hat.
6 Sucht den Herrn, er lässt sich finden,
ruft ihn an, er ist nah!
7 Der Frevler soll seinen Weg verlassen,
der Übeltäter seine Pläne.
Er kehre um zum Herrn,
   damit er Erbarmen hat mit ihm,
und zu unserem Gott;
   denn er ist groß im Verzeihen.
8 Meine Gedanken sind nicht eure Gedanken
   und eure Wege sind nicht meine Wege – Spruch des Herrn.

⁹ So hoch der Himmel über der Erde ist,
   so hoch erhaben sind meine Wege über eure Wege
   und meine Gedanken über eure Gedanken.
¹⁰ Denn wie der Regen und der Schnee vom Himmel fällt
   und nicht dorthin zurückkehrt,
   ohne die Erde zu tränken
   und sie zum Keimen und Sprossen zu bringen,
dass sie dem Sämann Samen gibt und Brot zum Essen,
¹¹ so ist es auch mit dem Wort, das meinen Mund verlässt:
Es kehrt nicht leer zu mir zurück,
   ohne zu bewirken, was ich will,
und das zu erreichen, wozu ich es ausgesandt habe.

2 ANTWORTPSALM Jes 12, 2.3 u. 4bcd.5–6 (Kv: 3)

Kv **Ihr werdet Wasser freudig schöpfen** GL 312, 6
aus den Quellen des Heils. – Kv

² Siehe, Gott ist mein Heil; *
ich vertraue und erschrecke nicht.
Denn meine Stärke und mein Lied ist Gott, der HERR. *
Er wurde mir zum Heil. – (Kv)

³ Ihr werdet Wasser freudig schöpfen *
aus den Quellen des Heiles.

⁴ᵇᶜᵈ **Dankt dem HERRN! Ruft seinen Namen an! /**
Macht unter den Völkern seine Taten bekannt, *
verkündet: Sein Name ist erhaben! – (Kv)

⁵ Singet dem HERRN, denn Überragendes hat er vollbracht; *
bekannt gemacht sei dies auf der ganzen Erde.

⁶ **Jauchzt und jubelt, ihr Bewohner Zions;** *
denn groß ist in eurer Mitte der Heilige Israels. – Kv

ZUR 2. LESUNG *Gott hat auf Jesus, als er getauft wurde, den Heiligen Geist herabgesandt; er hat Jesus als seinen Sohn bezeugt und zum Messias gesalbt. Durch ihn hat er allen Menschen, Juden und Heiden, Versöhnung und Frieden verkündet. Das ist die Predigt der apostolischen Zeit, die gute Nachricht auch für die heutige Welt.*

ZWEITE LESUNG Apg 10, 34–38 １

Gott hat Jesus gesalbt mit dem Heiligen Geist

Lesung
  aus der Apostelgeschichte.

In jenen Tagen
³⁴ begann Petrus zu reden
und sagte:
  Wahrhaftig, jetzt begreife ich,
  dass Gott nicht auf die Person sieht,
³⁵ sondern dass ihm in jedem Volk willkommen ist,
  wer ihn fürchtet
  und tut, was recht ist.

³⁶ Er hat das Wort den Israeliten gesandt,
  indem er den Frieden verkündete durch Jesus Christus:
Dieser ist der Herr aller.

³⁷ Ihr wisst, was im ganzen Land der Juden geschehen ist,
angefangen in Galiläa,
nach der Taufe, die Johannes verkündet hat:

³⁸ wie Gott Jesus von Nazaret gesalbt hat
  mit dem Heiligen Geist und mit Kraft,
wie dieser umherzog,
Gutes tat
und alle heilte, die in der Gewalt des Teufels waren;
denn Gott war mit ihm.

RUF VOR DEM EVANGELIUM Vers: vgl. Mt 3, 16.17; Mk 9, 7 １

Halleluja. Halleluja.

Der Himmel tat sich auf und eine Stimme sprach:
Das ist mein geliebter Sohn; auf ihn sollt ihr hören.

Halleluja.

Oder:

ZUR 2. LESUNG *Was von Gott kommt, ist stärker als diese Welt. Von Gott kommen der Glaube und die Liebe: Glaube an Jesus, den Christus und Gottessohn; Liebe zu den Menschen, die unsere Brüder und Schwestern geworden sind. Durch Wasser und Blut ist der Sohn Gottes zu uns gekommen: im Wasser des Jordan wollte er getauft werden; am Kreuz hat er sein Blut vergossen. Der Geist, der sich im Leben Jesu wie in seinem Sterben als mächtig erwiesen hat, ist die Kraft Gottes auch im Leben des Christen.*

2 ZWEITE LESUNG 1 Joh 5, 1–9

Drei sind es, die Zeugnis geben: der Geist, das Wasser und das Blut

Lesung
aus dem ersten Johannesbrief.

Schwestern und Brüder!

1 Jeder, der glaubt, dass Jesus der Christus ist,
   ist aus Gott gezeugt
und jeder, der den Vater liebt,
   liebt auch den, der aus ihm gezeugt ist.

2 Daran erkennen wir, dass wir die Kinder Gottes lieben:
   wenn wir Gott lieben und seine Gebote erfüllen.

3 Denn darin besteht die Liebe zu Gott,
   dass wir seine Gebote halten;
und seine Gebote sind nicht schwer.

4 Denn alles, was aus Gott gezeugt ist, besiegt die Welt.
Und das ist der Sieg, der die Welt besiegt hat:
   unser Glaube.

5 Wer sonst besiegt die Welt,
   außer dem, der glaubt, dass Jesus der Sohn Gottes ist?

6 Dieser ist es, der durch Wasser und Blut gekommen ist:
   Jesus Christus.
Er ist nicht nur im Wasser gekommen,
   sondern im Wasser und im Blut.
Und der Geist ist es, der Zeugnis ablegt;
denn der Geist ist die Wahrheit.

⁷ Denn drei sind es, die Zeugnis ablegen:
⁸ der Geist,
   das Wasser
   und das Blut;
und diese drei sind eins.
⁹ Wenn wir von Menschen ein Zeugnis annehmen,
   so ist das Zeugnis Gottes größer;
denn das ist das Zeugnis Gottes:
Er hat Zeugnis abgelegt von seinem Sohn.

RUF VOR DEM EVANGELIUM
Vers: vgl. Joh 1, 29 ☐2

Halleluja. Halleluja.
Johannes sah Jesus auf sich zukommen und sagte:
Seht, das Lamm Gottes, das die Sünde der Welt hinwegnimmt.
Halleluja.

ZUM EVANGELIUM *Johannes der Täufer weist auf Jesus hin als den Größeren, der nach ihm kommt. Ihm will er durch seine Predigt und Bußtaufe den Weg bereiten. Auch Jesus hat sich von Johannes taufen lassen. Er hat sich in die Reihe der Sünder gestellt; er hat die Sünde der Welt auf sich genommen.*

EVANGELIUM
Mk 1, 7–11

Du bist mein geliebter Sohn, an dir habe ich Wohlgefallen gefunden

✚ Aus dem heiligen Evangelium nach Markus.
In jener Zeit
⁷ trat Johannes in der Wüste auf
und verkündete:
   Nach mir kommt einer,
   der ist stärker als ich;
ich bin es nicht wert,
   mich zu bücken und ihm die Riemen der Sandalen zu lösen.
⁸ Ich habe euch mit Wasser getauft,
   er aber wird euch mit dem Heiligen Geist taufen.

⁹ In jenen Tagen kam Jesus aus Nazaret in Galiläa
 und ließ sich von Johannes im Jordan taufen.
¹⁰ Und sogleich, als er aus dem Wasser stieg,
 sah er, dass der Himmel aufriss
 und der Geist wie eine Taube auf ihn herabkam.
¹¹ Und eine Stimme aus dem Himmel sprach:
 Du bist mein geliebter Sohn,
an dir habe ich Wohlgefallen gefunden.

Glaubensbekenntnis, S. 374 ff.
Fürbitten vgl. S. 795 f.

ZUR EUCHARISTIEFEIER *In der Taufe Jesu hat sich der Vater zu ihm und seinem Weg bekannt. In unserer Taufe haben auch wir die Zusage erhalten: „Du bist mein geliebter Sohn/meine geliebte Tochter". In jedem Gottesdienst dürfen wir diese göttliche Verheißung neu an uns erfahren.*

GABENGEBET

Gott, unser Vater,
wir feiern den Tag,
an dem du Jesus
als deinen geliebten Sohn geoffenbart hast.
Nimm unsere Gaben an
und mache sie zum Opfer Christi,
der die Sünden der ganzen Welt abgewaschen hat.
Er, der mit dir lebt und herrscht in alle Ewigkeit.

Präfation von der Taufe des Herrn, S. 418

KOMMUNIONVERS   Joh 1,30.34

Dieser ist es, über den Johannes gesagt hat:
Ich habe es gesehen und lege Zeugnis ab:
Dieser ist der Sohn Gottes.

SCHLUSSGEBET

Gütiger Gott,
du hast uns mit deinem Wort
und dem Brot des Lebens genährt.

Gib, dass wir gläubig auf deinen Sohn hören,
damit wir deine Kinder heißen
und es in Wahrheit sind.
Darum bitten wir durch Christus, unseren Herrn.

Taufen kommt von „tief", tief eintauchen (ins Wasser), in die Tiefe gehen. Das ist der Weg Jesu. Die Taufe verbindet uns mit ihm. Sein Weg ist mit allen Konsequenzen in unsere Lebensgeschichte eingezeichnet, mit Tod, Grab und Auferstehung. Taufe heißt: in die Tiefe gehen. Wo das Wasser flach ist, ist es warm. Wo es tief ist, ist es kalt. Wer sich freischwimmen will, muss den Sprung ins tiefe Wasser wagen. Taufe heißt: mit Jesus in die Tiefe gehen. Doch nicht, um sich darin zu verlieren und sich vom Sog in den Abgrund reißen zu lassen. Nein, wir sind „aus der Taufe gehoben". Da geht die Bewegung nach oben. Das ist, wie wenn man wieder auftaucht, den Kopf über Wasser bekommt. Eine Auferstehung! Da sind wir wie neu geboren, ein anderer Mensch. (Franz Kamphaus)

DIE FASTENZEIT – ÖSTERLICHE BUSSZEIT

Fastenzeit heißt nicht nur, weniger essen und trinken, sondern grundsätzlich weniger für sich selbst fordern und verbrauchen. Der Sinn: Der ganze Mensch soll frei werden und sich selbst wiederfinden; er soll das einüben und verwirklichen, was wir durch die Taufe geworden sind: ein neuer Mensch, in dem Christus sichtbar wird. Das Gesetz Christi heißt: nicht fordern, sondern schenken; loslassen, sich selber lassen und wie durch den Tod hindurch das neue, größere Leben gewinnen.

ASCHERMITTWOCH

In der heutigen Messe wird die Asche gesegnet und ausgeteilt. Sie wird aus den gesegneten Palmzweigen des Vorjahres bereitet.

ERÖFFNUNG UND WORTGOTTESDIENST

ERÖFFNUNGSVERS Weish 11, 24–25.27

Du erbarmst dich aller, o Herr,
und hast Nachsicht mit den Sünden der Menschen,
damit sie sich bekehren;
denn du bist der Herr, unser Gott.

Das Allgemeine Schuldbekenntnis entfällt. Es wird durch die Austeilung der Asche ersetzt.

TAGESGEBET

Getreuer Gott, im Vertrauen auf dich beginnen wir
die vierzig Tage der Umkehr und Buße.
Gib uns die Kraft zu christlicher Zucht,
damit wir dem Bösen absagen
und mit Entschiedenheit das Gute tun.
Darum bitten wir durch Jesus Christus.

ZUR 1. LESUNG *Zur Zeit des Propheten Joël wurde das Land Juda so von Heuschrecken verwüstet, dass nichts zu essen übrig blieb; auch für die täglichen Opfer im Tempel war nichts mehr da (1,1-12). Der Prophet sieht in den Heuschrecken die Vorboten eines noch größeren Strafgerichts (2,1-2). Darum ruft er zur Buße auf. Nicht eine liturgische Bußfeier soll es sein, sondern eine wirkliche Bekehrung: eine Hinwendung des ganzen Menschen zum barmherzigen Gott. „Vielleicht" hat er Mitleid und wendet das Unheil ab. „Vielleicht": Der schuldige Mensch hat keinen Anspruch, aber er darf hoffen. Zwei Gründe hat Gott, sein Volk zu verschonen: 1. seine erbarmende Liebe, 2. seine eigene Ehre. Die Heiden würden ja spotten, wenn Jahwe sein Volk zugrunde gehen ließe. Das ist freilich eine volkstümliche Gottesvorstellung, die nicht auf der Höhe der großen Propheten steht.*

ERSTE LESUNG

Joël 2, 12−18

Zerreißt eure Herzen, nicht eure Kleider

**Lesung
aus dem Buch Joël.**

**¹² Spruch des Herrn:
Kehrt um zu mir von ganzem Herzen
mit Fasten, Weinen und Klagen!
¹³ Zerreißt eure Herzen, nicht eure Kleider,
und kehrt um zum Herrn, eurem Gott!
Denn er ist gnädig und barmherzig,
langmütig und reich an Huld
und es reut ihn das Unheil.
¹⁴ Wer weiß, vielleicht kehrt er um und es reut ihn
und er lässt Segen zurück,
sodass ihr Speise- und Trankopfer darbringen könnt
für den Herrn, euren Gott.
¹⁵ Auf dem Zion stoßt in das Horn,
ordnet ein heiliges Fasten an,
ruft einen Gottesdienst aus!
¹⁶ Versammelt das Volk,
heiligt die Gemeinde!**

Versammelt die Alten,
holt die Kinder zusammen, auch die Säuglinge!
Der Bräutigam verlasse seine Kammer
    und die Braut ihr Gemach.

17 Zwischen Vorhalle und Altar sollen die Priester klagen,
die Diener des HERRN sollen sprechen:
    Hab Mitleid, HERR, mit deinem Volk
und überlass dein Erbe nicht der Schande,
    damit die Völker nicht über uns spotten!
Warum soll man bei den Völkern sagen:
    Wo ist denn ihr Gott?

18 Da erwachte im HERRN die Leidenschaft für sein Land
    und er hatte Erbarmen mit seinem Volk.

ANTWORTPSALM   Ps 51 (50), 3–4.5–6b.12–13.14 u. 17 (Kv: vgl. 3)

Kv **Erbarme dich unser, o Herr,**   GL 639, 1
denn wir haben gesündigt. – Kv

3 Gott, sei mir gnädig nach deiner Huld, *
    tilge meine Frevel nach deinem reichen Erbarmen!
4 Wasch meine Schuld von mir ab *
und mach mich rein von meiner Sünde! – (Kv)

5 Denn ich erkenne meine bösen Taten, *
    meine Sünde steht mir immer vor Augen.
6ab Gegen dich allein habe ich gesündigt, *
ich habe getan, was böse ist in deinen Augen. – (Kv)

12 Erschaffe mir, Gott, ein reines Herz *
    und einen festen Geist erneuere in meinem Innern!
13 Verwirf mich nicht vor deinem Angesicht, *
deinen heiligen Geist nimm nicht von mir! – (Kv)

14 Gib mir wieder die Freude deines Heiles, *
    rüste mich aus mit dem Geist der Großmut!
17 Herr, öffne meine Lippen, *
damit mein Mund dein Lob verkünde! – Kv

Aschermittwoch 95

ZUR 2. LESUNG *Die neue Schöpfung ist nicht abgeschlossen; sie ist im Werden bis zum Tag der Vollendung. Bis dahin hat Gott das „Wort der Versöhnung" Menschen aufgetragen, die seine „Botschafter" sind. Sie sollen den Menschen immer wieder sagen, was Gott für uns getan hat und was sich daraus an Möglichkeiten und auch an Forderungen ergibt.*

ZWEITE LESUNG
2 Kor 5, 20 – 6, 2

Lasst euch mit Gott versöhnen! Jetzt ist sie da, die Zeit der Gnade

Lesung
aus dem zweiten Brief des Apostels Paulus
an die Gemeinde in Korinth.

Schwestern und Brüder!

⁵‚²⁰ Wir sind also Gesandte an Christi statt
und Gott ist es, der durch uns mahnt.
Wir bitten an Christi statt:
Lasst euch mit Gott versöhnen!

²¹ Er hat den, der keine Sünde kannte,
für uns zur Sünde gemacht,
damit wir in ihm Gerechtigkeit Gottes würden.

⁶‚¹ Als Mitarbeiter Gottes ermahnen wir euch,
dass ihr seine Gnade nicht vergebens empfangt.

² Denn es heißt:
Zur Zeit der Gnade habe ich dich erhört,
am Tag der Rettung habe ich dir geholfen.

Siehe, jetzt ist sie da, die Zeit der Gnade;
siehe, jetzt ist er da, der Tag der Rettung.

RUF VOR DEM EVANGELIUM
Vers: vgl. Ps 95 (94), 7d.8a

Herr Jesus, dir sei Ruhm und Ehre!* – Kv

Wenn ihr heute seine Stimme hört,
verhärtet nicht euer Herz!

Herr Jesus, dir sei Ruhm und Ehre!

---

* Die Zusammenstellung der Rufe, die in der Fastenzeit an die Stelle des Halleluja treten können, siehe Anhang II, S. 791.

ZUM EVANGELIUM

Die „Gerechtigkeit", wie Jesus sie versteht (V. 1), hat nur die eine große Sorge, mit dem Willen Gottes übereinzustimmen. Almosengeben, Beten und Fasten sind drei Äußerungen der Frömmigkeit, in denen drei Grundhaltungen des Menschen zum Ausdruck kommen und sich in ihrer Echtheit bewähren müssen: im Fasten die Demut vor Gott, im Beten die Hoffnung und in den Almosen die Liebe. Alle drei sind nichts wert, wenn der Mensch nicht mit reiner Absicht Gott sucht. Der Heuchler hat im Endgericht nichts mehr zu erwarten, das wird eindringlich gesagt in dem dreimaligen „Amen, ich sage euch..." (6, 2.5.16).

EVANGELIUM   Mt 6, 1–6.16–18

Dein Vater, der das Verborgene sieht, wird es dir vergelten

✛ Aus dem heiligen Evangelium nach Matthäus.

In jener Zeit sprach Jesus zu seinen Jüngern:

¹ Hütet euch,
   eure Gerechtigkeit vor den Menschen zu tun,
   um von ihnen gesehen zu werden;
   sonst habt ihr keinen Lohn
   von eurem Vater im Himmel zu erwarten.

² Wenn du Almosen gibst,
   posaune es nicht vor dir her,
   wie es die Heuchler in den Synagogen und auf den Gassen tun,
   um von den Leuten gelobt zu werden!
   Amen, ich sage euch:
   Sie haben ihren Lohn bereits erhalten.

³ Wenn du Almosen gibst,
   soll deine linke Hand nicht wissen, was deine rechte tut,
⁴ damit dein Almosen im Verborgenen bleibt;
   und dein Vater, der auch das Verborgene sieht,
   wird es dir vergelten.

⁵ Wenn ihr betet,
   macht es nicht wie die Heuchler!
   Sie stellen sich beim Gebet
   gern in die Synagogen und an die Straßenecken,
   damit sie von den Leuten gesehen werden.

Amen, ich sage euch:
Sie haben ihren Lohn bereits erhalten.
⁶ Du aber, wenn du betest, geh in deine Kammer,
schließ die Tür zu;
dann bete zu deinem Vater, der im Verborgenen ist!
Dein Vater, der auch das Verborgene sieht,
 wird es dir vergelten.
¹⁶ Wenn ihr fastet,
 macht kein finsteres Gesicht wie die Heuchler!
Sie geben sich ein trübseliges Aussehen,
 damit die Leute merken, dass sie fasten.
Amen, ich sage euch:
Sie haben ihren Lohn bereits erhalten.
¹⁷ Du aber, wenn du fastest, salbe dein Haupt
und wasche dein Gesicht,
¹⁸ damit die Leute nicht merken, dass du fastest,
 sondern nur dein Vater, der im Verborgenen ist;
und dein Vater, der das Verborgene sieht,
 wird es dir vergelten.

SEGNUNG UND AUSTEILUNG DER ASCHE

Nach der Homilie lädt der Priester die Gläubigen zum Gebet ein:

Liebe Brüder und Schwestern,
wir wollen Gott, unseren Vater, bitten,
dass er diese Asche segne,
die wir als Zeichen der Buße empfangen.

Nach einer kurzen Gebetsstille betet der Priester, die Hände gefaltet:

Barmherziger Gott,
du bist den Demütigen nahe
und lässt dich durch Buße versöhnen.
Neige dein Ohr unseren Bitten
und segne ✛ alle, die gekommen sind,
um das Aschenkreuz zu empfangen.

Hilf uns, die vierzig Tage der Buße
in rechter Gesinnung zu begehen,
damit wir das heilige Osterfest
mit geläutertem Herzen feiern.
Darum bitten wir durch Christus, unseren Herrn.

Oder:

Gott, du willst nicht den Tod des Sünders,
du willst, dass er sich bekehrt und lebt.
Erhöre gnädig unsere Bitten:
Segne ✛ diese Asche,
mit der wir uns bezeichnen lassen,
weil wir wissen, dass wir Staub sind
und zum Staub zurückkehren.
Hilf uns, die vierzig Tage der Buße
in rechter Gesinnung zu begehen.
Verzeih uns unsere Sünden,
erneuere uns nach dem Bild deines Sohnes
und schenke uns durch seine Auferstehung
das unvergängliche Leben.
Darum bitten wir durch ihn, Christus, unseren Herrn.

Der Priester besprengt die Asche mit Weihwasser (ohne Begleitgebet). Danach legt er allen, die vor ihn hintreten, die Asche auf und spricht zu jedem Einzelnen.

Bekehrt euch und glaubt an das Evangelium. Mk 1, 15

Oder: Vgl. Gen 3, 19

Bedenke, Mensch, dass du Staub bist und wieder zum Staub zurückkehren wirst.

Während der Austeilung der Asche wird gesungen.

ANTIPHON Joël 2, 13

Lasst uns umkehren zum Herrn, unserem Gott, denn er ist gnädig und barmherzig und langmütig. Groß ist seine Güte, und es reut ihn, dass er Unheil verhängt hat.

Oder: Joël 2, 17; Est 4, 17

Zwischen Vorhalle und Altar sollen die Priester klagen, die Diener des Herrn sollen sprechen: Hab Mitleid, Herr, mit deinem Volk, lass den Mund derer, die dich loben, nicht verstummen.

Oder: Ps 51 (50), 3

Tilge, Herr, meine Frevel nach deinem reichen Erbarmen.

Diese Antiphon kann mit Psalm 51 (50) verbunden und nach jedem einzelnen Vers wiederholt werden.

RESPONSORIUM Vgl. Bar 3, 2; Ps 79 (78), 9

Wir wollen Buße tun für das, was wir gefehlt haben, und uns bessern, damit wir nicht, plötzlich vom Tod überrascht, nach einer Gnadenfrist suchen, die uns niemand geben kann. * Höre, Herr, und hab Erbarmen, denn wir haben gesündigt vor dir.
V Hilf uns, du Gott unseres Heils! Um der Ehre deines Namens willen reiß uns heraus! * Höre, Herr ...

Es kann auch ein anderer geeigneter Gesang genommen werden.
Wenn die Asche ausgeteilt ist, werden abschließend die Fürbitten gesprochen.

EUCHARISTIEFEIER

GABENGEBET

Herr, unser Gott,
zu Beginn der heiligen vierzig Tage
bringen wir dieses Opfer dar und bitten dich:
Hilf uns, umzukehren
und Taten der Buße und der Liebe zu vollbringen,
damit wir unseren bösen Neigungen nicht nachgeben.
Reinige uns von Sünden und mache uns fähig,
das Gedächtnis des Leidens
unseres Herrn Jesus Christus
mit ganzer Hingabe zu begehen,
der mit dir lebt und herrscht in alle Ewigkeit.

Fastenpräfation IV, S. 421

KOMMUNIONVERS Ps 1, 2–3

Wer über die Weisung des Herrn nachsinnt bei Tag und Nacht,
bringt seine Frucht zur rechten Zeit.

SCHLUSSGEBET

Barmherziger Gott,
stärke uns durch dieses heilige Mahl,
damit wir fasten können, wie es dir gefällt,
und durch die Feier dieser Tage Heilung finden.
Darum bitten wir durch Christus, unseren Herrn.

Die Segnung und Austeilung der Asche kann auch außerhalb der Messe stattfinden.
Wenn die Weihe und die Austeilung der Asche nicht im Zusammenhang mit einer Messfeier stehen, ist es angemessen, vorher einen Wortgottesdienst zu halten, bei dem die für die Messfeier vorgesehenen Texte genommen werden.

Wir sollen – so das Matthäusevangelium – nicht etwas zur Schau stellen. Wir sollen nicht etwas sagen oder zeigen, was wir nicht sind. Vielmehr sollen wir zu „Gesandten an Christi statt" werden, zu glaubwürdigen Zeuginnen und Zeugen des Reiches Gottes, das ein Reich der Wahrheit, der Barmherzigkeit und der Liebe ist. Wir sollten in aller Freiheit vorleben, was es heißt, in der Nachfolge Christi zu leben. Und dazu kann uns die Fastenzeit verhelfen: zu mehr Freiheit und mehr Freude. Beim Aschenritus, den wir am Aschermittwoch feiern, müssen wir nicht Menschen zur Schau stellen, die kurz vor der Heiligsprechung stehen. Wir dürfen bekennen, dass wir eigentlich Staub sind und wieder zu Staub zurückkehren werden. Und wir dürfen uns jeden Tag neu zum Evangelium bekehren und uns so als versöhnte Menschen an Stelle von Christus zu anderen Menschen senden lassen. (Urban Federer)

ERSTER FASTENSONNTAG

„Fastenzeit" oder „Österliche Bußzeit", das sind die vierzig Tage der Vorbereitung auf Ostern, das Fest aller Feste. Wir werden an die vierzig Jahre erinnert, die Israel in der Wüste verbracht hat, zwischen Ägypten, dem Land der Knechtschaft und dem verheißenen Land Kanaan. Wir werden auch an die vierzig Tage

erinnert, die Jesus in der Wüste gefastet hat. Wüste bedeutet Freiheit, aber auch Unsicherheit, Armut, Durst und Hunger. Alles Unwesentliche wird unwichtig, künstliche Lichter und falsche Ideale verblassen, je mehr wir uns in das Licht Christi stellen. Wir begreifen die Notwendigkeit, anders zu werden. Wir verstehen die Umkehr, die Rückkehr zu Gott als Geschenk seiner Gnade und zugleich als die große, wesentliche Arbeit unseres Lebens, wenn wir diese Zeit der Vorbereitung auf Ostern nutzen.

ERÖFFNUNGSVERS
Ps 91 (90), 15–16

Wenn er mich anruft, dann will ich ihn erhören.
Ich bin bei ihm in der Not, befreie ihn und bringe ihn zu Ehren.
Ich sättige ihn mit langem Leben und lasse ihn mein Heil schauen.

TAGESGEBET

Allmächtiger Gott,
du schenkst uns die heiligen vierzig Tage
als eine Zeit der Umkehr und der Buße.
Gib uns durch ihre Feier die Gnade,
dass wir in der Erkenntnis Jesu Christi voranschreiten
und die Kraft seiner Erlösungstat
durch ein Leben aus dem Glauben sichtbar machen.
Darum bitten wir durch ihn,
der in der Einheit des Heiligen Geistes
mit dir lebt und herrscht in alle Ewigkeit.

ZUR 1. LESUNG *Die Sintflut war das Gericht Gottes über eine aus der Ordnung geratene Welt. Aber nach dem Gericht gewährt Gott einen neuen Anfang; er schließt einen Bund mit Noach und der ganzen Menschheit. Trotz des Bösen, das auch in Zukunft geschehen wird, will er die Erde nicht wieder verwüsten. Das ist eine Aussage des Glaubens und der Hoffnung, gültig auch für spätere Zeiten des Gerichts und des scheinbar unvermeidlichen Untergangs. Gottes Treue bleibt bestehen.*

ERSTE LESUNG Gen 9, 8–15

Ich richte meinen Bund mit euch auf; nie wieder soll eine Flut kommen und die Erde verderben

Lesung
aus dem Buch Génesis.

⁸ Gott sprach zu Noach
und seinen Söhnen, die bei ihm waren:
⁹ Ich bin es.
Siehe, ich richte meinen Bund auf
mit euch und mit euren Nachkommen nach euch
¹⁰ und mit allen Lebewesen bei euch,
mit den Vögeln, dem Vieh und allen Wildtieren der Erde bei euch,
mit allen, die aus der Arche gekommen sind,
mit allen Wildtieren der Erde überhaupt.
¹¹ Ich richte meinen Bund mit euch auf:
Nie wieder sollen alle Wesen aus Fleisch
vom Wasser der Flut ausgerottet werden;
nie wieder soll eine Flut kommen und die Erde verderben.
¹² Und Gott sprach:
Das ist das Zeichen des Bundes,
den ich stifte zwischen mir und euch
und den lebendigen Wesen bei euch
für alle kommenden Generationen:
¹³ Meinen Bogen setze ich in die Wolken;
er soll das Zeichen des Bundes werden
zwischen mir und der Erde.
¹⁴ Balle ich Wolken über der Erde zusammen
und erscheint der Bogen in den Wolken,
¹⁵ dann gedenke ich des Bundes,
der besteht zwischen mir und euch
und allen Lebewesen, allen Wesen aus Fleisch,
und das Wasser wird nie wieder zur Flut werden,
die alle Wesen aus Fleisch verdirbt.

ANTWORTPSALM
Ps 25 (24), 4–5.6–7.8–9 (Kv: vgl. 10)

Kv Deine Wege, HERR, sind Huld und Treue — GL 623, 2
für alle, die deinen Bund wahren. – Kv

4 Zeige mir, HERR, deine Wege, *
lehre mich deine Pfade!
5 Führe mich in deiner Treue und lehre mich; /
denn du bist der Gott meines Heiles. *
Auf dich hoffe ich den ganzen Tag. – (Kv)
6 Gedenke deines Erbarmens, HERR, /
und der Taten deiner Gnade; *
denn sie bestehen seit Ewigkeit!
7 Gedenke nicht meiner Jugendsünden und meiner Frevel! *
Nach deiner Huld gedenke meiner, HERR, denn du bist gütig! – (Kv)
8 Der HERR ist gut und redlich, *
darum weist er Sünder auf den rechten Weg.
9 Die Armen leitet er nach seinem Recht, *
die Armen lehrt er seinen Weg. – Kv

ZUR 2. LESUNG *Die Lesung aus dem ersten Petrusbrief enthält Grundaussagen über den christlichen Glauben. Christus ist gestorben für die Sünden der Welt; er ist in das Reich des Todes hinabgestiegen, und er ist von den Toten auferstanden. Nachdem Christus bis in den Tod hinein den Weg der Menschen gegangen ist, kann der Mensch durch die Taufe den Weg zum Leben gehen. Die Taufe wird hier als Gegenbild der Sintflut gesehen. Sie gewährt das reine Gewissen und orientiert den Menschen dorthin, wohin Christus vorausgegangen ist.*

ZWEITE LESUNG
1 Petr 3, 18–22

Euch rettet jetzt die Taufe

Lesung
aus dem ersten Brief des Apostels Petrus.

Schwestern und Brüder!

18 Christus ist der Sünden wegen ein einziges Mal gestorben,
ein Gerechter für Ungerechte,
damit er euch zu Gott hinführe,
nachdem er dem Fleisch nach zwar getötet,

aber dem Geist nach lebendig gemacht wurde.
¹⁹ In ihm ist er auch zu den Geistern gegangen,
die im Gefängnis waren,
und hat ihnen gepredigt.
²⁰ Diese waren einst ungehorsam,
als Gott in den Tagen Noachs geduldig wartete,
während die Arche gebaut wurde;
in ihr wurden nur wenige, nämlich acht Menschen,
durch das Wasser gerettet.
²¹ Dem entspricht die Taufe, die jetzt euch rettet.
Sie dient nicht dazu,
den Körper von Schmutz zu reinigen,
sondern sie ist eine Bitte an Gott
um ein reines Gewissen
aufgrund der Auferstehung Jesu Christi,
²² der in den Himmel gegangen ist;
dort ist er zur Rechten Gottes
und Engel, Gewalten und Mächte sind ihm unterworfen.

RUF VOR DEM EVANGELIUM Vers: vgl. Mt 4, 4b

Lob dir, Christus, König und Erlöser!* – Kv

Nicht nur vom Brot lebt der Mensch,
sondern von jedem Wort aus Gottes Mund.

Lob dir, Christus, König und Erlöser!

ZUM EVANGELIUM *Nach der Taufe Jesu berichtet das Markusevangelium kurz über die vierzig Tage in der Wüste und über das erste Auftreten Jesu in Galiläa. Der Widersacher hat keine Gewalt über ihn, den ganz Heiligen. Engel und Tiere dienen ihm, dem neuen Menschen. Jesus ruft das „Evangelium Gottes" aus; es gibt Rettung für den, der an das Evangelium glaubt. Glaube und Umkehr sind Forderungen Gottes an den Menschen, und es sind zugleich seine Gaben.*

---

* Die Zusammenstellung der Rufe, die in der Fastenzeit an die Stelle des Halleluja treten können, siehe Anhang II, S. 791.

EVANGELIUM
Mk 1, 12–15

Er wurde vom Satan in Versuchung geführt und die Engel dienten ihm

✛ Aus dem heiligen Evangelium nach Markus.

In jener Zeit
¹² trieb der Geist Jesus in die Wüste.
¹³ Jesus blieb vierzig Tage in der Wüste
und wurde vom Satan in Versuchung geführt.
Er lebte bei den wilden Tieren
und die Engel dienten ihm.
¹⁴ Nachdem Johannes ausgeliefert worden war,
 ging Jesus nach Galiläa;
er verkündete das Evangelium Gottes
¹⁵ und sprach: Die Zeit ist erfüllt,
das Reich Gottes ist nahe.
Kehrt um
 und glaubt an das Evangelium!

Glaubensbekenntnis, S. 374 ff.
Fürbitten vgl. S. 798 ff.

ZUR EUCHARISTIEFEIER *Jesus ruft auch mich zur Umkehr. Wenn sein Wort mich trifft, kann ich nicht so bleiben, wie ich bin. Umkehr bedeutet: anders werden, umdenken, Gewohnheiten in Frage stellen. Darin besteht der Sinn der österlichen Bußzeit: dass in unserem Leben Christus neu Gestalt gewinnt.*

GABENGEBET

Herr, unser Gott,
wir bringen Brot und Wein für das heilige Opfer,
das wir zum Beginn dieser Fastenzeit feiern.
Nimm mit diesen Gaben uns selbst an
und vereine unsere Hingabe
mit dem Opfer deines Sohnes,
der mit dir lebt und herrscht in alle Ewigkeit.

Präfation vom 1. Fastensonntag, S. 418
oder Präfationen für die Fastenzeit, S. 420 f.

KOMMUNIONVERS

Mt 4, 4

Nicht nur vom Brot lebt der Mensch,
sondern von jedem Wort, das aus Gottes Mund kommt.

Oder: Ps 91 (90), 4

Mit seinen Flügeln schirmt dich der Herr,
unter seinen Schwingen findest du Zuflucht.

SCHLUSSGEBET

Gütiger Gott,
du hast uns das Brot des Himmels gegeben,
damit Glaube, Hoffnung und Liebe in uns wachsen.
Erhalte in uns das Verlangen nach diesem wahren Brot,
das der Welt das Leben gibt,
und stärke uns mit jedem Wort,
das aus deinem Mund hervorgeht.
Darum bitten wir durch Christus, unseren Herrn.

FÜR DEN TAG UND DIE WOCHE

DISZIPLIN *Um das Herz gezielt auf etwas auszurichten, bedarf es nicht nur eines ehrlichen Wollens, sondern auch einer festen Entschlossenheit. Disziplin gehört wesentlich zur Jüngerschaft. Die Übung geistlicher Disziplin schärft unser Wahrnehmungsvermögen für die leise, sanfte Stimme Gottes.*
Jesus hörte ständig auf den Vater, achtete ständig aufmerksam auf seine Stimme, war ständig bereit, seinen Weisungen zu folgen. Jesus war „ganz Ohr". Darin besteht das Eigentliche des Gebets: ganz Ohr für Gott zu sein. Den innersten Kern allen Betens stellt dieses Hören dar, dieses gehorsame Stehen in der Gegenwart Gottes. (Henri Nouwen)

ZWEITER FASTENSONNTAG

Der Mensch wird er selbst erst in der Begegnung mit dem andern, dem Du. Er sieht und wird gesehen: Er nimmt den andern an und weiß sich selbst angenommen, aber auch gefordert. Von Abraham, dem Freund, hat Gott Großes gefordert: das Opfer des geliebten Sohnes. Von Jesus, seinem eigenen Sohn, alles: Leben und Tod. Jesus war der vollkommene Mensch, der ganz verwirklichte Mensch. Auf ihn schaute Gott mit reinem Wohlgefallen; in ihm offenbarte er sein eigenes Wesen, seine Heiligkeit und seine Herrlichkeit.

ERÖFFNUNGSVERS   Ps 27 (26), 8–9
Mein Herz denkt an dein Wort: Sucht mein Angesicht!
Dein Angesicht, Herr, will ich suchen.
Verbirg nicht dein Gesicht vor mir.

Oder: Ps 25 (24), 6.2.22
Denk an dein Erbarmen, Herr, und an die Taten deiner Huld,
denn sie bestehen seit Ewigkeit.
Lass unsere Feinde nicht triumphieren!
Befreie uns, Gott Israels, aus all unseren Nöten.

TAGESGEBET
Gott, du hast uns geboten,
auf deinen geliebten Sohn zu hören.
Nähre uns mit deinem Wort
und reinige die Augen unseres Geistes,
damit wir fähig werden,
deine Herrlichkeit zu erkennen.
Darum bitten wir durch Jesus Christus.

ZUR 1. LESUNG   *Gott prüfte den Glauben Abrahams, er befahl ihm, den einzigen Sohn als Opfer darzubringen. Hat Gott solche Proben nötig, um zu wissen, was im Menschen ist? Gott hat es nicht nötig; aber der Mensch kann ahnen, dass Gott groß ist und unbegreiflich anders; durch Schmerz und Verzicht kann der Mensch innerlich wachsen und reifen.*

Zweiter Fastensonntag

ERSTE LESUNG   Gen 22, 1–2.9a.10–13.15–18

Das Opfer unseres Vaters Abraham (Messbuch: 1. Hochgebet)

Lesung
   aus dem Buch Génesis.

In jenen Tagen
¹ stellte Gott Abraham auf die Probe.
Er sprach zu ihm: Abraham!
Er sagte: Hier bin ich.
² Er sprach: Nimm deinen Sohn,
deinen einzigen, den du liebst, Ísaak,
geh in das Land Moríja
und bring ihn dort auf einem der Berge, den ich dir nenne,
   als Brandopfer dar!
⁹ᵃ Als sie an den Ort kamen, den ihm Gott genannt hatte,
   baute Abraham dort den Altar,
schichtete das Holz auf.
¹⁰ Abraham streckte seine Hand aus
und nahm das Messer, um seinen Sohn zu schlachten.
¹¹ Da rief ihm der Engel des HERRN vom Himmel her zu und sagte:
   Abraham, Abraham!
Er antwortete: Hier bin ich.
¹² Er sprach:
   Streck deine Hand nicht gegen den Knaben aus
und tu ihm nichts zuleide!
Denn jetzt weiß ich, dass du Gott fürchtest;
du hast mir deinen Sohn, deinen einzigen, nicht vorenthalten.
¹³ Abraham erhob seine Augen,
   sah hin und siehe, ein Widder hatte sich hinter ihm
mit seinen Hörnern im Gestrüpp verfangen.
Abraham ging hin,
   nahm den Widder
und brachte ihn statt seines Sohnes als Brandopfer dar.

¹⁵ Der Engel des HERRN
   rief Abraham zum zweiten Mal vom Himmel her zu
¹⁶ und sprach:
   Ich habe bei mir geschworen – Spruch des HERRN:
   Weil du das getan hast
   und deinen Sohn, deinen einzigen, mir nicht vorenthalten hast,
¹⁷ will ich dir Segen schenken in Fülle
   und deine Nachkommen überaus zahlreich machen
   wie die Sterne am Himmel
   und den Sand am Meeresstrand.
   Deine Nachkommen werden das Tor ihrer Feinde einnehmen.
¹⁸ Segnen werden sich mit deinen Nachkommen alle Völker der Erde,
   weil du auf meine Stimme gehört hast.

ANTWORTPSALM   Ps 116 (115), 10 u. 15.16–17.18–19 (Kv: vgl. 9)

Kv Ich gehe meinen Weg vor Gott   GL 629, 3
im Lande der Lebenden. – Kv

¹⁰ Ich glaube – auch wenn ich sagen muss: *
Ich bin tief erniedrigt!
¹⁵ Kostbar ist in den Augen des HERRN *
der Tod seiner Frommen. – (Kv)
¹⁶ Ach HERR, ich bin doch dein Knecht, /
dein Knecht bin ich, der Sohn deiner Magd! *
Gelöst hast du meine Fesseln.
¹⁷ Ich will dir ein Opfer des Dankes bringen, *
ausrufen will ich den Namen des HERRN. – (Kv)
¹⁸ Meine Gelübde will ich dem HERRN erfüllen *
in Gegenwart seines ganzen Volkes,
¹⁹ in den Höfen des Hauses des HERRN, *
in deiner Mitte, Jerusalem. – Kv

ZUR 2. LESUNG   *Abraham war bereit, seinen einzigen Sohn zu opfern; tatsächlich wurde Isaak nicht geopfert. An seiner Stelle und für uns alle hat Gott seinen eigenen Sohn hingegeben. Musste das sein? Für uns bleibt dies ein Geheimnis, weil wir weder von der Heiligkeit Gottes noch von seiner Gerechtigkeit und seiner Liebe eine hinreichende Vorstellung haben. Wir wissen nur, dass alles Tun Gottes aus seiner Liebe fließt, und dass er mächtig ist, um alle zu retten, die ihm vertrauen.*

ZWEITE LESUNG Röm 8,31b–34
Gott hat seinen eigenen Sohn nicht verschont

**Lesung
aus dem Brief des Apostels Paulus
an die Gemeinde in Rom.**

Schwestern und Brüder!

31b **Ist Gott für uns,
wer ist dann gegen uns?**

32 **Er hat seinen eigenen Sohn nicht verschont,
sondern ihn für uns alle hingegeben –
wie sollte er uns mit ihm nicht alles schenken?**

33 **Wer kann die Auserwählten Gottes anklagen?
Gott ist es, der gerecht macht.**

34 **Wer kann sie verurteilen?
Christus Jesus, der gestorben ist,
mehr noch: der auferweckt worden ist,
er sitzt zur Rechten Gottes
und tritt für uns ein.**

RUF VOR DEM EVANGELIUM Vers: vgl. Mt 17,5

Lob dir, Christus, König und Erlöser! – Kv

Aus der leuchtenden Wolke rief die Stimme des Vaters:
Das ist mein geliebter Sohn; auf ihn sollt ihr hören.

Lob dir, Christus, König und Erlöser!

ZUM EVANGELIUM *Dem Bericht über die Verklärung Jesu ging das Bekenntnis des Petrus voraus: Du bist der Messias (Mk 8,29). Und Jesus hat sein bevorstehendes Leiden verschiedene Male angekündigt.
„Mein geliebter Sohn – auf ihn sollt ihr hören". Zu diesem Sohn gehören das Kreuz und die messianische Würde und Herrlichkeit.*

EVANGELIUM

Mk 9, 2–10

Es erscholl eine Stimme aus der Wolke: Dieser ist mein geliebter Sohn

✚ Aus dem heiligen Evangelium nach Markus.

In jener Zeit
² nahm Jesus Petrus, Jakobus und Johannes beiseite
und führte sie auf einen hohen Berg,
aber nur sie allein.
Und er wurde vor ihnen verwandelt;
³ seine Kleider wurden strahlend weiß,
so weiß, wie sie auf Erden kein Bleicher machen kann.
⁴ Da erschien ihnen Elíja und mit ihm Mose
und sie redeten mit Jesus.
⁵ Petrus sagte zu Jesus: Rabbi, es ist gut, dass wir hier sind.
Wir wollen drei Hütten bauen,
eine für dich, eine für Mose und eine für Elíja.
⁶ Er wusste nämlich nicht, was er sagen sollte;
denn sie waren vor Furcht ganz benommen.
⁷ Da kam eine Wolke und überschattete sie
und es erscholl eine Stimme aus der Wolke:
   Dieser ist mein geliebter Sohn;
auf ihn sollt ihr hören.
⁸ Als sie dann um sich blickten,
   sahen sie auf einmal niemanden mehr bei sich außer Jesus.
⁹ Während sie den Berg hinabstiegen,
   gebot er ihnen,
   niemandem zu erzählen, was sie gesehen hatten,
   bis der Menschensohn von den Toten auferstanden sei.
¹⁰ Dieses Wort beschäftigte sie
und sie fragten einander, was das sei:
   von den Toten auferstehen.

Glaubensbekenntnis, S. 374 ff.
Fürbitten vgl. S. 798 ff.

Zweiter Fastensonntag

ZUR EUCHARISTIEFEIER *Die Verwandlung Jesu auf dem Berg öffnet den Jüngern den Blick für seine göttliche Herrlichkeit. Danach ist nichts mehr wie zuvor. – So auch bei uns: Durch die Feier der Wandlung von Brot und Wein in Jesu Leib und Blut bekommt unser Leben eine neu Tiefe, einen neuen Sinn.*

GABENGEBET

Herr, das Opfer, das wir feiern,
nehme alle Schuld von uns.
Es heilige uns an Leib und Seele,
damit wir uns in rechter Weise
auf das Osterfest vorbereiten.
Darum bitten wir durch Christus, unseren Herrn.

Präfation vom 2. Fastensonntag, S. 419
oder Präfationen für die Fastenzeit, S. 420 f.

KOMMUNIONVERS   Mt 17, 5

Dies ist mein geliebter Sohn, an dem ich Gefallen gefunden habe:
Auf den sollt ihr hören.

SCHLUSSGEBET

Herr,
du hast uns im Sakrament
an der Herrlichkeit deines Sohnes Anteil gegeben.
Wir danken dir,
dass du uns schon auf Erden teilnehmen lässt
an dem, was droben ist.
Durch Christus, unseren Herrn.

FÜR DEN TAG UND DIE WOCHE
Der Berg – der Berg Tabor wie auch der Sinai – ist der Ort der Nähe zu Gott. Er ist der gegenüber dem alltäglichen Dasein erhöhte Raum, wo die reine Luft der Schöpfung geatmet werden kann. Er ist der Ort des Gebets, an dem man in der Gegenwart Gottes steht, wie Mose und Elija, die neben dem verklärten Jesus erscheinen und mit ihm über den „Auszug" sprechen, der ihm in Jerusalem bevorsteht, das heißt sein Pascha ... Betend taucht Jesus in Gott ein, er vereint sich

innig mit ihm, er bejaht mit seinem menschlichen Willen den Willen der Liebe Gottes, und so bricht das Licht über ihn herein und die Wahrheit seines Seins kommt sichtbar zum Vorschein: Er ist Gott, Licht vom Licht ... Um in das ewige Leben einzugehen, muss man auf Jesus hören, ihm auf dem Weg des Kreuzes nachfolgen und dabei wie er in der Hoffnung auf die Auferstehung stehen. (Benedikt XVI.)

DRITTER FASTENSONNTAG

Der Mensch ist in dieser geschaffenen Welt das Wesen, das von Gott angesprochen wurde und auch heute noch angesprochen wird. Gottes Wort an den Menschen ist Offenbarung, Verheißung und Forderung. Auch die Forderung Gottes ist Offenbarung und Verheißung; sie sagt uns, wer Gott ist, und zeigt uns den Weg, den wir gehen können.

ERÖFFNUNGSVERS   Ps 25 (24), 15–16

Meine Augen schauen stets auf den Herrn;
denn er befreit meine Füße aus dem Netz.
Wende dich zu mir und sei mir gnädig;
denn ich bin einsam und gebeugt.

Oder: Ez 36, 22–26

Wort Gottes, des Herrn:
Ich werde euch beweisen, dass ich heilig bin.
Ich sammle euch aus allen Ländern.
Ich gieße reines Wasser über euch, damit ihr rein werdet,
und gebe euch einen neuen Geist.

TAGESGEBET

Gott, unser Vater,
du bist der Quell des Erbarmens und der Güte,
wir stehen als Sünder vor dir,
und unser Gewissen klagt uns an.
Sieh auf unsere Not und lass uns Vergebung finden
durch Fasten, Gebet und Werke der Liebe.
Darum bitten wir durch Jesus Christus.

Dritter Fastensonntag

Es können auch die Lesungen und das Evangelium vom Lesejahr A genommen werden.*

ZUR 1. LESUNG *Durch den Bundesschluss am Sinai hat Gott das Volk Israel zu seinem Volk und zu seinem besonderen Eigentum gemacht. Die Zehn Gebote sind die Satzung des Bundes und sie geben dem Volk Gottes die lebensnotwendige Ordnung. Grundlegende Forderung ist die Treue zum einen und einzigen Gott, dem Retter und Befreier. Die einzelnen Gebote sind eine Art Grenzwall zum Schutz des Einzelnen und der Gemeinschaft.*

1 ERSTE LESUNG
Ex 20, 1–17

Das Gesetz wurde durch Mose gegeben (Joh 1, 17)

**Lesung
aus dem Buch Éxodus.**

In jenen Tagen
1 sprach Gott auf dem Berg Sínai alle diese Worte:
2 Ich bin der HERR, dein Gott,
der dich aus dem Land Ägypten geführt hat,
aus dem Sklavenhaus.

3 Du sollst neben mir keine anderen Götter haben.
4 Du sollst dir kein Kultbild machen
und keine Gestalt von irgendetwas am Himmel droben,
auf der Erde unten
oder im Wasser unter der Erde.
5 Du sollst dich nicht vor ihnen niederwerfen
und ihnen nicht dienen.

Denn ich bin der HERR, dein Gott,
ein eifersüchtiger Gott:
Ich suche die Schuld der Väter an den Kindern heim,
an der dritten und vierten Generation,
bei denen, die mich hassen;
6 doch ich erweise Tausenden meine Huld bei denen,
die mich lieben und meine Gebote bewahren.

---

* Siehe Schott Messbuch für die Sonn- und Festtage des Lesejahres A, S. 105–114.

⁷ Du sollst den Namen des HERRN, deines Gottes,
   nicht missbrauchen;
   denn der HERR lässt den nicht ungestraft,
   der seinen Namen missbraucht.
⁸ Gedenke des Sabbats:
   Halte ihn heilig!
⁹ Sechs Tage darfst du schaffen und all deine Arbeit tun.
¹⁰ Der siebte Tag ist ein Ruhetag,
   dem HERRN, deinem Gott, geweiht.
   An ihm darfst du keine Arbeit tun:
   du und dein Sohn und deine Tochter,
   dein Sklave und deine Sklavin
   und dein Vieh
   und dein Fremder in deinen Toren.
¹¹ Denn in sechs Tagen hat der HERR
   Himmel, Erde und Meer gemacht
   und alles, was dazugehört;
   am siebten Tag ruhte er.
   Darum hat der HERR den Sabbat gesegnet
   und ihn geheiligt.
¹² Ehre deinen Vater und deine Mutter,
   damit du lange lebst
   in dem Land, das der HERR, dein Gott, dir gibt!
¹³ Du sollst nicht töten.
¹⁴ Du sollst nicht die Ehe brechen.
¹⁵ Du sollst nicht stehlen.
¹⁶ Du sollst nicht falsch gegen deinen Nächsten aussagen.
¹⁷ Du sollst nicht das Haus deines Nächsten begehren.
   Du sollst nicht die Frau deines Nächsten begehren,
   nicht seinen Sklaven oder seine Sklavin,
   sein Rind oder seinen Esel oder irgendetwas,
   das deinem Nächsten gehört.

Oder Kurzfassung:

2 ERSTE LESUNG
Ex 20, 1–3.7–8.12–17

Das Gesetz wurde durch Mose gegeben (Joh 1, 17)

Lesung
aus dem Buch Éxodus.

In jenen Tagen
1 sprach Gott auf dem Berg Sínai alle diese Worte:
2 Ich bin der HERR, dein Gott,
der dich aus dem Land Ägypten geführt hat,
aus dem Sklavenhaus.
3 Du sollst neben mir keine anderen Götter haben.
7 Du sollst den Namen des HERRN, deines Gottes,
nicht missbrauchen;
denn der HERR lässt den nicht ungestraft,
der seinen Namen missbraucht.
8 Gedenke des Sabbats:
Halte ihn heilig!
12 Ehre deinen Vater und deine Mutter,
damit du lange lebst
in dem Land, das der HERR, dein Gott, dir gibt!
13 Du sollst nicht töten.
14 Du sollst nicht die Ehe brechen.
15 Du sollst nicht stehlen.
16 Du sollst nicht falsch gegen deinen Nächsten aussagen.
17 Du sollst nicht das Haus deines Nächsten begehren.
Du sollst nicht die Frau deines Nächsten begehren,
nicht seinen Sklaven oder seine Sklavin,
sein Rind oder seinen Esel oder irgendetwas,
das deinem Nächsten gehört.

ANTWORTPSALM
Ps 19 (18), 8.9.10.11–12 (Kv: Joh 6, 68c)

Kv **Herr, du hast Worte ewigen Lebens.** – Kv GL 312, 7

8 Die Weisung des HERRN ist vollkommen, *
sie erquickt den Menschen.
Das Zeugnis des HERRN ist verlässlich, *
den Unwissenden macht es weise. – (Kv)

9 Die Befehle des HERRN sind gerade, *
sie erfüllen das Herz mit Freude.
Das Gebot des HERRN ist rein, *
es erleuchtet die Augen. – (Kv)

10 Die Furcht des HERRN ist lauter, *
sie besteht für immer.
Die Urteile des HERRN sind wahrhaftig, *
gerecht sind sie alle. – (Kv)

11 Sie sind kostbarer als Gold, als Feingold in Menge. *
Sie sind süßer als Honig, als Honig aus Waben.

12 Auch dein Knecht lässt sich von ihnen warnen; *
reichen Lohn hat, wer sie beachtet. – Kv

ZUR 2. LESUNG *Die jüdische Messiaserwartung hatte von einem glanzvollen, siegreichen Messias geträumt. Die Heiden damals und viele Menschen heute wollen „Interessantes" hören: Lösung der Lebensrätsel, Bewusstseinserweiterung, Selbstverwirklichung ... Aber Gott ist größer. Er vollendet sein größtes Werk in der Schwachheit des irdischen Jesus und in der Torheit des Kreuzes.*

ZWEITE LESUNG
1 Kor 1, 22–25

Wir verkünden Christus als den Gekreuzigten

Lesung
   aus dem ersten Brief des Apostels Paulus
   an die Gemeinde in Korínth.

Schwestern und Brüder!
22 Die Juden fordern Zeichen,
   die Griechen suchen Weisheit.
23 Wir dagegen
   verkünden Christus als den Gekreuzigten:

für Juden ein Ärgernis,
   für Heiden eine Torheit,
²⁴ für die Berufenen aber, Juden wie Griechen,
   Christus, Gottes Kraft und Gottes Weisheit.
²⁵ Denn das Törichte an Gott
   ist weiser als die Menschen
und das Schwache an Gott
   ist stärker als die Menschen.

RUF VOR DEM EVANGELIUM   Vers: vgl. Joh 3, 16a.15

Lob dir, Christus, König und Erlöser! – Kv

So sehr hat Gott die Welt geliebt,
dass er seinen einzigen Sohn hingab,
damit jeder, der glaubt, in ihm das ewige Leben hat.

Lob dir, Christus, König und Erlöser!

ZUM EVANGELIUM *Jesus hat den Tempel von Jerusalem das Haus seines Vaters genannt. Eben deshalb erträgt er es nicht, dass dieser Tempel durch Geschäftemacher entwürdigt wird. Nach seiner Vollmacht gefragt, antwortet Jesus mit einem versteckten Hinweis auf seinen Tod und seine Auferstehung am dritten Tag. Das haben die Jünger erst später verstanden; nachdem Jesus von den Toten auferstanden war, hat der Heilige Geist sie an dieses Wort erinnert.*

EVANGELIUM   Joh 2, 13–25

Reißt diesen Tempel nieder und in drei Tagen werde ich ihn wieder aufrichten

✛ Aus dem heiligen Evangelium nach Johannes.

¹³ Das Paschafest* der Juden war nahe
   und Jesus zog nach Jerusalem hinauf.
¹⁴ Im Tempel
   fand er die Verkäufer von Rindern, Schafen und Tauben
   und die Geldwechsler, die dort saßen.
¹⁵ Er machte eine Geißel aus Stricken
   und trieb sie alle aus dem Tempel hinaus

---

* Sprich: Pas-chafest.

samt den Schafen und Rindern;
das Geld der Wechsler schüttete er aus,
ihre Tische stieß er um
¹⁶ und zu den Taubenhändlern sagte er:
Schafft das hier weg,
macht das Haus meines Vaters nicht zu einer Markthalle!
¹⁷ Seine Jünger erinnerten sich, dass geschrieben steht:
Der Eifer für dein Haus wird mich verzehren.
¹⁸ Da ergriffen die Juden das Wort und sagten zu ihm:
Welches Zeichen lässt du uns sehen,
dass du dies tun darfst?
¹⁹ Jesus antwortete ihnen: Reißt diesen Tempel nieder
und in drei Tagen werde ich ihn wieder aufrichten.
²⁰ Da sagten die Juden:
Sechsundvierzig Jahre wurde an diesem Tempel gebaut
und du willst ihn in drei Tagen wieder aufrichten?
²¹ Er aber meinte den Tempel seines Leibes.
²² Als er von den Toten auferweckt war,
erinnerten sich seine Jünger, dass er dies gesagt hatte,
und sie glaubten der Schrift
und dem Wort, das Jesus gesprochen hatte.
²³ Während er zum Paschafest in Jerusalem war,
kamen viele zum Glauben an seinen Namen,
da sie die Zeichen sahen, die er tat.
²⁴ Jesus selbst aber vertraute sich ihnen nicht an,
denn er kannte sie alle
²⁵ und brauchte von keinem ein Zeugnis über den Menschen;
denn er wusste, was im Menschen war.

Glaubensbekenntnis, S. 374 ff.
Fürbitten vgl. S. 798 ff.

ZUR EUCHARISTIEFEIER   *„Aufräumen" - alles beseitigen, was in meinem Herzen dem Wesentlichen im Weg steht, mich ausrichten und aufrichten an Seiner Gegenwart. Ich darf darauf vertrauen, dass Gottes Kraft und Weisheit auch in mir Gestalt gewinnen kann.*

GABENGEBET

Barmherziger Gott,
befreie uns durch dieses Opfer
von unseren Sünden
und schenke uns die Kraft,
auch den Brüdern zu vergeben,
wenn sie an uns schuldig geworden sind.
Darum bitten wir durch Christus, unseren Herrn.

Präfation vom 3. Fastensonntag, S. 419
oder Präfationen für die Fastenzeit, S. 420f.

KOMMUNIONVERS   Joh 4, 13–14

Wenn da Evangelium von der Samariterin gelesen wurde:
Wer von dem Wasser trinkt, das ich ihm geben werde,
wird niemals mehr Durst haben.
Es wird in ihm zur Quelle,
deren Wasser ins ewige Leben sprudelt – so spricht der Herr.

Wenn ein anderes Evangelium gelesen wurde: Ps 84 (83), 4–5
Der Sperling findet ein Haus
und die Schwalbe ein Nest für ihre Jungen
– deine Altäre, Herr der Heerscharen, mein Gott und mein König!
Selig, die wohnen in deinem Haus, die dich allezeit loben!

SCHLUSSGEBET

Herr und Gott,
du hast uns mit dem Brot des Himmels gesättigt
und uns in dieser Speise
ein Unterpfand dessen gegeben,
was unseren Augen noch verborgen ist.
Lass in unserem Leben sichtbar werden,
was wir im Sakrament empfangen haben.
Darum bitten wir durch Christus, unseren Herrn.

FÜR DEN TAG UND DIE WOCHE

Es ist ein großes Geschenk, das Gott uns da zusagt. Er selbst erklärt uns Menschen zum Heiligtum, er will in uns wohnen. Wir sind wertvoll und kostbar für ihn. Er schenkt sich uns – und er traut uns zu, dass wir damit gut umgehen. Unser Leben soll widerspiegeln, dass wir sein Tempel sind.

Unser Leben soll Gottes Geist atmen, den Geist der Liebe, der Weisheit, der Kraft, des Mutes, der Hoffnung. Und davon können wir durchaus Zeugnis geben in unserem ganz normalen Alltag, zwischen Computer und Supermarkt, zwischen Wäschewaschen und Kochen, im Sprechen und im Schweigen, im Handeln und im Lassen.

Diesen Vorschuss können wir aber auch verspielen, ich kann diesen Tempel auch verderben. Ich kann daraus eine Räuberhöhle und eine Markthalle machen, wenn ich nur noch darauf schaue, wie ich mich am besten verkaufe, wie ich auf meine Kosten komme. (Andrea Schwarz)

VIERTER FASTENSONNTAG

Weitergehen von einer Erfahrung zur anderen, von einer Entscheidung zur anderen: unaufhörlich sich selber loslassen, sterben, damit der neue Mensch werden kann – das ist die Grundbedingung des Wachstums. Mensch sein heißt Mensch werden; Christ sein heißt Christ werden. Wir sind nie am Ziel; wenn unser Herz wach ist, findet es keine Ruhe, bis es in dem ruht, der uns geschaffen hat.

ERÖFFNUNGSVERS
Vgl. Jes 66, 10–11

Freue dich, Stadt Jerusalem!
Seid fröhlich zusammen mit ihr, alle, die ihr traurig wart.
Freut euch und trinkt euch satt an der Quelle göttlicher Tröstung.

TAGESGEBET

Herr, unser Gott,
du hast in deinem Sohn
die Menschheit auf wunderbare Weise mit dir versöhnt.
Gib deinem Volk einen hochherzigen Glauben,
damit es mit froher Hingabe dem Osterfest entgegeneilt.
Darum bitten wir durch Jesus Christus.

Vierter Fastensonntag

Es können auch die Lesungen und das Evangelium vom Lesejahr A genommen werden.*

ZUR 1. LESUNG   Mit dem Strafgericht über Jerusalem im Jahr 587 v.Chr. war die große Geschichte Israels zu Ende gegangen. Im Schlusskapitel des 2. Chronikbuches schaut der Verfasser auf diese Geschichte zurück. Immer wieder hatte Gott durch die Propheten gemahnt und gewarnt; aber die Könige und die Priester haben nicht auf sie gehört. So musste schließlich das Gericht kommen. Aber das letzte Wort, das Gott über die Sünder spricht, ist nicht Gericht, sondern Erbarmen. Die Strafe ist Ruf Gottes zur Besinnung und Umkehr.

ERSTE LESUNG   2 Chr 36, 14–16.19–23

Der Zorn und das Erbarmen des Herrn werden offenbar durch die Verbannung und die Befreiung des Volkes

Lesung
   aus dem zweiten Buch der Chronik.

In jenen Tagen
¹⁴ begingen alle führenden Männer Judas
   und die Priester und das Volk viel Untreue.
Sie ahmten die Gräueltaten der Völker nach
und entweihten das Haus,
   das der Herr in Jerusalem zu seinem Heiligtum gemacht hatte.
¹⁵ Immer wieder hatte der Herr, der Gott ihrer Väter,
   sie durch seine Boten gewarnt;
denn er hatte Mitleid mit seinem Volk und seiner Wohnung.
¹⁶ Sie aber verhöhnten die Boten Gottes,
verachteten sein Wort
und verspotteten seine Propheten,
bis der Zorn des Herrn gegen sein Volk so groß wurde,
   dass es keine Heilung mehr gab.
¹⁹ Die Chaldäer verbrannten das Haus Gottes,
rissen die Mauern Jerusalems nieder,

---

* Siehe Schott Messbuch für die Sonn- und Festtage des Lesejahres A, S. 116–125.

legten Feuer an alle seine Paläste
und zerstörten alle wertvollen Geräte.
²⁰ Alle, die dem Schwert entgangen waren,
führte Nebukadnézzar in die Verbannung nach Babel.
Dort mussten sie ihm und seinen Söhnen als Sklaven dienen,
bis das Reich der Perser zur Herrschaft kam.
²¹ Da ging das Wort in Erfüllung,
das der HERR durch den Mund Jeremías verkündet hatte.
Das Land bekam seine Sabbate ersetzt,
es lag brach während der ganzen Zeit der Verwüstung,
bis siebzig Jahre voll waren.
²² Im ersten Jahr des Königs Kyrus von Persien
sollte sich erfüllen,
was der HERR durch Jeremía gesprochen hatte.
Darum erweckte der HERR
den Geist des Königs Kyrus von Persien
und Kyrus ließ in seinem ganzen Reich
mündlich und schriftlich den Befehl verkünden:
²³ So spricht Kyrus, der König von Persien:
Der HERR, der Gott des Himmels,
hat mir alle Reiche der Erde verliehen.
Er selbst hat mir aufgetragen,
ihm in Jerusalem in Juda ein Haus zu bauen.
Jeder unter euch, der zu seinem Volk gehört
– der HERR, sein Gott, sei mit ihm –,
der soll hinaufziehen.

ANTWORTPSALM
Ps 137 (136), 1–2.3–4.5–6 (Kv: vgl. 5a)

Kv Wie könnte ich dich je vergessen, Jerusalem! – Kv   GL 74, 1

¹ An den Strömen von Babel, /
da saßen wir und wir weinten, *
wenn wir Zions gedachten.
² An die Weiden in seiner Mitte *
hängten wir unsere Leiern. – (Kv)

³ Denn dort verlangten, die uns gefangen hielten, Lieder von uns, /
unsere Peiniger forderten Jubel: *
„Singt für uns eines der Lieder Zions!"
⁴ Wie hätten wir singen können die Lieder des HERRN, *
fern, auf fremder Erde? – (Kv)
⁵ Wenn ich dich je vergesse, Jerusalem, *
dann soll meine rechte Hand mich vergessen.
⁶ Die Zunge soll mir am Gaumen kleben, /
wenn ich deiner nicht mehr gedenke, *
wenn ich Jerusalem nicht mehr erhebe zum Gipfel meiner Freude.
– Kv

ZUR 2. LESUNG *Der Mensch entfernt sich von Gott durch Unglauben und Ungehorsam. Dadurch wird er aber kein freier Mensch, im Gegenteil, er verfällt dem eigenen Ich, dem Tod. Gott aber will das Leben. Er allein kann den Menschen befreien. In den Geretteten wird seine Liebe sichtbar: dadurch dass wir gut sind und das Gute tun, das Gott uns heute zu tun aufgibt.*

ZWEITE LESUNG   Eph 2, 4–10
Wir waren tot infolge unserer Sünden; aus Gnade sind wir gerettet

Lesung
   aus dem Brief des Apostels Paulus
   an die Gemeinde in Éphesus.
Schwestern und Brüder!
⁴/⁵ Gott, der reich ist an Erbarmen,
   hat uns, die wir infolge unserer Sünden tot waren,
   in seiner großen Liebe, mit der er uns geliebt hat,
   zusammen mit Christus lebendig gemacht.
Aus Gnade seid ihr gerettet.
⁶ Er hat uns mit Christus Jesus auferweckt
   und uns zusammen mit ihm
   einen Platz in den himmlischen Bereichen gegeben,
⁷ um in den kommenden Zeiten
   den überfließenden Reichtum seiner Gnade zu zeigen,
   in Güte an uns durch Christus Jesus.

⁸ Denn aus Gnade seid ihr durch den Glauben gerettet,
nicht aus eigener Kraft
– Gott hat es geschenkt –,
⁹ nicht aus Werken,
damit keiner sich rühmen kann.
¹⁰ Denn seine Geschöpfe sind wir,
in Christus Jesus zu guten Werken erschaffen,
die Gott für uns im Voraus bestimmt hat,
damit wir mit ihnen unser Leben gestalten.

RUF VOR DEM EVANGELIUM
Vers: vgl. Joh 3, 16a.15

Lob dir, Christus, König und Erlöser! – Kv

So sehr hat Gott die Welt geliebt,
dass er seinen einzigen Sohn hingab,
damit jeder, der glaubt, in ihm das ewige Leben hat.

Lob dir, Christus, König und Erlöser!

ZUM EVANGELIUM *Das ewige Leben ist nicht eine Verlängerung des gegenwärtigen Lebens; es ist vielmehr die Hinwendung des ganzen Menschen zur Wahrheit und Wirklichkeit Gottes. Für Jesus war die Stunde seines Todes auch die Stunde seiner Verherrlichung, seines Hinübergehens in die Herrlichkeit des Vaters. Wir aber sind durch die Taufe in das Christusereignis hineingenommen; wer glaubt und die Wahrheit tut, der ist vom Tod in das Leben hinübergegangen.*

EVANGELIUM
Joh 3, 14–21

Gott hat seinen Sohn in die Welt gesandt, damit die Welt durch ihn gerettet wird

☩ Aus dem heiligen Evangelium nach Johannes.

In jener Zeit sprach Jesus zu Nikodémus:
¹⁴ Wie Mose die Schlange in der Wüste erhöht hat,
so muss der Menschensohn erhöht werden,
¹⁵ damit jeder, der glaubt,
in ihm ewiges Leben hat.
¹⁶ Denn Gott hat die Welt so sehr geliebt,
dass er seinen einzigen Sohn hingab,

damit jeder, der an ihn glaubt, nicht verloren geht,
sondern ewiges Leben hat.
¹⁷ Denn Gott hat seinen Sohn nicht in die Welt gesandt,
damit er die Welt richtet,
sondern damit die Welt durch ihn gerettet wird.
¹⁸ Wer an ihn glaubt,
wird nicht gerichtet;
wer nicht glaubt, ist schon gerichtet,
weil er nicht an den Namen des einzigen Sohnes Gottes
geglaubt hat.
¹⁹ Denn darin besteht das Gericht:
Das Licht kam in die Welt,
doch die Menschen liebten die Finsternis mehr als das Licht;
denn ihre Taten waren böse.
²⁰ Jeder, der Böses tut,
hasst das Licht
und kommt nicht zum Licht,
damit seine Taten nicht aufgedeckt werden.
²¹ Wer aber die Wahrheit tut,
kommt zum Licht,
damit offenbar wird,
dass seine Taten in Gott vollbracht sind.

Glaubensbekenntnis, S. 374 ff.
Fürbitten vgl. S. 798 ff.

ZUR EUCHARISTIEFEIER *Das ganze Evangelium und das Geheimnis der Eucharistie ist in diesen Worten enthalten: Gott hat die Welt so sehr geliebt, dass er seinen einzigen Sohn hingab, damit jeder, der an ihn glaubt ... ewiges Leben hat. (Joh 3,16)*

GABENGEBET

Herr, unser Gott,
in der Freude auf das Osterfest
bringen wir unsere Gaben dar.
Hilf uns, gläubig und ehrfürchtig das Opfer zu feiern,

das der Welt Heilung schenkt und den Tod überwindet.
Darum bitten wir durch Christus, unseren Herrn.

Präfation vom 4. Fastensonntag, S. 419
oder Präfationen für die Fastenzeit, S. 420f.

KOMMUNIONVERS
Vgl. Joh 9, 11

Wenn das Evangelium vom Blindgeborenen gelesen wurde:
Der Herr salbte meine Augen;
ich ging hin, wusch mich und wurde sehend
und glaube an Gott.

Wenn ein anderes Evangelium gelesen wurde: Ps 122 (121), 3–4
Jerusalem, du starke Stadt, dicht gebaut und fest gefügt!
Dorthin ziehen die Stämme hinauf, die Stämme des Herrn,
den Namen des Herrn zu preisen.

SCHLUSSGEBET

Allmächtiger Gott,
dein ewiges Wort ist das wahre Licht,
das jeden Menschen erleuchtet.
Heile die Blindheit unseres Herzens,
damit wir erkennen, was vor dir recht ist,
und dich aufrichtig lieben.
Darum bitten wir durch Christus, unseren Herrn.

FÜR DEN TAG UND DIE WOCHE

Das Letzte, das Entscheidende, das wirklich alles Durchleuchtende und Beurteilende kommt nicht von uns, sondern von Gott. Er richtet; er, und im Letzten nicht wir, kennt unser Herz; er durchschaut das Verborgene und wird es ans Licht bringen. ... Irgendwo sind wir uns selbst die Unbekanntesten. In Wirklichkeit können wir nur zu Gott und seiner Gnade fliehen, in Wirklichkeit können wir, die Armen, die Hilflosen und Gebrechlichen, immer nur zu Gott beten, dass er das Krumme gerade und das Bergige eben und das Finstere licht mache. (Karl Rahner)

FÜNFTER FASTENSONNTAG

Das Gesetz des Lebens ist dem Gesetz der Liebe verwandt: Geben und Empfangen bedingen sich; Schenken ist Beschenktwerden. Der Mensch gewinnt sein Leben in dem Maß, als er bereit ist, es für andere hinzugeben. Wer sich aufsparen will, dessen Leben bleibt klein und unfruchtbar. Jesus hat es uns gesagt und vorgelebt. Er ist der Hohepriester des Neuen Bundes, er ist auch das Opfer der Versöhnung. Weil er gestorben ist, haben wir das Leben.

ERÖFFNUNGSVERS   Ps 43 (42), 1–2

**Verschaff mir Recht, o Gott,
und führe meine Sache gegen ein treuloses Volk!
Rette mich vor bösen und tückischen Menschen,
denn du bist mein starker Gott.**

TAGESGEBET

**Herr, unser Gott,
dein Sohn hat sich aus Liebe zur Welt
dem Tod überliefert.
Lass uns in seiner Liebe bleiben
und mit deiner Gnade aus ihr leben.
Darum bitten wir durch Jesus Christus.**

Es können auch die Lesungen und das Evangelium vom Lesejahr A genommen werden.*

ZUR 1. LESUNG   *Am Sinai hatte Gott mit Israel einen Bund geschlossen, Israel war sein heiliges Volk geworden. Als Satzung des Bundes hatte es die Zehn Gebote empfangen. Aber diesen Bund hat Israel oft gebrochen, und es kann ihn nicht von sich aus erneuern. Nun aber, in einer Zeit der Krise und des Gerichts (um 600 v. Chr.), verkündet der Prophet, dass Gott einen neuen Anfang machen möchte; er wird alle Untreue vergeben und dem Volk ein neues Herz schenken und einen neuen Geist. So wird es auf neue Weise wahr: „Ich werde ihr Gott sein, und sie werden mein Volk sein."*

---

* Siehe Schott Messbuch für die Sonn- und Festtage des Lesejahres A, S. 127–136.

ERSTE LESUNG Jer 31, 31–34

Ich schließe mit ihnen einen neuen Bund und an ihre Sünde denke ich nicht mehr

Lesung
   aus dem Buch Jeremía.

³¹ Siehe, Tage kommen – Spruch des HERRN –,
   da schließe ich mit dem Haus Israel und dem Haus Juda
   einen neuen Bund.
³² Er ist nicht wie der Bund,
   den ich mit ihren Vätern geschlossen habe an dem Tag,
   als ich sie bei der Hand nahm,
   um sie aus dem Land Ägypten herauszuführen.
Diesen meinen Bund haben sie gebrochen,
   obwohl ich ihr Gebieter war –
Spruch des HERRN.
³³ Sondern so wird der Bund sein,
   den ich nach diesen Tagen mit dem Haus Israel schließe –
Spruch des HERRN:
Ich habe meine Weisung in ihre Mitte gegeben
und werde sie auf ihr Herz schreiben.
Ich werde ihnen Gott sein
   und sie werden mir Volk sein.
³⁴ Keiner wird mehr den andern belehren,
man wird nicht zueinander sagen: Erkennt den HERRN!,
denn sie alle, vom Kleinsten bis zum Größten,
   werden mich erkennen –
Spruch des HERRN.
Denn ich vergebe ihre Schuld,
an ihre Sünde denke ich nicht mehr.

ANTWORTPSALM Ps 51 (50), 3–4.12–13.14–15 (Kv: vgl. 12a)

Kv Ein reines Herz erschaffe mir, o Gott! – Kv   GL 301

³ Gott, sei mir gnädig nach deiner Huld, *
   tilge meine Frevel nach deinem reichen Erbarmen!

⁴ Wasch meine Schuld von mir ab *
und mach mich rein von meiner Sünde! – (Kv)
¹² Erschaffe mir, Gott, ein reines Herz *
und einen festen Geist erneuere in meinem Innern!
¹³ Verwirf mich nicht vor deinem Angesicht, *
deinen heiligen Geist nimm nicht von mir! – (Kv)
¹⁴ Gib mir wieder die Freude deines Heiles, *
rüste mich aus mit dem Geist der Großmut!
¹⁵ Ich will die Frevler deine Wege lehren *
und die Sünder kehren um zu dir. – Kv

ZUR 2. LESUNG *Jesus ist der Hohepriester des Neuen Bundes, der Mittler zwischen Gott und den Menschen. Er, der Sohn, ist als Mensch den Weg des Gehorsams gegangen. So ist er für uns zum Vorbild und Wegbereiter geworden; wir können ihm nachfolgen. Wenn wir teilhaben an seinem Leiden und seinem Tod, gewinnen wir das „Heil": das Leben, das kein Ende und keine Grenze hat.*

ZWEITE LESUNG   Hebr 5, 7–9

Er hat den Gehorsam gelernt und ist der Urheber des ewigen Heils geworden

Lesung
   aus dem Hebräerbrief.
⁷ Christus hat in den Tagen seines irdischen Lebens
   mit lautem Schreien und unter Tränen
   Gebete und Bitten vor den gebracht,
   der ihn aus dem Tod retten konnte,
und er ist erhört worden aufgrund seiner Gottesfurcht.
⁸ Obwohl er der Sohn war,
   hat er durch das, was er gelitten hat, den Gehorsam gelernt;
⁹ zur Vollendung gelangt,
   ist er für alle, die ihm gehorchen,
   der Urheber des ewigen Heils geworden.

RUF VOR DEM EVANGELIUM
Vers: Joh 12, 26a

Lob dir, Christus, König und Erlöser! – Kv

(So spricht der Herr:)
Wenn einer mir dienen will, folge er mir nach;
und wo ich bin, dort wird auch mein Diener sein.

Lob dir, Christus, König und Erlöser!

ZUM EVANGELIUM   Jesus hat wiederholt von seiner „Stunde" gesprochen, der Stunde seiner „Erhöhung" durch Tod und Auferstehung. „Wir wollen Jesus sehen", sagten einige Griechen in Jerusalem. Jesus antwortet mit dem Hinweis auf sein bevorstehendes Sterben. Das Weizenkorn muss sterben, um Frucht bringen zu können. Danach wird auch die Heidenwelt ihn sehen und an ihn glauben können.

EVANGELIUM
Joh 12, 20–33

Wenn das Weizenkorn in die Erde fällt und stirbt, bringt es reiche Frucht

✝ Aus dem heiligen Evangelium nach Johannes.

In jener Zeit
²⁰ gab es auch einige Griechen unter den Pilgern,
die beim Paschafest* in Jerusalem Gott anbeten wollten.
²¹ Diese traten an Philíppus heran,
der aus Betsáida in Galiläa stammte,
und baten ihn: Herr, wir möchten Jesus sehen.
²² Philíppus ging und sagte es Andreas;
Andreas und Philíppus gingen und sagten es Jesus.
²³ Jesus aber antwortete ihnen:
Die Stunde ist gekommen,
dass der Menschensohn verherrlicht wird.
²⁴ Amen, amen, ich sage euch:
Wenn das Weizenkorn nicht in die Erde fällt und stirbt,
bleibt es allein;
wenn es aber stirbt,
bringt es reiche Frucht.

---

* Sprich: Pas-chafest.

²⁵ Wer sein Leben liebt,
   verliert es;
   wer aber sein Leben in dieser Welt gering achtet,
   wird es bewahren bis ins ewige Leben.
²⁶ Wenn einer mir dienen will,
   folge er mir nach;
   und wo ich bin,
   dort wird auch mein Diener sein.
   Wenn einer mir dient,
   wird der Vater ihn ehren.
²⁷ Jetzt ist meine Seele erschüttert.
   Was soll ich sagen:
   Vater, rette mich aus dieser Stunde?
   Aber deshalb bin ich in diese Stunde gekommen.
²⁸ Vater, verherrliche deinen Namen!
   Da kam eine Stimme vom Himmel:
   Ich habe ihn schon verherrlicht
   und werde ihn wieder verherrlichen.
²⁹ Die Menge, die dabeistand und das hörte,
   sagte: Es hat gedonnert.
   Andere sagten: Ein Engel hat zu ihm geredet.
³⁰ Jesus antwortete
   und sagte: Nicht mir galt diese Stimme,
   sondern euch.
³¹ Jetzt wird Gericht gehalten über diese Welt;
   jetzt wird der Herrscher dieser Welt hinausgeworfen werden.
³² Und ich, wenn ich über die Erde erhöht bin,
   werde alle zu mir ziehen.
³³ Das sagte er,
   um anzudeuten, auf welche Weise er sterben werde.

Glaubensbekenntnis, S. 374 ff.
Fürbitten vgl. S. 798 ff.

ZUR EUCHARISTIEFEIER *Das „Geheimnis" des Weizenkorns ist die Hingabe, das Sterben, um neues Leben zu ermöglichen. Es ist auch das „Geheimnis des Glaubens": Die Hingabe, das Sterben Jesu ermöglicht uns ein neues Leben, sein Tod bringt Frucht in allen, die an ihn glauben.*

GABENGEBET

Erhöre uns, allmächtiger Gott.
Du hast uns durch dein Wort
zum Zeugnis eines christlichen Lebens berufen.
Reinige uns durch dieses Opfer
und stärke uns zum Kampf gegen das Böse.
Darum bitten wir durch Christus, unseren Herrn.

Präfation vom 5. Fastensonntag, S. 420
oder Präfationen für die Fastenzeit, S. 420 f.

KOMMUNIONVERS   Joh 11, 26

Wenn das Evangelium von der Auferweckung des Lazarus gelesen wurde:
Jeder, der lebt und an mich glaubt,
wird in Ewigkeit nicht sterben – so spricht der Herr.

Wenn ein anderes Evangelium gelesen wurde: Joh 12, 24–25
Amen, Amen, ich sage euch:
Wenn das Weizenkorn nicht in die Erde fällt und stirbt,
bleibt es allein.
Wenn es aber stirbt, bringt es reiche Frucht.

SCHLUSSGEBET

Allmächtiger Gott,
du hast uns
das Sakrament der Einheit geschenkt.
Lass uns immer lebendige Glieder Christi bleiben,
dessen Leib und Blut wir empfangen haben.
Darum bitten wir durch ihn, Christus, unseren Herrn.

FÜR DEN TAG UND DIE WOCHE

Was mich immer wieder am stärksten berührt, wenn ich über Jesus nachdenke, ist nicht so sehr, was er geredet oder getan hat. ... Am stärksten ist für mich die unglaublich reine Selbstverständlichkeit, in der er sich mit Gott verbunden wusste, und die hinreißende Gewissheit, mit seinem Vater eins zu sein, die durch alles hindurchleuchtet. Er war sich gewiss und bewusst, von seinem Vater umfangen zu sein, durchpulst von ihm und keinen Augenblick verlassen von seiner Liebe. Wo er stand, war der Vater. Wo er ging, war er von ihm begleitet. Auf seinen Wink handelte er, was er von ihm hörte, sagte er den Menschen weiter. Alles hatte dann seine genaue Zeit, wenn der Vater „die Stunde" angab, und es geschah so, wie er es anwies. Die Welt, die gefährliche und armselige, in der er lebte, lag in der Hand des Vaters, und er beging und bewohnte dieses Haus mit einem einzigartigen Vertrauen. (Jörg Zink)

HEILIGE WOCHE – KARWOCHE

PALMSONNTAG

Das Reich Gottes, das Jesus verkündet hat, ist für die Armen. Er selbst hat in Armut und Schwachheit gelebt. Der Hosannajubel des Palmsonntags ändert daran nichts. Jesus weiß, bald wird er diese ganze Menge gegen sich haben. Auch die Jünger werden ihn alleinlassen. Jesus ist ein armer und demütiger Messias. Jeder Triumphalismus der Kirche ist somit eine Verfälschung seiner Botschaft und ein Ärgernis.

FEIER DES EINZUGS CHRISTI IN JERUSALEM

Die Gemeinde versammelt sich, wenn es möglich ist, an einem Ort außerhalb der Kirche. Die Gläubigen tragen Zweige in den Händen.

Zur Eröffnung kann man folgenden Vers singen oder einen anderen geeigneten Gesang:

Hosanna dem Sohne Davids! Mt 21, 9
**Gepriesen, der kommt im Namen des Herrn,
der König von Israel. Hosanna in der Höhe!**

Der Priester begrüßt die Gemeinde mit etwa folgenden Worten:

**Liebe Brüder und Schwestern!
In den Tagen der Fastenzeit haben wir uns auf Ostern vorbereitet; wir haben uns bemüht um die Bekehrung unseres Herzens und um tätige Nächstenliebe. Heute aber sind wir zusammengekommen, um mit der ganzen Kirche in die Feier der österlichen Geheimnisse unseres Herrn einzutreten.
Christus ist in seine Stadt Jerusalem eingezogen; dort wollte er Leiden und Tod auf sich nehmen, dort sollte er auch auferstehen. Mit Glauben und innerer Hingabe begehen wir das Gedächtnis seines Einzugs. Wir folgen dem Herrn auf seinem Leidensweg und nehmen teil an seinem Kreuz, damit wir auch Anteil erhalten an seiner Auferstehung und seinem Leben.**

Dann spricht der Priester:

Palmsonntag

Allmächtiger, ewiger Gott,
segne + diese (grünen) Zweige,
die Zeichen des Lebens und des Sieges,
mit denen wir Christus, unserem König, huldigen.
Mit Lobgesängen begleiten wir ihn in seine heilige Stadt;
gib, dass wir durch ihn zum himmlischen Jerusalem gelangen,
der mit dir lebt und herrscht in alle Ewigkeit.

Oder:

Allmächtiger Gott,
am heutigen Tag
huldigen wir Christus in seinem Sieg
und tragen ihm zu Ehren (grüne) Zweige in den Händen.
Mehre unseren Glauben und unsere Hoffnung,
erhöre gnädig unsere Bitten
und lass uns in Christus
die Frucht guter Werke bringen.
Darum bitten wir durch ihn, Christus, unseren Herrn.

Er besprengt (ohne Begleitgebet) die Zweige mit Weihwasser.

ZUM EVANGELIUM *Als Festpilger und als Messias zieht Jesus in Jerusalem ein. Ein junger Esel ist sein königliches Reittier. Er kommt im Namen und Auftrag Gottes und nimmt die Huldigung der Volksmenge an. Das Johannesevangelium betont stärker als Markus die königliche Würde Jesu; es spricht von Palmzweigen, wo Markus nur Grasbüschel nennt.*
Aber Jesus ist einsam, er weiß, was kommen wird. Selbst seine Jünger haben den Einzug in Jerusalem erst später in seiner ganzen Tragweite verstanden.

1 EVANGELIUM Mk 11, 1–10

Gesegnet sei er, der kommt im Namen des Herrn!

+ Aus dem heiligen Evangelium nach Markus.

Es war einige Tage vor dem Paschafest*.

¹ Als sie in die Nähe von Jerusalem kamen,
nach Bétfage und Betánien am Ölberg,
schickte Jesus zwei seiner Jünger aus.

---

* Sprich: Pas-chafest.

² Er sagte zu ihnen: Geht in das Dorf, das vor euch liegt;
gleich wenn ihr hineinkommt,
> werdet ihr einen jungen Esel angebunden finden,
> auf dem noch nie ein Mensch gesessen hat.
Bindet das Fohlen los
und bringt es her!
³ Und wenn jemand zu euch sagt: Was tut ihr da?,
> dann antwortet: Der Herr braucht es;
er lässt es bald wieder zurückbringen.
⁴ Da machten sie sich auf den Weg
und fanden außen an einer Tür an der Straße
> ein Fohlen angebunden
und sie banden es los.
⁵ Einige, die dabeistanden, sagten zu ihnen:
> Wie kommt ihr dazu, das Fohlen loszubinden?
⁶ Sie gaben ihnen zur Antwort, was Jesus gesagt hatte,
und man ließ sie gewähren.
⁷ Sie brachten das Fohlen zu Jesus,
legten ihre Kleider auf das Tier
und er setzte sich darauf.
⁸ Und viele breiteten ihre Kleider auf den Weg aus,
andere aber Büschel,
> die sie von den Feldern abgerissen hatten.
⁹ Die Leute, die vor ihm hergingen und die ihm nachfolgten, riefen:

Hosanna!
Gesegnet sei er, der kommt im Namen des Herrn!
¹⁰ Gesegnet sei das Reich unseres Vaters David,
> das nun kommt.
Hosanna in der Höhe!

Oder:

2 EVANGELIUM Joh 12, 12–16

Gesegnet sei er, der kommt im Namen des Herrn!

✢ Aus dem heiligen Evangelium nach Johannes.

In jener Zeit
12 hörte die große Volksmenge,
die sich zum Paschafest* eingefunden hatte,
Jesus komme nach Jerusalem.
13 Da nahmen sie Palmzweige,
zogen hinaus, um ihn zu empfangen,
und riefen:

Hosanna!
Gesegnet sei er, der kommt im Namen des Herrn,
der König Israels!
14 Jesus fand einen jungen Esel und setzte sich darauf –
wie es in der Schrift heißt:
15   Fürchte dich nicht, Tochter Zion!
Siehe, dein König kommt;
er sitzt auf dem Fohlen einer Eselin.
16 Das alles verstanden seine Jünger zunächst nicht;
als Jesus aber verherrlicht war,
da wurde ihnen bewusst, dass es so über ihn geschrieben stand
und dass man so an ihm gehandelt hatte.

Nach dem Evangelium kann eine kurze Homilie gehalten werden.

---

* Sprich: Pas-chafest.

ZUR PROZESSION

Liebe Brüder und Schwestern!
Wie einst das Volk von Jerusalem Jesus zujubelte, so begleiten auch wir jetzt den Herrn und singen ihm Lieder.

Während der Prozession:

Kehrvers 1 mit Psalm 24 (23)
Die Kinder von Jerusalem trugen Zweige in den Händen. / Sie zogen dem Herrn entgegen und riefen: / Hosanna in der Höhe!

Oder:

Kehrvers 2 mit Psalm 47 (46)
Die Kinder von Jerusalem / legten ihre Kleider über den Weg und riefen: / Hosanna dem Sohne Davids. / Hochgelobt sei, der da kommt im Namen des Herrn.

Diese Kehrverse können zwischen den Versen des Psalmes wiederholt werden.

Hymnus auf Christus, den König

Kv **Ruhm und Preis und Ehre / sei dir, Erlöser und König! / Jubelnd rief einst das Volk / sein Hosanna dir zu.** – Kv
Du bist Israels König, / Davids Geschlechte entsprossen, / der im Namen des Herrn / als ein Gesegneter kommt. – Kv
Dir lobsingen im Himmel / ewig die seligen Chöre; / so auch preist dich der Mensch, / so alle Schöpfung zugleich. – Kv
Einst mit Zweigen in Händen / eilte das Volk dir entgegen; / so mit Lied und Gebet / ziehen wir heute mit dir. – Kv
Dort erklang dir der Jubel, / als du dahingingst zu leiden; / dir, dem König der Welt, / bringen wir hier unser Lob. – Kv
Hat ihr Lob dir gefallen, / nimm auch das unsre entgegen, / großer König und Herr, / du, dem das Gute gefällt. – Kv

Beim Einzug in die Kirche singt man folgenden Antwortgesang (oder ein entsprechendes Lied):

Ch: Gepriesen, der kommt im Namen des Herrn!
A: Gepriesen, der kommt im Namen des Herrn!
Ch: Als das Volk hörte, dass Jesus nach Jerusalem komme, da zogen sie ihm entgegen. Sie trugen Palmzweige in den Händen und riefen: Hosanna, hosanna, hosanna in der Höhe.
A: Hosanna, hosanna, hosanna in der Höhe.

Als Abschluss der Prozession wird das Eröffnungsgebet der Messe gesprochen.

MESSE

Nur wenn keine Prozession stattgefunden hat:

ERÖFFNUNGSVERS

Sechs Tage vor dem Osterfest kam der Herr in die Stadt Jerusalem.
Da liefen ihm Kinder entgegen
mit Palmzweigen in den Händen und riefen:
Hosanna in der Höhe!
Sei gepriesen, der du kommst als Heiland der Welt.

Ps 24 (23), 9–10

Ihr Tore, hebt euch nach oben,
hebt euch, ihr uralten Pforten;
denn es kommt der König der Herrlichkeit.
Wer ist der König der Herrlichkeit?
Der Herr der Heerscharen,
er ist der König der Herrlichkeit.
Hosanna in der Höhe!
Sei gepriesen, der du kommst als Heiland der Welt.

TAGESGEBET

Allmächtiger, ewiger Gott,
deinem Willen gehorsam,
hat unser Erlöser Fleisch angenommen,
er hat sich selbst erniedrigt
und sich unter die Schmach des Kreuzes gebeugt.
Hilf uns,
dass wir ihm auf dem Weg des Leidens nachfolgen
und an seiner Auferstehung Anteil erlangen.
Darum bitten wir durch ihn, Jesus Christus.

ZUR 1. LESUNG *In Jesaja 42 (vgl. 6. Januar) wurden die Berufung des Gottesknechts und seine Ausrüstung mit dem Geist Gottes beschrieben. Ein zweites Lied vom Gottesknecht (Jes 49,1-6) zeigt die Schwere seiner Mission. Das dritte Lied*

Palmsonntag

(die heutige Lesung) zeichnet ihn als den vollkommenen Jünger und treuen Propheten, der nicht zurückweicht vor Spott und Verfolgung.

ERSTE LESUNG
Jes 50, 4–7

Mein Gesicht verbarg ich nicht vor Schmähungen, doch ich weiß, dass ich nicht in Schande gerate (Drittes Lied vom Gottesknecht)

Lesung
aus dem Buch Jesája.

⁴ GOTT, der Herr, gab mir die Zunge von Schülern,
damit ich verstehe,
   die Müden zu stärken durch ein aufmunterndes Wort.
Jeden Morgen weckt er mein Ohr,
   damit ich höre, wie Schüler hören.
⁵ GOTT, der Herr, hat mir das Ohr geöffnet.
Ich aber wehrte mich nicht
und wich nicht zurück.
⁶ Ich hielt meinen Rücken denen hin, die mich schlugen,
und meine Wange denen, die mir den Bart ausrissen.
Mein Gesicht verbarg ich nicht
   vor Schmähungen und Speichel.
⁷ Und GOTT, der Herr, wird mir helfen;
darum werde ich nicht in Schande enden.
Deshalb mache ich mein Gesicht hart wie einen Kiesel;
ich weiß, dass ich nicht in Schande gerate.

ANTWORTPSALM
Ps 22 (21), 8–9.17–18.19–20.23–24 (Kv: 2a)

Kv **Mein Gott, mein Gott,** GL 293
warum hast du mich verlassen? – Kv
⁸ Alle, die mich sehen, verlachen mich, *
verziehen die Lippen, schütteln den Kopf:
⁹ „Wälze die Last auf den HERRN! /
Er soll ihn befreien, *
er reiße ihn heraus, wenn er an ihm Gefallen hat!" – (Kv)

¹⁷ Denn Hunde haben mich umlagert, /
eine Rotte von Bösen hat mich umkreist. *
Sie haben mir Hände und Füße durchbohrt.
¹⁸ Ich kann all meine Knochen zählen; *
sie gaffen und starren mich an. – (Kv)
¹⁹ Sie verteilen unter sich meine Kleider *
und werfen das Los um mein Gewand.
²⁰ Du aber, HERR, halte dich nicht fern! *
Du, meine Stärke, eile mir zu Hilfe! – (Kv)
²³ Ich will deinen Namen meinen Brüdern verkünden, *
inmitten der Versammlung dich loben.
²⁴ Die ihr den HERRN fürchtet, lobt ihn; /
all ihr Nachkommen Jakobs, rühmt ihn; *
erschauert vor ihm, all ihr Nachkommen Israels! – Kv

ZUR 2. LESUNG *Aus der Gottesherrlichkeit ist der Sohn in die tiefste Erniedrigung hinabgestiegen. Er hat den Kreuzestod auf sich genommen. Sein Gehorsam war Liebe zum Vater und Liebe zu den Menschen. Ihn, den Erniedrigten, hat Gott zum Kyrios, zum Herrn über Zeiten und Welten gemacht. Auf ihn sollen wir schauen, an ihm uns orientieren: „Seid untereinander so gesinnt, wie es dem Leben in Christus Jesus entspricht" (Phil 2,5).*

ZWEITE LESUNG Phil 2, 6–11
Christus Jesus erniedrigte sich; darum hat ihn Gott über alle erhöht

Lesung
   aus dem Brief des Apostels Paulus an die Gemeinde in Philíppi.

⁶ Christus Jesus war Gott gleich,
hielt aber nicht daran fest, Gott gleich zu sein,
⁷ sondern er entäußerte sich
   und wurde wie ein Sklave
   und den Menschen gleich.
Sein Leben war das eines Menschen;
⁸ er erniedrigte sich
   und war gehorsam bis zum Tod,
bis zum Tod am Kreuz.

⁹ Darum hat ihn Gott über alle erhöht
und ihm den Namen verliehen,
der größer ist als alle Namen,
¹⁰ damit alle im Himmel, auf der Erde und unter der Erde
ihr Knie beugen vor dem Namen Jesu
¹¹ und jeder Mund bekennt:
„Jesus Christus ist der Herr" –
zur Ehre Gottes, des Vaters.

RUF VOR DER PASSION   Vers: vgl. Phil 2, 8b–9

Christus Sieger, Christus König, Christus Herr in Ewigkeit! – Kv

Christus war für uns gehorsam bis zum Tod,
bis zum Tod am Kreuz.
Darum hat ihn Gott über alle erhöht
und ihm den Namen verliehen, der größer ist als alle Namen.

Christus Sieger, Christus König, Christus Herr in Ewigkeit!

ZUR PASSION *In Jerusalem muss sich das Geschick Jesu erfüllen, am jüdischen Osterfest, dem Fest der Befreiung aus der ägyptischen Knechtschaft. Vermutlich war es der 7. April des Jahres 30. – Im Leiden und Sterben Jesu wird sichtbar, was die ganze Zeit über verhüllt blieb: Jesus ist der Menschensohn und Gottesknecht, Messiaskönig, Gottes Sohn. Er selbst bestimmt den Augenblick seiner Verhaftung, er gibt das Signal für das Todesurteil, er stirbt bewusst und frei. Aber der Einzige, der ihn, den Gekreuzigten, als Sohn Gottes bekennt, ist der römische Offizier, ein Heide.*

1 PASSION Mk 14, 1 – 15, 47

Das Leiden unseres Herrn Jesus Christus

E = Evangelist, † = Worte Jesu, S = Worte sonstiger Personen

Das Leiden unseres Herrn Jesus Christus nach Markus.

Der Todesbeschluss der Hohepriester und Schriftgelehrten

14,1 **E** Es war zwei Tage vor dem Pascha*
und dem Fest der Ungesäuerten Brote.
Die Hohepriester und die Schriftgelehrten
suchten nach einer Möglichkeit,
Jesus mit List in ihre Gewalt zu bringen, um ihn zu töten.
2 Sie sagten aber:
S Ja nicht am Fest,
damit es im Volk keinen Aufruhr gibt!

Die Salbung im Haus Simons des Aussätzigen

3 **E** Als Jesus in Betánien
im Haus Simons des Aussätzigen zu Tisch war,
kam eine Frau
mit einem Alabastergefäß voll echtem, kostbarem Nardenöl,
zerbrach es
und goss das Öl über sein Haupt.
4 Einige aber wurden unwillig
und sagten zueinander:
S Wozu diese Verschwendung?
5 Man hätte das Öl um mehr als dreihundert Denáre verkaufen
und das Geld den Armen geben können.
E Und sie fuhren die Frau heftig an.
6 Jesus aber sagte:
† Hört auf!
Warum lasst ihr sie nicht in Ruhe?
Sie hat ein gutes Werk an mir getan.

---

* Sprich: Pas-cha.

⁷ Denn die Armen habt ihr immer bei euch
und ihr könnt ihnen Gutes tun, sooft ihr wollt;
mich aber habt ihr nicht immer.
⁸ Sie hat getan, was sie konnte.
Sie hat im Voraus meinen Leib für das Begräbnis gesalbt.
⁹ Amen, ich sage euch:
Auf der ganzen Welt, wo das Evangelium verkündet wird,
wird man auch erzählen, was sie getan hat,
zu ihrem Gedächtnis.

Einer der Zwölf als Überläufer

¹⁰ **E** Judas Iskáriot, einer der Zwölf, ging zu den Hohepriestern.
Er wollte Jesus an sie ausliefern.
¹¹ Als sie das hörten,
freuten sie sich
und versprachen, ihm Geld dafür zu geben.
Von da an
suchte er nach einer günstigen Gelegenheit,
ihn auszuliefern.

Die Vorbereitung des Paschamahls

¹² **E** Am ersten Tag des Festes der Ungesäuerten Brote,
an dem man das Paschalamm zu schlachten pflegte,
sagten die Jünger zu Jesus:
S Wo sollen wir das Paschamahl für dich vorbereiten?
¹³ **E** Da schickte er zwei seiner Jünger voraus
und sagte zu ihnen:
† Geht in die Stadt;
dort wird euch ein Mensch begegnen,
der einen Wasserkrug trägt.
Folgt ihm,
¹⁴ bis er in ein Haus hineingeht;
dann sagt zu dem Herrn des Hauses:
Der Meister lässt dich fragen:

        Wo ist der Raum,
           in dem ich mit meinen Jüngern das Paschalamm essen kann?
¹⁵   Und der Hausherr
           wird euch einen großen Raum im Obergeschoss zeigen,
        der schon für das Festmahl hergerichtet
           und mit Polstern ausgestattet ist.
        Dort bereitet alles für uns vor!
¹⁶ **E** Die Jünger machten sich auf den Weg
           und kamen in die Stadt.
        Sie fanden alles so, wie er es ihnen gesagt hatte,
        und bereiteten das Paschamahl vor.

Das Mahl

¹⁷ **E** Als es Abend wurde,
           kam Jesus mit den Zwölf.
¹⁸   Während sie nun zu Tisch waren und aßen,
           sagte Jesus:
   †   Amen, ich sage euch:
        Einer von euch wird mich ausliefern,
        einer, der mit mir isst.
¹⁹ **E** Da wurden sie traurig
        und einer nach dem andern fragte ihn:
   S   Doch nicht etwa ich?
²⁰ **E** Er sagte zu ihnen:
   †   Einer von euch Zwölf,
        der mit mir in dieselbe Schüssel eintunkt.
²¹   Der Menschensohn muss zwar seinen Weg gehen,
           wie die Schrift über ihn sagt.
        Doch weh dem Menschen,
           durch den der Menschensohn ausgeliefert wird!
        Für ihn wäre es besser,
           wenn er nie geboren wäre.

²² **E** Während des Mahls nahm er das Brot
        und sprach den Lobpreis;
        dann brach er das Brot,

reichte es ihnen
und sagte:
† Nehmt, das ist mein Leib.
²³ **E** Dann nahm er den Kelch,
sprach das Dankgebet,
gab ihn den Jüngern
und sie tranken alle daraus.
²⁴ Und er sagte zu ihnen:
† Das ist mein Blut des Bundes,
das für viele vergossen wird.
²⁵ Amen, ich sage euch:
Ich werde nicht mehr von der Frucht des Weinstocks trinken
bis zu dem Tag,
an dem ich von Neuem davon trinke im Reich Gottes.

Die Ankündigung der Verleugnung

²⁶ **E** Nach dem Lobgesang gingen sie zum Ölberg hinaus.
²⁷ Da sagte Jesus zu ihnen:
† Ihr werdet alle Anstoß nehmen;
denn in der Schrift steht:
Ich werde den Hirten erschlagen,
dann werden sich die Schafe zerstreuen.
²⁸ Aber nach meiner Auferstehung
werde ich euch nach Galiläa vorausgehen.
²⁹ **E** Da sagte Petrus zu ihm:
S Auch wenn alle Anstoß nehmen –
ich nicht!
³⁰ **E** Jesus sagte ihm:
† Amen, ich sage dir:
Heute, in dieser Nacht, ehe der Hahn zweimal kräht,
wirst du mich dreimal verleugnen.
³¹ **E** Petrus aber beteuerte:
S Und wenn ich mit dir sterben müsste –
ich werde dich nie verleugnen.
E Das Gleiche sagten auch alle anderen.

Das Gebet in Getsemani

³² **E** Sie kamen zu einem Grundstück, das Getsémani heißt,
und er sagte zu seinen Jüngern:
† Setzt euch hier,
während ich bete!
³³ **E** Und er nahm Petrus, Jakobus und Johannes mit sich.
Da ergriff ihn Furcht und Angst
³⁴ und er sagte zu ihnen:
† Meine Seele ist zu Tode betrübt.
Bleibt hier und wacht!
³⁵ **E** Und er ging ein Stück weiter,
warf sich auf die Erde nieder
und betete, dass die Stunde, wenn möglich, an ihm vorübergehe.
³⁶ Er sprach:
† Abba, Vater,
alles ist dir möglich.
Nimm diesen Kelch von mir!
Aber nicht, was ich will,
sondern was du willst.
³⁷ **E** Und er ging zurück
und fand sie schlafend.
Da sagte er zu Petrus:
† Simon, du schläfst?
Konntest du nicht einmal eine Stunde wach bleiben?
³⁸ Wacht und betet,
damit ihr nicht in Versuchung geratet!
Der Geist ist willig,
aber das Fleisch ist schwach.
³⁹ **E** Und er ging wieder weg
und betete mit den gleichen Worten.
⁴⁰ Als er zurückkam,
fand er sie wieder schlafend,
denn die Augen waren ihnen zugefallen;
und sie wussten nicht, was sie ihm antworten sollten.

⁴¹ Und er kam zum dritten Mal
und sagte zu ihnen:
† Schlaft ihr immer noch und ruht euch aus?
Es ist genug.
Die Stunde ist gekommen;
siehe, jetzt wird der Menschensohn in die Hände der Sünder
ausgeliefert.
⁴² Steht auf,
wir wollen gehen!
Siehe, der mich ausliefert, ist da.

Die Gefangennahme

⁴³ **E** Noch während er redete,
kam Judas, einer der Zwölf,
mit einer Schar von Männern,
die mit Schwertern und Knüppeln bewaffnet waren;
sie waren von den Hohepriestern,
den Schriftgelehrten und den Ältesten geschickt worden.
⁴⁴ Der ihn auslieferte, hatte mit ihnen ein Zeichen vereinbart
und gesagt:
S Der, den ich küssen werde, der ist es.
Nehmt ihn fest,
führt ihn sicher ab!
⁴⁵ **E** Und als er kam,
ging er sogleich auf Jesus zu
und sagte:
S Rabbi!
E Und er küsste ihn.
⁴⁶ Da legten sie Hand an ihn
und nahmen ihn fest.
⁴⁷ Einer von denen, die dabeistanden,
zog das Schwert,
schlug auf den Diener des Hohepriesters ein
und hieb ihm das Ohr ab.
⁴⁸ Da sagte Jesus zu ihnen:

† Wie gegen einen Räuber
   seid ihr mit Schwertern und Knüppeln ausgezogen,
   um mich festzunehmen.
49 Tag für Tag war ich bei euch im Tempel und lehrte
   und ihr habt mich nicht verhaftet;
   aber so mussten die Schriften erfüllt werden.
50 **E** Da verließen ihn alle
   und flohen.
51 Ein junger Mann aber,
   der nur mit einem leinenen Tuch bekleidet war,
   wollte ihm nachfolgen.
   Da packten sie ihn;
52 er aber ließ das Tuch fallen
   und lief nackt davon.

Das Bekenntnis Jesu und die Verleugnung durch Petrus

53 **E** Darauf führten sie Jesus zum Hohepriester
   und es versammelten sich alle Hohepriester
   und Ältesten und Schriftgelehrten.
54 Petrus aber war Jesus von Weitem
   bis in den Hof des Hohepriesters gefolgt;
   nun saß er dort bei den Dienern
   und wärmte sich am Feuer.

55 Die Hohepriester und der ganze Hohe Rat
   bemühten sich um Zeugenaussagen gegen Jesus,
   um ihn zum Tod verurteilen zu können;
   sie fanden aber nichts.
56 Viele machten zwar falsche Aussagen gegen ihn,
   aber die Aussagen stimmten nicht überein.
57 Einige der falschen Zeugen, die gegen ihn auftraten,
   behaupteten:
58 **S** Wir haben ihn sagen hören:
   Ich werde diesen
   von Menschenhand gemachten Tempel niederreißen

und in drei Tagen einen anderen aufbauen,
der nicht von Menschenhand gemacht ist.

⁵⁹ **E** Aber auch in diesem Fall stimmten die Aussagen nicht überein.

⁶⁰ Da stand der Hohepriester auf,
trat in die Mitte
und fragte Jesus:

S Willst du denn nichts sagen
zu dem, was diese Leute gegen dich vorbringen?

⁶¹ **E** Er aber schwieg
und gab keine Antwort.
Da wandte sich der Hohepriester nochmals an ihn
und fragte:

S Bist du der Christus, der Sohn des Hochgelobten?

⁶² **E** Jesus sagte:

† Ich bin es.
Und ihr werdet den Menschensohn
zur Rechten der Macht sitzen
und mit den Wolken des Himmels kommen sehen.

⁶³ **E** Da zerriss der Hohepriester sein Gewand
und rief:

S Wozu brauchen wir noch Zeugen?
⁶⁴ Ihr habt die Gotteslästerung gehört.
Was ist eure Meinung?

E Und sie fällten einstimmig das Urteil:

S Er ist des Todes schuldig.

⁶⁵ **E** Und einige spuckten ihn an,
verhüllten sein Gesicht,
schlugen ihn
und riefen:

S Zeig, dass du ein Prophet bist!

E Auch die Diener schlugen ihn ins Gesicht.

⁶⁶ Als Petrus unten im Hof war,
kam eine von den Mägden des Hohepriesters.

⁶⁷ Sie sah, wie Petrus sich wärmte,
    blickte ihn an
    und sagte:
  S   Auch du warst mit diesem Jesus aus Nazaret zusammen.
⁶⁸ E Doch er leugnete
    und sagte:
  S   Ich weiß nicht und verstehe nicht, wovon du redest.
  E Dann ging er in den Vorhof hinaus.
⁶⁹ Als die Magd ihn dort bemerkte,
    sagte sie zu denen, die dabeistanden, noch einmal:
  S   Der gehört zu ihnen.
⁷⁰ E Er aber leugnete wieder.
    Wenig später sagten die Leute, die dort standen,
    von Neuem zu Petrus:
  S   Du gehörst wirklich zu ihnen;
    du bist doch auch ein Galiläer.
⁷¹ E Da fing er an zu fluchen
    und zu schwören:
  S   Ich kenne diesen Menschen nicht, von dem ihr redet.
⁷² E Gleich darauf krähte der Hahn zum zweiten Mal
    und Petrus erinnerte sich an das Wort,
    das Jesus zu ihm gesagt hatte: Ehe der Hahn zweimal
    kräht,
    wirst du mich dreimal verleugnen.
    Und er begann zu weinen.

Das Verhör vor Pilatus

15,1 E Gleich in der Frühe fassten die Hohepriester,
    die Ältesten und die Schriftgelehrten,
    also der ganze Hohe Rat,
    über Jesus einen Beschluss.
    Sie ließen ihn fesseln und abführen
    und lieferten ihn Pilatus aus.
  ² Pilatus fragte ihn:
  S   Bist du der König der Juden?

E	Er antwortete ihm:
†	Du sagst es.
³ **E**	Die Hohepriester brachten viele Anklagen gegen ihn vor.
⁴	Da wandte sich Pilatus wieder an ihn und fragte:
S	Willst du denn nichts dazu sagen? Sieh doch, wie viele Anklagen sie gegen dich vorbringen.
⁵ **E**	Jesus aber gab keine Antwort mehr, sodass Pilatus sich wunderte.

⁶ Jeweils zum Fest
    ließ Pilatus einen Gefangenen frei,
    den sie sich ausbitten durften.
⁷ Damals saß gerade ein Mann namens Bárabbas im Gefängnis,
zusammen mit anderen Aufrührern,
    die bei einem Aufstand einen Mord begangen hatten.
⁸ Die Volksmenge zog zu Pilatus hinauf
und verlangte, ihnen die gleiche Gunst zu gewähren wie sonst.
⁹ Pilatus fragte sie:

S Wollt ihr, dass ich euch den König der Juden freilasse?

¹⁰ **E** Er merkte nämlich,
    dass die Hohepriester Jesus nur aus Neid
    an ihn ausgeliefert hatten.
¹¹ Die Hohepriester aber wiegelten die Menge auf,
    lieber die Freilassung des Bárabbas zu fordern.
¹² Pilatus wandte sich von Neuem an sie
und fragte:

S Was soll ich dann mit dem tun,
    den ihr den König der Juden nennt?

¹³ **E** Da schrien sie:
S Kreuzige ihn!
¹⁴ **E** Pilatus entgegnete:
S Was hat er denn für ein Verbrechen begangen?
E Sie aber schrien noch lauter:

S Kreuzige ihn!

¹⁵ **E** Darauf ließ Pilatus, um die Menge zufriedenzustellen,
   Bárabbas frei.
   Jesus lieferte er,
      nachdem er ihn hatte geißeln lassen,
      zur Kreuzigung aus.

Die Verspottung Jesu durch die römischen Soldaten

¹⁶ **E** Die Soldaten führten ihn ab,
      in den Hof hinein, der Prätórium heißt,
   und riefen die ganze Kohórte zusammen.
¹⁷   Dann legten sie ihm einen Purpurmantel um
   und flochten einen Dornenkranz;
   den setzten sie ihm auf
¹⁸ und grüßten ihn:
S Sei gegrüßt, König der Juden!
¹⁹ **E** Sie schlugen ihm mit einem Stock auf den Kopf
   und spuckten ihn an,
   beugten die Knie
   und huldigten ihm.
²⁰ᵃ Nachdem sie so ihren Spott mit ihm getrieben hatten,
      nahmen sie ihm den Purpurmantel ab
      und zogen ihm seine eigenen Kleider wieder an.

Kreuzweg und Kreuzigung

²⁰ᵇ **E** Dann führten sie Jesus hinaus,
      um ihn zu kreuzigen.
²¹ Einen Mann, der gerade vom Feld kam,
      Simon von Kyréne,
      den Vater des Alexander und des Rufus,
      zwangen sie, sein Kreuz zu tragen.
²² Und sie brachten Jesus an einen Ort namens Gólgota,
   das heißt übersetzt: Schädelhöhe.
²³ Dort reichten sie ihm Wein, der mit Myrrhe gewürzt war;
   er aber nahm ihn nicht.

24		Dann kreuzigten sie ihn.

²⁴ Dann kreuzigten sie ihn.
   Sie verteilten seine Kleider,
      indem sie das Los über sie warfen,
      wer was bekommen sollte.
²⁵ Es war die dritte Stunde, als sie ihn kreuzigten.
²⁶ Und eine Aufschrift gab seine Schuld an:
   Der König der Juden.
²⁷/²⁸] Zusammen mit ihm kreuzigten sie zwei Räuber,
   den einen rechts von ihm, den andern links.

Die Verspottung Jesu durch die Schaulustigen

²⁹ **E** Die Leute, die vorbeikamen,
      verhöhnten ihn,
   schüttelten den Kopf
   und riefen:
  S Ach, du willst den Tempel niederreißen
   und in drei Tagen wieder aufbauen?
³⁰ Rette dich selbst
   und steig herab vom Kreuz!
³¹ **E** Ebenso verhöhnten ihn auch die Hohepriester
      und die Schriftgelehrten
      und sagten untereinander:
  S Andere hat er gerettet,
   sich selbst kann er nicht retten.
³² Der Christus, der König von Israel!
   Er soll jetzt vom Kreuz herabsteigen,
   damit wir sehen und glauben.
  E Auch die beiden Männer,
      die mit ihm zusammen gekreuzigt wurden,
      beschimpften ihn.

(Hier stehen alle auf.)

Der Tod Jesu

³³ **E** Als die sechste Stunde kam,
      brach eine Finsternis über das ganze Land herein –

bis zur neunten Stunde.

³⁴ Und in der neunten Stunde schrie Jesus mit lauter Stimme:
† Éloï, Éloï,
lema sabachtáni?,
E das heißt übersetzt:
† Mein Gott, mein Gott,
warum hast du mich verlassen?

³⁵ **E** Einige von denen, die dabeistanden und es hörten, sagten:
S Hört, er ruft nach Elíja!

³⁶ **E** Einer lief hin,
tauchte einen Schwamm in Essig,
steckte ihn auf ein Rohr
und gab Jesus zu trinken.
Dabei sagte er:
S Lasst,
wir wollen sehen, ob Elíja kommt und ihn herabnimmt.

³⁷ **E** Jesus aber schrie mit lauter Stimme.
Dann hauchte er den Geist aus.

Hier knien alle zu einer kurzen Gebetsstille nieder.

³⁸ **E** Da riss der Vorhang im Tempel in zwei Teile
von oben bis unten.

³⁹ Als der Hauptmann, der Jesus gegenüberstand,
ihn auf diese Weise sterben sah, sagte er:
S Wahrhaftig, dieser Mensch war Gottes Sohn.

⁴⁰ **E** Auch einige Frauen sahen von Weitem zu,
darunter Maria aus Mágdala,
Maria, die Mutter von Jakobus dem Kleinen und Joses,
sowie Sálome;
⁴¹ sie waren Jesus schon in Galiláa nachgefolgt
und hatten ihm gedient.
Noch viele andere Frauen waren dabei,
die mit ihm nach Jerusalem hinaufgezogen waren.

Das Begräbnis Jesu

⁴² **E** Da es Rüsttag war, der Tag vor dem Sabbat,
und es schon Abend wurde,
⁴³ ging Josef von Arimathäa,
ein vornehmes Mitglied des Hohen Rats,
der auch auf das Reich Gottes wartete,
zu Pilatus
und wagte es, um den Leichnam Jesu zu bitten.
⁴⁴ Pilatus war überrascht,
als er hörte, dass Jesus schon tot sei.
Er ließ den Hauptmann kommen
und fragte ihn, ob Jesus bereits gestorben sei.
⁴⁵ Als er es vom Hauptmann erfahren hatte,
überließ er Josef den Leichnam.
⁴⁶ Josef kaufte ein Leinentuch,
nahm Jesus vom Kreuz,
wickelte ihn in das Tuch
und legte ihn in ein Grab,
das in einen Felsen gehauen war.
Dann wälzte er einen Stein vor den Eingang des Grabes.

⁴⁷ Maria aus Mágdala aber
und Maria, die Mutter des Joses,
beobachteten, wohin er gelegt wurde.

Oder Kurzfassung:

PASSION

Mk 15, 1–39 ②

Das Leiden unseres Herrn Jesus Christus

E = Evangelist, † = Worte Jesu, S = Worte sonstiger Personen

Das Leiden unseres Herrn Jesus Christus nach Markus.

Das Verhör vor Pilatus

¹ **E** Gleich in der Frühe fassten die Hohepriester,
die Ältesten und die Schriftgelehrten,
also der ganze Hohe Rat,

über Jesus einen Beschluss.
Sie ließen ihn fesseln und abführen
und lieferten ihn Pilatus aus.

² **Pilatus fragte ihn:**
S Bist du der König der Juden?
E Er antwortete ihm:
† Du sagst es.
³ **E** Die Hohepriester brachten viele Anklagen gegen ihn vor.
⁴ Da wandte sich Pilatus wieder an ihn
und fragte:
S Willst du denn nichts dazu sagen?
Sieh doch, wie viele Anklagen sie gegen dich vorbringen.
⁵ **E** Jesus aber gab keine Antwort mehr,
sodass Pilatus sich wunderte.

⁶ Jeweils zum Fest
ließ Pilatus einen Gefangenen frei,
den sie sich ausbitten durften.
⁷ Damals saß gerade ein Mann namens Bárabbas im Gefängnis,
zusammen mit anderen Aufrührern,
die bei einem Aufstand einen Mord begangen hatten.
⁸ Die Volksmenge zog zu Pilatus hinauf
und verlangte, ihnen die gleiche Gunst zu gewähren wie sonst.
⁹ Pilatus fragte sie:
S Wollt ihr, dass ich euch den König der Juden freilasse?
¹⁰ **E** Er merkte nämlich,
dass die Hohepriester Jesus nur aus Neid
an ihn ausgeliefert hatten.
¹¹ Die Hohepriester aber wiegelten die Menge auf,
lieber die Freilassung des Bárabbas zu fordern.
¹² Pilatus wandte sich von Neuem an sie
und fragte:
S Was soll ich dann mit dem tun,
den ihr den König der Juden nennt?
¹³ **E** Da schrien sie:

S   Kreuzige ihn!
¹⁴ **E**   Pilatus entgegnete:
S   Was hat er denn für ein Verbrechen begangen?
E   Sie aber schrien noch lauter:
S   Kreuzige ihn!
¹⁵ **E**   Darauf ließ Pilatus, um die Menge zufriedenzustellen,
    Bárabbas frei.
  Jesus lieferte er,
    nachdem er ihn hatte geißeln lassen,
    zur Kreuzigung aus.

Die Verspottung Jesu durch die römischen Soldaten

¹⁶ **E**   Die Soldaten führten ihn ab,
    in den Hof hinein, der Prätórium heißt,
    und riefen die ganze Kohórte zusammen.
¹⁷   Dann legten sie ihm einen Purpurmantel um
    und flochten einen Dornenkranz;
    den setzten sie ihm auf
¹⁸   und grüßten ihn:
S   Sei gegrüßt, König der Juden!
¹⁹ **E**   Sie schlugen ihm mit einem Stock auf den Kopf
  und spuckten ihn an,
  beugten die Knie
  und huldigten ihm.
²⁰ᵃ   Nachdem sie so ihren Spott mit ihm getrieben hatten,
    nahmen sie ihm den Purpurmantel ab
    und zogen ihm seine eigenen Kleider wieder an.

Kreuzweg und Kreuzigung

²⁰ᵇ **E**   Dann führten sie Jesus hinaus,
    um ihn zu kreuzigen.
²¹   Einen Mann, der gerade vom Feld kam,
    Simon von Kyréne,
    den Vater des Alexander und des Rufus,
    zwangen sie, sein Kreuz zu tragen.

²² Und sie brachten Jesus an einen Ort namens Gólgota,
das heißt übersetzt: Schädelhöhe.
²³ Dort reichten sie ihm Wein, der mit Myrrhe gewürzt war;
er aber nahm ihn nicht.
²⁴ Dann kreuzigten sie ihn.
Sie verteilten seine Kleider,
   indem sie das Los über sie warfen,
   wer was bekommen sollte.
²⁵ Es war die dritte Stunde, als sie ihn kreuzigten.
²⁶ Und eine Aufschrift gab seine Schuld an:
Der König der Juden.
²⁷/[²⁸] Zusammen mit ihm kreuzigten sie zwei Räuber,
den einen rechts von ihm, den andern links.

Die Verspottung Jesu durch die Schaulustigen

²⁹ **E** Die Leute, die vorbeikamen,
   verhöhnten ihn,
schüttelten den Kopf
und riefen:

S Ach, du willst den Tempel niederreißen
und in drei Tagen wieder aufbauen?

³⁰ Rette dich selbst
und steig herab vom Kreuz!

³¹ **E** Ebenso verhöhnten ihn auch die Hohepriester
   und die Schriftgelehrten
und sagten untereinander:

S Andere hat er gerettet,
sich selbst kann er nicht retten.

³² Der Christus, der König von Israel!
Er soll jetzt vom Kreuz herabsteigen,
damit wir sehen und glauben.

E Auch die beiden Männer,
   die mit ihm zusammen gekreuzigt wurden,
   beschimpften ihn.

(Hier stehen alle auf.)

Der Tod Jesu

³³ **E** Als die sechste Stunde kam,
 brach eine Finsternis über das ganze Land herein –
 bis zur neunten Stunde.
³⁴ Und in der neunten Stunde schrie Jesus mit lauter Stimme:
 † Éloï, Éloï,
 lema sabachtáni?,
 E das heißt übersetzt:
 † Mein Gott, mein Gott,
 warum hast du mich verlassen?
³⁵ **E** Einige von denen, die dabeistanden und es hörten, sagten:
 S Hört, er ruft nach Elíja!
³⁶ **E** Einer lief hin,
 tauchte einen Schwamm in Essig,
 steckte ihn auf ein Rohr
 und gab Jesus zu trinken.
 Dabei sagte er:
 S Lasst,
 wir wollen sehen, ob Elíja kommt und ihn herabnimmt.
³⁷ **E** Jesus aber schrie mit lauter Stimme.
 Dann hauchte er den Geist aus.

Hier knien alle zu einer kurzen Gebetsstille nieder.

³⁸ **E** Da riss der Vorhang im Tempel in zwei Teile
 von oben bis unten.

³⁹ Als der Hauptmann, der Jesus gegenüberstand,
 ihn auf diese Weise sterben sah, sagte er:
 S Wahrhaftig, dieser Mensch war Gottes Sohn.

Glaubensbekenntnis, S. 374 ff.
Fürbitten vgl. S. 798 ff.

ZUR EUCHARISTIEFEIER   „*Sein Leben war das eines Menschen..., bis zum Tod am Kreuz*" *(Phil 2,7f.)* – *Er kennt unser Leben, die inneren und äußeren Abgründe und Schmerzen, er ist ganz und gar einer von uns... Aber es bleibt nicht dabei: Die „Erhöhung" des Menschensohns erhebt auch unser Leben in eine neue Dimension: Leid und Tod haben nicht mehr das letzte Wort.*

GABENGEBET

Herr, unser Gott,
schenke uns Verzeihung
durch das Leiden deines Sohnes.
Wir haben sie zwar durch unsere Taten nicht verdient,
aber wir vertrauen auf dein Erbarmen.
Darum versöhne uns mit dir
durch das einzigartige Opfer
unseres Herrn Jesus Christus,
der mit dir lebt und herrscht in alle Ewigkeit.
Präfation, S. 421

KOMMUNIONVERS   Mt 26, 42

Mein Vater, wenn dieser Kelch an mir nicht vorübergehen kann und ich ihn trinken muss, so geschehe dein Wille.

SCHLUSSGEBET

Herr, unser Gott,
du hast uns im heiligen Mahl gestärkt.
Durch das Sterben deines Sohnes
gibst du uns die Kraft,
das Leben zu erhoffen, das uns der Glaube verheißt.
Gib uns durch seine Auferstehung die Gnade,
das Ziel unserer Pilgerschaft zu erreichen.
Darum bitten wir durch Christus, unseren Herrn.

FÜR DEN TAG UND DIE WOCHE

In den letzten Worten Jesu am Kreuz ... liegt eine tiefe Wahrheit: Er ist unser aller Tod gestorben, ob wir schreiend oder still, wider Willen oder Gott ergeben sterben. Jeder stirbt seinen Tod, aber jeder stirbt in Gottes Schweigen hinein. Die letzte Antwort wird keinem hier gegeben. So stirbt Jesus jeden Tod mit. Das ist die letzte „Lektion", die der Lieblingsschüler Gottes lernt: „Wenn das Weizenkorn nicht in die Erde fällt und stirbt, bleibt es allein. Wenn es aber stirbt, bringt es viele Frucht" (Joh 12,24). (Wilhelm Bruners)

GRÜNDONNERSTAG

oder

HOHER DONNERSTAG

Chrisam-Messe

Am Gründonnerstag, dem Tag vor dem Beginn der großen Osterfeier, oder an einem anderen geeigneten Tag in der Karwoche werden am Vormittag in den Bischofskirchen die heiligen Öle geweiht: der Chrisam für die Salbung nach der Taufe, für die Firmung, die Weihe des Bischofs und des Priesters, auch für die Weihe von Kirchen und Altären; das Katechumenenöl für die Salbung vor der Taufe; das Krankenöl für das Sakrament der Krankensalbung.

Wegen seiner wohltuenden Wirkungen ist das Öl in der Heiligen Schrift Sinnbild für Gesundheit, Freude, Kraft des Geistes, Glück des Friedens (z. B. Ps 45,8; 23,5; 104,15; Jes 61,3). Gesalbt wurden im Ersten Bund vor allem die Könige und die Priester. „Der Gesalbte" (= Christus) ist dann auch ein Titel des erwarteten Retters der Endzeit. Jesus hat die Worte „Der Geist des Herrn ruht auf mir, denn der Herr hat mich gesalbt" (Jes 61,1-2: 1. Lesung dieser Messe) auf sich bezogen, als er in der Synagoge von Nazaret die Stelle aus Jesaja vorlas (Lk 4,16-21: Evangelium). Die Jünger Jesu haben von ihrem Herrn nicht nur den Namen „Christen" (= Gesalbte), sondern auch die Salbung des Geistes (vgl. 2 Kor 1,21-22; 1 Joh 2,20.27); sie haben den Geist Christi empfangen und haben Anteil an seinem königlichen Priestertum (vgl. Offb 1,5-8: 2. Lesung).

Zum Zeichen der Einheit aller Diözesanpriester sollen Priester aus allen Regionen des Bistums mit dem Bischof gemeinsam diese Messe feiern.

ERÖFFNUNGSVERS Offb 1,6

**Jesus Christus hat uns die Würde von Königen gegeben
und uns zu Priestern gemacht
für den Dienst vor seinem Gott und Vater.
Ihm sei die Herrlichkeit und die Herrschermacht in Ewigkeit. Amen.**

Ehre sei Gott, S. 371 f.

TAGESGEBET

Allmächtiger, ewiger Gott,
du hast deinen eingeborenen Sohn
mit dem Heiligen Geiste gesalbt
und ihn zum Herrn und Christus gemacht.
Uns aber hast du Anteil an seiner Würde geschenkt.
Hilf uns, in der Welt Zeugen der Erlösung zu sein.
Darum bitten wir durch ihn, Jesus Christus.

ZUR 1. LESUNG *In Jerusalem herrscht nach der Rückkehr aus dem babylonischen Exil große Mutlosigkeit. Die Anfänge waren schwierig, und die Aussichten auf einen erfolgreichen Wiederaufbau waren gering. Damals berief Gott einen Propheten und erfüllte ihn mit seinem Geist, damit sein Wort die Menschen trösten konnte. Den Bund, den Gott schließen wollte, hat er dann in seinem Sohn erfüllt.*

ERSTE LESUNG   Jes 61, 1–3a.6a.8b–9

Der HERR hat mich gesalbt; er hat mich gesandt, um den Armen frohe Botschaft zu bringen und das Öl der Freude

Lesung
  aus dem Buch Jesája.

¹ Der Geist GOTTES, des Herrn, ruht auf mir.
Denn der HERR hat mich gesalbt;
er hat mich gesandt,
  um den Armen frohe Botschaft zu bringen,
  um die zu heilen, die gebrochenen Herzens sind,
  um den Gefangenen Freilassung auszurufen
  und den Gefesselten Befreiung,
² um ein Gnadenjahr des HERRN auszurufen,
  einen Tag der Vergeltung für unseren Gott,
  um alle Trauernden zu trösten,
³ᵃ den Trauernden Zions
  Schmuck zu geben anstelle von Asche,
  Freudenöl statt Trauer,
  ein Gewand des Ruhms statt eines verzagten Geistes.

⁶ᵃ Ihr werdet „Priester des HERRN" genannt,
„Diener unseres Gottes" sagt man zu euch.
⁸ᵇ Ich zahle ihnen den Lohn in Treue aus
und schließe einen ewigen Bund mit ihnen.
⁹ Ihre Nachkommen werden unter den Nationen bekannt sein
und ihre Sprösslinge inmitten der Völker.
Jeder, der sie sieht, wird sie erkennen:
Das sind die Nachkommen, die der HERR gesegnet hat.

ANTWORTPSALM Ps 89 (88), 20a u. 21–22.25 u. 27 (Kv: 2a)

Kv Von der Huld des HERRN GL 657, 3
will ich ewig singen. – Kv

²⁰ᵃ Einst hast du in einer Vision zu deinen Frommen gesprochen: /
²¹ Ich habe David, meinen Knecht, gefunden *
und ihn mit meinem heiligen Öl gesalbt.
²² Fest wird meine Hand ihn halten *
und mein Arm ihn stärken. – (Kv)
²⁵ Meine Treue und meine Huld sind mit ihm *
und in meinem Namen erhebt er sein Haupt.
²⁷ Er wird zu mir rufen: Mein Vater bist du, *
mein Gott, der Fels meiner Rettung. – Kv

ZUR 2. LESUNG *Die Offenbarung ist nicht für einen kleinen Kreis von Eingeweihten geschrieben; die sieben Gemeinden der Provinz Asien (1,4) stehen stellvertretend für die ganze Kirche. Die Offenbarung will dem Einzelnen und den Gemeinden helfen, die Zeit zu verstehen und zu bestehen. Die Herrschaft Jesu Christi in der Endzeit wird universal und vollständig sein, und so werden auch wir „Könige" sein und als Priester unmittelbar vor Gott stehen.*

ZWEITE LESUNG   Offb 1,5–8

Er hat uns zu einem Königreich gemacht und zu Priestern vor Gott, seinem Vater

Lesung
   aus der Offenbarung des Johannes.

⁵ Gnade sei mit euch und Friede von Jesus Christus;
er ist der treue Zeuge,
der Erstgeborene der Toten,
der Herrscher über die Könige der Erde.
Ihm, der uns liebt
   und uns von unseren Sünden erlöst hat durch sein Blut,
⁶ der uns zu einem Königreich gemacht hat
   und zu Priestern vor Gott, seinem Vater:
Ihm sei die Herrlichkeit und die Macht in alle Ewigkeit. Amen.
⁷ Siehe, er kommt mit den Wolken
und jedes Auge wird ihn sehen,
auch alle, die ihn durchbohrt haben;
und alle Völker der Erde
   werden seinetwegen jammern und klagen.
Ja, Amen.
⁸ Ich bin das Alpha und das Omega, spricht Gott, der Herr,
der ist
und der war
und der kommt,
der Herrscher über die ganze Schöpfung.

RUF VOR DEM EVANGELIUM   Vers: vgl. Jes 61, 1ab (Lk 4, 18)

Herr Jesus, dir sei Ruhm und Ehre! – Kv

Der Geist des Herrn ruht auf mir.
Der Herr hat mich gesandt,
den Armen die frohe Botschaft zu bringen.

Herr Jesus, dir sei Ruhm und Ehre!

ZUM EVANGELIUM *Von der Erklärung, die Jesus dem Prophetentext gab, fasst Lukas das Wesentliche kurz zusammen: „Heute hat sich das Schriftwort ... erfüllt". Dieses „Heute" ist wesentlich für jedes tiefere Verständnis der Heiligen Schrift: Immer kommen hier und heute Gottes Wort und Gottes Wille auf uns zu. In der Prophetenlesung, die Jesus an jenem Sabbat vortrug, sind zwei Dinge wichtig: der Geist des Herrn sowie die Heilsbotschaft für die Armen. Vom Anfang bis zum Ende des Lukasevangeliums wird immer wieder auf den Heiligen Geist verwiesen, der im Leben Jesu die bestimmende Kraft war. Er selbst bezeichnet sich hier als den Gesalbten. Später wird dann der Heilige Geist das Leben der Kirche prägen.*

EVANGELIUM

Lk 4, 16–21

Der Geist des Herrn ruht auf mir; denn er hat mich gesalbt

☩ Aus dem heiligen Evangelium nach Lukas.

In jener Zeit
¹⁶ kam Jesus nach Nazaret, wo er aufgewachsen war,
und ging, wie gewohnt, am Sabbat in die Synagoge.
Als er aufstand, um vorzulesen,
¹⁷ reichte man ihm die Buchrolle des Propheten Jesája.
Er öffnete sie
und fand die Stelle, wo geschrieben steht:
¹⁸ Der Geist des Herrn ruht auf mir;
 denn er hat mich gesalbt.
Er hat mich gesandt,
 damit ich den Armen eine frohe Botschaft bringe;
damit ich den Gefangenen die Entlassung verkünde
 und den Blinden das Augenlicht;
damit ich die Zerschlagenen in Freiheit setze
¹⁹ und ein Gnadenjahr des Herrn ausrufe.
²⁰ Dann schloss er die Buchrolle,
gab sie dem Synagogendiener
 und setzte sich.
Die Augen aller in der Synagoge waren auf ihn gerichtet.

²¹ Da begann er, ihnen darzulegen:
Heute hat sich das Schriftwort, das ihr eben gehört habt, erfüllt.

Wo es üblich ist, kann auf die Homilie eine Erneuerung der Bereitschaftserklärung zum priesterlichen Dienst folgen. Kein Glaubensbekenntnis und keine Fürbitten.

GABENGEBET

Herr, unser Gott,
dieses heilige Opfer helfe uns,
dass wir den alten Menschen ablegen
und den neuen anziehen,
der nach deinem Bild geschaffen ist.
Darum bitten wir durch Christus, unseren Herrn.

Präfation, S. 421 f.

KOMMUNIONVERS   Ps 89 (88), 2

Von den Taten deiner Huld, Herr, will ich ewig singen,
bis zum fernsten Geschlecht laut deine Treue verkünden.

SCHLUSSGEBET

Allmächtiger Gott,
durch deine Sakramente
schenkst du uns die Kraft zu einem neuen Leben.
Gib, dass wir in der Welt
den Geist Christi verbreiten
und seine Liebe bezeugen.
Darum bitten wir durch Christus, unseren Herrn.

DIE DREI ÖSTERLICHEN TAGE VOM LEIDEN UND STERBEN, VON DER GRABESRUHE UND VON DER AUFERSTEHUNG DES HERRN UND DIE OSTERZEIT

Die heiligen drei Tage sind in Wirklichkeit nur ein einziger Tag. Wir begehen in diesen Tagen das eine Mysterium der Erhöhung Jesu, sein Hinübergehen aus dieser Welt zum Vater.
Das letzte Mahl Jesu mit seinen Jüngern, der Tod am Kreuz, die Auferstehung am dritten Tag, darin entfaltet sich die eine unfassbare Wahrheit:
Gott hat die Menschen geliebt, und er liebt sie, auch wenn sie es nicht wissen und nicht wollen. Gott rettet die Menschen durch die Opferhingabe des ewigen, menschgewordenen Sohnes.

GRÜNDONNERSTAG

oder

HOHER DONNERSTAG

Messe vom Letzten Abendmahl

ERÖFFNUNG UND WORTGOTTESDIENST

ERÖFFNUNGSVERS Vgl. Gal 6, 14

Wir rühmen uns des Kreuzes unseres Herrn Jesus Christus.
In ihm ist uns Heil geworden und Auferstehung und Leben.
Durch ihn sind wir erlöst und befreit.
Ehre sei Gott, S. 371 f.
Zum Gloria läuten die Glocken. Darauf schweigen sie bis zur Osternacht.

TAGESGEBET

Allmächtiger, ewiger Gott,
am Abend vor seinem Leiden
hat dein geliebter Sohn
der Kirche das Opfer des Neuen und Ewigen Bundes anvertraut
und das Gastmahl seiner Liebe gestiftet.
Gib, dass wir aus diesem Geheimnis
die Fülle des Lebens und der Liebe empfangen.
Darum bitten wir durch ihn, Jesus Christus.

ZUR 1. LESUNG *Das Paschafest war ein uraltes Hirtenfest; in Israel wurde es, zusammen mit dem Fest der Ungesäuerten Brote, zur Erinnerung an den Auszug aus Ägypten gefeiert. Für jede Generation wird das Ereignis der Befreiung aus der Knechtschaft neu gegenwärtig, wenn das geopferte Lamm gegessen wird. Durch die Erinnerung an die Rettungstat Gottes am Anfang erhält die Hoffnung auf ein noch größeres, endgültiges Heilsereignis neue Kraft.*

ERSTE LESUNG   Ex 12, 1–8.11–14

Die Feier des Paschamahles

Lesung
   aus dem Buch Éxodus.

In jenen Tagen
¹ sprach der HERR zu Mose und Aaron im Land Ägypten:
² Dieser Monat soll die Reihe eurer Monate eröffnen,
   er soll euch als der Erste unter den Monaten des Jahres gelten.
³ Sagt der ganzen Gemeinde Israel:

Am Zehnten dieses Monats
   soll jeder ein Lamm für seine Familie holen,
ein Lamm für jedes Haus.
⁴ Ist die Hausgemeinschaft für ein Lamm zu klein,
   so nehme er es zusammen mit dem Nachbarn,
   der seinem Haus am nächsten wohnt,
   nach der Anzahl der Personen.
Bei der Aufteilung des Lammes müsst ihr berücksichtigen,
   wie viel der Einzelne essen kann.

⁵ Nur ein fehlerfreies, männliches, einjähriges Lamm darf es sein,
das Junge eines Schafes oder einer Ziege müsst ihr nehmen.
⁶ Ihr sollt es bis zum vierzehnten Tag dieses Monats aufbewahren.
In der Abenddämmerung
   soll die ganze versammelte Gemeinde Israel
   es schlachten.
⁷ Man nehme etwas von dem Blut
   und bestreiche damit die beiden Türpfosten und den Türsturz
   an den Häusern, in denen man es essen will.
⁸ Noch in der gleichen Nacht soll man das Fleisch essen.
Über dem Feuer gebraten
   und zusammen mit ungesäuertem Brot und Bitterkräutern
   soll man es essen.
¹¹ So aber sollt ihr es essen:
eure Hüften gegürtet,
Schuhe an euren Füßen
und euren Stab in eurer Hand.
Esst es hastig!
Es ist ein Pessach für den HERRN –
   das heißt: der Vorübergang des Herrn.
¹² In dieser Nacht gehe ich durch das Land Ägypten
   und erschlage im Land Ägypten
   jede Erstgeburt bei Mensch und Vieh.
Über alle Götter Ägyptens halte ich Gericht,
ich, der HERR.
¹³ Das Blut an den Häusern, in denen ihr wohnt,
   soll für euch ein Zeichen sein.
Wenn ich das Blut sehe,
   werde ich an euch vorübergehen
und das vernichtende Unheil wird euch nicht treffen,
   wenn ich das Land Ägypten schlage.
¹⁴ Diesen Tag sollt ihr als Gedenktag begehen.
Feiert ihn als Fest für den HERRN!
Für eure kommenden Generationen
   wird es eine ewige Satzung sein, das Fest zu feiern!

ANTWORTPSALM Ps 116 (115), 12–13.15–16.17–18
(Kv: vgl. 1 Kor 10, 16)

Kv Der Kelch des Segens gibt uns Anteil an Christi Blut. – Kv GL 305, 3

¹² Wie kann ich dem HERRN vergelten *
all das Gute, das er mir erwiesen?

¹³ Den Becher des Heils will ich erheben. *
Ausrufen will ich den Namen des HERRN. – (Kv)

¹⁵ Kostbar ist in den Augen des HERRN *
der Tod seiner Frommen.

¹⁶ Ach HERR, ich bin doch dein Knecht, /
dein Knecht bin ich, der Sohn deiner Magd! *
Gelöst hast du meine Fesseln. – (Kv)

¹⁷ Ich will dir ein Opfer des Dankes bringen, *
ausrufen will ich den Namen des HERRN.

¹⁸ Meine Gelübde will ich dem HERRN erfüllen *
in Gegenwart seines ganzen Volkes. – Kv

ZUR 2. LESUNG   *Über das Letzte Abendmahl Jesu wird an vier Stellen des Neuen Testaments berichtet: Mt 26,26–28; Mk 14,22–24; Lk 22,19–20; 1 Kor 11,23–25. Die Berichte stimmen im Wesentlichen überein; kleine Unterschiede haben sich vor allem durch die verschiedene Praxis örtlicher Liturgien herausgebildet.*
In diesem Mahl hat Jesus die großen Vorbilder und Verheißungen des Ersten Bundes erfüllt. Er hat dem Paschamahl einen neuen, endgültigen Sinn und Inhalt gegeben. Er selbst ist der Knecht Gottes, der sein Leben zur Sühne für die Vielen dahingibt (vgl. Jes 53,4 5; 42,6); er ist das Lamm, das geopfert wird und mit seinem Blut den Neuen Bund begründet (vgl. Ex 24,8; Jer 31,31–34). Die Teilnahme an diesem Mahl bedeutet Gemeinschaft mit Christus in seinem Tod und seiner Verherrlichung, auch Gemeinschaft mit allen, die von diesem Brot essen, und mit allen, für die Christus gestorben ist.

ZWEITE LESUNG 1 Kor 11,23–26

Sooft ihr von diesem Brot esst und aus dem Kelch trinkt, verkündet ihr den Tod des Herrn, bis er kommt

Lesung
aus dem ersten Brief des Apostels Paulus
an die Gemeinde in Korínth.

Schwestern und Brüder!
²³ Ich habe vom Herrn empfangen,
    was ich euch dann überliefert habe:
Jesus, der Herr,
    nahm in der Nacht, in der er ausgeliefert wurde, Brot,
²⁴ sprach das Dankgebet,
brach das Brot
und sagte: Das ist mein Leib für euch.
Tut dies zu meinem Gedächtnis!
²⁵ Ebenso nahm er nach dem Mahl den Kelch
und sagte: Dieser Kelch ist der Neue Bund in meinem Blut.
Tut dies, sooft ihr daraus trinkt,
    zu meinem Gedächtnis!
²⁶ Denn sooft ihr von diesem Brot esst und aus dem Kelch trinkt,
    verkündet ihr den Tod des Herrn, bis er kommt.

RUF VOR DEM EVANGELIUM Vers: Joh 13,34ac

Herr Jesus, dir sei Ruhm und Ehre! – Kv

(So spricht der Herr:)
Ein neues Gebot gebe ich euch:
Wie ich euch geliebt habe, so sollt auch ihr einander lieben.

Herr Jesus, dir sei Ruhm und Ehre!

Oder:

Dies ist mein Gebot:
Liebet einander, wie ich euch geliebt.

ZUM EVANGELIUM *Frei und wissend geht Jesus seiner Stunde entgegen. Der Evangelist deutet den Weg Jesu als Liebe „bis zur Vollendung": bis ans Ende, bis zum Äußersten seiner göttlichen und menschlichen Möglichkeit. In der tiefsten Erniedrigung Jesu wird seine göttliche Größe offenbar. Die Fußwaschung ist, wie das Abendmahl, Vorausnahme und Darstellung dessen, was am Kreuz geschah: dienende Liebe, Hingabe bis in den Tod. Die Liebe ist das Lebensgesetz Christi und seiner Kirche.*

EVANGELIUM   Joh 13, 1–15
Er liebte sie bis zur Vollendung

✢ Aus dem heiligen Evangelium nach Johannes.

¹ Es war vor dem Paschafest*.
Jesus wusste, dass seine Stunde gekommen war,
  um aus dieser Welt zum Vater hinüberzugehen.
Da er die Seinen liebte, die in der Welt waren,
  liebte er sie bis zur Vollendung.
² Es fand ein Mahl statt
und der Teufel
  hatte Judas, dem Sohn des Simon Iskáriot,
  schon ins Herz gegeben, ihn auszuliefern.
³ Jesus,
  der wusste, dass ihm der Vater alles in die Hand gegeben hatte
  und dass er von Gott gekommen war und zu Gott zurückkehrte,
⁴ stand vom Mahl auf,
legte sein Gewand ab
und umgürtete sich mit einem Leinentuch.
⁵ Dann goss er Wasser in eine Schüssel
und begann, den Jüngern die Füße zu waschen
  und mit dem Leinentuch abzutrocknen,
  mit dem er umgürtet war.

---

* Sprich: Pas-chafest.

⁶ Als er zu Simon Petrus kam, sagte dieser zu ihm:
Du, Herr, willst mir die Füße waschen?
⁷ Jesus sagte zu ihm:
Was ich tue, verstehst du jetzt noch nicht;
doch später wirst du es begreifen.
⁸ Petrus entgegnete ihm: Niemals sollst du mir die Füße waschen!
Jesus erwiderte ihm:
Wenn ich dich nicht wasche,
hast du keinen Anteil an mir.
⁹ Da sagte Simon Petrus zu ihm:
Herr, dann nicht nur meine Füße,
sondern auch die Hände und das Haupt.
¹⁰ Jesus sagte zu ihm:
Wer vom Bad kommt, ist ganz rein
und braucht sich nur noch die Füße zu waschen.
Auch ihr seid rein,
aber nicht alle.
¹¹ Er wusste nämlich, wer ihn ausliefern würde;
darum sagte er: Ihr seid nicht alle rein.
¹² Als er ihnen die Füße gewaschen,
sein Gewand wieder angelegt
und Platz genommen hatte,
sagte er zu ihnen:
Begreift ihr, was ich an euch getan habe?
¹³ Ihr sagt zu mir Meister und Herr
und ihr nennt mich mit Recht so; denn ich bin es.
¹⁴ Wenn nun ich, der Herr und Meister,
euch die Füße gewaschen habe,
dann müsst auch ihr einander die Füße waschen.
¹⁵ Ich habe euch ein Beispiel gegeben,
damit auch ihr so handelt, wie ich an euch gehandelt habe.

FUSSWASCHUNG

Antiphon 1 — Vgl. Joh 13, 4.5.15
Jesus stand vom Mahl auf, goss Wasser in eine Schüssel / und begann, den Jüngern die Füße zu waschen: / dies Beispiel hat er ihnen gegeben.

Antiphon 2 — Joh 13, 6.7.8
Herr, du willst mir die Füße waschen? / Jesus antwortete: / Wenn ich dich nicht wasche, hast du keine Gemeinschaft mit mir. V Als er zu Simon Petrus kam, sagte dieser: Kv Herr, du willst mir die Füße waschen? V Was ich tue, verstehst du jetzt nicht, du wirst es aber später erkennen. Kv Herr, du willst mir die Füße waschen?

Antiphon 3 — Vgl. Joh 13, 14
Wenn ich, euer Meister und Herr, euch die Füße gewaschen habe, / müsst auch ihr einander die Füße waschen.

Antiphon 4 — Joh 13, 35
Daran werden alle erkennen, dass ihr meine Jünger seid, / wenn ihr Liebe habt zueinander. V Jesus sagte zu seinen Jüngern: Kv Daran werden alle erkennen, / dass ihr meine Jünger seid, wenn ihr Liebe habt zueinander.

Antiphon 5 — Joh 13, 34
Ein neues Gebot gebe ich euch: „Liebt einander!" / Wie ich euch geliebt habe, so sollt auch ihr einander lieben.

Antiphon 6 — 1 Kor 13, 13
In euch sollen bleiben Glaube, Hoffnung, Liebe, diese drei: / am größten unter ihnen ist die Liebe. V Jetzt bleiben Glaube, Hoffnung, Liebe, diese drei: / am größten unter ihnen ist die Liebe. Kv In euch sollen bleiben Glaube, Hoffnung, Liebe, diese drei: / am größten unter ihnen ist die Liebe.

Auf die Fußwaschung oder, wenn sie nicht stattfindet, auf die Homilie folgen die Fürbitten (vgl. S. 798 ff.). Kein Glaubensbekenntnis.

EUCHARISTIEFEIER

ZUR EUCHARISTIEFEIER *Die Frage Jesu richtet sich an jeden von uns: Begreifst du, was ich getan habe? – Wenn wir ehrlich sind, müssen wir eingestehen, dass sein Beispiel oft genug unsere engen Grenzen sprengt... Aber das ist kein Grund, es ihm nicht gleich zu tun. Seine Liebe drängt uns, diesem Beispiel zu folgen.*

Während des Opfergangs und der Bereitung der Gaben singt man den folgenden Gesang (oder ein entsprechendes Lied):

Kv Wo Güte und Liebe, da wohnet Gott. – Kv
1. Christi Liebe hat uns geeint, / lasst uns frohlocken und jubeln in ihm! / Fürchten und lieben wollen wir den lebendigen Gott / und einander lieben aus lauterem Herzen. – Kv
2. Da wir allesamt eines geworden, / hüten wir uns, getrennt zu werden im Geiste! / Es fliehe der Streit, böser Hader entweiche: / in unserer Mitte wohne der Herr. – Kv
3. Christus spricht zu den Seinen: / Wo zwei oder drei / in meinem Namen versammelt sind, / da bin ich mitten unter ihnen. – Kv
4. So lasst uns Gott anhangen aus ganzer Seele, / und nichts soll stehen vor seiner Liebe. / Lasst uns in Gott dem Nächsten gut sein wie uns selbst / und Gottes wegen lieben auch den Feind. – Kv
5. Mit den Heiligen wollen wir schauen / dein Antlitz, Christus, dereinst in der Herrlichkeit. / O, welch unermessliche Freude / durch die grenzenlose Weite der Ewigkeit. Amen. – Kv

GABENGEBET

Herr,
gib, dass wir das Geheimnis des Altares ehrfürchtig feiern;
denn sooft wir die Gedächtnisfeier dieses Opfers begehen,
vollzieht sich an uns das Werk der Erlösung.
Durch Christus, unseren Herrn.

Präfation von der heiligen Eucharistie I, S. 430 f.

Die Hochgebete I–III haben folgende Eigentexte:

Hochgebet I

In Gemeinschaft mit der ganzen Kirche feiern wir den hochheiligen Tag, an dem unser Herr Jesus Christus sich für uns hingegeben hat. Wir gedenken deiner Heiligen und ehren vor allem Maria, die glorreiche, allzeit jungfräuliche Mutter unseres Herrn und Gottes Jesus Christus. Wir ehren ihren Bräutigam, den heiligen Josef, deine heiligen Apostel und Märtyrer: Petrus und Paulus, Andreas (Jakobus, Johannes, Thomas, Jakobus, Philippus, Bartholomäus, Matthäus, Simon und Thaddäus, Linus, Kletus, Klemens, Xystus, Kornelius, Cyprianus, Laurentius, Chrysogonus, Johannes und Paulus, Kosmas und Damianus) und alle deine Heiligen; blicke auf ihr heiliges Leben und Sterben und gewähre uns auf ihre Fürsprache in allem deine Hilfe und deinen Schutz.

Nimm gnädig an, o Gott, diese Gaben deiner Diener und deiner ganzen Gemeinde. Wir bringen sie dar am Tag, an dem unser Herr Jesus Christus seinen Jüngern aufgetragen hat, die Geheimnisse seines Leibes und Blutes zu feiern. Ordne unsere Tage in deinem Frieden, rette uns vor dem ewigen Verderben und nimm uns auf in die Schar deiner Erwählten.

Schenke, o Gott, diesen Gaben Segen in Fülle und nimm sie zu eigen an. Mache sie uns zum wahren Opfer im Geiste, das dir wohlgefällt: zum Leib und Blut deines geliebten Sohnes, unseres Herrn Jesus Christus.

Am Abend, bevor er für unser Heil und das Heil aller Menschen das Leiden auf sich nahm – das ist heute –, nahm er das Brot in seine heiligen und ehrwürdigen Hände, erhob die Augen zum Himmel, zu dir, seinem Vater, dem allmächtigen Gott, sagte dir Lob und Dank, brach das Brot, reichte es seinen Jüngern und sprach:

Nehmet und esset alle davon:

Das ist mein Leib, der für euch hingegeben wird.

Hochgebet II

Ja, du bist heilig, großer Gott, du bist der Quell aller Heiligkeit. Darum kommen wir vor dein Angesicht und feiern in Gemeinschaft mit der ganzen Kirche den hochheiligen Tag, an dem unser Herr

Jesus Christus sich für uns hingegeben hat. Durch ihn, unseren Erlöser und Heiland, den du verherrlicht hast, bitten wir dich: Sende deinen Geist auf diese Gaben herab und heilige sie, damit sie uns werden Leib ✛ und Blut deines Sohnes, unseres Herrn Jesus Christus.
Denn am Abend, an dem er ausgeliefert wurde und sich aus freiem Willen dem Leiden unterwarf – das ist heute –, nahm er das Brot und sagte Dank, brach es, reichte es seinen Jüngern und sprach:
Nehmet und esset alle davon:
Das ist mein Leib, der für euch hingegeben wird.

Hochgebet III

Ja, du bist heilig, großer Gott, und alle deine Werke verkünden dein Lob. Denn durch deinen Sohn, unseren Herrn Jesus Christus, und in der Kraft des Heiligen Geistes erfüllst du die ganze Schöpfung mit Leben und Gnade. Bis ans Ende der Zeiten versammelst du dir ein Volk, damit deinem Namen das reine Opfer dargebracht werde vom Aufgang der Sonne bis zum Untergang.
Darum kommen wir vor dein Angesicht und feiern in Gemeinschaft mit der ganzen Kirche den Tag, an dem unser Herr Jesus Christus sich für uns hingegeben hat. Durch ihn, unseren Erlöser und Heiland, den du verherrlicht hast, bitten wir dich: Heilige unsere Gaben durch deinen Geist, damit sie uns werden Leib ✛ und Blut deines Sohnes, unseres Herrn Jesus Christus, der uns aufgetragen hat, dieses Geheimnis zu feiern.
Denn in der Nacht, da er verraten wurde – das ist heute –, nahm er das Brot und sagte Dank, brach es, reichte es seinen Jüngern und sprach:
Nehmet und esset alle davon:
Das ist mein Leib, der für euch hingegeben wird.

KOMMUNIONVERS

1 Kor 11, 24.25

Das ist mein Leib, der für euch hingegeben wird.
Dieser Kelch ist der Neue Bund in meinem Blut.
Sooft ihr dieses Brot esst und diesen Kelch trinkt,
tut es zum Gedenken an mich – so spricht der Herr.

SCHLUSSGEBET

Allmächtiger Gott, du hast uns heute
im Abendmahl deines Sohnes gestärkt.
Sättige uns beim himmlischen Gastmahl
mit dem ewigen Leben.
Darum bitten wir durch ihn, Christus, unseren Herrn.

ÜBERTRAGUNG DES ALLERHEILIGSTEN

Während das heilige Sakrament an den dafür bestimmten Ort übertragen wird, singt man den Hymnus Pange lingua oder ein entsprechendes Lied. Die Strophe Gott ist nah in diesem Zeichen – Tantum ergo wird erst am Aufbewahrungsort gesungen.

1. Das Geheimnis lasst uns künden, / das uns Gott im Zeichen bot: / Jesu Leib für unsre Sünden / hingegeben in den Tod. / Jesu Blut, in dem wir finden / Heil und Rettung aus der Not.
2. Von Maria uns geboren, / ward Gott Sohn uns Menschen gleich, / kam zu suchen, was verloren, / sprach das Wort vom Himmelreich, / hat den Seinen zugeschworen: / Allezeit bin ich bei euch.
3. Auf geheimnisvolle Weise / macht er dies Versprechen wahr: / als er in der Jünger Kreise / bei dem Osterlamme war, / gab in Brot und Wein zur Speise / sich der Herr den Seinen dar.
4. Gottes Wort, ins Fleisch gekommen, / wandelt durch sein Wort den Wein / und das Brot zum Mahl der Frommen, / lädt auch die Verlornen ein. / Der Verstand verstummt beklommen, / nur das Herz begreift's allein.
5. Gott ist nah in diesem Zeichen: / Kniet hin und betet an! / Das Gesetz der Furcht muss weichen, / da der neue Bund begann: / Mahl der Liebe ohnegleichen: / nehmt im Glauben teil daran.
6. Gott, dem Vater, und dem Sohne / singe Lob, du Christenheit. / Auch dem Geist auf gleichem Throne / sei der Lobgesang geweiht. / Bringet Gott im Jubeltone / Ehre, Ruhm und Herrlichkeit. Amen.

Nach der Feier wird der Altar abgedeckt. Die Kreuze werden aus der Kirche entfernt oder verhüllt.
Den Gläubigen wird empfohlen, eine nächtliche Anbetung vor dem heiligen Sakrament zu halten. Diese Anbetung soll aber nach Mitternacht ohne jede Feierlichkeit sein.

KARFREITAG
DIE FEIER VOM LEIDEN UND STERBEN CHRISTI

„Durch das heilige Ostergeschehen hat Christus der Herr die Menschen erlöst und Gott auf vollkommene Weise geehrt.
Er hat durch seinen Tod unseren Tod überwunden, durch seine Auferstehung hat er das Leben neu geschaffen.
Die drei Tage des Leidens und der Auferstehung des Herrn sind deshalb der Höhepunkt des ganzen Kirchenjahrs." (Missale Romanum)

Heute und am Karsamstag findet nach altem Brauch keine Eucharistiefeier statt. Die Gedächtnisfeier vom Leiden und Tod Christi wird am Nachmittag gehalten. Sie beginnt mit einem Eröffnungsgebet und besteht aus drei Hauptteilen:
1. Wortgottesdienst mit drei Schriftlesungen und den großen Fürbitten,
2. Erhebung und Verehrung des heiligen Kreuzes,
3. Kommunionfeier.

Eröffnungsgebet

Gedenke, Herr, der großen Taten,
die dein Erbarmen gewirkt hat.
Schütze und heilige deine Diener,
für die dein Sohn Jesus Christus sein Blut vergossen
und das österliche Geheimnis eingesetzt hat,
der mit dir lebt und herrscht in alle Ewigkeit.

Oder:

Allmächtiger, ewiger Gott,
durch das Leiden deines Sohnes
hast du den Tod vernichtet,
der vom ersten Menschen
auf alle Geschlechter übergegangen ist.
Nach dem Gesetz der Natur tragen wir
das Abbild des ersten Adam an uns;
hilf uns durch deine Gnade,
das Bild des neuen Adam in uns auszuprägen
und Christus ähnlich zu werden,
der mit dir lebt und herrscht in alle Ewigkeit.

WORTGOTTESDIENST

ZUR 1. LESUNG *Was sich im Leiden und Sterben des „Gottesknechtes" ereignet hat, ist eigentlich unfassbar. Und es geht alle an: Israel und die Völker der Erde. Das Vierte Lied vom Gottesknecht beginnt mit einer Gottesrede und verläuft dann in Rede und Gegenrede zwischen dem Volk (den Völkern) und dem Propheten; durch eine zweite Gottesrede wird das Lied abgeschlossen. Den vollen Sinn dieses prophetischen Textes können wir erst verstehen, seitdem sich in Christus alles erfüllt hat. Er ist der Mann der Schmerzen, er hat die Schuld von uns allen auf sich genommen und gesühnt.*

ERSTE LESUNG   Jes 52, 13 – 53, 12
Er wurde durchbohrt wegen unserer Verbrechen (Viertes Lied vom Gottesknecht)

Lesung
   aus dem Buch Jesája.

52, 13 Siehe, mein Knecht wird Erfolg haben,
er wird sich erheben
und erhaben und sehr hoch sein.
¹⁴ Wie sich viele über dich entsetzt haben –
so entstellt sah er aus,
nicht mehr wie ein Mensch,
seine Gestalt war nicht mehr die eines Menschen –,
¹⁵ so wird er viele Nationen entsühnen,
Könige schließen vor ihm ihren Mund.
Denn was man ihnen noch nie erzählt hat,
das sehen sie nun;
was sie niemals hörten,
das erfahren sie jetzt.
53, 1 Wer hat geglaubt, was wir gehört haben?
Der Arm des HERRN – wem wurde er offenbar?
² Vor seinen Augen wuchs er auf wie ein junger Spross,
wie ein Wurzeltrieb aus trockenem Boden.
Er hatte keine schöne und edle Gestalt,
sodass wir ihn anschauen mochten.

Er sah nicht so aus, dass wir Gefallen fanden an ihm.
³ Er wurde verachtet und von den Menschen gemieden,
  ein Mann voller Schmerzen,
  mit Krankheit vertraut.
  Wie einer, vor dem man das Gesicht verhüllt,
      war er verachtet;
  wir schätzten ihn nicht.
⁴ Aber er hat unsere Krankheit getragen
      und unsere Schmerzen auf sich geladen.
  Wir meinten, er sei von Gott geschlagen,
  von ihm getroffen und gebeugt.
⁵ Doch er wurde durchbohrt wegen unserer Vergehen,
  wegen unserer Sünden zermalmt.
  Zu unserem Heil lag die Züchtigung auf ihm,
  durch seine Wunden sind wir geheilt.
⁶ Wir hatten uns alle verirrt wie Schafe,
  jeder ging für sich seinen Weg.
  Doch der HERR ließ auf ihn treffen
      die Schuld von uns allen.
⁷ Er wurde bedrängt und misshandelt,
      aber er tat seinen Mund nicht auf.
  Wie ein Lamm, das man zum Schlachten führt,
      und wie ein Schaf vor seinen Scherern verstummt,
      so tat auch er seinen Mund nicht auf.
⁸ Durch Haft und Gericht wurde er dahingerafft,
  doch wen kümmerte sein Geschick?
  Er wurde vom Land der Lebenden abgeschnitten
      und wegen der Vergehen meines Volkes zu Tode getroffen.
⁹ Bei den Frevlern gab man ihm sein Grab
      und bei den Reichen seine Ruhestätte,
  obwohl er kein Unrecht getan hat
      und kein trügerisches Wort in seinem Mund war.

¹⁰ Doch der HERR hat Gefallen an dem von Krankheit Zermalmten.
Wenn du, Gott, sein Leben als Schuldopfer einsetzt,
  wird er Nachkommen sehen und lange leben.
Was dem HERRN gefällt, wird durch seine Hand gelingen.
¹¹ Nachdem er vieles ertrug,
  erblickt er das Licht.
Er sättigt sich an Erkenntnis.
Mein Knecht, der gerechte,
  macht die Vielen gerecht;
er lädt ihre Schuld auf sich.
¹² Deshalb gebe ich ihm Anteil unter den Großen
und mit Mächtigen teilt er die Beute,
weil er sein Leben dem Tod preisgab
  und sich unter die Abtrünnigen rechnen ließ.
Er hob die Sünden der Vielen auf
  und trat für die Abtrünnigen ein.

ANTWORTPSALM Ps 31 (30), 2 u. 6.12–13.15–16.17 u. 25
(Kv: Lk 23, 46)

Kv Vater, in deine Hände lege ich meinen Geist. – Kv GL 308, 1
² HERR, bei dir habe ich mich geborgen. /
Lass mich nicht zuschanden werden in Ewigkeit; *
rette mich in deiner Gerechtigkeit!
⁶ In deine Hand lege ich voll Vertrauen meinen Geist; *
du hast mich erlöst, HERR, du Gott der Treue. – (Kv)
¹² Vor all meinen Bedrängern wurde ich zum Spott, /
zum Spott sogar für meine Nachbarn.
  Meinen Freunden wurde ich zum Schrecken, *
wer mich auf der Straße sieht, der flieht vor mir.
¹³ Ich bin dem Gedächtnis entschwunden wie ein Toter, *
bin geworden wie ein zerbrochenes Gefäß. – (Kv)
¹⁵ Ich aber, HERR, ich habe dir vertraut, *
ich habe gesagt: Mein Gott bist du.
¹⁶ In deiner Hand steht meine Zeit; *
entreiß mich der Hand meiner Feinde und Verfolger! – (Kv)

Karfreitag 185

¹⁷ Lass dein Angesicht leuchten über deinem Knecht, *
  hilf mir in deiner Huld!
²⁵ Euer Herz sei stark und unverzagt, *
  ihr alle, die ihr den HERRN erwartet. – Kv

ZUR 2. LESUNG *In Jesus haben wir einen Hohepriester, dem wir vertrauen können. Er ist Gottes Sohn, er ist aber auch einer von uns. Er kennt unsere Schwachheit. Weil er selbst ohne Sünde war, konnte er Sühne leisten für unsere Sünden. Nachdem er seinen Weg vollendet hat, ist er für immer unser Hohepriester, unser Mittler bei Gott.*

ZWEITE LESUNG   Hebr 4, 14–16; 5, 7–9

Er hat den Gehorsam gelernt und ist für alle, die ihm gehorchen, der Urheber des ewigen Heils geworden.

Lesung
  aus dem Hebräerbrief.

Schwestern und Brüder!
⁴,¹⁴ Da wir nun einen erhabenen Hohepriester haben,
  der die Himmel durchschritten hat,
  Jesus, den Sohn Gottes,
  lasst uns an dem Bekenntnis festhalten.
¹⁵ Wir haben ja nicht einen Hohepriester,
  der nicht mitfühlen könnte mit unseren Schwächen,
sondern einen, der in allem wie wir
  versucht worden ist,
  aber nicht gesündigt hat.
¹⁶ Lasst uns also voll Zuversicht hinzutreten zum Thron der Gnade,
  damit wir Erbarmen und Gnade finden
  und so Hilfe erlangen zur rechten Zeit!

⁵,⁷ Christus hat in den Tagen seines irdischen Lebens
  mit lautem Schreien und unter Tränen
  Gebete und Bitten vor den gebracht,
  der ihn aus dem Tod retten konnte,
  und er ist erhört worden aufgrund seiner Gottesfurcht.
⁸ Obwohl er der Sohn war,
  hat er durch das, was er gelitten hat, den Gehorsam gelernt;

⁹ zur Vollendung gelangt,
   ist er für alle, die ihm gehorchen,
   der Urheber des ewigen Heils geworden.

RUF VOR DER PASSION
Vers: vgl. Phil 2, 8b–9

Herr Jesus, dir sei Ruhm und Ehre! – Kv

Christus war für uns gehorsam bis zum Tod,
bis zum Tod am Kreuz.
Darum hat ihn Gott über alle erhöht
und ihm den Namen verliehen, der größer ist als alle Namen.

Herr Jesus, dir sei Ruhm und Ehre!

ZUR PASSION   *Die Leidensgeschichte ist viel mehr als ein bloßer Bericht; sie ist Deutung und Verkündigung, sie sagt nicht nur, was geschah, sondern auch warum und wozu es geschah. Das Johannesevangelium zeigt noch deutlicher als die früheren Evangelien, dass Jesus sich mit klarem Wissen freiwillig dem Tod ausgeliefert hat. Souverän steht er seinen Anklägern und Richtern gegenüber. Niemand kann ihm das Leben entreißen, er selbst gibt es hin. Nach der Darstellung des Johannesevangeliums starb Jesus zu der Stunde, als im Tempel die Lämmer für das Paschamahl geschlachtet wurden. Er selbst ist das wahre Osterlamm, sein Blut ist der Preis für unsere Rettung.*

PASSION
Joh 18, 1 – 19, 42

Das Leiden unseres Herrn Jesus Christus

E = Evangelist, † = Worte Jesu, S = Worte sonstiger Personen

Das Leiden unseres Herrn Jesus Christus nach Johannes.

Die Verhaftung Jesu

¹⁸,¹ **E**   Jesus ging mit seinen Jüngern hinaus,
            auf die andere Seite des Baches Kidron.
            Dort war ein Garten;
            in den ging er mit seinen Jüngern hinein.
² Auch Judas, der ihn auslieferte, kannte den Ort,
            weil Jesus dort oft
            mit seinen Jüngern zusammengekommen war.

³ Judas holte die Soldaten
und die Gerichtsdiener der Hohepriester und der Pharisäer
und kam dorthin mit Fackeln, Laternen und Waffen.
⁴ Jesus, der alles wusste, was mit ihm geschehen sollte,
ging hinaus
und fragte sie:
† Wen sucht ihr?
⁵ **E** Sie antworteten ihm:
S Jesus von Nazaret.
E Er sagte zu ihnen:
† Ich bin es.
E Auch Judas, der ihn auslieferte, stand bei ihnen.
⁶ Als er zu ihnen sagte: Ich bin es!,
wichen sie zurück und stürzten zu Boden.
⁷ Er fragte sie noch einmal:
† Wen sucht ihr?
E Sie sagten:
S Jesus von Nazaret.
⁸ **E** Jesus antwortete:
† Ich habe euch gesagt, dass ich es bin.
Wenn ihr also mich sucht,
dann lasst diese gehen!
⁹ **E** So sollte sich das Wort erfüllen, das er gesagt hatte:
Ich habe keinen von denen verloren, die du mir gegeben hast.
¹⁰ Simon Petrus, der ein Schwert bei sich hatte, zog es,
traf damit den Diener des Hohepriesters
und hieb ihm das rechte Ohr ab;
der Diener aber hieß Malchus.
¹¹ Da sagte Jesus zu Petrus:
† Steck das Schwert in die Scheide!
Der Kelch, den mir der Vater gegeben hat –
soll ich ihn nicht trinken?

Jesus vor Hannas

¹² **E** Die Soldaten,
der Hauptmann
und die Gerichtsdiener der Juden nahmen Jesus fest,
fesselten ihn
¹³ und führten ihn zuerst zu Hannas;
er war nämlich der Schwiegervater des Kájaphas,
der in jenem Jahr Hoherpriester war.
¹⁴ Kájaphas aber war es, der den Juden den Rat gegeben hatte:
S Es ist besser, dass ein einziger Mensch für das Volk stirbt.

¹⁵ **E** Simon Petrus und ein anderer Jünger folgten Jesus.
Dieser Jünger war mit dem Hohepriester bekannt
und ging mit Jesus in den Hof des Hohepriesters.
¹⁶ Petrus aber blieb draußen am Tor stehen.
Da kam der andere Jünger,
der Bekannte des Hohepriesters, heraus;
er sprach mit der Pförtnerin und führte Petrus hinein.
¹⁷ Da sagte die Pförtnerin zu Petrus:
S Bist nicht auch du einer von den Jüngern dieses Menschen?
E Er sagte:
S Ich bin es nicht.
¹⁸ **E** Die Knechte und die Diener
hatten sich ein Kohlenfeuer angezündet
und standen dabei, um sich zu wärmen;
denn es war kalt.
Auch Petrus stand bei ihnen und wärmte sich.

¹⁹ Der Hohepriester
befragte Jesus über seine Jünger und über seine Lehre.
²⁰ Jesus antwortete ihm:
† Ich habe offen vor aller Welt gesprochen.
Ich habe immer in der Synagoge und im Tempel gelehrt,
wo alle Juden zusammenkommen.
Nichts habe ich im Geheimen gesprochen.
²¹ Warum fragst du mich?

>   Frag doch die, die gehört haben,
>   was ich zu ihnen gesagt habe;
>   siehe, sie wissen, was ich geredet habe.

²² **E** Als er dies sagte,
>   schlug einer von den Dienern, der dabeistand, Jesus ins Gesicht
>   und sagte:

S Antwortest du so dem Hohepriester?

²³ **E** Jesus entgegnete ihm:

† Wenn es nicht recht war, was ich gesagt habe,
>   dann weise es nach;
>   wenn es aber recht war,
>   warum schlägst du mich?

²⁴ **E** Da schickte ihn Hannas
>   gefesselt zum Hohepriester Kájaphas.

²⁵   Simon Petrus aber stand da und wärmte sich.
>   Da sagten sie zu ihm:

S Bist nicht auch du einer von seinen Jüngern?

E Er leugnete und sagte:

S Ich bin es nicht.

²⁶ **E** Einer von den Knechten des Hohepriesters,
>   ein Verwandter dessen,
>   dem Petrus das Ohr abgehauen hatte, sagte:

S Habe ich dich nicht im Garten bei ihm gesehen?

²⁷ **E** Wieder leugnete Petrus
>   und gleich darauf krähte ein Hahn.

Jesus vor Pilatus

²⁸ **E** Von Kájaphas brachten sie Jesus zum Prätórium;
>   es war früh am Morgen.
>   Sie selbst gingen nicht in das Gebäude hinein,
>   um nicht unrein zu werden,
>   sondern das Paschalamm* essen zu können.

---

* Sprich: Pas-chalamm.

^29^ Deshalb kam Pilatus zu ihnen heraus
und fragte:
S Welche Anklage erhebt ihr gegen diesen Menschen?
^30^ **E** Sie antworteten ihm:
S Wenn er kein Übeltäter wäre,
hätten wir ihn dir nicht ausgeliefert.
^31^ **E** Pilatus sagte zu ihnen:
S Nehmt ihr ihn doch
und richtet ihn nach eurem Gesetz!
E Die Juden antworteten ihm:
S Uns ist es nicht gestattet, jemanden hinzurichten.
^32^ **E** So sollte sich das Wort Jesu erfüllen,
mit dem er angedeutet hatte, welchen Tod er sterben werde.

^33^ Da ging Pilatus wieder in das Prätórium hinein,
ließ Jesus rufen
und fragte ihn:
S Bist du der König der Juden?
^34^ **E** Jesus antwortete:
† Sagst du das von dir aus
oder haben es dir andere über mich gesagt?
^35^ **E** Pilatus entgegnete:
S Bin ich denn ein Jude?
Dein Volk und die Hohepriester
haben dich an mich ausgeliefert.
Was hast du getan?
^36^ **E** Jesus antwortete:
† Mein Königtum ist nicht von dieser Welt.
Wenn mein Königtum von dieser Welt wäre,
würden meine Leute kämpfen,
damit ich den Juden nicht ausgeliefert würde.
Nun aber ist mein Königtum nicht von hier.
^37^ **E** Da sagte Pilatus zu ihm:
S Also bist du doch ein König?
E Jesus antwortete:

† Du sagst es,
   ich bin ein König.
   Ich bin dazu geboren und dazu in die Welt gekommen,
      dass ich für die Wahrheit Zeugnis ablege.
   Jeder, der aus der Wahrheit ist,
      hört auf meine Stimme.
³⁸ **E** Pilatus sagte zu ihm:
   S Was ist Wahrheit?

   E Nachdem er das gesagt hatte,
      ging er wieder zu den Juden hinaus
   und sagte zu ihnen:
   S Ich finde keine Schuld an ihm.
³⁹   Ihr seid aber gewohnt,
         dass ich euch zum Paschafest einen freilasse.
      Wollt ihr also, dass ich euch den König der Juden freilasse?
⁴⁰ **E** Da schrien sie wieder:
   S Nicht diesen, sondern Bárabbas!
   E Bárabbas aber war ein Räuber.

19,1   Darauf nahm Pilatus Jesus und ließ ihn geißeln.
   ²   Die Soldaten flochten einen Kranz aus Dornen;
        den setzten sie ihm auf das Haupt
        und legten ihm einen purpurroten Mantel um.
   ³   Sie traten an ihn heran
        und sagten:
   S Sei gegrüßt, König der Juden!
   E Und sie schlugen ihm ins Gesicht.

   ⁴   Pilatus ging wieder hinaus
        und sagte zu ihnen:
   S Seht, ich bringe ihn zu euch heraus;
        ihr sollt wissen,
           dass ich keine Schuld an ihm finde.
⁵ **E** Jesus kam heraus;
        er trug die Dornenkrone und den purpurroten Mantel.
        Pilatus sagte zu ihnen:

S Seht, der Mensch!
⁶ **E** Als die Hohepriester und die Diener ihn sahen,
schrien sie:
S Kreuzige ihn,
kreuzige ihn!
E Pilatus sagte zu ihnen:
S Nehmt ihr ihn und kreuzigt ihn!
Denn ich finde keine Schuld an ihm.
⁷ **E** Die Juden entgegneten ihm:
S Wir haben ein Gesetz
und nach dem Gesetz muss er sterben,
weil er sich zum Sohn Gottes gemacht hat.

⁸ **E** Als Pilatus das hörte,
fürchtete er sich noch mehr.
⁹ Er ging wieder in das Prätorium hinein
und fragte Jesus:
S Woher bist du?
E Jesus aber gab ihm keine Antwort.
¹⁰ Da sagte Pilatus zu ihm:
S Du sprichst nicht mit mir?
Weißt du nicht, dass ich Macht habe, dich freizulassen,
und Macht, dich zu kreuzigen?
¹¹ **E** Jesus antwortete ihm:
† Du hättest keine Macht über mich,
wenn es dir nicht von oben gegeben wäre;
darum hat auch der eine größere Sünde,
der mich dir ausgeliefert hat.
¹² **E** Daraufhin wollte Pilatus ihn freilassen,
aber die Juden schrien:
S Wenn du diesen freilässt, bist du kein Freund des Kaisers;
jeder, der sich zum König macht,
lehnt sich gegen den Kaiser auf.

¹³ **E** Auf diese Worte hin ließ Pilatus Jesus herausführen
und er setzte sich auf den Richterstuhl

　　　　　an dem Platz, der Lithóstrotos,
　　　　　auf Hebräisch Gábbata, heißt.
¹⁴　　　Es war Rüsttag des Paschafestes,
　　　　ungefähr die sechste Stunde.
　　　　Pilatus sagte zu den Juden:
S　　Seht, euer König!
¹⁵ **E**　Sie aber schrien:
S　　Hinweg, hinweg,
　　　　kreuzige ihn!
E　Pilatus sagte zu ihnen:
S　　Euren König soll ich kreuzigen?
E　Die Hohepriester antworteten:
S　　Wir haben keinen König außer dem Kaiser.
¹⁶ª **E**　Da lieferte er ihnen Jesus aus,
　　　　damit er gekreuzigt würde.

Kreuzigung, Tod und Begräbnis Jesu

¹⁶ᵇ **E**　Sie übernahmen Jesus.
¹⁷　　Und er selbst trug das Kreuz
　　　　und ging hinaus zur sogenannten Schädelstätte,
　　　　die auf Hebräisch Gólgota heißt.
¹⁸　　Dort kreuzigten sie ihn
　　　　und mit ihm zwei andere,
　　　　auf jeder Seite einen,
　　　　in der Mitte aber Jesus.

¹⁹　　Pilatus ließ auch eine Tafel anfertigen
　　　　und oben am Kreuz befestigen;
　　　　die Inschrift lautete:
　　　　Jesus von Nazaret,
　　　　der König der Juden.
²⁰　　Diese Tafel lasen viele Juden,
　　　　weil der Platz, wo Jesus gekreuzigt wurde,
　　　　nahe bei der Stadt lag.
　　　　Die Inschrift war hebräisch, lateinisch und griechisch
　　　　abgefasst.

²¹ Da sagten die Hohepriester der Juden zu Pilatus:
   S Schreib nicht: Der König der Juden,
   sondern dass er gesagt hat: Ich bin der König der Juden.
²² E Pilatus antwortete:
   S Was ich geschrieben habe,
   habe ich geschrieben.
²³ E Nachdem die Soldaten Jesus gekreuzigt hatten,
   nahmen sie seine Kleider
   und machten vier Teile daraus,
   für jeden Soldaten einen Teil,
   und dazu das Untergewand.
   Das Untergewand war aber ohne Naht
   von oben ganz durchgewoben.
²⁴ Da sagten sie zueinander:
   S Wir wollen es nicht zerteilen,
   sondern darum losen, wem es gehören soll.
   E So sollte sich das Schriftwort erfüllen:
   Sie verteilten meine Kleider unter sich
   und warfen das Los um mein Gewand.
   Dies taten die Soldaten.

²⁵ Bei dem Kreuz Jesu standen seine Mutter
   und die Schwester seiner Mutter, Maria, die Frau des Klopas,
   und Maria von Mágdala.
²⁶ Als Jesus die Mutter sah
   und bei ihr den Jünger, den er liebte,
   sagte er zur Mutter:
   † Frau, siehe, dein Sohn!
²⁷ E Dann sagte er zu dem Jünger:
   † Siehe, deine Mutter!
   E Und von jener Stunde an nahm sie der Jünger zu sich.

(Hier stehen alle auf.)

²⁸ E Danach, da Jesus wusste, dass nun alles vollbracht war,
   sagte er, damit sich die Schrift erfülle:

† Mich dürstet.
²⁹ E Ein Gefäß voll Essig stand da.
  Sie steckten einen Schwamm voll Essig auf einen Ysopzweig
  und hielten ihn an seinen Mund.
³⁰ Als Jesus von dem Essig genommen hatte, sprach er:
† Es ist vollbracht!
E Und er neigte das Haupt
  und übergab den Geist.

Hier knien alle zu einer kurzen Gebetsstille nieder.

³¹ E Weil Rüsttag war
  und die Körper während des Sabbats
  nicht am Kreuz bleiben sollten
  – dieser Sabbat war nämlich ein großer Feiertag –,
  baten die Juden Pilatus,
  man möge ihnen die Beine zerschlagen
  und sie dann abnehmen.
³² Also kamen die Soldaten
  und zerschlugen dem ersten die Beine,
  dann dem andern, der mit ihm gekreuzigt worden war.
³³ Als sie aber zu Jesus kamen
  und sahen, dass er schon tot war,
  zerschlugen sie ihm die Beine nicht,
³⁴ sondern einer der Soldaten stieß mit der Lanze in seine Seite
  und sogleich floss Blut und Wasser heraus.
³⁵ Und der es gesehen hat, hat es bezeugt
  und sein Zeugnis ist wahr.
  Und er weiß, dass er Wahres sagt,
  damit auch ihr glaubt.
³⁶ Denn das ist geschehen,
  damit sich das Schriftwort erfüllte:
  Man soll an ihm kein Gebein zerbrechen.
³⁷ Und ein anderes Schriftwort sagt:
  Sie werden auf den blicken, den sie durchbohrt haben.

³⁸ Josef aus Arimathäa war ein Jünger Jesu,
aber aus Furcht vor den Juden nur im Verborgenen.
Er bat Pilatus, den Leichnam Jesu abnehmen zu dürfen,
und Pilatus erlaubte es.
Also kam er und nahm den Leichnam ab.

³⁹ Es kam auch Nikodémus,
der früher einmal Jesus bei Nacht aufgesucht hatte.
Er brachte eine Mischung aus Myrrhe und Aloë,
etwa hundert Pfund.

⁴⁰ Sie nahmen den Leichnam Jesu
und umwickelten ihn mit Leinenbinden,
zusammen mit den wohlriechenden Salben,
wie es beim jüdischen Begräbnis Sitte ist.

⁴¹ An dem Ort, wo man ihn gekreuzigt hatte, war ein Garten
und in dem Garten war ein neues Grab,
in dem noch niemand bestattet worden war.

⁴² Wegen des Rüsttages der Juden
und weil das Grab in der Nähe lag,
setzten sie Jesus dort bei.

GROSSE FÜRBITTEN

Der Priester spricht die Gebetsaufforderung, in der das Anliegen zum Ausdruck kommt. Dann verharren alle eine Weile in stillem Gebet. Danach spricht der Priester die Oration.

1. Für die heilige Kirche

Lasst uns beten, Brüder und Schwestern, für die heilige Kirche Gottes, dass unser Gott und Herr ihr Frieden schenke auf der ganzen Erde, sie eine und behüte und uns ein Leben gewähre in Ruhe und Sicherheit zum Lob seines Namens.
(Beuget die Knie. – Stille – Erhebet euch.)

Allmächtiger, ewiger Gott,
du hast in Christus
allen Völkern deine Herrlichkeit geoffenbart.

Behüte, was du in deinem Erbarmen geschaffen hast,
damit deine Kirche auf der ganzen Erde
in festem Glauben verharre.
Darum bitten wir durch Christus, unseren Herrn.

2. Für den Papst

Lasst uns auch beten für unsern Papst N.: Der allmächtige Gott, der ihn zum Bischofsamt erwählt hat, erhalte ihn seiner Kirche und gebe ihm Kraft, das heilige Volk Gottes zu leiten.
(Beuget die Knie. – Stille – Erhebet euch.)

Allmächtiger, ewiger Gott,
du Hirte deines Volkes,
in deiner Weisheit ist alles begründet.
Höre auf unser Gebet
und bewahre in deiner Güte unseren Papst N.
Leite durch ihn deine Kirche und gib,
dass sie wachse im Glauben und in der Liebe.
Darum bitten wir durch Christus, unseren Herrn.

3. Für alle Stände der Kirche

Lasst uns beten für unseren Bischof N., für alle Bischöfe, Priester, Diakone, für alle, die zum Dienst in der Kirche bestellt sind, und für das ganze Volk Gottes:
(Beuget die Knie. – Stille – Erhebet euch.)

Allmächtiger, ewiger Gott,
dein Geist heiligt den ganzen Leib der Kirche und leitet ihn.
Erhöre unser Gebet für alle Stände deines Volkes
und gib ihnen die Gnade, dir in Treue zu dienen.
Darum bitten wir durch Christus, unseren Herrn.

4. Für die Katechumenen

Lasst uns auch beten für die (unsere) Katechumenen: Unser Herr und Gott öffne ihre Herzen für sein Wort, er schenke ihnen in der Taufe die Vergebung aller Sünden und nehme sie auf in sein Vaterhaus, damit sie das Leben finden in unserem Herrn Jesus Christus.
(Beuget die Knie. – Stille – Erhebet euch.)

Allmächtiger, ewiger Gott,
du gibst deiner Kirche immer neue Fruchtbarkeit.
Schenke allen, die sich auf die Taufe vorbereiten,
Wachstum im Glauben und in der Erkenntnis.
Führe sie zur Wiedergeburt aus dem Quell der Taufe
und nimm sie an als deine Kinder.
Darum bitten wir durch Christus, unseren Herrn.

5. Für die Einheit der Christen

Lasst uns beten für alle Brüder und Schwestern, die an Christus glauben, dass unser Herr und Gott sie leite auf dem Weg der Wahrheit und sie zusammenführe in der Einheit der heiligen Kirche.
(Beuget die Knie. – Stille – Erhebet euch.)

Allmächtiger Gott,
du allein kannst die Spaltung überwinden
und die Einheit bewahren.
Erbarme dich deiner Christenheit,
die geheiligt ist durch die eine Taufe.
Einige sie im wahren Glauben
und schließe sie zusammen durch das Band der Liebe.
Darum bitten wir durch Christus, unseren Herrn.

6. Für die Juden

Lasst uns auch beten für die Juden, zu denen Gott, unser Herr, zuerst gesprochen hat: Er bewahre sie in der Treue zu seinem Bund und in der Liebe zu seinem Namen, damit sie das Ziel erreichen, zu dem sein Ratschluss sie führen will.
(Beuget die Knie. – Stille – Erhebet euch.)

Allmächtiger, ewiger Gott,
du hast Abraham und seinen Kindern
deine Verheißung gegeben.
Erhöre das Gebet deiner Kirche für das Volk,
das du als erstes zu deinem Eigentum erwählt hast:
Gib, dass es zur Fülle der Erlösung gelangt.
Darum bitten wir durch Christus, unseren Herrn.

7. Für alle, die nicht an Christus glauben

Lasst uns beten für alle, die nicht an Christus glauben, dass der Heilige Geist sie erleuchte und sie auf den Weg des Heiles führe.
(Beuget die Knie. – Stille – Erhebet euch.)

Allmächtiger, ewiger Gott,
steh allen bei,
die sich nicht zu Christus bekennen,
dass sie mit redlichem Herzen vor dir leben
und die Wahrheit finden.
Uns aber gib,
dass wir das Geheimnis deines Lebens immer tiefer erfassen
und in der brüderlichen Liebe wachsen,
damit wir immer mehr
zu glaubhaften Zeugen deiner Güte werden.
Darum bitten wir durch Christus, unseren Herrn.

8. Für alle, die nicht an Gott glauben

Lasst uns auch beten für alle, die Gott nicht erkennen, dass sie mit seiner Hilfe ihrem Gewissen folgen und so zum Gott und Vater aller Menschen gelangen.
(Beuget die Knie. – Stille – Erhebet euch.)

Allmächtiger, ewiger Gott,
du hast den Menschen geschaffen,
dass er dich suche und in dir Ruhe finde.
Gib dich zu erkennen
in den Beweisen deines Erbarmens
und in den Taten deiner Gläubigen,
damit die Menschen trotz aller Hindernisse dich finden
und als den wahren Gott und Vater bekennen.
Darum bitten wir durch Christus, unseren Herrn.

9. Für die Regierenden

Lasst uns beten für die Regierenden: Unser Herr und Gott lenke ihren Geist und ihr Herz nach seinem Willen, damit sie den wahren Frieden und die Freiheit suchen zum Heil aller Völker.
(Beuget die Knie. – Stille – Erhebet euch.)

Allmächtiger, ewiger Gott,
in deiner Hand sind die Herzen der Menschen
und das Recht der Völker.
Schau gnädig auf jene, die uns regieren,
damit auf der ganzen Welt
Sicherheit und Frieden herrschen,
Wohlfahrt der Völker und Freiheit des Glaubens.
Darum bitten wir durch Christus, unseren Herrn.

10. Für alle Not leidenden Menschen

Lasst uns Gott, den allmächtigen Vater, bitten für alle, die der Hilfe bedürfen: Er reinige die Welt von allem Irrtum, nehme die Krankheiten hinweg, vertreibe den Hunger, löse ungerechte Fesseln, gebe den Heimatlosen Sicherheit, den Pilgernden und Reisenden eine glückliche Heimkehr, den Kranken die Gesundheit und den Sterbenden das ewige Leben.
(Beuget die Knie. – Stille – Erhebet euch.)

Allmächtiger, ewiger Gott,
du Trost der Betrübten, du Kraft der Leidenden,
höre auf alle, die in ihrer Bedrängnis zu dir rufen,
und lass sie in jeder Not deine Barmherzigkeit erfahren.
Darum bitten wir durch Christus, unseren Herrn.

ERHEBUNG UND VEREHRUNG DES KREUZES

Einladungsruf beim Zeigen des heiligen Kreuzes:
V: Seht das Kreuz, an dem der Herr gehangen, das Heil der Welt.
A: Kommt, lasset uns anbeten.

Gesang während der Kreuzesverehrung
A: Dein Kreuz, o Herr, verehren wir, / und deine heilige Auferstehung preisen und rühmen wir: / Denn siehe, durch das Holz des Kreuzes / kam Freude in alle Welt.
V: Gott sei uns gnädig und segne uns. / Er lasse sein Angesicht über uns leuchten / und erbarme sich unser. Vgl. Ps 67 (66), 2

A: Dein Kreuz, o Herr, verehren wir, / und deine heilige Auferstehung preisen und rühmen wir: / Denn siehe, durch das Holz des Kreuzes / kam Freude in alle Welt.

IMPROPERIEN

1.

A: Mein Volk, was habe ich dir getan,
womit nur habe ich dich betrübt?
Antworte mir.
V: Aus der Knechtschaft Ägyptens habe ich dich herausgeführt.
Du aber bereitest das Kreuz deinem Erlöser.

A: Mein Volk, was habe ich dir getan,
womit nur habe ich dich betrübt?
Antworte mir.

  I. Hágios, ho Theòs.
 II. Sanctus Deus.
III. Heiliger Gott.

  I. Hágios Ischyrós.
 II. Sanctus Fortis.
III. Heiliger, starker Gott.

  I. Hágios Athánatos, eléison hemás.
 II. Sanctus Immortalis, miserere nobis.
III. Heiliger, unsterblicher Gott, erbarme dich unser.

V: Vierzig Jahre habe ich dich geleitet durch die Wüste.
Ich habe dich mit Manna gespeist
und dich hineingeführt in das Land der Verheißung.
Du aber bereitest das Kreuz deinem Erlöser.

  I. Hágios, ho Theòs.
 II. Sanctus Deus.
III. Heiliger Gott.

  I. Hágios Ischyrós.
 II. Sanctus Fortis.
III. Heiliger, starker Gott.

  I. Hágios Athánatos, eléison hemás.
 II. Sanctus Immortalis, miserere nobis.
III. Heiliger, unsterblicher Gott, erbarme dich unser.

V: Was hätte ich dir mehr tun sollen und tat es nicht?
Als meinen erlesenen Weinberg pflanzte ich dich,
du aber brachtest mir bittere Trauben,
du hast mich in meinem Durst mit Essig getränkt
und mit der Lanze deinem Erlöser die Seite durchstoßen.

I. Hágios, ho Theòs.
II. Sanctus Deus.
III. Heiliger Gott.

I. Hágios Ischyrós.
II. Sanctus Fortis.
III. Heiliger, starker Gott.

I. Hágios Athánatos, eléison hemás.
II. Sanctus Immortalis, miserere nobis.
III. Heiliger, unsterblicher Gott, erbarme dich unser.

2.

V: Deinetwegen habe ich Ägypten geschlagen
und seine Erstgeburt,
du aber hast mich geschlagen und dem Tod überliefert.

A: Mein Volk, was habe ich dir getan,
womit nur habe ich dich betrübt?
Antworte mir.

V: Ich habe dich aus Ägypten herausgeführt
und den Pharao versinken lassen im Roten Meer,
du aber hast mich den Hohepriestern überliefert.

A: Mein Volk ...

V: Ich habe vor dir einen Weg durch das Meer gebahnt,
du aber hast mit der Lanze meine Seite geöffnet.

A: Mein Volk ...

V: In einer Wolkensäule bin ich dir vorangezogen,
du aber hast mich vor den Richterstuhl des Pilatus geführt.

A: Mein Volk ...

V: Ich habe dich in der Wüste mit Manna gespeist,
du aber hast mich ins Gesicht geschlagen
und mich gegeißelt.

A: Mein Volk ...

Karfreitag 203

V: Ich habe dir Wasser aus dem Felsen zu trinken gegeben
und dich gerettet,
du aber hast mich getränkt mit Galle und Essig.
A: Mein Volk ...
V: Deinetwegen habe ich die Könige Kanaans geschlagen,
du aber schlugst mir mit einem Rohr auf mein Haupt.
A: Mein Volk ...
V: Ich habe dir ein Königszepter in die Hand gegeben,
du aber hast mich gekrönt mit einer Krone von Dornen.
A: Mein Volk ...
V: Ich habe dich erhöht und ausgestattet mit großer Kraft,
du aber erhöhtest mich am Holz des Kreuzes.
A: Mein Volk ...

Hier kann der Hymnus Pange, lingua, gloriósi, prœlium certáminis angefügt werden.

KOMMUNION

ZUR KOMMUNIONFEIER *Das Brot, das wir empfangen, ist der für uns hingegebene Leib des Herrn, der Wein das vergossene Blut des Neuen Bundes. Das Gedächtnis seines Todes öffnet uns den Blick: Wir erwarten seine Auferstehung und hoffen auf den Tag der Vollendung in seinem Reich.*

Das heilige Sakrament wird zum Altar gebracht, während alle schweigend stehen. Dann beginnt der Priester:
Dem Wort unseres Herrn und Erlösers gehorsam und getreu seiner göttlichen Weisung, wagen wir zu sprechen:

Vater unser im Himmel.
Geheiligt werde dein Name.
Dein Reich komme.
Dein Wille geschehe,
wie im Himmel so auf Erden.
Unser tägliches Brot gib uns heute.
Und vergib uns unsere Schuld,
wie auch wir vergeben unsern Schuldigern.

Und führe uns nicht in Versuchung,
sondern erlöse uns von dem Bösen.

Der Priester fährt allein fort:

Erlöse uns, Herr, allmächtiger Vater, von allem Bösen
und gib Frieden in unseren Tagen.
Komm uns zu Hilfe mit deinem Erbarmen
und bewahre uns vor Verwirrung und Sünde,
damit wir voll Zuversicht
das Kommen unseres Erlösers Jesus Christus erwarten.

Die Gemeinde beschließt das Gebet mit dem Ruf:

Denn dein ist das Reich und die Kraft
und die Herrlichkeit in Ewigkeit. Amen.

Der Priester spricht leise:

Herr Jesus Christus, der Empfang deines Leibes und Blutes bringe
mir nicht Gericht und Verdammnis, sondern Segen und Heil.

Dann, zur Gemeinde gewendet:

Seht das Lamm Gottes, das hinwegnimmt die Sünde der Welt.

Zusammen mit der Gemeinde fügt er einmal hinzu:

Herr, ich bin nicht würdig, dass du eingehst unter mein Dach, aber
sprich nur ein Wort, so wird meine Seele gesund.

Nach der Kommunion der Gläubigen und einer kurzen Zeit heiligen
Schweigens spricht der Priester das Schlussgebet und daran anschließend
das Segensgebet.

Allmächtiger, ewiger Gott,
durch den Tod und die Auferstehung deines Sohnes
hast du uns das neue Leben geschenkt.
Bewahre in uns, was deine Barmherzigkeit gewirkt hat,
und gib uns durch den Empfang dieses Sakramentes die Kraft,
dir treu zu dienen.
Darum bitten wir durch Christus, unseren Herrn.

Segensgebet über das Volk

Herr, unser Gott,
reicher Segen komme herab auf dein Volk,
das den Tod deines Sohnes gefeiert hat

und die Auferstehung erwartet.
Schenke ihm Verzeihung und Trost,
Wachstum im Glauben und die ewige Erlösung.
Darum bitten wir durch Christus, unseren Herrn.

O Kreuz Christi, Symbol der göttlichen Liebe und der menschlichen Ungerechtigkeit, Ikone des höchsten Opfers aus Liebe und des größten Egoismus aus Stolz, Werkzeug des Todes und Weg der Auferstehung, Zeichen des Gehorsams und Sinnbild des Verrats, Galgen der Verfolgung und Banner des Sieges ...
O Kreuz Christi, lehre uns, dass der Aufgang der Sonne stärker ist als die Dunkelheit der Nacht. O Kreuz Christi, lehre uns, dass der scheinbare Sieg des Bösen sich vor dem leeren Grab verflüchtigt, vor der Gewissheit der Auferstehung und der Liebe Gottes, die nichts zu besiegen, zu verdunkeln oder abzuschwächen vermag. Amen! (Papst Franziskus)

KARSAMSTAG

Der Karsamstag ist ein stiller Tag, ohne liturgische Feier. Nur die Tagzeiten werden gebetet.

Jesus ist wirklich gestorben. Er ist in die tiefste menschliche Not hineingegangen, er ist „hinabgestiegen in das Reich des Todes". Er hat unserem Tod die Bitterkeit genommen. Wir wissen, unsere Gemeinschaft mit Christus überdauert den Tod. Christus ist unser Leben und unsere Auferstehung. Das muss in unserem gegenwärtigen Leben sichtbar werden: in der Freude, die aus der Hoffnung und aus der Liebe geboren wird.

Alles ist mir von meinem Vater übergeben worden,
und niemand kennt den Sohn, nur der Vater.
Und niemand kennt den Vater, nur der Sohn,
und der, dem der Sohn es offenbaren will. (Mt 11,27)

Deshalb liebt mich der Vater,
weil ich mein Leben dahingebe,
um es wieder zu empfangen. (Joh 10,17)

HOCHFEST DER AUFERSTEHUNG DES HERRN

OSTERSONNTAG

Die Feier der Osternacht

Die Feier der Osternacht verläuft in vier Zeiten oder Teilen:

1. Teil: *Lichtfeier.* Die Gemeinde versammelt sich um das Feuer. Segnung des Feuers. Bereitung der Osterkerze. Einzug (Prozession) in die Kirche. Das Osterlob (Exsultet).

2. Teil: *Wortgottesdienst.* In den Lesungen werden die früheren Taten Gottes vergegenwärtigt, die auch für die Gegenwart und die Zukunft des neuen Gottesvolkes eine Verheißung sind.

3. Teil: *Tauffeier.* Weihe des Taufwassers und Spendung der Taufe, falls Taufbewerber da sind. Erneuerung des Taufbekenntnisses durch die ganze Gemeinde.

4. Teil: *Eucharistiefeier.* Der auferstandene Herr lädt die Neugetauften und die ganze Gemeinde zu seinem Gastmahl ein: alle, die er durch seinen Tod und seine Auferstehung erlöst und geheiligt hat.

Erster Teil

LICHTFEIER

Segnung des Feuers und Bereitung der Osterkerze

Der Priester begrüßt die Gemeinde und führt sie kurz in den Sinn der Nachtfeier ein:

Liebe Brüder und Schwestern!
In der Osternacht ist unser Herr Jesus Christus vom Tode auferstanden und zum Leben hinübergegangen. Darum hält die Kirche in der ganzen Welt diese Nacht heilig: sie lädt ihre Söhne und Töchter, wo immer sie wohnen, ein, zu wachen und zu beten. Auch wir sind in (zu Beginn – am Ende) dieser Nacht der Einladung gefolgt. Wir begehen das Gedächtnis des österlichen Heilswerkes Christi, indem wir das Wort Gottes hören und die heiligen Mysterien feiern in der zuversichtlichen Hoffnung, dass wir einst am Sieg Christi über den Tod und an seinem Leben in Gott teilnehmen dürfen.

Er segnet das Feuer.

Allmächtiger, ewiger Gott,
du hast durch Christus allen,
die an dich glauben,
das Licht deiner Herrlichkeit geschenkt.
Segne + dieses neue Feuer,
das die Nacht erhellt,
und entflamme in uns die Sehnsucht nach dir,
dem unvergänglichen Licht,
damit wir mit reinem Herzen
zum ewigen Osterfest gelangen.
Darum bitten wir durch ihn, Christus, unseren Herrn.
Alle: Amen.

Wo es Brauch ist, ritzt nun der Priester mit einem Griffel ein Kreuz in die Kerze, darüber zeichnet er den griechischen Buchstaben Alpha, darunter den Buchstaben Omega, zwischen die Kreuzarme schreibt er die Jahreszahl. Dabei spricht er:

Christus, gestern und heute, (senkrechter Balken)
Anfang und Ende, (Querbalken)
Alpha (über dem Kreuz)
und Omega. (unter dem Kreuz)
Sein ist die Zeit (1. Ziffer)
und die Ewigkeit. (2. Ziffer)
Sein ist die Macht und die Herrlichkeit (3. Ziffer)
in alle Ewigkeit. Amen. (4. Ziffer)

$$\begin{array}{c} A \\ \hline 2 \mid 0 \\ \hline 2 \mid 1 \\ \Omega \end{array}$$

In das eingeritzte Kreuz kann der Priester fünf Weihrauchkörner einfügen in nebenstehender Reihenfolge; dabei spricht er:

Durch seine heiligen Wunden, (1)
die leuchten in Herrlichkeit, (2)
behüte uns (3)
und bewahre uns (4)
Christus, der Herr. Amen. (5)

```
  1
4 2 5
  3
```

Der Priester zündet am Feuer die Osterkerze an und spricht dabei:
Christus ist glorreich auferstanden vom Tod.
Sein Licht vertreibe das Dunkel der Herzen.

PROZESSION

Der Diakon oder der Priester selbst nimmt die Osterkerze, hebt sie empor und singt:
Christus, das Licht.

Alle antworten:
Dank sei Gott.

Alle ziehen in die Kirche ein; der Diakon mit der Osterkerze geht voran. Wenn Weihrauch verwendet wird, geht der Rauchfassträger dem Diakon voraus.
Am Eingang der Kirche bleibt der Diakon stehen, hebt die Osterkerze empor und singt zum zweiten Mal:
Christus, das Licht.

Alle antworten:
Dank sei Gott.

Die Mitfeiernden zünden ihre Kerzen an der Osterkerze an und ziehen weiter.
Vor dem Altar wendet sich der Diakon dem Volk zu und singt zum dritten Mal:
Christus, das Licht.

Alle antworten:
Dank sei Gott.

In der Kirche werden die Lichter angezündet.

DAS OSTERLOB
(Exsultet)

Während vom Diakon oder vom Priester das Osterlob gesungen wird, stehen alle und halten die brennenden Kerzen.
Wird das Osterlob von einem Kantor gesungen, der nicht Priester oder Diakon ist, so entfallen die durch ( ) eingeklammerten Worte. Das Osterlob kann auch in einer kürzeren Form gesungen werden.

Längere Form des Osterlobes

Frohlocket, ihr Chöre der Engel, frohlocket, ihr himmlischen Scharen, lasset die Posaune erschallen, preiset den Sieger, den erhabenen König! Lobsinge, du Erde, überstrahlt vom Glanz aus der Höhe! Licht des großen Königs umleuchtet dich. Siehe, geschwunden ist allerorten das Dunkel. Auch du freue dich, Mutter Kirche, umkleidet von

Ostersonntag – Die Feier der Osternacht 209

Licht und herrlichem Glanze! Töne wider, heilige Halle, töne von des Volkes mächtigem Jubel.
(Darum bitte ich euch, geliebte Brüder, ihr Zeugen des Lichtes, das diese Kerze verbreitet: Ruft mit mir zum allmächtigen Vater um sein Erbarmen und seine Hilfe, dass er, der mich ohne mein Verdienst, aus reiner Gnade, in die Schar der Leviten berufen hat, mich erleuchte mit dem Glanz seines Lichtes, damit ich würdig das Lob dieser Kerze verkünde.)
(V: Der Herr sei mit euch.
A: Und mit deinem Geiste.)
V: Erhebet die Herzen.
A: Wir haben sie beim Herrn.
V: Lasset uns danken dem Herrn, unserm Gott.
A: Das ist würdig und recht.
V: In Wahrheit ist es würdig und recht, den verborgenen Gott, den allmächtigen Vater, mit aller Glut des Herzens zu rühmen und seinen eingeborenen Sohn, unsern Herrn Jesus Christus, mit jubelnder Stimme zu preisen. Er hat für uns beim ewigen Vater Adams Schuld bezahlt und den Schuldbrief ausgelöscht mit seinem Blut, das er aus Liebe vergossen hat. Gekommen ist das heilige Osterfest, an dem das wahre Lamm geschlachtet ward, dessen Blut die Türen der Gläubigen heiligt und das Volk bewahrt vor Tod und Verderben.
Dies ist die Nacht, die unsere Väter, die Söhne Israels, aus Ägypten befreit und auf trockenem Pfad durch die Fluten des Roten Meeres geführt hat.
Dies ist die Nacht, in der die leuchtende Säule das Dunkel der Sünde vertrieben hat.
Dies ist die Nacht, die auf der ganzen Erde alle, die an Christus glauben, scheidet von den Lastern der Welt, dem Elend der Sünde entreißt, ins Reich der Gnade heimführt und einfügt in die heilige Kirche.
Dies ist die selige Nacht, in der Christus die Ketten des Todes zerbrach und aus der Tiefe als Sieger emporstieg. Wahrhaftig, umsonst wären wir geboren, hätte uns nicht der Erlöser gerettet.
O unfassbare Liebe des Vaters: Um den Knecht zu erlösen, gabst du den Sohn dahin! O wahrhaft heilbringende Sünde des Adam, du wurdest uns zum Segen, da Christi Tod dich vernichtet hat. O glück-

liche Schuld, welch großen Erlöser hast du gefunden! O wahrhaft
selige Nacht, dir allein war es vergönnt, die Stunde zu kennen, in der
Christus erstand von den Toten. Dies ist die Nacht, von der geschrieben steht: „Die Nacht wird hell wie der Tag, wie strahlendes Licht
wird die Nacht mich umgeben." Der Glanz dieser heiligen Nacht
nimmt den Frevel hinweg, reinigt von Schuld, gibt den Sündern die
Unschuld, den Trauernden Freude. Weit vertreibt sie den Hass, sie
einigt die Herzen und beugt die Gewalten.
In dieser gesegneten Nacht, heiliger Vater, nimm an das Abendopfer
unseres Lobes, nimm diese Kerze entgegen als unsere festliche Gabe!
Aus dem köstlichen Wachs der Bienen bereitet, wird sie dir dargebracht von deiner heiligen Kirche durch die Hand ihrer Diener. So
ist nun das Lob dieser kostbaren Kerze erklungen, die entzündet
wurde am lodernden Feuer zum Ruhme des Höchsten.
Wenn auch ihr Licht sich in die Runde verteilt hat, so verlor es doch
nichts von der Kraft seines Glanzes. Denn die Flamme wird genährt
vom schmelzenden Wachs, das der Fleiß der Bienen für diese Kerze
bereitet hat.
O wahrhaft selige Nacht, die Himmel und Erde versöhnt, die Gott und
Menschen verbindet!
Darum bitten wir dich, o Herr: Geweiht zum Ruhm deines Namens,
leuchte die Kerze fort, um in dieser Nacht das Dunkel zu vertreiben.
Nimm sie an als lieblich duftendes Opfer, vermähle ihr Licht mit den
Lichtern am Himmel. Sie leuchte, bis der Morgenstern erscheint, jener
wahre Morgenstern, der in Ewigkeit nicht untergeht: dein Sohn,
unser Herr Jesus Christus, der von den Toten erstand, der den Menschen erstrahlt im österlichen Licht; der mit dir lebt und herrscht in
Ewigkeit. A: Amen.

Kürzere Form des Osterlobes
Der Anfang lautet wie in der längeren Form. Dann:
In Wahrheit ist es würdig und recht, den verborgenen Gott, den allmächtigen Vater, mit aller Glut des Herzens zu rühmen und seinen
eingeborenen Sohn, unseren Herrn Jesus Christus, mit jubelnder
Stimme zu preisen. Er hat für uns beim ewigen Vater Adams Schuld
bezahlt und den Schuldbrief ausgelöscht mit seinem Blut, das er aus
Liebe vergossen hat. Gekommen ist das heilige Osterfest, an dem das

wahre Lamm geschlachtet ward, dessen Blut die Türen der Gläubigen heiligt und das Volk wahrt vor Tod und Verderben.
Dies ist die Nacht, die unsere Väter, die Söhne Israels, aus Ägypten befreit und auf trockenem Pfad durch die Fluten des Roten Meeres geführt hat.
Dies ist die Nacht, in der die leuchtende Säule das Dunkel der Sünde vertrieben hat.
Dies ist die Nacht, die auf der ganzen Erde alle, die an Christus glauben, scheidet von den Lastern der Welt, dem Elend der Sünde entreißt, ins Reich der Gnade heimführt und einfügt in die heilige Kirche.
Dies ist die selige Nacht, in der Christus die Ketten des Todes zerbrach und aus der Tiefe als Sieger emporstieg.
O unfassbare Liebe des Vaters: Um den Knecht zu erlösen, gabst du den Sohn dahin! O wahrhaft heilbringende Sünde des Adam, du wurdest uns zum Segen, da Christi Tod dich vernichtet hat. O glückliche Schuld, welch großen Erlöser hast du gefunden!
Der Glanz dieser heiligen Nacht nimmt den Frevel hinweg, reinigt von Schuld, gibt den Sündern die Unschuld, den Trauernden Freude. O wahrhaft selige Nacht, die Himmel und Erde versöhnt, die Gott und Menschen verbindet! In dieser gesegneten Nacht, heiliger Vater, nimm an das Abendopfer unseres Lobes, nimm diese Kerze entgegen als unsere festliche Gabe! Aus dem köstlichen Wachs der Bienen bereitet, wird sie dir dargebracht von deiner heiligen Kirche durch die Hand ihrer Diener.
So bitten wir dich, o Herr: Geweiht zum Ruhm deines Namens, leuchte die Kerze fort, um in dieser Nacht das Dunkel zu vertreiben. Nimm sie an als lieblich duftendes Opfer, vermähle ihr Licht mit den Lichtern am Himmel. Sie leuchte, bis der Morgenstern erscheint, jener wahre Morgenstern, der in Ewigkeit nicht untergeht: dein Sohn, unser Herr Jesus Christus, der von den Toten erstand, der den Menschen erstrahlt im österlichen Licht, der mit dir lebt und herrscht in Ewigkeit! A: Amen.
Alle löschen die Kerzen aus und setzen sich.

Zweiter Teil

WORTGOTTESDIENST

In dieser Nachtfeier werden neun Lesungen vorgetragen, sieben (oder wenigstens drei) aus dem Alten Testament und zwei aus dem Neuen Testament (Epistel und Evangelium). Die Lesung vom Durchzug durch das Rote Meer (Ex 14) darf nie entfallen.

ZUR 1. LESUNG *Der biblische Bericht über die Erschaffung der Welt ist nicht eine naturwissenschaftliche Darstellung, sondern eine religiöse Aussage über Gott und diese Welt. Die Sprache ist groß und feierlich. Deutlich wird die Erschaffung des Menschen herausgehoben. Mit Weisheit und Liebe hat Gott ihn nach seinem Bild geschaffen und ihm die Schöpfung unterworfen. Sie soll dem Menschen gehorchen, er aber soll sie in der Ordnung Gottes verwalten.*

1 ERSTE LESUNG Gen 1, 1 – 2, 2
Gott sah alles an, was er gemacht hatte: Es war sehr gut

**Lesung
   aus dem Buch Génesis.**

1,1 **Im Anfang erschuf Gott Himmel und Erde.**
² **Die Erde war wüst und wirr
und Finsternis lag über der Urflut
und Gottes Geist schwebte über dem Wasser.**
³ **Gott sprach:
   Es werde Licht.
Und es wurde Licht.**
⁴ **Gott sah, dass das Licht gut war.
Und Gott schied das Licht von der Finsternis.**
⁵ **Und Gott nannte das Licht Tag
   und die Finsternis nannte er Nacht.
Es wurde Abend und es wurde Morgen:
erster Tag.**
⁶ **Dann sprach Gott:
   Es werde ein Gewölbe mitten im Wasser
   und scheide Wasser von Wasser.**

⁷ Gott machte das Gewölbe
   und schied das Wasser unterhalb des Gewölbes
   vom Wasser oberhalb des Gewölbes.
   Und so geschah es.
⁸ Und Gott nannte das Gewölbe Himmel.
   Es wurde Abend und es wurde Morgen:
   zweiter Tag.
⁹ Dann sprach Gott:
   Es sammle sich das Wasser unterhalb des Himmels an einem Ort
   und das Trockene werde sichtbar.
   Und so geschah es.
¹⁰ Und Gott nannte das Trockene Land
   und die Ansammlung des Wassers nannte er Meer.
   Gott sah, dass es gut war.
¹¹ Dann sprach Gott:
   Die Erde lasse junges Grün sprießen,
   Gewächs, das Samen bildet,
   Fruchtbäume,
   die nach ihrer Art Früchte tragen mit Samen darin auf der Erde.
   Und so geschah es.
¹² Die Erde brachte junges Grün hervor,
   Gewächs, das Samen nach seiner Art bildet,
   und Bäume,
   die Früchte tragen mit Samen darin nach ihrer Art.
   Gott sah, dass es gut war.
¹³ Es wurde Abend und es wurde Morgen:
   dritter Tag.
¹⁴ Dann sprach Gott:
   Lichter sollen am Himmelsgewölbe sein,
   um Tag und Nacht zu scheiden.
   Sie sollen als Zeichen
   für Festzeiten, für Tage und Jahre dienen.
¹⁵ Sie sollen Lichter am Himmelsgewölbe sein,
   um über die Erde hin zu leuchten.
   Und so geschah es.

¹⁶ Gott machte die beiden großen Lichter,
das große zur Herrschaft über den Tag,
das kleine zur Herrschaft über die Nacht,
und die Sterne.
¹⁷ Gott setzte sie an das Himmelsgewölbe,
damit sie über die Erde leuchten,
¹⁸ über Tag und Nacht herrschen
und das Licht von der Finsternis scheiden.
Gott sah, dass es gut war.
¹⁹ Es wurde Abend und es wurde Morgen:
vierter Tag.
²⁰ Dann sprach Gott:
Das Wasser wimmle von Schwärmen lebendiger Wesen
und Vögel sollen über der Erde am Himmelsgewölbe fliegen.
²¹ Und Gott erschuf die großen Wassertiere und alle Lebewesen,
die sich fortbewegen nach ihrer Art,
von denen das Wasser wimmelt,
und alle gefiederten Vögel nach ihrer Art.
Gott sah, dass es gut war.
²² Gott segnete sie
und sprach: Seid fruchtbar und mehrt euch!
Füllt das Wasser im Meer
und die Vögel sollen sich auf Erden vermehren.
²³ Es wurde Abend und es wurde Morgen:
fünfter Tag.
²⁴ Dann sprach Gott:
Die Erde bringe Lebewesen aller Art hervor,
von Vieh,
von Kriechtieren
und von Wildtieren der Erde nach ihrer Art.
Und so geschah es.
²⁵ Gott machte die Wildtiere der Erde nach ihrer Art,
das Vieh nach seiner Art
und alle Kriechtiere auf dem Erdboden nach ihrer Art.
Gott sah, dass es gut war.

²⁶ Dann sprach Gott:
   Lasst uns Menschen machen
   als unser Bild, uns ähnlich!
   Sie sollen walten über die Fische des Meeres,
   über die Vögel des Himmels,
   über das Vieh,
   über die ganze Erde
      und über alle Kriechtiere, die auf der Erde kriechen.
²⁷ Gott erschuf den Menschen als sein Bild,
   als Bild Gottes erschuf er ihn.
   Männlich und weiblich erschuf er sie.
²⁸ Gott segnete sie
   und Gott sprach zu ihnen:
      Seid fruchtbar und mehrt euch,
   füllt die Erde
   und unterwerft sie
   und waltet über die Fische des Meeres,
      über die Vögel des Himmels
      und über alle Tiere, die auf der Erde kriechen!
²⁹ Dann sprach Gott:
      Siehe, ich gebe euch alles Gewächs,
      das Samen bildet auf der ganzen Erde,
   und alle Bäume, die Früchte tragen mit Samen darin.
   Euch sollen sie zur Nahrung dienen.
³⁰ Allen Tieren der Erde,
      allen Vögeln des Himmels
      und allem, was auf der Erde kriecht,
      das Lebensatem in sich hat,
      gebe ich alles grüne Gewächs zur Nahrung.
   Und so geschah es.
³¹ Gott sah alles an, was er gemacht hatte:
   Und siehe, es war sehr gut.
   Es wurde Abend und es wurde Morgen:
   der sechste Tag.
²,¹ So wurden Himmel und Erde und ihr ganzes Heer vollendet.

² Am siebten Tag
   vollendete Gott das Werk, das er gemacht hatte,
und er ruhte am siebten Tag,
   nachdem er sein ganzes Werk gemacht hatte.

Oder Kurzfassung:

|2| **ERSTE LESUNG** Gen 1, 1.26–31a

Gott sah alles an, was er gemacht hatte: Es war sehr gut

Lesung
   aus dem Buch Génesis.

¹ Im Anfang erschuf Gott Himmel und Erde.
²⁶ Dann sprach Gott:
   Lasst uns Menschen machen
als unser Bild, uns ähnlich!
Sie sollen walten über die Fische des Meeres,
über die Vögel des Himmels,
über das Vieh,
über die ganze Erde
   und über alle Kriechtiere, die auf der Erde kriechen.
²⁷ Gott erschuf den Menschen als sein Bild,
als Bild Gottes erschuf er ihn.
Männlich und weiblich erschuf er sie.
²⁸ Gott segnete sie
und Gott sprach zu ihnen:
   Seid fruchtbar und mehrt euch,
füllt die Erde
und unterwerft sie
und waltet über die Fische des Meeres,
   über die Vögel des Himmels
   und über alle Tiere, die auf der Erde kriechen!
²⁹ Dann sprach Gott:
   Siehe, ich gebe euch alles Gewächs,
      das Samen bildet auf der ganzen Erde,
   und alle Bäume, die Früchte tragen mit Samen darin.

Euch sollen sie zur Nahrung dienen.
³⁰ Allen Tieren der Erde,
   allen Vögeln des Himmels
   und allem, was auf der Erde kriecht,
   das Lebensatem in sich hat,
   gebe ich alles grüne Gewächs zur Nahrung.
   Und so geschah es.
¹ᵃ Gott sah alles an, was er gemacht hatte:
   Und siehe, es war sehr gut.

ANTWORTPSALM   Ps 104 (103), 1–2.5–6.10 u. 12.13–14b.24 u. 1ab   [1]

Kv Sende aus deinen Geist (Kv: vgl. 30)
und das Angesicht der Erde wird neu. – Kv   GL 312, 2

¹ Preise den HERRN, meine Seele! /
  HERR, mein Gott, überaus groß bist du! *
  Du bist mit Hoheit und Pracht bekleidet.
² Du hüllst dich in Licht wie in einen Mantel, *
  du spannst den Himmel aus gleich einem Zelt. – (Kv)
⁵ Du hast die Erde auf Pfeiler gegründet, *
  in alle Ewigkeit wird sie nicht wanken.
⁶ Einst hat die Urflut sie bedeckt wie ein Kleid, *
  die Wasser standen über den Bergen. – (Kv)
¹⁰ Du lässt Quellen sprudeln in Bäche, *
   sie eilen zwischen den Bergen dahin.
¹² Darüber wohnen die Vögel des Himmels, *
   aus den Zweigen erklingt ihr Gesang. – (Kv)
¹³ Du tränkst die Berge aus deinen Kammern, *
   von der Frucht deiner Werke wird die Erde satt.
ᵃᵇ Du lässt Gras wachsen für das Vieh *
   und Pflanzen für den Ackerbau des Menschen. – (Kv)
²⁴ Wie zahlreich sind deine Werke, HERR, /
   sie alle hast du mit Weisheit gemacht, *
   die Erde ist voll von deinen Geschöpfen.
ᵃᵇ Preise den HERRN, meine Seele! *
   HERR, mein Gott, überaus groß bist du! – Kv

Oder:

☐2 ANTWORTPSALM Ps 33 (32), 4–5.6–7.12–13.20 u. 22 (Kv: vgl. 5b)

Kv **Von deiner Huld, o HERR, ist die Erde erfüllt.** – Kv GL 51, 1

⁴ Das Wort des HERRN ist redlich, *
all sein Tun ist verlässlich.

⁵ Er liebt Gerechtigkeit und Recht, *
erfüllt von der Huld des HERRN ist die Erde. – (Kv)

⁶ Durch das Wort des HERRN wurden die Himmel geschaffen, *
ihr ganzes Heer durch den Hauch seines Mundes.

⁷ Er sammelt das Wasser des Meeres und dämmt es ein, *
legt die Fluten in Kammern. – (Kv)

¹² Selig die Nation, deren Gott der HERR ist, *
das Volk, das er sich zum Erbteil erwählt hat.

¹³ Der HERR blickt herab vom Himmel, *
er sieht alle Menschen. – (Kv)

²⁰ Unsre Seele hofft auf den HERRN; *
er ist unsre Hilfe und unser Schild.

²² Lass deine Huld über uns walten, o HERR, *
wie wir auf dich hofften! – Kv

GEBET

Allmächtiger Gott,
du bist wunderbar in allem, was du tust.
Lass deine Erlösten erkennen,
dass deine Schöpfung groß ist,
doch größer noch das Werk der Erlösung,
die du uns in der Fülle der Zeit geschenkt hast
durch den Tod des Osterlammes,
unseres Herrn Jesus Christus,
der mit dir lebt und herrscht in alle Ewigkeit.

Oder (wenn die Kurzfassung gelesen wurde):

Allmächtiger Gott,
du hast den Menschen wunderbar erschaffen
und noch wunderbarer erlöst.
Hilf uns, den Verlockungen der Sünde

Ostersonntag – Die Feier der Osternacht

durch die Kraft des Geistes zu widerstehen,
damit wir zu den ewigen Freuden gelangen.
Darum bitten wir durch Christus, unseren Herrn.

ZUR 2. LESUNG *Die Berufung Abrahams ist der Anfang einer Heilsordnung, die zunächst für ihn und seine Nachkommen, aber dann für alle Völker gilt. Der Glaube Abrahams wurde auf die härteste Probe gestellt. Abraham war zum Gehorsam bereit, er hätte seinen einzigen und geliebten Sohn Isaak, den Träger der Verheißung, geopfert. Gott hat den Sohn Abrahams verschont, aber seinen eigenen geliebten Sohn hat er für die Welt hingegeben (Joh 3,16; Röm 8,32).*

ZWEITE LESUNG   Gen 22, 1–18   [1]

Das Opfer unseres Vaters Abraham (Messbuch: 1. Hochgebet)

Lesung
   aus dem Buch Génesis.

In jenen Tagen
¹ **stellte Gott Abraham auf die Probe.**
Er sprach zu ihm: Abraham!
Er sagte: Hier bin ich.
² **Er sprach: Nimm deinen Sohn,**
deinen einzigen, den du liebst, Ísaak,
geh in das Land Moríja
und bring ihn dort auf einem der Berge, den ich dir nenne,
   als Brandopfer dar!
³ **Frühmorgens stand Abraham auf,**
sattelte seinen Esel,
nahm zwei seiner Jungknechte mit sich und seinen Sohn Ísaak,
spaltete Holz zum Brandopfer
und machte sich auf den Weg
   zu dem Ort, den ihm Gott genannt hatte.
⁴ **Als Abraham am dritten Tag seine Augen erhob,**
   sah er den Ort von Weitem.
⁵ **Da sagte Abraham zu seinen Jungknechten:**
Bleibt mit dem Esel hier!

Ich aber und der Knabe,
   wir wollen dorthin gehen und uns niederwerfen;
dann wollen wir zu euch zurückkehren.
⁶ Abraham nahm das Holz für das Brandopfer
   und lud es seinem Sohn Ísaak auf.
Er selbst nahm das Feuer und das Messer in die Hand.
So gingen beide miteinander.
⁷ Da sprach Ísaak zu seinem Vater Abraham.
   Er sagte: Mein Vater!
Er antwortete: Hier bin ich, mein Sohn!
Dann sagte Ísaak:
   Hier ist Feuer und Holz.
Wo aber ist das Lamm für das Brandopfer?
⁸ Abraham sagte:
   Gott wird sich das Lamm für das Brandopfer ausersehen,
   mein Sohn.
Und beide gingen miteinander weiter.
⁹ Als sie an den Ort kamen, den ihm Gott genannt hatte,
   baute Abraham dort den Altar,
schichtete das Holz auf,
band seinen Sohn Ísaak
und legte ihn auf den Altar, oben auf das Holz.
¹⁰ Abraham streckte seine Hand aus
   und nahm das Messer, um seinen Sohn zu schlachten.
¹¹ Da rief ihm der Engel des HERRN vom Himmel her zu und sagte:
   Abraham, Abraham!
Er antwortete: Hier bin ich.
¹² Er sprach:
   Streck deine Hand nicht gegen den Knaben aus
und tu ihm nichts zuleide!
Denn jetzt weiß ich, dass du Gott fürchtest;
du hast mir deinen Sohn, deinen einzigen, nicht vorenthalten.
¹³ Abraham erhob seine Augen,
   sah hin und siehe, ein Widder hatte sich hinter ihm
   mit seinen Hörnern im Gestrüpp verfangen.

Abraham ging hin,
  nahm den Widder
  und brachte ihn statt seines Sohnes als Brandopfer dar.
¹⁴ Abraham gab jenem Ort den Namen
  „Der HERR sieht",
  wie man noch heute sagt:
  Auf dem Berg lässt sich der HERR sehen.
¹⁵ Der Engel des HERRN
  rief Abraham zum zweiten Mal vom Himmel her zu
¹⁶ und sprach:
  Ich habe bei mir geschworen – Spruch des HERRN:
  Weil du das getan hast
  und deinen Sohn, deinen einzigen, mir nicht vorenthalten hast,
¹⁷ will ich dir Segen schenken in Fülle
  und deine Nachkommen überaus zahlreich machen
  wie die Sterne am Himmel
  und den Sand am Meeresstrand.
  Deine Nachkommen werden das Tor ihrer Feinde einnehmen.
¹⁸ Segnen werden sich mit deinen Nachkommen alle Völker der Erde,
  weil du auf meine Stimme gehört hast.

Oder Kurzfassung:

ZWEITE LESUNG Gen 22, 1–2.9a.10–13.15–18 **2**

Das Opfer unseres Vaters Abraham (Messbuch: 1. Hochgebet)

Lesung
  aus dem Buch Génesis.

In jenen Tagen
¹ stellte Gott Abraham auf die Probe.
Er sprach zu ihm: Abraham!
Er sagte: Hier bin ich.
² Er sprach: Nimm deinen Sohn,
deinen einzigen, den du liebst, Ísaak,
geh in das Land Moríja

und bring ihn dort auf einem der Berge, den ich dir nenne,
  als Brandopfer dar!
⁹ᵃ Als sie an den Ort kamen, den ihm Gott genannt hatte,
  baute Abraham dort den Altar
  und schichtete das Holz auf.
¹⁰ Abraham streckte seine Hand aus
  und nahm das Messer, um seinen Sohn zu schlachten.
¹¹ Da rief ihm der Engel des HERRN vom Himmel her zu und sagte:
  Abraham, Abraham!
  Er antwortete: Hier bin ich.
¹² Er sprach:
  Streck deine Hand nicht gegen den Knaben aus
  und tu ihm nichts zuleide!
  Denn jetzt weiß ich, dass du Gott fürchtest;
  du hast mir deinen Sohn, deinen einzigen, nicht vorenthalten.
¹³ Abraham erhob seine Augen,
  sah hin und siehe, ein Widder hatte sich hinter ihm
  mit seinen Hörnern im Gestrüpp verfangen.
  Abraham ging hin,
  nahm den Widder
  und brachte ihn statt seines Sohnes als Brandopfer dar.
¹⁵ Der Engel des HERRN
  rief Abraham zum zweiten Mal vom Himmel her zu
¹⁶ und sprach:
  Ich habe bei mir geschworen – Spruch des HERRN:
  Weil du das getan hast
  und deinen Sohn, deinen einzigen, mir nicht vorenthalten hast,
¹⁷ will ich dir Segen schenken in Fülle
  und deine Nachkommen überaus zahlreich machen
  wie die Sterne am Himmel
  und den Sand am Meeresstrand.
  Deine Nachkommen werden das Tor ihrer Feinde einnehmen.
¹⁸ Segnen werden sich mit deinen Nachkommen alle Völker der Erde,
  weil du auf meine Stimme gehört hast.

ANTWORTPSALM
Ps 16 (15), 5 u. 8.9–10.2 u. 11 (Kv: vgl. 1)

Kv Behüte mich, Gott, GL 312, 3
denn ich vertraue auf dich. – Kv

⁵ Der HERR ist mein Erbteil, er reicht mir den Becher, *
du bist es, der mein Los hält.
⁸ Ich habe mir den HERRN beständig vor Augen gestellt, *
weil er zu meiner Rechten ist, wanke ich nicht. – (Kv)

⁹ Darum freut sich mein Herz und jubelt meine Ehre, *
auch mein Fleisch wird wohnen in Sicherheit.
¹⁰ Denn du überlässt mein Leben nicht der Totenwelt; *
du lässt deinen Frommen die Grube nicht schauen. – (Kv)

² Ich sagte zum HERRN: Mein Herr bist du, *
mein ganzes Glück bist du allein.
¹¹ Du lässt mich den Weg des Lebens erkennen. /
Freude in Fülle vor deinem Angesicht, *
Wonnen in deiner Rechten für alle Zeit. – Kv

GEBET

Gott, du Vater aller Gläubigen,
durch deine Gnade
mehrst du auf dem ganzen Erdenrund
die Kinder deiner Verheißung.
Durch das österliche Sakrament der Taufe
erfüllst du den Eid,
den du Abraham geschworen hast,
und machst ihn zum Vater aller Völker.
Gib allen, die du zu deinem Volk berufen hast,
die Gnade, diesem Ruf zu folgen.
Darum bitten wir durch Christus, unseren Herrn.

ZUR 3. LESUNG *Der Auszug aus Ägypten lebt in der Erinnerung Israels als das grundlegende Heilsereignis des Anfangs. Ägypten bedeutete Knechtschaft; das Schilfmeer (das Rote Meer) hätte für Israel den Tod bedeutet, wenn Gott nicht eingegriffen hätte. Der Apostel Paulus nennt den Durchzug durch das Rote Meer eine „Taufe": ein Vorbild der Taufe, in der wir mit Christus gestorben und auferstanden sind. Die Rettung am Schilfmeer ist auch Vorbild des rettenden Eingreifens Gottes am Ende der Zeit (Offb 15,3-4).*

DRITTE LESUNG
Ex 14, 15 – 15, 1

Die Israeliten zogen auf trockenem Boden mitten durch das Meer

Lesung
   aus dem Buch Éxodus.

In jenen Tagen,
   als die Israeliten sahen, dass die Ägypter ihnen nachrückten,
   erschraken sie sehr
und schrien zum Herrn.

^{14, 15} Da sprach der HERR zu Mose: Was schreist du zu mir?
   Sag den Israeliten, sie sollen aufbrechen.
¹⁶ Und du heb deinen Stab hoch,
   streck deine Hand über das Meer und spalte es,
      damit die Israeliten
      auf trockenem Boden in das Meer hineinziehen können!
¹⁷ Ich aber will das Herz der Ägypter verhärten,
   damit sie hinter ihnen hineinziehen.
So will ich am Pharao und an seiner ganzen Streitmacht,
   an seinen Streitwagen und Reitern meine Herrlichkeit erweisen.
¹⁸ Die Ägypter sollen erkennen, dass ich der HERR bin,
wenn ich am Pharao, an seinen Streitwagen und Reitern
   meine Herrlichkeit erweise.
¹⁹ Der Engel Gottes, der den Zug der Israeliten anführte, brach auf
   und ging nach hinten
   und die Wolkensäule brach auf
   und stellte sich hinter sie.
²⁰ Sie kam zwischen das Lager der Ägypter
   und das Lager der Israeliten.
Die Wolke war da und Finsternis
und Blitze erhellten die Nacht.
So kamen sie die ganze Nacht einander nicht näher.
²¹ *Mose streckte seine* Hand über das Meer aus
und der HERR trieb die ganze Nacht
   das Meer durch einen starken Ostwind fort.

Er ließ das Meer austrocknen
und das Wasser spaltete sich.
²² Die Israeliten zogen auf trockenem Boden ins Meer hinein,
während rechts und links von ihnen
  das Wasser wie eine Mauer stand.
²³ Die Ägypter setzten ihnen nach;
alle Pferde des Pharao, seine Streitwagen und Reiter
  zogen hinter ihnen ins Meer hinein.
²⁴ Um die Zeit der Morgenwache
  blickte der HERR aus der Feuer- und Wolkensäule
  auf das Lager der Ägypter
  und brachte es in Verwirrung.
²⁵ Er hemmte die Räder an ihren Wagen
und ließ sie nur schwer vorankommen.
Da sagte der Ägypter:
  Ich muss vor Israel fliehen;
denn der HERR kämpft auf ihrer Seite gegen Ägypten.
²⁶ Darauf sprach der HERR zu Mose:
  Streck deine Hand über das Meer,
damit das Wasser zurückflutet
  und den Ägypter, seine Wagen und Reiter zudeckt!
²⁷ Mose streckte seine Hand über das Meer
und gegen Morgen flutete das Meer an seinen alten Platz zurück,
  während die Ägypter auf der Flucht ihm entgegenliefen.
So trieb der HERR die Ägypter mitten ins Meer.
²⁸ Das Wasser kehrte zurück
  und bedeckte Wagen und Reiter,
die ganze Streitmacht des Pharao,
  die den Israeliten ins Meer nachgezogen war.
Nicht ein Einziger von ihnen blieb übrig.
²⁹ Die Israeliten aber waren auf trockenem Boden
  mitten durch das Meer gezogen,
während rechts und links von ihnen
  das Wasser wie eine Mauer stand.
³⁰ So rettete der HERR an jenem Tag Israel aus der Hand der Ägypter.

Israel sah die Ägypter tot am Strand liegen.
³¹ Als Israel sah,
dass der HERR
mit mächtiger Hand an den Ägyptern gehandelt hatte,
fürchtete das Volk den HERRN.
Sie glaubten an den HERRN
und an Mose, seinen Knecht.

¹⁵,¹ Damals sang Mose mit den Israeliten dem HERRN dieses Lied;
sie sagten:
Ich singe dem HERRN ein Lied,
denn er ist hoch und erhaben.
Ross und Reiter warf er ins Meer.

ANTWORTPSALM   Ex 15, 1b–2b.2c–3.4–5.6 u. 13.17–18 (Kv: vgl. 1bc)

Kv Dem HERRN will ich singen,   GL 312, 4
machtvoll hat er sich kundgetan. – Kv

¹ᵇᶜ Ich singe dem HERRN ein Lied, /
denn er ist hoch und erhaben. *
Ross und Reiter warf er ins Meer.

²ᵃᵇ Meine Stärke und mein Lied ist der HERR, *
er ist mir zur Rettung geworden. – (Kv)

²ᶜᵈ Er ist mein Gott, ihn will ich preisen; *
den Gott meines Vaters will ich rühmen.

³ Der HERR ist ein Krieger, *
HERR ist sein Name. – (Kv)

⁴ Pharaos Wagen und seine Streitmacht warf er ins Meer. *
Seine besten Vorkämpfer versanken im Roten Meer.

⁵ Fluten deckten sie zu, *
sie sanken in die Tiefe wie Steine. – (Kv)

⁶ Deine Rechte, HERR, ist herrlich an Stärke; *
deine Rechte, HERR, zerschmettert den Feind.

¹³ Du lenktest in deiner Güte das Volk, das du erlöst hast, *
du führtest sie machtvoll zu deiner heiligen Wohnung. – (Kv)

Ostersonntag – Die Feier der Osternacht

¹⁷ Du wirst sie hinbringen und einpflanzen auf den Berg deines Erbes, *
den du, HERR, zu deiner Wohnstätte gemacht hast, um dich niederzulassen,
zu einem Heiligtum, HERR, von deinen Händen gegründet. *
¹⁸ Der HERR ist König für immer und ewig. – Kv

GEBET

Gott,
deine uralten Wunder
leuchten noch in unseren Tagen.
Was einst dein mächtiger Arm
an einem Volk getan hat,
das tust du jetzt an allen Völkern:
Einst hast du Israel
aus der Knechtschaft des Pharao befreit
und durch die Fluten des Roten Meeres geführt;
nun aber führst du alle Völker
durch das Wasser der Taufe zur Freiheit.
Gib, dass alle Menschen Kinder Abrahams werden
und zur Würde des auserwählten Volkes gelangen.
Darum bitten wir durch Christus, unseren Herrn.

Oder:

Herr, unser Gott,
du hast uns durch das Licht des Neuen Bundes
den Sinn der Wunder erschlossen,
die du im Alten Bund gewirkt hast:
Das Rote Meer ist ein Bild für das Wasser der Taufe;
das befreite Volk Israel deutet hin
auf das heilige Volk des Neuen Bundes.
Gib, dass alle Menschen durch den Glauben
an der Würde Israels teilhaben
und im Heiligen Geist
die Gnade der Wiedergeburt empfangen.
Darum bitten wir durch Christus, unseren Herrn.

ZUR 4. LESUNG *Der Gott der ganzen Erde kümmert sich um sein Volk und seine heilige Stadt Jerusalem. Die Treulose hat seinen Zorn erlebt (Zerstörung Jerusalems, 587 v.Chr.); jetzt aber soll sie sein Erbarmen und seine ewige Treue erfahren. Das Trostwort des Propheten weist über die geschichtliche Situation hinaus in die Zukunft, auf ein neues Jerusalem, ein erneuertes Gottesvolk.*

VIERTE LESUNG Jes 54, 5–14

In ewiger Huld habe ich mich deiner erbarmt, spricht dein Erlöser, der HERR

Lesung
  aus dem Buch Jesája.

5 Jerusalem, dein Schöpfer ist dein Gemahl,
  „HERR der Heerscharen" ist sein Name.
  Der Heilige Israels ist dein Erlöser,
  „Gott der ganzen Erde" wird er genannt.
6 Ja, der HERR hat dich gerufen
  als verlassene, bekümmerte Frau.
  Kann man denn die Frau seiner Jugend verstoßen?,
  spricht dein Gott.
7 Nur für eine kleine Weile habe ich dich verlassen,
  doch mit großem Erbarmen werde ich dich sammeln.
8 Einen Augenblick nur verbarg ich vor dir mein Gesicht
  in aufwallendem Zorn;
  aber in ewiger Huld habe ich mich deiner erbarmt,
  spricht dein Erlöser, der HERR.
9 Wie bei der Flut Noachs soll es für mich sein:
  So wie ich damals schwor,
  dass die Flut Noachs die Erde nie mehr überschwemmen wird,
  so schwöre ich jetzt, dir nie mehr zu zürnen
  und dich nie mehr zu schelten.
10 Mögen auch die Berge weichen
  und die Hügel wanken –
  meine Huld wird nicht von dir weichen
  und der Bund meines Friedens nicht wanken,
  spricht der HERR, der Erbarmen hat mit dir.

¹¹ Ärmste, vom Sturm Gepeitschte, die ohne Trost ist:
Siehe,
ich selbst lege dir ein Fundament aus Malachít
und Grundmauern aus Saphír.
¹² Aus Rubínen mache ich deine Zinnen,
aus Berýll deine Tore
und alle deine Mauern aus kostbaren Steinen.
¹³ Alle deine Kinder sind Schüler des HERRN
und groß ist der Friede deiner Kinder.
¹⁴ Du wirst auf Gerechtigkeit gegründet sein.
Du bist fern von Bedrängnis,
denn du brauchst dich nicht mehr zu fürchten
und bist fern von Schrecken;
er kommt an dich nicht heran.

ANTWORTPSALM Ps 30 (29), 2 u. 4.5–6b.6cd u. 12a u. 13b (Kv: vgl. 2ab)

Kv HERR, du zogst mich herauf aus der Tiefe;   GL 312, 5
ich will dich rühmen in Ewigkeit. – Kv

² Ich will dich erheben, HERR, /
denn du zogst mich herauf *
und ließest nicht zu, dass meine Feinde sich über mich freuen.
⁴ HERR, du hast meine Seele heraufsteigen lassen aus der Totenwelt, *
hast mich am Leben erhalten, sodass ich nicht
in die Grube hinabstieg. – (Kv)
⁵ Singt und spielt dem HERRN, ihr seine Frommen, *
dankt im Gedenken seiner Heiligkeit!
⁶ᵃᵇ Denn sein Zorn dauert nur einen Augenblick, *
doch seine Güte ein Leben lang. – (Kv)
⁶ᶜᵈ Wenn man am Abend auch weint, *
am Morgen herrscht wieder Jubel.
¹²ᵃ Du hast mein Klagen in Tanzen verwandelt, *
¹³ᵇ HERR, mein Gott, ich will dir danken in Ewigkeit. – Kv

GEBET

Allmächtiger, ewiger Gott,
verherrliche deinen Namen.
Gewähre, was du den Vätern
um ihres Glaubens willen versprochen hast,
und mehre durch die Taufe die Zahl deiner Kinder.
Lass deine Kirche erfahren, dass sich erfüllt,
was die Heiligen des Alten Bundes gläubig erhofft haben.
Darum bitten wir durch Christus, unseren Herrn.

ZUR 5. LESUNG *Frühere Heilsankündigungen haben von der Rettung als Befreiung aus der Gefangenschaft und Rückkehr in die Heimat gesprochen. In Jes 54 und 55 wird das kommende Heil als neuer Bund bezeichnet, ein „ewiger Bund", in dem sich die früheren Verheißungen erfüllen. Gott ist treu, aber er kann nur einem Volk helfen, das seine Armut begreift und sich für ihn öffnet.*

FÜNFTE LESUNG   Jes 55, 1–11

Kommt zu mir und ihr werdet aufleben! Ich schließe mit euch einen ewigen Bund

**Lesung
   aus dem Buch Jesája.**

So spricht der Herr:
¹ **Auf, alle Durstigen, kommt zum Wasser!
Die ihr kein Geld habt, kommt,
kauft Getreide und esst, kommt und kauft ohne Geld
und ohne Bezahlung Wein und Milch!**
² **Warum bezahlt ihr mit Geld, was euch nicht nährt,
und mit dem Lohn eurer Mühen, was euch nicht satt macht?
Hört auf mich,
   dann bekommt ihr das Beste zu essen
und könnt euch laben an fetten Speisen!**
³ *Neigt euer Ohr* **und kommt zu mir,
hört und ihr werdet aufleben!
Ich schließe mit euch einen ewigen Bund:
Die Erweise der Huld für David sind beständig.**
⁴ **Siehe, ich habe ihn zum Zeugen für die Völker gemacht,**

zum Fürsten und Gebieter der Nationen.
⁵ Siehe, eine Nation, die du nicht kennst, wirst du rufen
und eine Nation, die dich nicht kannte, eilt zu dir,
um des HERRN, deines Gottes, des Heiligen Israels willen,
weil er dich herrlich gemacht hat.
⁶ Sucht den HERRN, er lässt sich finden,
ruft ihn an, er ist nah!
⁷ Der Frevler soll seinen Weg verlassen,
der Übeltäter seine Pläne.
Er kehre um zum HERRN,
damit er Erbarmen hat mit ihm,
und zu unserem Gott;
denn er ist groß im Verzeihen.
⁸ Meine Gedanken sind nicht eure Gedanken
und eure Wege sind nicht meine Wege – Spruch des HERRN.
⁹ So hoch der Himmel über der Erde ist,
so hoch erhaben sind meine Wege über eure Wege
und meine Gedanken über eure Gedanken.
¹⁰ Denn wie der Regen und der Schnee vom Himmel fällt
und nicht dorthin zurückkehrt,
ohne die Erde zu tränken
und sie zum Keimen und Sprossen zu bringen,
dass sie dem Sämann Samen gibt und Brot zum Essen,
¹¹ so ist es auch mit dem Wort, das meinen Mund verlässt:
Es kehrt nicht leer zu mir zurück,
ohne zu bewirken, was ich will,
und das zu erreichen, wozu ich es ausgesandt habe.

ANTWORTPSALM Jes 12, 2.3 u. 4bcd.5–6 (Kv: 3)

Kv Ihr werdet Wasser freudig schöpfen GL 312, 6
aus den Quellen des Heils. – Kv
² Siehe, Gott ist mein Heil; *
ich vertraue und erschrecke nicht.
Denn meine Stärke und mein Lied ist Gott, der HERR. *
Er wurde mir zum Heil. – (Kv)

³ Ihr werdet Wasser freudig schöpfen *
aus den Quellen des Heiles.
⁴ᵇᶜᵈ Dankt dem HERRN! Ruft seinen Namen an! /
Macht unter den Völkern seine Taten bekannt, *
verkündet: Sein Name ist erhaben! – (Kv)
⁵ Singet dem HERRN, denn Überragendes hat er vollbracht; *
bekannt gemacht sei dies auf der ganzen Erde.
⁶ Jauchzt und jubelt, ihr Bewohner Zions; *
denn groß ist in eurer Mitte der Heilige Israels. – Kv

GEBET

Allmächtiger, ewiger Gott,
du einzige Hoffnung der Welt,
durch die Propheten hast du die Heilsereignisse angekündigt,
die sich in unseren Tagen erfüllen.
Erwecke du selbst in uns das Verlangen,
dir immer treuer zu dienen;
denn niemand macht Fortschritte im Guten,
wenn ihn nicht deine Gnade führt.
Darum bitten wir durch Christus, unseren Herrn.

ZUR 6. LESUNG   *In den Werken der Schöpfung offenbart Gott seine Macht und Größe. Bei allen Völkern gab es weise Menschen, die in der wohlgeordneten Schönheit die Spuren Gottes erkannten. Der Vorzug Israels aber war es, dass Gott selbst es auf den Weg der Weisheit geführt hat. In den Zehn Geboten soll es den Weg erkennen, auf dem es Leben, Frieden und Glück findet.*

SECHSTE LESUNG   Bar 3, 9–15.32 – 4, 4

Geh deinen Weg im Licht der Weisheit Gottes

Lesung
   aus dem Buch Baruch.

³,⁹ Höre, Israel, die Gebote des Lebens;
merkt auf, um Einsicht zu erlangen!
¹⁰ Warum, Israel, warum lebst du im Gebiet der Feinde,
wirst alt in einem fremden Land,
¹¹ bist unrein geworden, den Toten gleich,

wurdest gezählt zu denen, die in die Unterwelt hinabsteigen?
¹² Du hast den Quell der Weisheit verlassen.
¹³ Wärest du auf Gottes Weg gegangen,
du wohntest in Frieden für immer.
¹⁴ Nun lerne, wo die Einsicht ist,
wo Kraft und wo Klugheit,
dann erkennst du zugleich,
wo langes Leben und Lebensglück,
wo Licht für die Augen und Frieden zu finden sind!
¹⁵ Wer hat je ihren Ort gefunden?
Wer ist zu ihren Schatzkammern vorgedrungen?
³² Doch der Allwissende kennt sie;
er hat sie in seiner Einsicht entdeckt.
Er hat ja die Erde für immer gegründet,
er hat sie mit vierfüßigen Tieren bevölkert.
³³ Er entsendet das Licht und es eilt dahin;
er ruft es zurück und zitternd gehorcht es ihm.
³⁴ Froh leuchten die Sterne auf ihren Posten.
³⁵ Ruft er sie,
so antworten sie: Hier sind wir.
Sie leuchten mit Freude für ihren Schöpfer.
³⁶ Das ist unser Gott;
kein anderer gilt neben ihm.
³⁷ Er hat den Weg der Erkenntnis ganz erkundet
und hat sie Jakob, seinem Diener, verliehen,
Israel, seinem Liebling.
³⁸ Dann erschien sie auf der Erde
und lebte mit den Menschen.
⁴,¹ Sie ist das Buch der Gebote Gottes,
das Gesetz, das ewig besteht.
Alle, die an ihr festhalten, finden das Leben;
doch alle, die sie verlassen, verfallen dem Tod.
² Kehr um, Jakob, ergreif sie!
Geh in ihrem Glanz den Weg zum Licht!

³ Überlass deinen Ruhm keinem andern
und deinen Vorzug keinem fremden Volk!
⁴ Glücklich sind wir, das Volk Israel;
   denn wir wissen, was Gott gefällt.

ANTWORTPSALM   Ps 19 (18), 8.9.10.11–12 (Kv: Joh 6, 68c)

Kv Herr, du hast Worte des ewigen Lebens. – Kv   GL 312, 7

⁸ Die Weisung des HERRN ist vollkommen, *
sie erquickt den Menschen.
Das Zeugnis des HERRN ist verlässlich, *
den Unwissenden macht es weise. – (Kv)

⁹ Die Befehle des HERRN sind gerade, *
sie erfüllen das Herz mit Freude.
Das Gebot des HERRN ist rein, *
es erleuchtet die Augen. – (Kv)

¹⁰ Die Furcht des HERRN ist lauter, *
sie besteht für immer.
Die Urteile des HERRN sind wahrhaftig, *
gerecht sind sie alle. – (Kv)

¹¹ Sie sind kostbarer als Gold, als Feingold in Menge. *
Sie sind süßer als Honig, als Honig aus Waben.

¹² Auch dein Knecht lässt sich von ihnen warnen; *
reichen Lohn hat, wer sie beachtet. – Kv

GEBET

Gott, unser Vater,
du mehrst die Zahl deiner Kinder
und rufst aus allen Völkern
Menschen in deine Kirche.
Beschütze gütig die Täuflinge,
damit sie den Quell der Weisheit niemals verlassen
und auf deinen Wegen gehen.
Darum bitten wir durch Christus, unseren Herrn.

ZUR 7. LESUNG   *Nach der Zerstörung Jerusalems (587 v.Chr.) empfängt der Prophet ein Gotteswort, das ihm das Geschehene deutet und die Zukunft enthüllt.*

Gott wird Israel nicht seinem Schicksal überlassen. Die Rettung wird aber nicht nur darin bestehen, dass die Gefangenen heimkehren dürfen; Gott wird ihnen ein neues Herz und einen neuen Geist geben. Mit einem erneuerten Volk wird er einen neuen Bund schließen.

SIEBTE LESUNG Ez 36, 16–17a.18–28
Ich gieße reines Wasser über euch aus und gebe euch ein neues Herz

Lesung
  aus dem Buch Ezéchiel.

¹⁶ Das Wort des HERRN erging an mich:
¹⁷ᵃ Menschensohn,
  als die vom Haus Israel in ihrem Land wohnten,
    machten sie es durch ihre Wege und ihre Taten unrein.
¹⁸ Da goss ich meinen Zorn über sie aus,
    weil sie Blut vergossen im Land
    und es mit ihren Götzen befleckten.
¹⁹ Ich zerstreute sie unter die Nationen;
  in die Länder wurden sie vertrieben.
  Nach ihren Wegen und nach ihren Taten habe ich sie gerichtet.
²⁰ Als sie aber zu den Nationen kamen,
    entweihten sie überall, wohin sie kamen,
    meinen heiligen Namen;
  denn man sagte von ihnen:
    Das ist das Volk des HERRN
    und doch mussten sie sein Land verlassen.
²¹ Da tat mir mein heiliger Name leid,
    den das Haus Israel bei den Nationen entweihte,
    wohin es auch kam.
²² Darum sag zum Haus Israel:
    So spricht GOTT, der Herr:
  Nicht euretwegen handle ich, Haus Israel,
  sondern um meines heiligen Namens willen,
    den ihr bei den Nationen entweiht habt,
    wohin ihr auch gekommen seid.

²³ Meinen großen, bei den Nationen entweihten Namen,
    den ihr mitten unter ihnen entweiht habt,
    werde ich wieder heiligen.
  Und die Nationen
    – Spruch GOTTES, des Herrn –
    werden erkennen, dass ich der HERR bin,
  wenn ich mich an euch vor ihren Augen als heilig erweise.
²⁴ Ich nehme euch heraus aus den Nationen,
  ich sammle euch aus allen Ländern
    und ich bringe euch zu eurem Ackerboden.
²⁵ Ich gieße reines Wasser über euch aus,
  dann werdet ihr rein.
  Ich reinige euch von aller Unreinheit und von allen euren Götzen.
²⁶ Ich gebe euch ein neues Herz
    und einen neuen Geist gebe ich in euer Inneres.
  Ich beseitige das Herz von Stein aus eurem Fleisch
    und gebe euch ein Herz von Fleisch.
²⁷ Ich gebe meinen Geist in euer Inneres
  und bewirke, dass ihr meinen Gesetzen folgt
    und auf meine Rechtsentscheide achtet
    und sie erfüllt.
²⁸ Dann werdet ihr in dem Land wohnen,
    das ich euren Vätern gegeben habe.
  Ihr werdet mir Volk sein
    und ich, ich werde euch Gott sein.

1 ANTWORTPSALM   Ps 42 (41), 3.5bcd; 43 (42), 3–4 (Kv: vgl. 42 [41], 2)

Kv **Wie der Hirsch verlangt nach frischem Wasser,**   GL 312, 8
  so verlangt meine Seele, Gott, nach dir. – Kv

⁴²,³ Meine Seele dürstet nach Gott, *
  nach dem lebendigen Gott.
  Wann darf ich kommen *
  und erscheinen vor Gottes Angesicht? – (Kv)

⁵ᵇᶜᵈ Ich will in einer Schar einherziehn. *
  Ich will in ihr zum Hause Gottes schreiten,

Ostersonntag – Die Feier der Osternacht

im Schall von Jubel und Dank *
in festlich wogender Menge. – (Kv)

3,3 Sende dein Licht und deine Wahrheit; sie sollen mich leiten; *
sie sollen mich bringen zu deinem heiligen Berg und zu deinen Wohnungen.
4 So will ich kommen zu Gottes Altar, /
zum Gott meiner Freude und meines Jubels. *
Ich will dir danken zur Leier, Gott, du mein Gott. – Kv

Oder falls eine Taufe gespendet wird:
Jes 12, 2.3 u. 4bcd.5–6 (Kv: 3), siehe S. 231 f.

Oder:

ANTWORTPSALM Ps 51 (50), 12–13.14–15.18–19 (Kv: vgl. 12a)

Kv Ein reines Herz erschaffe mir, o Gott! – Kv GL 301

12 Erschaffe mir, Gott, ein reines Herz *
und einen festen Geist erneuere in meinem Innern!
13 Verwirf mich nicht vor deinem Angesicht, *
deinen heiligen Geist nimm nicht von mir! – (Kv)
14 Gib mir wieder die Freude deines Heiles, *
rüste mich aus mit dem Geist der Großmut!
15 Ich will die Frevler deine Wege lehren *
und die Sünder kehren um zu dir. – (Kv)
18 Schlachtopfer willst du nicht, ich würde sie geben, *
an Brandopfern hast du kein Gefallen.
19 Schlachtopfer für Gott ist ein zerbrochener Geist, *
ein zerbrochenes und zerschlagenes Herz
   wirst du, Gott, nicht verschmähen. – Kv

GEBET

Gott,
du unwandelbare Kraft, du ewiges Licht,
schau gütig auf deine Kirche
und wirke durch sie das Heil der Menschen.
So erfahre die Welt,
was du von Ewigkeit her bestimmt hast:

Was alt ist, wird neu,
was dunkel ist, wird licht,
was tot war, steht auf zum Leben,
und alles wird wieder heil in dem,
der der Ursprung von allem ist,
in unserem Herrn Jesus Christus,
der mit dir lebt und herrscht in alle Ewigkeit.

Oder:

Herr, unser Gott,
durch die Schriften des Alten und des Neuen Bundes
führst du uns ein
in das Geheimnis dieser heiligen Nacht.
Öffne unsere Augen für das Werk deines Erbarmens
und schenk uns durch die Gnade dieser Osternacht
die feste Zuversicht, dass auch unser Leben
in deiner Herrlichkeit vollendet wird.
Darum bitten wir durch Christus, unseren Herrn.

Oder (wenn eine Taufe folgt):

Sei uns nahe, allmächtiger Gott,
und wirke in den Sakramenten,
die uns deine Liebe schenkt:
Sende den Geist aus,
der uns zu deinen Kindern macht,
den Geist, durch den dir aus dem Wasser der Taufe
ein neues Volk geboren wird.
Was wir unter heiligen Zeichen vollziehen,
das vollende du mit deiner Kraft.
Darum bitten wir durch Christus, unseren Herrn.

Nach dem Gebet zur letzten Lesung aus dem Alten Testament:
Ehre sei Gott, S. 371 f.

TAGESGEBET

Gott, du hast diese Nacht hell gemacht
durch den Glanz der Auferstehung unseres Herrn.
Erwecke in deiner Kirche den Geist der Kindschaft,
den du uns durch die Taufe geschenkt hast,

damit wir neu werden an Leib und Seele
und dir mit aufrichtigem Herzen dienen.
Darum bitten wir durch Jesus Christus.

ZUR EPISTEL *Christus ist ein für alle Mal gestorben und von den Toten auferstanden; sein Leben ist göttliches Leben. In diese Christuswirklichkeit sind wir durch die Taufe eingetreten; alles hat Gott uns durch ihn und mit ihm geschenkt. Aber was wir empfangen haben, muss gelebte Wirklichkeit werden: in der Zustimmung des Glaubens und im Ja des Gehorsams.*

EPISTEL
Röm 6, 3–11

Sind wir mit Christus gestorben, so glauben wir, dass wir auch mit ihm leben werden

Lesung
   aus dem Brief des Apostels Paulus
   an die Gemeinde in Rom.

Schwestern und Brüder!
3 Wir, die wir auf Christus Jesus getauft wurden,
   sind auf seinen Tod getauft worden.
4 Wir wurden ja mit ihm begraben durch die Taufe auf den Tod,
   damit auch wir, so wie Christus durch die Herrlichkeit des Vaters
      von den Toten auferweckt wurde,
      in der Wirklichkeit des neuen Lebens wandeln.
5 Wenn wir nämlich mit der Gestalt seines Todes verbunden wurden,
   dann werden wir es auch
   mit der seiner Auferstehung sein.
6 Wir wissen doch:
Unser alter Mensch wurde mitgekreuzigt,
   damit der von der Sünde beherrschte Leib vernichtet werde,
sodass wir nicht mehr Sklaven der Sünde sind.
7 Denn wer gestorben ist,
   der ist frei geworden von der Sünde.
8 Sind wir nun mit Christus gestorben,
   so glauben wir, dass wir auch mit ihm leben werden.

⁹ Wir wissen,
   dass Christus, von den Toten auferweckt, nicht mehr stirbt;
   der Tod hat keine Macht mehr über ihn.
¹⁰ Denn durch sein Sterben
   ist er ein für alle Mal gestorben für die Sünde,
   sein Leben aber lebt er für Gott.
¹¹ So begreift auch ihr euch als Menschen,
   die für die Sünde tot sind,
   aber für Gott leben in Christus Jesus.

ANTWORTPSALM   Ps 118 (117), 1–2.16–17.22–23

Kv Halleluja, Halleluja, Halleluja. – Kv*   GL 312, 9

¹ Danket dem HERRN, denn er ist gut, *
  denn seine Huld währt ewig!
² So soll Israel sagen: *
  Denn seine Huld währt ewig. – (Kv)
¹⁶ Die Rechte des HERRN, sie erhöht, *
   die Rechte des HERRN, Taten der Macht vollbringt sie.
¹⁷ Ich werde nicht sterben, sondern leben, *
   um die Taten des HERRN zu verkünden. – (Kv)
²² Ein Stein, den die Bauleute verwarfen, *
   er ist zum Eckstein geworden.
²³ Vom HERRN her ist dies gewirkt, *
   ein Wunder in unseren Augen. – Kv

ZUM EVANGELIUM   *Die Erzählung von Jesu Leiden und Tod gipfelt in der Osterbotschaft: Er ist auferstanden, er lebt. Das leere Grab war ein Zeichen, aber noch keine Botschaft. Erst durch die Begegnung mit dem Auferstandenen wird das Zeichen verständlich. Die Begegnung aber ist nur möglich, wenn das Herz bereit ist, zu sehen und zu glauben. Das ist auch die Lehre aus der Erzählung von den Emmausjüngern (Evangelium bei einer Messe am Abend): Das Herz spürt die Nähe des Herrn und versteht die Wahrheit der Heiligen Schrift.*

---

* Nach alter Tradition kann auch der Zelebrant dieses Halleluja anstimmen.

EVANGELIUM Mk 16, 1–7

Ihr sucht Jesus von Nazaret, den Gekreuzigten; er ist auferstanden

✠ Aus dem heiligen Evangelium nach Markus.

¹ Als der Sabbat vorüber war,
kauften Maria aus Mágdala,
Maria, die Mutter des Jakobus,
und Sálome wohlriechende Öle,
um damit zum Grab zu gehen
und Jesus zu salben.

² Am ersten Tag der Woche kamen sie in aller Frühe zum Grab,
als eben die Sonne aufging.

³ Sie sagten zueinander:
Wer könnte uns den Stein vom Eingang des Grabes wegwälzen?

⁴ Doch als sie hinblickten,
sahen sie, dass der Stein schon weggewälzt war;
er war sehr groß.

⁵ Sie gingen in das Grab hinein
und sahen auf der rechten Seite einen jungen Mann sitzen,
der mit einem weißen Gewand bekleidet war;
da erschraken sie sehr.

⁶ Er aber sagte zu ihnen: Erschreckt nicht!
Ihr sucht Jesus von Nazaret, den Gekreuzigten.
Er ist auferstanden;
er ist nicht hier.
Seht, da ist die Stelle, wohin man ihn gelegt hat.

⁷ Nun aber geht
und sagt seinen Jüngern und dem Petrus:
Er geht euch voraus nach Galiläa;
dort werdet ihr ihn sehen,
wie er es euch gesagt hat.

Dritter Teil

TAUFFEIER

Allerheiligenlitanei

(entfällt, wenn keine Taufe gespendet und auch kein Taufwasser gesegnet wird)

Kýrie, eléison.	Oder: Herr, erbarme dich.
Christe, eléison.	Christus, erbarme dich.
Kýrie, eléison.	Herr, erbarme dich.
Heilige Maria, Mutter Gottes	A: Bitte für uns.
Heiliger Michael	
Ihr heiligen Engel Gottes	A: Bittet für uns.
Heiliger Johannes der Täufer	A: Bitte für uns.
Heiliger Josef	
Heilige Apostel Petrus und Paulus	A: Bittet für uns.
Heiliger Andreas	A: Bitte für uns.
Heiliger Johannes	
Heilige Maria Magdalena	
Heiliger Stephanus	
Heiliger Ignatius von Antiochien	
Heiliger Laurentius	
Heilige Perpetua und Felizitas	A: Bittet für uns.
Heilige Agnes	A: Bitte für uns.
Heiliger Gregor	
Heiliger Augustinus	
Heiliger Athanasius	
Heiliger Basilius	
Heiliger Martin	
Heiliger Benedikt	
Heiliger Franziskus	
Heiliger Dominikus	
Heiliger Franz Xaver	
Heiliger Pfarrer von Ars	
Heilige Katharina von Siena	
Heilige Theresia von Ávila	
Alle Heiligen Gottes	A: Bittet für uns.

Ostersonntag – Die Feier der Osternacht

Jesus, sei uns gnädig	A: Herr, befreie uns.

Von allem Bösen
Von aller Sünde
Von der ewigen Verdammnis
Durch deine Menschwerdung und dein heiliges Leben
Durch dein Sterben und dein Auferstehn
Durch die Sendung des Heiligen Geistes

Wir armen Sünder	A: Wir bitten dich, erhöre uns.

Wenn getauft wird:

Schenke diesem (diesen) Erwählten im Wasser der Taufe das neue Leben

Wenn nicht getauft wird:

Heilige in deiner Gnade dieses Wasser für die Taufe deiner Kinder

Jesus, Sohn des lebendigen Gottes

Christus, höre uns.	A: Christus, erhöre uns.

Taufwasserweihe

Der Priester segnet das Taufwasser:

Allmächtiger, ewiger Gott, deine unsichtbare Macht bewirkt das Heil der Menschen durch sichtbare Zeichen. Auf vielfältige Weise hast du das Wasser dazu erwählt, dass es hinweise auf das Geheimnis der Taufe: Schon im Anfang der Schöpfung schwebte dein Geist über dem Wasser und schenkte ihm die Kraft, zu retten und zu heiligen. Selbst die Sintflut war ein Zeichen der Taufe, denn das Wasser brachte der Sünde den Untergang und heiligem Leben einen neuen Anfang. Als die Kinder Abrahams, aus Pharaos Knechtschaft befreit, trockenen Fußes das Rote Meer durchschritten, da waren sie ein Bild deiner Gläubigen, die durch das Wasser der Taufe aus der Knechtschaft des Bösen befreit sind.

Allmächtiger, ewiger Gott, dein geliebter Sohn wurde von Johannes im Jordan getauft und von dir gesalbt mit Heiligem Geiste. Als er am Kreuz hing, flossen aus seiner Seite Blut und Wasser. Nach seiner Auferstehung befahl er den Jüngern: „Geht hin und lehret alle Völker und taufet sie im Namen des Vaters und des Sohnes und des Heiligen Geistes."

Allmächtiger, ewiger Gott, schau gnädig auf deine Kirche und öffne ihr den Brunnen der Taufe. Dieses Wasser empfange die Gnade deines eingeborenen Sohnes vom Heiligen Geiste, damit der Mensch, der auf dein Bild hin geschaffen ist, durch das Sakrament der Taufe gereinigt wird von der alten Schuld und aus Wasser und Heiligem Geiste aufersteht zum neuen Leben deiner Kinder.

Bei den folgenden Worten kann der Priester die Osterkerze einmal oder dreimal in das Wasser einsenken:

Durch deinen geliebten Sohn steige herab in dieses Wasser die Kraft des Heiligen Geistes, damit alle, die durch die Taufe mit Christus begraben sind in seinen Tod, durch die Taufe mit Christus auferstehn zum ewigen Leben. Darum bitten wir durch Jesus Christus, deinen Sohn, unseren Herrn und Gott, der in der Einheit des Heiligen Geistes mit dir lebt und herrscht in Ewigkeit.

A: Amen.

Zuruf Dan 3, 77

Preist, ihr Quellen, den Herrn,
lobt und erhebt ihn in Ewigkeit!

Oder ein Lied.

Nun werden die einzelnen Täuflinge über ihren Glauben befragt und getauft. Erwachsene Täuflinge empfangen sofort nach der Taufe die Firmung, wenn ein Bischof oder ein Priester mit Firmvollmacht anwesend ist.

Folgt keine Taufe und wird auch kein Taufwasser gesegnet, dann segnet der Priester das Wasser mit folgendem Gebet:

Liebe Brüder und Schwestern!
Wir bitten den Herrn, dass er dieses Wasser segne, mit dem wir nun besprengt werden. Das geweihte Wasser soll uns an die Taufe erinnern: Gott aber erneuere in uns seine Gnade, damit wir dem Geist treu bleiben, den wir empfangen haben.

Kurze Gebetsstille. Dann:

Herr, unser Gott, sei deinem Volk nahe, das wachend und betend *diese Osternacht* feiert. Du hast uns wunderbar erschaffen und noch wunderbarer wiederhergestellt. Wir gedenken deiner großen Taten und bitten dich:

✛ Segne dieses Wasser, das uns an deine Sorge für uns Menschen erinnert. Im Anfang hast du das Wasser erschaffen, damit es der Erde Fruchtbarkeit bringt und uns Menschen zum frischen Trunk und zum reinigenden Bad wird.
Du hast das Wasser in Dienst genommen für das Werk deines Erbarmens: Im Roten Meer hast du dein Volk durch das Wasser aus der Knechtschaft Ägyptens befreit, in der Wüste mit Wasser aus dem Felsen seinen Durst gestillt.
Die Propheten sahen im Bild des lebendigen Wassers den Neuen Bund, den du mit uns Menschen schließen wolltest.
Durch das Wasser, das Christus im Jordan geheiligt hat, reinigst du im Bad der Taufe den sündigen Menschen und schenkst ihm das neue Leben deiner Kinder.
Darum sei dieses Wasser eine Erinnerung an unsere Taufe, es vereinige uns in österlicher Freude mit unseren Brüdern und Schwestern, die in dieser heiligen Nacht getauft werden, und mit allen, die aus dem Wasser und dem Heiligen Geist wiedergeboren sind zum ewigen Leben. Darum bitten wir durch Christus, unseren Herrn.
A: Amen.

Erneuerung des Taufversprechens

Nach der Spendung der Taufe (und der Firmung) oder, falls eine solche nicht stattfand, nach der Segnung des Wassers erneuern alle, mit brennenden Kerzen in den Händen, das Taufbekenntnis:

Priester:
Liebe Brüder und Schwestern!
Wir alle sind einst durch das österliche Geheimnis der Taufe mit Christus begraben worden, damit wir mit ihm auferstehen zu einem neuen Leben. Nach den vierzig Tagen der Fastenzeit, in denen wir uns auf Ostern vorbereitet haben, wollen wir darum das Taufversprechen erneuern, mit dem wir einst dem Satan abgeschworen und Gott versprochen haben, ihm, unserem Herrn, in der heiligen katholischen Kirche zu dienen.
Deshalb frage ich euch:
P: Widersagt ihr dem Satan?
A: Ich widersage.

P: Und all seiner Bosheit?
A: Ich widersage.
P: Und all seinen Verlockungen?
A: Ich widersage.

Oder:

P: Widersagt ihr dem Bösen, um in der Freiheit der Kinder Gottes leben zu können?
A: Ich widersage.
P: Widersagt ihr den Verlockungen des Bösen, damit es nicht Macht über euch gewinnt?
A: Ich widersage.
P: Widersagt ihr dem Satan, dem Urheber des Bösen?
A: Ich widersage.

Dann fragt der Priester:

P: Glaubt ihr an Gott, den Vater, den Allmächtigen, den Schöpfer des Himmels und der Erde?
A: Ich glaube.
P: Glaubt ihr an Jesus Christus, seinen eingeborenen Sohn, unseren Herrn, der geboren ist von der Jungfrau Maria, der gelitten hat und begraben wurde, von den Toten auferstand und zur Rechten des Vaters sitzt?
A: Ich glaube.
P: Glaubt ihr an den Heiligen Geist, die heilige katholische Kirche, die Gemeinschaft der Heiligen, die Vergebung der Sünden, die Auferstehung der Toten und das ewige Leben?
A: Ich glaube.

Der Priester schließt:

Der allmächtige Gott, der Vater unseres Herrn Jesus Christus, hat uns aus dem Wasser und dem Heiligen Geist neues Leben geschenkt und uns alle Sünden vergeben. Er bewahre uns durch seine Gnade in Christus Jesus, unserem Herrn, zum ewigen Leben.
A: Amen.

Der Priester besprengt die Gemeinde mit dem gesegneten Wasser, währenddessen singen alle die Antiphon:

Ich sah ein Wasser ausgehen vom Tempel,
von dessen rechter Seite.
Halleluja, Halleluja.
Und alle, zu denen das Wasser kam, wurden gerettet,
und sie werden rufen:
Halleluja, Halleluja.

Danach geht der Priester an seinen Sitz und spricht die Fürbitten.
Das Glaubensbekenntnis entfällt.

Vierter Teil

EUCHARISTIEFEIER

Der Priester geht zum Altar und beginnt in der gewohnten Weise die Eucharistiefeier.

Die Macht des Todes ist durch den Auferstandenen Christus ein für alle Mal gebrochen. Er lebt in uns und unter uns. In der Taufe sind wir mit ihm gestorben für die Sünde und leben für Gott.

GABENGEBET

Herr, unser Gott,
nimm die Gebete und Gaben deines Volkes an
und gib, dass diese österliche Feier,
die im Opfer des wahren Osterlammes ihren Ursprung hat,
uns zum ewigen Heil führt.
Darum bitten wir durch Christus, unseren Herrn.

Osterpräfation I: diese Nacht, S. 423
In den Hochgebeten I–III eigener Einschub

KOMMUNIONVERS 1 Kor 5, 7–8

Unser Osterlamm ist geopfert, Christus, der Herr. Halleluja!
Wir sind befreit von Sünde und Schuld.
So lasst uns Festmahl halten in Freude. Halleluja!

SCHLUSSGEBET

Herr, unser Gott,
du hast uns durch die österlichen Sakramente gestärkt.
Schenke uns den Geist deiner Liebe,
damit deine Gemeinde ein Herz und eine Seele wird.
Darum bitten wir durch Christus, unseren Herrn.

Zur Entlassung:
Gehet hin in Frieden. Halleluja, Halleluja.
Dank sei Gott, dem Herrn. Halleluja, Halleluja.

ZUM NACHDENKEN
Der neue Mensch
Der auferstandene Christus trägt die neue Menschheit in sich,
das letzte herrliche Ja Gottes zum neuen Menschen.
Zwar lebt die Menschheit noch im alten,
aber sie ist schon über das Alte hinaus,
zwar lebt sie noch in einer Welt des Todes,
aber sie ist schon über den Tod hinaus,
zwar lebt sie noch in einer Welt der Sünde,
aber sie ist schon über die Sünde hinaus.
Die Nacht ist noch nicht vorüber,
aber es tagt schon. (Dietrich Bonhoeffer)

OSTERSONNTAG
Am Tag

Zwischen der Auferstehung Christi und der Offenbarung seiner Macht und Herrlichkeit läuft unsere Zeit, unser Weg. Wir gehen im Licht des Glaubens, oder manchmal auch: in der Dunkelheit des Glaubens. Unser Glaube stützt sich auf das Zeugnis derer, die den Auferstandenen gesehen haben. Die Welt um uns aber und die Generation nach uns leben von dem Glauben, den wir bekennen und durch unser Leben bezeugen.

ERÖFFNUNGSVERS   Vgl. Ps 139 (138), 18. 5–6
Ich bin erstanden und bin immer bei dir. Halleluja.
Du hast deine Hand auf mich gelegt. Halleluja.
Wie wunderbar ist für mich dieses Wissen. Halleluja.

Ostersonntag – Am Tag 249

Oder: Vgl. Lk 24, 34; Offb 1, 6
Der Herr ist auferstanden, er ist wahrhaft auferstanden. Halleluja.
Sein ist die Macht und die Herrlichkeit in Ewigkeit. Halleluja.
Ehre sei Gott, S. 371 f.

TAGESGEBET

Allmächtiger, ewiger Gott,
am heutigen Tag
hast du durch deinen Sohn den Tod besiegt
und uns den Zugang zum ewigen Leben erschlossen.
Darum begehen wir in Freude
das Fest seiner Auferstehung.
Schaffe uns neu durch deinen Geist,
damit auch wir auferstehen
und im Licht des Lebens wandeln.
Darum bitten wir durch Jesus Christus.

ZUR 1. LESUNG   *In knappen, inhaltsschweren Sätzen ist in der Petrusrede das apostolische Zeugnis über Jesus zusammengefasst. In der Mitte steht die Botschaft von seinem Tod und seiner Auferstehung: „Gott hat ihn auferweckt." Auf diesem Zeugnis ruhen unser Osterglaube und unsere ganze Hoffnung. Jesus lebt, Gott hat ihn zum Richter über Lebende und Tote bestellt. Der Richter ist auch der Retter: wer an ihn glaubt, wird leben; ihm werden die Sünden vergeben.*

ERSTE LESUNG   Apg 10, 34a.37–43
Wir haben mit ihm nach seiner Auferstehung gegessen und getrunken

Lesung
   aus der Apostelgeschichte.

In jenen Tagen
34a begann Petrus zu reden
und sagte:
37   Ihr wisst, was im ganzen Land der Juden geschehen ist,
angefangen in Galiläa,
nach der Taufe, die Johannes verkündet hat:
38 wie Gott Jesus von Nazaret gesalbt hat
   mit dem Heiligen Geist und mit Kraft,

wie dieser umherzog,
Gutes tat
und alle heilte, die in der Gewalt des Teufels waren;
denn Gott war mit ihm.
³⁹ Und wir sind Zeugen
für alles, was er im Land der Juden und in Jerusalem getan hat.
Ihn haben sie an den Pfahl gehängt und getötet.
⁴⁰ Gott aber hat ihn am dritten Tag auferweckt
und hat ihn erscheinen lassen,
⁴¹ zwar nicht dem ganzen Volk,
wohl aber den von Gott vorherbestimmten Zeugen:
uns, die wir mit ihm nach seiner Auferstehung von den Toten
gegessen und getrunken haben.
⁴² Und er hat uns geboten, dem Volk zu verkünden
und zu bezeugen:
Dieser ist der von Gott eingesetzte Richter
der Lebenden und der Toten.
⁴³ Von ihm bezeugen alle Propheten,
dass jeder, der an ihn glaubt,
durch seinen Namen die Vergebung der Sünden empfängt.

ANTWORTPSALM   Ps 118 (117), 1–2.16–17.22–23 (Kv: vgl. 24)

Kv Das ist der Tag, den der HERR gemacht;   GL 66, 1
wir wollen jubeln und uns über ihn freuen. – Kv

Oder: Kv Halleluja. – Kv

¹ Danket dem HERRN, denn er ist gut, *
denn seine Huld währt ewig!
² So soll Israel sagen: *
Denn seine Huld währt ewig. – (Kv)
¹⁶ Die Rechte des HERRN, sie erhöht, *
die Rechte des HERRN, Taten der Macht vollbringt sie.
¹⁷ Ich werde nicht sterben, sondern leben, *
um die Taten des HERRN zu verkünden. – (Kv)

Ostersonntag – Am Tag   251

²² Ein Stein, den die Bauleute verwarfen, *
er ist zum Eckstein geworden.
²³ Vom HERRN her ist dies gewirkt, *
ein Wunder in unseren Augen. – Kv

ZUR 2. LESUNG *Die Auferstehung Jesu erweist sich dort als wahr und wirklich, wo sie Folgen hat. Wer auf den Tod und die Auferstehung Jesu getauft worden ist, dessen Leben ist von Christus her geprägt. Noch sind wir nicht endgültig da, wo Christus ist: „oben", „in der Herrlichkeit", der Vollendung, aber unser Denken, Suchen und Hoffen sollen dorthin gehen.*

ZWEITE LESUNG   Kol 3, 1–4   [1]

Strebt nach dem, was oben ist, wo Christus zur Rechten Gottes sitzt

**Lesung
aus dem Brief des Apostels Paulus
an die Gemeinde in Kolóssä.**

Schwestern und Brüder!
¹ Seid ihr nun mit Christus auferweckt,
so strebt nach dem, was oben ist,
wo Christus zur Rechten Gottes sitzt!
² Richtet euren Sinn auf das, was oben ist,
nicht auf das Irdische!
³ Denn ihr seid gestorben
und euer Leben ist mit Christus verborgen in Gott.
⁴ Wenn Christus, unser Leben, offenbar wird,
dann werdet auch ihr mit ihm offenbar werden in Herrlichkeit.

Oder:

ZUR 2. LESUNG *Vor der Opferung des Paschalammes wurde aus den jüdischen Häusern der alte Sauerteig fortgeschafft; mit neuem, ungesäuertem Brot feierte man das Paschamahl. Darin sieht der Apostel einen Hinweis auf das neue Pascha, wie es in der christlichen Gemeinde gefeiert wird und gelebt werden soll. Christus, das Lamm Gottes, ist unser Mahl. Der alte Sauerteig (Zersetzung, Sünde) muss fortgeschafft werden; Ostern ist der Tag eines neuen Anfangs.*

ZWEITE LESUNG

1 Kor 5, 6b–8

Schafft den alten Sauerteig weg, damit ihr neuer Teig seid

Lesung
aus dem ersten Brief des Apostels Paulus
an die Gemeinde in Korínth.

Schwestern und Brüder!
⁶ Wisst ihr nicht,
dass ein wenig Sauerteig den ganzen Teig durchsäuert?
⁷ Schafft den alten Sauerteig weg,
damit ihr neuer Teig seid!
Ihr seid ja schon ungesäuertes Brot;
denn als unser Paschalamm* ist Christus geopfert worden.
⁸ Lasst uns also das Fest nicht mit dem alten Sauerteig feiern,
nicht mit dem Sauerteig der Bosheit und Schlechtigkeit,
sondern mit den ungesäuerten Broten
der Aufrichtigkeit und Wahrheit!

SEQUENZ

Singt das Lob dem Osterlamme,
bringt es ihm dar, ihr Christen.

Das Lamm erlöst die Schafe:
Christus, der ohne Schuld war,
versöhnte die Sünder mit dem Vater.

Tod und Leben, die kämpften
unbegreiflichen Zweikampf;
des Lebens Fürst, der starb, herrscht nun lebend.

Maria Magdalena,
sag uns, was du gesehen.
Das Grab des Herrn sah ich offen
und Christus von Gottes Glanz umflossen.

Sah Engel in dem Grabe,
die Binden und das Linnen.

---

* Sprich: Pas-chalamm.

Er lebt, der Herr, meine Hoffnung,
er geht euch voran nach Galiläa.

Lasst uns glauben, was Maria den Jüngern verkündet.
Sie sahen den Herren, den Auferstandnen.

Ja, der Herr ist auferstanden, ist wahrhaft erstanden.
Du Sieger, König, Herr, hab Erbarmen!
(Amen. Halleluja.)

RUF VOR DEM EVANGELIUM   Vers: vgl. 1 Kor 5, 7b–8a

Halleluja. Halleluja.

Unser Paschalamm ist geopfert: Christus.
So lasst uns das Festmahl feiern im Herrn.

Halleluja.

ZUM EVANGELIUM   *Das leere Grab war ein Zeichen, verstehbar erst durch die Begegnung mit dem Auferstandenen. Die Begegnung aber ist nur möglich, wenn das Herz bereit ist, zu sehen und zu glauben. Das ist auch die Lehre der Erzählung von den Emmausjüngern (Lk 24; Messe am Abend): Das brennende Herz spürt die Nähe des Herrn und versteht die Wahrheit der heiligen Schriften.*

EVANGELIUM   Joh 20, 1–9   [1]
Er sah und glaubte

✛ Aus dem heiligen Evangelium nach Johannes.

¹ Am ersten Tag der Woche kam Maria von Mágdala
   frühmorgens, als es noch dunkel war, zum Grab
und sah, dass der Stein vom Grab weggenommen war.
² Da lief sie schnell zu Simon Petrus
   und dem anderen Jünger, den Jesus liebte,
und sagte zu ihnen:
   Sie haben den Herrn aus dem Grab weggenommen
und wir wissen nicht, wohin sie ihn gelegt haben.
³ Da gingen Petrus und der andere Jünger hinaus
   und kamen zum Grab;
⁴ sie liefen beide zusammen,

aber weil der andere Jünger schneller war als Petrus,
   kam er als Erster ans Grab.
⁵ Er beugte sich vor
   und sah die Leinenbinden liegen,
ging jedoch nicht hinein.
⁶ Da kam auch Simon Petrus, der ihm gefolgt war,
   und ging in das Grab hinein.
Er sah die Leinenbinden liegen
⁷ und das Schweißtuch, das auf dem Haupt Jesu gelegen hatte;
es lag aber nicht bei den Leinenbinden,
   sondern zusammengebunden daneben
   an einer besonderen Stelle.
⁸ Da ging auch der andere Jünger,
   der als Erster an das Grab gekommen war, hinein;
er sah und glaubte.
⁹ Denn sie hatten noch nicht die Schrift verstanden,
   dass er von den Toten auferstehen müsse.

Oder:

2 EVANGELIUM   Joh 20, 1–18
Er sah und glaubte. –
Ich gehe hinauf zu meinem Vater und zu eurem Vater

✛ Aus dem heiligen Evangelium nach Johannes.

¹ Am ersten Tag der Woche kam Maria von Mágdala
   frühmorgens, als es noch dunkel war, zum Grab
und sah, dass der Stein vom Grab weggenommen war.
² Da lief sie schnell zu Simon Petrus
   und dem anderen Jünger, den Jesus liebte,
und sagte zu ihnen:
   Sie haben den Herrn aus dem Grab weggenommen
   und wir wissen nicht, wohin sie ihn gelegt haben.
³ Da gingen Petrus und der andere Jünger hinaus
   und kamen zum Grab;
⁴ sie liefen beide zusammen,

Ostersonntag – Am Tag

aber weil der andere Jünger schneller war als Petrus,
    kam er als Erster ans Grab.
5 Er beugte sich vor
    und sah die Leinenbinden liegen,
ging jedoch nicht hinein.
6 Da kam auch Simon Petrus, der ihm gefolgt war,
    und ging in das Grab hinein.
Er sah die Leinenbinden liegen
7 und das Schweißtuch, das auf dem Haupt Jesu gelegen hatte;
es lag aber nicht bei den Leinenbinden,
    sondern zusammengebunden daneben
    an einer besonderen Stelle.
8 Da ging auch der andere Jünger,
    der als Erster an das Grab gekommen war, hinein;
er sah und glaubte.
9 Denn sie hatten noch nicht die Schrift verstanden,
    dass er von den Toten auferstehen müsse.
10 Dann kehrten die Jünger wieder nach Hause zurück.
11 Maria aber stand draußen vor dem Grab und weinte.
Während sie weinte,
    beugte sie sich in die Grabkammer hinein.
12 Da sah sie zwei Engel in weißen Gewändern sitzen,
den einen dort, wo der Kopf,
    den anderen dort,
    wo die Füße des Leichnams Jesu gelegen hatten.
13 Diese sagten zu ihr: Frau, warum weinst du?
Sie antwortete ihnen:
    Sie haben meinen Herrn weggenommen
    und ich weiß nicht, wohin sie ihn gelegt haben.
14 Als sie das gesagt hatte, wandte sie sich um
    und sah Jesus dastehen,
    wusste aber nicht, dass es Jesus war.
15 Jesus sagte zu ihr: Frau, warum weinst du?
Wen suchst du?

Sie meinte, es sei der Gärtner,
und sagte zu ihm: Herr, wenn du ihn weggebracht hast,
   sag mir, wohin du ihn gelegt hast!
   Dann will ich ihn holen.
¹⁶ Jesus sagte zu ihr: Maria!
Da wandte sie sich um
   und sagte auf Hebräisch zu ihm: Rabbúni!, das heißt: Meister.
¹⁷ Jesus sagte zu ihr: Halte mich nicht fest;
   denn ich bin noch nicht zum Vater hinaufgegangen.
Geh aber zu meinen Brüdern
und sag ihnen:
   Ich gehe hinauf zu meinem Vater und eurem Vater,
   zu meinem Gott und eurem Gott.
¹⁸ Maria von Mágdala kam zu den Jüngern
   und verkündete ihnen: Ich habe den Herrn gesehen.
Und sie berichtete,
   was er ihr gesagt hatte.

Oder:

3 **EVANGELIUM** Mk 16, 1–7

siehe S. 241

Oder (bei einer Abendmesse):

RUF VOR DEM EVANGELIUM und

4 **EVANGELIUM** Lk 24, 13–35

siehe S. 262 ff.

Glaubensbekenntnis, S. 374 ff.
Fürbitten vgl. S. 802 ff.

ZUR EUCHARISTIEFEIER *In jeder Feier der Eucharistie wird das Ostergeschehen vergegenwärtigt: Sie ist Gedächtnis und Bekenntnis des Todes und der Auferstehung Jesu. Sie ist der Ort, an dem das neue Leben aus dem Glauben seinen Anfang nimmt und Gestalt gewinnt.*

GABENGEBET

Herr, unser Gott,
nimm die Gaben an,
die wir in österlicher Freude darbringen für das Opfer,
durch das deine Kirche
auf wunderbare Weise wiedergeboren und gestärkt wird.
Darum bitten wir durch Christus, unseren Herrn.

Osterpräfation I: diesen Tag, S. 423
In den Hochgebeten I–III eigener Einschub

KOMMUNIONVERS Vgl. 1 Kor 5, 7–8

Unser Osterlamm ist geopfert, Christus, der Herr. Halleluja.
Wir sind befreit von Sünde und Schuld.
So lasst uns Festmahl halten in Freude. Halleluja!

SCHLUSSGEBET

Allmächtiger Gott,
du hast deiner Kirche
durch die österlichen Geheimnisse
neues Leben geschenkt.
Bewahre und beschütze uns in deiner Liebe
und führe uns zur Herrlichkeit der Auferstehung.
Darum bitten wir durch Christus, unseren Herrn.

„Deinen Tod verkünden wir und deine Auferstehung preisen wir, bis du kommst in Herrlichkeit." ... Ostern ist das große „Ja" Gottes zu dieser Haltung, die eine Haltung der Liebe und der Hingabe, der Solidarität ist. Zwar führten menschlicher Hass und Gewalt zum Karfreitag, aber Ostern kehrt diese Botschaft um: Gewalt darf nicht das letzte Wort haben. Sinnloses Töten ist zu verurteilen. Ostern ist das Ja Gottes hinter dem Nein von uns Menschen, Ostern ist das Leben, das stärker ist als Tod und Sünde, Ostern ist die Aufforderung, für Leben und Liebe einzustehen. (Urban Federer)

OSTERMONTAG

Wo der Ostermontag als Feiertag begangen wird.

Nach dem Osterereignis wissen wir, wer Christus ist: der ganz Heilige und Treue, der Sohn. Jetzt wissen wir auch erst, wer Gott ist: der Lebendige, der Leben Schaffende. Er schafft in uns ein neues Herz, in dem sein Wort leuchten kann; er ist bei uns auf unserem Weg.

ERÖFFNUNGSVERS
Vgl. Ex 13, 5.9

Der Herr hat euch in das Land geführt,
wo Milch und Honig strömen.
Immer soll das Gesetz des Herrn in eurem Herzen sein.
Halleluja.

Oder:

Der Herr ist vom Tod auferstanden, wie er gesagt hat.
Freut euch und frohlockt, denn er herrscht in Ewigkeit. Halleluja.

Ehre sei Gott, S. 371 f.

TAGESGEBET

**Gott, du Herr allen Lebens,
durch die Taufe schenkst du deiner Kirche
Jahr für Jahr neue Söhne und Töchter.
Gib, dass alle Christen in ihrem Leben dem Sakrament treu bleiben,
das sie im Glauben empfangen haben.
Darum bitten wir durch Jesus Christus.**

ZUR 1. LESUNG *Im Mittelpunkt der Rede des Petrus an Pfingsten steht die Aussage über den Tod Jesu und seine Auferstehung. Die Auferstehung ist durch Zeugen verbürgt, die Jesus gesehen haben; Petrus verweist außerdem auf den Psalm 16, den er auf Christus deutet. Dieser Psalm, zunächst das Gebet eines Menschen, der sein Leben bedroht sieht, ist durch das Christusereignis in seinem Vollsinn deutlich geworden: Gott gibt den, der ihm treu ist, nicht dem Tod preis. Seit der Auferstehung Jesu haben auch wir Hoffnung auf ewiges Leben in der Gemeinschaft mit Gott.*

ERSTE LESUNG

Apg 2, 14.22b–33

Gott hat Jesus auferweckt, dafür sind wir alle Zeugen

Lesung
aus der Apostelgeschichte.

¹⁴ Am Pfingsttag trat Petrus auf,
zusammen mit den Elf;
er erhob seine Stimme und begann zu reden:
Ihr Juden und alle Bewohner von Jerusalem!
Dies sollt ihr wissen,
achtet auf meine Worte!

²²ᵇ Jesus, den Nazoräer,
einen Mann, den Gott vor euch beglaubigt hat
durch Machttaten, Wunder und Zeichen,
die er durch ihn in eurer Mitte getan hat, wie ihr selbst
wisst –

²³ ihn, der nach Gottes beschlossenem Willen und Vorauswissen
hingegeben wurde,
habt ihr durch die Hand von Gesetzlosen
ans Kreuz geschlagen und umgebracht.

²⁴ Gott aber hat ihn von den Wehen des Todes befreit
und auferweckt;
denn es war unmöglich, dass er vom Tod festgehalten wurde.

²⁵ David nämlich sagt über ihn:
Ich hatte den Herrn beständig vor Augen.
Denn er steht mir zur Rechten, dass ich nicht wanke.

²⁶ Darum freute sich mein Herz
und frohlockte meine Zunge
und auch mein Leib wird in Hoffnung wohnen;

²⁷ denn du gibst meine Seele nicht der Unterwelt preis,
noch lässt du deinen Frommen die Verwesung schauen.

²⁸ Du hast mir die Wege zum Leben gezeigt,
du wirst mich erfüllen mit Freude vor deinem Angesicht.

²⁹ Brüder,
ich darf freimütig zu euch über den Patriarchen David reden:

Er starb und wurde begraben
und sein Grabmal ist bei uns erhalten bis auf den heutigen Tag.
30 Da er ein Prophet war
und wusste, dass Gott ihm einen Eid geschworen hatte,
einer von seinen Nachkommen werde auf seinem Thron sitzen,
31 sagte er vorausschauend über die Auferstehung des Christus:
Er gab ihn nicht der Unterwelt preis
und sein Leib schaute die Verwesung nicht.
32 Diesen Jesus hat Gott auferweckt,
dafür sind wir alle Zeugen.
33 Zur Rechten Gottes erhöht,
hat er vom Vater den verheißenen Heiligen Geist empfangen
und ihn ausgegossen,
wie ihr seht und hört.

ANTWORTPSALM   Ps 89 (88), 2–3.4–5 (Kv: 2a)

Kv Von der Huld des HERRN will ich ewig singen. – Kv   GL 657, 3

Oder: Kv Halleluja. – Kv

2 Von der Huld des HERRN will ich ewig singen, *
von Geschlecht zu Geschlecht mit meinem Mund deine Treue verkünden.
3 Denn ich bekenne: Auf ewig ist Huld gegründet, *
im Himmel deine Treue gefestigt. – (Kv)
4 „Ich habe einen Bund geschlossen mit meinem Erwählten *
und David, meinem Knecht, geschworen:
5 Auf ewig gebe ich deinem Haus festen Bestand *
und von Geschlecht zu Geschlecht gründe ich deinen Thron." – Kv

ZUR 2. LESUNG   *Im 1. Korintherbrief lesen wir das älteste schriftliche Zeugnis über die Auferstehung Jesu, geschrieben um das Jahr 55. Es ist älter als die Ostererzählungen der Evangelien. Paulus hat in seinem Damaskuserlebnis Jesus als den Lebenden erfahren (Apg 9,3–6). Und er hat über die Auferstehung Jesu zuverlässige Überlieferungen, die er weitergibt. Er verweist aber auch (wie Petrus: 1. Lesung) auf die Schrift, das heißt auf Stellen des Alten Testaments, in denen die christliche Kirche Hinweise auf die Auferstehung Jesu erkennt.*

ZWEITE LESUNG

1 Kor 15, 1–8.11

Das Evangelium, das ich euch verkündet habe, ist der Grund, auf dem ihr steht

Lesung
  aus dem ersten Brief des Apostels Paulus
  an die Gemeinde in Korínth.

¹ Ich erinnere euch, Schwestern und Brüder,
  an das Evangelium, das ich euch verkündet habe.
Ihr habt es angenommen;
es ist der Grund, auf dem ihr steht.
² Durch dieses Evangelium werdet ihr gerettet werden,
  wenn ihr festhaltet an dem Wort,
  das ich euch verkündet habe,
es sei denn, ihr hättet den Glauben unüberlegt angenommen.
³ Denn vor allem habe ich euch überliefert,
  was auch ich empfangen habe:
Christus ist für unsere Sünden gestorben, gemäß der Schrift,
⁴   und ist begraben worden.
Er ist am dritten Tag auferweckt worden, gemäß der Schrift,
⁵   und erschien dem Kephas, dann den Zwölf.
⁶ Danach erschien er mehr als fünfhundert Brüdern zugleich;
die meisten von ihnen sind noch am Leben,
  einige sind entschlafen.
⁷ Danach erschien er dem Jakobus,
dann allen Aposteln.
⁸ Zuletzt erschien er auch mir,
  gleichsam der Missgeburt.
¹¹ Ob nun ich verkünde oder die anderen:
  Das ist unsere Botschaft
und das ist der Glaube, den ihr angenommen habt.

Ostermontag

1 RUF VOR DEM EVANGELIUM
Vers: vgl. Lk 24, 32

Halleluja. Halleluja.

Brannte nicht unser Herz,
als der Herr unterwegs mit uns redete
und uns den Sinn der Schriften eröffnete?

Halleluja.

ZUM EVANGELIUM *Mit dem Tod Jesu war für die Jünger eine Welt voller Hoffnungen zusammengebrochen. Der Auferstandene selbst belehrt sie, dass alles so geschehen „musste": So war es in den heiligen Schriften vorausgesagt. Den Jüngern brannte das Herz, als Jesus ihnen „den Sinn der Schriften erschloss"; aber erst beim Brotbrechen gingen ihnen die Augen auf. Als Zeugen des Auferstandenen kehrten sie nach Jerusalem zurück.*

1 EVANGELIUM
Lk 24, 13–35

Sie erkannten ihn, als er das Brot brach

+ Aus dem heiligen Evangelium nach Lukas.

¹³ Am ersten Tag der Woche
waren zwei von den Jüngern Jesu
auf dem Weg in ein Dorf namens Emmaus,
das sechzig Stadien von Jerusalem entfernt ist.

¹⁴ Sie sprachen miteinander über all das, was sich ereignet hatte.

¹⁵ Und es geschah:
Während sie redeten und ihre Gedanken austauschten,
kam Jesus selbst hinzu und ging mit ihnen.

¹⁶ Doch ihre Augen waren gehalten,
sodass sie ihn nicht erkannten.

¹⁷ Er fragte sie: Was sind das für Dinge,
über die ihr auf eurem Weg miteinander redet?

Da blieben sie traurig stehen

¹⁸ *und der eine von ihnen – er hieß Kléopas – antwortete ihm:*
Bist du so fremd in Jerusalem,
dass du als Einziger nicht weißt,
was in diesen Tagen dort geschehen ist?

¹⁹ Er fragte sie: Was denn?
Sie antworteten ihm: Das mit Jesus aus Nazaret.
Er war ein Prophet,
mächtig in Tat und Wort vor Gott und dem ganzen Volk.
²⁰ Doch unsere Hohepriester und Führer
haben ihn zum Tod verurteilen und ans Kreuz schlagen lassen.
²¹ Wir aber hatten gehofft,
dass er der sei, der Israel erlösen werde.
Und dazu ist heute schon der dritte Tag,
seitdem das alles geschehen ist.
²² Doch auch einige Frauen aus unserem Kreis
haben uns in große Aufregung versetzt.
Sie waren in der Frühe beim Grab,
²³ fanden aber seinen Leichnam nicht.
Als sie zurückkamen,
erzählten sie, es seien ihnen Engel erschienen
und hätten gesagt, er lebe.
²⁴ Einige von uns gingen dann zum Grab
und fanden alles so, wie die Frauen gesagt hatten;
ihn selbst aber sahen sie nicht.
²⁵ Da sagte er zu ihnen: Ihr Unverständigen,
deren Herz zu träge ist,
um alles zu glauben, was die Propheten gesagt haben.
²⁶ Musste nicht der Christus das erleiden
und so in seine Herrlichkeit gelangen?
²⁷ Und er legte ihnen dar,
ausgehend von Mose und allen Propheten,
was in der gesamten Schrift über ihn geschrieben steht.
²⁸ So erreichten sie das Dorf, zu dem sie unterwegs waren.
Jesus tat, als wolle er weitergehen,
²⁹ aber sie drängten ihn
und sagten: Bleibe bei uns;
denn es wird Abend,
der Tag hat sich schon geneigt!

Da ging er mit hinein, um bei ihnen zu bleiben.
³⁰ Und es geschah:
Als er mit ihnen bei Tisch war,
   nahm er das Brot,
sprach den Lobpreis,
brach es und gab es ihnen.
³¹ Da wurden ihre Augen aufgetan
und sie erkannten ihn;
und er entschwand ihren Blicken.
³² Und sie sagten zueinander:
   Brannte nicht unser Herz in uns,
   als er unterwegs mit uns redete
   und uns den Sinn der Schriften eröffnete?
³³ Noch in derselben Stunde brachen sie auf
   und kehrten nach Jerusalem zurück
   und sie fanden die Elf und die mit ihnen versammelt waren.
³⁴ Diese sagten:
   Der Herr ist wirklich auferstanden
   und ist dem Simon erschienen.
³⁵ Da erzählten auch sie,
   was sie unterwegs erlebt
   und wie sie ihn erkannt hatten,
   als er das Brot brach.

Oder:

2 RUF VOR DEM EVANGELIUM Vers: vgl. Ps 118 (117), 24

Halleluja. Halleluja.

Das ist der Tag, den der Herr gemacht;
lasst uns jubeln und seiner uns freuen.

Halleluja.

ZUM EVANGELIUM *Ein helles und ein dunkles Bild wird uns im heutigen Evangelium gezeigt: Die Frauen beten Jesus an und sprechen damit ihr Bekenntnis zum auferstandenen Herrn (V. 8–10). Die Hohepriester und die Ältesten offenbaren noch über den Tod Jesu hinaus ihren Hass gegen ihn und ihre geheime*

Furcht vor ihm. Und so ist es geblieben „bis heute" (V. 15): Glaube und Anbetung oder Hass und Lüge, das sind die möglichen Weisen, dem Auferstandenen gegenüber Stellung zu beziehen. Daneben stehen die Vielen, die nicht wissen, ob sie die Botschaft von der Auferstehung glauben können; sie darf man zu den Glaubenden zählen, weil sie glauben wollen.

EVANGELIUM

Mt 28, 8–15 ②

Sagt meinen Brüdern, sie sollen nach Galiläa gehen und dort werden sie mich sehen

☩ Aus dem heiligen Evangelium nach Matthäus.

Nachdem die Frauen die Botschaft des Engels vernommen hatten,
⁸ verließen sie sogleich das Grab voll Furcht und großer Freude
und sie eilten zu seinen Jüngern,
    um ihnen die Botschaft zu verkünden.
⁹ Und siehe, Jesus kam ihnen entgegen
und sagte: Seid gegrüßt!
Sie gingen auf ihn zu,
warfen sich vor ihm nieder
und umfassten seine Füße.
¹⁰ Da sagte Jesus zu ihnen:
    Fürchtet euch nicht!
Geht und sagt meinen Brüdern,
    sie sollen nach Galiläa gehen
und dort werden sie mich sehen.
¹¹ Noch während die Frauen unterwegs waren,
    siehe, da kamen einige von den Wächtern in die Stadt
und berichteten den Hohepriestern alles, was geschehen war.
¹² Diese fassten gemeinsam mit den Ältesten den Beschluss,
    die Soldaten zu bestechen.
Sie gaben ihnen viel Geld
¹³ und sagten: Erzählt den Leuten:
Seine Jünger sind bei Nacht gekommen
und haben ihn gestohlen, während wir schliefen.
¹⁴ Falls der Statthalter davon hört,
    werden wir ihn beschwichtigen

und dafür sorgen, dass ihr nichts zu befürchten habt.
¹⁵ Die Soldaten nahmen das Geld
und machten alles so, wie man es ihnen gesagt hatte.
Und dieses Gerücht
   verbreitete sich bei den Juden bis heute.

Fürbitten vgl. S. 802 ff.

ZUR EUCHARISTIEFEIER *Beim Hören seiner Worte beginnt das Herz der Jünger zu brennen, beim Brechen des Brotes öffnen sich ihre blinden Augen für seine Wahrheit. Das Gleiche geschieht auch hier und jetzt, wenn wir auf sein Wort hören und das Brot miteinander brechen.*

GABENGEBET

Gott,
du hast deinem Volk
durch das Bekenntnis des Glaubens
und den Empfang der Taufe neues Leben geschenkt.
Nimm die Gaben (der Neugetauften und aller)
deiner Gläubigen gnädig an
und lass uns in dir Seligkeit und ewiges Leben finden.
Darum bitten wir durch Christus, unseren Herrn.

Osterpräfation I, S. 423
In den Hochgebeten I–III eigener Einschub

KOMMUNIONVERS   Vgl. Röm 6, 9

Christus ist vom Tod erstanden; er stirbt nicht mehr.
Gebrochen ist die Macht des Todes. Halleluja.

SCHLUSSGEBET

Allmächtiger Gott,
du hast uns durch die österlichen Geheimnisse
auf den Weg des Lebens geführt.
Lass deine Gnade in uns mächtig werden,
damit wir uns deiner Gaben würdig erweisen
und unseren Weg zu dir vollenden.
Darum bitten wir durch Christus, unseren Herrn.

Ostern muss in mir und mit mir geschehen – oder es wird nicht geschehen. Es mag nicht gerade an dem Datum geschehen, an dem der liturgische Kalender es vorsieht, dass wir Ostern feiern. Das ist auch nicht wichtig. Er hat es uns vorgemacht – und er lädt uns zur Nachfolge ein. Und das ist Ostern. Leise und manchmal fast nicht wahrzunehmen – aber doch unwiderstehlich, weil uns das Leben, die Liebe, Gott ruft... (Andrea Schwarz)

ZWEITER SONNTAG DER OSTERZEIT
WEISSER SONNTAG

Der gefährlichste Feind des Glaubens und der Liebe ist der Zweifel: die bohrende Frage, ob nicht alles nur Betrug und Selbsttäuschung war. Gründe und Beweise helfen nicht weiter, sie werden ja ebenfalls in den Zweifel hineingezogen. Helfen kann nur eine alles verändernde Erfahrung: die Offenbarung der Wahrheit selbst oder die spontane Mitteilung der Liebe. Dem „ungläubigen" Thomas hat Jesus seine Wunden gezeigt, um den Zweifel zu heilen.

ERÖFFNUNGSVERS   1 Petr 2, 2
Wie neugeborene Kinder
verlangt nach der unverfälschten Milch des Wortes,
damit ihr durch sie heranwachst und das Heil erlangt.
Halleluja.

Oder: Esra 2, 36–37
Freut euch und dankt Gott, der euch zu sich gerufen hat.
Ihr seid Kinder Gottes und Erben seiner Herrlichkeit. Halleluja.

Ehre sei Gott, S. 371 f.

TAGESGEBET
Barmherziger Gott,
durch die jährliche Osterfeier
erneuerst du den Glauben deines Volkes.
Lass uns immer tiefer erkennen,
wie heilig das Bad der Taufe ist,
das uns gereinigt hat,

wie mächtig dein Geist,
aus dem wir wiedergeboren sind,
und wie kostbar das Blut, durch das wir erkauft sind.
Darum bitten wir durch Jesus Christus.

ZUR 1. LESUNG *Weil Christus auferstanden ist, gibt es die „Gemeinde der Gläubigen", die Kirche Christi. Der Glaube der Gemeinde ruht auf der Aussage der Apostel; sie sind die Zeugen der Auferstehung. Der Geist des Auferstandenen ist das Band der Einheit aller Glaubenden und die Kraft ihrer tätigen Liebe.*

ERSTE LESUNG   Apg 4, 32–35

Die Menge derer, die gläubig geworden waren, war ein Herz und eine Seele

Lesung
   aus der Apostelgeschichte.

32 Die Menge derer, die gläubig geworden waren,
   war ein Herz und eine Seele.
Keiner nannte etwas von dem, was er hatte, sein Eigentum,
   sondern sie hatten alles gemeinsam.

33 Mit großer Kraft legten die Apostel Zeugnis ab
   von der Auferstehung Jesu, des Herrn,
und reiche Gnade ruhte auf ihnen allen.

34 Es gab auch keinen unter ihnen, der Not litt.
Denn alle, die Grundstücke oder Häuser besaßen,
   verkauften ihren Besitz,
   brachten den Erlös
35   und legten ihn den Aposteln zu Füßen.
Jedem wurde davon so viel zugeteilt, wie er nötig hatte.

ANTWORTPSALM   Ps 118 (117), 2 u. 4.16–17.18 u. 22.23–24 (Kv: 1)

Kv **Danket dem Herrn, denn er ist gut,**   GL 444
denn seine Huld währt ewig. – Kv

Oder:

Kv **Halleluja. – Kv**

2 So soll Israel sagen: *
Denn seine Huld währt ewig.

⁴ So sollen sagen, die den HERRN fürchten: *
   Denn seine Huld währt ewig. – (Kv)
¹⁶ Die Rechte des HERRN, sie erhöht, *
   die Rechte des HERRN, Taten der Macht vollbringt sie.
¹⁷ Ich werde nicht sterben, sondern leben, *
   um die Taten des HERRN zu verkünden. – (Kv)
¹⁸ Der HERR hat mich gezüchtigt, ja, gezüchtigt, *
   doch mich dem Tod nicht übergeben.
²² Ein Stein, den die Bauleute verwarfen, *
   er ist zum Eckstein geworden. – (Kv)
²³ Vom HERRN her ist dies gewirkt, *
   ein Wunder in unseren Augen.
²⁴ Dies ist der Tag, den der HERR gemacht hat; *
   wir wollen jubeln und uns über ihn freuen. – Kv

ZUR 2. LESUNG *Die Liebe, die von Gott stammt, ist nicht ein Gefühl, sondern eine Lebensform, eine Macht. Wer Gott liebt, der liebt auch seine Geschöpfe. Er ist stärker als die „Welt", die mit ihren verschiedenen Süchten den Menschen zerstört. Die Macht dieser Welt ist in ihrem tödlichen Unwesen aufgedeckt, seit aus der Seite Jesu Blut und Wasser geflossen sind.*

ZWEITE LESUNG
1 Joh 5, 1–6

Alles, was aus Gott gezeugt ist, besiegt die Welt

Lesung
   aus dem ersten Johannesbrief.

Schwestern und Brüder!
¹ Jeder, der glaubt, dass Jesus der Christus ist,
   ist aus Gott gezeugt
   und jeder, der den Vater liebt,
      liebt auch den, der aus ihm gezeugt ist.
² Daran erkennen wir, dass wir die Kinder Gottes lieben:
   wenn wir Gott lieben und seine Gebote erfüllen.
³ Denn darin besteht die Liebe zu Gott,
   dass wir seine Gebote halten;

und seine Gebote sind nicht schwer.
⁴ Denn alles, was aus Gott gezeugt ist, besiegt die Welt.
 Und das ist der Sieg, der die Welt besiegt hat:
   unser Glaube.
⁵ Wer sonst besiegt die Welt,
   außer dem, der glaubt, dass Jesus der Sohn Gottes ist?
⁶ Dieser ist es, der durch Wasser und Blut gekommen ist:
   Jesus Christus.
 Er ist nicht nur im Wasser gekommen,
   sondern im Wasser und im Blut.
 Und der Geist ist es, der Zeugnis ablegt;
 denn der Geist ist die Wahrheit.

RUF VOR DEM EVANGELIUM Vers: vgl. Joh 20, 29

Halleluja. Halleluja.

(So spricht der Herr:)
Weil du mich gesehen hast, Thomas, glaubst du.
Selig sind, die nicht sehen und doch glauben.

Halleluja.

ZUM EVANGELIUM   *Der Ostergruß des Auferstandenen heißt „Friede!"; seine Gabe für die Jünger ist der Heilige Geist, der Lebensatem der neuen Schöpfung. In der Kraft des Geistes werden die Jünger das Werk Jesu fortsetzen; sie werden sein Wort verkünden und Sünden vergeben. Der Glaube soll nicht an Erscheinungen und Wundern hängen; er ereignet sich in der Begegnung mit Christus: im Hören des Wortes und in der Gemeinschaft der Glaubenden.*

EVANGELIUM Joh 20, 19–31

Acht Tage darauf kam Jesus bei verschlossenen Türen und trat in ihre Mitte

✚ Aus dem heiligen Evangelium nach Johannes.

¹⁹ Am Abend des ersten Tages der Woche,
   als die Jünger aus Furcht vor den Juden
   bei verschlossenen Türen beisammen waren,
   kam Jesus,
   trat in ihre Mitte

und sagte zu ihnen: Friede sei mit euch!
²⁰ Nach diesen Worten
> zeigte er ihnen seine Hände und seine Seite.

Da freuten sich die Jünger, als sie den Herrn sahen.

²¹ Jesus sagte noch einmal zu ihnen: Friede sei mit euch!
Wie mich der Vater gesandt hat,
> so sende ich euch.

²² Nachdem er das gesagt hatte,
> hauchte er sie an

und sagte zu ihnen: Empfangt den Heiligen Geist!
²³ Denen ihr die Sünden erlasst,
> denen sind sie erlassen;

denen ihr sie behaltet,
> sind sie behalten.

²⁴ Thomas, der Dídymus – Zwilling – genannt wurde,
> einer der Zwölf,
> war nicht bei ihnen, als Jesus kam.

²⁵ Die anderen Jünger sagten zu ihm:
> Wir haben den Herrn gesehen.

Er entgegnete ihnen:
> Wenn ich nicht das Mal der Nägel an seinen Händen sehe
> und wenn ich meinen Finger nicht in das Mal der Nägel
> und meine Hand nicht in seine Seite lege,
> glaube ich nicht.

²⁶ Acht Tage darauf waren seine Jünger wieder drinnen versammelt
und Thomas war dabei.

Da kam Jesus bei verschlossenen Türen,
trat in ihre Mitte
und sagte: Friede sei mit euch!

²⁷ Dann sagte er zu Thomas:
> Streck deinen Finger hierher aus
> und sieh meine Hände!

Streck deine Hand aus und leg sie in meine Seite
und sei nicht ungläubig, sondern gläubig!

²⁸ Thomas antwortete und sagte zu ihm:
 Mein Herr und mein Gott!
²⁹ Jesus sagte zu ihm:
 Weil du mich gesehen hast, glaubst du.
 Selig sind, die nicht sehen und doch glauben.
³⁰ Noch viele andere Zeichen
 hat Jesus vor den Augen seiner Jünger getan,
 die in diesem Buch nicht aufgeschrieben sind.
³¹ Diese aber sind aufgeschrieben,
 damit ihr glaubt, dass Jesus der Christus ist,
 der Sohn Gottes,
 und damit ihr durch den Glauben
 Leben habt in seinem Namen.

Glaubensbekenntnis, S. 374 ff.
Fürbitten vgl. S. 802 ff.

ZUR EUCHARISTIEFEIER *Jesus, der Auferstandene, ist unser Friede. Von Ihm empfangen wir das Wort der Vergebung und das Brot des ewigen Lebens. Mit dem Apostel Thomas geben wir die Antwort des Glaubens: Mein Herr und mein Gott!*

GABENGEBET

Gott,
du hast deinem Volk
durch das Bekenntnis des Glaubens
und den Empfang der Taufe neues Leben geschenkt.
Nimm die Gaben (der Neugetauften und aller)
deiner Gläubigen gnädig an
und lass uns in dir Seligkeit und ewiges Leben finden.
Darum bitten wir durch Christus, unseren Herrn.

Osterpräfation I, S. 423
In den Hochgebeten I–III eigener Einschub

KOMMUNIONVERS   Joh 20, 29

Selig, die nicht sehen und doch glauben. Halleluja.

SCHLUSSGEBET

Allmächtiger Gott,
im heiligen Sakrament haben wir
den Leib und das Blut deines Sohnes empfangen.
Lass diese österliche Gabe in uns weiterwirken
und fruchtbar sein.
Darum bitten wir durch Christus, unseren Herrn.

FÜR DEN TAG UND DIE WOCHE

Manche Christen sind zutiefst verstört, wenn behauptet wird, ihr Glaube beruhe auf einer Illusion. Zweifel können sie beschleichen, doch sie brauchen uns nicht zu beunruhigen. Eine innere Freiheit wird den Weg vom Zweifel zum Vertrauen öffnen. Das Evangelium sagt jedem Menschen unablässig: „Suche, ja suche, und du wirst finden!" (Frère Roger, Taizé)

DRITTER SONNTAG DER OSTERZEIT

Sich bekehren heißt sich Gott zuwenden, und seit Ostern: an Christus glauben. Diese Bekehrung, so meinen wir oft, liegt hinter uns. Wir haben gesagt: Ich glaube. Wir haben es in der Osternacht neu gesagt. Aber das Taufbekenntnis ist auch ein Taufversprechen, und wir haben Mühe, das Versprechen in unserem täglichen Handeln umzusetzen. Bekehrung bedeutet tägliche Veränderung.

ERÖFFNUNGSVERS   Ps 66 (65), 1–2

Jauchzt vor Gott, alle Menschen der Erde!
Spielt zum Ruhm seines Namens!
Verherrlicht ihn mit Lobpreis! Halleluja.

Ehre sei Gott, S. 371 f.

TAGESGEBET

Allmächtiger Gott,
lass die österliche Freude in uns fortdauern,
denn du hast deiner Kirche
neue Lebenskraft geschenkt
und die Würde unserer Gotteskindschaft

in neuem Glanz erstrahlen lassen.
Gib, dass wir den Tag der Auferstehung
voll Zuversicht erwarten
als einen Tag des Jubels und des Dankes.
Darum bitten wir durch Jesus Christus.

ZUR 1. LESUNG *Jesus lebt, und er ist mächtig, um zu heilen und zu retten. In seinem Namen hat Petrus einen Gelähmten geheilt; in diesem Namen ist auch bei denen Vergebung möglich, die Jesus getötet haben. Das ist die österliche Botschaft: Gott nimmt den Sünder an, der umkehrt und Buße tut.*

ERSTE LESUNG Apg 3, 12a.13–15.17–19

Den Urheber des Lebens habt ihr getötet, aber Gott hat ihn von den Toten auferweckt

Lesung
 aus der Apostelgeschichte.

In jenen Tagen
^{12a} wandte sich Petrus an das Volk:
¹³ Der Gott Abrahams, Ísaaks und Jakobs,
 der Gott unserer Väter, hat seinen Knecht Jesus verherrlicht,
 den ihr ausgeliefert und vor Pilatus verleugnet habt,
 obwohl dieser entschieden hatte, ihn freizulassen.
¹⁴ Ihr aber habt den Heiligen und Gerechten verleugnet
 und die Freilassung eines Mörders erbeten.
¹⁵ Den Urheber des Lebens habt ihr getötet,
 aber Gott hat ihn von den Toten auferweckt.
 Dafür sind wir Zeugen.
¹⁷ Nun, Brüder, ich weiß, ihr habt aus Unwissenheit gehandelt,
 ebenso wie eure Anführer.
¹⁸ Gott aber hat auf diese Weise erfüllt,
 was er durch den Mund aller Propheten
 im Voraus verkündet hat:
 dass sein Christus leiden werde.
¹⁹ Also kehrt um
 und tut Buße,
  damit eure Sünden getilgt werden.

Dritter Sonntag der Osterzeit 275

ANTWORTPSALM
Ps 4, 2.4 u. 7.8–9 (Kv: vgl. 7b)

Kv **Lass dein Angesicht über uns leuchten, o Herr!** – Kv GL 46, 1

Oder:

Kv **Halleluja.** – Kv

2 Wenn ich rufe, gib mir Antwort, *
Gott meiner Gerechtigkeit!
Du hast mir weiten Raum geschaffen in meiner Bedrängnis. *
Sei mir gnädig und hör auf mein Flehen! – (Kv)

4 Erkennt, dass der HERR sich seinen Frommen erwählt hat, *
der HERR hört, wenn ich zu ihm rufe.

7 Viele sagen: „Wer lässt uns Gutes schauen?" *
HERR, lass dein Angesicht über uns leuchten! – (Kv)

8 Du legst mir größere Freude ins Herz, *
als andere haben bei Korn und Wein in Fülle.

9 In Frieden leg ich mich nieder und schlafe; *
denn du allein, HERR, lässt mich sorglos wohnen. – Kv

ZUR 2. LESUNG *Wer schuldig geworden ist, muss nicht verzweifeln; wir haben einen Mittler bei Gott: den, der die Sünde der Welt auf sich genommen hat. „Er ist die Sühne für unsere Sünden." An diese Ermutigung schließt die Lesung aus dem ersten Johannesbrief eine klärende Warnung an: Christsein heißt zuallererst Christus erkennen: an ihn glauben und an seinen Geboten festhalten. Die Treue zu Christus aber bewährt sich in der Bruderliebe.*

ZWEITE LESUNG
1 Joh 2, 1–5a

Er ist die Sühne, nicht nur für unsere Sünden, sondern auch für die der ganzen Welt

**Lesung
aus dem ersten Johannesbrief.**

1 Meine Kinder, ich schreibe euch dies, damit ihr nicht sündigt.
Wenn aber einer sündigt,
  haben wir einen Beistand beim Vater:
Jesus Christus, den Gerechten.

2 Er ist die Sühne für unsere Sünden,

aber nicht nur für unsere Sünden,
   sondern auch für die der ganzen Welt.
³ Und daran erkennen wir, dass wir ihn erkannt haben:
   wenn wir seine Gebote halten.
⁴ Wer sagt: Ich habe ihn erkannt!,
   aber seine Gebote nicht hält,
   ist ein Lügner
und in dem ist die Wahrheit nicht.
⁵ᵃ Wer sich aber an sein Wort hält,
   in dem ist die Gottesliebe wahrhaft vollendet.

RUF VOR DEM EVANGELIUM

Vers: vgl. Lk 24, 32

Halleluja. Halleluja.
Herr Jesus, erschließ uns die Schrift!
Lass unser Herz entbrennen, wenn du zu uns redest.
Halleluja.

ZUM EVANGELIUM   *Die Nachricht vom leeren Grab ist noch keine Osterbotschaft. Erst die persönliche Gegenwart des Auferstandenen und sein helfendes Wort haben den Jüngern die Augen geöffnet. Sie lernen die Schrift verstehen und begreifen die Absicht Gottes in dem, was geschehen ist. Die Auferstehung Jesu ist die Erfüllung der Schrift und ein Neubeginn der Geschichte Gottes mit den Menschen. Gott macht den Anfang, er vergibt die Sünden.*

EVANGELIUM

Lk 24, 35–48

So steht es geschrieben: Der Christus wird leiden und am dritten Tag von den Toten auferstehen

✝ Aus dem heiligen Evangelium nach Lukas.

Die beiden Jünger, die von Emmaus zurückgekehrt waren,
³⁵   erzählten den Elf und die mit ihnen versammelt waren,
   was sie unterwegs erlebt
   und wie sie Jesus erkannt hatten,
   als er das Brot brach.
³⁶ Während sie noch darüber redeten,
   trat er selbst in ihre Mitte

Dritter Sonntag der Osterzeit

und sagte zu ihnen: Friede sei mit euch!
37 Sie erschraken und hatten große Angst,
denn sie meinten, einen Geist zu sehen.
38 Da sagte er zu ihnen: Was seid ihr so bestürzt?
Warum lasst ihr in eurem Herzen Zweifel aufkommen?
39 Seht meine Hände und meine Füße an:
    Ich bin es selbst.
Fasst mich doch an
    und begreift: Kein Geist hat Fleisch und Knochen,
    wie ihr es bei mir seht.
40 Bei diesen Worten zeigte er ihnen seine Hände und Füße.
41 Als sie es aber vor Freude immer noch nicht glauben konnten
    und sich verwunderten,
    sagte er zu ihnen: Habt ihr etwas zu essen hier?
42 Sie gaben ihm ein Stück gebratenen Fisch;
43 er nahm es und aß es vor ihren Augen.
44 Dann sagte er zu ihnen:
Das sind meine Worte,
    die ich zu euch gesprochen habe, als ich noch bei euch war:
Alles muss in Erfüllung gehen,
    was im Gesetz des Mose,
    bei den Propheten und in den Psalmen
    über mich geschrieben steht.
45 Darauf öffnete er ihren Sinn
    für das Verständnis der Schriften.
46 Er sagte zu ihnen: So steht es geschrieben:
Der Christus wird leiden
    und am dritten Tag von den Toten auferstehen
47 und in seinem Namen
    wird man allen Völkern Umkehr verkünden,
    damit ihre Sünden vergeben werden.
48 Angefangen in Jerusalem, seid ihr Zeugen dafür.

Glaubensbekenntnis, S. 374 ff.
Fürbitten vgl. S. 802 ff.

ZUR EUCHARISTIEFEIER *Überraschung, Bestürzung, Staunen, Zweifel: Die Begegnung mit dem Herrn verunsichert und irritiert. Unsere Vorstellungskraft ist zu klein, um wirklich erfassen zu können, was da an Ostern geschehen ist. Es bleiben Glaube und Vertrauen, und die Bereitschaft sich auf den Weg mit ihm einzulassen.*

GABENGEBET

Allmächtiger Gott,
nimm die Gaben an,
die deine Kirche in österlicher Freude darbringt.
Du hast ihr Grund gegeben zu solchem Jubel,
erhalte ihr die Freude bis zur Vollendung.
Darum bitten wir durch Christus, unseren Herrn.

Osterpräfation, S. 423 f.

KOMMUNIONVERS   Vgl. Lk 24, 46–47

Es steht geschrieben: Der Messias wird leiden
und am dritten Tag von den Toten auferstehen,
und in seinem Namen wird man allen Völkern
die Bekehrung predigen,
damit ihre Sünden vergeben werden. Halleluja.

SCHLUSSGEBET

Ewiger Gott,
du hast uns durch die Ostergeheimnisse erneuert.
Wende dich uns voll Güte zu
und bleibe bei uns mit deiner Huld,
bis wir mit verklärtem Leib
zum unvergänglichen Leben auferstehen.
Darum bitten wir durch Christus, unseren Herrn.

FÜR DEN TAG UND DIE WOCHE
Jesus Christus
Mit Dir will ich aufstehen
  gegen Not und Tod
  gegen Folter und Leiden

gegen Armut und Elend
  gegen Hass und Terror
  gegen Zweifel und Resignation
  gegen Unterdrückung und Zwang
Mit Dir will ich aufstehen
  gegen alles, was das Leben hindert
Mit Dir will ich einstehen
  für alles, was das Leben fördert
Sei Du mit mir
damit ich aufstehe mit Dir
(Anton Rotzetter)

VIERTER SONNTAG DER OSTERZEIT

Nichts Kostbareres gibt es für den Menschen als das Leben. Das Größte, was ein Mensch für andere tun kann, ist, ihrem Leben zu dienen. Jesus hat für uns sein Leben eingesetzt; er liebt uns. Er ruft uns beim Namen und ist der gute Hirte. Er nimmt uns in seinen Dienst; auch wir sollen helfen, retten, heilen.

ERÖFFNUNGSVERS   Ps 33 (32), 5–6

Die Erde ist voll von der Huld des Herrn.
Durch das Wort des Herrn wurden die Himmel geschaffen.
Halleluja.
Ehre sei Gott, S. 371f.

TAGESGEBET

Allmächtiger, ewiger Gott,
dein Sohn ist der Kirche siegreich vorausgegangen
als der Gute Hirt.
Geleite auch die Herde,
für die er sein Leben dahingab,
aus aller Not zur ewigen Freude.
Darum bitten wir durch ihn, Jesus Christus.

ZUR 1. LESUNG   *Der Grund, warum die jüdische Behörde den Aposteln entgegentrat und sie einsperren ließ, war der Glaube an die Auferstehung Jesu. Die Verteidigungsrede des Petrus ist in Wirklichkeit eine Missionspredigt. In der Mitte steht die Botschaft von Jesus, dem Gekreuzigten und Auferstandenen. Nur im Glauben an ihn gibt es Heilung und Heil.*

ERSTE LESUNG
Apg 4, 8–12

In keinem anderen ist das Heil zu finden

Lesung
aus der Apostelgeschichte.

In jenen Tagen
8 sagte Petrus,
erfüllt vom Heiligen Geist:
Ihr Führer des Volkes und ihr Ältesten!
9 Wenn wir heute
wegen einer guten Tat an einem kranken Menschen
darüber vernommen werden, durch wen er geheilt worden ist,
10 so sollt ihr alle und das ganze Volk Israel wissen:
im Namen Jesu Christi, des Nazoräers,
den ihr gekreuzigt habt
und den Gott von den Toten auferweckt hat.
Durch ihn steht dieser Mann gesund vor euch.
11 Dieser Jesus ist der Stein,
der von euch Bauleuten verworfen wurde,
der aber zum Eckstein geworden ist.
12 Und in keinem anderen ist das Heil zu finden.
Denn es ist uns Menschen
kein anderer Name unter dem Himmel gegeben,
durch den wir gerettet werden sollen.

Vierter Sonntag der Osterzeit

ANTWORTPSALM Ps 118 (117), 1 u. 4.8–9.21–22.23 u. 26.28–29 (Kv: 22)

Kv Ein Stein, den die Bauleute verwarfen, GL 558, 1
er ist zum Eckstein geworden. – Kv

Oder:

Kv Halleluja. – Kv

1 Danket dem HERRN, denn er ist gut, *
denn seine Huld währt ewig!
4 So sollen sagen, die den HERRN fürchten: *
Denn seine Huld währt ewig. – (Kv)
8 Besser, sich zu bergen beim HERRN, *
als zu vertrauen auf Menschen.
9 Besser, sich zu bergen beim HERRN, *
als zu vertrauen auf Fürsten. – (Kv)
21 Ich will dir danken, dass du mir Antwort gabst, *
du bist mir zur Rettung geworden.
22 Ein Stein, den die Bauleute verwarfen, *
er ist zum Eckstein geworden. – (Kv)
23 Vom HERRN her ist dies gewirkt, *
ein Wunder in unseren Augen.
26 Gesegnet sei, der da kommt im Namen des HERRN! *
Wir segnen euch vom Haus des HERRN her. – (Kv)
28 Mein Gott bist du, dir will ich danken. *
Mein Gott bist du, dich will ich erheben.
29 Danket dem HERRN, denn er ist gut, *
denn seine Huld währt ewig! – Kv

ZUR 2. LESUNG *Woher wissen wir, dass wir Kinder Gottes sind, und wie sollen wir es verstehen? Noch ist diese Tatsache ja nicht sichtbar, wie es auch im Leben Jesu nicht offenkundig war. Wir wissen es durch sein Wort und durch seinen Geist, der uns fähig macht, das Wort zu hören. Wir fangen an, es zu begreifen, wenn wir seinem Wort in unserem Leben Raum geben, sodass wir selbst zum Wort der Liebe Gottes werden für andere.*

ZWEITE LESUNG   1 Joh 3, 1–2
Wir werden Gott sehen, wie er ist

Lesung
   aus dem ersten Johannesbrief.

Schwestern und Brüder!
¹ **Seht, welche Liebe uns der Vater geschenkt hat:**
Wir heißen Kinder Gottes
   und wir sind es.
Deshalb erkennt die Welt uns nicht,
   weil sie ihn nicht erkannt hat.
² **Geliebte, jetzt sind wir Kinder Gottes.**
Doch ist noch nicht offenbar geworden,
   was wir sein werden.
Wir wissen,
   dass wir ihm ähnlich sein werden, wenn er offenbar wird;
denn wir werden ihn sehen, wie er ist.

RUF VOR DEM EVANGELIUM   Vers: Joh 10, 14
Halleluja. Halleluja.

(So spricht der Herr:)
Ich bin der gute Hirt;
ich kenne die Meinen und die Meinen kennen mich.

Halleluja.

ZUM EVANGELIUM   *„Hirten" nannten sich in der alten Zeit die Könige und Führer des Volkes. Jesus ist der „gute Hirt". Durch das Osterereignis verstehen wir diese Bezeichnung des Herrn: Der gute Hirt gibt sein Leben hin für die Seinen. Seither heißt Hirte sein: für andere leben, arbeiten und leiden.*

EVANGELIUM   Joh 10, 11–18
Der gute Hirt gibt sein Leben hin für die Schafe

✛ Aus dem heiligen Evangelium nach Johannes.

In jener Zeit sprach Jesus:
¹¹ **Ich bin der gute Hirt.**

Der gute Hirt gibt sein Leben hin für die Schafe.
¹² Der bezahlte Knecht aber,
   der nicht Hirt ist und dem die Schafe nicht gehören,
   sieht den Wolf kommen,
   lässt die Schafe im Stich und flieht;
und der Wolf reißt sie und zerstreut sie.
Er flieht,
¹³   weil er nur ein bezahlter Knecht ist
   und ihm an den Schafen nichts liegt.
¹⁴ Ich bin der gute Hirt;
ich kenne die Meinen
   und die Meinen kennen mich,
¹⁵   wie mich der Vater kennt
   und ich den Vater kenne;
und ich gebe mein Leben hin für die Schafe.
¹⁶ Ich habe noch andere Schafe,
   die nicht aus diesem Stall sind;
auch sie muss ich führen
und sie werden auf meine Stimme hören;
dann wird es nur eine Herde geben und einen Hirten.
¹⁷ Deshalb liebt mich der Vater,
   weil ich mein Leben hingebe, um es wieder zu nehmen.
¹⁸ Niemand entreißt es mir,
   sondern ich gebe es von mir aus hin.
Ich habe Macht, es hinzugeben,
   und ich habe Macht, es wieder zu nehmen.
Diesen Auftrag habe ich von meinem Vater empfangen.

Glaubensbekenntnis, S. 374 ff.
Fürbitten vgl. S. 802 ff.

ZUR EUCHARISTIEFEIER *Wie gut es tut zu wissen, dass da jemand ohne Bedingungen und Vorbehalte für mich da ist, dass einer nicht fragt nach Leistung und Ansehen, sondern einfach „Ja" sagt zu mir, wie ich bin. Die Liebe des guten Hirten ist die Quelle meiner Lebenskraft.*

GABENGEBET

Herr, unser Gott,
gib, dass wir dir allzeit danken
durch die Feier der österlichen Geheimnisse.
In ihnen führst du das Werk der Erlösung fort,
mache sie für uns
zur Quelle der unvergänglichen Freude.
Darum bitten wir durch Christus, unseren Herrn.

Osterpräfation, S. 423 f.

KOMMUNIONVERS

Auferstanden ist der Gute Hirt. Er gab sein Leben für die Schafe.
Er ist für seine Herde gestorben. Halleluja.

SCHLUSSGEBET

Gott, du Hirt deines Volkes,
sieh voll Huld auf deine Herde,
die durch das kostbare Blut deines Sohnes erkauft ist;
bleibe bei ihr
und führe sie auf die Weide des ewigen Lebens.
Darum bitten wir durch ihn, Christus, unseren Herrn.

FÜR DEN TAG UND DIE WOCHE

Christus begegnen   *Wenn der Mensch die Sehnsucht nach Glück, die ihm das Herz verbrennt, stillen möchte, dann muss er seine Schritte zu Jesus hinlenken. Christus ist nicht weit von ihm. In Wahrheit ist unser Leben hier auf Erden ein ständiges Begegnen mit Christus: mit Christus, gegenwärtig in der Heiligen Schrift als Wort Gottes; mit Christus, gegenwärtig in seinen Dienern als Lehrer, Priester und Hirte; mit Christus, gegenwärtig im Nächsten und insbesondere in den Armen, den Kranken, den Ausgestoßenen, die seine leidenden Glieder sind; mit Christus, gegenwärtig in den Sakramenten, in denen sich sein Heilswirken fortsetzt; mit Christus, dem Gast in unserem Herzen, in dem er wohnt, in dem er sein göttliches Leben mitteilt. (Papst Johannes Paul II.)*

FÜNFTER SONNTAG DER OSTERZEIT

Die Schwierigkeit, an die Auferstehung Jesu zu glauben, kommt für viele weniger aus dem Ereignis selber als aus dessen scheinbarer Wirkungslosigkeit. Sind die Menschen anders geworden? Ist die Welt besser geworden? Manchmal fragen wir ebenfalls so. Die Wahrheit kann nur durch gelebte Wahrheit bewiesen werden. Jesus ist die Wahrheit Gottes und die Tat Gottes für uns alle.

ERÖFFNUNGSVERS   Ps 98 (97), 1–2
Singt dem Herrn ein neues Lied,
denn er hat wunderbare Taten vollbracht
und sein gerechtes Wirken enthüllt vor den Augen der Völker.
Halleluja.
Ehre sei Gott, S. 371 f.

TAGESGEBET
Gott, unser Vater,
du hast uns durch deinen Sohn erlöst
und als deine geliebten Kinder angenommen.
Sieh voll Güte auf alle, die an Christus glauben,
und schenke ihnen die wahre Freiheit
und das ewige Erbe.
Darum bitten wir durch Jesus Christus.

ZUR 1. LESUNG   *Für den neubekehrten Saulus (Paulus) war es nicht leicht, den Anschluss an die Gemeinde von Jerusalem zu finden; es gab noch viel Misstrauen. Barnabas war ein Freund und Helfer. Dann aber kam die Gefahr von der anderen Seite, von den „Hellenisten", d.h. griechisch sprechende Juden, einst Freunde des Saulus. Nun hätten sie ihn am liebsten aus dem Weg geräumt. Aber Gott hatte mit Saulus noch große Dinge vor.*

ERSTE LESUNG

Apg 9, 26–31

Barnabas berichtete den Jüngern, wie Saulus auf dem Weg den Herrn gesehen habe

Lesung
   aus der Apostelgeschichte.

In jenen Tagen,
²⁶ als Saulus nach Jerusalem kam,
   versuchte er, sich den Jüngern anzuschließen.
Aber alle fürchteten sich vor ihm,
   weil sie nicht glaubten, dass er ein Jünger war.

²⁷ Bárnabas jedoch nahm sich seiner an
   und brachte ihn zu den Aposteln.
Er berichtete ihnen,
   wie Saulus auf dem Weg den Herrn gesehen habe
und dass dieser zu ihm gesprochen habe
und wie er in Damáskus
   freimütig im Namen Jesu aufgetreten sei.

²⁸ So ging er bei ihnen in Jerusalem ein und aus,
   trat freimütig im Namen des Herrn auf
²⁹ und führte auch Streitgespräche mit den Hellenísten.
Diese aber planten, ihn zu töten.

³⁰ Als die Brüder das erkannten,
   brachten sie ihn nach Cäsaréa hinab
und schickten ihn von dort nach Tarsus.

³¹ Die Kirche in ganz Judäa, Galiläa und Samárien
   hatte nun Frieden;
sie wurde gefestigt
   und lebte in der Furcht des Herrn.
Und sie wuchs durch die Hilfe des Heiligen Geistes.

ANTWORTPSALM Ps 22 (21), 26–27.28 u. 30ab.31–32 (Kv: 26a)

Kv Von dir, Herr, kommt mein Lobpreis in großer GL 401
Versammlung. – Kv

Oder:

Kv **Halleluja.** – Kv

²⁶ Von dir kommt mein Lobpreis in großer Versammlung, *
ich erfülle mein Gelübde vor denen, die Gott fürchten.
²⁷ Die Armen sollen essen und sich sättigen; /
den HERRN sollen loben, die ihn suchen. *
Aufleben soll euer Herz für immer. – (Kv)
²⁸ Alle Enden der Erde sollen daran denken /
und sich zum HERRN bekehren: *
Vor dir sollen sich niederwerfen alle Stämme der Nationen.
^{30ab} Es aßen und warfen sich nieder alle Mächtigen der Erde. *
Alle, die in den Staub gesunken sind, sollen vor ihm sich beugen. – (Kv)
³¹ Nachkommen werden ihm dienen. *
Vom Herrn wird man dem Geschlecht erzählen, das kommen wird.
³² Seine Heilstat verkündet man einem Volk, das noch geboren wird: *
Ja, er hat es getan. – Kv

ZUR 2. LESUNG *Ob wir in der Wahrheit und Gnade Gottes stehen, erkennen wir an der Bruderliebe und an dem Frieden, den wir selbst haben und an andere weitergeben. Die Liebe fordert den ganzen Menschen, seine Zeit und seine Kraft. Aber sie gibt mehr, als sie fordert; sie gibt dem Menschen die Gewissheit, dass er mit Gott Gemeinschaft hat.*

ZWEITE LESUNG 1 Joh 3, 18–24

Wir sollen an den Namen Jesu Christi glauben und einander lieben

**Lesung
aus dem ersten Johannesbrief.**

¹⁸ Meine Kinder,
wir wollen nicht mit Wort und Zunge lieben,
sondern in Tat und Wahrheit.
¹⁹ Und daran werden wir erkennen, dass wir aus der Wahrheit sind.
Und wir werden vor ihm unser Herz überzeugen,

²⁰   dass, wenn unser Herz uns verurteilt,
        Gott größer ist als unser Herz
    und alles weiß.
²¹ Geliebte, wenn das Herz uns aber nicht verurteilt,
        haben wir gegenüber Gott Zuversicht;
²² und alles, was wir erbitten,
        empfangen wir von ihm,
    weil wir seine Gebote halten
    und tun, was ihm gefällt.
²³ Und das ist sein Gebot:
    Wir sollen an den Namen seines Sohnes Jesus Christus glauben
    und einander lieben gemäß dem Gebot, das er uns gegeben hat.
²⁴ Wer seine Gebote hält,
        bleibt in Gott und Gott in ihm.
    Und daran erkennen wir,
        dass er in uns bleibt:
    an dem Geist, den er uns gegeben hat.

RUF VOR DEM EVANGELIUM   Vers: Joh 15, 4a.5b

Halleluja. Halleluja.

(So spricht der Herr:)
Bleibt in mir und ich bleibe in euch.
Wer in mir bleibt, der bringt reiche Frucht.

Halleluja.

ZUM EVANGELIUM   *Jesus, der gute Hirt, ist auch der wahre Weinstock. Im Ersten Bund war das Gottesvolk Israel der Weinberg Gottes. Der gute Weinstock aber ist Jesus selbst, der Mittler des neuen Bundes. Wer mit ihm Gemeinschaft hat, der hat das Leben. Wer in ihm bleibt und an seinem Wort festhält, dessen Leben ist fruchtbar.*

Fünfter Sonntag der Osterzeit

EVANGELIUM
Joh 15, 1–8

Wer in mir bleibt und in wem ich bleibe, der bringt reiche Frucht

✠ Aus dem heiligen Evangelium nach Johannes.

In jener Zeit sprach Jesus zu seinen Jüngern:

1 Ich bin der wahre Weinstock
   und mein Vater ist der Winzer.
2 Jede Rebe an mir, die keine Frucht bringt,
   schneidet er ab
   und jede Rebe, die Frucht bringt,
   reinigt er, damit sie mehr Frucht bringt.
3 Ihr seid schon rein kraft des Wortes,
   das ich zu euch gesagt habe.
4 Bleibt in mir
   und ich bleibe in euch.
   Wie die Rebe aus sich keine Frucht bringen kann,
   sondern nur, wenn sie am Weinstock bleibt,
   so auch ihr,
   wenn ihr nicht in mir bleibt.
5 Ich bin der Weinstock,
   ihr seid die Reben.
   Wer in mir bleibt und in wem ich bleibe,
   der bringt reiche Frucht;
   denn getrennt von mir könnt ihr nichts vollbringen.
6 Wer nicht in mir bleibt,
   wird wie die Rebe weggeworfen
   und er verdorrt.
   Man sammelt die Reben,
   wirft sie ins Feuer
   und sie verbrennen.
7 Wenn ihr in mir bleibt
   und meine Worte in euch bleiben,
   dann bittet um alles, was ihr wollt:
   Ihr werdet es erhalten.
8 Mein Vater wird dadurch verherrlicht,
   dass ihr reiche Frucht bringt und meine Jünger werdet.

Glaubensbekenntnis, S. 374 ff.
Fürbitten vgl. S. 802 ff.

ZUR EUCHARISTIEFEIER   *Zu Jesus kommen heißt an ihn glauben. In ihm bleiben heißt in seiner Liebe bleiben. Das ist nicht Sache des Gefühls, sondern der lebendigen Tat: den Glauben leben, die Liebe tun.*

GABENGEBET

Erhabener Gott,
durch die Feier des heiligen Opfers
gewährst du uns Anteil an deiner göttlichen Natur.
Gib, dass wir dich nicht nur
als den einen wahren Gott erkennen,
sondern unser ganzes Leben nach dir ausrichten.
Darum bitten wir durch Christus, unseren Herrn.

Osterpräfation, S. 423 f.

KOMMUNIONVERS   Joh 15, 1.5

So spricht der Herr:
Ich bin der wahre Weinstock, ihr seid die Rebzweige.
Wer in mir bleibt und in wem ich bleibe,
der bringt reiche Frucht. Halleluja.

SCHLUSSGEBET

Barmherziger Gott, höre unser Gebet.
Du hast uns im Sakrament
das Brot des Himmels gegeben,
damit wir an Leib und Seele gesunden.
Gib, dass wir
die Gewohnheiten des alten Menschen ablegen
und als neue Menschen leben.
Darum bitten wir durch Christus, unseren Herrn.

FÜR DEN TAG UND DIE WOCHE

Was zählt   *Wir mögen wunderbare Werke vollbringen, zählen werden nur jene, die der barmherzigen Liebe Christi in uns entspringen. Am Abend unseres Lebens wird es die Liebe sein, nach der wir beurteilt werden, die Liebe, die wir all-*

mählich in uns haben wachsen und sich entfalten lassen, in Barmherzigkeit für jeden Menschen in der Kirche und in der Welt. Unsere Hinwendung gilt allen Menschen ohne Ausnahme, weil in jedem Menschen Zeichen Christi, unseres Bruders, erkennbar sind. (Frère Roger, Taizé)

SECHSTER SONNTAG DER OSTERZEIT

Die Osterpredigt ergibt sich aus dem Osterereignis. In der Auferstehung Jesu ist das Geheimnis Gottes offenkundig geworden. Durch Jesus wissen wir, was Liebe ist. Die Liebe kommt von Gott und sie hat Menschengestalt angenommen. Die Liebe ist treu bis in den Tod. Sie macht frei – den, der liebt, und den, der geliebt wird. Daran erkennt man die Liebe.

ERÖFFNUNGSVERS　　　　　　　　　　　　　　　　　　Vgl. Jes 48, 20

Verkündet es jauchzend, damit man es hört!
Ruft es hinaus bis ans Ende der Erde!
Ruft: Der Herr hat sein Volk befreit. Halleluja.
Ehre sei Gott, S. 371 f.

TAGESGEBET

Allmächtiger Gott,
lass uns die österliche Zeit
in herzlicher Freude begehen
und die Auferstehung unseres Herrn preisen,
damit das Ostergeheimnis,
das wir in diesen fünfzig Tagen feiern,
unser ganzes Leben prägt und verwandelt.
Darum bitten wir durch Jesus Christus.

ZUR 1. LESUNG　*Die Bekehrungsgeschichte des römischen Hauptmanns Kornelius ist der ausführlichste Einzelbericht in der Apostelgeschichte. Mit der Taufe des Kornelius hat die Kirche den ersten Schritt in die Welt der Heidenvölker getan. Der Geist von Pfingsten kommt, zum Staunen der frommen Judenchristen, auch über diesen Heiden und seine Familie. Gott ist in jedem Volk und bei allen Menschen, die ihn aufrichtig suchen. Kennzeichen des Heiligen Geistes: das gemeinsame Hören auf Gottes Wort im Glauben an Jesus und im Gebet.*

ERSTE LESUNG Apg 10, 25–26.34–35.44–48

Auch auf die Heiden wurde die Gabe des Heiligen Geistes ausgegossen

Lesung
  aus der Apostelgeschichte.

²⁵ Als Petrus in Cäsaréa beim Hauptmann Kornélius ankam,
  ging ihm dieser entgegen
  und warf sich ihm ehrfürchtig zu Füßen.
²⁶ Petrus aber richtete ihn auf
  und sagte: Steh auf!
  Auch ich bin nur ein Mensch.
³⁴ Da begann Petrus zu reden
  und sagte:
    Wahrhaftig, jetzt begreife ich,
    dass Gott nicht auf die Person sieht,
³⁵ sondern dass ihm in jedem Volk willkommen ist,
    wer ihn fürchtet
    und tut, was recht ist.
⁴⁴ Noch während Petrus redete,
  kam der Heilige Geist auf alle herab, die das Wort hörten.
⁴⁵ Die gläubig gewordenen Juden, die mit Petrus gekommen waren,
    konnten es nicht fassen,
    dass auch auf die Heiden
    die Gabe des Heiligen Geistes ausgegossen wurde.
⁴⁶ Denn sie hörten sie in Zungen reden
  und Gott preisen.

Petrus aber sagte:
⁴⁷   Kann jemand denen das Wasser zur Taufe verweigern,
  die ebenso wie wir den Heiligen Geist empfangen haben?
⁴⁸ Und er ordnete an,
  sie im Namen Jesu Christi zu taufen.
Danach baten sie ihn,
  einige Tage zu bleiben.

ANTWORTPSALM
Ps 98 (97), 1.2–3b.3c–4 (Kv: vgl. 2)

Kv Der Herr hat sein Heil enthüllt GL 55, 1
vor den Augen der Völker. – Kv

Oder:

Kv Halleluja. – Kv

¹ Singet dem HERRN ein neues Lied, *
denn er hat wunderbare Taten vollbracht!
Geholfen hat ihm seine Rechte *
und sein heiliger Arm. – (Kv)

² Der HERR hat sein Heil bekannt gemacht *
und sein gerechtes Wirken enthüllt vor den Augen der Völker.

ᵃᵇ Er gedachte seiner Huld *
und seiner Treue zum Hause Israel. – (Kv)

ᶜᵈ Alle Enden der Erde *
sahen das Heil unsres Gottes.

⁴ Jauchzet dem HERRN, alle Lande, *
freut euch, jubelt und singt! – Kv

ZUR 2. LESUNG *Die Liebe, die uns in Christus begegnet, ist göttlich nach ihrem Ursprung und in ihrer Wesensart. Ob wir die Liebe annehmen, die Gott uns schenkt, wird daran sichtbar, dass wir den Mitmenschen als Bruder, als Nächsten, in unser Leben hineinnehmen. Die Liebe Christi in uns zerstört nicht die menschliche Liebe; sie vollendet sie vielmehr.*

ZWEITE LESUNG
1 Joh 4, 7–10

Gott ist Liebe

Lesung
aus dem ersten Johannesbrief.

⁷ Geliebte, wir wollen einander lieben;
denn die Liebe ist aus Gott
und jeder, der liebt, stammt von Gott
und erkennt Gott.

⁸ Wer nicht liebt,
hat Gott nicht erkannt;
denn Gott ist Liebe.

⁹ Darin offenbarte sich die Liebe Gottes unter uns,
  dass Gott seinen einzigen Sohn in die Welt gesandt hat,
  damit wir durch ihn leben.
¹⁰ Darin besteht die Liebe:
  Nicht dass wir Gott geliebt haben,
  sondern dass er uns geliebt
  und seinen Sohn als Sühne für unsere Sünden gesandt hat.

RUF VOR DEM EVANGELIUM
Vers: vgl. Joh 14, 23

Halleluja. Halleluja.

(So spricht der Herr:)
Wer mich liebt, hält mein Wort.
Mein Vater wird ihn lieben und wir werden bei ihm Wohnung nehmen.

Halleluja.

ZUM EVANGELIUM *Weinstock und Rebzweig bilden eine lebendige Einheit. So fließt auch die Liebe vom Vater zum Sohn, vom Sohn zu den Jüngern. Durch die Taufe wurden wir in diese Gemeinschaft hineingeboren. Kennzeichen des Bleibens in der Liebe ist die Treue des Glaubens und des Gehorsams. Ihre Frucht ist die gemeinsame Freude und das Vertrauen.*

EVANGELIUM
Joh 15, 9–17

Es gibt keine größere Liebe, als wenn einer sein Leben für seine Freunde hingibt

✛ Aus dem heiligen Evangelium nach Johannes.

In jener Zeit sprach Jesus zu seinen Jüngern:
⁹ Wie mich der Vater geliebt hat,
  so habe auch ich euch geliebt.
  Bleibt in meiner Liebe!
¹⁰ *Wenn ihr meine Gebote haltet,
  werdet ihr in meiner Liebe bleiben,*
  so wie ich die Gebote meines Vaters gehalten habe
  und in seiner Liebe bleibe.

¹¹ Dies habe ich euch gesagt,
  damit meine Freude in euch ist
  und damit eure Freude vollkommen wird.
¹² Das ist mein Gebot,
  dass ihr einander liebt,
    so wie ich euch geliebt habe.
¹³ Es gibt keine größere Liebe,
    als wenn einer sein Leben für seine Freunde hingibt.
¹⁴ Ihr seid meine Freunde,
    wenn ihr tut, was ich euch auftrage.
¹⁵ Ich nenne euch nicht mehr Knechte;
  denn der Knecht weiß nicht, was sein Herr tut.
  Vielmehr habe ich euch Freunde genannt;
  denn ich habe euch alles mitgeteilt,
    was ich von meinem Vater gehört habe.
¹⁶ Nicht ihr habt mich erwählt,
  sondern ich habe euch erwählt
    und dazu bestimmt, dass ihr euch aufmacht und Frucht bringt
  und dass eure Frucht bleibt.
  Dann wird euch der Vater alles geben,
    um was ihr ihn in meinem Namen bittet.
¹⁷ Dies trage ich euch auf,
    dass ihr einander liebt.

Glaubensbekenntnis, S. 374 ff.
Fürbitten vgl. S. 802 ff.

ZUR EUCHARISTIEFEIER *Die Freundschaft mit Christus geht weit tiefer als menschliche Sympathie und Vertrautheit. In der Freundschaft mit Jesus leben heißt, in seiner Liebe verwurzelt zu sein und im konkreten Dienst an den Mitmenschen bleibende Frucht zu bringen.*

GABENGEBET

Herr und Gott,
lass unser Gebet zu dir aufsteigen
und nimm unsere Gaben an.

Reinige uns durch deine Gnade,
damit wir fähig werden,
das Sakrament deiner großen Liebe zu empfangen.
Darum bitten wir durch Christus, unseren Herrn.

Osterpräfation, S. 423f.

KOMMUNIONVERS
Joh 14, 15–16

So spricht der Herr:
Wenn ihr mich liebt, werdet ihr meine Gebote halten.
Ich werde den Vater bitten,
und er wird euch einen anderen Beistand geben,
damit er immer bei euch bleibt. Halleluja.

SCHLUSSGEBET

Allmächtiger Gott,
du hast uns durch die Auferstehung Christi
neu geschaffen für das ewige Leben.
Erfülle uns mit der Kraft dieser heilbringenden Speise,
damit das österliche Geheimnis
in uns reiche Frucht bringt.
Darum bitten wir durch Christus, unseren Herrn.

FÜR DEN TAG UND DIE WOCHE

Die Tiefe   *Das Gebet, in dem wir in die Tiefen Gottes hinabsteigen, ist nicht dazu da, dass wir uns in unserer Haut wohler fühlen. Beten – nicht um irgendeines Gewinnes willen, sondern um als freie Menschen in die lebendige Gemeinschaft mit Christus hineinzufinden. Wenn der Mensch versucht, diese Gemeinschaft in Worte zu fassen, ist es bewusstes Beten. Es ist kein Privileg für einige wenige. Es ist ein Weg, der gangbar ist für die Jüngsten wie für die Ältesten. Im Gebet gewinnt unser Herz Klarheit und Durchsichtigkeit. Christus ist gegenwärtig. (Frère Roger, Taizé)*

CHRISTI HIMMELFAHRT

Hochfest

Christus, der Menschgewordene und Gekreuzigte, wurde in die Herrlichkeit Gottes aufgenommen. Dort ist er als unser Hohepriester unsere Hoffnung. Er ist von der Erde nicht abwesend und hat uns nicht allein gelassen. Er lässt uns nicht in Ruhe; er sendet uns in die Welt.

ERÖFFNUNGSVERS Apg 1, 11
Ihr Männer von Galiläa,
was steht ihr da und schaut zum Himmel?
Der Herr wird wiederkommen, wie er jetzt aufgefahren ist. Halleluja.
Ehre sei Gott, S. 371 f.

TAGESGEBET
Allmächtiger, ewiger Gott,
erfülle uns mit Freude und Dankbarkeit,
denn in der Himmelfahrt deines Sohnes
hast du den Menschen erhöht.
Schenke uns das feste Vertrauen,
dass auch wir zu der Herrlichkeit gerufen sind,
in die Christus uns vorausgegangen ist,
der in der Einheit des Heiligen Geistes
mit dir lebt und herrscht in alle Ewigkeit.

ZUR 1. LESUNG   *In seinem Evangelium hat Lukas berichtet, was Jesus getan und gelehrt hat; in der Apostelgeschichte beschreibt er das Wachsen der Kirche. Die letzten Worte Jesu vor seinem Weggang sind für die Jünger zugleich Verheißung und Auftrag. Für alle Menschen sollen sie Boten und Zeugen Christi sein; der Geist Gottes gibt ihnen die Kraft dazu. Von Pfingsten bis zur Wiederkunft Christi wird die Kirche Christi missionierende Kirche sein.*

ERSTE LESUNG

Apg 1, 1–11

Dieser Jesus, der in den Himmel aufgenommen wurde, wird ebenso wiederkommen, wie ihr ihn habt zum Himmel hingehen sehen

Lesung
 aus der Apostelgeschichte.

¹ Im ersten Buch, lieber Theóphilus,
 habe ich über alles berichtet,
 was Jesus von Anfang an getan und gelehrt hat,
² bis zu dem Tag, an dem er in den Himmel aufgenommen wurde.
Vorher hat er den Aposteln,
 die er sich durch den Heiligen Geist erwählt hatte,
 Weisung gegeben.
³ Ihnen hat er nach seinem Leiden
 durch viele Beweise gezeigt, dass er lebt;
vierzig Tage hindurch ist er ihnen erschienen
und hat vom Reich Gottes gesprochen.
⁴ Beim gemeinsamen Mahl gebot er ihnen:
Geht nicht weg von Jerusalem,
sondern wartet auf die Verheißung des Vaters,
 die ihr von mir vernommen habt!
⁵ Denn Johannes hat mit Wasser getauft,
ihr aber
 werdet schon in wenigen Tagen
 mit dem Heiligen Geist getauft werden.
⁶ Als sie nun beisammen waren, fragten sie ihn:
 Herr, stellst du in dieser Zeit
 das Reich für Israel wieder her?
⁷ Er sagte zu ihnen:
 Euch steht es nicht zu, Zeiten und Fristen zu erfahren,
 die der Vater in seiner Macht festgesetzt hat.
⁸ *Aber ihr werdet Kraft empfangen,*
 wenn der Heilige Geist auf euch herabkommen wird;
und ihr werdet meine Zeugen sein
in Jerusalem und in ganz Judäa und Samárien
 und bis an die Grenzen der Erde.

Christi Himmelfahrt

⁹ Als er das gesagt hatte,
   wurde er vor ihren Augen emporgehoben
und eine Wolke nahm ihn auf und entzog ihn ihren Blicken.
¹⁰ Während sie unverwandt ihm nach zum Himmel emporschauten,
   siehe, da standen zwei Männer in weißen Gewändern bei ihnen
¹¹ und sagten: Ihr Männer von Galiläa,
was steht ihr da und schaut zum Himmel empor?
Dieser Jesus, der von euch fort
   in den Himmel aufgenommen wurde,
   wird ebenso wiederkommen,
   wie ihr ihn habt zum Himmel hingehen sehen.

ANTWORTPSALM Ps 47 (46), 2–3.6–7.8–9 (Kv: vgl. 6)

Kv **Gott steigt empor unter Jubel,** GL 340
der HERR beim Schall der Posaunen. – Kv

Oder: Kv **Halleluja. – Kv**

² Ihr Völker alle, klatscht in die Hände; *
jauchzt Gott zu mit lautem Jubel!
³ Denn Furcht gebietend ist der HERR, der Höchste, *
ein großer König über die ganze Erde. – (Kv)

⁶ Gott stieg empor unter Jubel, *
der HERR beim Schall der Hörner.
⁷ Singt unserm Gott, ja singt ihm! *
Singt unserm König, singt ihm! – (Kv)

⁸ Denn König der ganzen Erde ist Gott. *
Singt ihm ein Weisheitslied!
⁹ Gott wurde König über die Völker, *
Gott hat sich auf seinen heiligen Thron gesetzt. – Kv

ZUR 2. LESUNG *Das Gebet des Apostels wird zu einem Bekenntnis der Macht und Größe Gottes. Gott hat Jesus von den Toten auferweckt und an seine Seite erhöht: Er hat ihn zum Haupt der Kirche und der ganzen Schöpfung gemacht. Die Kirche ist „sein Leib": sie lebt durch ihn, und er lebt in ihr. Die Kirche ist der Raum, wo Christus für die Welt gegenwärtig ist; sie ist die Erscheinungsform Christi in dieser Welt.*

1 ZWEITE LESUNG
Eph 1,17–23

Gott hat Christus auf den Platz zu seiner Rechten erhoben

Lesung
  aus dem Brief des Apostels Paulus
  an die Gemeinde in Éphesus.

Schwestern und Brüder!
¹⁷ Der Gott Jesu Christi, unseres Herrn,
  der Vater der Herrlichkeit,
  gebe euch den Geist der Weisheit und Offenbarung,
  damit ihr ihn erkennt.
¹⁸ Er erleuchte die Augen eures Herzens,
  damit ihr versteht,
  zu welcher Hoffnung ihr durch ihn berufen seid,
welchen Reichtum
  die Herrlichkeit seines Erbes den Heiligen schenkt
¹⁹ und wie überragend groß
  seine Macht sich an uns, den Gläubigen, erweist
durch das Wirken seiner Kraft und Stärke.
²⁰ Er ließ sie wirksam werden in Christus,
  den er von den Toten auferweckt
  und im Himmel auf den Platz zu seiner Rechten erhoben hat,
²¹ hoch über jegliche Hoheit und Gewalt,
Macht und Herrschaft
und über jeden Namen, der nicht nur in dieser Weltzeit,
  sondern auch in der künftigen genannt wird.
²² Alles hat er ihm zu Füßen gelegt
und ihn, der als Haupt alles überragt,
  über die Kirche gesetzt.
²³ Sie ist sein Leib,
  die Fülle dessen, der das All in allem erfüllt.

Oder:

ZUR 2. LESUNG   *Die Berufung zum christlichen Glauben ist eine Berufung in die Gemeinde der Glaubenden hinein. Der eine Geist Gottes ist es, der den ganzen Leib beseelt und ihm die Einheit gibt. Derselbe Geist aber offenbart sich in der Vielfalt der Gaben, die alle zum Aufbau des Ganzen notwendig sind. Christus, der Auferstandene, teilt jedem seine besondere Gabe und Aufgabe zu.*

ZWEITE LESUNG

Eph 4, 1–13   [2]

Der Fülle Christi entsprechen

Lesung
   aus dem Brief des Apostels Paulus
   an die Gemeinde in Éphesus.

Schwestern und Brüder!
¹ Ich, der Gefangene im Herrn,
   ermahne euch, ein Leben zu führen,
   das des Rufes würdig ist, der an euch erging.
² Seid demütig,
friedfertig und geduldig,
ertragt einander in Liebe
³ und bemüht euch, die Einheit des Geistes zu wahren
   durch das Band des Friedens!
⁴ Ein Leib und ein Geist,
   wie ihr auch berufen seid
   zu einer Hoffnung in eurer Berufung:
⁵ ein Herr,
ein Glaube,
eine Taufe,
⁶ ein Gott und Vater aller,
   der über allem und durch alles und in allem ist.
⁷ Aber jeder von uns empfing die Gnade
   in dem Maß, wie Christus sie ihm geschenkt hat.
⁸ Deshalb heißt es: Er stieg hinauf zur Höhe
   und erbeutete Gefangene,
er gab den Menschen Geschenke.

⁹ Wenn es heißt: Er stieg aber hinauf,
   was bedeutet dies anderes,
   als dass er auch zur Erde herabstieg?
¹⁰ Derselbe, der herabstieg,
   ist auch hinaufgestiegen über alle Himmel,
   um das All zu erfüllen.
¹¹ Und er setzte die einen als Apostel ein,
   andere als Propheten,
   andere als Evangelisten,
   andere als Hirten und Lehrer,
¹² um die Heiligen für die Erfüllung ihres Dienstes zuzurüsten,
   für den Aufbau des Leibes Christi,
¹³ bis wir alle
   zur Einheit im Glauben
   und der Erkenntnis des Sohnes Gottes gelangen,
   zum vollkommenen Menschen,
   zur vollen Größe, die der Fülle Christi entspricht.

Oder Kurzfassung:

3 ZWEITE LESUNG Eph 4, 1–7.11–13
Der Fülle Christi entsprechen

Lesung
   aus dem Brief des Apostels Paulus
   an die Gemeinde in Éphesus.

Schwestern und Brüder!
¹ Ich, der Gefangene im Herrn,
   ermahne euch, ein Leben zu führen,
   das des Rufes würdig ist, der an euch erging.
² Seid demütig,
   friedfertig und geduldig,
   ertragt einander in Liebe
³ und bemüht euch, die Einheit des Geistes zu wahren
   durch das Band des Friedens!

Christi Himmelfahrt

⁴ Ein Leib und ein Geist,
 wie ihr auch berufen seid
 zu einer Hoffnung in eurer Berufung:
⁵ ein Herr,
 ein Glaube,
 eine Taufe,
⁶ ein Gott und Vater aller,
 der über allem und durch alles und in allem ist.
⁷ Aber jeder von uns empfing die Gnade
 in dem Maß, wie Christus sie ihm geschenkt hat.
¹¹ Und er setzte die einen als Apostel ein,
 andere als Propheten,
 andere als Evangelisten,
 andere als Hirten und Lehrer,
¹² um die Heiligen für die Erfüllung ihres Dienstes zuzurüsten,
 für den Aufbau des Leibes Christi,
¹³ bis wir alle
 zur Einheit im Glauben
 und der Erkenntnis des Sohnes Gottes gelangen,
 zum vollkommenen Menschen,
 zur vollen Größe, die der Fülle Christi entspricht.

RUF VOR DEM EVANGELIUM   Vers: Mt 28, 19a.20b

Halleluja. Halleluja.

(So spricht der Herr:)
Geht und macht alle Völker zu meinen Jüngern.
Ich bin mit euch alle Tage bis zum Ende der Welt.

Halleluja.

ZUM EVANGELIUM   *Die Himmelfahrt Jesu wird am Schluss des Markusevangeliums kurz berichtet und theologisch gedeutet: Es ist die Thronbesteigung des Messias-Königs, der seine Herrschaft antritt. Für das Evangelium, die Botschaft von der Gottesherrschaft, beginnt mit dem Weggang Jesu ein neuer, entscheidender Abschnitt: Der ganzen Welt wird die Botschaft verkündet. Die Menschheit wird in die Entscheidung gerufen.*

EVANGELIUM Mk 16, 15–20

Er wurde in den Himmel aufgenommen und setzte sich zur Rechten Gottes

✢ Aus dem heiligen Evangelium nach Markus.

In jener Zeit erschien Jesus den Elf
¹⁵ und sprach zu ihnen:
>Geht hinaus in die ganze Welt
>und verkündet das Evangelium der ganzen Schöpfung!

¹⁶ Wer glaubt und sich taufen lässt,
>wird gerettet;
>wer aber nicht glaubt,
>wird verurteilt werden.

¹⁷ Und durch die, die zum Glauben gekommen sind,
>werden folgende Zeichen geschehen:
>In meinem Namen werden sie Dämonen austreiben;
>sie werden in neuen Sprachen reden;

¹⁸ wenn sie Schlangen anfassen oder tödliches Gift trinken,
>wird es ihnen nicht schaden;
>und die Kranken, denen sie die Hände auflegen,
>werden gesund werden.

¹⁹ Nachdem Jesus, der Herr, dies zu ihnen gesagt hatte,
>wurde er in den Himmel aufgenommen
>und setzte sich zur Rechten Gottes.

²⁰ Sie aber zogen aus und verkündeten überall.
>Der Herr stand ihnen bei
>und bekräftigte das Wort
>durch die Zeichen, die es begleiteten.

Glaubensbekenntnis, S. 374 ff.
Fürbitten vgl. S. 802 ff.

ZUR EUCHARISTIEFEIER *Christus, der erhöhte Herr, ist in seiner Kirche gegenwärtig; in der Verkündigung des Evangeliums wie in der Feier der Sakramente ist die Kraft seines Geistes am Werk. Neue Schöpfung entsteht überall da, wo Gottes lebendiger Atem weht. An uns ist es, in unserem alltäglichen Leben dieser neuen Schöpfung sichtbaren Ausdruck zu verleihen.*

GABENGEBET

Allmächtiger Gott,
am Fest der Himmelfahrt deines Sohnes
bringen wir dieses Opfer dar.
Gib uns durch diese heilige Feier die Gnade,
dass wir uns über das Irdische erheben
und suchen, was droben ist.
Darum bitten wir durch Christus, unseren Herrn.

Präfationen von Christi Himmelfahrt, S. 424 f.
In den Hochgebeten I–III eigener Einschub

KOMMUNIONVERS

Mt 28, 20

Ich bin bei euch alle Tage bis zum Ende der Welt. Halleluja.

SCHLUSSGEBET

Allmächtiger, ewiger Gott,
du hast uns, die wir noch auf Erden leben,
deine göttlichen Geheimnisse anvertraut.
Lenke unser Sinnen und Verlangen zum Himmel,
wo Christus als Erster der Menschen bei dir ist,
der mit dir lebt und herrscht in Ewigkeit.

Dem modernen Heidentum, dem vielfach jedes geistliche Kleid verdächtig ist, das von keiner Glaubenslehre etwas wissen will, kann das jenseitige Leben kaum noch anders nahe kommen als in Menschen, die von außen gesehen seinesgleichen sind, vielleicht denselben Beruf in der Welt ausüben, starke gemeinsame Interessen mit den Menschen dieser Welt haben und doch spürbar von einer geheimnisvollen Kraft getragen sind, die von andersher kommt. (Edith Stein/Sr. Teresia Benedicta a Cruce)

SIEBTER SONNTAG DER OSTERZEIT

Die Freude ist wie die Liebe: Sie will über die Zeit hinaus dauern und „bleiben". Das sagen uns die Lesungen aus dem Johannesevangelium und den Johannesbriefen. Unser Herz stimmt zu, und unser Glaube bestätigt es auch dann, wenn unsere Erfahrung Widerspruch anmeldet. Gott nimmt uns an; er liebt uns mit göttlichem Ernst und mit göttlicher Freude, auch mit Geduld und Erbarmen.

ERÖFFNUNGSVERS
Ps 27 (26), 7–9

Vernimm, o Herr, mein lautes Rufen;
sei mir gnädig und erhöre mich!
Mein Herz denkt an dein Wort: „Sucht mein Angesicht!"
Dein Angesicht, Herr, will ich suchen.
Verbirg nicht dein Gesicht vor mir! Halleluja.

Ehre sei Gott, S. 371 f.

TAGESGEBET

Allmächtiger Gott,
wir bekennen, dass unser Erlöser
bei dir in deiner Herrlichkeit ist.
Erhöre unser Rufen
und lass uns erfahren,
dass er alle Tage bis zum Ende der Welt
bei uns bleibt, wie er uns verheißen hat.
Er, der in der Einheit des Heiligen Geistes
mit dir lebt und herrscht in alle Ewigkeit.

ZUR 1. LESUNG *Mit 120 Gläubigen tritt die Urgemeinde von Jerusalem in die Geschichte ein. Das ist das Zehnfache der Zahl der Apostel. Die Zwölfzahl ist auch die Zahl der Stämme Israels. Nach dem unglücklichen Weggang des Judas musste diese Zahl wiederhergestellt werden. Der Hinzugewählte muss von Anfang an bei Jesus gewesen sein, vor allem aber muss er Zeuge der Auferstehung Jesu sein. Auf dem Zeugnis der Apostel ruht der Glaube der Kirche.*

ERSTE LESUNG
Apg 1, 15–17.20ac–26

Einer von diesen muss nun zusammen mit uns Zeuge seiner Auferstehung sein

**Lesung
aus der Apostelgeschichte.**

¹⁵ *In jenen Tagen erhob sich Petrus im Kreis der Brüder
– etwa hundertzwanzig waren zusammengekommen –
und sagte:*
¹⁶   *Brüder!*

Es musste sich das Schriftwort erfüllen,
    das der Heilige Geist durch den Mund Davids
    im Voraus über Judas gesprochen hat.
Judas wurde zum Anführer derer, die Jesus gefangen nahmen.
17 Er wurde zu uns gezählt
    und hatte Anteil am gleichen Dienst.
20ac Es steht im Buch der Psalmen:
Sein Amt soll ein anderer erhalten!
21 Es ist also nötig, dass einer von den Männern,
    die mit uns die ganze Zeit zusammen waren,
    als Jesus, der Herr, bei uns ein und aus ging,
22   angefangen von der Taufe durch Johannes
    bis zu dem Tag,
    an dem er von uns ging
    und in den Himmel aufgenommen wurde –
einer von diesen muss nun zusammen mit uns
    Zeuge seiner Auferstehung sein.
23 Und sie stellten zwei Männer auf:
Josef, genannt Barsábbas, mit dem Beinamen Justus,
    und Matthías.
24 Dann beteten sie:
    Du, Herr, kennst die Herzen aller;
zeige, wen von diesen beiden du erwählt hast,
25   diesen Dienst und dieses Apostelamt zu übernehmen!
Denn Judas hat es verlassen
    und ist an den Ort gegangen, der ihm bestimmt war.
26 Sie warfen das Los über sie;
das Los fiel auf Matthías
und er wurde den elf Aposteln zugezählt.

ANTWORTPSALM   Ps 103 (102), 1–2.11–12.19–20b (Kv: 19a)

Kv **Der HERR hat seinen Thron errichtet im Himmel.** – Kv   GL 79, 1

Oder:

Kv **Halleluja.** – Kv

¹ Preise den HERRN, meine Seele, *
und alles in mir seinen heiligen Namen!
² Preise den HERRN, meine Seele, *
und vergiss nicht, was er dir Gutes getan hat! – (Kv)
¹¹ Denn so hoch der Himmel über der Erde ist, *
so mächtig ist seine Huld über denen, die ihn fürchten.
¹² So weit der Aufgang entfernt ist vom Untergang, *
so weit entfernt er von uns unsere Frevel. – (Kv)
¹⁹ Der HERR hat seinen Thron errichtet im Himmel, *
seine königliche Macht beherrscht das All.
²⁰ᵃᵇ Preist den HERRN, ihr seine Engel, *
ihr starken Helden, die sein Wort vollstrecken. – Kv

ZUR 2. LESUNG *Wir haben Gemeinschaft mit Gott, weil sein Geist in uns wohnt und wirkt. An zwei Zeichen erkennen wir, dass wir den Geist Gottes haben: 1. dass wir an Jesus Christus als den Sohn Gottes glauben, 2. dass wir einander als Brüder und Schwestern zugetan sind. Damit bezeugen wir auch, dass Christus lebt.*

ZWEITE LESUNG   1 Joh 4, 11–16

Wer in der Liebe bleibt, bleibt in Gott und Gott bleibt in ihm

Lesung
   aus dem ersten Johannesbrief.

¹¹ Geliebte, wenn Gott uns so geliebt hat,
   müssen auch wir einander lieben.
¹² Niemand hat Gott je geschaut;
   wenn wir einander lieben,
      bleibt Gott in uns
   und seine Liebe ist in uns vollendet.
¹³ Daran erkennen wir, dass wir in ihm bleiben
   und er in uns bleibt:
   Er hat uns von seinem Geist gegeben.
¹⁴ Wir haben geschaut und bezeugen,
   dass der Vater den Sohn gesandt hat
   als Retter der Welt.

Siebter Sonntag der Osterzeit

¹⁵ Wer bekennt, dass Jesus der Sohn Gottes ist,
   in dem bleibt Gott
und er bleibt in Gott.
¹⁶ Wir haben die Liebe, die Gott zu uns hat, erkannt
   und gläubig angenommen.
Gott ist Liebe,
und wer in der Liebe bleibt,
   bleibt in Gott
und Gott bleibt in ihm.

RUF VOR DEM EVANGELIUM
Vers: vgl. Joh 14, 18; 16, 22b

Halleluja. Halleluja.

(So spricht der Herr:)
Ich lasse euch nicht als Waisen zurück.
Ich komme zu euch. Dann wird euer Herz sich freuen.

Halleluja.

ZUM EVANGELIUM *Das unverwechselbare Kennzeichen der christlichen Gemeinde ist die Freude. Ohne sie gibt es keinen Glauben und keine Liebe. „Meine Freude", sagt Jesus; sie ist Ausdruck der Lebensfülle, die er durch seine Einheit mit dem Vater hat. Die Jüngergemeinde lebt noch in einer Welt, die völlig anders denkt, aber Christus hat uns durch den Heiligen Geist in seine eigene Glaubensgemeinschaft aufgenommen.*

EVANGELIUM
Joh 17, 6a.11b–19

Bewahre sie in deinem Namen, den du mir gegeben hast, damit sie eins sind wie wir!

✠ Aus dem heiligen Evangelium nach Johannes.

In jener Zeit
   erhob Jesus seine Augen zum Himmel und sprach:
^{6a} Vater, ich habe deinen Namen
   den Menschen offenbart,
   die du mir aus der Welt gegeben hast.
^{11b} Heiliger Vater,
   bewahre sie in deinem Namen, den du mir gegeben hast,

damit sie eins sind wie wir!
¹² Solange ich bei ihnen war,
bewahrte ich sie in deinem Namen, den du mir gegeben hast.
Und ich habe sie behütet
und keiner von ihnen ging verloren,
außer dem Sohn des Verderbens,
damit sich die Schrift erfüllte.
¹³ Aber jetzt komme ich zu dir
und rede dies noch in der Welt,
damit sie meine Freude in Fülle in sich haben.
¹⁴ Ich habe ihnen dein Wort gegeben
und die Welt hat sie gehasst,
weil sie nicht von der Welt sind,
wie auch ich nicht von der Welt bin.
¹⁵ Ich bitte nicht, dass du sie aus der Welt nimmst,
sondern dass du sie vor dem Bösen bewahrst.
¹⁶ Sie sind nicht von der Welt,
wie auch ich nicht von der Welt bin.
¹⁷ Heilige sie in der Wahrheit;
dein Wort ist Wahrheit.
¹⁸ Wie du mich in die Welt gesandt hast,
so habe auch ich sie in die Welt gesandt.
¹⁹ Und ich heilige mich für sie,
damit auch sie in der Wahrheit geheiligt sind.

Glaubensbekenntnis, S. 374 ff.
Fürbitten vgl. S. 802 ff.

ZUR EUCHARISTIEFEIER *Durch Jesus sind wir in die Gemeinschaft Gottes hineingenommen, und von da aus werden wir in die Welt gesandt. Die Verbindung mit ihm, die wir in jeder Feier der Eucharistie vertiefen, ist die Quelle, aus der unser alltägliches Leben als Christinnen und Christen gespeist wird.*

GABENGEBET

Herr und Gott,
nimm die Gebete und Opfergaben
deiner Gläubigen an.
Lass uns diese heilige Feier
mit ganzer Hingabe begehen,
damit wir einst das Leben
in der Herrlichkeit des Himmels erlangen.
Darum bitten wir durch Christus, unseren Herrn.

Präfationen von Christi Himmelfahrt, S. 424 f.

KOMMUNIONVERS
Vgl. Joh 17, 22

Ich bitte dich, Vater, lass sie eins sein,
wie wir eins sind. Halleluja.

SCHLUSSGEBET

Erhöre uns, Gott, unser Heil,
und schenke uns die feste Zuversicht,
dass durch die Feier der heiligen Geheimnisse
die ganze Kirche jene Vollendung erlangen wird,
die Christus, ihr Haupt,
in deiner Herrlichkeit schon besitzt,
der mit dir lebt und herrscht in alle Ewigkeit.

FÜR DEN TAG UND DIE WOCHE

Sakrament der Liebe Gottes *Der Auferstandene macht euch frei von dem, was euch hindert, im Glauben zu leben; im Frieden mit den anderen, in der Wahrheit, in der Einheit, in der Vergebung, in der Liebe zu leben. Er legt in euch sein göttliches Leben hinein und seine Macht der Erneuerung. Geht auf die Straßen der Welt, in eure Familien, in eure Städte, in eure Schulen, um in gewisser Weise das Sakrament der Liebe Gottes zu sein bei jedem eurer Brüder, damit sie den Erlöser in ihr Leben aufnehmen. Es ist das Geheimnis des Glückes. (Johannes Paul II.)*

PFINGSTEN

Hochfest

Pfingsten war im Ersten Bund ein frohes Erntefest; das neue Pfingsten, fünfzig Tage nach Ostern, ist auf neue Weise ein Fest der Ernte, der Erfüllung und Vollendung. Es ist die Frucht von Ostern, die Bestätigung der Auferstehung Jesu, seiner Erhöhung zum Vater und seiner bleibenden Gegenwart bei der Gemeinde.

Am Vorabend

ERÖFFNUNGSVERS Röm 5, 5

**Die Liebe Gottes ist ausgegossen in unsere Herzen
durch den Heiligen Geist, der uns gegeben ist. Halleluja.**
Ehre sei Gott, S. 371 f.

TAGESGEBET

Gott, unser Herr,
du hast das österliche Geheimnis
im Geschehen des Pfingsttages vollendet
und Menschen aus allen Völkern
das Heil geoffenbart.
Vereine im Heiligen Geist
die Menschen aller Sprachen und Nationen
zum Bekenntnis deines Namens.
Darum bitten wir durch Jesus Christus.

Oder:

Allmächtiger Gott,
der Glanz deiner Herrlichkeit
strahle über uns auf,
und Christus, das Licht von deinem Licht,
erleuchte die Herzen aller Getauften
und stärke sie durch den Heiligen Geist.
Darum bitten wir durch Jesus Christus.

ZUR 1. LESUNG *Babel, die mächtige Stadt, war dem biblischen Verfasser der Inbegriff menschlicher Überheblichkeit. Dort stand der Tempel des Stadtgottes Marduk mit seinem siebenstöckigen Turm, er wurde „Fundament des Himmels und der Erde" genannt. Aber wo der Mensch seine Grenzen überschreitet, wird die Größe zur Lüge, und die Macht zerfällt. Nur in der Wahrheit kommt die Einheit zustande.*

ERSTE LESUNG

Gen 11, 1–9

Man gab der Stadt den Namen Babel; denn dort hat der HERR die Sprache der ganzen Erde verwirrt

**Lesung
aus dem Buch Génesis.**

1 **Die ganze Erde hatte eine Sprache
und ein und dieselben Worte.**

2 **Als sie ostwärts aufbrachen,
fanden sie eine Ebene im Land Schinar
und siedelten sich dort an.**

3 **Sie sagten zueinander: Auf, formen wir Lehmziegel
und brennen wir sie zu Backsteinen.
So dienten ihnen gebrannte Ziegel als Steine
und Erdpech als Mörtel.**

4 **Dann sagten sie: Auf, bauen wir uns eine Stadt
und einen Turm mit einer Spitze bis in den Himmel!
So wollen wir uns einen Namen machen,
damit wir uns nicht über die ganze Erde zerstreuen.**

5 **Da stieg der HERR herab,
um sich Stadt und Turm anzusehen,
die die Menschenkinder bauten.**

6 **Und der HERR sprach: Siehe, ein Volk sind sie
und eine Sprache haben sie alle.
Und das ist erst der Anfang ihres Tuns.
Jetzt wird ihnen nichts mehr unerreichbar sein,
wenn sie es sich zu tun vornehmen.**

7 **Auf, steigen wir hinab**

und verwirren wir dort ihre Sprache,
  sodass keiner mehr die Sprache des anderen versteht.
⁸ Der HERR zerstreute sie von dort aus über die ganze Erde
und sie hörten auf, an der Stadt zu bauen.
⁹ Darum gab man der Stadt den Namen Babel, Wirrsal,
denn dort hat der HERR die Sprache der ganzen Erde verwirrt
und von dort aus hat er die Menschen
  über die ganze Erde zerstreut.

Oder:

ZUR 1. LESUNG *Fünfzig Tage nach Ostern feierte man im späten Judentum neben dem Erntedank auch den Bundesschluss und die Gesetzgebung am Sinai. Israel ist Gottes Eigentum und sein heiliges Volk geworden. Christus aber ist mehr als Mose; er ist nicht zum Sinai, sondern zum Himmel hinaufgestiegen und hat vom Vater her den versprochenen Geist gesandt.*

2 ERSTE LESUNG Ex 19, 3–8a.16–20

Vor den Augen des ganzen Volkes stieg der HERR auf den Berg Sinai herab

Lesung
  aus dem Buch Éxodus.

In jenen Tagen
³ stieg Mose zu Gott hinauf.
Da rief ihm der HERR vom Berg her zu:
  Das sollst du dem Haus Jakob sagen
    und den Israeliten verkünden:
⁴ Ihr habt gesehen, was ich den Ägyptern angetan habe,
wie ich euch auf Adlerflügeln getragen
  und zu mir gebracht habe.
⁵ Jetzt aber,
  wenn ihr auf meine Stimme hört und meinen Bund haltet,
    werdet ihr unter allen Völkern mein besonderes Eigentum sein.
Mir gehört die ganze Erde,
⁶ ihr aber sollt mir als ein Königreich von Priestern
  und als ein heiliges Volk gehören.

Das sind die Worte, die du den Israeliten mitteilen sollst.
⁷ Mose ging und rief die Ältesten des Volkes zusammen.
Er legte ihnen alles vor, was der HERR ihm aufgetragen hatte.
⁸ᵃ Das ganze Volk antwortete einstimmig
und erklärte: Alles, was der HERR gesagt hat, wollen wir tun.
¹⁶ Am dritten Tag, im Morgengrauen,
    begann es zu donnern und zu blitzen.
Schwere Wolken lagen über dem Berg
und gewaltiger Hörnerschall erklang.
Das ganze Volk im Lager begann zu zittern.
¹⁷ Mose führte das Volk aus dem Lager hinaus Gott entgegen.
Unten am Berg blieben sie stehen.
¹⁸ Der ganze Sínai war in Rauch gehüllt,
denn der HERR war im Feuer auf ihn herabgestiegen.
Der Rauch stieg vom Berg auf wie Rauch aus einem Schmelzofen.
Der ganze Berg bebte gewaltig
¹⁹   und der Hörnerschall wurde immer lauter.
Mose redete
und Gott antwortete ihm mit verstehbarer Stimme.
²⁰ Der HERR war auf den Sínai,
    auf den Gipfel des Berges, herabgestiegen.
Er hatte Mose zu sich auf den Gipfel des Berges gerufen
und Mose war hinaufgestiegen.

Oder:

ZUR 1. LESUNG *Die Vision von der Wiederbelebung der Totengebeine wird in der Lesung auf die Heimkehr des Volkes Israel gedeutet. Gottes mächtiger Lebensatem, der „Geist", soll aber nicht nur die nationale Wiederherstellung des Volkes bewirken, sondern vor allem seine geistige Erneuerung. Es soll sichtbar werden, dass Jahwe, der Gott Israels, auch das Tote zum Leben erwecken und das Angesicht der Erde erneuern kann.*

[3] ERSTE LESUNG

Ez 37, 1–14

Ihr ausgetrockneten Gebeine, ich selbst bringe Geist in euch, dann werdet ihr lebendig

Lesung
aus dem Buch Ezéchiel.
In jenen Tagen
1 legte sich die Hand des HERRN auf mich
und er brachte mich im Geist des HERRN hinaus
   und versetzte mich mitten in die Ebene.
Sie war voll von Gebeinen.
2 Er führte mich ringsum an ihnen vorüber
und siehe, es waren sehr viele über die Ebene hin;
und siehe, sie waren ganz ausgetrocknet.
3 Er fragte mich: Menschensohn,
können diese Gebeine wieder lebendig werden?
Ich antwortete: GOTT und Herr, du weißt es.
4 Da sagte er zu mir: Sprich als Prophet über diese Gebeine
und sag zu ihnen: Ihr ausgetrockneten Gebeine,
   hört das Wort des HERRN!
5 So spricht GOTT, der Herr, zu diesen Gebeinen:
Siehe, ich selbst bringe Geist in euch,
   dann werdet ihr lebendig.
6 Ich gebe euch Sehnen, umgebe euch mit Fleisch
   und überziehe euch mit Haut;
ich gebe Geist in euch,
   sodass ihr lebendig werdet.
Dann werdet ihr erkennen, dass ich der HERR bin.
7 Da sprach ich als Prophet, wie mir befohlen war;
und noch während ich prophetisch redete,
   war da ein Geräusch:
Und siehe, ein Beben: Die Gebeine rückten zusammen,
Bein an Bein.
8 Und als ich hinsah, siehe, da waren Sehnen auf ihnen,
Fleisch umgab sie
und Haut überzog sie von oben.

Aber es war kein Geist in ihnen.
⁹ Da sagte er zu mir: Rede als Prophet zum Geist,
rede prophetisch, Menschensohn,
sag zum Geist: So spricht GOTT, der Herr:
Geist, komm herbei von den vier Winden!
Hauch diese Erschlagenen an,
   damit sie lebendig werden!
¹⁰ Da sprach ich als Prophet, wie er mir befohlen hatte,
und es kam der Geist in sie.
Sie wurden lebendig und sie stellten sich auf ihre Füße –
ein großes, gewaltiges Heer.
¹¹ Er sagte zu mir: Menschensohn,
diese Gebeine sind das ganze Haus Israel.
Siehe, sie sagen: Ausgetrocknet sind unsere Gebeine,
unsere Hoffnung ist untergegangen,
wir sind abgeschnitten.
¹² Deshalb tritt als Prophet auf
   und sag zu ihnen: So spricht GOTT, der Herr:
Siehe, ich öffne eure Gräber
   und hole euch, mein Volk, aus euren Gräbern herauf.
Ich bringe euch zum Ackerboden Israels.
¹³ Und ihr werdet erkennen, dass ich der HERR bin,
   wenn ich eure Gräber öffne
   und euch, mein Volk, aus euren Gräbern heraufhole.
¹⁴ Ich gebe meinen Geist in euch,
   dann werdet ihr lebendig
und ich versetze euch wieder auf euren Ackerboden.
Dann werdet ihr erkennen, dass ich der HERR bin.

Ich habe gesprochen
   und ich führe es aus –
Spruch des HERRN.

Oder:

ZUR 1. LESUNG   *Joël verheißt für die Endzeit, was Mose einst gewünscht hatte (Num 11,29): Das ganze Volk wird vom Geist Gottes ergriffen werden. Es werden*

Tage letzter Entscheidung sein; wer sich an Gott hält, wird gerettet. Der Apostel Petrus hat in seiner Pfingstrede die Joëlweissagung angeführt (Apg 2,17-21). Die Geistgabe an Pfingsten ist das große Angebot Gottes in den „letzten Tagen" der Menschheitsgeschichte.

4 ERSTE LESUNG Joël 3,1–5

Ich werde meinen Geist ausgießen über meine Knechte und Mägde

Lesung
aus dem Buch Joël.

So spricht Gott, der Herr:
¹ Es wird Folgendes geschehen:
Ich werde meinen Geist ausgießen über alles Fleisch.
Eure Söhne und Töchter werden Propheten sein,
eure Alten werden Träume haben
und eure jungen Männer haben Visionen.
² Auch über Knechte und Mägde
werde ich meinen Geist ausgießen in jenen Tagen.
³ Ich werde wunderbare Zeichen wirken
am Himmel und auf der Erde:
Blut und Feuer und Rauchsäulen.
⁴ Die Sonne wird sich in Finsternis verwandeln
und der Mond in Blut,
ehe der Tag des HERRN kommt,
der große und schreckliche Tag.
⁵ Und es wird geschehen:
Jeder, der den Namen des HERRN anruft, wird gerettet.
Denn auf dem Berg Zion und in Jerusalem gibt es Rettung,
wie der HERR gesagt hat,
und wen der HERR ruft,
der wird entrinnen.

ANTWORTPSALM Ps 104 (103), 1–2.24–25.27–28.29–30 (Kv: vgl. 30)

Kv Sende aus deinen Geist GL 312, 2
und das Angesicht der Erde wird neu. – Kv
Oder: Kv Halleluja. – Kv

¹ **Preise den HERRN, meine Seele! /**
HERR, mein Gott, überaus groß bist du! *
Du bist mit Hoheit und Pracht bekleidet.
² **Du hüllst dich in Licht wie in einen Mantel,** *
du spannst den Himmel aus gleich einem Zelt. – (Kv)
²⁴ **Wie zahlreich sind deine Werke, HERR, /**
sie alle hast du mit Weisheit gemacht, *
die Erde ist voll von deinen Geschöpfen.
²⁵ **Da ist das Meer, so groß und weit,** *
darin ein Gewimmel, nicht zu zählen: kleine und große Tiere. – (Kv)
²⁷ **Auf dich warten sie alle,** *
dass du ihnen ihre Speise gibst zur rechten Zeit.
²⁸ **Gibst du ihnen, dann sammeln sie ein,** *
öffnest du deine Hand, werden sie gesättigt mit Gutem. – (Kv)
²⁹ **Verbirgst du dein Angesicht, sind sie verstört, /**
nimmst du ihnen den Atem, so schwinden sie hin *
und kehren zurück zum Staub.
³⁰ **Du sendest deinen Geist aus: Sie werden erschaffen** *
und du erneuerst das Angesicht der Erde. – Kv

ZUR 2. LESUNG   *Immer noch warten wir darauf, dass sichtbar wird, was wir durch die Taufe und den Empfang des Heiligen Geistes geworden sind. Jeden Tag sehen wir Schwachheit und Sünde. Aber der Geist Gottes hilft uns: Er gibt uns die Kraft zu glauben, zu hoffen, zu beten. Er kennt unser Herz.*

ZWEITE LESUNG   Röm 8, 22–27

Der Geist selber tritt für uns ein mit unaussprechlichen Seufzern

Lesung
aus dem Brief des Apostels Paulus
an die Gemeinde in Rom.

Schwestern und Brüder!
²² **Wir wissen, dass die gesamte Schöpfung**
bis zum heutigen Tag seufzt und in Geburtswehen liegt.
²³ **Aber nicht nur das, sondern auch wir,**
obwohl wir als Erstlingsgabe den Geist haben,
auch wir seufzen in unserem Herzen

und warten darauf, dass wir mit der Erlösung unseres Leibes
   als Söhne offenbar werden.
24 Denn auf Hoffnung hin sind wir gerettet.
Hoffnung aber, die man schon erfüllt sieht,
   ist keine Hoffnung.
Denn wie kann man auf etwas hoffen, das man sieht?
25 Hoffen wir aber auf das, was wir nicht sehen,
   dann harren wir aus in Geduld.
26 So nimmt sich auch der Geist unserer Schwachheit an.
Denn wir wissen nicht,
   was wir in rechter Weise beten sollen;
der Geist selber tritt jedoch für uns ein
   mit unaussprechlichen Seufzern.
27 Der die Herzen erforscht,
   weiß, was die Absicht des Geistes ist.
Denn er tritt so, wie Gott es will,
   für die Heiligen ein.

RUF VOR DEM EVANGELIUM

Zum Vers Komm, Heiliger Geist ... knien alle.

Halleluja. Halleluja.

Komm, Heiliger Geist,
erfülle die Herzen deiner Gläubigen
und entzünde in ihnen das Feuer deiner Liebe!

Halleluja.

ZUM EVANGELIUM *Am letzten Tag des Laubhüttenfestes offenbart sich Jesus als die Quelle lebendigen Wassers. Die Wasserspende einst in der Wüste und das Wasserschöpfen am Laubhüttenfest waren Hinweise auf die eigentliche Gabe Gottes: den Heiligen Geist. Seine Symbole sind das Wasser, der Atem, der Sturm, das Feuer.*

Pfingsten – Am Vorabend

EVANGELIUM Joh 7, 37–39

Ströme von lebendigem Wasser werden fließen

✛ Aus dem heiligen Evangelium nach Johannes.

³⁷ Am letzten Tag des Festes, dem großen Tag,
stellte sich Jesus hin
und rief:
Wer Durst hat, komme zu mir
³⁸ und es trinke, wer an mich glaubt!
Wie die Schrift sagt:
Aus seinem Inneren
werden Ströme von lebendigem Wasser fließen.
³⁹ Damit meinte er den Geist,
den alle empfangen sollten, die an ihn glauben;
denn der Geist war noch nicht gegeben,
weil Jesus noch nicht verherrlicht war.

Glaubensbekenntnis, S. 374 ff.
Fürbitten vgl. S. 804

ZUR EUCHARISTIEFEIER *Wer hat keinen Durst nach einem wahren Leben in Fülle? Wer sehnt sich nicht nach Glück und Erfüllung seiner Hoffnungen? – Wir haben die Zusage Jesu: Er ist die Quelle, aus der das Wasser strömt, das uns lebendig macht. Wer sich auf ihn einlässt, dessen Hoffnung wird nicht enttäuscht.*

GABENGEBET

Herr, unser Gott,
dein Geist segne diese Gaben
und erfülle durch sie die Kirche
mit der Kraft deiner Liebe,
damit die ganze Welt erkennt,
dass du sie zum Heil gerufen hast.
Darum bitten wir durch Christus, unseren Herrn.

Pfingstpräfation, S. 425
In den Hochgebeten I–III eigener Einschub

KOMMUNIONVERS
Joh 7, 37

Am letzten Tag des Festes, dem großen Tag,
stand Jesus da und rief:
Wer Durst hat, komme zu mir und trinke. Halleluja.

SCHLUSSGEBET

Herr, unser Gott,
du hast uns im heiligen Mahl gesättigt.
Erfülle uns durch dieses Sakrament
mit der Glut des Heiligen Geistes,
den du am Pfingstfest den Aposteln gesandt hast.
Darum bitten wir durch Christus, unseren Herrn.

Vigil

In Kirchen, in denen eine Vigilmesse in erweiterter Form gefeiert wird, sind die folgenden Lesungen und Psalmen vorgesehen.

ERSTE LESUNG
Gen 11, 1–9

siehe Pfingsten – Am Vorabend: Erste Lesung 1, S. 313 f.

ANTWORTPSALM
Ps 33 (32), 10–11.12–13.14–15 (Kv: vgl. 12b)

Kv Selig das Volk, das der HERR sich zum Erbteil erwählt hat. – Kv

¹⁰ Der HERR vereitelte den Ratschluss der Nationen, * GL 56, 1
    er machte die Pläne der Völker zunichte.
¹¹ Der Ratschluss des HERRN bleibt ewig bestehen, *
    die Pläne seines Herzens durch alle Geschlechter. – (Kv)
¹² Selig die Nation, deren Gott der HERR ist, *
    das Volk, das er sich zum Erbteil erwählt hat.
¹³ Der HERR blickt herab vom Himmel, *
    er sieht alle Menschen. – (Kv)
¹⁴ Von seinem Thronsitz schaut er nieder *
    auf alle Bewohner der Erde.
¹⁵ Der ihre Herzen gebildet hat, *
    er achtet auf all ihre Taten. – Kv

ZWEITE LESUNG
Ex 19, 3–8a.16–20

siehe Pfingsten – Am Vorabend: Erste Lesung 2, S. 314f.

ANTWORTPSALM
Dan 3, 52.53.54.55.56 (Kv: vgl. 52) 1

⁵² Gepriesen bist du, HERR, du Gott unserer Väter. *   GL 616, 4
Kv Gerühmt und verherrlicht in Ewigkeit.
⁵³ Gepriesen bist du im Tempel deiner heiligen Herrlichkeit. *
Kv Gerühmt und verherrlicht in Ewigkeit.
⁵⁴ Gepriesen bist du, der in die Tiefen schaut und auf Kérubim thront. *
Kv Gerühmt und verherrlicht in Ewigkeit.
⁵⁵ Gepriesen bist du auf dem Thron deiner Herrschaft. *
Kv Gerühmt und verherrlicht in Ewigkeit.
⁵⁶ Gepriesen bist du am Gewölbe des Himmels. *
Kv Gerühmt und verherrlicht in Ewigkeit.

Oder:

ANTWORTPSALM
Ps 19 (18), 8.9.10.11–12 (Kv: Joh 6, 68c) 2

Kv Herr, du hast Worte des ewigen Lebens. – Kv   GL 312, 7

⁸ Die Weisung des HERRN ist vollkommen, *
sie erquickt den Menschen.
Das Zeugnis des HERRN ist verlässlich, *
den Unwissenden macht es weise. – (Kv)

⁹ Die Befehle des HERRN sind gerade, *
sie erfüllen das Herz mit Freude.
Das Gebot des HERRN ist rein, *
es erleuchtet die Augen. – (Kv)

¹⁰ Die Furcht des HERRN ist lauter, *
sie besteht für immer.
Die Urteile des HERRN sind wahrhaftig, *
gerecht sind sie alle. – (Kv)

¹¹ Sie sind kostbarer als Gold, als Feingold in Menge. *
Sie sind süßer als Honig, als Honig aus Waben.
¹² Auch dein Knecht lässt sich von ihnen warnen; *
reichen Lohn hat, wer sie beachtet. – Kv

DRITTE LESUNG
Ez 37, 1–14

siehe Pfingsten – Am Vorabend: Erste Lesung ☐3☐, S. 316f.

ANTWORTPSALM
Ps 107 (106), 2–3.4–5.6–7.8–9 (Kv: vgl. 1)

Kv Danket dem HERRN,   GL 558, 1
denn seine Huld währt ewig. – Kv

2 So sollen sprechen die vom HERRN Erlösten, *
die er erlöst hat aus der Hand des Bedrängers.
3 Er hat sie aus den Ländern gesammelt, /
vom Aufgang und vom Untergang, *
von Norden und vom Meer her. – (Kv)
4 Sie, die umherirrten in der Wüste, im Ödland, *
und den Weg zur bewohnten Stadt nicht fanden,
5 die Hunger litten und Durst, *
denen das Leben dahinschwand. – (Kv)
6 Sie schrien zum HERRN in ihrer Bedrängnis *
und er entriss sie ihren Nöten,
7 er führte sie auf geraden Wegen, *
sodass sie zur bewohnten Stadt gelangten. – (Kv)
8 Sie sollen dem HERRN danken für seine Huld, *
für seine Wundertaten an den Menschen,
9 denn er hat gesättigt die lechzende Kehle *
und die hungernde Kehle hat er gefüllt mit Gutem. – Kv

VIERTE LESUNG
Joël 3, 1–5

siehe Pfingsten – Am Vorabend: Erste Lesung ☐4☐, S. 318

ANTWORTPSALM
Ps 104 (103), 1–2.24–25.27–28.29–30 (Kv: vgl. 30)
siehe Pfingsten – Am Vorabend: Antwortpsalm, S. 318f.

EPISTEL
Röm 8, 22–27

siehe Pfingsten – Am Vorabend: Zweite Lesung, S. 319f.

RUF VOR DEM EVANGELIUM UND EVANGELIUM Joh 7, 37–39

siehe Pfingsten – Am Vorabend: Ruf vor dem Evangelium und Evangelium, S. 320 f.

Am Tag

Der Heilige Geist ist das innerste Geheimnis Gottes und er ist die letzte, äußerste Gabe Gottes für die Welt. Er erneuert die Schöpfung von innen her, er lässt nichts so, wie es war. Wer an die Kraft dieses Geistes glaubt und um sein Kommen bittet, muss wissen, dass er die göttliche Unruhe herbeiruft.

ERÖFFNUNGSVERS Vgl. Weish 1, 7

Der Geist des Herrn erfüllt den Erdkreis.
In ihm hat alles Bestand.
Nichts bleibt verborgen vor ihm. Halleluja.

Oder: Röm 5, 5

Die Liebe Gottes ist ausgegossen in unsere Herzen
durch den Heiligen Geist, der uns gegeben ist. Halleluja.

Ehre sei Gott, S. 371 f.

TAGESGEBET

Allmächtiger, ewiger Gott,
durch das Geheimnis des heutigen Tages
heiligst du deine Kirche
in allen Völkern und Nationen.
Erfülle die ganze Welt
mit den Gaben des Heiligen Geistes,
und was deine Liebe
am Anfang der Kirche gewirkt hat,
das wirke sie auch heute
in den Herzen aller, die an dich glauben.
Darum bitten wir durch Jesus Christus.

ZUR 1. LESUNG *Die Weissagung des Propheten Joël und die Verheißung Jesu haben sich an Pfingsten erfüllt. Sie erfüllen sich auch während der ganzen Zeit der Kirche. Immer wird man die Kirche Christi daran erkennen, ob sie dem*

Wirken des Geistes Raum gibt und in allen Sprachen den Menschen die Botschaft Gottes zu bringen weiß.

ERSTE LESUNG
Apg 2, 1–11

Alle wurden mit dem Heiligen Geist erfüllt und begannen zu reden

Lesung
   aus der Apostelgeschichte.

¹ Als der Tag des Pfingstfestes gekommen war,
   waren alle zusammen am selben Ort.
² Da kam plötzlich vom Himmel her ein Brausen,
   wie wenn ein heftiger Sturm daherfährt,
   und erfüllte das ganze Haus, in dem sie saßen.
³ Und es erschienen ihnen Zungen wie von Feuer,
   die sich verteilten;
   auf jeden von ihnen ließ sich eine nieder.
⁴ Und alle wurden vom Heiligen Geist erfüllt
   und begannen, in anderen Sprachen zu reden,
   wie es der Geist ihnen eingab.
⁵ In Jerusalem aber wohnten Juden,
   fromme Männer aus allen Völkern unter dem Himmel.
⁶ Als sich das Getöse erhob,
   strömte die Menge zusammen und war ganz bestürzt;
   denn jeder hörte sie in seiner Sprache reden.
⁷ Sie waren fassungslos vor Staunen
   und sagten:
   Seht! Sind das nicht alles Galiläer, die hier reden?
⁸ Wieso kann sie jeder von uns in seiner Muttersprache hören:
⁹ Parther, Meder und Elamíter,
   Bewohner von Mesopotámien, Judä́a und Kappadókien,
   von Pontus und der Provinz Asien,
¹⁰ von Phrýgien und Pamphýlien,
   von Ägypten und dem Gebiet Líbyens nach Kyréne hin,
   auch die Römer, die sich hier aufhalten,

¹¹ Juden und Proselýten,
Kreter und Áraber –
wir hören sie in unseren Sprachen Gottes große Taten verkünden.

ANTWORTPSALM Ps 104 (103), 1–2.24–25.29–30.31 u. 34 (Kv: vgl. 30)

Kv Sende aus deinen Geist   GL 312, 2
und das Angesicht der Erde wird neu. – Kv

Oder: Kv Halleluja. – Kv

¹ Preise den HERRN, meine Seele! /
HERR, mein Gott, überaus groß bist du! *
Du bist mit Hoheit und Pracht bekleidet.
² Du hüllst dich in Licht wie in einen Mantel, *
du spannst den Himmel aus gleich einem Zelt. – (Kv)
²⁴ Wie zahlreich sind deine Werke, HERR, /
sie alle hast du mit Weisheit gemacht, *
die Erde ist voll von deinen Geschöpfen.
²⁵ Da ist das Meer, so groß und weit, *
darin ein Gewimmel, nicht zu zählen: kleine und große Tiere. – (Kv)
²⁹ Verbirgst du dein Angesicht, sind sie verstört, /
nimmst du ihnen den Atem, so schwinden sie hin *
und kehren zurück zum Staub.
³⁰ Du sendest deinen Geist aus: Sie werden erschaffen *
und du erneuerst das Angesicht der Erde. – (Kv)
³¹ Die Herrlichkeit des HERRN währe ewig, *
der HERR freue sich seiner Werke.
³⁴ Möge ihm mein Dichten gefallen. *
Ich will mich freuen am HERRN. – Kv

ZUR 2. LESUNG *Im Bekenntnis „Jesus ist der Herr" hat die Jüngergemeinde ihren Glauben an die Auferstehung Jesu und an seine Erhöhung an die Seite des Vaters ausgesprochen (vgl. Phil 2,9–11). Es ist der eine Geist Christi, der in der Kirche die Vielheit der Gaben und Dienste bewirkt und der die Einheit des Glaubens und des Bekenntnisses schafft.*

ZWEITE LESUNG

1 Kor 12, 3b–7.12–13

Durch den einen Geist wurden wir in der Taufe alle in einen einzigen Leib aufgenommen

**Lesung
aus dem ersten Brief des Apostels Paulus
an die Gemeinde in Korínth.**

Schwestern und Brüder!

³ᵇ **Keiner kann sagen: Jesus ist der Herr!,
wenn er nicht aus dem Heiligen Geist redet.**

⁴ **Es gibt verschiedene Gnadengaben,
aber nur den einen Geist.**

⁵ **Es gibt verschiedene Dienste,
aber nur den einen Herrn.**

⁶ **Es gibt verschiedene Kräfte, die wirken,
aber nur den einen Gott:
Er bewirkt alles in allen.**

⁷ **Jedem aber wird die Offenbarung des Geistes geschenkt,
damit sie anderen nützt.**

¹² **Denn wie der Leib einer ist, doch viele Glieder hat,
alle Glieder des Leibes aber,
obgleich es viele sind, einen einzigen Leib bilden:
So ist es auch mit Christus.**

¹³ **Durch den einen Geist
wurden wir in der Taufe
alle in einen einzigen Leib aufgenommen,
Juden und Griechen,
Sklaven und Freie;
und alle wurden wir mit dem einen Geist getränkt.**

Oder:

ZUR 2. LESUNG *Es gibt in der Sprache des Apostels Paulus „Werke des Fleisches" und „Früchte des Geistes". „Fleisch" ist alles menschliche Tun, soweit es nicht von Christus erlöst ist und von seinem Geist bestimmt wird: Hass, Lüge, Maßlosigkeit in allen Formen. Der Geist Christi macht frei von solchen Zwängen und vollendet in uns das Werk der Erlösung.*

ZWEITE LESUNG

Gal 5, 16–25

Wandelt im Geist!

Lesung
  aus dem Brief des Apostels Paulus
  an die Gemeinden in Galátien.

Schwestern und Brüder!
¹⁶ Wandelt im Geist,
  dann werdet ihr das Begehren des Fleisches nicht erfüllen!
¹⁷ Denn das Fleisch begehrt gegen den Geist,
  der Geist gegen das Fleisch,
  denn diese sind einander entgegengesetzt,
  damit ihr nicht tut, was ihr wollt.
¹⁸ Wenn ihr euch aber vom Geist führen lasst,
  dann steht ihr nicht unter dem Gesetz.
¹⁹ Die Werke des Fleisches sind deutlich erkennbar:
  Unzucht, Unreinheit, Ausschweifung,
²⁰ Götzendienst, Zauberei,
  Feindschaften, Streit, Eifersucht,
  Jähzorn, Eigennutz,
  Spaltungen, Parteiungen,
²¹ Neid,
  maßloses Trinken und Essen
    und Ähnliches mehr.
  Ich sage euch voraus, wie ich es früher vorausgesagt habe:
  Wer so etwas tut,
    wird das Reich Gottes nicht erben.
²² Die Frucht des Geistes aber ist Liebe, Freude, Friede,
  Langmut, Freundlichkeit, Güte, Treue,
²³ Sanftmut und Enthaltsamkeit;
  gegen all das ist das Gesetz nicht.
²⁴ Die zu Christus Jesus gehören,
    haben das Fleisch
    und damit ihre Leidenschaften und Begierden gekreuzigt.

²⁵ Wenn wir im Geist leben,
　　lasst uns auch im Geist wandeln!

SEQUENZ*

Komm herab, o Heilger Geist,
der die finstre Nacht zerreißt,
strahle Licht in diese Welt.

Komm, der alle Armen liebt,
komm, der gute Gaben gibt,
komm, der jedes Herz erhellt.

Höchster Tröster in der Zeit,
Gast, der Herz und Sinn erfreut,
köstlich Labsal in der Not.

In der Unrast schenkst du Ruh,
hauchst in Hitze Kühlung zu,
spendest Trost in Leid und Tod.

Komm, o du glückselig Licht,
fülle Herz und Angesicht,
dring bis auf der Seele Grund.

Ohne dein lebendig Wehn
kann im Menschen nichts bestehn,
kann nichts heil sein noch gesund.

Was befleckt ist, wasche rein,
Dürrem gieße Leben ein,
heile du, wo Krankheit quält.

Wärme du, was kalt und hart,
löse, was in sich erstarrt,
lenke, was den Weg verfehlt.

Gib dem Volk, das dir vertraut,
das auf deine Hilfe baut,
deine Gaben zum Geleit.

---

* Wird die Sequenz nach dem Ruf vor dem Evangelium gesungen, wird sie mit Amen. Halleluja abgeschlossen.

Lass es in der Zeit bestehn,
deines Heils Vollendung sehn
und der Freuden Ewigkeit.
(Amen. Halleluja.)

RUF VOR DEM EVANGELIUM
Zum Vers Komm, Heiliger Geist … knien alle.

Halleluja. Halleluja.

Komm, Heiliger Geist,
erfülle die Herzen deiner Gläubigen
und entzünde in ihnen das Feuer deiner Liebe!

Halleluja.

ZUM EVANGELIUM *Die Geistsendung gehört zum Ostergeschehen, sie wird deshalb im Johannesevangelium (anders als bei Lukas) als Ereignis des Auferstehungstages berichtet. Der Ostergruß des Auferstandenen heißt „Friede". Der Geist selbst ist die große Gabe, die alle anderen einschließt. Er verbindet für immer die Jünger mit dem auferstandenen Herrn, er eint sie untereinander, und er schafft eine erneuerte Welt durch die Vergebung der Sünden.*

EVANGELIUM Joh 20, 19–23 [1]
Wie mich der Vater gesandt hat, so sende ich euch: Empfangt den Heiligen Geist!

✚ Aus dem heiligen Evangelium nach Johannes.

¹⁹ Am Abend des ersten Tages der Woche,
   als die Jünger aus Furcht vor den Juden
   bei verschlossenen Türen beisammen waren,
   kam Jesus,
trat in ihre Mitte
und sagte zu ihnen: Friede sei mit euch!
²⁰ Nach diesen Worten
   zeigte er ihnen seine Hände und seine Seite.
Da freuten sich die Jünger, als sie den Herrn sahen.

²¹ Jesus sagte noch einmal zu ihnen: Friede sei mit euch!
Wie mich der Vater gesandt hat,
  so sende ich euch.
²² Nachdem er das gesagt hatte,
  hauchte er sie an
und sagte zu ihnen: Empfangt den Heiligen Geist!
²³ Denen ihr die Sünden erlasst,
  denen sind sie erlassen;
denen ihr sie behaltet,
  sind sie behalten.

Oder:

ZUM EVANGELIUM *Der Geist von Pfingsten ist der Geist der Wahrheit; er ist der „Beistand", er hilft der Kirche, die ganze Wahrheit Gottes zu verstehen, wie sie in Jesus Christus offenbar geworden ist. Der Geist „verherrlicht" Christus: Er macht seine göttliche Sendung sichtbar und vollendet sein Werk. Er bringt kein neues Evangelium; aber er macht uns fähig, das Evangelium Christi zu hören, zu verstehen und es weiterzusagen.*

2 EVANGELIUM Joh 15, 26–27; 16, 12–15

· Der Geist der Wahrheit wird euch in der ganzen Wahrheit leiten

✝ Aus dem heiligen Evangelium nach Johannes.

In jener Zeit sprach Jesus zu seinen Jüngern:
¹⁵,²⁶ Wenn der Beistand kommt,
  den ich euch vom Vater aus senden werde,
  der Geist der Wahrheit, der vom Vater ausgeht,
  dann wird er Zeugnis für mich ablegen.
²⁷ Und auch ihr legt Zeugnis ab,
  weil ihr von Anfang an bei mir seid.
¹⁶,¹² Noch vieles habe ich euch zu sagen,
  aber ihr könnt es jetzt nicht tragen.
¹³ Wenn aber jener kommt, der Geist der Wahrheit,
  wird er euch in der ganzen Wahrheit leiten.

Denn er wird nicht aus sich selbst heraus reden,
   sondern er wird reden, was er hört,
und euch verkünden, was kommen wird.
¹⁴ Er wird mich verherrlichen;
denn er wird von dem, was mein ist, nehmen
   und es euch verkünden.
¹⁵ Alles, was der Vater hat, ist mein;
darum habe ich gesagt:
   Er nimmt von dem, was mein ist,
   und wird es euch verkünden.

Glaubensbekenntnis, S. 374 ff.
Fürbitten vgl. S. 804

ZUR EUCHARISTIEFEIER   *Es ist derselbe Heilige Geist, der durch die Sündenvergebung die Gemeinde erneuert und auf dem Altar unsere Opfergaben heiligt. Und derselbe Heilige Geist ist der Beistand, der uns Tag für Tag begleitet, der uns antreibt zum Guten und uns zusammenführt zur lebendigen Gemeinschaft der Glaubenden.*

GABENGEBET

Allmächtiger Gott,
erfülle die Verheißung deines Sohnes:
Sende uns deinen Geist,
damit er uns in die volle Wahrheit einführt
und uns das Geheimnis dieses Opfers
immer mehr erschließt.
Darum bitten wir durch Christus, unseren Herrn.

Pfingstpräfation, S. 425
In den Hochgebeten I–III eigener Einschub

KOMMUNIONVERS   Vgl. Apg 2, 4.11

Alle wurden mit dem Heiligen Geist erfüllt
und verkündeten Gottes große Taten. Halleluja.

SCHLUSSGEBET

Herr, unser Gott,
du hast deine Kirche
mit himmlischen Gaben beschenkt.
Erhalte ihr deine Gnade,
damit die Kraft aus der Höhe, der Heilige Geist,
in ihr weiterwirkt
und die geistliche Speise sie nährt
bis zur Vollendung.
Darum bitten wir durch Christus, unseren Herrn.

Lassen wir in unserem Leben die Früchte des Geistes wachsen: „Liebe, Freude, Frieden, Langmut, Freundlichkeit, Güte, Treue, Sanftmut und Selbstbeherrschung" (Galater 5,22-23). Der Geist lässt uns aufbrechen hin zu den anderen, zuallererst zu den am meisten im Stich gelassenen Menschen. In gelebter Solidarität mit allen, die auf Hilfe angewiesen sind, kann der Heilige Geist unser Leben mit seinem Licht überfluten. Der Heilige Geist ist heute am Werk. Er spricht uns unermüdlich immer neu die Liebe Gottes ins Herz. Glücklich, die sich nicht der Angst überlassen, sondern dem Atem des Heiligen Geistes. Er ist auch das lebendige Wasser, er ist der Geist des Friedens, der den Durst unseres Herzens stillen und sich durch uns der Welt mitteilen kann. (Frère Alois, Taizé)

PFINGSTMONTAG

Pfingsten, der fünfzigste Tag nach Ostern, ist der Tag der Erfüllung und der Fülle. Mit Pfingsten geht die österliche Festzeit zu Ende. Die Sonntage und Jahre danach sind Zeit der Kirche, Zeit des Heiligen Geistes, Zeit des Wachsens und der Bewährung.

ERÖFFNUNGSVERS

Offb 1, 5–6

Christus liebt uns
und hat uns durch sein Blut befreit von unseren Sünden;
er hat uns die Würde von Königen gegeben
und uns zu Priestern gemacht
für den Dienst vor seinem Gott und Vater. Halleluja.

Ehre sei Gott, S. 371 f.

TAGESGEBET

Gott und Vater unseres Herrn Jesus Christus,
im Neuen Bund
berufst du aus allen Völkern dein Volk
und führst es zusammen im Heiligen Geist.
Gib, dass deine Kirche ihrer Sendung treu bleibt,
dass sie ein Sauerteig ist für die Menschheit,
die du in Christus erneuern
und zu deiner Familie umgestalten willst.
Darum bitten wir durch ihn,
der in der Einheit des Heiligen Geistes
mit dir lebt und herrscht in alle Ewigkeit.

ZUR 1. LESUNG   *Überall, wohin die Jünger Jesu kamen, verkündeten sie die Botschaft von Jesus, dem gekreuzigten und auferstandenen Messias. In Samaria war es Philippus, der das Evangelium predigte. Große Freude wird als Wirkung dieser Mission vermerkt (8,8). Aus Jerusalem kommen die Apostel Petrus und Johannes, um zu „firmen": um den Heiligen Geist auf die Neubekehrten herabzurufen und die Einheit der Jüngergemeinde zu festigen.*

ERSTE LESUNG   Apg 8, 1bc.4.14–17   1

Petrus und Johannes legten ihnen die Hände auf

Lesung
  aus der Apostelgeschichte.

1bc In jenen Tagen
  brach eine schwere Verfolgung
  über die Kirche in Jerusalem herein.
Alle wurden in die Gegenden von Judäa und Samárien zerstreut,
  mit Ausnahme der Apostel.

⁴ Die Gläubigen, die zerstreut worden waren,
  zogen umher und verkündeten das Wort.

¹⁴ Als die Apostel in Jerusalem hörten,
  dass Samárien das Wort Gottes angenommen hatte,
  schickten sie Petrus und Johannes dorthin.

15 Diese zogen hinab
und beteten für sie, dass sie den Heiligen Geist empfingen.
16 Denn er war noch auf keinen von ihnen herabgekommen;
sie waren nur getauft auf den Namen Jesu, des Herrn.
17 Dann legten sie ihnen die Hände auf
und sie empfingen den Heiligen Geist.

Oder:

2 **ERSTE LESUNG** Ez 37, 1–14

Ihr ausgetrockneten Gebeine, ich selbst bringe Geist in euch, dann werdet ihr lebendig

siehe S. 316 f.

ANTWORTPSALM Ps 22 (21), 23–24.26–27.28 u. 31b–32 (Kv: vgl. 23a)

Kv Deinen Namen, Herr, will ich verkünden. – Kv GL 616, 3

Oder:

Kv Halleluja. – Kv

23 Ich will deinen Namen, Herr, meinen Brüdern verkünden, *
inmitten der Versammlung dich loben.
24 Die ihr den HERRN fürchtet, lobt ihn; /
all ihr Nachkommen Jakobs, rühmt ihn; *
erschauert vor ihm, all ihr Nachkommen Israels! – (Kv)
26 Von dir kommt mein Lobpreis in großer Versammlung, *
ich erfülle mein Gelübde vor denen, die Gott fürchten.
27 Die Armen sollen essen und sich sättigen; /
den HERRN sollen loben, die ihn suchen. *
Aufleben soll euer Herz für immer. – (Kv)
28 Alle Enden der Erde sollen daran denken /
und sich zum HERRN bekehren: *
Vor dir sollen sich niederwerfen alle Stämme der Nationen.
31b *Vom Herrn wird man dem Geschlecht erzählen, das kommen wird. /*
32 Seine Heilstat verkündet man einem Volk, das noch geboren wird: *
Ja, er hat es getan. – Kv

ZUR 2. LESUNG *Durch Christus ist uns das Mysterium Gottes offenbar geworden: Gott will alle Menschen durch Jesus Christus zur Erkenntnis der Wahrheit führen. Es ist der Geist Christi, der uns durch den Glauben und die Taufe gleichsam „besiegelt", sodass wir Gottes besonderes Eigentum werden. Der Geist ist in den Getauften die Kraft der Liebe und das Licht der Hoffnung auf Teilhabe am Leben Gottes.*

ZWEITE LESUNG   Eph 1,3a.4a.13–19a

Ihr habt das Siegel des verheißenen Heiligen Geistes empfangen

**Lesung
aus dem Brief des Apostels Paulus
an die Gemeinde in Éphesus.**

³ᵃ Gepriesen sei Gott,
   der Gott und Vater unseres Herrn Jesus Christus.
⁴ᵃ In ihm hat er uns erwählt vor der Grundlegung der Welt.
¹³ In ihm habt auch ihr das Wort der Wahrheit gehört,
   das Evangelium von eurer Rettung;
   in ihm habt ihr das Siegel
   des verheißenen Heiligen Geistes empfangen,
   als ihr zum Glauben kamt.
¹⁴ Der Geist ist der erste Anteil unseres Erbes, hin zur Erlösung,
   durch die ihr Gottes Eigentum werdet,
   zum Lob seiner Herrlichkeit.
⁵/¹⁶ Darum höre ich nicht auf, für euch zu danken,
   wenn ich in meinen Gebeten an euch denke;
   denn ich habe von eurem Glauben an Jesus, den Herrn,
   und von eurer Liebe zu allen Heiligen gehört.
¹⁷ Der Gott Jesu Christi, unseres Herrn,
   der Vater der Herrlichkeit,
   gebe euch den Geist der Weisheit und Offenbarung,
   damit ihr ihn erkennt.
¹⁸ Er erleuchte die Augen eures Herzens,
   damit ihr versteht,
   zu welcher Hoffnung ihr durch ihn berufen seid,

welchen Reichtum
   die Herrlichkeit seines Erbes den Heiligen schenkt
¹⁹ᵃ und wie überragend groß
   seine Macht sich an uns, den Gläubigen, erweist.

Sequenz, S. 330f.

RUF VOR DEM EVANGELIUM
Zum Vers Komm, Heiliger Geist ... knien alle.

Halleluja. Halleluja.

Komm, Heiliger Geist,
erfülle die Herzen deiner Gläubigen
und entzünde in ihnen das Feuer deiner Liebe!

Halleluja.

ZUM EVANGELIUM *Jesus öffnet uns den Weg zum Vater. Er kennt ihn wie niemand sonst; die Fülle Gottes wohnt in ihm, die Glut des Geistes leuchtet in ihm. Er will allen die Liebe des Vaters offenbaren, und doch ist da eine Grenze: die Menschen selbst können sich der Wahrheit verschließen. Jeder Mensch, der die Gabe Gottes annimmt, ist für Jesus ein Grund zum Dank an Gott.*

EVANGELIUM   Lk 10, 21–24
Selig, die sehen, was ihr seht, und hören, was ihr hört

✛ Aus dem heiligen Evangelium nach Lukas.

²¹ In jener Stunde rief Jesus, vom Heiligen Geist erfüllt,
   voll Freude aus:
Ich preise dich, Vater, Herr des Himmels und der Erde,
weil du das vor den Weisen und Klugen verborgen
   und es den Unmündigen offenbart hast.
Ja, Vater, so hat es dir gefallen.
²² Alles ist mir von meinem Vater übergeben worden;
niemand erkennt, wer der Sohn ist,
   nur der Vater,
und niemand erkennt, wer der Vater ist,
   nur der Sohn

und der, dem es der Sohn offenbaren will.
²³ Jesus wandte sich an die Jünger
und sagte zu ihnen allein:
Selig sind die Augen, die sehen, was ihr seht.
²⁴ Denn ich sage euch:
Viele Propheten und Könige wollten sehen, was ihr seht,
und haben es nicht gesehen,
und wollten hören, was ihr hört,
und haben es nicht gehört.

Fürbitten vgl. S. 804

ZUR EUCHARISTIEFEIER *Wenn wir Eucharistie feiern, stimmen wir in den Lobpreis und die Danksagung ein, die Jesus, vom Heiligen Geist erfüllt, angestimmt hat. Wir danken dem Vater, dass wir etwas vom Geheimnis Gottes erfahren dürfen, und dass uns der Weg zu Gott geöffnet wurde durch Jesus Christus.*

GABENGEBET

Gott, unser Vater,
nimm unsere Gaben an,
in denen das Opfer deines Sohnes
gegenwärtig wird.
Aus seiner Seitenwunde
ist die Kirche hervorgegangen
als Werk des Heiligen Geistes.
Lass sie ihren Ursprung nie vergessen,
sondern daraus in dieser Feier
Heil und Leben schöpfen.
Darum bitten wir durch Christus, unseren Herrn.

Sonntagspräfation VIII, S. 430

KOMMUNIONVERS   Joh 16, 13

Wenn der Geist der Wahrheit kommt,
wird er euch in die volle Wahrheit einführen. Halleluja.

SCHLUSSGEBET

Herr, du hast uns gestärkt
durch das Sakrament deines Sohnes.
Mache das Werk deiner Kirche fruchtbar
und enthülle durch sie den Armen
das Geheimnis unserer Erlösung;
denn die Armen hast du vor allen dazu berufen,
Anteil zu haben an deinem Reich.
Darum bitten wir durch Christus, unseren Herrn.

Oder:

Gütiger Gott,
bewahre dem Volk der Erlösten
deine Liebe und Treue.
Das Leiden deines Sohnes hat uns gerettet,
sein Geist, der von dir ausgeht,
führe uns den rechten Weg.
Darum bitten wir durch Christus, unseren Herrn.

Wer ein einziges Wort des Herrn in sich einlässt und ihm gestattet, sich in seinem Dasein auszuwirken, weiß mehr vom Evangelium als einer, dessen ganze Anstrengung bei abstrakter Betrachtung oder historischem Forschen stehenbleibt. Das Evangelium eignet sich nicht für Leute, die nach neuen Ideen fahnden. Es ist da für Jünger, die ihm gehorchen wollen. (Madeleine Delbrêl)

DIE ZEIT IM JAHRESKREIS
HERRENFESTE IM JAHRESKREIS

Sonntag nach Pfingsten
DREIFALTIGKEITSSONNTAG

Hochfest

Die heilige Dreifaltigkeit ist nicht ein in sich selbst ruhendes Geheimnis. Von jeher spricht Gott sein Wort in die geschaffene Welt und im Wort ist die Kraft seines Geistes. Die Erschaffung der Welt und die Erlösung sind das Werk des dreifaltigen Gottes. In seiner Kraft wird bis ans Ende der Zeit das Evangelium verkündet und die Taufe gespendet. Die ganze Welt ist der Acker, auf dem das Wort Frucht bringen soll.

ERÖFFNUNGSVERS

Gepriesen sei der dreieinige Gott:
der Vater und sein eingeborener Sohn
und der Heilige Geist;
denn er hat uns sein Erbarmen geschenkt.
Ehre sei Gott, S. 371 f.

TAGESGEBET

Herr, himmlischer Vater,
du hast dein Wort und deinen Geist
in die Welt gesandt,
um das Geheimnis des göttlichen Lebens
zu offenbaren.
Gib, dass wir im wahren Glauben
die Größe der göttlichen Dreifaltigkeit bekennen
und die Einheit der drei Personen
in ihrem machtvollen Wirken verehren.
Darum bitten wir durch Jesus Christus.

ZUR 1. LESUNG *Jahwe, der Gott Israels, der sich am Sinai offenbart hat, ist der eine und einzige Gott. Er hat sein Volk aus Ägypten herausgeholt, ihm seinen Willen bekannt gemacht und ihm das Land Kanaan als Besitz gegeben. Er ist der Einzige „im Himmel droben und auf der Erde unten". Immer und überall ist er bei denen, die ihn suchen und auf sein Wort hören.*

ERSTE LESUNG   Dtn 4, 32–34.39–40

Der HERR ist der Gott im Himmel droben und auf der Erde unten, keiner sonst

Lesung
 aus dem Buch Deuteronómium.

Mose sprach zum Volk;
er sagte:

³² Forsche einmal in früheren Zeiten nach,
  die vor dir gewesen sind,
seit dem Tag, als Gott den Menschen auf der Erde erschuf;
forsche nach vom einen Ende des Himmels bis zum andern Ende:

Hat sich je etwas so Großes ereignet wie dieses
und hat man je solches gehört?

³³ Hat je ein Volk
  mitten aus dem Feuer
  die donnernde Stimme eines Gottes reden gehört,
  wie du sie gehört hast,
  und ist am Leben geblieben?

³⁴ Oder hat je ein Gott es ebenso versucht,
  zu einer Nation zu kommen
  und sie sich mitten aus einer anderen herauszuholen
unter Prüfungen,
unter Zeichen, Wundern und Krieg,
mit starker Hand und hoch erhobenem Arm
und unter großen Schrecken,
wie alles, was der HERR, euer Gott, in Ägypten mit euch getan hat,
  vor deinen Augen?

Dreifaltigkeitssonntag 343

⁳⁹ Heute sollst du erkennen und zuinnerst begreifen:
 Der HERR ist der Gott im Himmel droben
   und auf der Erde unten,
 keiner sonst.
⁴⁰ Daher sollst du seine Gesetze
   und seine Gebote, auf die ich dich heute verpflichte, bewahren,
 damit es dir und später deinen Nachkommen gut geht
   und du lange lebst
   in dem Land, das der HERR, dein Gott, dir gibt für alle Zeit.

ANTWORTPSALM   Ps 33 (32), 4–5.6 u. 9.18–19.20 u. 22 (Kv: vgl. 12b)

Kv **Selig das Volk, das der HERR sich**   GL 56, 1
zum Erbteil erwählt hat. – Kv

⁴ Das Wort des HERRN ist redlich, *
 all sein Tun ist verlässlich.
⁵ Er liebt Gerechtigkeit und Recht, *
 erfüllt von der Huld des HERRN ist die Erde. – (Kv)
⁶ Durch das Wort des HERRN wurden die Himmel geschaffen, *
 ihr ganzes Heer durch den Hauch seines Mundes.
⁹ Denn er sprach und es geschah; *
 er gebot und da stand es. – (Kv)
¹⁸ Siehe, das Auge des HERRN ruht auf denen, die ihn fürchten, *
 die seine Huld erwarten,
¹⁹ dass er ihre Seele dem Tod entreiße *
 und, wenn sie hungern, sie am Leben erhalte. – (Kv)
²⁰ Unsre Seele hofft auf den HERRN; *
 er ist unsre Hilfe und unser Schild.
²² Lass deine Huld über uns walten, o HERR, *
 wie wir auf dich hofften! – Kv

ZUR 2. LESUNG   *Anders als alle Geschöpfe lebt Jesus von Gott her und zu Gott hin; er ist der Sohn. Die Fülle des Heiligen Geistes wohnt in ihm. Weil wir denselben Geist empfangen haben, sind auch wir Kinder Gottes. Wir dürfen Gott als unseren Vater anreden. Wir sind Söhne und Töchter, und wir sind frei: Wir können ohne Furcht leben.*

ZWEITE LESUNG
Röm 8, 14–17

Ihr habt den Geist der Kindschaft empfangen, in dem wir rufen: Abba, Vater!

Lesung
aus dem Brief des Apostels Paulus
an die Gemeinde in Rom.

Schwestern und Brüder!
¹⁴ Alle, die sich vom Geist Gottes leiten lassen,
sind Kinder Gottes.
¹⁵ Denn ihr habt nicht einen Geist der Knechtschaft empfangen,
sodass ihr immer noch Furcht haben müsstet,
sondern ihr habt den Geist der Kindschaft empfangen,
in dem wir rufen: Abba, Vater!
¹⁶ Der Geist selber bezeugt unserem Geist,
dass wir Kinder Gottes sind.
¹⁷ Sind wir aber Kinder, dann auch Erben;
Erben Gottes
und Miterben Christi,
wenn wir mit ihm leiden,
um mit ihm auch verherrlicht zu werden.

RUF VOR DEM EVANGELIUM
Vers: vgl. Offb 1, 8

Halleluja. Halleluja.

Ehre sei dem Vater und dem Sohn und dem Heiligen Geist.
Ehre sei dem einen Gott,
der war und der ist und der kommen wird.

Halleluja.

ZUM EVANGELIUM *Der Auferstandene offenbart sich den Jüngern als der Menschensohn, dem alle Macht übertragen ist. Aus dieser Vollmacht heraus gibt er ihnen den Missionsbefehl und verheißt ihnen seine bleibende Nähe. Der Missionsauftrag ist unbegrenzt nach Raum und Zeit. Wer ein Jünger Jesu geworden ist, wird auf den Namen des Vaters und des Sohnes und des Heiligen Geistes getauft; er bindet sich an die Gemeinschaft des dreifaltigen Gottes.*

Dreifaltigkeitssonntag 345

EVANGELIUM   Mt 28, 16–20

Tauft sie auf den Namen des Vaters und des Sohnes und des Heiligen Geistes!

✛ Aus dem heiligen Evangelium nach Matthäus.

In jener Zeit
¹⁶ gingen die elf Jünger nach Galiläa
auf den Berg, den Jesus ihnen genannt hatte.
¹⁷ Und als sie Jesus sahen,
fielen sie vor ihm nieder,
einige aber hatten Zweifel.
¹⁸ Da trat Jesus auf sie zu
und sagte zu ihnen:
Mir ist alle Vollmacht gegeben im Himmel und auf der Erde.
¹⁹ Darum geht
und macht alle Völker zu meinen Jüngern;
tauft sie
auf den Namen des Vaters und des Sohnes
und des Heiligen Geistes
²⁰ und lehrt sie,
alles zu befolgen, was ich euch geboten habe.

Und siehe,
ich bin mit euch alle Tage bis zum Ende der Welt.

Glaubensbekenntnis, S. 374 ff.
Fürbitten vgl. S. 812

ZUR EUCHARISTIEFEIER *Die Eucharistie gewährt uns Gemeinschaft mit Christus und mit dem Vater im Heiligen Geist. Durch die Taufe gehören wir zur „Familie" Gottes, sind seine Töchter und Söhne. Und in diesem Geist der Kindschaft Gottes dürfen wir uns ihm anvertrauen mit allem, was unser Herz bewegt.*

GABENGEBET

Gott, unser Vater,
wir rufen deinen Namen an über Brot und Wein.
Heilige diese Gaben
und nimm mit ihnen auch uns an,
damit wir dir auf ewig gehören.
Darum bitten wir durch Christus, unseren Herrn.
Präfation, S. 426 f.

KOMMUNIONVERS   Gal 4, 6

Weil ihr Söhne seid,
sandte Gott den Geist seines Sohnes in eure Herzen,
den Geist, der ruft: Abba, Vater.

SCHLUSSGEBET

Herr, unser Gott,
wir haben den Leib
und das Blut deines Sohnes empfangen.
Erhalte uns durch dieses Sakrament
im wahren Glauben und im Bekenntnis
des einen Gottes in drei Personen.
Darum bitten wir durch Christus, unseren Herrn.

FÜR DEN TAG UND DIE WOCHE
Der Ort

Frage: Wie können wir so leben, dass wir Gott verherrlichen? Wie können wir leben als die, die wir sind; wie können wir unser tiefstes Wesen verwirklichen? Antwort: Nehmen Sie dies als ihr Lebenswort mit: „Ich bin die Herrlichkeit Gottes." Machen Sie diesen Gedanken zum Mittelpunkt Ihres Meditierens, sodass er nach und nach nicht nur ein Gedanke, sondern lebendige Wirklichkeit wird. Sie sind der Ort, den Gott sich zur Wohnung erwählt hat, und das geistliche Leben besteht darin, den Raum zu schaffen, in dem Gott wohnen und seine Herrlichkeit sich offenbaren kann.

Jedes Mal, wenn ich die Herrlichkeit Gottes in mir erkenne und ihr Raum gebe, um sich in mir zu offenbaren, kann ich alles Menschliche zu ihr bringen, und alles wird verwandelt. Gott selbst, der Heilige Geist, betet in mir und rührt hier und jetzt die ganze Welt mit seiner Liebe an. (Henri Nouwen)

Donnerstag der 2. Woche nach Pfingsten
HOCHFEST DES LEIBES UND BLUTES CHRISTI
FRONLEICHNAM

Die Menschwerdung des Sohnes ist das große Ereignis in der Geschichte Gottes mit den Menschen. Mit dem irdischen Leben Jesu ist die Menschwerdung aber noch nicht an ihr Ziel und Ende gekommen. Sie setzt sich fort in den Sakramenten. In der Eucharistie ist Christus für uns zum Brot des Lebens geworden. Er ruft uns zum Fest der offenbar gewordenen Liebe.

ERÖFFNUNGSVERS
Vgl. Ps 81 (80), 17

Er hat uns mit bestem Weizen genährt
und mit Honig aus dem Felsen gesättigt.

Ehre sei Gott, S. 371 f.

TAGESGEBET

Herr Jesus Christus,
im wunderbaren Sakrament des Altares
hast du uns das Gedächtnis deines Leidens
und deiner Auferstehung hinterlassen.
Gib uns die Gnade, die heiligen Geheimnisse
deines Leibes und Blutes so zu verehren,
dass uns die Frucht der Erlösung zuteilwird.
Der du in der Einheit des Heiligen Geistes
mit Gott dem Vater lebst und herrschst in alle Ewigkeit.

ZUR 1. LESUNG   *Gott hat Israel aus Ägypten herausgeführt, es zu einem freien Volk gemacht und ihm seinen Bund angeboten. Der Bundesschluss am Sinai vollzog sich in Rede und Antwort zwischen Gott und dem Volk. Nach der Verlesung der Bundesurkunde (Ex 24,7) wird der Bund mit dem Blut der Opfertiere besiegelt. Der Bund bedeutet bleibende Gemeinschaft mit Gott und vertiefte Gemeinschaft derjenigen, mit denen Gott den Bund geschlossen hat. Den Neuen Bund hat Jesus mit seinem eigenen Blut besiegelt (vgl. Evangelium).*

ERSTE LESUNG
Ex 24, 3–8

Das ist das Blut des Bundes, den der HERR mit euch schließt

Lesung
aus dem Buch Éxodus.

In jenen Tagen
³ kam Mose und übermittelte dem Volk
alle Worte und Rechtssatzungen des HERRN.
Das ganze Volk antwortete einstimmig
und sagte: Alles, was der HERR gesagt hat,
wollen wir tun.

⁴ Mose schrieb alle Worte des HERRN auf.
Am frühen Morgen stand er auf
und errichtete am Fuß des Berges einen Altar
und zwölf Steinmale für die zwölf Stämme Israels.

⁵ Er schickte die jungen Männer der Israeliten aus
und sie brachten Brandopfer dar
und schlachteten junge Stiere als Heilsopfer für den HERRN.

⁶ Mose nahm die Hälfte des Blutes
und goss es in eine Schüssel,
mit der anderen Hälfte besprengte er den Altar.

⁷ Darauf nahm er das Buch des Bundes
und verlas es vor dem Volk.
Sie antworteten:
Alles, was der HERR gesagt hat, wollen wir tun;
und wir wollen es hören.

⁸ Da nahm Mose das Blut,
besprengte damit das Volk
und sagte: Das ist das Blut des Bundes,
den der HERR aufgrund all dieser Worte
mit euch schließt.

ANTWORTPSALM
Ps 116 (115), 12–13.15–16.17–18

Kv Der Kelch des Segens gibt uns Anteil   (Kv: vgl. 1 Kor 10, 16)
an Christi Blut. – Kv   GL 305, 3
(Oder: **Halleluja**.)

¹² Wie kann ich dem HERRN vergelten *
all das Gute, das er mir erwiesen?
¹³ Den Becher des Heils will ich erheben. *
Ausrufen will ich den Namen des HERRN. – (Kv)
¹⁵ Kostbar ist in den Augen des HERRN *
der Tod seiner Frommen.
¹⁶ Ach HERR, ich bin doch dein Knecht, /
dein Knecht bin ich, der Sohn deiner Magd! *
Gelöst hast du meine Fesseln. – (Kv)
¹⁷ Ich will dir ein Opfer des Dankes bringen, *
ausrufen will ich den Namen des HERRN.
¹⁸ Meine Gelübde will ich dem HERRN erfüllen *
in Gegenwart seines ganzen Volkes. – Kv

ZUR 2. LESUNG *Jesus Christus hat sich dem Vater als vollkommenes Opfer dargebracht. Durch seine Hingabe sind wir mit Gott versöhnt und zum Gottesdienst des Neuen Bundes fähig geworden. Die Zeit des alttestamentlichen Priestertums und Opferkultes ist vorbei. Es gibt nur noch den einen Hohepriester, der zugleich die Opfergabe ist.*

ZWEITE LESUNG
Hebr 9, 11–15

Das Blut Christi wird unser Gewissen von toten Werken reinigen

Lesung
   aus dem Hebräerbrief.

¹¹ Christus ist gekommen
   als Hohepriester der künftigen Güter
durch das größere und vollkommenere Zelt,
   das nicht von Menschenhand gemacht,
   das heißt nicht von dieser Schöpfung ist.
¹² Nicht mit dem Blut von Böcken und jungen Stieren,
   sondern mit seinem eigenen Blut

ist er ein für alle Mal in das Heiligtum hineingegangen
und so hat er eine ewige Erlösung bewirkt.

¹³ Denn wenn schon das Blut von Böcken und Stieren
und die Asche einer jungen Kuh
die Unreinen, die damit besprengt werden,
so heiligt, dass sie leiblich rein werden,
¹⁴ um wie viel mehr wird das Blut Christi,
der sich selbst als makelloses Opfer
kraft des ewigen Geistes Gott dargebracht hat,
unser Gewissen von toten Werken reinigen,
damit wir dem lebendigen Gott dienen.

¹⁵ Und darum ist er der Mittler eines neuen Bundes;
sein Tod hat die Erlösung
von den im ersten Bund begangenen Übertretungen bewirkt,
damit die Berufenen das verheißene ewige Erbe erhalten.

SEQUENZ*

1 Deinem Heiland, deinem Lehrer,
deinem Hirten und Ernährer,
Zion, stimm ein Loblied an!

Preis nach Kräften seine Würde,
da kein Lobspruch, keine Zierde
seinem Ruhm genügen kann.

Dieses Brot sollst du erheben,
welches lebt und gibt das Leben,
das man heut den Christen weist.

Dieses Brot, mit dem im Saale
Christus bei dem Abendmahle
die zwölf Jünger hat gespeist.

---

* Vor dem Ruf vor dem Evangelium kann die Sequenz eingefügt werden. Sie wird entweder ganz genommen oder in ihrer Kurzform, beginnend mit * Seht das Brot.

Laut soll unser Lob erschallen
und das Herz in Freude wallen,
denn der Tag hat sich genaht,

da der Herr zum Tisch der Gnaden
uns zum ersten Mal geladen
und dies Mahl gestiftet hat.

Neuer König, neue Zeiten,
neue Ostern, neue Freuden,
neues Opfer allzumal!

Vor der Wahrheit muss das Zeichen,
vor dem Licht der Schatten weichen,
hell erglänzt des Tages Strahl.

Was von Christus dort geschehen,
sollen wir fortan begehen,
seiner eingedenk zu sein.

Treu dem heiligen Befehle
wandeln wir zum Heil der Seele
in sein Opfer Brot und Wein.

Doch wie uns der Glaube kündet,
der Gestalten Wesen schwindet,
Fleisch und Blut wird Brot und Wein.

Was das Auge nicht kann sehen,
der Verstand nicht kann verstehen,
sieht der feste Glaube ein.

Unter beiderlei Gestalten
hohe Dinge sind enthalten.
in den Zeichen tief verhüllt.

Blut ist Trank und Fleisch ist Speise,
doch der Herr bleibt gleicherweise
ungeteilt in beider Bild.

Wer ihm nahet voll Verlangen,
darf ihn unversehrt empfangen,
ungemindert, wunderbar.

Einer kommt und tausend kommen,
doch so viele ihn genommen,
er bleibt immer, der er war.

Gute kommen, Böse kommen,
alle haben ihn genommen,
die zum Leben, die zum Tod.

Bösen wird er Tod und Hölle,
Guten ihres Lebens Quelle,
wie verschieden wirkt dies Brot!

Wird die Hostie auch gespalten,
zweifle nicht an Gottes Walten,
dass die Teile das enthalten,
was das ganze Brot enthält.

Niemals kann das Wesen weichen,
teilen lässt sich nur das Zeichen,
Sach und Wesen sind die gleichen,
beide bleiben unentstellt.

* Seht das Brot, die Engelspeise!
Auf des Lebens Pilgerreise
nehmt es nach der Kinder Weise,
nicht den Hunden werft es hin!

Lang im Bild wars vorbereitet:
Ísaak, der zum Opfer schreitet;
Osterlamm, zum Mahl bereitet;
Manna nach der Väter Sinn.

Guter Hirt, du wahre Speise,
Jesus, gnädig dich erweise!
Nähre uns auf deinen Auen,
lass uns deine Wonnen schauen
in des Lebens ewigem Reich!

Du, der alles weiß und leitet,
uns im Tal des Todes weidet,
lass an deinem Tisch uns weilen,
deine Herrlichkeit uns teilen.
Deinen Seligen mach uns gleich!

Oder:

Lobe, Zion, deinen Hirten;
dem Erlöser der Verirrten
stimme Dank und Jubel an.
Lass dein Lob zum Himmel dringen;
ihn zu rühmen, ihm zu singen,
hat kein Mensch genug getan.

Er ist uns im Brot gegeben,
Brot, das lebt und spendet Leben,
Brot, das Ewigkeit verheißt,
Brot, mit dem der Herr im Saale
dort beim österlichen Mahle
die zwölf Jünger hat gespeist.

Lobt und preist, singt Freudenlieder;
festlich kehrt der Tag uns wieder,
jener Tag von Brot und Wein,
da der Herr zu Tisch geladen
und dies heilge Mahl der Gnaden
setzte zum Gedächtnis ein.

Was bei jenem Mahl geschehen
sollen heute wir begehen
und verkünden seinen Tod.
Wie der Herr uns aufgetragen,
weihen wir, Gott Dank zu sagen,
nun zum Opfer Wein und Brot.

* Seht das Brot, der Engel Speise,
Brot auf unsrer Pilgerreise,
das den Hunger wahrhaft stillt.
Abrams Opfer hats gedeutet,
war im Manna vorbereitet,
fand im Osterlamm sein Bild.

Guter Hirt, du Brot des Lebens,
wer dir traut, hofft nicht vergebens,
geht getrost durch diese Zeit.

Die du hier zu Tisch geladen,
ruf auch dort zum Mahl der Gnaden
in des Vaters Herrlichkeit.

RUF VOR DEM EVANGELIUM
Vers: vgl. Joh 6, 51

Halleluja. Halleluja.

(So spricht der Herr:)
Ich bin das lebendige Brot, das vom Himmel gekommen ist.
Wer dieses Brot isst, wird in Ewigkeit leben.

Halleluja.

ZUM EVANGELIUM *Über das Letzte Abendmahl Jesu mit seinen Jüngern haben wir mehrere Berichte (Mt 26,26-29; Mk 14,22-25; Lk 22,15-20; 1 Kor 11,23-26). Diese Berichte wurden geschrieben, nachdem Jesus von den Toten auferstanden war. In den christlichen Gemeinden wurde das eucharistische Mahl bereits als Vermächtnis des Herrn gefeiert. Brot und Wein sind die Zeichen für den geopferten Leib Christi und für sein Blut, mit dem er den Neuen Bund besiegelt hat.*

EVANGELIUM
Mk 14, 12–16.22–26

Das ist mein Leib. Das ist mein Blut des Bundes

☩ Aus dem heiligen Evangelium nach Markus.

¹² Am ersten Tag des Festes der Ungesäuerten Brote,
  an dem man das Paschalamm• zu schlachten pflegte,
  sagten die Jünger zu Jesus:
  Wo sollen wir das Paschamahl für dich vorbereiten?

¹³ Da schickte er zwei seiner Jünger voraus
  und sagte zu ihnen: Geht in die Stadt;
  dort wird euch ein Mensch begegnen, der einen Wasserkrug trägt.
  Folgt ihm,
¹⁴ bis er in ein Haus hineingeht;
  dann sagt zu dem Herrn des Hauses:

• Sprich: Pas-chalamm.

Der Meister lässt dich fragen:
Wo ist der Raum,
in dem ich mit meinen Jüngern das Paschalamm essen kann?
¹⁵ Und der Hausherr
wird euch einen großen Raum im Obergeschoss zeigen,
der schon für das Festmahl hergerichtet
und mit Polstern ausgestattet ist.
Dort bereitet alles für uns vor!
¹⁶ Die Jünger machten sich auf den Weg
und kamen in die Stadt.
Sie fanden alles so, wie er es ihnen gesagt hatte,
und bereiteten das Paschamahl vor.
²² Während des Mahls nahm er das Brot
und sprach den Lobpreis;
dann brach er das Brot,
reichte es ihnen
und sagte:
Nehmt, das ist mein Leib.
²³ Dann nahm er den Kelch,
sprach das Dankgebet,
gab ihn den Jüngern
und sie tranken alle daraus.
²⁴ Und er sagte zu ihnen:
Das ist mein Blut des Bundes,
das für viele vergossen wird.
²⁵ Amen, ich sage euch:
Ich werde nicht mehr von der Frucht des Weinstocks trinken
bis zu dem Tag,
an dem ich von Neuem davon trinke im Reich Gottes.
²⁶ Nach dem Lobgesang gingen sie zum Ölberg hinaus.

Glaubensbekenntnis, S. 374 ff.
Fürbitten vgl. S. 813

ZUR EUCHARISTIEFEIER *Es bleibt letztlich unbegreiflich: Ein einfaches Stückchen Brot, eine einfache Geste des Teilens – sie verdeutlichen das tiefste Geheimnis unseres Glaubens. Weiter kann die Liebe Gottes nicht gehen, als dass er selbst uns zur Nahrung wird.*

GABENGEBET

Herr, unser Gott,
wir bringen das Brot dar,
das aus vielen Körnern bereitet,
und den Wein,
der aus vielen Trauben gewonnen ist.
Schenke deiner Kirche,
was diese Gaben geheimnisvoll bezeichnen:
die Einheit und den Frieden.
Darum bitten wir durch Christus, unseren Herrn.

Präfationen von der heiligen Eucharistie, S. 430 f.

KOMMUNIONVERS   Joh 6, 56

So spricht der Herr:
Wer mein Fleisch isst und mein Blut trinkt,
der bleibt in mir, und ich bleibe in ihm.

SCHLUSSGEBET

Herr Jesus Christus,
der Empfang deines Leibes und Blutes
ist für uns ein Vorgeschmack der kommenden Herrlichkeit.
Sättige uns im ewigen Leben
durch den vollen Genuss deiner Gottheit.
Der du lebst und herrschst in alle Ewigkeit.

PANGE LINGUA
5. Tief gebeugt im Staub verehren
Wir das hohe Gnadenpfand,
Und des neuen Bundes Lehren
Lösen des Gesetzes Band,

Schwacher Sinne Kraft zu mehren
Hilft des Glaubens starke Hand.

6. Dem Erzeuger und dem Sohne
Lob und lauter Jubelklang;
Ihm, der auf dem höchsten Throne
Aus der beiden Lieb' entsprang,
Gleiche Ehre wird zum Lohne
Ruhm und Heil und Lobgesang.
(Übersetzung von Edith Stein/Sr. Teresia Benedicta a Cruce)

Freitag der 3. Woche nach Pfingsten
HEILIGSTES HERZ JESU

Hochfest

Alles Fragen und Forschen nach Gott gelangt nur bis an den äußeren Rand seines Wesens. Sein inneres Geheimnis aber, sein „Mysterium", ist die Liebe. Das wissen wir, weil er selbst es uns offenbart hat: durch seine Propheten, und schließlich durch den Sohn. Im Herzen des Sohnes wohnt die ganze Fülle der Liebe. Diese Liebe wartet auf Antwort: die Antwort des Glaubens und der Treue.

ERÖFFNUNGSVERS
Vgl. Ps 33 (32), 11.19

Der Ratschluss des Herrn bleibt ewig bestehen,
die Pläne seines Herzens überdauern die Zeiten:
Er will uns dem Tod entreißen
und in der Hungersnot unser Leben erhalten.
Ehre sei Gott, S. 371 f.

TAGESGEBET

Allmächtiger Gott,
wir verehren das Herz deines geliebten Sohnes
und preisen die großen Taten seiner Liebe.
Gib, dass wir aus dieser Quelle göttlichen Erbarmens
die Fülle der Gnade und des Lebens empfangen.
Darum bitten wir durch Jesus Christus.

Oder:

Barmherziger Gott,
du öffnest uns den unendlichen Reichtum der Liebe
im Herzen deines Sohnes,
das unsere Sünden verwundet haben.
Gib, dass wir durch aufrichtige Umkehr
Christus Genugtuung leisten
und ihm mit ganzer Hingabe dienen,
der in der Einheit des Heiligen Geistes
mit dir lebt und herrscht in alle Ewigkeit.

ZUR 1. LESUNG *Der Bund Gottes mit Israel ist viel mehr als nur ein Vertrag, der rechtliche Beziehungen regelt. Der Prophet Hosea deutet ihn als ein persönliches Verhältnis, wie es zwischen Vater und Sohn oder auch zwischen Mutter und Kind besteht. Die erste Erfahrung im Leben Israels war die sorgende Liebe Gottes für sein Volk. Aber die Antwort Israels war schon bald nicht mehr Treue, sondern Unzufriedenheit und offener Abfall. Das Unbegreifliche ist nun, dass Gott trotz allem Israel nicht endgültig preisgibt. Von Neuem wendet er ihm sein Herz zu, seine unbegreifliche Liebe.*

ERSTE LESUNG Hos 11, 1.3–4.8ac–9

Gegen mich selbst wendet sich mein Herz, heftig entbrannt ist mein Mitleid

Lesung
 aus dem Buch Hoséa.

So spricht der Herr:
¹ Als Israel jung war, gewann ich ihn lieb,
ich rief meinen Sohn aus Ägypten.
³ Ich war es,
 der Éfraim gehen lehrte,
 der sie nahm auf seine Arme.
Sie aber haben nicht erkannt,
 dass ich sie heilen wollte.
⁴ Mit menschlichen Fesseln zog ich sie,
mit Banden der Liebe.
Ich war da für sie wie die,
 die den Säugling an ihre Wangen heben.

Ich neigte mich ihm zu und gab ihm zu essen.

^{ac} Wie könnte ich dich preisgeben, Éfraim,
wie dich ausliefern, Israel?
Gegen mich selbst wendet sich mein Herz,
heftig entbrannt ist mein Mitleid.

⁹ Ich will meinen glühenden Zorn nicht vollstrecken
   und Éfraim nicht noch einmal vernichten.
Denn ich bin Gott, nicht ein Mensch,
der Heilige in deiner Mitte.
Darum komme ich nicht in der Hitze des Zorns.

ANTWORTPSALM
Jes 12, 2.3 u. 4bcd.5–6 (Kv: 3)

Kv Ihr werdet Wasser freudig schöpfen GL 312, 6
aus den Quellen des Heils. – Kv

² Siehe, Gott ist mein Heil; *
ich vertraue und erschrecke nicht.
Denn meine Stärke und mein Lied ist Gott, der HERR. *
Er wurde mir zum Heil. – (Kv)

³ Ihr werdet Wasser freudig schöpfen *
aus den Quellen des Heiles.

^{cd} Dankt dem HERRN! Ruft seinen Namen an! /
Macht unter den Völkern seine Taten bekannt, *
verkündet: Sein Name ist erhaben! – (Kv)

⁵ Singet dem HERRN, denn Überragendes hat er vollbracht; *
bekannt gemacht sei dies auf der ganzen Erde.

⁶ Jauchzt und jubelt, ihr Bewohner Zions; *
denn groß ist in eurer Mitte der Heilige Israels. – Kv

ZUR 2. LESUNG *Von Ewigkeit her ist es die Absicht Gottes, in Christus alle Menschen, die Heiden ebenso wie die Juden, in seine Gemeinschaft zu rufen. Der Schöpfer des Alls ist auch der Erlöser, und erst in der erlösten Schöpfung wird der Glanz des Schöpfers, seine „Herrlichkeit", offenbar. Im zweiten Teil der Lesung bittet der Apostel für die Gemeinden um eine Erkenntnis, die bis in die Tiefen der Gottheit reicht. Eine solche Erkenntnis ist Glaube und Liebe; durch sie wird die Gemeinde fähig, der Welt die Botschaft von der Liebe Gottes weiterzugeben, die durch Jesus Christus offenbar geworden ist.*

ZWEITE LESUNG

Eph 3, 8–12.14–19

Die Liebe Christi erkennen, die alle Erkenntnis übersteigt

Lesung
  aus dem Brief des Apostels Paulus
  an die Gemeinde in Éphesus.

Schwestern und Brüder!
⁸ Mir, dem Geringsten unter allen Heiligen,
  wurde diese Gnade zuteil:
Ich soll den Heiden
  mit dem Evangelium
  den unergründlichen Reichtum Christi verkünden
⁹ und enthüllen,
  was die Verwirklichung des geheimen Ratschlusses beinhaltet,
  der von Ewigkeit her
  in Gott, dem Schöpfer des Alls, verborgen war.
¹⁰ So soll jetzt
  den Fürsten und Gewalten des himmlischen Bereichs
  durch die Kirche
  die vielfältige Weisheit Gottes kundgetan werden,
¹¹ nach seinem ewigen Plan,
  den er durch Christus Jesus, unseren Herrn, ausgeführt hat.
¹² In ihm haben wir den freien und vertrauensvollen Zugang,
  den der Glaube an ihn schenkt.
¹⁴ Daher beuge ich meine Knie vor dem Vater,
¹⁵   von dem jedes Geschlecht im Himmel und auf der Erde
  seinen Namen hat.
¹⁶ Er gebe euch
  aufgrund des Reichtums seiner Herrlichkeit,
  dass ihr in Bezug auf den inneren Menschen
  durch seinen Geist an Kraft und Stärke zunehmt.
¹⁷ Durch den Glauben wohne Christus in euren Herzen,
  in der Liebe verwurzelt und auf sie gegründet.
¹⁸ So sollt ihr mit allen Heiligen dazu fähig sein,
  die Länge und Breite, die Höhe und Tiefe zu ermessen

¹⁹ und die Liebe Christi zu erkennen,
  die alle Erkenntnis übersteigt.
So werdet ihr erfüllt werden
  in die ganze Fülle Gottes hinein.

RUF VOR DEM EVANGELIUM Vers: Mt 11, 29ab

Halleluja. Halleluja.

(So spricht der Herr:)
Nehmt mein Joch auf euch und lernt von mir;
denn ich bin gütig und von Herzen demütig.

Halleluja.

Oder: Vers: vgl. 1 Joh 4, 10b

Halleluja. Halleluja.

Gott hat uns geliebt
und seinen Sohn gesandt als Sühne für unsere Sünden.

Halleluja.

ZUM EVANGELIUM   *Das Johannesevangelium berichtet von einem geheimnisvollen Vorgang beim Tod Jesu: „Einer der Soldaten stieß mit der Lanze in die Seite Jesu, und sogleich floss Blut und Wasser heraus." In der Durchbohrung der Seite Jesu sieht der Evangelist die Erfüllung von zwei Schriftworten: Jesus ist das Paschalamm, dem man keinen Knochen zerbricht (Ex 12, 46), und er ist der Hirte, von dem der Prophet Sacharja (Sach 12, 10) ähnlich spricht wie Jesaja vom leidenden Gottesknecht. Blut und Wasser aus der Seite Jesu bedeuten die am Kreuz sich verströmende Liebe Christi; sie rettet alle, die zu ihm aufschauen.*

EVANGELIUM Joh 19, 31–37

Einer der Soldaten stieß mit der Lanze in seine Seite und sogleich floss Blut und Wasser heraus

✝ Aus dem heiligen Evangelium nach Johannes.

³¹ Weil Rüsttag war
  und die Körper während des Sabbats
  nicht am Kreuz bleiben sollten
  – dieser Sabbat war nämlich ein großer Feiertag –,

baten die Juden Pilatus,
   man möge ihnen die Beine zerschlagen
und sie dann abnehmen.
³² Also kamen die Soldaten
und zerschlugen dem ersten die Beine,
   dann dem andern, der mit ihm gekreuzigt worden war.
³³ Als sie aber zu Jesus kamen
   und sahen, dass er schon tot war,
   zerschlugen sie ihm die Beine nicht,
³⁴ sondern einer der Soldaten stieß mit der Lanze in seine Seite
und sogleich floss Blut und Wasser heraus.
³⁵ Und der es gesehen hat, hat es bezeugt
und sein Zeugnis ist wahr.
Und er weiß, dass er Wahres sagt,
   damit auch ihr glaubt.
³⁶ Denn das ist geschehen,
   damit sich das Schriftwort erfüllte:
   Man soll an ihm kein Gebein zerbrechen.
³⁷ Und ein anderes Schriftwort sagt:
   Sie werden auf den blicken, den sie durchbohrt haben.

Glaubensbekenntnis, S. 374 ff.
Fürbitten vgl. S. 813 f.

ZUR EUCHARISTIEFEIER   *Das geöffnete Herz Jesu ist die Kraftquelle unseres Glaubens. In der Feier des Heiligen Mahls dürfen wir jedes Mal neu diese Kraft erfahren und in uns aufnehmen, um in unserem Alltag selbst Quelle der Kraft für andere werden zu können.*

GABENGEBET

Allmächtiger Gott,
sieh auf das durchbohrte Herz deines Sohnes,
der uns geliebt und sich für uns hingegeben hat.
Lass unser Opfer dir wohlgefallen
und zur Sühne für unsere Sünden werden.
Darum bitten wir durch Christus, unseren Herrn.

Präfation, S. 427

KOMMUNIONVERS
Joh 7, 37–38

Wer Durst hat, komme zu mir,
und es trinke, wer an mich glaubt!
Die Schrift sagt:
Aus seinem Inneren werden Ströme von lebendigem Wasser fließen.

Oder:
Joh 19, 34

Ein Soldat stieß mit der Lanze in seine Seite,
und sogleich floss Blut und Wasser heraus.

SCHLUSSGEBET

Herr, unser Gott,
du hast uns gestärkt
mit dem Sakrament jener Liebe,
durch die dein Sohn alles an sich zieht.
Entzünde auch in uns das Feuer seiner Liebe,
damit wir in unseren Brüdern
ihn erkennen und ihm dienen.
Darum bitten wir durch ihn, Christus, unseren Herrn.

Das Herz-Jesu-Fest weist auf das Innere Gottes hin: Er ist nicht die Quelle von Gewalt, er hat keine Freude am Leiden des Menschen. Gott ist zuerst einmal barmherzig. Und etwas Zweites, ebenso Wichtiges: Dieses Fest stellt die Frage nicht nur nach Gott, sondern auch nach dem Menschen. Wenn Gott barmherzig ist, was heißt das für uns Menschen? ... Gott hat am Kreuz gezeigt, dass er bereit ist, alles zu geben, Gewalt zu erdulden und eben nicht Gewalt anzuwenden. Und damit stellen sich uns die Fragen: Suchen wir nicht auch wie Gott nach denen, die sich verlaufen haben? Freuen wir uns denn auch, wenn jemand gefunden ist, der als verloren galt? Das Herz-Jesu-Fest fordert uns nicht nur auf, Gott als barmherzig zu glauben, sondern selbst barmherzig zu sein. (Urban Federer)

DIE FEIER
DER
GEMEINDEMESSE

Die Feier der Gemeindemesse

ERÖFFNUNG

Eröffnungsvers (oder ein entsprechendes Lied)	367
Begrüßung (und kurze Einführung)	367
Allgemeines Schuldbekenntnis und Bitte um Vergebung	368
Kyrie (entfällt, wenn Kyrie-Litanei vorausgegangen)	371
Ehre sei Gott (Gloria)	371
Tagesgebet	373

WORTGOTTESDIENST

1. Lesung und Antwortpsalm	373
2. Lesung und Ruf vor dem Evangelium	373
Evangelium	373
Homilie	374
Das Große od. Apostolische Glaubensbekenntnis (Credo)	374
Fürbitten (Allgemeines Gebet), nach freier Wahl	380

EUCHARISTIEFEIER

Gabenbereitung — 380
   Abschließendes Gabengebet — 381

Das Eucharistische Hochgebet — 382
   Präfationen — 415
   Erstes Hochgebet (Dich, gütiger Vater) — 383
   Zweites Hochgebet (Ja, du bist heilig, großer Gott, du bist der Quell aller Heiligkeit) — 390
   Drittes Hochgebet (Ja, du bist heilig, großer Gott, und alle deine Werke verkünden dein Lob) — 396
   Viertes Hochgebet (Wir preisen dich, heiliger Vater) — 403

Kommunion — 407
   Gebet des Herrn (Vater unser) — 407
   Friedensgebet — 409
   Brechung des Brotes – Agnus Dei — 410
   Gebete vor der Kommunion – Kommunionempfang — 411

Schlussgebet — 413

ENTLASSUNG — 413

ERÖFFNUNG

EINZUG – GESANG ZUR ERÖFFNUNG

Während der Priester einzieht, kann der Gesang zur Eröffnung gesungen werden.*

VEREHRUNG DES ALTARES

BEGRÜSSUNG DER GEMEINDE

Nachdem der Priester den Altar begrüßt hat und an seinen Platz gegangen ist, spricht er (während alle stehen):

P: ✛ Im Namen des Vaters und des Sohnes und des Heiligen Geistes. Amen.

Der Herr sei mit euch.
A: Und mit deinem Geiste.

Oder:
Die Gnade unseres Herrn Jesus Christus,
die Liebe Gottes des Vaters
und die Gemeinschaft des Heiligen Geistes
sei mit euch.

Oder:
Gnade und Friede von Gott, unserem Vater,
und dem Herrn Jesus Christus
sei mit euch.

Oder:
Gnade und Friede von dem,
der ist und der war und der kommen wird,
sei mit euch.

---

* Die hier und im Folgenden abgedruckten Rubriken sind ein Auszug aus der authentischen Ausgabe des Messbuchs für den liturgischen Gebrauch, in der weitere Gestaltungsmöglichkeiten der Messfeier näher beschrieben sind.

Oder:
**Gnade und Friede
in der heiligen Versammlung der Kirche Gottes
sei mit euch.**

Oder:
**Der Herr der Herrlichkeit
und Spender jeder Gnade
sei mit euch.**

Oder:
**Die Gnade des Herrn Jesus,
der für uns Mensch geworden ist
(gelitten hat, gestorben ist …),
sei mit euch.**

Oder:
**Die Gnade unseres Herrn Jesus Christus
sei mit euch.**

A: **Und mit deinem Geiste.**

Darauf kann der Priester, der Diakon oder ein anderer dazu Beauftragter eine knappe Einführung in die Feier geben.
Wenn zur Eröffnung nicht gesungen wurde, empfiehlt es sich, in die Einführung den Eröffnungsvers einzubeziehen, da dieser häufig einen Leitgedanken der Messfeier angibt.

ALLGEMEINES SCHULDBEKENNTNIS

An Sonntagen kann an die Stelle des Allgemeinen Schuldbekenntnisses das sonntägliche Taufgedächtnis (Besprengung mit Weihwasser) treten.

Einladung (Form A und B)
**Brüder und Schwestern,
damit wir die heiligen Geheimnisse in rechter Weise feiern
können, wollen wir bekennen, dass wir gesündigt haben.**

Oder:
Bevor wir das Gedächtnis des Herrn begehen, wollen wir uns besinnen und bekennen, dass wir sündige Menschen sind.

Oder:
Brüder und Schwestern, bevor wir das Wort Gottes hören und das Opfer Christi feiern, wollen wir uns bereiten und Gott um Vergebung unserer Sünden bitten.

Oder:
Damit wir das Gedächtnis des Herrn recht begehen, prüfen wir uns selbst und bekennen unsere Schuld vor Gott und der Kirche.

Einladung (Form B und C)
Zu Beginn dieser Messfeier wollen wir uns besinnen und das Erbarmen des Herrn auf uns herabrufen.
Oder ein ähnlicher passender Text.
Es folgt eine kurze Stille für die Besinnung; danach das

Bekenntnis
Form A
P: **Wir sprechen das Schuldbekenntnis:**
A: **Ich bekenne Gott, dem Allmächtigen,
und allen Brüdern und Schwestern,
dass ich Gutes unterlassen und Böses getan habe –
ich habe gesündigt
in Gedanken, Worten und Werken –
durch meine Schuld, durch meine Schuld,
durch meine große Schuld.
Darum bitte ich die selige Jungfrau Maria,
alle Engel und Heiligen
und euch, Brüder und Schwestern,
für mich zu beten bei Gott, unserem Herrn.**

Oder: Form B
P: Erbarme dich, Herr, unser Gott, erbarme dich.
A: Denn wir haben vor dir gesündigt.
P: Erweise, Herr, uns deine Huld.
A: Und schenke uns dein Heil.

Die Formen A und B können durch ein Bußlied ersetzt werden.

Oder: Form C
mit den hier folgenden oder anderen Anrufungen.

Kyrie-Litanei
V: Herr Jesus Christus,
du bist vom Vater gesandt,
zu heilen, was verwundet ist:
V: Kýrie, eléison.   Oder: Herr, erbarme dich (unser).
A: Kýrie, eléison.   Oder: Herr, erbarme dich (unser).
V: Du bist gekommen, die Sünder zu berufen:
V: Christe, eléison.   Oder: Christus, erbarme dich (unser).
A: Christe, eléison.   Oder: Christus, erbarme dich (unser).
V: Du bist zum Vater heimgekehrt, um für uns einzutreten:
V: Kýrie, eléison.   Oder: Herr, erbarme dich (unser).
A: Kýrie, eléison.   Oder: Herr, erbarme dich (unser).

Jede dieser drei Formen wird abgeschlossen durch die

Vergebungsbitte
P: Der allmächtige Gott erbarme sich unser. Er lasse uns die Sünden nach und führe uns zum ewigen Leben.
A: Amen.

Oder:
P: Nachlass, Vergebung und Verzeihung unserer Sünden gewähre uns der allmächtige und barmherzige Herr.
A: Amen.

Oder (besonders bei Form C):
P: Der Herr erbarme sich unser. Er nehme von uns Sünde und Schuld, damit wir mit reinem Herzen diese Feier begehen.
A: Amen.

KYRIE

Es folgen die Kyrie-Rufe (falls sie nicht schon vorausgegangen sind).
V: Herr, erbarme dich (unser).
A: Herr, erbarme dich (unser).
V: Christus, erbarme dich (unser).
A: Christus, erbarme dich (unser).
V: Herr, erbarme dich (unser).
A: Herr, erbarme dich (unser).

Oder:
V: Kýrie, eléison.
A: Kýrie, eléison.
V: Christe, eléison.
A: Christe, eléison.
V: Kýrie, eléison.
A: Kýrie, eléison.

GLORIA

An den Sonntagen außerhalb der Advents- und Fastenzeit, an Hochfesten, Festen und bei anderen festlichen Gottesdiensten folgt das Gloria:

Ehre sei Gott in der Höhe
und Friede auf Erden den Menschen seiner Gnade.
Wir loben dich,
wir preisen dich,
wir beten dich an,
wir rühmen dich und danken dir,
denn groß ist deine Herrlichkeit:
Herr und Gott, König des Himmels,
Gott und Vater, Herrscher über das All,
Herr, eingeborener Sohn, Jesus Christus.
Herr und Gott, Lamm Gottes, Sohn des Vaters,
du nimmst hinweg die Sünde der Welt:
erbarme dich unser;
du nimmst hinweg die Sünde der Welt:
nimm an unser Gebet;

du sitzest zur Rechten des Vaters:
erbarme dich unser.
Denn du allein bist der Heilige, du allein der Herr,
du allein der Höchste:
Jesus Christus,
mit dem Heiligen Geist,
zur Ehre Gottes des Vaters. Amen.

Oder:
Glória in excélsis Deo
et in terra pax homínibus bonæ voluntátis.
Laudámus te,
benedícimus te,
adorámus te,
glorificámus te, grátias ágimus tibi
propter magnam glóriam tuam,
Dómine Deus, Rex cæléstis,
Deus Pater omnípotens.
Dómine Fili unigénite, Iesu Christe,
Dómine Deus, Agnus Dei, Fílius Patris,
qui tollis peccáta mundi,
miserére nobis;
qui tollis peccáta mundi,
súscipe deprecatiónem nostram.
Qui sedes ad déxteram Patris,
miserére nobis;
Quóniam tu solus Sanctus,
tu solus Dóminus,
tu solus Altíssimus,
Iesu Christe,
cum Sancto Spíritu:
in glória Dei Patris. Amen.

Das Gloria darf durch ein Gloria-Lied ersetzt werden.

TAGESGEBET

Der Priester lädt zum Gebet ein. Er singt oder spricht:
Lasset uns beten.

Nach einer kurzen Stille spricht der Priester das Tagesgebet.
Die Gemeinde beschließt das Gebet mit dem Ruf:
Amen.

WORTGOTTESDIENST

1. LESUNG UND ANTWORTPSALM

Der Lektor geht zum Ambo und trägt die erste Lesung vor. Alle hören sitzend zu. Wo nach der Lesung ein Zuruf der Gemeinde üblich ist, fügt der Lektor an:
Wort des lebendigen Gottes.
A: **Dank sei Gott.**

Danach kann eine kurze Stille folgen.
Dann trägt der Kantor (Psalmist) als ersten Zwischengesang den Antwortpsalm vor. Die Gemeinde übernimmt den Kehrvers.

2. LESUNG UND RUF VOR DEM EVANGELIUM

Auf die zweite Lesung folgt als zweiter Zwischengesang das Halleluja bzw. der an dessen Stelle vorgesehene Ruf vor dem Evangelium.

EVANGELIUM

D (P): **Der Herr sei mit euch.**
A: **Und mit deinem Geiste.**
D (P): **+ Aus dem heiligen Evangelium nach N.**
Oder: **Aus dem Evangelium Jesu Christi nach N.**
Oder: **Aus dem Evangelium nach N.**

Dabei bezeichnet er das Buch und sich selbst (auf Stirn, Mund und Brust) mit dem Kreuzzeichen.
A: **Ehre sei dir, o Herr.**

Wo nach dem Evangelium ein Zuruf der Gemeinde üblich ist, fügt der Diakon (Priester) an:

Evangelium unseres Herrn Jesus Christus.
A: Lob sei dir, Christus.
Danach küsst der Diakon (Priester) das Buch und spricht leise:
Herr, durch dein Evangelium
nimm hinweg unsere Sünden.

HOMILIE
Die Homilie ist ein Teil der Liturgie. Sie ist an allen Sonntagen und gebotenen Feiertagen vorgeschrieben, sonst empfohlen.

CREDO
An Sonntagen, an Hochfesten und bei anderen festlichen Gottesdiensten folgt das Credo:

(P: Wir sprechen das Große Glaubensbekenntnis.)

A: Wir glauben an den einen Gott,
den Vater, den Allmächtigen,
der alles geschaffen hat, Himmel und Erde,
die sichtbare und die unsichtbare Welt.

Und an den einen Herrn Jesus Christus,
Gottes eingeborenen Sohn,
aus dem Vater geboren vor aller Zeit:
Gott von Gott, Licht vom Licht,
wahrer Gott vom wahren Gott,
gezeugt, nicht geschaffen,
eines Wesens mit dem Vater;
durch ihn ist alles geschaffen.

Für uns Menschen und zu unserem Heil
ist er vom Himmel gekommen,

Zu den folgenden Worten (bis zu Mensch geworden) verbeugen sich alle (an Weihnachten und am Hochfest der Verkündigung des Herrn kniet man nieder).

Oder:
**Credo in unum Deum,
Patrem omnipoténtem,
factórem cæli et terræ,
visibílium ómnium et invisibílium.**

**Et in unum Dóminum Iesum Christum,
Fílium Dei unigénitum,
et ex Patre natum ante ómnia sǽcula.
Deum de Deo, lumen de lúmine,
Deum verum de Deo vero,
génitum, non factum,
consubstantiálem Patri:
per quem ómnia facta sunt.**

Qui propter nos hómines et propter nostram salútem descéndit de cælis.

Ad verba quae sequuntur, usque ad factus est, omnes se inclinant.

hat Fleisch angenommen
durch den Heiligen Geist
von der Jungfrau Maria
und ist Mensch geworden.
Er wurde für uns gekreuzigt
unter Pontius Pilatus,
hat gelitten und ist begraben worden,
ist am dritten Tage auferstanden
nach der Schrift
und aufgefahren in den Himmel.

Er sitzt zur Rechten des Vaters
und wird wiederkommen in Herrlichkeit,
zu richten die Lebenden und die Toten;
seiner Herrschaft wird kein Ende sein.

Wir glauben an den Heiligen Geist,
der Herr ist und lebendig macht,
der aus dem Vater und dem Sohn hervorgeht,
der mit dem Vater und dem Sohn
angebetet und verherrlicht wird,
der gesprochen hat durch die Propheten;
und die eine, heilige, katholische
und apostolische Kirche.

Wir bekennen die eine Taufe
zur Vergebung der Sünden.
Wir erwarten die Auferstehung der Toten
und das Leben der kommenden Welt.
Amen.

Et incarnátus est
de Spíritu Sancto
ex María Vírgine,
et homo factus est.
Crucifíxus étiam pro nobis
sub Póntio Piláto;
passus et sepúltus est,
et resurréxit tértia die,
secúndum Scriptúras,
et ascéndit in cælum,
sedet ad déxteram Patris.

Et íterum ventúrus est cum glória,
iudicáre vivos et mórtuos,
cuius regni non erit finis.

Et in Spíritum Sanctum,
Dóminum et vivificántem:
qui ex Patre Filióque procédit.
Qui cum Patre et Fílio
simul adorátur et conglorificátur:
qui locútus est per prophétas.
Et unam, sanctam, cathólicam
et apostólicam Ecclésiam.

Confíteor unum baptísma
in remissiónem peccatórum.
Et exspécto resurrectiónem mortuórum,
et vitam ventúri sǽculi.
Amen.

Anstelle des Großen Glaubensbekenntnisses kann das Apostolische Glaubensbekenntnis gebetet werden.
(P: **Wir sprechen das Apostolische Glaubensbekenntnis.**)

A: Ich glaube an Gott,
den Vater, den Allmächtigen,
den Schöpfer des Himmels und der Erde,
und an Jesus Christus,
seinen eingeborenen Sohn, unsern Herrn,

Zu den folgenden Worten (bis zu Jungfrau Maria) verbeugen sich alle (an Weihnachten und zum Hochfest der Verkündigung des Herrn kniet man nieder).

empfangen durch den Heiligen Geist,
geboren von der Jungfrau Maria,
gelitten unter Pontius Pilatus,
gekreuzigt, gestorben und begraben,
hinabgestiegen in das Reich des Todes,
am dritten Tage auferstanden von den Toten,
aufgefahren in den Himmel;
er sitzt zur Rechten Gottes, des allmächtigen Vaters;
von dort wird er kommen,
zu richten die Lebenden und die Toten.
Ich glaube an den Heiligen Geist,
die heilige katholische Kirche,
Gemeinschaft der Heiligen,
Vergebung der Sünden,
Auferstehung der Toten
und das ewige Leben.
Amen.

Oder:

Credo in Deum,
Patrem omnipoténtem,
Creatórem cæli et terræ.
Et in Iesum Christum,
Fílium eius únicum, Dóminum nostrum:

qui concéptus est de Spíritu Sancto,
natus ex María Virgine,
passus sub Póntio Piláto,
crucifíxus, mórtuus, et sepúltus:
descéndit ad ínferos:
tértia die resurréxit a mórtuis;
ascéndit ad cælos;
sedet ad déxteram Dei Patris omnipoténtis:
inde ventúrus est
iudicáre vivos et mórtuos.
Credo in Spíritum Sanctum,
sanctam Ecclésiam cathólicam,
Sanctórum communiónem,
remissiónem peccatórum,
carnis resurrectiónem,
vitam ætérnam.
Amen.

FÜRBITTEN (ALLGEMEINES GEBET)

Die Fürbitten werden vom Priester eingeleitet und abgeschlossen. Die einzelnen Anliegen können vom Diakon, Lektor, Kantor oder anderen vorgetragen werden. Beispiele Anhang III, S. 792–820.

EUCHARISTIEFEIER

Gabenbereitung

GESANG ZUR GABENBEREITUNG

Das Herbeibringen und die Bereitung der Gaben können von einem geeigneten Gesang oder von Orgelspiel begleitet werden oder auch in der Stille geschehen.
Es empfiehlt sich, dass die Gläubigen ihre Teilnahme durch eine Gabe bekunden. Sie können durch Vertreter Brot und Wein für die Eucharistie oder selber andere Gaben herbeibringen, die für die Bedürfnisse der Kirche und der Armen bestimmt sind. Auch die Geldkollekte ist eine solche Gabe.

BEGLEITGEBETE ZUR GABENBEREITUNG

Über das Brot:
Gepriesen bist du, Herr, unser Gott, Schöpfer der Welt.
Du schenkst uns das Brot,
die Frucht der Erde und der menschlichen Arbeit.
Wir bringen dieses Brot vor dein Angesicht,
damit es uns das Brot des Lebens werde.
(Gepriesen bist du in Ewigkeit, Herr, unser Gott.)

Der Priester gießt Wein und ein wenig Wasser in den Kelch und spricht leise:
Wie das Wasser sich mit dem Wein verbindet zum heiligen Zeichen, so lasse uns dieser Kelch teilhaben an der Gottheit Christi, der unsere Menschennatur angenommen hat.

Über den Kelch:
Gepriesen bist du, Herr, unser Gott, Schöpfer der Welt.
Du schenkst uns den Wein,
die Frucht des Weinstocks und der menschlichen Arbeit.
Wir bringen diesen Kelch vor dein Angesicht,

damit er uns der Kelch des Heiles werde.
(Gepriesen bist du in Ewigkeit, Herr, unser Gott.)

Der Priester verneigt sich und spricht leise:
Herr, wir kommen zu dir mit reumütigem Herzen und mit demütigem Sinn. Nimm uns an und gib, dass unser Opfer dir gefalle.

Der Priester kann die Gaben und den Altar inzensieren: anschließend können der Priester und die Gemeinde inzensiert werden.

ZUR HÄNDEWASCHUNG

Herr, wasche ab meine Schuld,
von meinen Sünden mach mich rein.

EINLADUNG ZUM GABENGEBET

Form A
P: Lasset uns beten zu Gott, dem allmächtigen Vater,
dass er die Gaben der Kirche annehme
zu seinem Lob und zum Heil der ganzen Welt.

Oder: Form B
P: Lasset uns beten.
Oder eine andere geeignete Gebetseinladung.
Alle verharren eine kurze Zeit in stillem Gebet.

Oder: Form C
P: Betet, Brüder und Schwestern,
dass mein und euer Opfer
Gott, dem allmächtigen Vater, gefalle.
A: Der Herr nehme das Opfer an aus deinen Händen
zum Lob und Ruhm seines Namens,
zum Segen für uns und seine ganze heilige Kirche.

GABENGEBET

Durch das Gabengebet wird die Bereitung der Opfergaben abgeschlossen.
Die Gemeinde beschließt das Gebet mit dem Ruf:
Amen.

Das Eucharistische Hochgebet

Das Eucharistische Hochgebet beginnt mit der Präfation und wird von der Gemeinde mit dem Zuruf Amen (vor dem Vaterunser) abgeschlossen.

P: Der Herr sei mit euch.
A: Und mit deinem Geiste.
P: Erhebet die Herzen.
A: Wir haben sie beim Herrn.
P: Lasset uns danken dem Herrn, unserm Gott.
A: Das ist würdig und recht.

Oder:
P: Dóminus vobíscum.
A: Et cum spíritu tuo.
P: Sursum corda.
A: Habémus ad Dóminum.
P: Grátias agámus Dómino Deo nostro.
A: Dignum et iustum est.

Präfationen, S. 415–441

Zum Schluss der Präfation singt oder spricht der Priester zusammen mit der Gemeinde:

Heilig, heilig, heilig
Gott, Herr aller Mächte und Gewalten.
Erfüllt sind Himmel und Erde
von deiner Herrlichkeit.
Hosanna in der Höhe.
Hochgelobt sei,
der da kommt im Namen des Herrn.
Hosanna in der Höhe.

Oder:
Sanctus, Sanctus, Sanctus
Dóminus Deus Sábaoth.
Pleni sunt cæli et terra
glória tua.
Hosánna in excélsis.

Benedíctus
qui venit in nómine Dómini.
Hosánna in excélsis.

Das Sanctus darf nur durch ein Lied ersetzt werden, das mit dem dreimaligen Heilig-Ruf beginnt und dem Inhalt des Sanctus entspricht.

ERSTES HOCHGEBET
DER RÖMISCHE MESSKANON

Dich, gütiger Vater, bitten wir durch deinen Sohn, unseren Herrn Jesus Christus: Nimm diese heiligen, makellosen Opfergaben an und segne ☩ sie.

Für die Kirche und ihre Hirten

Wir bringen sie dar vor allem für deine heilige katholische Kirche in Gemeinschaft mit deinem Diener, unserem Papst N., mit unserem Bischof N. und mit allen, die Sorge tragen für den rechten, katholischen und apostolischen Glauben. Schenke deiner Kirche Frieden und Einheit, behüte und leite sie auf der ganzen Erde.

Für anwesende und abwesende Gläubige

Gedenke deiner Diener und Dienerinnen N.N. (für die wir heute besonders beten) und aller, die hier versammelt sind.

Stilles Gedenken

Herr, du kennst ihren Glauben und ihre Hingabe; für sie bringen wir dieses Opfer des Lobes dar, und sie selber weihen es dir für sich und für alle, die ihnen verbunden sind, für ihre Erlösung und für ihre Hoffnung auf das unverlierbare Heil. Vor dich, den ewigen, lebendigen und wahren Gott, bringen sie ihre Gebete und Gaben.

Gedächtnis der Heiligen

In Gemeinschaft mit der ganzen Kirche gedenken wir deiner Heiligen. Wir ehren vor allem Maria, die glorreiche, allzeit jungfräuliche Mutter unseres Herrn und Gottes Jesus Christus.
* Wir ehren ihren Bräutigam, den heiligen Josef, deine heiligen Apostel und Märtyrer: Petrus und Paulus, Andreas (Jakobus,

Johannes, Thomas, Jakobus, Philippus, Bartholomäus, Matthäus, Simon und Thaddäus, Linus, Kletus, Klemens, Xystus, Kornelius, Cyprianus, Laurentius, Chrysogonus, Johannes und Paulus, Kosmas und Damianus) und alle deine Heiligen; blicke auf ihr heiliges Leben und Sterben und gewähre uns auf ihre Fürsprache in allem deine Hilfe und deinen Schutz.

Das Gedächtnis der Heiligen kann auch beginnen:

An Sonntagen:
In Gemeinschaft mit der ganzen Kirche feiern wir den ersten Tag der Woche als den Tag, an dem Christus von den Toten erstanden ist, und gedenken deiner Heiligen: Wir ehren vor allem Maria, die glorreiche, allzeit jungfräuliche Mutter unseres Herrn und Gottes Jesus Christus.*

Von Weihnachten bis Neujahr:
In Gemeinschaft mit der ganzen Kirche feiern wir (die hochheilige Nacht) den hochheiligen Tag, (in der) an dem Maria in unversehrter Jungfräulichkeit der Welt den Erlöser geboren hat. Wir ehren vor allen Heiligen sie, die glorreiche, allzeit jungfräuliche Mutter unseres Herrn und Gottes Jesus Christus.*

An Erscheinung des Herrn:
In Gemeinschaft mit der ganzen Kirche feiern wir den hochheiligen Tag, an dem dein eingeborener Sohn, dir gleich in ewiger Herrlichkeit, als wahrer Mensch leibhaft und sichtbar erschienen ist. Wir gedenken deiner Heiligen und ehren vor allem Maria, die glorreiche, allzeit jungfräuliche Mutter unseres Herrn und Gottes Jesus Christus.*

Am Gründonnerstag, S. 178

Von der Osternacht bis zum Weißen Sonntag:
In Gemeinschaft mit der ganzen Kirche feiern wir das Hochfest der Auferstehung unseres Herrn Jesus Christus. Wir gedenken deiner Heiligen und ehren vor allem Maria, die glorreiche, allzeit jungfräuliche Mutter unseres Herrn und Gottes Jesus Christus.*

Die Feier der Gemeindemesse – Erstes Hochgebet

An Christi Himmelfahrt:
In Gemeinschaft mit der ganzen Kirche feiern wir den Tag, an dem unser Herr Jesus Christus, dein eingeborener Sohn, unsere schwache, mit seiner Gottheit vereinte Menschennatur zu deiner Rechten erhoben hat. Wir gedenken deiner Heiligen und ehren vor allem Maria, die glorreiche, allzeit jungfräuliche Mutter unseres Herrn und Gottes Jesus Christus.*

Am Pfingsttag:
In Gemeinschaft mit der ganzen Kirche feiern wir das hohe Pfingstfest, an dem der Heilige Geist in Feuerzungen auf die Jünger herabkam. Wir gedenken deiner Heiligen und ehren vor allem Maria, die glorreiche, allzeit jungfräuliche Mutter unseres Herrn und Gottes Jesus Christus.*

Am eigenen Kirchweihfest:
In Gemeinschaft mit der ganzen Kirche feiern wir den Weihetag dieses Hauses, an dem du es zu eigen genommen und mit deiner Gegenwart erfüllt hast. Wir gedenken deiner Heiligen und ehren vor allem Maria, die glorreiche, allzeit jungfräuliche Mutter unseres Herrn und Gottes Jesus Christus.*

An Lichtmess (2. Februar):
In Gemeinschaft mit der ganzen Kirche feiern wir den Tag, an dem dein eingeborener Sohn im Tempel dargestellt wurde. Wir gedenken deiner Heiligen und ehren vor allem Maria, die glorreiche, allzeit jungfräuliche Mutter unseres Herrn und Gottes Jesus Christus.*

An Verkündigung des Herrn (25. März):
In Gemeinschaft mit der ganzen Kirche feiern wir den Tag, an dem Maria deinen ewigen Sohn durch den Heiligen Geist empfangen hat. Wir ehren vor allen Heiligen sie, die glorreiche, allzeit jungfräuliche Mutter unseres Herrn und Gottes Jesus Christus.*

An Johannes' Geburt (24. Juni):
In Gemeinschaft mit der ganzen Kirche feiern wir den Tag, an dem Johannes geboren wurde, der Christus voranging, um ihm

den Weg zu bereiten, dem Erlöser der Welt. Wir gedenken deiner Heiligen und ehren vor allem Maria, die glorreiche, allzeit jungfräuliche Mutter unseres Herrn und Gottes Jesus Christus.*

An Mariä Himmelfahrt (15. August):
In Gemeinschaft mit der ganzen Kirche feiern wir den Tag, an dem die jungfräuliche Gottesmutter in den Himmel aufgenommen wurde. Wir ehren vor allen Heiligen sie, die glorreiche, allzeit jungfräuliche Mutter unseres Herrn und Gottes Jesus Christus.*

An Mariä Geburt (8. September):
In Gemeinschaft mit der ganzen Kirche feiern wir den Tag, an dem Maria geboren wurde, die von Ewigkeit her auserwählte Mutter des Erlösers. Wir ehren vor allen Heiligen sie, die glorreiche, allzeit jungfräuliche Mutter unseres Herrn und Gottes Jesus Christus.*

An Allerheiligen (1. November):
In Gemeinschaft mit der ganzen Kirche feiern wir den Tag, der dem Gedächtnis aller Heiligen geweiht ist, die im Leben Christus nachfolgten und im Sterben von ihm die Krone der Herrlichkeit empfingen. Wir ehren vor allen Heiligen Maria, die glorreiche, allzeit jungfräuliche Mutter unseres Herrn und Gottes Jesus Christus.*

An Mariä Empfängnis (8. Dezember):
In Gemeinschaft mit der ganzen Kirche feiern wir den Tag, an dem Maria ohne Erbschuld empfangen wurde, da sie auserwählt war, die Mutter des Erlösers zu werden. Wir ehren vor allen Heiligen sie, die glorreiche, allzeit jungfräuliche Mutter unseres Herrn und Gottes Jesus Christus.*

Für die Ortsgemeinde

Nimm gnädig an, o Gott, diese Gaben deiner Diener und deiner ganzen Gemeinde; ordne unsere Tage in deinem Frieden, rette uns vor dem ewigen Verderben und nimm uns auf in die Schar deiner Erwählten.

Die Feier der Gemeindemesse – Erstes Hochgebet

In der Abendmahlsmesse des Gründonnerstages, S. 178

Von der Osternacht bis zum Weißen Sonntag:
Nimm gnädig an, o Gott, diese Gaben deiner Diener und deiner ganzen Gemeinde. Wir bringen sie dar auch für jene, die an diesem Osterfest aus dem Wasser und dem Heiligen Geist zum neuen Leben geboren wurden, denen du alle Sünden vergeben hast. Ordne unsere Tage in deinem Frieden, rette uns vor dem ewigen Verderben und nimm uns auf in die Schar deiner Erwählten.

Bei einer Brautmesse:
Nimm gnädig an, o Gott, dieses Opfer deiner Diener, die Gaben der Neuvermählten N. und N. und die Opfergaben deiner ganzen Gemeinde. Sie bittet dich für diese Brautleute, die du zum Traualtar geführt hast: Erhalte sie bis ins hohe Alter in Glück und Frieden (und segne ihren Bund mit Kindern, die sie von deiner Güte erhoffen).

Bitte um Heiligung der Gaben

Schenke, o Gott, diesen Gaben Segen in Fülle und nimm sie zu eigen an. Mache sie uns zum wahren Opfer im Geiste, das dir wohlgefällt: zum Leib und Blut deines geliebten Sohnes, unseres Herrn Jesus Christus.

Einsetzungsbericht – Wandlung

Am Abend vor seinem Leiden nahm er das Brot in seine heiligen und ehrwürdigen Hände, erhob die Augen zum Himmel, zu dir, seinem Vater, dem allmächtigen Gott, sagte dir Lob und Dank, brach das Brot, reichte es seinen Jüngern und sprach:
Nehmet und esset alle davon:
Das ist mein Leib,
der für euch hingegeben wird.

Ebenso nahm er nach dem Mahl diesen erhabenen
Kelch in seine heiligen und ehrwürdigen Hände,
sagte dir Lob und Dank, reichte den Kelch seinen
Jüngern und sprach:
Nehmet und trinket alle daraus:
Das ist der Kelch
des neuen und ewigen Bundes,
mein Blut, das für euch
und für alle vergossen wird
zur Vergebung der Sünden.
Tut dies zu meinem Gedächtnis.

D (P):
Geheimnis des Glaubens.

Zuruf der Gemeinde
Deinen Tod, o Herr, verkünden wir,
und deine Auferstehung preisen wir,
bis du kommst in Herrlichkeit.

Oder:
Mystérium fídei.
Mortem tuam annuntiámus, Dómine,
et tuam resurrectiónem confitémur,
donec vénias.

Darum, gütiger Vater, feiern wir, deine Diener und dein heiliges Volk, das Gedächtnis deines Sohnes, unseres Herrn Jesus Christus. Wir verkünden sein heilbringendes Leiden, seine Auferstehung von den Toten und seine glorreiche Himmelfahrt. So bringen wir aus den Gaben, die du uns geschenkt hast, dir, dem erhabenen Gott, die reine, heilige und makellose Opfergabe dar: das Brot des Lebens und den Kelch des ewigen Heiles.

Blicke versöhnt und gütig darauf nieder und nimm sie an wie einst die Gaben deines gerechten Dieners Abel, wie das Opfer unseres Vaters Abraham, wie die heilige Gabe, das reine Opfer deines Hohenpriesters Melchisedek.

Wir bitten dich, allmächtiger Gott: Dein heiliger Engel trage diese Opfergabe auf deinen himmlischen Altar vor deine göttliche Herrlichkeit; und wenn wir durch unsere Teilnahme am Altar den heiligen Leib und das Blut deines Sohnes empfangen, erfülle uns mit aller Gnade und allem Segen des Himmels.

Für die Verstorbenen

Gedenke auch deiner Diener und Dienerinnen (N. und N.), die uns vorangegangen sind, bezeichnet mit dem Siegel des Glaubens, und die nun ruhen in Frieden.

(Stilles Gedenken)

Wir bitten dich: Führe sie und alle, die in Christus entschlafen sind, in das Land der Verheißung, des Lichtes und des Friedens.

Weitere Bitten

Auch uns, deinen sündigen Dienern, die auf deine reiche Barmherzigkeit hoffen, gib Anteil und Gemeinschaft mit deinen heiligen Aposteln und Märtyrern: Johannes, Stephanus, Matthias, Barnabas (Ignatius, Alexander, Marzellinus, Petrus, Felizitas, Perpetua, Agatha, Luzia, Agnes, Cäcilia, Anastasia) und mit allen deinen Heiligen; wäge nicht unser Verdienst, sondern schenke gnädig Verzeihung und gib uns mit ihnen das Erbe des Himmels.

Darum bitten wir durch unseren Herrn Jesus Christus. Denn durch ihn erschaffst du immerfort all diese guten Gaben, gibst ihnen Leben und Weihe und spendest sie uns.

Abschließender Lobpreis

Durch ihn und mit ihm und in ihm ist dir, Gott, allmächtiger Vater, in der Einheit des Heiligen Geistes alle Herrlichkeit und Ehre jetzt und in Ewigkeit.

Alle: Amen.

Fortsetzung S. 407

ZWEITES HOCHGEBET

P: Der Herr sei mit euch.
A: Und mit deinem Geiste.
P: Erhebet die Herzen.
A: Wir haben sie beim Herrn.
P: Lasset uns danken dem Herrn, unserm Gott.
A: Das ist würdig und recht.

Oder:
P: Dóminus vobíscum.
A: Et cum spíritu tuo.
P: Sursum corda.
A: Habémus ad Dóminum.
P: Grátias agámus Dómino Deo nostro.
A: Dignum et iustum est.

In Wahrheit ist es würdig und recht, dir, Herr, heiliger Vater, immer und überall zu danken durch deinen geliebten Sohn Jesus Christus. Er ist dein Wort, durch ihn hast du alles erschaffen. Ihn hast du gesandt als unseren Erlöser und Heiland: Er ist Mensch geworden durch den Heiligen Geist, geboren von der Jungfrau Maria. Um deinen Ratschluss zu erfüllen und dir ein heiliges Volk zu erwerben, hat er sterbend die Arme ausgebreitet am Holze des Kreuzes. Er hat die Macht des Todes gebrochen und die Auferstehung kundgetan. Darum preisen wir dich mit allen Engeln und Heiligen und singen vereint mit ihnen das Lob deiner Herrlichkeit:

Heilig, heilig, heilig
Gott, Herr aller Mächte und Gewalten.
Erfüllt sind Himmel und Erde
von deiner Herrlichkeit.
Hosanna in der Höhe.

Hochgelobt sei,
der da kommt im Namen des Herrn.
Hosanna in der Höhe.

Oder:
Sanctus, Sanctus, Sanctus
Dóminus Deus Sábaoth.
Pleni sunt cæli et terra
glória tua.
Hosánna in excélsis.
Benedíctus
qui venit in nómine Dómini.
Hosánna in excélsis.

Bitte um Heiligung der Gaben

Ja, du bist heilig, großer Gott, du bist der Quell aller Heiligkeit.
Darum bitten wir dich:*

(Fortsetzung S. 393)

Hier kann an bestimmten Tagen das Festgeheimnis erwähnt werden.

An Sonntagen:
Darum kommen wir vor dein Angesicht und feiern in Gemeinschaft mit der ganzen Kirche den ersten Tag der Woche als den Tag, an dem Christus von den Toten erstanden ist. Durch ihn, den du zu deiner Rechten erhöht hast, bitten wir dich:*

Von Weihnachten bis Neujahr:
Darum kommen wir vor dein Angesicht und feiern in Gemeinschaft mit der ganzen Kirche (die hochheilige Nacht) den hochheiligen Tag, (in der) an dem Maria in unversehrter Jungfräulichkeit der Welt den Erlöser geboren hat. Durch ihn, unseren Retter und Herrn, bitten wir dich:*

An Erscheinung des Herrn:
Darum kommen wir vor dein Angesicht und feiern in Gemeinschaft mit der ganzen Kirche den hochheiligen Tag, an dem dein eingeborener Sohn, dir gleich in ewiger Herrlichkeit, als wahrer Mensch leibhaft und sichtbar erschienen ist. Durch ihn, unseren Erlöser und Heiland, bitten wir dich:*

In der Abendmahlsmesse des Gründonnerstages: S. 178 f.

Von der Osternacht bis zum Weißen Sonntag:
Darum kommen wir vor dein Angesicht und feiern in Gemeinschaft mit der ganzen Kirche das Hochfest der Auferstehung unseres Herrn Jesus Christus. Durch ihn, der zu deiner Rechten erhöht ist, bitten wir dich:*

An Christi Himmelfahrt:
Darum kommen wir vor dein Angesicht und feiern in Gemeinschaft mit der ganzen Kirche den Tag, an dem unser Herr Jesus Christus, dein eingeborener Sohn, unsere schwache, mit seiner Gottheit vereinte Menschennatur zu deiner Rechten erhoben hat. Durch ihn bitten wir dich:*

Am Pfingsttag:
Darum kommen wir vor dein Angesicht und feiern in Gemeinschaft mit der ganzen Kirche das hohe Pfingstfest, an dem der Heilige Geist in Feuerzungen auf die Jünger herabkam. Und wir bitten dich:*

Am eigenen Kirchweihfest:
Darum kommen wir vor dein Angesicht und feiern in Gemeinschaft mit der ganzen Kirche den Weihetag dieses Hauses, an dem du es zu eigen genommen und mit deiner Gegenwart erfüllt hast. Durch Christus, den Herrn und das Haupt der Kirche, bitten wir dich:*

An Lichtmess (2. Februar):
Darum kommen wir vor dein Angesicht und feiern in Gemeinschaft mit der ganzen Kirche den Tag, an dem dein eingeborener Sohn im Tempel dargestellt wurde. Durch ihn, das Licht von deinem Licht, bitten wir dich:*

An Verkündigung des Herrn (25. März):
Darum kommen wir vor dein Angesicht und feiern in Gemeinschaft mit der ganzen Kirche den Tag, an dem Maria deinen ewigen Sohn durch den Heiligen Geist empfangen hat. Durch ihn, der zu unserem Heil Mensch geworden ist, bitten wir dich:*

An Johannes' Geburt (24. Juni):

Darum kommen wir vor dein Angesicht und feiern in Gemeinschaft mit der ganzen Kirche den Tag, an dem Johannes geboren wurde, der Christus voranging, um ihm den Weg zu bereiten, dem Erlöser der Welt. Durch ihn, der nach Johannes kam und doch vor ihm war, bitten wir dich:*

An Mariä Himmelfahrt (15. August):

Darum kommen wir vor dein Angesicht und feiern in Gemeinschaft mit der ganzen Kirche den Tag, an dem die jungfräuliche Gottesmutter in den Himmel aufgenommen wurde von unserem Herrn Jesus Christus. Durch ihn, den Urheber und Vollender unseres Glaubens, bitten wir dich:*

An Mariä Geburt (8. September):

Darum kommen wir vor dein Angesicht und feiern in Gemeinschaft mit der ganzen Kirche den Tag, an dem Maria geboren wurde, die von Ewigkeit her auserwählte Mutter des Erlösers. Durch ihn, unseren Heiland, bitten wir dich:*

An Allerheiligen (1. November):

Darum kommen wir vor dein Angesicht und feiern in Gemeinschaft mit der ganzen Kirche den Tag, der dem Gedächtnis aller Heiligen geweiht ist, die im Leben Christus nachfolgten und im Sterben von ihm die Krone der Herrlichkeit empfingen. Durch ihn, den Urheber und Vollender unseres Glaubens, bitten wir dich:*

An Mariä Empfängnis (8. Dezember):

Darum kommen wir vor dein Angesicht und feiern in Gemeinschaft mit der ganzen Kirche den Tag, an dem Maria ohne Erbschuld empfangen wurde, da sie auserwählt war, die Mutter des Erlösers zu werden. Durch ihn, der unsere Sünden hinwegnimmt, bitten wir dich:*

*Sende deinen Geist auf diese Gaben herab und heilige sie, damit sie uns werden Leib + und Blut deines Sohnes, unseres Herrn Jesus Christus.

Einsetzungsbericht – Wandlung

Denn am Abend, an dem er ausgeliefert wurde und sich aus freiem Willen dem Leiden unterwarf, nahm er das Brot und sagte Dank, brach es, reichte es seinen Jüngern und sprach:
Nehmet und esset alle davon:
Das ist mein Leib,
der für euch hingegeben wird.

Ebenso nahm er nach dem Mahl den Kelch, dankte wiederum, reichte ihn seinen Jüngern und sprach:
Nehmet und trinket alle daraus:
Das ist der Kelch
des neuen und ewigen Bundes,
mein Blut, das für euch
und für alle vergossen wird
zur Vergebung der Sünden.
Tut dies zu meinem Gedächtnis.

D (P):
Geheimnis des Glaubens.

Zuruf der Gemeinde
Deinen Tod, o Herr, verkünden wir,
und deine Auferstehung preisen wir,
bis du kommst in Herrlichkeit.

Oder:
Mystérium fídei.
Mortem tuam annuntiámus, Dómine,
et tuam resurrectiónem confitémur,
donec vénias.

Gedächtnis – Darbringung – Dank und Bitte

Darum, gütiger Vater, feiern wir das Gedächtnis des Todes und der Auferstehung deines Sohnes und bringen dir so das Brot des Lebens und den Kelch des Heiles dar. Wir danken dir, dass du uns berufen hast, vor dir zu stehen und dir zu dienen.

Wir bitten dich: Schenke uns Anteil an Christi Leib und Blut und lass uns eins werden durch den Heiligen Geist.

Fürbitten für die Kirche und ihre Hirten

Gedenke deiner Kirche auf der ganzen Erde und vollende dein Volk in der Liebe, vereint mit unserem Papst N., unserem Bischof N. und allen Bischöfen, unseren Priestern und Diakonen und mit allen die zum Dienst in der Kirche bestellt sind.

An bestimmten Tagen und bei verschiedenen Anlässen kann hier eine besondere Bitte angefügt werden.

Von der Osternacht bis zum Weißen Sonntag:
Gedenke auch jener, die an diesem Osterfest aus dem Wasser und dem Heiligen Geist zum neuen Leben geboren wurden, denen du alle Sünden vergeben hast.

Bei einer Brautmesse:
Gedenke auch der Neuvermählten N. und N. Du hast sie zusammengeführt und ihren Bund gesegnet. Darum erhalte sie bis ins hohe Alter in Glück und Frieden (und schenke ihnen die Kinder, die sie von deiner Güte erhoffen).

Für die Verstorbenen

In Messen für Verstorbene:

Erbarme dich unseres Bruders N. (unserer Schwester N.), den (die) du aus dieser Welt zu dir gerufen hast. Durch die Taufe gehört er (sie) Christus an, ihm ist er (sie) gleich geworden im Tod: lass ihn (sie) mit Christus zum Leben auferstehen.

Gedenke (aller) unserer Brüder und Schwestern, die entschlafen sind in der Hoffnung, dass sie auferstehen. Nimm sie und alle, die in deiner Gnade aus dieser Welt geschieden sind, in dein Reich auf, wo sie dich schauen von Angesicht zu Angesicht.

Für alle

Vater, erbarme dich über uns alle, damit uns das ewige Leben zuteil wird in der Gemeinschaft mit der seligen Jungfrau und Gottesmutter Maria, mit deinen Aposteln und mit allen, die bei dir Gnade gefunden haben von Anbeginn der Welt, dass wir dich loben und preisen durch deinen Sohn Jesus Christus.

Abschließender Lobpreis

Durch ihn und mit ihm und in ihm
ist dir, Gott, allmächtiger Vater,
in der Einheit des Heiligen Geistes
alle Herrlichkeit und Ehre
jetzt und in Ewigkeit.
Alle: **Amen.**

Fortsetzung S. 407

DRITTES HOCHGEBET

Lobpreis

Ja, du bist heilig, großer Gott, und alle deine Werke verkünden dein Lob. Denn durch deinen Sohn, unseren Herrn Jesus Christus, und in der Kraft des Heiligen Geistes erfüllst du die ganze Schöpfung mit Leben und Gnade. Bis ans Ende der Zeiten versammelst du dir ein Volk, damit deinem Namen das reine Opfer dargebracht werde vom Aufgang der Sonne bis zum Untergang.

Die Feier der Gemeindemesse – Drittes Hochgebet

Bitte um Heiligung der Gaben
Darum bitten wir dich, allmächtiger Gott:*

(Fortsetzung S. 399)

Hier kann an bestimmten Tagen das Festgeheimnis erwähnt werden.

An Sonntagen:
Darum kommen wir vor dein Angesicht und feiern in Gemeinschaft mit der ganzen Kirche den ersten Tag der Woche als den Tag, an dem Christus von den Toten erstanden ist. Durch ihn, den du zu deiner Rechten erhöht hast, bitten wir dich, allmächtiger Gott:*

Von Weihnachten bis Neujahr:
Darum kommen wir vor dein Angesicht und feiern in Gemeinschaft mit der ganzen Kirche (die hochheilige Nacht) den hochheiligen Tag, (in der) an dem Maria in unversehrter Jungfräulichkeit der Welt den Erlöser geboren hat. Durch ihn, unseren Retter und Herrn, bitten wir dich, allmächtiger Gott:*

An Erscheinung des Herrn:
Darum kommen wir vor dein Angesicht und feiern in Gemeinschaft mit der ganzen Kirche den hochheiligen Tag, an dem dein eingeborener Sohn, dir gleich in ewiger Herrlichkeit, als wahrer Mensch leibhaft und sichtbar erschienen ist. Durch ihn, unseren Erlöser und Heiland, bitten wir dich, allmächtiger Gott:*

In der Abendmahlsmesse des Gründonnerstages: S. 179

Von der Osternacht bis zum Weißen Sonntag:
Darum kommen wir vor dein Angesicht und feiern in Gemeinschaft mit der ganzen Kirche das Hochfest der Auferstehung unseres Herrn Jesus Christus. Durch ihn, der zu deiner Rechten erhöht ist, bitten wir dich, allmächtiger Gott:*

An Christi Himmelfahrt:
Darum kommen wir vor dein Angesicht und feiern in Gemeinschaft mit der ganzen Kirche den Tag, an dem unser Herr Jesus Christus, dein eingeborener Sohn, unsere schwache, mit seiner Gottheit vereinte Menschennatur zu deiner Rechten erhoben hat. Durch ihn bitten wir dich, allmächtiger Gott:*

Am Pfingsttag:
Darum kommen wir vor dein Angesicht und feiern in Gemeinschaft mit der ganzen Kirche das hohe Pfingstfest, an dem der Heilige Geist in Feuerzungen auf die Jünger herabkam. Und wir bitten dich, allmächtiger Gott:*

Am eigenen Kirchweihfest:
Darum kommen wir vor dein Angesicht und feiern in Gemeinschaft mit der ganzen Kirche den Weihetag dieses Hauses, an dem du es zu eigen genommen und mit deiner Gegenwart erfüllt hast. Durch Christus, den Herrn und das Haupt der Kirche, bitten wir dich, allmächtiger Gott:*

An Lichtmess (2. Februar):
Darum kommen wir vor dein Angesicht und feiern in Gemeinschaft mit der ganzen Kirche den Tag, an dem dein eingeborener Sohn im Tempel dargestellt wurde. Durch ihn, das Licht von deinem Licht, bitten wir dich, allmächtiger Gott:*

An Verkündigung des Herrn (25. März):
Darum kommen wir vor dein Angesicht und feiern in Gemeinschaft mit der ganzen Kirche den Tag, an dem Maria deinen ewigen Sohn durch den Heiligen Geist empfangen hat. Durch ihn, der zu unserem Heil Mensch geworden ist, bitten wir dich, allmächtiger Gott:*

An Johannes' Geburt (24. Juni):
Darum kommen wir vor dein Angesicht und feiern in Gemeinschaft mit der ganzen Kirche den Tag, an dem Johannes geboren wurde, der Christus voranging, um ihm den Weg zu bereiten, dem Erlöser der Welt. Durch ihn, der nach Johannes kam und doch vor ihm war, bitten wir dich, allmächtiger Gott:*

An Mariä Himmelfahrt (15. August):

Darum kommen wir vor dein Angesicht und feiern in Gemeinschaft mit der ganzen Kirche den Tag, an dem die jungfräuliche Gottesmutter in den Himmel aufgenommen wurde von unserem Herrn Jesus Christus. Durch ihn, den Urheber und Vollender unseres Glaubens, bitten wir dich, allmächtiger Gott:*

An Mariä Geburt (8. September):

Darum kommen wir vor dein Angesicht und feiern in Gemeinschaft mit der ganzen Kirche den Tag, an dem Maria geboren wurde, die von Ewigkeit her auserwählte Mutter des Erlösers. Durch ihn, unseren Heiland, bitten wir dich, allmächtiger Gott:*

An Allerheiligen (1. November):

Darum kommen wir vor dein Angesicht und feiern in Gemeinschaft mit der ganzen Kirche den Tag, der dem Gedächtnis aller Heiligen geweiht ist, die im Leben Christus nachfolgten und im Sterben von ihm die Krone der Herrlichkeit empfingen. Durch ihn, den Urheber und Vollender unseres Glaubens, bitten wir dich, allmächtiger Gott:*

An Mariä Empfängnis (8. Dezember):

Darum kommen wir vor dein Angesicht und feiern in Gemeinschaft mit der ganzen Kirche den Tag, an dem Maria ohne Erbschuld empfangen wurde, da sie auserwählt war, die Mutter des Erlösers zu werden. Durch ihn, der unsere Sünden hinwegnimmt, bitten wir dich, allmächtiger Gott:*

*Heilige unsere Gaben durch deinen Geist, damit sie uns werden Leib ✛ und Blut deines Sohnes, unseres Herrn Jesus Christus, der uns aufgetragen hat, dieses Geheimnis zu feiern.

Einsetzungsbericht – Wandlung

Denn in der Nacht, da er verraten wurde, nahm er das Brot und sagte Dank, brach es, reichte es seinen Jüngern und sprach:
Nehmet und esset alle davon:
Das ist mein Leib,
der für euch hingegeben wird.
Ebenso nahm er nach dem Mahl den Kelch, dankte wiederum, reichte ihn seinen Jüngern und sprach:
Nehmet und trinket alle daraus:
Das ist der Kelch
des neuen und ewigen Bundes,
mein Blut, das für euch
und für alle vergossen wird
zur Vergebung der Sünden.
Tut dies zu meinem Gedächtnis.

D (P):
Geheimnis des Glaubens.

Zuruf der Gemeinde
Deinen Tod, o Herr, verkünden wir,
und deine Auferstehung preisen wir,
bis du kommst in Herrlichkeit.

Oder:
Mystérium fídei.
Mortem tuam annuntiámus, Dómine,
et tuam resurrectiónem confitémur,
donec vénias.

Gedächtnis – Darbringung – Bitte

Darum, gütiger Vater, feiern wir das Gedächtnis deines Sohnes. Wir verkünden sein heilbringendes Leiden, seine glorreiche Auferstehung und Himmelfahrt und erwarten seine Wiederkunft. So bringen wir dir mit Lob und Dank dieses heilige und lebendige Opfer dar.

Schau gütig auf die Gabe deiner Kirche. Denn sie stellt dir das Lamm vor Augen, das geopfert wurde und uns nach deinem Willen mit dir versöhnt hat. Stärke uns durch den Leib und das Blut deines Sohnes und erfülle uns mit seinem Heiligen Geist, damit wir ein Leib und ein Geist werden in Christus.

Er mache uns auf immer zu einer Gabe, die dir wohlgefällt, damit wir das verheißene Erbe erlangen mit deinen Auserwählten, mit der seligen Jungfrau und Gottesmutter Maria, mit deinen Aposteln und Märtyrern (mit dem – der – heiligen N.: Tagesheiliger oder Patron) und mit allen Heiligen, auf deren Fürsprache wir vertrauen.

Fürbitten für die Welt, die Kirche und ihre Hirten

Barmherziger Gott, wir bitten dich: Dieses Opfer unserer Versöhnung bringe der ganzen Welt Frieden und Heil. Beschütze deine Kirche auf ihrem Weg durch die Zeit und stärke sie im Glauben und in der Liebe: deinen Diener, unseren Papst N., unseren Bischof N. und die Gemeinschaft der Bischöfe, unsere Priester und Diakone, alle, die zum Dienst in der Kirche bestellt sind, und das ganze Volk deiner Erlösten.

Von der Osternacht bis zum Weißen Sonntag, S. 395
Bei einer Brautmesse, S. 395

Für die anwesende Gemeinde und für alle

Erhöre, gütiger Vater, die Gebete der hier versammelten Gemeinde und führe zu dir auch alle deine Söhne und Töchter, die noch fern sind von dir.

Für die Verstorbenen

In einer Messe für bestimmte Verstorbene:

Erbarme dich unseres Bruders N. (unserer Schwester N.), den (die) du aus dieser Welt zu dir gerufen hast. Durch die Taufe gehört er (sie) Christus an, ihm ist er (sie) gleichgeworden im Tod: gib ihm (ihr) auch Anteil an der Auferstehung, wenn Christus die Toten auferweckt und unseren irdischen Leib seinem verklärten Leib ähnlich macht.

Erbarme dich (aller) unserer verstorbenen Brüder und Schwestern und aller, die in deiner Gnade aus dieser Welt geschieden sind. Nimm sie auf in deine Herrlichkeit. Und mit ihnen lass auch uns, wie du verheißen hast, zu Tische sitzen in deinem Reich.

In einer Messe für bestimmte Verstorbene:

Dann wirst du alle Tränen trocknen. Wir werden dich, unseren Gott, schauen, wie du bist, dir ähnlich sein auf ewig und dein Lob singen ohne Ende.

Darum bitten wir dich durch unseren Herrn Jesus Christus. Denn durch ihn schenkst du der Welt alle guten Gaben.

Abschließender Lobpreis

Durch ihn und mit ihm und in ihm
ist dir, Gott, allmächtiger Vater,
in der Einheit des Heiligen Geistes
alle Herrlichkeit und Ehre
jetzt und in Ewigkeit.
Alle: Amen.

Fortsetzung S. 407

VIERTES HOCHGEBET

P: Der Herr sei mit euch.
A: Und mit deinem Geiste.
P: Erhebet die Herzen.
A: Wir haben sie beim Herrn.
P: Lasset uns danken dem Herrn, unserm Gott.
A: Das ist würdig und recht.

Oder:
P: Dóminus vobíscum.
A: Et cum spíritu tuo.
P: Sursum corda.
A: Habémus ad Dóminum.
P: Grátias agámus Dómino Deo nostro.
A: Dignum et iustum est.

In Wahrheit ist es würdig, dir zu danken, heiliger Vater. Es ist recht, dich zu preisen. Denn du allein bist der lebendige und wahre Gott. Du bist vor den Zeiten und lebst in Ewigkeit. Du wohnst in unzugänglichem Lichte. Alles hast du erschaffen, denn du bist die Liebe und der Ursprung des Lebens. Du erfüllst deine Geschöpfe mit Segen und erfreust sie alle mit dem Glanz deines Lichtes. Vor dir stehen die Scharen der Engel und schauen dein Angesicht. Sie dienen dir Tag und Nacht, nie endet ihr Lobgesang. Mit ihnen preisen auch wir deinen Namen, durch unseren Mund rühmen dich alle Geschöpfe und künden voll Freude das Lob deiner Herrlichkeit:

Heilig, heilig, heilig
Gott, Herr aller Mächte und Gewalten.
Erfüllt sind Himmel und Erde
von deiner Herrlichkeit.
Hosanna in der Höhe.
Hochgelobt sei,
der da kommt im Namen des Herrn.
Hosanna in der Höhe.

Oder:
**Sanctus, Sanctus, Sanctus
Dóminus Deus Sábaoth.
Pleni sunt cæli et terra
glória tua.
Hosánna in excélsis.
Benedíctus
qui venit in nómine Dómini.
Hosánna in excélsis.**

Dank für das Werk der Schöpfung und der Erlösung

Wir preisen dich, heiliger Vater, denn groß bist du, und alle deine Werke künden deine Weisheit und Liebe.

Den Menschen hast du nach deinem Bild geschaffen und ihm die Sorge für die ganze Welt anvertraut. Über alle Geschöpfe sollte er herrschen und allein dir, seinem Schöpfer, dienen.

Als er im Ungehorsam deine Freundschaft verlor und der Macht des Todes verfiel, hast du ihn dennoch nicht verlassen, sondern voll Erbarmen allen geholfen, dich zu suchen und zu finden.

Immer wieder hast du den Menschen deinen Bund angeboten und sie durch die Propheten gelehrt, das Heil zu erwarten.

So sehr hast du die Welt geliebt, heiliger Vater, dass du deinen eingeborenen Sohn als Retter gesandt hast, nachdem die Fülle der Zeiten gekommen war. Er ist Mensch geworden durch den Heiligen Geist, geboren von der Jungfrau Maria. Er hat wie wir als Mensch gelebt, in allem uns gleich außer der Sünde.

Den Armen verkündete er die Botschaft vom Heil, den Gefangenen Freiheit, den Trauernden Freude.

Um deinen Ratschluss zu erfüllen, hat er sich dem Tod überliefert, durch seine Auferstehung den Tod bezwungen und das Leben neu geschaffen.

Damit wir nicht mehr uns selber leben, sondern ihm, der für uns gestorben und auferstanden ist, hat er von dir, Vater, als erste Gabe für alle, die glauben, den Heiligen Geist gesandt, der das Werk deines Sohnes auf Erden weiterführt und alle Heiligung vollendet.

Bitte um Heiligung der Gaben
So bitten wir dich, Vater: der Geist heilige diese Gaben, damit sie uns werden Leib + und Blut unseres Herrn Jesus Christus, der uns die Feier dieses Geheimnisses aufgetragen hat als Zeichen des ewigen Bundes.

Einsetzungsbericht – Wandlung
Da er die Seinen liebte, die in der Welt waren, liebte er sie bis zur Vollendung. Und als die Stunde kam, da er von dir verherrlicht werden sollte, nahm er beim Mahl das Brot und sagte Dank, brach das Brot, reichte es seinen Jüngern und sprach:
Nehmet und esset alle davon:
Das ist mein Leib,
der für euch hingegeben wird.
Ebenso nahm er den Kelch mit Wein, dankte wiederum, reichte den Kelch seinen Jüngern und sprach:
Nehmet und trinket alle daraus:
Das ist der Kelch
des neuen und ewigen Bundes,
mein Blut, das für euch
und für alle vergossen wird
zur Vergebung der Sünden.
Tut dies zu meinem Gedächtnis.

D (P):
Geheimnis des Glaubens.

Zuruf der Gemeinde
Deinen Tod, o Herr, verkünden wir,
und deine Auferstehung preisen wir,
bis du kommst in Herrlichkeit.

Oder:
Mystérium fídei.
Mortem tuam annuntiámus, Dómine,
et tuam resurrectiónem confitémur,
donec vénias.

Gedächtnis – Darbringung – Bitte

Darum, gütiger Vater, feiern wir das Gedächtnis unserer Erlösung. Wir verkünden den Tod deines Sohnes und sein Hinabsteigen zu den Vätern, bekennen seine Auferstehung und Himmelfahrt und erwarten sein Kommen in Herrlichkeit. So bringen wir dir seinen Leib und sein Blut dar, das Opfer, das dir wohlgefällt und der ganzen Welt Heil bringt.

Sieh her auf die Opfergabe, die du selber deiner Kirche bereitet hast, und gib, dass alle, die Anteil erhalten an dem einen Brot und dem einen Kelch, ein Leib werden im Heiligen Geist, eine lebendige Opfergabe in Christus zum Lob deiner Herrlichkeit.

Fürbitten für die Kirche und ihre Hirten,
für die anwesende Gemeinde und für alle

Herr, gedenke aller, für deren Heil wir das Opfer darbringen. Wir bitten dich für unseren Papst N., unseren Bischof N. und die Gemeinschaft der Bischöfe, für unsere Priester und Diakone und für alle, die zum Dienst in der Kirche bestellt sind, für alle, die ihre Gaben spenden, für die hier versammelte Gemeinde, für dein ganzes Volk und für alle Menschen, die mit lauterem Herzen dich suchen.

Für die Verstorbenen

Wir empfehlen dir auch jene, die im Frieden Christi heimgegangen sind, und alle Verstorbenen, um deren Glauben niemand weiß als du. Gütiger Vater, gedenke, dass wir deine Kinder sind, und schenke uns allen das Erbe des Himmels in Gemeinschaft mit der seligen Jungfrau und Gottesmutter Maria, mit deinen Aposteln und mit allen Heiligen. Und wenn die ganze Schöpfung von der Verderbnis der Sünde und des Todes befreit ist, lass uns zusammen mit ihr dich verherrlichen in deinem Reich durch unseren Herrn Jesus Christus. Denn durch ihn schenkst du der Welt alle guten Gaben.

Abschließender Lobpreis

Durch ihn und mit ihm und in ihm
ist dir, Gott, allmächtiger Vater,
in der Einheit des Heiligen Geistes
alle Herrlichkeit und Ehre
jetzt und in Ewigkeit.
Alle: Amen.

Kommunion

GEBET DES HERRN

Dem Wort unseres Herrn und Erlösers gehorsam und getreu seiner göttlichen Weisung wagen wir zu sprechen:

Oder:
Lasset uns beten, wie der Herr uns zu beten gelehrt hat:

Oder:
Wir heißen Kinder Gottes und sind es. Darum beten wir voll Vertrauen:

Oder:
Wir haben den Geist empfangen, der uns zu Kindern Gottes macht. Darum wagen wir zu sprechen:

Oder eine andere geeignete Einladung. Diese kann auch der Zeit des Kirchenjahres angepasst werden.

A: Vater unser im Himmel,
Geheiligt werde dein Name.
Dein Reich komme.
Dein Wille geschehe, wie im Himmel so auf Erden.
Unser tägliches Brot gib uns heute.
Und vergib uns unsere Schuld,
wie auch wir vergeben unsern Schuldigern.
Und führe uns nicht in Versuchung,
sondern erlöse uns von dem Bösen.

Oder:
Pater noster, qui es in cælis:
sanctificétur nomen tuum;
advéniat regnum tuum;
fiat volúntas tua, sicut in cælo, et in terra.
Panem nostrum cotidiánum da nobis hódie;
et dimítte nobis débita nostra,
sicut et nos dimíttimus debitóribus nostris;
et ne nos indúcas in tentatiónem;
sed líbera nos a malo.

P: Erlöse uns, Herr, allmächtiger Vater, von allem Bösen und gib Frieden in unseren Tagen. Komm uns zu Hilfe mit deinem Erbarmen und bewahre uns vor Verwirrung und Sünde, damit wir voll Zuversicht das Kommen unseres Erlösers Jesus Christus erwarten.
A: Denn dein ist das Reich und die Kraft
und die Herrlichkeit in Ewigkeit. Amen.

Oder:
Quia tuum est regnum, et potéstas,
et glória in sæcula.

FRIEDENSGEBET

Der Priester lädt nun mit folgenden oder ähnlichen Worten zum Friedensgebet ein:

Der Herr hat zu seinen Aposteln gesagt:
Frieden hinterlasse ich euch,
meinen Frieden gebe ich euch.
Deshalb bitten wir:
Herr Jesus Christus, schau nicht auf unsere Sünden,
sondern auf den Glauben deiner Kirche
und schenke ihr nach deinem Willen
Einheit und Frieden.

Gebetseinladung und Christusanrede können der Zeit des Kirchenjahres oder dem Anlass angepasst werden. Etwa:

In der Weihnachtszeit:
Als Christus geboren wurde,
verkündeten Engel den Frieden auf Erden.
Deshalb bitten wir:
Herr Jesus Christus, starker Gott, Friedensfürst,*

In der Fastenzeit:
Christus ist unser Friede und unsere Versöhnung.
Deshalb bitten wir:
Herr Jesus Christus,*

In der Osterzeit:
Am Ostertag trat Jesus in die Mitte seiner Jünger
und sprach den Friedensgruß.
Deshalb bitten wir:
Herr Jesus Christus, du Sieger über Sünde und Tod,*

An Pfingsten:
Unser Herr Jesus Christus hat den Heiligen Geist gesandt,
damit er die Kirche aus allen Völkern
in Einheit und Liebe zusammenfüge.
Deshalb bitten wir:

Herr Jesus Christus,*

*schau nicht auf unsere Sünden,
sondern auf den Glauben deiner Kirche
und schenke ihr nach deinem Willen
Einheit und Frieden.

Der Gemeinde zugewandt breitet der Priester die Hände aus und singt oder spricht:
Der Friede des Herrn sei allezeit mit euch.

Die Gemeinde antwortet:
Und mit deinem Geiste.

(Priester oder Diakon:
Gebt einander ein Zeichen des Friedens und der Versöhnung.)

BRECHUNG DES BROTES

Der Priester bricht die Hostie in mehrere Teile zum Zeichen, dass alle an dem einen Leib Christi teilhaben. Ein kleines Fragment der Hostie senkt er in den Kelch. Dabei spricht er leise:

**Das Sakrament des Leibes und Blutes Christi
schenke uns ewiges Leben.**

Inzwischen wird der Gesang zur Brotbrechung (Agnus Dei) gesungen bzw. gesprochen:
Lamm Gottes,
du nimmst hinweg die Sünde der Welt:
erbarme dich unser.

Lamm Gottes,
du nimmst hinweg die Sünde der Welt:
erbarme dich unser.

Lamm Gottes,
du nimmst hinweg die Sünde der Welt:
gib uns deinen Frieden.

EINLADUNG ZUR KOMMUNION

Der Priester hält ein Stück der Hostie über der Schale und spricht, zur Gemeinde gewandt, laut:

Seht das Lamm Gottes, das hinwegnimmt die Sünde der Welt.

Gemeinsam mit der Gemeinde spricht er einmal:

Herr, ich bin nicht würdig, dass du eingehst unter mein Dach, aber sprich nur ein Wort, so wird meine Seele gesund.

Der Priester kann hinzufügen:

Selig, die zum Hochzeitsmahl des Lammes geladen sind.

Oder:

Kostet und seht, wie gut der Herr ist.

Oder:

Wer von diesem Brot isst, wird in Ewigkeit leben.

Oder einen Kommunionvers aus dem Messbuch.

KOMMUNIONSPENDUNG

Kommunion des Priesters:

Der Leib Christi schenke mir das ewige Leben.
Das Blut Christi schenke mir das ewige Leben.

Kommunion der Gläubigen
Der Priester zeigt dem, der die Kommunion empfängt, die Hostie, indem er sagt:

Der Leib Christi.

Der Kommunikant antwortet:
Amen.

Wird die Kommunion unter beiden Gestalten gereicht, so sagt der Kommunionspender beim Reichen des Kelches:

Das Blut Christi.

Der Kommunikant antwortet:
Amen.

Oder:
Agnus Dei,
qui tollis peccáta mundi:
miserére nobis.
Agnus Dei,
qui tollis peccáta mundi:
miserére nobis.
Agnus Dei,
qui tollis peccáta mundi:
dona nobis pacem.

Es kann auch ein Agnus-Dei-Lied gesungen werden.

STILLES GEBET VOR DER KOMMUNION

Der Priester spricht leise:

Herr Jesus Christus, Sohn des lebendigen Gottes,
dem Willen des Vaters gehorsam,
hast du im Heiligen Geist durch deinen Tod
der Welt das Leben geschenkt.
Erlöse mich durch deinen Leib und dein Blut
von allen Sünden und allem Bösen.
Hilf mir, dass ich deine Gebote treu erfülle,
und lass nicht zu,
dass ich jemals von dir getrennt werde.

Oder:

Herr Jesus Christus,
der Empfang deines Leibes und Blutes
bringe mir nicht Gericht und Verdammnis,
sondern Segen und Heil.

KOMMUNIONVERS

Während oder nach der Kommunion: Kommunionvers oder ein entsprechendes Lied.

Nach der Kommunionausteilung betet der Priester still:

Was wir mit dem Munde empfangen haben, Herr, das lass uns mit reinem Herzen aufnehmen, und diese zeitliche Speise werde uns zur Arznei der Unsterblichkeit.

BESINNUNG UND DANK

Nach der Kommunionausteilung kann der Priester an seinen Sitz zurückkehren. Auch kann man einige Zeit in stillem Gebet verweilen. Es empfiehlt sich, einen Dankpsalm oder ein Loblied zu singen.

SCHLUSSGEBET

Der Priester singt oder spricht das Schlussgebet.
Die Gemeinde beschließt das Gebet mit dem Ruf:
Amen.

ENTLASSUNG

Wenn noch kurze Verlautbarungen für die Gemeinde zu machen sind, werden sie hier eingefügt. Darauf folgt die Entlassung:

- P: **Der Herr sei mit euch.**
- A: **Und mit deinem Geiste.**
- P: **Es segne euch der allmächtige Gott, der Vater und der Sohn + und der Heilige Geist.**
- A: **Amen.**

Oder:
- P: **Dóminus vobíscum.**
- A: **Et cum spíritu tuo.**
- P: **Benedícat vos omnípotens Deus, Pater, et Fílius, + et Spíritus Sanctus.**
- A: **Amen.**

Statt des einfachen Segens kann der Priester eine feierliche Segensformel oder das Gebet über die Gläubigen sprechen.

414 Die Feier der Gemeindemesse – Entlassung

Dann singt oder spricht der Diakon (oder der Priester selbst):
Gehet hin in Frieden.

Die Gemeinde:
Dank sei Gott, dem Herrn.

In der Osterwoche bis zum Weißen Sonntag:
Gehet hin in Frieden. Halleluja, halleluja.
Dank sei Gott, dem Herrn. Halleluja, halleluja.

Das doppelte Halleluja kann in der ganzen Osterzeit hinzugefügt werden.

Folgt unmittelbar auf die Messfeier eine andere liturgische Feier, so endet die Messfeier mit dem Schlussgebet, ohne den Schlusssegen und die Entlassung.

PRÄFATIONEN

Präfation vom Advent I

Das zweimalige Kommen Christi

In Wahrheit ist es würdig und recht, dir, allmächtiger Vater, zu danken durch unseren Herrn Jesus Christus. Denn in seinem ersten Kommen hat er sich entäußert und ist Mensch geworden. So hat er die alte Verheißung erfüllt und den Weg des Heiles erschlossen. Wenn er wiederkommt im Glanz seiner Herrlichkeit, werden wir sichtbar empfangen, was wir jetzt mit wachem Herzen gläubig erwarten. Darum preisen wir dich mit allen Engeln und Heiligen und singen vereint mit ihnen das Lob deiner Herrlichkeit: Heilig ...

Präfation vom Advent II

Das Warten auf den Herrn einst und heute

In Wahrheit ist es würdig und recht, dir, Herr, heiliger Vater, allmächtiger, ewiger Gott, immer und überall zu danken durch unseren Herrn Jesus Christus. Von ihm redet die Botschaft aller Propheten, die jungfräuliche Mutter trug ihn voll Liebe in ihrem Schoß, seine Ankunft verkündete Johannes der Täufer und zeigte auf ihn, der unerkannt mitten unter den Menschen war. Er schenkt uns in diesen Tagen die Freude, uns für das Fest seiner Geburt zu bereiten, damit wir ihn wachend und betend erwarten und bei seinem Kommen mit Liedern des Lobes empfangen. Darum singen wir mit den Engeln und Erzengeln, den Thronen und Mächten und mit all den Scharen des himmlischen Heeres den Hochgesang von deiner göttlichen Herrlichkeit: Heilig ...

Weitere Präfationen für die Adventszeit
(für den deutschen Sprachraum)

Präfation vom Advent III

Die Geschenke des kommenden Herrn

Wir danken dir, Vater im Himmel, und rühmen dich durch unseren Herrn Jesus Christus. Ihn hast du der verlorenen Menschheit als

Erlöser verheißen. Seine Wahrheit leuchtet den Suchenden, seine Kraft stärkt die Schwachen, seine Heiligkeit bringt den Sündern Vergebung. Denn er ist der Heiland der Welt, den du gesandt hast, weil du getreu bist. Darum preisen wir dich mit den Kerubim und Serafim und singen mit allen Chören der Engel das Lob deiner Herrlichkeit: Heilig ...

Präfation vom Advent IV

Adams Sünde und Christi Gnade

In Wahrheit ist es würdig und recht, dir, Herr, heiliger Vater, allmächtiger, ewiger Gott, immer und überall zu danken und dein Erbarmen zu preisen. Denn was durch Adams Sünde verlorenging, bringt uns Christus zurück, unser Retter und Heiland. Was du durch sein erstes Kommen begonnen hast, wirst du bei seiner Wiederkunft an uns vollenden. Darum dienen dir alle Geschöpfe, ehren dich die Erlösten, rühmt dich die Schar deiner Heiligen. Auch wir preisen dich mit den Chören der Engel und singen vereint mit ihnen das Lob deiner Herrlichkeit: Heilig ...

Präfation vom Advent V

Der Herr ist nahe

In Wahrheit ist es würdig und recht, dir, Vater im Himmel, zu danken und dein Erbarmen zu preisen. Denn schon leuchtet auf der Tag der Erlösung, und nahe ist die Zeit unsres Heiles, da der Retter kommt, unser Herr Jesus Christus. Durch ihn rühmen wir das Werk deiner Liebe und vereinen uns mit den Chören der Engel zum Hochgesang von deiner göttlichen Herrlichkeit: Heilig ...

Präfation von Weihnachten I

Christus, das Licht

In Wahrheit ist es würdig und recht, dir, Herr, heiliger Vater, allmächtiger, ewiger Gott, immer und überall zu danken. Denn Fleisch geworden ist das Wort, und in diesem Geheimnis erstrahlt dem Auge unseres Geistes das neue Licht deiner Herrlichkeit. In der sichtbaren Gestalt des Erlösers lässt du uns den unsichtbaren Gott erkennen, um in uns die Liebe zu entflammen zu dem, was kein Auge geschaut hat. Darum singen wir mit den Engeln und Erzengeln, den Thronen und Mächten und mit all den Scharen des himmlischen Heeres den Hochgesang von deiner göttlichen Herrlichkeit: Heilig ...

Präfation von Weihnachten II
Die Erneuerung der Welt durch den menschgewordenen Sohn Gottes

In Wahrheit ist es würdig und recht, dir, Vater im Himmel, zu danken durch unseren Herrn Jesus Christus. Denn groß ist das Geheimnis seiner Geburt: Er, der unsichtbare Gott, ist (heute) sichtbar als Mensch erschienen. Vor aller Zeit aus dir geboren, hat er sich den Gesetzen der Zeit unterworfen. In ihm ist alles neu geschaffen. Er heilt die Wunden der ganzen Schöpfung, richtet auf, was darniederliegt, und ruft den verlorenen Menschen ins Reich deines Friedens. Darum rühmen dich Himmel und Erde, Engel und Menschen und singen das Lob deiner Herrlichkeit: Heilig ...

Präfation von Weihnachten III
Der wunderbare Tausch

In Wahrheit ist es würdig und recht, dir, allmächtiger Vater, zu danken und dein Erbarmen zu rühmen durch unseren Herrn Jesus Christus. Durch ihn schaffst du den Menschen neu und schenkst ihm ewige Ehre. Denn einen wunderbaren Tausch hast du vollzogen: dein göttliches Wort wurde ein sterblicher Mensch, und wir sterbliche Menschen empfangen in Christus dein göttliches Leben. Darum preisen wir dich mit allen Chören der Engel und singen vereint mit ihnen das Lob deiner Herrlichkeit: Heilig ...

Präfation von Erscheinung des Herrn
Christus als Licht der Völker

In Wahrheit ist es würdig und recht, dir, Herr, heiliger Vater, allmächtiger, ewiger Gott, immer und überall zu danken. Denn heute enthüllst du das Geheimnis unseres Heiles, heute offenbarst du das Licht der Völker, deinen Sohn Jesus Christus. Er ist als sterblicher Mensch auf Erden erschienen und hat uns neu geschaffen im Glanz seines göttlichen Lebens. Darum singen wir mit den Engeln und Erzengeln, den Thronen und Mächten und mit all den Scharen des himmlischen Heeres den Hochgesang von deiner göttlichen Herrlichkeit: Heilig ...

Präfation am Fest der Taufe des Herrn

Die Offenbarung des Geheimnisses Jesu am Jordan

In Wahrheit ist es würdig und recht, dir, Herr, allmächtiger Vater, zu danken und deine Größe zu preisen. Denn bei der Taufe im Jordan offenbarst du das Geheimnis deines Sohnes durch wunderbare Zeichen: Die Stimme vom Himmel verkündet ihn als deinen geliebten Sohn, der auf Erden erschienen ist, als dein ewiges Wort, das unter uns Menschen wohnt. Der Geist schwebt über ihm in Gestalt einer Taube und bezeugt ihn als deinen Knecht, den du gesalbt hast, den Armen die Botschaft der Freude zu bringen. Darum singen wir mit den Engeln und Erzengeln, den Thronen und Mächten und mit all den Scharen des himmlischen Heeres den Hochgesang von deiner göttlichen Herrlichkeit: Heilig ...

Präfation vom 1. Fastensonntag

Jesu Fasten und unsere Buße

In Wahrheit ist es würdig und recht, dir, Herr, heiliger Vater, allmächtiger, ewiger Gott, immer und überall zu danken durch unseren Herrn Jesus Christus. Denn er hat in der Wüste vierzig Tage gefastet und durch sein Beispiel diese Zeit der Buße geheiligt. Er macht die teuflische List des Versuchers zunichte und lässt uns die Bosheit des Feindes durchschauen. Er gibt uns die Kraft, den alten Sauerteig zu entfernen, damit wir Ostern halten mit lauterem Herzen und zum ewigen Ostern gelangen. Darum preisen wir dich mit den Kerubim und Serafim und singen mit allen Chören der Engel das Lob deiner Herrlichkeit: Heilig ...

Präfation vom 2. Fastensonntag

Die Botschaft vom Berg der Verklärung

In Wahrheit ist es würdig und recht, dir, Vater im Himmel, zu danken durch unsern Herrn Jesus Christus. Denn er hat den Jüngern seinen Tod vorausgesagt und ihnen auf dem heiligen Berg seine Herrlichkeit kundgetan. In seiner Verklärung erkennen wir, was Gesetz und Propheten bezeugen: dass wir durch das Leiden mit Christus zur Auferstehung gelangen. Durch ihn rühmen wir deine Größe und singen mit den Chören der Engel das Lob deiner Herrlichkeit: Heilig ...

Präfation vom 3. Fastensonntag

Jesus hat Verlangen nach unserem Glauben

In Wahrheit ist es würdig und recht, dir, Herr, heiliger Vater, allmächtiger, ewiger Gott, immer und überall zu danken durch unsern Herrn Jesus Christus. Er hatte der Samariterin schon die Gnade des Glaubens geschenkt, als er sie bat, ihm einen Trunk Wasser zu reichen. Nach ihrem Glauben dürstete ihn mehr als nach dem Wasser, denn er wollte im gläubigen Herzen das Feuer der göttlichen Liebe entzünden. Darum preisen dich deine Erlösten und vereinen sich mit den Chören der Engel zum Hochgesang von deiner göttlichen Herrlichkeit: Heilig ...

Präfation vom 4. Fastensonntag

Die Erleuchtung des Menschen durch Christus

In Wahrheit ist es würdig und recht, dir, Herr, heiliger Vater, allmächtiger, ewiger Gott, immer und überall zu danken durch unsern Herrn Jesus Christus. Denn durch seine Menschwerdung hat er das Menschengeschlecht aus der Finsternis zum Licht des Glaubens geführt. Wir sind als Knechte der Sünde geboren, er aber macht uns zu deinen Kindern durch die neue Geburt aus dem Wasser der Taufe. Darum preisen wir jetzt und in Ewigkeit dein Erbarmen und singen mit den Chören der Engel das Lob deiner Herrlichkeit: Heilig ...

Präfation vom 5. Fastensonntag

Jesu Erbarmen mit Lazarus und mit uns

In Wahrheit ist es würdig und recht, dir, Herr, heiliger Vater, allmächtiger, ewiger Gott, immer und überall zu danken durch unseren Herrn Jesus Christus. Da er Mensch ist wie wir, weinte er über den Tod seines Freundes, da er Gott ist von Ewigkeit, rief er Lazarus aus dem Grabe. Er hat Erbarmen mit uns Menschen und führt uns zum neuen Leben durch die österlichen Sakramente. Durch ihn preisen wir das Werk deiner Liebe und vereinen uns mit den Chören der Engel zum Hochgesang von deiner göttlichen Herrlichkeit: Heilig ...

Präfation für die Fastenzeit I

Der geistliche Sinn der Fastenzeit

In Wahrheit ist es würdig und recht, dir, Vater im Himmel, zu danken und dein Erbarmen zu preisen. Denn jedes Jahr schenkst du deinen Gläubigen die Gnade, das Osterfest in der Freude des Heiligen Geistes zu erwarten. Du mahnst uns in dieser Zeit der Buße zum Gebet und zu Werken der Liebe, du rufst uns zur Feier der Geheimnisse, die in uns die Gnade der Kindschaft erneuern. So führst du uns mit geläutertem Herzen zur österlichen Freude und zur Fülle des Lebens durch unseren Herrn Jesus Christus. Durch ihn rühmen wir deine Größe und vereinen uns mit den Chören der Engel zum Hochgesang von deiner göttlichen Herrlichkeit: Heilig ...

Präfation für die Fastenzeit II

Innere Erneuerung durch Buße

Wir danken dir, Vater im Himmel, und rühmen deinen heiligen Namen. Denn jetzt ist die Zeit der Gnade, jetzt sind die Tage des Heiles. Du hilfst uns, das Böse zu überwinden, du schenkst uns von neuem die Reinheit des Herzens. Du gibst deinen Kindern die Kraft, in dieser vergänglichen Welt das unvergängliche Heil zu wirken durch unseren Herrn Jesus Christus. Durch ihn preisen wir dich in deiner Kirche und vereinen uns mit den Engeln und Heiligen zum Hochgesang von deiner göttlichen Herrlichkeit: Heilig ...

Präfation für die Fastenzeit III
Die Früchte der Entsagung

In Wahrheit ist es würdig und recht, dir, allmächtiger Vater, zu danken und dich in dieser Zeit der Buße durch Entsagung zu ehren. Die Entsagung mindert in uns die Selbstsucht und öffnet unser Herz für die Armen. Denn deine Barmherzigkeit drängt uns, das Brot mit ihnen zu teilen in der Liebe deines Sohnes, unseres Herrn Jesus Christus. Durch ihn preisen wir deine Größe und singen mit den Chören der Engel das Lob deiner Herrlichkeit: Heilig ...

Präfation für die Fastenzeit IV
Das Fasten als Sieg

In Wahrheit ist es würdig und recht, dir, Herr, heiliger Vater, allmächtiger, ewiger Gott, immer und überall zu danken. Durch das Fasten des Leibes hältst du die Sünde nieder, erhebst du den Geist, gibst du uns die Kraft und den Sieg durch unseren Herrn Jesus Christus. Durch ihn preisen wir dein Erbarmen und singen mit den Chören der Engel das Lob deiner Herrlichkeit: Heilig ...

Präfation vom Palmsonntag
Der Unschuldige leidet für die Sünder

In Wahrheit ist es würdig und recht, dir, allmächtiger Vater, zu danken und das Werk deiner Liebe zu rühmen durch unseren Herrn Jesus Christus. Er war ohne Sünde und hat für die Sünder gelitten. Er war ohne Schuld und hat sich ungerechtem Urteil unterworfen. Sein Tod hat unsere Vergehen getilgt, seine Auferstehung uns Gnade und Leben erworben. Darum preisen wir jetzt und in Ewigkeit dein Erbarmen und singen mit den Chören der Engel das Lob deiner Herrlichkeit: Heilig ...

Präfation vom Gründonnerstag
(Chrisam-Messe)
Das Priestertum des Neuen Bundes

In Wahrheit ist es würdig und recht, dir, Herr, heiliger Vater, allmächtiger, ewiger Gott, immer und überall zu danken. Du hast deinen eingeborenen Sohn gesalbt mit dem Heiligen Geist und ihn bestellt zum Hohepriester des Neuen und Ewigen Bundes; du hast bestimmt, dass dieses eine Priestertum fortlebe in deiner Kirche. Denn Christus hat dein ganzes Volk ausgezeichnet mit der Würde seines königlichen Priestertums, aus ihm hat er in brüderlicher Liebe Menschen erwählt, die durch Auflegung der Hände teilhaben an seinem priesterlichen Dienste. In seinem Namen feiern sie immer neu das Opfer, durch das er die Menschen erlöst hat, und bereiten deinen Kindern das Ostermahl. Sie dienen deinem Volke in Werken der Liebe, sie nähren es durch das Wort und stärken es durch die Sakramente. Ihr Leben sollen sie einsetzen für dich und das Heil der Menschen, dem Vorbild Christi folgen und dir ihre Liebe und ihren Glauben in Treue bezeugen. Darum preisen wir dich mit allen Chören der Engel und singen vereint mit ihnen das Lob deiner Herrlichkeit: Heilig ...

Präfation vom Leiden Christi I

Die Macht des gekreuzigten Herrn

In Wahrheit ist es würdig und recht, dir, allmächtiger Vater, zu danken und das Werk deiner Gnade zu rühmen. Denn das Leiden deines Sohnes wurde zum Heil für die Welt. Seine Erlösungstat bewegt uns, deine Größe zu preisen. Im Kreuz enthüllt sich dein Gericht, im Kreuz erstrahlt die Macht des Retters, der sich für uns dahingab, unseres Herrn Jesus Christus. Durch ihn loben dich deine Erlösten und vereinen sich mit den Chören der Engel zum Hochgesang von deiner göttlichen Herrlichkeit: Heilig ...

Präfation vom Leiden Christi II

Der Sieg Christi in seinem Leiden

In Wahrheit ist es würdig und recht, dir, allmächtiger Vater, zu danken und das Werk deines Erbarmens zu rühmen durch unseren Herrn Jesus Christus. Denn wiederum kommen die Tage, die seinem heilbringenden Leiden und seiner glorreichen Auferstehung geweiht sind. Es kommt der Tag des Triumphes über den alten Feind, es naht das Fest der Erlösung. Darum preisen wir dich mit allen Chören der

Engel und singen vereint mit ihnen das Lob deiner Herrlichkeit: Heilig ...

Präfation für die Osterzeit I
Das wahre Osterlamm

In Wahrheit ist es würdig und recht, dir, Vater, immer und überall zu danken, diese Nacht (diesen Tag, diese Tage) aber aufs höchste zu feiern, da unser Osterlamm geopfert ist, Jesus Christus. Denn er ist das wahre Lamm, das die Sünde der Welt hinwegnimmt. Durch seinen Tod hat er unseren Tod vernichtet und durch seine Auferstehung das Leben neu geschaffen. Darum jubelt in dieser Nacht (heute) der ganze Erdkreis in österlicher Freude, darum preisen dich die himmlischen Mächte und die Chöre der Engel und singen das Lob deiner Herrlichkeit: Heilig ...

Präfation für die Osterzeit II
Das neue Leben in Christus

Wir danken dir, Vater im Himmel, und rühmen dich durch unseren Herrn Jesus Christus. Durch ihn erstehen die Kinder des Lichtes zum ewigen Leben, durch ihn wird den Gläubigen das Tor des himmlischen Reiches geöffnet. Denn unser Tod ist durch seinen Tod überwunden, in seiner Auferstehung ist das Leben für alle erstanden. Durch ihn preisen wir dich in österlicher Freude und singen mit den Chören der Engel das Lob deiner Herrlichkeit: Heilig ...

Präfation für die Osterzeit III
Christus lebt und tritt beim Vater für uns ein

In Wahrheit ist es würdig und recht, dir, Vater, in diesen Tagen freudig zu danken, da unser Osterlamm geopfert ist, Jesus Christus. Er bringt sich dir allzeit für uns dar und steht vor dir als unser Anwalt. Denn einmal geopfert, stirbt er nicht wieder, sondern lebt auf ewig als das Lamm, das geschlachtet ist. Durch ihn preisen wir dich in österlicher Freude und singen mit den Chören der Engel das Lob deiner Herrlichkeit: Heilig ...

Präfation für die Osterzeit IV

Die Erneuerung der ganzen Schöpfung durch das Ostergeheimnis

In Wahrheit ist es würdig und recht, dir, Vater, in diesen Tagen freudig zu danken, da unser Osterlamm geopfert ist, Jesus Christus. Das Alte ist vergangen, die gefallene Welt erlöst, das Leben in Christus erneuert. Darum preisen wir dich in österlicher Freude und singen mit den Chören der Engel das Lob deiner Herrlichkeit: Heilig ...

Präfation für die Osterzeit V

Christus als Priester und Opferlamm

In Wahrheit ist es würdig und recht, dir, Vater, in diesen Tagen freudig zu danken, da unser Osterlamm geopfert ist, Jesus Christus. Als er seinen Leib am Kreuz dahingab, hat er die Opfer der Vorzeit vollendet. Er hat sich dir dargebracht zu unserem Heil, er selbst ist der Priester, der Altar und das Opferlamm. Durch ihn preisen wir dich in österlicher Freude und singen mit den Chor der Engel das Lob deiner Herrlichkeit: Heilig ...

Präfation von Christi Himmelfahrt I

Das Geheimnis der Himmelfahrt

In Wahrheit ist es würdig und recht, dir, allmächtiger Vater, zu danken durch unseren Herrn Jesus Christus, den König der Herrlichkeit. Denn er ist (heute) als Sieger über Sünde und Tod aufgefahren in den Himmel. Die Engel schauen den Mittler zwischen Gott und den Menschen, den Richter der Welt, den Herrn der ganzen Schöpfung. Er kehrt zu dir heim, nicht um uns Menschen zu verlassen, er gibt den Gliedern seines Leibes die Hoffnung, ihm dorthin zu folgen, wohin er als Erster vorausging.

Am Fest:

Darum jubelt heute der ganze Erdkreis in österlicher Freude, darum preisen dich die himmlischen Mächte und die Chöre der Engel und singen das Lob deiner Herrlichkeit: Heilig ...

An den Tagen bis Pfingsten:
Darum preisen wir dich in österlicher Freude und singen mit den Chören der Engel das Lob deiner Herrlichkeit: Heilig …

Präfation von Christi Himmelfahrt II
Erscheinung und Himmelfahrt des Auferstandenen

In Wahrheit ist es würdig und recht, dir, Herr, heiliger Vater, allmächtiger, ewiger Gott, immer und überall zu danken durch unseren Herrn Jesus Christus. Denn nach seiner Auferstehung ist er den Jüngern leibhaft erschienen; vor ihren Augen wurde er zum Himmel erhoben, damit er uns Anteil gebe an seinem göttlichen Leben.

Am Fest:
Darum jubelt heute der ganze Erdkreis in österlicher Freude, darum preisen dich die himmlischen Mächte und die Chöre der Engel und singen das Lob deiner Herrlichkeit: Heilig …

An den Tagen bis Pfingsten:
Darum preisen wir dich in österlicher Freude und singen mit den Chören der Engel das Lob deiner Herrlichkeit: Heilig …

Präfation von Pfingsten
Die Vollendung des Ostergeschehens am Pfingsttag

In Wahrheit ist es würdig und recht, dir, Herr, heiliger Vater, immer und überall zu danken und diesen Tag in festlicher Freude zu feiern. Denn heute hast du das österliche Heilswerk vollendet, heute hast du den Heiligen Geist gesandt über alle, die du mit Christus auferweckt und zu deinen Kindern berufen hast. Am Pfingsttag erfüllst du deine Kirche mit Leben: Dein Geist schenkt allen Völkern die Erkenntnis des lebendigen Gottes und vereint die vielen Sprachen im Bekenntnis des einen Glaubens. Darum preisen dich alle Völker auf dem Erdenrund in österlicher Freude. Darum rühmen dich die himmlischen Kräfte und die Mächte der Engel und singen das Lob deiner Herrlichkeit: Heilig …

Präfation vom Heiligen Geist I

Der Heilige Geist als Geschenk des erhöhten Christus

In Wahrheit ist es würdig und recht, dir, Herr, heiliger Vater, allmächtiger, ewiger Gott, immer und überall zu danken durch unseren Herrn Jesus Christus. Denn er hat das Werk der Erlösung vollbracht, er ist aufgefahren über alle Himmel und thront zu deiner Rechten. Er hat den Heiligen Geist, wie er den Jüngern versprochen, ausgegossen über alle, die du zu deinen Kindern erwählt hast. Darum preisen wir jetzt und in Ewigkeit dein Erbarmen und singen mit den Chören der Engel das Lob deiner Herrlichkeit: Heilig ...

Präfation vom Heiligen Geist II

Durch den Heiligen Geist führt Gott die Kirche

In Wahrheit ist es würdig und recht, dir, Vater im Himmel, zu danken und dich mit der ganzen Schöpfung zu loben. Denn deine Vorsehung waltet über jeder Zeit; in deiner Weisheit und Allmacht führst du das Steuer der Kirche und stärkst sie durch die Kraft des Heiligen Geistes. In ihm kann sie allezeit auf deine Hilfe vertrauen, in Not und Bedrängnis zu dir rufen und in Tagen der Freude dir danken durch unseren Herrn Jesus Christus. Durch ihn preisen wir dein Erbarmen und singen mit den Chören der Engel das Lob deiner Herrlichkeit: Heilig ...

Präfation von der Heiligsten Dreifaltigkeit

Das Geheimnis des einen Gottes in drei Personen

In Wahrheit ist es würdig und recht, dir, Herr, heiliger Vater, allmächtiger, ewiger Gott, immer und überall zu danken. Mit deinem eingeborenen Sohn und dem Heiligen Geist bist du der eine Gott und der eine Herr, nicht in der Einzigkeit einer Person, sondern in den drei Personen des einen göttlichen Wesens. Was wir auf deine Offenbarung hin von deiner Herrlichkeit glauben, das bekennen wir ohne Unterschied von deinem Sohn, das bekennen wir vom Heiligen Geiste. So beten wir an im Lobpreis des wahren und ewigen Gottes die Sonderheit in den Personen, die Einheit im Wesen und die gleiche Fülle in der Herrlichkeit. Dich loben die Engel und Erzengel, die Kerubim und

Serafim. Wie aus einem Mund preisen sie dich Tag um Tag und singen auf ewig das Lob deiner Herrlichkeit: Heilig ...

Präfation vom heiligsten Herzen Jesu

Das Herz des Erlösers und die Gläubigen

In Wahrheit ist es würdig und recht, dir, allmächtiger Vater, zu danken und dich mit der ganzen Schöpfung zu loben durch unseren Herrn Jesus Christus. Am Kreuz erhöht, hat er sich für uns dahingegeben aus unendlicher Liebe und alle an sich gezogen. Aus seiner geöffneten Seite strömen Blut und Wasser, aus seinem durchbohrten Herzen entspringen die Sakramente der Kirche. Das Herz des Erlösers steht offen für alle, damit sie freudig schöpfen aus den Quellen des Heiles. Durch ihn rühmen dich deine Erlösten und singen mit den Chören der Engel das Lob deiner Herrlichkeit: Heilig ...

Präfation vom Königtum Christi

Christus als Priester und König

In Wahrheit ist es würdig und recht, dir, Herr, heiliger Vater, immer und überall zu danken. Du hast deinen eingeborenen Sohn, unseren Herrn Jesus Christus, mit dem Öl der Freude gesalbt zum ewigen Priester und zum König der ganzen Schöpfung. Als makelloses Lamm und friedenstiftendes Opfer hat er sich dargebracht auf dem Altar des Kreuzes, um das Werk der Erlösung zu vollziehen. Wenn einst die ganze Schöpfung seiner Herrschaft unterworfen ist, wird er dir, seinem Vater, das ewige, alles umfassende Reich übergeben: das Reich der Wahrheit und des Lebens, das Reich der Heiligkeit und der Gnade, das Reich der Gerechtigkeit, der Liebe und des Friedens. Durch ihn rühmen dich Himmel und Erde, Engel und Menschen und singen das Lob deiner Herrlichkeit: Heilig ...

Präfation für die Sonntage im Jahreskreis I

Ostergeheimnis und Gottesvolk

In Wahrheit ist es würdig und recht, dir, Herr, heiliger Vater, allmächtiger, ewiger Gott, immer und überall zu danken durch unseren Herrn Jesus Christus. Denn er hat Großes an uns getan: durch seinen

Tod und seine Auferstehung hat er uns von der Sünde und von der Knechtschaft des Todes befreit und zur Herrlichkeit des neuen Lebens berufen. In ihm sind wir ein auserwähltes Geschlecht, dein heiliges Volk, dein königliches Priestertum. So verkünden wir die Werke deiner Macht, denn du hast uns aus der Finsternis in dein wunderbares Licht gerufen. Darum singen wir mit den Engeln und Erzengeln, den Thronen und Mächten und mit all den Scharen des himmlischen Heeres den Hochgesang von deiner göttlichen Herrlichkeit: Heilig ...

Präfation für die Sonntage im Jahreskreis II

Das Heilsgeschehen in Christus

In Wahrheit ist es würdig und recht, dir, allmächtiger Vater, zu danken und das Werk deiner Gnade zu rühmen durch unseren Herrn Jesus Christus. Denn aus Erbarmen mit uns sündigen Menschen ist er Mensch geworden aus Maria, der Jungfrau. Durch sein Leiden am Kreuz hat er uns vom ewigen Tod befreit und durch seine Auferstehung uns das unvergängliche Leben erworben. Darum preisen dich deine Erlösten und singen mit den Chören der Engel das Lob deiner Herrlichkeit: Heilig ...

Präfation für die Sonntage im Jahreskreis III

Die Rettung des Menschen durch den Menschen Jesus Christus

In Wahrheit ist es würdig und recht, dir, Herr, heiliger Vater, allmächtiger, ewiger Gott, immer und überall zu danken. Denn wir erkennen deine Herrlichkeit in dem, was du an uns getan hast: Du bist uns mit der Macht deiner Gottheit zu Hilfe gekommen und hast uns durch deinen menschgewordenen Sohn Rettung und Heil gebracht aus unserer menschlichen Sterblichkeit. So kam uns aus unserer Vergänglichkeit das unvergängliche Leben durch unseren Herrn Jesus Christus. Durch ihn preisen wir jetzt und in Ewigkeit dein Erbarmen und singen mit den Chören der Engel das Lob deiner Herrlichkeit: Heilig ...

Präfation für die Sonntage im Jahreskreis IV
Die Heilsereignisse in Christus

Wir danken dir, Vater im Himmel, und rühmen dich durch unseren Herrn Jesus Christus. Denn durch seine Geburt hat er den Menschen erneuert, durch sein Leiden unsere Sünden getilgt, in seiner Auferstehung den Weg zum Leben erschlossen und in seiner Auffahrt zu dir das Tor des Himmels geöffnet. Durch ihn rühmen dich deine Erlösten und singen mit den Chören der Engel das Lob deiner Herrlichkeit: Heilig ...

Präfation für die Sonntage im Jahreskreis V
Die Schöpfung

In Wahrheit ist es würdig und recht, dir, allmächtiger Vater, zu danken und dich mit der ganzen Schöpfung zu loben. Denn du hast die Welt mit all ihren Kräften ins Dasein gerufen und sie dem Wechsel der Zeit unterworfen. Den Menschen aber hast du auf dein Bild hin geschaffen und ihm das Werk deiner Allmacht übergeben. Du hast ihn bestimmt, über die Erde zu herrschen, dir, seinem Herrn und Schöpfer, zu dienen und das Lob deiner großen Taten zu verkünden durch unseren Herrn Jesus Christus. Darum singen wir mit den Engeln und Erzengeln, den Thronen und Mächten und mit all den Scharen des himmlischen Heeres den Hochgesang von deiner göttlichen Herrlichkeit: Heilig ...

Präfation für die Sonntage im Jahreskreis VI
Der Heilige Geist als Angeld der ewigen Osterfreude

In Wahrheit ist es würdig und recht, dir, Vater im Himmel, zu danken und dich mit der ganzen Schöpfung zu loben. Denn in dir leben wir, in dir bewegen wir uns und sind wir. Jeden Tag erfahren wir aufs Neue das Wirken deiner Güte. Schon in diesem Leben besitzen wir den Heiligen Geist, das Unterpfand ewiger Herrlichkeit. Durch ihn hast du Jesus auferweckt von den Toten und uns die sichere Hoffnung gegeben, dass sich an uns das österliche Geheimnis vollendet. Darum preisen wir dich mit allen Chören der Engel und singen vereint mit ihnen das Lob deiner Herrlichkeit: Heilig ...

Präfation für die Sonntage im Jahreskreis VII

Der Gehorsam Christi und unsere Versöhnung mit Gott

In Wahrheit ist es würdig und recht, dir, Vater im Himmel, zu danken und deine Gnade zu rühmen. So sehr hast du die Welt geliebt, dass du deinen Sohn als Erlöser gesandt hast. Er ist uns Menschen gleichgeworden in allem, außer der Sünde, damit du in uns lieben kannst, was du in deinem eigenen Sohne geliebt hast. Durch den Ungehorsam der Sünde haben wir deinen Bund gebrochen, durch den Gehorsam deines Sohnes hast du ihn erneuert. Darum preisen wir das Werk deiner Liebe und vereinen uns mit den Chören der Engel zum Hochgesang von deiner göttlichen Herrlichkeit: Heilig ...

Präfation für die Sonntage im Jahreskreis VIII

Einheit der Dreifaltigkeit und Einheit der Kirche

In Wahrheit ist es würdig und recht, dir, allmächtiger Vater, zu danken und dein Erbarmen zu rühmen. Die Sünde hatte die Menschen von dir getrennt, du aber hast sie zu dir zurückgeführt durch das Blut deines Sohnes und die Kraft deines Geistes. Wie du eins bist mit dem Sohn und dem Heiligen Geist, so ist deine Kirche geeint nach dem Bild des dreieinigen Gottes. Sie ist dein heiliges Volk, der Leib Christi und der Tempel des Heiligen Geistes zum Lob deiner Weisheit und Liebe. Darum preisen wir dich in deiner Kirche und vereinen uns mit den Engeln und Heiligen zum Hochgesang von deiner göttlichen Herrlichkeit: Heilig ...

FESTGEHEIMNISSE CHRISTI UND HEILIGENFESTE IM JAHRESKREIS

Präfation von der heiligen Eucharistie I

Die Eucharistie als Opfer Christi und Opfer der Kirche

In Wahrheit ist es würdig und recht, dir, Herr, heiliger Vater, allmächtiger, ewiger Gott, immer und überall zu danken durch unseren Herrn Jesus Christus. Als der wahre und ewige Hohepriester hat er die Feier eines immerwährenden Opfers gestiftet. Er hat sich selbst als Opfergabe dargebracht für das Heil der Welt und uns geboten, dass auch wir diese Gabe darbringen zu seinem Gedächtnis. Er stärkt uns, wenn wir seinen Leib empfangen, den er für uns geopfert hat. Er heiligt uns, wenn wir sein Blut trinken, das er für uns vergossen hat. Darum singen wir mit den Engeln und Erzengeln, den Thronen und Mächten und mit all den Scharen des himmlischen Heeres den Hochgesang von deiner göttlichen Herrlichkeit: Heilig ...

Präfation von der heiligen Eucharistie II

Abendmahl Christi und Eucharistiefeier der Gläubigen

In Wahrheit ist es würdig und recht, dir, Herr, heiliger Vater, allmächtiger, ewiger Gott, immer und überall zu danken durch unseren Herrn Jesus Christus. Denn er hat beim Letzten Abendmahl das Gedächtnis des Kreuzesopfers gestiftet zum Heil der Menschen bis ans Ende der Zeiten. Er hat sich dargebracht als Lamm ohne Makel, als Gabe, die dir gefällt, als Opfer des Lobes. Dieses erhabene Geheimnis heiligt und stärkt deine Gläubigen, damit der eine Glaube die Menschen der einen Erde erleuchte, die eine Liebe sie alle verbinde. So kommen wir zu deinem heiligen Tisch, empfangen von dir Gnade um Gnade und werden neu gestaltet nach dem Bild deines Sohnes. Durch ihn rühmen dich Himmel und Erde, Engel und Menschen und singen wie aus einem Munde das Lob deiner Herrlichkeit: Heilig ...

Präfation von der seligen Jungfrau Maria I

Maria, die Mutter des Erlösers

In Wahrheit ist es würdig und recht, dir, Herr, heiliger Vater, immer und überall zu danken und dich am Fest (Gedenktag) der seligen Jungfrau Maria zu preisen.
(In Votivmessen:
In Wahrheit ist es würdig und recht, dir, Herr, heiliger Vater, immer und überall zu danken, weil du Großes getan hast an der seligen Jungfrau Maria.)
Vom Heiligen Geist überschattet, hat sie deinen eingeborenen Sohn empfangen und im Glanz unversehrter Jungfräulichkeit der Welt das ewige Licht geboren, unseren Herrn Jesus Christus. Durch ihn loben

die Engel deine Herrlichkeit, beten dich an die Mächte, erbeben die Gewalten. Die Himmel und die himmlischen Kräfte und die seligen Serafim feiern dich jubelnd im Chore. Mit ihrem Lobgesang lass auch unsere Stimmen sich vereinen und voll Ehrfurcht rufen: Heilig ...

Präfation von der seligen Jungfrau Maria II
Das Magnificat der Kirche

In Wahrheit ist es würdig und recht, dir, Vater, für die Erwählung der seligen Jungfrau Maria zu danken und mit ihr das Werk deiner Gnade zu rühmen. Du hast an der ganzen Schöpfung Großes getan und allen Menschen Barmherzigkeit erwiesen. Denn du hast geschaut auf die Niedrigkeit deiner Magd und durch sie der Welt den Heiland geschenkt, deinen Sohn, unseren Herrn Jesus Christus. Durch ihn preisen wir jetzt und in Ewigkeit dein Erbarmen und singen mit den Chören der Engel das Lob deiner Herrlichkeit: Heilig ...

Präfation von den Engeln
Lob Gottes durch die Verehrung der Engel

In Wahrheit ist es würdig und recht, dir, allmächtiger Vater, zu danken und in der Herrlichkeit der Engel deine Macht und Größe zu preisen. Denn dir gereicht es zur Verherrlichung und zum Lob, wenn wir sie ehren, die du erschaffen hast. An ihrem Glanz und ihrer Würde erkennen wir, wie groß und über alle Geschöpfe erhaben du selber bist. Dich, den ewigen Gott, rühmen sie ohne Ende durch unseren Herrn Jesus Christus. Mit ihrem Lobpreis lass auch unsere Stimmen sich vereinen und voll Ehrfurcht rufen: Heilig ...

Präfation vom heiligen Josef
Josef in der Heilsgeschichte

In Wahrheit ist es würdig und recht, dir, allmächtiger Vater, zu danken und am Fest (bei der Verehrung) des heiligen Josef die Wege deiner Weisheit zu rühmen. Denn ihm, dem Gerechten, hast du die jungfräuliche Gottesmutter anvertraut, ihn, deinen treuen und klugen Knecht, bestellt zum Haupt der Heiligen Familie. An Vaters statt sollte er deinen eingeborenen Sohn beschützen, der durch die Überschattung des Heiligen Geistes empfangen war, unseren Herrn Jesus Christus. Durch ihn loben die Engel deine Herrlichkeit, beten dich an die Mächte, erbeben die Gewalten. Die Himmel und die himmlischen Kräfte und die seligen Serafim feiern dich jubelnd im Chore. Mit ihrem Lobgesang lass auch unsere Stimmen sich vereinen und voll Ehrfurcht rufen: Heilig ...

Präfation von den Heiligen I
Die Glorie der Heiligen und die Gläubigen

In Wahrheit ist es würdig und recht, dir, Herr, heiliger Vater, allmächtiger, ewiger Gott, immer und überall zu danken. Die Schar der Heiligen verkündet deine Größe, denn in der Krönung ihrer Verdienste krönst du das Werk deiner Gnade. Du schenkst uns in ihrem Leben ein Vorbild, auf ihre Fürsprache gewährst du uns Hilfe und gibst uns in ihrer Gemeinschaft das verheißene Erbe. Ihr Zeugnis verleiht uns die Kraft, im Kampf gegen das Böse zu siegen und mit ihnen die Krone der Herrlichkeit zu empfangen durch unseren Herrn Jesus Christus. Darum preisen wir dich mit allen Engeln und Heiligen und singen vereint mit ihnen das Lob deiner Herrlichkeit: Heilig ...

Präfation von den Heiligen II
Die Heiligen und wir

In Wahrheit ist es würdig und recht, dir, Vater im Himmel, zu danken und das Werk deiner Gnade zu preisen. Denn in den Heiligen schenkst du der Kirche leuchtende Zeichen deiner Liebe. Durch das Zeugnis ihres Glaubens verleihst du uns immer neu die Kraft, nach der Fülle des Heiles zu streben. Durch ihre Fürsprache und ihr heiliges Leben gibst du uns Hoffnung und Zuversicht. Darum rühmen dich Himmel und Erde, Engel und Menschen und singen wie aus einem Munde das Lob deiner Herrlichkeit: Heilig ...

Präfation am Fest Darstellung des Herrn
Christus kommt in seinen Tempel

In Wahrheit ist es würdig und recht, dir, Herr, heiliger Vater, allmächtiger, ewiger Gott, immer und überall zu danken. Denn heute hat die jungfräuliche Mutter deinen ewigen Sohn zum Tempel getragen; Simeon, vom Geist erleuchtet, preist ihn als Ruhm deines Volkes Israel, als Licht zur Erleuchtung der Heiden. Darum gehen auch wir dem Erlöser freudig entgegen und singen mit den Engeln und Heiligen das Lob deiner Herrlichkeit: Heilig ...

Präfation am Fest Verkündigung des Herrn
Maria empfängt das ewige Wort

In Wahrheit ist es würdig und recht, dir, Vater im Himmel, zu danken und das Werk deiner Liebe zu rühmen. Denn heute brachte der Engel Maria die Botschaft, und deine Magd nahm sie auf mit gläubigem Herzen. Durch die Kraft des Heiligen Geistes empfing die Jungfrau dein ewiges Wort, und das Wort wurde Mensch in ihrem Schoß, um unter uns Menschen zu wohnen. So hast du an Israel deine Verheißung erfüllt und den gesandt, den die Völker erwarten, deinen Sohn, unseren Herrn Jesus Christus. Durch ihn preisen wir dein Erbarmen und singen mit den Chören der Engel das Lob deiner Herrlichkeit: Heilig ...

Präfation von Johannes dem Täufer
Johannes als Vorläufer Christi

In Wahrheit ist es würdig und recht, dir, allmächtiger Vater, zu danken und am Fest des heiligen Johannes das Werk deiner Gnade zu rühmen. Du hast ihn geehrt vor allen, die je eine Frau geboren hat, schon im Mutterschoß erfuhr er das kommende Heil, seine Geburt erfüllte viele mit Freude. Als einziger der Propheten schaute er den Erlöser und zeigte hin auf das Lamm, das die Sünde der Welt hinwegnimmt. Im Jordan taufte er Christus, der seiner Kirche die Taufe geschenkt hat, so wurde das Wasser zum heiligen Quell des ewigen Lebens. Bis an sein Ende gab Johannes Zeugnis für das Licht und besiegelte mit dem Blut seine Treue. Darum preisen wir dich mit allen Engeln und Heiligen und singen vereint mit ihnen das Lob deiner Herrlichkeit: Heilig ...

Präfation von den Aposteln Petrus und Paulus
Die verschiedene Sendung der Apostel Petrus und Paulus

In Wahrheit ist es würdig und recht, dich, allmächtiger Vater, in deinen Heiligen zu preisen und am Fest der Apostel Petrus und Paulus das Werk deiner Gnade zu rühmen. Petrus hat als Erster den Glauben an Christus bekannt und aus Israels heiligem Rest die erste Kirche gesammelt. Paulus empfing die Gnade tiefer Einsicht und die Berufung zum Lehrer der Heiden. Auf verschiedene Weise dienten beide Apostel der einen Kirche, gemeinsam empfingen sie die Krone des Lebens. Darum ehren wir beide in gemeinsamer Feier und vereinen uns mit allen Engeln und Heiligen zum Hochgesang von deiner göttlichen Herrlichkeit: Heilig ...

Präfation am Fest der Verklärung Christi
Die Verklärung Christi als Verheißung

In Wahrheit ist es würdig und recht, dir, Herr, heiliger Vater, allmächtiger, ewiger Gott, immer und überall zu danken durch unseren Herrn Jesus Christus. Denn er enthüllte auf dem Berg der Verklärung seine verborgene Herrlichkeit, er ließ vor auserwählten Zeugen seinen sterblichen Leib im Lichtglanz erstrahlen und gab den Jüngern die Kraft, das Ärgernis des Kreuzes zu tragen. So schenkte er der ganzen Kirche die Hoffnung, vereint mit ihrem Haupt die ewige Verklärung zu empfangen. Darum preisen wir deine Größe und vereinen uns mit den Chören der Engel zum Hochgesang von deiner göttlichen Herrlichkeit: Heilig ...

Präfation am Fest der Aufnahme Mariens in den Himmel
Die Herrlichkeit Marias und die Kirche

In Wahrheit ist es würdig und recht, dir, allmächtiger Vater, zu danken und das Werk deiner Gnade zu rühmen. Denn heute hast du die jungfräuliche Gottesmutter in den Himmel erhoben, als Erste empfing sie von Christus die Herrlichkeit, die uns allen verheißen ist, und wurde zum Urbild der Kirche in ihrer ewigen Vollendung. Dem pilgernden Volk ist sie ein untrügliches Zeichen der Hoffnung und eine Quelle des Trostes. Denn ihr Leib, der den Urheber des Lebens geboren hat, sollte die Verwesung nicht schauen. Darum preisen wir jetzt und in Ewigkeit dein Erbarmen und singen mit den Chören der Engel das Lob deiner Herrlichkeit: Heilig ...

Präfation am Fest Kreuzerhöhung

Das Kreuz als Zeichen des Sieges

In Wahrheit ist es würdig und recht, dir, Herr, heiliger Vater, allmächtiger, ewiger Gott, immer und überall zu danken. Denn du hast das Heil der Welt auf das Holz des Kreuzes gegründet. Vom Baum des Paradieses kam der Tod, vom Baum des Kreuzes erstand das Leben. Der Feind, der am Holz gesiegt hat, wurde auch am Holze besiegt durch unseren Herrn Jesus Christus. Durch ihn loben die Engel deine Herrlichkeit, beten dich an die Mächte, erbeben die Gewalten. Die Himmel und die himmlischen Kräfte und die seligen Serafim feiern dich jubelnd im Chore. Mit ihrem Lobgesang lass auch unsere Stimmen sich vereinen und voll Ehrfurcht rufen: Heilig ...

Präfation am Hochfest Allerheiligen

Das himmlische Jerusalem, unsere Heimat

In Wahrheit ist es würdig und recht, dir, allmächtiger Vater, zu danken und dich mit der ganzen Schöpfung zu rühmen. Denn heute schauen wir deine heilige Stadt, unsere Heimat, das himmlische Jerusalem. Dort loben dich auf ewig die verherrlichten Glieder der Kirche, unsere Brüder und Schwestern, die schon zur Vollendung gelangt sind. Dorthin pilgern auch wir im Glauben, ermutigt durch ihre Fürsprache und ihr Beispiel und gehen freudig dem Ziel der Verheißung entgegen. Darum preisen wir dich in der Gemeinschaft deiner Heiligen und singen mit den Chören der Engel das Lob deiner Herrlichkeit: Heilig ...

uns zum Tempel des Heiligen Geistes, dessen Glanz im Leben der Gläubigen aufstrahlt. Im sichtbaren Bau erkennen wir das Bild deiner Kirche, die du zur Braut deines Sohnes erwählt hast. Du heiligst sie Tag für Tag, bis du sie, unsere Mutter, in die Herrlichkeit aufnimmst mit der unzählbaren Schar ihrer Kinder. Darum preisen wir dich in deiner Kirche und vereinen uns mit allen Engeln und Heiligen zum Hochgesang von deiner göttlichen Herrlichkeit: Heilig ...

Präfation in der Brautmesse

Die eheliche Liebe als Zeichen der Liebe Gottes

In Wahrheit ist es würdig und recht, dir, allmächtiger Vater, zu danken und das Werk deiner Gnade zu rühmen. Denn du hast den Menschen als Mann und Frau erschaffen und ihren Bund zum Abbild deiner schöpferischen Liebe erhoben. Die du aus Liebe geschaffen und unter das Gesetz der Liebe gestellt hast, die verbindest du in der Ehe zu heiliger Gemeinschaft und gibst ihnen Anteil an deinem ewigen Leben. So heiligt das Sakrament der Ehe den Bund der Gatten und macht ihn zu einem Zeichen deiner göttlichen Liebe durch unseren Herrn Jesus Christus. Durch ihn preisen dich deine Erlösten und singen mit den Chören der Engel das Lob deiner Herrlichkeit: Heilig ...

In Messen für die Einheit der Christen

Die Einheit als Werk Gottes durch Christus und den Heiligen Geist

In Wahrheit ist es würdig und recht, dir, Herr, heiliger Vater, allmächtiger, ewiger Gott, immer und überall zu danken durch unseren Herrn Jesus Christus. In ihm hast du uns zur Erkenntnis der Wahrheit geführt und uns zu Gliedern seines Leibes gemacht durch den einen Glauben und die eine Taufe. Durch ihn hast du deinen Heiligen Geist ausgegossen über alle Völker, damit er Großes wirke mit seinen Gaben. Er wohnt in den Herzen der Glaubenden, er durchdringt und leitet die ganze Kirche und schafft ihre Einheit in Christus. Darum preisen wir jetzt und in Ewigkeit dein Erbarmen und singen mit den Chören der Engel das Lob deiner Herrlichkeit: Heilig ...

Präfation am Hochfest
der ohne Erbsünde empfangenen Jungfrau Maria

Maria, das Urbild der Kirche

In Wahrheit ist es würdig und recht, dir, Vater im Himmel, zu danken und das Werk deiner Liebe zu rühmen. Denn du hast Maria vor der Erbschuld bewahrt, du hast sie mit der Fülle der Gnade beschenkt, da sie erwählt war, die Mutter deines Sohnes zu werden. In unversehrter Jungfräulichkeit hat sie Christus geboren, der als schuldloses Lamm die Sünde der Welt hinwegnimmt. Sie ist Urbild und Anfang der Kirche, der makellosen Braut deines Sohnes. Vor allen Heiligen ist sie ein Vorbild der Heiligkeit, ihre Fürsprache erfleht uns deine Gnade durch unseren Herrn Jesus Christus. Durch ihn preisen dich Himmel und Erde, Engel und Menschen und singen wie aus einem Munde das Lob deiner Herrlichkeit: Heilig ...

Am Jahrestag der Kirchweihe
A: Jahrestag der eigenen Kirche

Die Kirche als Tempel Gottes

In Wahrheit ist es würdig und recht, dir, Herr, heiliger Vater, allmächtiger, ewiger Gott, immer und überall zu danken. Zu deiner Ehre wurde dieses Haus errichtet, in dem du deine pilgernde Kirche versammelst, um ihr darin ein Bild deiner Gegenwart zu zeigen und ihr die Gnade deiner Gemeinschaft zu schenken. Denn du selbst erbaust dir einen Tempel aus lebendigen Steinen. Von allen Orten rufst du deine Kinder zusammen und fügst sie ein in den geheimnisvollen Leib deines Sohnes. Hier lenkst du unseren Blick auf das himmlische Jerusalem und gibst uns die Hoffnung, dort deinen Frieden zu schauen. Darum preisen wir dich in deiner Kirche und vereinen uns mit allen Engeln und Heiligen zum Hochgesang von deiner göttlichen Herrlichkeit: Heilig ...

B: Jahrestag einer anderen Kirche

Die Kirche als Braut Christi und Tempel des Heiligen Geistes

In Wahrheit ist es würdig und recht, dir, Vater im Himmel, zu danken und deine Größe zu rühmen. In jedem Haus des Gebetes wohnst du als Spender der Gnade, als Geber alles Guten: Denn du erbaust

Präfation von den Verstorbenen I
Die Hoffnung der Gläubigen

In Wahrheit ist es würdig und recht, dir, Herr, heiliger Vater, allmächtiger, ewiger Gott, immer und überall zu danken durch unseren Herrn Jesus Christus. In ihm erstrahlt uns die Hoffnung, dass wir zur Seligkeit auferstehn. Bedrückt uns auch das Los des sicheren Todes, so tröstet uns doch die Verheißung der künftigen Unsterblichkeit. Denn deinen Gläubigen, o Herr, wird das Leben gewandelt, nicht genommen. Und wenn die Herberge der irdischen Pilgerschaft zerfällt, ist uns im Himmel eine ewige Wohnung bereitet. Darum singen wir mit den Engeln und Erzengeln, den Thronen und Mächten und mit all den Scharen des himmlischen Heeres den Hochgesang von deiner göttlichen Herrlichkeit: Heilig ...

Präfation von den Verstorbenen II
Der Eine, der für alle starb

Wir danken dir, Vater im Himmel, und rühmen dich durch unseren Herrn Jesus Christus. Denn er ist der Eine, der den Tod auf sich nahm für uns alle, damit wir im Tode nicht untergehn. Er ist der Eine, der für uns alle gestorben ist, damit wir bei dir in Ewigkeit leben. Durch ihn preisen dich deine Erlösten und singen mit den Chören der Engel das Lob deiner Herrlichkeit: Heilig ...

Präfation von den Verstorbenen III
Christus, die Auferstehung und das Leben

In Wahrheit ist es würdig und recht, dir, allmächtiger Vater, zu danken durch unseren Herrn Jesus Christus. Denn er ist das Heil der Welt, das Leben der Menschen, die Auferstehung der Toten. Durch ihn rühmen dich Himmel und Erde, Engel und Menschen und singen wie aus einem Munde das Lob deiner Herrlichkeit: Heilig ...

Präfation von den Verstorbenen IV
Der Mensch in Gottes Hand

In Wahrheit ist es würdig und recht, dir, Herr, heiliger Vater, allmächtiger, ewiger Gott, immer und überall zu danken. Denn in deinen Händen ruht unser Leben: nach deinem Willen werden wir geboren und durch deine Führung geleitet. Nach deiner Verfügung empfangen wir den Sold der Sünde und kehren zurück zur Erde, von der wir genommen sind. Doch du hast uns erlöst durch das Kreuz deines Sohnes, darum erweckt uns einst dein Befehl zur Herrlichkeit der Auferstehung mit Christus. Durch ihn preisen wir jetzt und in Ewigkeit dein Erbarmen und singen mit den Chören der Engel das Lob deiner Herrlichkeit: Heilig …

Präfation von den Verstorbenen V
Der Tod als Sold der Sünde und das neue Leben als Geschenk Gottes

In Wahrheit ist es würdig und recht, dir, Herr, heiliger Vater, allmächtiger, ewiger Gott, immer und überall zu danken. Durch die Sünde kam der Tod in die Welt, und niemand kann ihm entrinnen. Doch deine Liebe hat die Macht des Todes gebrochen und uns gerettet durch den Sieg unseres Herrn Jesus Christus, der uns aus der Vergänglichkeit hinüberführt in das ewige Leben. Durch ihn rühmen dich Himmel und Erde, Engel und Menschen und singen wie aus einem Munde das Lob deiner Herrlichkeit: Heilig …

Präfation für Wochentage I
Die Erneuerung der Welt durch Christus

Wir danken dir, Vater im Himmel, und rühmen dich durch unseren Herrn Jesus Christus. Denn ihn hast du zum Haupt der neuen Schöpfung gemacht, aus seiner Fülle haben wir alle empfangen. Obwohl er dir gleich war an Herrlichkeit, hat er sich selbst erniedrigt und der Welt den Frieden gebracht durch sein Blut, das er am Stamm des Kreuzes vergossen hat. Deshalb hast du ihn über alle Geschöpfe erhöht, so wurde er für jene, die auf ihn hören, zum Urheber des ewigen Heiles. Durch ihn preisen wir jetzt und in Ewigkeit dein Erbarmen und singen mit den Chören der Engel das Lob deiner Herrlichkeit: Heilig …

Präfation für Wochentage II
Schöpfung, Sünde und Erlösung

In Wahrheit ist es würdig und recht, dir, Herr, heiliger Vater, immer und überall zu danken für deine Liebe, die du uns niemals entzogen hast. Du hast den Menschen in deiner Güte erschaffen und ihn, als er der gerechten Strafe verfallen war, in deiner großen Barmherzigkeit erlöst durch unseren Herrn Jesus Christus. Durch ihn preisen wir das Werk deiner Gnade und singen mit den Chören der Engel das Lob deiner Herrlichkeit: Heilig ...

Präfation für Wochentage III
Gott als unser Schöpfer und Erlöser

In Wahrheit ist es würdig und recht, dir, Herr, heiliger Vater, allmächtiger, ewiger Gott, immer und überall zu danken. Denn du bist der Schöpfer der Welt, du bist der Erlöser aller Menschen durch deinen geliebten Sohn, unseren Herrn Jesus Christus. Durch ihn loben die Engel deine Herrlichkeit, beten dich an die Mächte, erbeben die Gewalten. Die Himmel und die himmlischen Kräfte und die seligen Serafim feiern dich jubelnd im Chore. Mit ihrem Lobgesang lass auch unsere Stimmen sich vereinen und voll Ehrfurcht rufen: Heilig ...

SONNTAGE IM JAHRESKREIS

Als Erster Sonntag im Jahreskreis zählt das Fest der Taufe des Herrn.

ZWEITER SONNTAG IM JAHRESKREIS

Leben heißt für den Menschen wachsen und reifen, und immer wieder lernen. Man ist so lange ein lebendiger Mensch, als man bereit ist, es zu werden. Und der ist ein Christ, der weiß, dass er es erst werden muss, jeder mit der besonderen Gabe und Berufung, die er empfangen hat. Das Große wäre, jeden Tag und jede Stunde zu wissen: Hier ist mein Weg, hier meine Aufgabe, hier begegnet mir Christus.

ERÖFFNUNGSVERS   Ps 66 (65), 4

Alle Welt bete dich an, o Gott, und singe dein Lob,
sie lobsinge deinem Namen, du Allerhöchster.
Ehre sei Gott, S. 371 f.

TAGESGEBET

Allmächtiger Gott,
du gebietest über Himmel und Erde,
du hast Macht über die Herzen der Menschen.
Darum kommen wir voll Vertrauen zu dir;
stärke alle, die sich um die Gerechtigkeit mühen,
und schenke unserer Zeit deinen Frieden.
Darum bitten wir durch Jesus Christus.

ZUR 1. LESUNG   *Samuel ist ein von Gott Berufener. Seine Mutter hat ihn schon früh dem Dienst am Heiligtum in Schilo geweiht. Noch ehe der junge Samuel es recht begreifen konnte, hat Gott ihn mit einem harten Prophetenauftrag zum Hohepriester Eli geschickt. Samuel hört das Wort, das Gott ihm sagt, mit der ganzen Kraft seines Herzens. Sein Leben lang wird er nichts anderes tun, als auf das Wort hören und es treu weitersagen.*

ERSTE LESUNG

1 Sam 3, 3b–10.19

Rede, HERR! Dein Diener hört

Lesung
   aus dem ersten Buch Sámuel.

In jenen Tagen
³ schlief der junge Sámuel im Tempel des HERRN,
   wo die Lade Gottes stand.
⁴ Da rief der HERR den Sámuel
   und Sámuel antwortete: Hier bin ich.
⁵ Dann lief er zu Eli
      und sagte: Hier bin ich,
   du hast mich gerufen.
   Eli erwiderte: Ich habe dich nicht gerufen.
   Geh wieder schlafen!
   Da ging er und legte sich wieder schlafen.
⁶ Der HERR rief noch einmal: Sámuel!
   Sámuel stand auf und ging zu Eli
   und sagte: Hier bin ich,
   du hast mich gerufen.
   Eli erwiderte: Ich habe dich nicht gerufen, mein Sohn.
   Geh wieder schlafen!
⁷ Sámuel kannte den HERRN noch nicht
   und das Wort des HERRN war ihm noch nicht offenbart worden.
⁸ Da rief der HERR den Sámuel wieder,
   zum dritten Mal.
   Er stand auf
      und ging zu Eli
   und sagte: Hier bin ich,
   du hast mich gerufen.
   Da merkte Eli, dass der HERR den Knaben gerufen hatte.
⁹ Eli sagte zu Sámuel: Geh, leg dich schlafen!
   Wenn er dich ruft, dann antworte:
      Rede, HERR; denn dein Diener hört.
   Sámuel ging und legte sich an seinem Platz nieder.

¹⁰ Da kam der HERR,
trat heran und rief wie die vorigen Male: Sámuel, Sámuel!
Und Sámuel antwortete:
Rede, denn dein Diener hört.
¹⁹ Sámuel wuchs heran
und der HERR war mit ihm
und ließ keines von all seinen Worten zu Boden fallen.

ANTWORTPSALM   Ps 40 (39), 2 u. 4ab.7–8.9–10 (Kv: vgl. 8a.9a)

Kv Mein Gott, ich komme; GL 31, 1
deinen Willen zu tun, ist mein Gefallen. – Kv

² Ich hoffte, ja ich hoffte auf den HERRN. *
Da neigte er sich mir zu und hörte mein Schreien.
ᵃᵇ Er gab mir ein neues Lied in den Mund, *
einen Lobgesang auf unseren Gott. – (Kv)

⁷ An Schlacht- und Speiseopfern hattest du kein Gefallen, /
doch Ohren hast du mir gegraben, *
Brand- und Sündopfer hast du nicht gefordert.
⁸ Da habe ich gesagt: Siehe, ich komme. *
In der Buchrolle steht es über mich geschrieben. – (Kv)

⁹ Deinen Willen zu tun, mein Gott, war mein Gefallen *
und deine Weisung ist in meinem Innern.
¹⁰ Gerechtigkeit habe ich in großer Versammlung verkündet, *
meine Lippen verschließe ich nicht; HERR, du weißt es. – Kv

ZUR 2. LESUNG   *Paulus war ein leidenschaftlicher Prediger der christlichen Freiheit. Aber er weiß auch, wie gefährdet diese Freiheit ist. Christen sollen ihren Leib weder verachten noch vergötzen; der Leib, das ist der ganze Mensch, für den Christus gestorben und vom Tod auferstanden ist. Sich der Begierde versklaven, heißt Christus entehren. Leib und Seele und Geist des Getauften sind Christus geweiht.*

ZWEITE LESUNG

1 Kor 6, 13c–15a.17–20

Eure Leiber sind Glieder Christi

Lesung
  aus dem ersten Brief des Apostels Paulus
  an die Gemeinde in Korínth.

Schwestern und Brüder!
^{13c} Der Leib ist nicht für die Unzucht da,
  sondern für den Herrn
  und der Herr für den Leib.
¹⁴ Gott hat den Herrn auferweckt;
  er wird durch seine Macht auch uns auferwecken.
^{15a} Wisst ihr nicht, dass eure Leiber Glieder Christi sind?
¹⁷ Wer sich an den Herrn bindet,
  ist ein Geist mit ihm.
¹⁸ Meidet die Unzucht!
Jede Sünde, die der Mensch tut,
  bleibt außerhalb des Leibes.
Wer aber Unzucht treibt,
  versündigt sich gegen den eigenen Leib.
¹⁹ Oder wisst ihr nicht,
  dass euer Leib ein Tempel des Heiligen Geistes ist,
  der in euch wohnt und den ihr von Gott habt?
Ihr gehört nicht euch selbst;
²⁰ denn um einen teuren Preis seid ihr erkauft worden.
Verherrlicht also Gott in eurem Leib!

RUF VOR DEM EVANGELIUM

Vers: vgl. Joh 1, 41.17b

Halleluja. Halleluja.
Wir haben den Messias gefunden, den Gesalbten des Herrn.
Die Gnade und die Wahrheit sind durch ihn gekommen.
Halleluja.

2. Sonntag im Jahreskreis

ZUM EVANGELIUM *Es genügt nicht, über Jesus und seinen Weg etwas gehört oder gelesen zu haben. Die Jünger des Johannes haben das Wort vom Lamm Gottes gehört und sind Jesus nachgegangen. So konnte er sie einladen: Kommt und seht! Sie gingen mit ihm und blieben bei ihm bis zum Abend. Nun wussten sie, wer Jesus war. Und die Geschichte der Berufungen ging weiter: Einer sagte es dem Anderen. So können Berufungen auch heute geschehen.*

EVANGELIUM Joh 1, 35–42
Sie folgten Jesus und sahen, wo er wohnte, und blieben bei ihm

✠ Aus dem heiligen Evangelium nach Johannes.

In jener Zeit
³⁵ stand Johannes am Jordan, wo er taufte,
und zwei seiner Jünger standen bei ihm.
³⁶ Als Jesus vorüberging,
richtete Johannes seinen Blick auf ihn
und sagte: Seht, das Lamm Gottes!
³⁷ Die beiden Jünger hörten, was er sagte,
und folgten Jesus.
³⁸ Jesus aber wandte sich um,
und als er sah, dass sie ihm folgten,
sagte er zu ihnen: Was sucht ihr?
Sie sagten zu ihm: Rabbi – das heißt übersetzt: Meister –,
wo wohnst du?
³⁹ Er sagte zu ihnen: Kommt und seht!
Da kamen sie mit und sahen, wo er wohnte,
und blieben jenen Tag bei ihm;
es war um die zehnte Stunde.
⁴⁰ Andreas, der Bruder des Simon Petrus,
war einer der beiden, die das Wort des Johannes gehört hatten
und Jesus gefolgt waren.
⁴¹ Dieser traf zuerst seinen Bruder Simon
und sagte zu ihm: Wir haben den Messias gefunden –
das heißt übersetzt: Christus – der Gesalbte.
⁴² Er führte ihn zu Jesus.

Jesus blickte ihn an
  und sagte: Du bist Simon, der Sohn des Johannes,
du sollst Kephas heißen,
das bedeutet: Petrus, Fels.

Glaubensbekenntnis, S. 374 ff.
Fürbitten vgl. S. 805 ff.

ZUR EUCHARISTIEFEIER *Wie die Jünger Jesu sind auch wir gekommen und sehen, wo er wohnt. Wir sind seine Hausgenossen und halten mit ihm Mahl. Und durch dieses Mahl nimmt er Wohnung in uns.*

GABENGEBET

Herr,
gib, dass wir das Geheimnis des Altares
ehrfürchtig feiern;
denn sooft wir
die Gedächtnisfeier dieses Opfers begehen,
vollzieht sich an uns das Werk der Erlösung.
Darum bitten wir durch Christus, unseren Herrn.

Präfation, S. 427 ff.

KOMMUNIONVERS   Ps 23 (22), 5

Herr, du deckst mir den Tisch vor den Augen meiner Feinde.
Du füllst mir reichlich den Becher.

Oder: 1 Joh 4, 16

Wir haben die Liebe erkannt und an die Liebe geglaubt,
die Gott zu uns hat.

SCHLUSSGEBET

Barmherziger Gott,
du hast uns alle
mit dem einen Brot des Himmels gestärkt.
Erfülle uns mit dem Geist deiner Liebe,
damit wir ein Herz und eine Seele werden.
Darum bitten wir durch Christus, unseren Herrn.

FÜR DEN TAG UND DIE WOCHE

Das Geheimnis des Evangeliums ist kein solches der Neugier oder der Einweihung in irgendwelche geheim gehaltenen Dinge; das Geheimnis des Evangeliums ist wesentlich ein sich spendendes Leben.

Das Licht des Evangeliums ist keine Erleuchtung, die uns äußerlich bleibt, sondern ein Feuer, das in uns eindringen möchte, um unser Inneres zu brandschatzen und umzuschaffen. (Madeleine Delbrêl)

DRITTER SONNTAG IM JAHRESKREIS

Wenn Gott in die Geschichte der Menschen eingreift, erwarten wir Großes. Jesus hat die Botschaft von Gottes Herrschaft und seinem Reich ausgerufen. Er hat seine Jünger ausgesandt und er sendet sie bis heute, bis ans Ende der Welt. Aber wo ist der Erfolg? Schon die Jünger Jesu hatten Mühe, an einen armen, demütigen Messias zu glauben. Dann begriffen sie, dass es für Jesus ums Ganze ging: um den Menschen.

ERÖFFNUNGSVERS   Ps 96 (95), 1.6

Singet dem Herrn ein neues Lied, singt dem Herrn, alle Lande!
Hoheit und Pracht sind vor seinem Angesicht,
Macht und Glanz in seinem Heiligtum!

Ehre sei Gott, S. 371 f.

TAGESGEBET

Allmächtiger, ewiger Gott,
lenke unser Tun nach deinem Willen
und gib,
dass wir im Namen deines geliebten Sohnes
reich werden an guten Werken.
Darum bitten wir durch ihn, Jesus Christus.

ZUR 1. LESUNG   *Das Jonabüchlein ist eine lehrhafte Erzählung, nicht ein Geschichtsbuch. Die Frage ist, wie Gott zum Menschen steht und insbesondere zum Sünder. Den Frommen in Israel und den Rechtschaffenen aller Zeiten wird gesagt, dass Gott sich um alle Menschen und Völker kümmert. Die Stadt Ninive steht hier für die Heidenvölker; auf die Predigt des Jona hin tut die ganze Stadt Buße. Die Bekehrung ist Angebot und Gabe Gottes. Wer diese Gabe annimmt und zu Gott zurückkehrt, erfährt, dass Gottes Liebe immer schon auf ihn gewartet hat.*

ERSTE LESUNG Jona 3, 1–5.10

Die Leute von Ninive wandten sich von ihren bösen Taten ab

Lesung
    aus dem Buch Jona.

¹ Das Wort des HERRN erging an Jona:
² Mach dich auf den Weg
    und geh nach Nínive, der großen Stadt,
und rufe ihr all das zu,
    was ich dir sagen werde!
³ Jona machte sich auf den Weg und ging nach Nínive,
    wie der HERR es ihm befohlen hatte.

Nínive war eine große Stadt vor Gott;
    man brauchte drei Tage, um sie zu durchqueren.
⁴ Jona begann, in die Stadt hineinzugehen;
er ging einen Tag lang
    und rief: Noch vierzig Tage
und Nínive ist zerstört!

⁵ Und die Leute von Nínive glaubten Gott.
Sie riefen ein Fasten aus
und alle, Groß und Klein,
    zogen Bußgewänder an.
¹⁰ Und Gott sah ihr Verhalten;
er sah, dass sie umkehrten
    und sich von ihren bösen Taten abwandten.
Da reute Gott das Unheil, das er ihnen angedroht hatte,
    und er tat es nicht.

ANTWORTPSALM

Ps 25 (24), 4–5.6–7.8–9 (Kv: 4)

Kv Zeige mir, HERR, deine Wege,
lehre mich deine Pfade! – Kv

GL 142, 2

4 Zeige mir, HERR, deine Wege, *
  lehre mich deine Pfade!
5 Führe mich in deiner Treue und lehre mich; /
  denn du bist der Gott meines Heiles. *
  Auf dich hoffe ich den ganzen Tag. – (Kv)
6 Gedenke deines Erbarmens, HERR, /
  und der Taten deiner Gnade; *
  denn sie bestehen seit Ewigkeit!
7 Gedenke nicht meiner Jugendsünden und meiner Frevel! *
  Nach deiner Huld gedenke meiner, HERR, denn du bist gütig! – (Kv)
8 Der HERR ist gut und redlich, *
  darum weist er Sünder auf den rechten Weg.
9 Die Armen leitet er nach seinem Recht, *
  die Armen lehrt er seinen Weg. – Kv

ZUR 2. LESUNG   *Im ersten Brief an die Korinther antwortet Paulus auf konkrete Anfragen. Die Stellung zur Ehe ist eine dieser Fragen. Wenn sein Ja zur Ehe kein absolutes ist, hat dies seinen Grund nicht in der Ehe selbst, sondern in der Situation der Christen in dieser Zeit zwischen der ersten Ankunft Christi und seiner Wiederkunft. Die Christen erwarten diese Wiederkunft des Herrn bald. Von daher ist auch die Mahnung zu verstehen, sich zu freuen, als freue man sich nicht. Die Zeit ist kurz, sie drängt dem Ende zu. Diesem Ende ist alles unterzuordnen.*

ZWEITE LESUNG

1 Kor 7, 29–31

Die Gestalt dieser Welt vergeht

Lesung
  aus dem ersten Brief des Apostels Paulus
  an die Gemeinde in Korínth.

29 Ich sage euch, Brüder:
   Die Zeit ist kurz.

Daher soll, wer eine Frau hat,
   sich in Zukunft so verhalten, als habe er keine,
³⁰ wer weint, als weine er nicht,
wer sich freut, als freue er sich nicht,
wer kauft, als würde er nicht Eigentümer,
³¹ wer sich die Welt zunutze macht, als nutze er sie nicht;
denn die Gestalt dieser Welt vergeht.

RUF VOR DEM EVANGELIUM
Vers: Mk 1, 15

Halleluja. Halleluja.
Das Reich Gottes ist nahe.
Kehrt um und glaubt an das Evangelium!
Halleluja.

ZUM EVANGELIUM   *An fast allen Sonntagen des Lesejahres B wird das Evangelium nach Markus gelesen, das älteste Zeugnis der urchristlichen Überlieferung über Jesus. Markus fasst die Verkündigung Jesu in dem Wort „Evangelium" zusammen. Aber Jesus selbst ist auch der Inhalt dieses Evangeliums; er selbst ist das „Evangelium Gottes". Mit dem Auftreten Jesu in Galiläa ist das Reich Gottes, die Herrschaft Gottes nahegekommen. Jesus selbst führt sie herbei. Er ruft die Menschen zur Umkehr und zum Glauben. Sich bekehren heißt an das Evangelium glauben. Gnade Gottes ist es, wenn ein Mensch den Ruf hört und ihm ohne Vorbehalt folgt.*

EVANGELIUM
Mk 1, 14–20

Kehrt um, und glaubt an das Evangelium!

✚ Aus dem heiligen Evangelium nach Markus.

¹⁴ Nachdem Johannes der Täufer ausgeliefert worden war,
   ging Jesus nach Galiläa;
er verkündete das Evangelium Gottes
¹⁵ und sprach: Die Zeit ist erfüllt,
das Reich Gottes ist nahe.
Kehrt um
   und glaubt an das Evangelium!

¹⁶ Als Jesus am See von Galiläa entlangging,
   sah er Simon und Andreas, den Bruder des Simon,
   die auf dem See ihre Netze auswarfen;
sie waren nämlich Fischer.
¹⁷ Da sagte er zu ihnen:
   Kommt her, mir nach!
Ich werde euch zu Menschenfischern machen.
¹⁸ Und sogleich ließen sie ihre Netze liegen und folgten ihm nach.
¹⁹ Als er ein Stück weiterging,
   sah er Jakobus, den Sohn des Zebedäus,
   und seinen Bruder Johannes;
sie waren im Boot und richteten ihre Netze her.
²⁰ Sogleich rief er sie
und sie ließen ihren Vater Zebedäus
   mit seinen Tagelöhnern im Boot zurück
   und folgten Jesus nach.

Glaubensbekenntnis, S. 374 ff.
Fürbitten vgl. S. 805 ff.

ZUR EUCHARISTIEFEIER *Die Umkehr beginnt im Herzen. Das Ohr hört das Wort, das Herz erkennt die Stimme. „Wenn einer meine Stimme hört und die Tür öffnet, bei dem werde ich eintreten und Mahl mit ihm halten und er mit mir." (Offb 3,20)*

GABENGEBET

Herr,
nimm unsere Gaben an und heilige sie,
damit sie zum Sakrament der Erlösung werden,
das uns Heil und Segen bringt.
Darum bitten wir durch Christus, unseren Herrn.

Präfation, S. 427 ff.

KOMMUNIONVERS   Ps 34 (33), 6

Blickt auf zum Herrn, so wird euer Gesicht leuchten,
und ihr braucht nicht zu erröten.

Oder: Joh 8, 12

Ich bin das Licht der Welt – so spricht der Herr.
Wer mir nachfolgt, wird nicht in der Finsternis gehen.
Er wird das Licht des Lebens haben.

SCHLUSSGEBET

Allmächtiger Gott,
in deinem Mahl
schenkst du uns göttliches Leben.
Gib, dass wir dieses Sakrament
immer neu als dein großes Geschenk empfangen
und aus seiner Kraft leben.
Darum bitten wir durch Christus, unseren Herrn.

FÜR DEN TAG UND DIE WOCHE

Vielleicht ist der Weg, den wir gerade gehen, nicht der richtige, nicht der richtige für uns. Mag sein, dass wir spüren, dass wir mit diesem Weg unser Ziel nicht erreichen werden, nicht heute und nicht morgen. Möglicherweise kommen wir eher um anstatt an. Wenn wir das erkennen, dass wir uns auf einem Holzweg befinden, dass unsere Gedanken, Gefühle und Handlungen eher Negatives als Positives bewirken, dann sollten wir umkehren. Wenn wir gewahr werden, dass wir uns von den eigentlichen Zielen immer weiter distanzieren, dann ist es höchste Zeit, die Richtung zu ändern. Wo immer ich auch stehe, heute, jetzt und hier, wo immer ich auch gehe, ich habe stets die Wahl und die Kraft, umzukehren und meinem Leben eine andere Richtung zu geben. (Sascha Veitl)

VIERTER SONNTAG IM JAHRESKREIS

Wenn Jesus spricht, ist nicht nur der Inhalt seiner Rede von Bedeutung; er selbst ist das Wort Gottes für uns, daher die geheimnisvolle Macht seiner Rede. Die Dämonen zittern vor ihm; sie wissen, wer er ist: „der Heilige Gottes". Deshalb ist seine Lehre für uns nicht nur bewundernswert; sein Wort hat die Macht, uns zu retten.

4. Sonntag im Jahreskreis

ERÖFFNUNGSVERS
Ps 106 (105), 47

Hilf uns, Herr, unser Gott, führe uns aus den Völkern zusammen!
Wir wollen deinen heiligen Namen preisen,
uns rühmen, weil wir dich loben dürfen.

Ehre sei Gott, S. 371 f.

TAGESGEBET

Herr, unser Gott,
du hast uns erschaffen, damit wir dich preisen.
Gib, dass wir dich mit ungeteiltem Herzen anbeten
und die Menschen lieben, wie du sie liebst.
Darum bitten wir durch Jesus Christus.

ZUR 1. LESUNG *Ein Prophet ist ein Mensch, der hört, was andere nicht hören können. Was er gehört hat, muss er weitersagen als Mittler zwischen Gott und den Menschen. Am Sinai war es Mose, der dem Volk die Worte Gottes mitteilte. Später hat Gott andere Propheten berufen; durch sie sagt er jeder Generation neu, wer er ist, was er tut und was er von seinem Volk erwartet. – Das Wort des Mose: „Einen Propheten wie mich wird der Herr ... erstehen lassen" deutete man im späten Judentum auf den Messias.*

ERSTE LESUNG
Dtn 18, 15–20

Einen Propheten will ich ihnen erstehen lassen und meine Worte in seinen Mund legen

**Lesung
   aus dem Buch Deuteronómium.**

Mose sprach zum Volk:
¹⁵ Einen Propheten wie mich wird dir der HERR, dein Gott,
   aus deiner Mitte, unter deinen Brüdern, erstehen lassen.
Auf ihn sollt ihr hören.
¹⁶ Der HERR wird ihn als Erfüllung von allem erstehen lassen,
   worum du am Horeb, am Tag der Versammlung,
   den HERRN, deinen Gott, gebeten hast,
als du sagtest:
   Ich kann die donnernde Stimme des HERRN, meines Gottes,
   nicht noch einmal hören

und dieses große Feuer nicht noch einmal sehen,
ohne dass ich sterbe.
¹⁷ Damals sagte der HERR zu mir:
Was sie von dir verlangen, ist recht.
¹⁸ Einen Propheten wie dich
will ich ihnen mitten unter ihren Brüdern erstehen lassen.
Ich will ihm meine Worte in den Mund legen
und er wird ihnen alles sagen, was ich ihm gebiete.
¹⁹ Den aber, der nicht auf meine Worte hört,
die der Prophet in meinem Namen verkünden wird,
ziehe ich selbst zur Rechenschaft.
²⁰ Doch ein Prophet,
der sich anmaßt, in meinem Namen ein Wort zu verkünden,
dessen Verkündigung ich ihm nicht geboten habe,
oder der im Namen anderer Götter spricht,
ein solcher Prophet soll sterben.

ANTWORTPSALM   Ps 95 (94), 1–2.6–7c.7d–9 (Kv: vgl. 7d.8a)

Kv **Hört auf die Stimme des Herrn;** GL 53, 1
verhärtet nicht euer Herz! – Kv

¹ Kommt, lasst uns jubeln dem HERRN, *
jauchzen dem Fels unsres Heiles!
² Lasst uns mit Dank seinem Angesicht nahen, *
ihm jauchzen mit Liedern! – (Kv)
⁶ Kommt, wir wollen uns niederwerfen, uns vor ihm verneigen, *
lasst uns niederknien vor dem HERRN, unserm Schöpfer!
⁷ᵃᵇᶜ Denn er ist unser Gott, /
wir sind das Volk seiner Weide, *
die Herde, von seiner Hand geführt. – (Kv)
⁷ᵈ Würdet ihr doch heute auf seine Stimme hören! /
⁸ Verhärtet euer Herz nicht wie in Meríba, *
wie in der Wüste am Tag von Massa!
⁹ Dort haben eure Väter mich versucht, *
sie stellten mich auf die Probe und hatten doch mein Tun gesehen. – Kv

4. Sonntag im Jahreskreis

ZUR 2. LESUNG *Die Lesung aus dem ersten Korintherbrief ist die Fortsetzung der Lesung vom vergangenen Sonntag. Im Zusammenhang mit Ehe und Jungfräulichkeit antwortet Paulus auf die Fragen seiner Zeitgenossen. Er zeigt Entwicklungen auf, die im Leben eines Menschen möglich sind: Ein verheirateter Mensch muss sich um die „Dinge der Welt" kümmern; das kann ihn auf seinem Weg zu Gott ablenken und behindern. Ein unverheirateter Mensch kann grundsätzlich freier seinen Weg zu Gott gehen; er bleibt aber sein Leben lang aufgefordert, eben dies auch zu tun.*

ZWEITE LESUNG
1 Kor 7, 32–35

Die Jungfrau sorgt sich um die Sache des Herrn, um heilig zu sein

Lesung
 aus dem ersten Brief des Apostels Paulus
 an die Gemeinde in Korínth.

Schwestern und Brüder!
³² **Ich wünschte, ihr wäret ohne Sorgen.**
 Der Unverheiratete sorgt sich um die Sache des Herrn;
 er will dem Herrn gefallen.
³³ **Der Verheiratete sorgt sich um die Dinge der Welt;**
 er will seiner Frau gefallen.
³⁴ **So ist er geteilt.**

 Die unverheiratete Frau aber und die Jungfrau
  sorgen sich um die Sache des Herrn,
  um heilig zu sein an Leib und Geist.
 Die Verheiratete sorgt sich um die Dinge der Welt;
 sie will ihrem Mann gefallen.
³⁵ **Dies sage ich zu eurem Nutzen:**
 nicht um euch eine Fessel anzulegen,
 vielmehr, damit ihr euch in rechter Weise und ungestört
  immer an den Herrn haltet.

RUF VOR DEM EVANGELIUM
Vers: Mt 4, 16

Halleluja. Halleluja.
Das Volk, das im Dunkel saß, hat ein helles Licht gesehen;

denen, die im Schattenreich des Todes wohnten, ist ein Licht erschienen.
Halleluja.

ZUM EVANGELIUM   *Der Evangelist sagt uns nichts über den Inhalt der Predigt Jesu an diesem Sabbat in Kafarnaum. Er beschreibt ihre Wirkung: Staunen und Bestürzung. Die Zuhörer spüren die Macht seiner Rede, aber zum Glauben kommen sie nicht. Die Dämonen erkennen ihn als den „Heiligen Gottes"; sie gehorchen seinem Befehl, weil er mächtiger ist als sie.*

EVANGELIUM

Mk 1, 21–28

Er lehrte sie wie einer, der göttliche Vollmacht hat

✛ Aus dem heiligen Evangelium nach Markus.

²¹ In Kafárnaum ging Jesus am Sabbat in die Synagoge
und lehrte.
²² Und die Menschen waren voll Staunen über seine Lehre;
denn er lehrte sie wie einer, der Vollmacht hat,
nicht wie die Schriftgelehrten.
²³ In ihrer Synagoge war ein Mensch,
der von einem unreinen Geist besessen war.
Der begann zu schreien:
²⁴   Was haben wir mit dir zu tun, Jesus von Nazaret?
Bist du gekommen, um uns ins Verderben zu stürzen?
Ich weiß, wer du bist:
der Heilige Gottes.
²⁵ Da drohte ihm Jesus: Schweig und verlass ihn!
²⁶ Der unreine Geist zerrte den Mann hin und her
und verließ ihn mit lautem Geschrei.
²⁷ Da erschraken alle
und einer fragte den andern: Was ist das?
Eine neue Lehre mit Vollmacht:
Sogar die unreinen Geister gehorchen seinem Befehl.
²⁸ Und sein Ruf
verbreitete sich rasch im ganzen Gebiet von Galiläa.

4. Sonntag im Jahreskreis

Glaubensbekenntnis, S. 374 ff.
Fürbitten vgl. S. 805 ff.

ZUR EUCHARISTIEFEIER *Herr, mache mich bereit, deine Macht an mir wirksam werden zu lassen. Öffne mein Herz für dich, damit alles Unwichtige und Belanglose nicht Besitz von mir ergreift. Richte meinen Geist aus an deinem Wort, und gib mir die Bereitschaft dir zu folgen.*

GABENGEBET

Herr, unser Gott,
wir legen die Gaben
als Zeichen unserer Hingabe auf deinen Altar.
Nimm sie entgegen
und mach sie zum Sakrament unserer Erlösung.
Darum bitten wir durch Christus, unseren Herrn.

Präfation, S. 427 ff.

KOMMUNIONVERS   Ps 31 (30), 17–18

Lass dein Angesicht leuchten über deinem Knecht,
hilf mir in deiner Güte.
Herr, lass mich nicht scheitern, denn ich rufe zu dir.

Oder: Mt 5, 3.5

Selig, die vor Gott arm sind; denn ihnen gehört das Himmelreich.
Selig, die keine Gewalt anwenden; denn sie werden das Land erben.

SCHLUSSGEBET

Barmherziger Gott,
das Sakrament der Erlösung,
das wir empfangen haben,
nähre uns auf dem Weg zu dir
und schenke dem wahren Glauben
beständiges Wachstum.
Darum bitten wir durch Christus, unseren Herrn.

FÜR DEN TAG UND DIE WOCHE
Wenn das Besondere des Christentums dieser Jesus Christus selber ist, wenn derselbe Jesus Christus zugleich das Programm des Christentums ist, dann stellt

sich die Frage: Wer ist dieser Jesus? Was wollte er? Denn: Wer immer er war und was immer er wollte, das Christentum wird verschieden aussehen müssen, je nachdem er selber so oder anders war. Und nicht nur im heutigen, sondern schon im damaligen gesellschaftlichen kulturell-religiösen Gesamtzusammenhang wurde gefragt, was schließlich zu einer Lebens- und Todesfrage wurde: Jesus – was will er, wer ist er: Ein Mann des Establishments oder ein Revolutionär? Ein Wahrer von Gesetz und Ordnung oder ein Kämpfer für radikale Veränderung? Ein Vertreter der reinen Innerlichkeit oder ein Verfechter der freien Weltlichkeit? (Hans Küng)

FÜNFTER SONNTAG IM JAHRESKREIS

Wir haben keine Zeit, sagen wir. Wahr ist: Wir haben keine Zeit zu verlieren, denn unsere Lebenszeit ist kurz. Essen, schlafen, Geschäfte machen, das ist zu wenig. Jesus hat uns gezeigt, was ein Menschenleben sein kann: Dienst für die Menschen bis zum Äußersten. Der irdische Jesus vollzieht das mit, was für den ewigen Gottessohn das Leben ist: die vollkommene Hinwendung zum Vater.

ERÖFFNUNGSVERS   Ps 95 (94), 6–7

**Kommt, lasst uns niederfallen,
uns verneigen vor dem Herrn, unserem Schöpfer!
Denn er ist unser Gott.**
Ehre sei Gott, S. 371 f.

TAGESGEBET

**Gott, unser Vater,
wir sind dein Eigentum
und setzen unsere Hoffnung
allein auf deine Gnade.
Bleibe uns nahe in jeder Not und Gefahr
und schütze uns.
Darum bitten wir durch Jesus Christus.**

ZUR 1. LESUNG   *Ijob, ein Mensch des Alten Testaments, ist von Gott schwer heimgesucht worden. Er versteht nicht, warum Gott ihn so geschlagen hat. Mit*

Bitterkeit spricht er vom Elend des Menschenlebens und von seinem persönlichen Schicksal. Schließlich versucht er ein Gebet: Gott möge mit ihm nicht zu hart verfahren und ihm noch ein wenig Frieden schenken. – Auf die Frage nach dem Sinn des Leidens hat das Alte Testament noch keine genügende Antwort. Dem Menschen bleibt nur – wenn er sie zustande bringt – die Antwort, an Gottes Gerechtigkeit und sein Erbarmen zu glauben.

ERSTE LESUNG Ijob 7, 1–4.6–7
Nächte voller Mühsal teilte man mir zu

Lesung
aus dem Buch Íjob.

Íjob ergriff das Wort
und sprach:

1 Ist nicht Kriegsdienst des Menschen Leben auf der Erde?
Sind nicht seine Tage die eines Tagelöhners?

2 Wie ein Knecht ist er, der nach Schatten lechzt,
wie ein Tagelöhner, der auf seinen Lohn wartet.

3 So wurden Monde voll Enttäuschung mein Erbe
und Nächte voller Mühsal teilte man mir zu.

4 Lege ich mich nieder, sage ich: Wann darf ich aufstehn?
Wird es Abend, bin ich gesättigt mit Unrast, bis es dämmert.

6 Schneller als das Weberschiffchen eilen meine Tage,
sie gehen zu Ende, ohne Hoffnung.

7 Denk daran, dass mein Leben nur ein Hauch ist!
Nie mehr schaut mein Auge Glück.

ANTWORTPSALM Ps 147 (146), 1–2.3–4.5–6 (Kv: vgl. 3a)

Kv Lobet den Herrn; GL 77, 1
er heilt die gebrochenen Herzen. – Kv

(Oder: **Halleluja**.)

1 Ja, gut ist es, unserem Gott zu singen und zu spielen, *
ja, schön und geziemend ist Lobgesang.

2 Der HERR baut Jerusalem auf, *
er sammelt die Versprengten Israels. – (Kv)

³ Er heilt, die gebrochenen Herzens sind, *
er verbindet ihre Wunden.
⁴ Er bestimmt die Zahl der Sterne *
und ruft sie alle mit Namen. – (Kv)
⁵ Groß ist unser Herr und gewaltig an Kraft, *
seine Einsicht ist ohne Grenzen.
⁶ Der HERR hilft auf den Gebeugten, *
er drückt die Frevler zu Boden. – Kv

ZUR 2. LESUNG   *Christen, die rücksichtslos ihr Recht behaupten, gab es nicht nur in der Gemeinde von Korinth. Paulus rät den Christen der Gemeinde von Korinth, auf ihr Recht zu verzichten, wenn sonst dem schwächeren Bruder Schaden zugefügt würde. Er kann auf sein eigenes Beispiel hinweisen: Er ist Apostel, setzt seine Zeit und Kraft für das Evangelium ein; er hätte also das Recht, von dieser Arbeit auch zu leben. Er nimmt dieses Recht nicht in Anspruch; die Botschaft muss glaubwürdig bleiben und ihren Weg in die Herzen finden, darauf allein kommt es an.*

ZWEITE LESUNG
1 Kor 9, 16–19.22–23

Weh mir, wenn ich das Evangelium nicht verkünde!

**Lesung
aus dem ersten Brief des Apostels Paulus
an die Gemeinde in Korínth.**

Schwestern und Brüder!
¹⁶ Wenn ich das Evangelium verkünde,
gebührt mir deswegen kein Ruhm;
denn ein Zwang liegt auf mir.
Weh mir, wenn ich das Evangelium nicht verkünde!
¹⁷ Wäre es mein freier Entschluss, so erhielte ich Lohn.
Wenn es mir aber nicht freisteht,
so ist es ein Dienst, der mir anvertraut wurde.
¹⁸ Was ist nun mein Lohn?
Dass ich unentgeltlich verkünde
und so das Evangelium bringe
und keinen Gebrauch von meinem Anrecht

aus dem Evangelium mache.
^19 Obwohl ich also von niemandem abhängig bin,
    habe ich mich für alle zum Sklaven gemacht,
    um möglichst viele zu gewinnen.
^22 Den Schwachen bin ich ein Schwacher geworden,
    um die Schwachen zu gewinnen.
  Allen bin ich alles geworden,
    um auf jeden Fall einige zu retten.
^23 Alles aber tue ich um des Evangeliums willen,
    um an seiner Verheißung teilzuhaben.

RUF VOR DEM EVANGELIUM
Vers: vgl. Mt 8, 17

Halleluja. Halleluja.
Christus hat unsere Leiden auf sich genommen,
unsere Krankheiten hat er getragen.
Halleluja.

ZUM EVANGELIUM *Auch die Taten Jesu sind Worte; sie sagen, wer Jesus ist und was er will. Er heilt Kranke und treibt Dämonen aus. Der Mensch Jesus braucht aber ebenso Stunden des einsamen Gebets, der tiefen Gemeinschaft mit dem Vater. Dann kann er wieder zu den Menschen gehen. Die Jünger sollen das sehen und lernen.*

EVANGELIUM
Mk 1, 29–39

Er heilte viele, die an allen möglichen Krankheiten litten

✝ Aus dem heiligen Evangelium nach Markus.

In jener Zeit
^29   ging Jesus zusammen mit Jakobus und Johannes
    in das Haus des Simon und Andreas.
^30 Die Schwiegermutter des Simon lag mit Fieber im Bett.
  Sie sprachen sogleich mit Jesus über sie
^31 und er ging zu ihr,
    fasste sie an der Hand und richtete sie auf.
  Da wich das Fieber von ihr und sie diente ihnen.

³² Am Abend, als die Sonne untergegangen war,
brachte man alle Kranken und Besessenen zu Jesus.
³³ Die ganze Stadt war vor der Haustür versammelt
³⁴ und er heilte viele, die an allen möglichen Krankheiten litten,
und trieb viele Dämonen aus.
Und er verbot den Dämonen zu sagen,
dass sie wussten, wer er war.
³⁵ In aller Frühe, als es noch dunkel war, stand er auf
und ging an einen einsamen Ort, um zu beten.
³⁶ Simon und seine Begleiter eilten ihm nach,
³⁷ und als sie ihn fanden,
sagten sie zu ihm: Alle suchen dich.
³⁸ Er antwortete: Lasst uns anderswohin gehen,
in die benachbarten Dörfer,
damit ich auch dort verkünde;
denn dazu bin ich gekommen.
³⁹ Und er zog durch ganz Galiläa,
verkündete in ihren Synagogen
und trieb die Dämonen aus.

Glaubensbekenntnis, S. 374 ff.
Fürbitten vgl. S. 805 ff.

ZUR EUCHARISTIEFEIER *Wo Jesus hinkommt, weichen die dunklen Mächte, wer von ihm berührt wird, erfährt Heilung. Ich darf mich ihm anvertrauen: Heile mich, Herr, befreie mich von allem, was mich in mir selbst gefangen hält. Du bist meine Hoffnung und Zuversicht.*

GABENGEBET

Herr, unser Gott,
du hast Brot und Wein geschaffen,
um uns Menschen in diesem vergänglichen Leben
Nahrung und Freude zu schenken.
Mache diese Gaben zum Sakrament,
das uns ewiges Leben bringt.
Darum bitten wir durch Christus, unseren Herrn.

Präfation, S. 427 ff.

KOMMUNIONVERS
Ps 107 (106), 8–9

Wir wollen dem Herrn danken für seine Huld,
für sein wunderbares Tun an den Menschen,
weil er die hungernde Seele mit seinen Gaben erfüllt hat.

Oder: Mt 5, 4.6

Selig, die trauern; denn sie werden getröstet werden.
Selig, die hungern und dürsten nach der Gerechtigkeit;
denn sie werden satt werden.

SCHLUSSGEBET

Barmherziger Gott,
du hast uns teilhaben lassen
an dem einen Brot und dem einen Kelch.
Lass uns eins werden in Christus
und Diener der Freude sein für die Welt.
Darum bitten wir durch Christus, unseren Herrn.

FÜR DEN TAG UND DIE WOCHE
Wie schon die Propheten Gott widersprachen, gilt in der jüdischen Tradition, dass es jedem Einzelnen erlaubt ist, Nein zu sagen zu Gott, sich gegen ihn zu stellen, wie Hiob mit ihm zu ringen, solange man nur innerhalb dieser Tradition bleibt, solange man sich auch sonst nicht von ihm abwendet. Gott den Herrn anzuklagen, ihn für seine Abwesenheit schuldig zu sprechen und anschließend im innigen Gebet sein Lob verkünden, für das Leben danken und sich an ihm freuen. Dem Menschen ist es immer gestattet, als ganzer Mensch vor Gott zu treten. (Bettina Reichmann)

SECHSTER SONNTAG IM JAHRESKREIS

Reinheit ist mehr als Freisein von Sünde. Unrein ist ein Wesen, wenn es im Genuss verweilt oder sich in Egoismus einrollt. Die Reinheit eines Menschen bemisst sich nach dem Grad der Anziehung, die ihn zur göttlichen Mitte hinführt.

ERÖFFNUNGSVERS
Ps 31 (30), 3–4

Sei mir ein schützender Fels, eine feste Burg, die mich rettet.
Denn du bist mein Fels und meine Burg;
um deines Namens willen wirst du mich führen und leiten.

Ehre sei Gott, S. 371 f.

TAGESGEBET

Gott, du liebst deine Geschöpfe,
und es ist deine Freude,
bei den Menschen zu wohnen.
Gib uns ein neues und reines Herz,
das bereit ist, dich aufzunehmen.
Darum bitten wir durch Jesus Christus.

ZUR 1. LESUNG *Unter Reinheit verstand man im Ersten Bund die Voraussetzungen, die ein Mensch erfüllen muss, um am Gottesdienst teilnehmen zu können. Krankheiten wie der Aussatz machten den Menschen in diesem Sinn „unrein". Das hatte natürlich auch seine medizinische Bedeutung. Es war damals schwierig, den eigentlichen Aussatz, die Lepra, von Krankheiten zu unterscheiden, die zunächst ähnliche Anzeichen aufwiesen. Der Krankheit gegenüber war man ziemlich hilflos; so suchte man wenigstens der Ansteckung vorzubeugen.*

ERSTE LESUNG
Lev 13, 1–2.43ac.44ab.45–46

Der Aussätzige soll abgesondert wohnen, außerhalb des Lagers

**Lesung
aus dem Buch Levítikus.**

¹ Der HERR sprach zu Mose und Aaron:
² Wenn sich auf der Haut eines Menschen
eine Schwellung, ein Ausschlag oder ein heller Fleck bildet
und auf der Haut zu einem Anzeichen von Aussatz wird,
soll man ihn zum Priester Aaron
oder zu einem seiner Söhne, den Priestern, führen.

⁴³ᵃᶜ Der Priester soll ihn untersuchen.
Stellt er eine hellrote Aussatzschwellung fest,
die wie Hautaussatz aussieht,

ab so ist der Mensch aussätzig;
er ist unrein.
Der Priester muss ihn für unrein erklären.

⁴⁵ Der Aussätzige mit dem Anzeichen
 soll eingerissene Kleider tragen
 und das Kopfhaar ungekämmt lassen;
er soll den Bart verhüllen
und ausrufen: Unrein! Unrein!

⁴⁶ Solange das Anzeichen an ihm besteht,
 bleibt er unrein;
er ist unrein.
Er soll abgesondert wohnen,
außerhalb des Lagers soll er sich aufhalten.

ANTWORTPSALM   Ps 32 (31), 1–2.5.10–11 (Kv: vgl. 7)

Kv Du bist mein Schutz, o Herr,   GL 431
du rettest mich und hüllst mich in Jubel. – Kv

¹ Selig der, dessen Frevel vergeben *
und dessen Sünde bedeckt ist.
² Selig der Mensch, dem der HERR die Schuld nicht zur Last legt *
und in dessen Geist keine Falschheit ist. – (Kv)

⁵ Da bekannte ich dir meine Sünde *
und verbarg nicht länger meine Schuld vor dir.
Ich sagte: Meine Frevel will ich dem HERRN bekennen. *
Und du hast die Schuld meiner Sünde vergeben. – (Kv)

¹⁰ Der Frevler leidet viele Schmerzen, *
doch wer dem HERRN vertraut, den wird er mit seiner Huld umgeben.
¹¹ Freut euch am HERRN und jauchzt, ihr Gerechten, *
jubelt alle, ihr Menschen mit redlichem Herzen! – Kv

ZUR 2. LESUNG *Unter den Anfragen aus Korinth war auch diese: Ob es einem Christen erlaubt sei, Fleisch zu essen, das vorher den heidnischen Göttern als Opfer dargebracht worden war. Antwort: Es ist erlaubt, denn diese Götter sind nichts. Der Christ soll ein freies und klares Gewissen haben; aber auch seiner eigenen Freiheit gegenüber soll er so frei sein, dass er auf sie verzichten kann, wenn die Rücksicht auf das Gewissen eines anderen dies erfordert.*

ZWEITE LESUNG 1 Kor 10, 31 – 11, 1

Nehmt mich zum Vorbild, wie ich Christus zum Vorbild nehme!

Lesung
   aus dem ersten Brief des Apostels Paulus
   an die Gemeinde in Korínth.

Schwestern und Brüder!

10,31 Ob ihr esst oder trinkt oder etwas anderes tut:
   Tut alles zur Verherrlichung Gottes!

32 Gebt weder Juden noch Griechen,
   noch der Kirche Gottes
   Anlass zu einem Vorwurf!

33 Auch ich suche allen in allem entgegenzukommen;
   ich suche nicht meinen Nutzen,
   sondern den Nutzen aller, damit sie gerettet werden.

11,1 Nehmt mich zum Vorbild,
   wie ich Christus zum Vorbild nehme!

RUF VOR DEM EVANGELIUM Vers: vgl. Lk 7, 16

Halleluja. Halleluja.
Ein großer Prophet wurde unter uns erweckt:
Gott hat sein Volk heimgesucht.
Halleluja.

ZUM EVANGELIUM *Die Wunder Jesu sind Zeichen seiner Macht und der anbrechenden Gottesherrschaft. Jesus ist aber auch wirklicher Mensch, er leidet die Not anderer mit. Aussätzige erfahren seine menschliche Güte und seine göttliche Kraft der Heilung. Jesus hat den Willen zu helfen, und er hat die Macht. Der Geheilte aber kann nicht schweigen, er „muss" die Macht Gottes bezeugen.*

EVANGELIUM Mk 1, 40–45
Der Aussatz verschwand und der Mann war rein

✠ Aus dem heiligen Evangelium nach Markus.

In jener Zeit
⁴⁰ kam ein Aussätziger zu Jesus
und bat ihn um Hilfe;
er fiel vor ihm auf die Knie
und sagte: Wenn du willst,
 kannst du mich rein machen.
⁴¹ Jesus hatte Mitleid mit ihm;
er streckte die Hand aus,
berührte ihn
und sagte: Ich will – werde rein!
⁴² Sogleich verschwand der Aussatz
und der Mann war rein.
⁴³ Jesus schickte ihn weg,
wies ihn streng an
⁴⁴ und sagte zu ihm:
 Sieh, dass du niemandem etwas sagst,
sondern geh, zeig dich dem Priester
 und bring für deine Reinigung dar, was Mose festgesetzt hat –
ihnen zum Zeugnis.
⁴⁵ Der Mann aber ging weg
 und verkündete bei jeder Gelegenheit, was geschehen war;
er verbreitete die Geschichte,
 sodass sich Jesus in keiner Stadt mehr zeigen konnte;
er hielt sich nur noch an einsamen Orten auf.
Dennoch kamen die Leute von überallher zu ihm.

Glaubensbekenntnis, S. 374 ff.
Fürbitten vgl. S. 805 ff.

ZUR EUCHARISTIEFEIER *Wen Jesus anrührt, der Heilige Gottes, der ist gerettet. Mich berührt sein Wort; er sagt zu mir: „Ich will es, sei rein." Und mit mir geschieht das Unerhörte: Ich werde geheiligt und erneuert durch die Kraft, die von ihm ausgeht.*

GABENGEBET

Barmherziger Gott,
das heilige Opfer reinige uns von Sünden
und mache uns zu neuen Menschen.
Es helfe uns, nach deinem Willen zu leben,
damit wir den verheißenen Lohn erlangen.
Darum bitten wir durch Christus, unseren Herrn.
Präfation, S. 427 ff.

KOMMUNIONVERS
Vgl. Ps 78 (77), 29–30

Alle aßen und wurden satt; er gab ihnen, was sie begehrten.
Ihr Verlangen wurde erfüllt.

Oder: Joh 3, 16

Gott hat die Welt so geliebt, dass er seinen einzigen Sohn hingab,
damit jeder, der an ihn glaubt, nicht zugrunde geht,
sondern das ewige Leben hat.

SCHLUSSGEBET

Gott, du Spender alles Guten,
du hast uns das Brot des Himmels geschenkt.
Erhalte in uns das Verlangen nach dieser Speise,
die unser wahres Leben ist.
Darum bitten wir durch Christus, unseren Herrn.

FÜR DEN TAG UND DIE WOCHE

Was wäre, wenn es Jesus von Nazaret nicht gegeben hätte? Um es deutlich zu sagen: Die Würde und Einmaligkeit des Menschen als Person, gerade auch die Würde der behinderten, kranken und schwachen Menschen, wäre wohl nicht ans Licht gekommen. Ich weiß, dass das neuzeitliche Programm der Freiheit und Menschenrechte sich oft gegen das Christentum durchsetzen musste. Und doch: Ohne Jesus von Nazaret gäbe es wohl kein universalisierbares Bewusstsein von Freiheit, Gleichheit und Geschwisterlichkeit, von Menschenrecht und Menschenpflicht. Ein vermeintlich aufgeklärtes Reden von Humanität und Toleranz vergisst, dass diese Grundlagen unserer Gesellschaft ohne das Christentum nicht in der Welt wären. (Franz Kamphaus)

SIEBTER SONNTAG IM JAHRESKREIS

Wer vor dem Gesetz schuldig geworden ist, wird bestraft. So verlangt es das Recht. Aber die Gerechtigkeit Gottes ist größer. Gott will die Menschen dadurch besser machen, dass er ihnen die Schuld vergibt. Das sollen wir nicht vergessen, es soll uns aber nicht quälen, im Gegenteil: Es soll uns dankbar machen und gütig gegenüber dem, der unsere Vergebung braucht.

ERÖFFNUNGSVERS   Ps 13 (12), 6

Herr, ich baue auf deine Huld,
mein Herz soll über deine Hilfe frohlocken.
Singen will ich dem Herrn, weil er mir Gutes getan hat.

Ehre sei Gott, S. 371 f.

TAGESGEBET

**Barmherziger Gott,
du hast durch deinen Sohn zu uns gesprochen.
Lass uns immer wieder über dein Wort nachsinnen,
damit wir reden und tun, was dir gefällt.
Darum bitten wir durch Jesus Christus.**

ZUR 1. LESUNG   *Dem Volk, das seit Jahren im babylonischen Exil lebt, kündet der Prophet die Befreiung an. Gott selbst wird eingreifen, wie er es damals getan hat, als er Israel aus Ägypten herausführte. Gott vergibt die Schuld, das ist die eigentliche Rettung. Sie macht die innere Umkehr des Volkes und dann auch die äußere Rückkehr in die Heimat erst möglich.*

ERSTE LESUNG   Jes 43, 18–19.21–22.24b–25

Um meinetwillen wische ich deine Vergehen weg

**Lesung
  aus dem Buch Jesája.

So spricht der Herr:**
¹⁸ **Denkt nicht mehr an das, was früher war;
auf das, was vergangen ist, achtet nicht mehr!**
¹⁹ **Siehe, nun mache ich etwas Neues.**

Schon sprießt es, merkt ihr es nicht?
Ja, ich lege einen Weg an durch die Wüste
   und Flüsse durchs Ödland.
21 Das Volk, das ich mir geformt habe,
   wird meinen Ruhm verkünden.
22 Jakob, du hast mich nicht gerufen,
   Israel, du hast dir mit mir keine Mühe gemacht.
24b Du hast mich mit deinen Sünden geknechtet,
   mir Mühe gemacht mit deinen Vergehen.
25 Ich, ich bin es, der deine Vergehen wegwischt um meinetwillen,
   deiner Sünden gedenke ich nicht mehr.

ANTWORTPSALM

Ps 41 (40), 2–3a.4–5.13–14 (Kv: 5b)

Kv Heile mich, HERR;   GL 41, 1
   denn ich habe gegen dich gesündigt! – Kv

2 Selig, wer sich des Geringen annimmt; *
   zur Zeit des Unheils wird der HERR ihn retten.
3a Der HERR wird ihn behüten *
   und am Leben erhalten. – (Kv)

4 Der HERR wird ihn auf dem Krankenbett stärken; *
   sein ganzes Lager hast du in seiner Krankheit gewendet.
5 Ich sagte: HERR, sei mir gnädig! *
   Heile mich, denn ich habe gegen dich gesündigt! – (Kv)

13 Weil ich aufrichtig bin, hieltest du mich fest *
   und stelltest mich vor dein Angesicht für immer.
14 Gepriesen sei der HERR, der Gott Israels *
   von Ewigkeit zu Ewigkeit. Amen, ja amen. – Kv

ZUR 2. LESUNG *Paulus hatte der Gemeinde von Korinth seinen Besuch angekündigt, war dann aber nicht gekommen. Ein Besuch in diesem Moment schien eher schädlich als nützlich zu sein. Auf keinen Fall soll ein Zweifel an der Zuverlässigkeit des Apostels aufkommen. Als Bote Gottes muss er ja Gottes eigene Treue und Zuverlässigkeit verkörpern. Gott ist treu; dafür bürgt der menschgewordene Sohn; er ist das Ja Gottes zu seinen Verheißungen. Das bezeugt uns der Heilige Geist, den wir in der Taufe empfangen haben. Auch das Leben jedes*

Christen muss so klar und lauter sein wie das Amen, das wir in der liturgischen Feier in der Kraft des Heiligen Geistes sprechen.

ZWEITE LESUNG
2 Kor 1, 18–22

Jesus Christus ist nicht als Ja und Nein zugleich gekommen; in ihm ist das Ja verwirklicht

**Lesung
aus dem zweiten Brief des Apostels Paulus
an die Gemeinde in Korínth.**

Schwestern und Brüder!
¹⁸ **Gott ist treu,
er bürgt dafür,
dass unser Wort euch gegenüber nicht Ja und Nein zugleich ist.**
¹⁹ **Denn Gottes Sohn Jesus Christus,
der euch durch uns verkündet wurde
– durch mich, Silvánus und Timótheus –,
ist nicht als Ja und Nein zugleich gekommen;
in ihm ist das Ja verwirklicht.**
²⁰ **Denn er ist das Ja zu allem, was Gott verheißen hat.
Darum ergeht auch durch ihn das Amen zu Gottes Lobpreis,
vermittelt durch uns.**
²¹ **Gott aber ist es, der uns mit euch auf Christus hin stärkt
und der uns gesalbt hat.**
²² **Er hat uns auch sein Siegel aufgedrückt
und als ersten Anteil
den Geist in unsere Herzen gegeben.**

RUF VOR DEM EVANGELIUM
Vers: vgl. Jes 61, 1 (Lk 4, 18)

Halleluja. Halleluja.
Der Herr hat mich gesandt,
den Armen die Frohe Botschaft zu bringen
und den Gefangenen die Freiheit zu verkünden.
Halleluja.

ZUM EVANGELIUM *Jesus hat die Macht, zu lehren, Dämonen auszutreiben, Krankheiten zu heilen. Er tritt aber auch mit dem Anspruch auf, Sünden vergeben zu können. Das ist in den Augen der Schriftgelehrten eine Gotteslästerung. Und sie haben Recht: Nur Gott kann Sünden vergeben. Jesus bestreitet das nicht; er beweist durch die Krankenheilung seine göttliche Vollmacht.*

EVANGELIUM

Mk 2, 1–12

Der Menschensohn hat die Vollmacht, auf der Erde Sünden zu vergeben

+ Aus dem heiligen Evangelium nach Markus.

¹ Als Jesus wieder nach Kafárnaum hineinging,
  wurde bekannt, dass er im Hause war.
² Und es versammelten sich so viele Menschen,
  dass nicht einmal mehr vor der Tür Platz war;
und er verkündete ihnen das Wort.
³ Da brachte man einen Gelähmten zu ihm,
  von vier Männern getragen.
⁴ Weil sie ihn aber wegen der vielen Leute
  nicht bis zu Jesus bringen konnten,
    deckten sie dort, wo Jesus war, das Dach ab,
schlugen die Decke durch
und ließen den Gelähmten
  auf seiner Liege durch die Öffnung hinab.
⁵ Als Jesus ihren Glauben sah,
  sagte er zu dem Gelähmten: Mein Sohn,
deine Sünden sind dir vergeben!
⁶ Einige Schriftgelehrte aber, die dort saßen,
  dachten in ihrem Herzen:
⁷ Wie kann dieser Mensch so reden?
Er lästert Gott.
Wer kann Sünden vergeben außer dem einen Gott?
⁸ Jesus erkannte sogleich in seinem Geist,
  dass sie so bei sich dachten,
und sagte zu ihnen: Was für Gedanken habt ihr in euren Herzen?
⁹ Was ist leichter,

> zu dem Gelähmten zu sagen: Deine Sünden sind dir vergeben!
> oder zu sagen:
> Steh auf, nimm deine Liege und geh umher?
> ¹⁰ Damit ihr aber erkennt,
> dass der Menschensohn die Vollmacht hat,
> auf der Erde Sünden zu vergeben –
> sagte er zu dem Gelähmten:
> ¹¹ Ich sage dir:
> Steh auf, nimm deine Liege und geh nach Hause!
> ¹² Er stand sofort auf,
> nahm seine Liege
> und ging vor aller Augen weg.
> Da gerieten alle in Staunen;
> sie priesen Gott
> und sagten: So etwas haben wir noch nie gesehen.

Glaubensbekenntnis, S. 374 ff.
Fürbitten vgl. S. 805 ff.

ZUR EUCHARISTIEFEIER *Es ist die Treue Gottes, sein unverbrüchliches „Ja" zu jedem von uns, das uns immer wieder einen Neuanfang ermöglicht. Auch jetzt spricht er dieses „Ja" in Jesus Christus, der sich in Brot und Wein uns schenkt.*

GABENGEBET

Allmächtiger Gott,
in der Feier der göttlichen Geheimnisse
erfüllen wir den Dienst, der uns aufgetragen ist.
Gib, dass wir deine Größe würdig loben und preisen
und aus diesem Opfer Heil empfangen.
Darum bitten wir durch Christus, unseren Herrn.

Präfation, S. 427 ff.

KOMMUNIONVERS   Ps 9, 2–3

Herr, verkünden will ich all deine Wunder.
Ich will jauchzen und an dir mich freuen,
für dich, du Höchster, will ich singen und spielen.

Oder: Joh 11, 27
Ja, Herr, ich glaube, dass du der Messias bist,
der Sohn Gottes, der in die Welt kommen soll.

SCHLUSSGEBET

Getreuer Gott,
du hast uns das heilige Sakrament
als Unterpfand der kommenden Herrlichkeit gegeben.
Schenke uns einst das Heil in seiner ganzen Fülle.
Darum bitten wir durch Christus, unseren Herrn.

FÜR DEN TAG UND DIE WOCHE
Er ist da *Ob wir von Christus wissen oder nicht, er ist da, ganz nahe bei jedem. Wie ein unbemerkter Begleiter, wie Licht in unserer Finsternis, wie ein brennendes Feuer im Herzen des Menschen. Er hat sich so sehr an die Menschen gebunden, dass er bei ihnen bleibt, auch wenn sie es nicht wissen.*
Aber Christus ist, wie Gott, auch ein anderer als wir. Er ist das Gegenüber des Menschen, der ihn unablässig sucht, von Angesicht zu Angesicht. (Frère Roger, Taizé)

ACHTER SONNTAG
IM JAHRESKREIS

Warum hat sich Gott ein Volk ausgesucht und mit ihm einen Bund geschlossen? Warum hat er zu diesem Bund sein endgültiges Ja gesagt in der Menschwerdung des Sohnes? Dafür gibt es keinen anderen Grund als seine Liebe, die aus dem Reichtum seines Herzens kommt. Die Liebe wartet auf die Antwort unseres Glaubens und unserer Treue.

ERÖFFNUNGSVERS
Ps 18 (17), 19.20
Der Herr wurde mein Halt.
Er führte mich hinaus ins Weite,
er befreite mich, denn er hat an mir Gefallen.
Ehre sei Gott, S. 371 f.

TAGESGEBET

Allmächtiger Gott,
deine Vorsehung bestimmt den Lauf der Dinge
und das Schicksal der Menschen.
Lenke die Welt in den Bahnen deiner Ordnung,
damit die Kirche
in Frieden deinen Auftrag erfüllen kann.
Darum bitten wir durch Jesus Christus.

ZUR 1. LESUNG   *Gott hat Israel aus Ägypten herausgeführt und es zu seinem Volk gemacht. Die Jugendzeit des Volkes, die Zeit der Wüste, war die Zeit der ersten Liebe; Israel kannte keinen anderen Gott. Später, im Kulturland, hat der Wohlstand das Volk von Gott weggeführt; es gab andere, zeitgemäßere Götter. Aber Gott liebt sein Volk immer noch; er wird es von der Knechtschaft der neuen Götter befreien. Er wird es noch einmal in die Wüste führen; dort wird es wieder Liebe und Treue lernen und zu seinem Gott zurückfinden.*

ERSTE LESUNG   Hos 2, 16b.17b.21–22

Ich verlobe dich mir auf ewig

**Lesung
aus dem Buch Hoséa.**

So spricht der Herr:
⁶ᵇ **Ich werde Israel, meine treulose Braut, in die Wüste gehen lassen
und ihr zu Herzen reden.**
⁷ᵇ **Dort wird sie mir antworten
wie in den Tagen ihrer Jugend,
wie am Tag, als sie aus dem Land Ägypten heraufzog.**
²¹ **Ich verlobe dich mir auf ewig;
ich verlobe dich mir
um den Brautpreis von Gerechtigkeit und Recht,
von Liebe und Erbarmen,**
²² **ich verlobe dich mir um den Brautpreis der Treue:
Dann wirst du den Herrn erkennen.**

8. Sonntag im Jahreskreis

ANTWORTPSALM   Ps 103 (102), 1–2.3–4.8 u. 10.12–13 (Kv: vgl. 8)

Kv Gnädig und barmherzig ist der HERR,   GL 639, 3
voll Langmut und reich an Huld. – Kv

1 Preise den HERRN, meine Seele, *
 und alles in mir seinen heiligen Namen!
2 Preise den HERRN, meine Seele, *
 und vergiss nicht, was er dir Gutes getan hat! – (Kv)
3 Der dir all deine Schuld vergibt *
 und all deine Gebrechen heilt,
4 der dein Leben vor dem Untergang rettet *
 und dich mit Huld und Erbarmen krönt. – (Kv)
8 Der HERR ist barmherzig und gnädig, *
 langmütig und reich an Huld.
10 Er handelt an uns nicht nach unsern Sünden *
 und vergilt uns nicht nach unsrer Schuld. – (Kv)
12 So weit der Aufgang entfernt ist vom Untergang, *
 so weit entfernt er von uns unsere Frevel.
13 Wie ein Vater sich seiner Kinder erbarmt, *
 so erbarmt sich der HERR über alle, die ihn fürchten. – Kv

ZUR 2. LESUNG *Trotz mancher Spannungen weiß der Apostel sich der Gemeinde von Korinth eng verbunden. Er braucht im Grunde keine andere Empfehlung, um sein Apostelamt zu verteidigen, als eben diese Gemeinde. Durch ihren Glauben ist sie der Beweis dafür, dass durch den Apostel der Geist Gottes am Werk ist. Niemand ist zu einem solchen Aposteldienst fähig, wenn nicht der Geist Gottes in ihm wirkt.*

ZWEITE LESUNG   2 Kor 3, 1b–6

Ihr seid ein Brief Christi, ausgefertigt durch unseren Dienst

Lesung
 aus dem zweiten Brief des Apostels Paulus
 an die Gemeinde in Korinth.

Schwestern und Brüder!
1b Brauchen wir – wie gewisse Leute –
 Empfehlungsschreiben an euch oder von euch?

² Unser Brief seid ihr;
eingeschrieben in unsere Herzen
und von allen Menschen erkannt und gelesen.
³ Unverkennbar seid ihr ein Brief Christi,
ausgefertigt durch unseren Dienst,
geschrieben nicht mit Tinte,
   sondern mit dem Geist des lebendigen Gottes,
nicht auf Tafeln aus Stein,
   sondern – wie auf Tafeln – in Herzen von Fleisch.
⁴ Wir haben durch Christus so großes Vertrauen zu Gott.
⁵ Doch sind wir dazu nicht von uns aus fähig,
   als ob wir uns selbst etwas zuschreiben könnten;
unsere Befähigung stammt vielmehr von Gott.
⁶ Er hat uns fähig gemacht,
   Diener des Neuen Bundes zu sein,
nicht des Buchstabens,
   sondern des Geistes.
Denn der Buchstabe tötet,
   der Geist aber macht lebendig.

RUF VOR DEM EVANGELIUM   Vers: vgl. Jak 1, 18

Halleluja. Halleluja.
Durch das Wort der Wahrheit hat uns der Vater das Leben geschenkt
und uns zu Erstlingen seiner Schöpfung gemacht.
Halleluja.

ZUM EVANGELIUM   *Israel hat den Gottesbund vom Sinai hundertmal gebrochen. Aber Gott kann dieses Volk nicht aufgeben: Er ist treu, und er liebt dieses Volk. Er wird einen neuen Bund schaffen: Er will alle Schuld vergeben und einen neuen Anfang machen. Jesus beansprucht, dieser neue Anfang zu sein. Wenn er erklärt, jetzt seien die Tage der Hochzeit, nimmt er für sich in Anspruch, der Herr und Gemahl des neuen Gottesvolkes zu sein, so wie im Ersten Bund Jahwe sich als „Gemahl" seines Volkes bezeichnet hatte (vgl. 1. Lesung).*

EVANGELIUM Mk 2, 18–22
Der Bräutigam ist bei ihnen

✟ Aus dem heiligen Evangelium nach Markus.

¹⁸ Da die Jünger des Johannes und die Pharisäer zu fasten pflegten,
kamen Leute zu Jesus
und sagten: Warum fasten deine Jünger nicht,
während die Jünger des Johannes
und die Jünger der Pharisäer fasten?

¹⁹ Jesus antwortete ihnen:
Können denn die Hochzeitsgäste fasten,
solange der Bräutigam bei ihnen ist?
Solange der Bräutigam bei ihnen ist,
können sie nicht fasten.

²⁰ Es werden aber Tage kommen,
da wird ihnen der Bräutigam weggenommen sein;
dann werden sie fasten, an jenem Tag.

²¹ Niemand näht ein Stück neuen Stoff auf ein altes Gewand;
denn der neue Stoff reißt vom alten Gewand ab
und es entsteht ein noch größerer Riss.

²² Auch füllt niemand jungen Wein in alte Schläuche.
Sonst zerreißt der Wein die Schläuche;
der Wein ist verloren
und die Schläuche sind unbrauchbar.
Junger Wein gehört in neue Schläuche.

Glaubensbekenntnis, S. 374 ff.
Fürbitten vgl. S. 805 ff.

ZUR EUCHARISTIEFEIER *Im Wort des Evangeliums höre ich die Stimme Christi. Im sakramentalen Zeichen von Brot und Wein erfahre ich seine Gegenwart. Komm, Herr, mache mich bereit für dich! Hilf mir, dich dort zu erkennen, wo du bist: im Sakrament, im Bruder, in der Schwester.*

GABENGEBET

Gütiger Gott,
du selber hast uns die Gaben geschenkt,
die wir auf den Altar legen.
Nimm sie an als Zeichen unserer Hingabe
und gib uns die Kraft
zu einem Leben nach deinem Willen,
damit wir einst den ewigen Lohn empfangen.
Darum bitten wir durch Christus, unseren Herrn.

Präfation, S. 427 ff.

KOMMUNIONVERS
Ps 13 (12), 6

Singen will ich dem Herrn, weil er mir Gutes getan hat,
den Namen des Höchsten will ich preisen.

Oder:
Mt 28, 20

Ich bin bei euch alle Tage bis zum Ende der Welt – so spricht der Herr.

SCHLUSSGEBET

Barmherziger Gott,
du hast uns in diesem Mahl
die Gabe des Heiles geschenkt.
Dein Sakrament gebe uns Kraft in dieser Zeit
und in der kommenden Welt das ewige Leben.
Darum bitten wir durch Christus, unseren Herrn.

FÜR DEN TAG UND DIE WOCHE

Jedes Mal wenn wir die Eucharistie feiern, erfahren wir durch dieses so schlichte und gleichzeitig so feierliche Sakrament den Neuen Bund, der die Gemeinschaft zwischen Gott und uns in Fülle verwirklicht. Und als jene, die an diesem Bund Anteil haben, arbeiten wir mit, um die Geschichte nach dem Willen Gottes aufzubauen, obwohl wir klein und arm sind. Aus diesem Grund verweist jede Eucharistiefeier, während sie einen Akt des öffentlichen Gottesdienstes bildet, auf das Leben und die konkreten Ereignisse unseres Daseins. Während wir uns an Leib und Blut Christi nähren, werden wir ihm ähnlich, empfangen wir seine Liebe in uns, nicht um sie eifersüchtig für uns zu behalten, sondern um sie mit den anderen zu teilen. (Papst Franziskus)

NEUNTER SONNTAG
IM JAHRESKREIS

Der Sabbat war (und ist) für Israel das Zeichen seiner Freiheit und seines Stehens im Gottesbund. Für uns Christen ist Christus selbst das Zeichen dafür, dass Gott uns frei gemacht hat. Wir feiern nicht mehr den jüdischen Sabbat, sondern den Sonntag, den Tag der Auferstehung des Herrn. Wir heiligen den Sonntag aber nicht schon dadurch, dass wir nichts tun; der Sinn der Feier ist die Begegnung mit Christus, dem Auferstandenen: im Wort, im Sakrament, in den Brüdern und Schwestern.

ERÖFFNUNGSVERS
Ps 25 (24), 16.18

Herr, wende dich mir zu und sei mir gnädig,
denn ich bin einsam und gebeugt.
Sieh meine Not und meine Plage an
und vergib mir all meine Sünden.
Ehre sei Gott, S. 371 f.

TAGESGEBET

Gott, unser Vater,
deine Vorsehung geht niemals fehl.
Halte von uns fern, was uns schadet,
und gewähre uns alles, was zum Heile dient.
Darum bitten wir durch Jesus Christus.

ZUR 1. LESUNG *Wie es Orte, Dinge und Menschen gibt, die geheiligt, d. h. in besonderer Weise Gott geweiht sind, so hat Gott auch aus dem Ablauf der Zeit bestimmte Tage herausgenommen; sie sollen ihm vorbehalten sein. Das Sabbatgebot wird in der Lesung mit der Befreiung aus Ägypten begründet; nur freie Menschen können ruhen und Feste feiern. Dies gilt für alle Schichten der Gesellschaft.*

ERSTE LESUNG
Dtn 5, 12–15

Gedenke, dass du Sklave warst im Land Ägypten und dass dich der HERR dort herausgeführt hat

Lesung
aus dem Buch Deuteronómium.

So spricht der Herr:
¹² Halte den Sabbat:
Halte ihn heilig,
  wie es dir der HERR, dein Gott, geboten hat!
¹³ Sechs Tage darfst du schaffen und all deine Arbeit tun.
¹⁴ Der siebte Tag ist ein Ruhetag,
dem HERRN, deinem Gott, geweiht.
An ihm darfst du keine Arbeit tun:
du und dein Sohn und deine Tochter
und dein Sklave und deine Sklavin
und dein Rind und dein Esel und dein ganzes Vieh
und dein Fremder in deinen Toren.
Dein Sklave und deine Sklavin sollen sich ausruhen wie du.
¹⁵ Gedenke,
  dass du Sklave warst im Land Ägypten
und dass dich der HERR, dein Gott,
  mit starker Hand und ausgestrecktem Arm
  von dort herausgeführt hat.
Darum hat es dir der HERR, dein Gott, geboten,
  den Sabbat zu begehen.

ANTWORTPSALM
Ps 81 (80), 3–4.5–6b.6c–8a.10–11 (Kv: vgl. 2a)

Kv **Lobet Gott, den Herrn;**   GL 60, 1
denn er ist unsere Stärke. – Kv

³ Stimmt an den Gesang, schlagt die Pauke, *
  die liebliche Leier, dazu die Harfe!
⁴ Stoßt am Neumond ins Widderhorn, *
  am Vollmond, zum Tag unsres Festes! – (Kv)

⁵ Denn das ist Satzung für Israel, *
 Entscheid des Gottes Jakobs.
⁶ᵃᵇ Das hat er als Zeugnis für Josef erlassen, *
 als er gegen Ägypten auszog. – (Kv)
⁶ᶜ Eine Stimme höre ich, die ich noch nie vernahm: /
⁷ Seine Schulter hab ich von der Bürde befreit, *
 seine Hände kamen los vom Lastkorb.
⁸ᵃ Du riefst in der Not *
 und ich riss dich heraus. – (Kv)
¹⁰ Kein fremder Gott soll bei dir sein, *
 du sollst dich nicht niederwerfen vor einem fremden Gott.
¹¹ Ich bin der HERR, dein Gott, /
 der dich heraufgeführt hat aus Ägypten. *
 Weit öffne deinen Mund! Ich will ihn füllen. – Kv

ZUR 2. LESUNG   *Inhalt und Ziel der apostolischen Verkündigung ist Christus. Er ist das Licht, das im Wort und im Leben des Apostels leuchtet. Er erfüllt mit seiner Klarheit und Helligkeit auch das Leben der christlichen Gemeinde. Für diesen Schatz ist zwar jedes irdische Gefäß zu eng. Aber selbst durch die Risse und Sprünge des schwachen Gefäßes hindurch scheint der göttliche Glanz des Evangeliums.*

ZWEITE LESUNG   2 Kor 4, 6–11

Das Leben Jesu wird an unserem Leib sichtbar

Lesung
 aus dem zweiten Brief des Apostels Paulus
 an die Gemeinde in Korínth.

Schwestern und Brüder!
⁶ **Gott, der sprach: Aus Finsternis soll Licht aufleuchten!,**
  er ist in unseren Herzen aufgeleuchtet,
 damit aufstrahlt die Erkenntnis
  des göttlichen Glanzes auf dem Antlitz Christi.
⁷ **Diesen Schatz tragen wir in zerbrechlichen Gefäßen;**
 so wird deutlich,

dass das Übermaß der Kraft von Gott
und nicht von uns kommt.
⁸ Von allen Seiten werden wir in die Enge getrieben
und finden doch noch Raum;
wir wissen weder aus noch ein
und verzweifeln dennoch nicht;
⁹ wir werden gehetzt
und sind doch nicht verlassen;
wir werden niedergestreckt
und doch nicht vernichtet.
¹⁰ Immer tragen wir das Todesleiden Jesu an unserem Leib,
damit auch das Leben Jesu an unserem Leib sichtbar wird.
¹¹ Denn immer werden wir, obgleich wir leben,
um Jesu willen dem Tod ausgeliefert,
damit auch das Leben Jesu
an unserem sterblichen Fleisch offenbar wird.

RUF VOR DEM EVANGELIUM   Vers: vgl. Joh 17, 17

Halleluja. Halleluja.

Dein Wort, o Herr, ist Wahrheit;
heilige uns in der Wahrheit!

Halleluja.

ZUM EVANGELIUM   *Hinter der Frage nach dem Sinn des Sabbats steht die Frage nach der Person Jesu und seiner Vollmacht. Nach dem Sinn zu fragen kann sehr unbequem sein; denn der Sinn entscheidet über die richtige Praxis. Es ist leichter, sich an den Buchstaben zu halten, als in eigener Verantwortung zu entscheiden.*

EVANGELIUM   Mk 2, 23 – 3, 6   [1]

Der Menschensohn ist Herr auch über den Sabbat

☩ Aus dem heiligen Evangelium nach Markus.

²³ An einem Sabbat ging Jesus durch die Kornfelder
und unterwegs rissen seine Jünger Ähren ab.

²⁴ Da sagten die Pharisäer zu ihm: Sieh dir an, was sie tun!
Das ist doch am Sabbat nicht erlaubt.
²⁵ Er antwortete: Habt ihr nie gelesen, was David getan hat,
  als er und seine Begleiter hungrig waren
  und nichts zu essen hatten,
²⁶ wie er zur Zeit des Hohepriesters Ábjatar
  in das Haus Gottes ging und die Schaubrote aß,
  die außer den Priestern niemand essen darf,
und auch seinen Begleitern davon gab?
²⁷ Und Jesus sagte zu ihnen:
  Der Sabbat wurde für den Menschen gemacht,
  nicht der Mensch für den Sabbat.
²⁸ Deshalb ist der Menschensohn Herr auch über den Sabbat.
³,¹ Als er wieder in die Synagoge ging,
  war dort ein Mann mit einer verdorrten Hand.
² Und sie gaben Acht, ob Jesus ihn am Sabbat heilen werde;
sie suchten nämlich einen Grund zur Anklage gegen ihn.
³ Da sagte er zu dem Mann mit der verdorrten Hand:
  Steh auf und stell dich in die Mitte!
⁴ Und zu den anderen sagte er:
  Was ist am Sabbat erlaubt –
Gutes zu tun oder Böses,
ein Leben zu retten oder es zu vernichten?
Sie aber schwiegen.
⁵ Und er sah sie der Reihe nach an,
voll Zorn und Trauer über ihr verstocktes Herz,
und sagte zu dem Mann:
  Streck deine Hand aus!
Er streckte sie aus
  und seine Hand wurde wiederhergestellt.
⁶ *Da gingen die Pharisäer hinaus*
und fassten zusammen mit den Anhängern des Herodes
  den Beschluss, Jesus umzubringen.

Oder Kurzfassung:

EVANGELIUM

Mk 2, 23–28

Der Menschensohn ist Herr auch über den Sabbat

✛ Aus dem heiligen Evangelium nach Markus.

²³ An einem Sabbat ging Jesus durch die Kornfelder
und unterwegs rissen seine Jünger Ähren ab.
²⁴ Da sagten die Pharisäer zu ihm: Sieh dir an, was sie tun!
Das ist doch am Sabbat nicht erlaubt.
²⁵ Er antwortete: Habt ihr nie gelesen, was David getan hat,
als er und seine Begleiter hungrig waren
und nichts zu essen hatten,
²⁶ wie er zur Zeit des Hohepriesters Ábjatar
in das Haus Gottes ging und die Schaubrote aß,
die außer den Priestern niemand essen darf,
und auch seinen Begleitern davon gab?
²⁷ Und Jesus sagte zu ihnen:
Der Sabbat wurde für den Menschen gemacht,
nicht der Mensch für den Sabbat.
²⁸ Deshalb ist der Menschensohn Herr auch über den Sabbat.

Glaubensbekenntnis, S. 374 ff.
Fürbitten vgl. S. 805 ff.

ZUR EUCHARISTIEFEIER *Man kann zu Christus Ja oder Nein sagen; das zeigt die Geschichte. Und beides hat Folgen. Ich habe Ja gesagt zu Christus; die Folge ist ein Leben mit ihm als Begleiter, Freund und Beistand. Bei ihm will ich bleiben.*

GABENGEBET

Herr, unser Gott,
im Vertrauen auf deine Güte
kommen wir mit Gaben zu deinem Altar.
Tilge unsere Schuld
durch das Geheimnis des Glaubens,
das wir im Auftrag deines Sohnes feiern,

und schenke uns deine Gnade.
Darum bitten wir durch Christus, unseren Herrn.
Präfation, S. 427 ff.

KOMMUNIONVERS   Ps 17 (16), 6
Ich rufe dich an, denn du, Gott, erhörst mich.
Wende dein Ohr mir zu, vernimm meine Rede.

Oder: Mk 11, 23.24
So spricht der Herr: Amen, ich sage euch:
Betet und bittet, um was ihr wollt;
glaubt nur, dass ihr es schon erhalten habt, dann wird es euch zuteil.

SCHLUSSGEBET
Herr, wir haben den Leib
und das Blut deines Sohnes empfangen.
Führe uns durch deinen Geist,
damit wir uns nicht nur mit Worten zu dir bekennen,
sondern dich auch durch unser Tun bezeugen
und den ewigen Lohn erhalten in deinem Reich.
Darum bitten wir durch Christus, unseren Herrn.

FÜR DEN TAG UND DIE WOCHE
Es ist ein weiter Weg von der Selbstzufriedenheit eines „guten Katholiken", der „seine Pflichten erfüllt", eine gute Zeitung liest, „richtig wählt" usw., im Übrigen aber tut, was ihm beliebt, bis zu einem Leben an Gottes Hand und aus Gottes Hand, in der Einfalt des Kindes und der Demut des Zöllners. Aber wer ihn einmal gegangen ist, wird ihn nicht wieder zurückgehen. So besagt Gotteskindschaft: Kleinwerden. Es besagt aber zugleich Großwerden. Eucharistisch leben heißt ganz von selbst aus der Enge des eigenen Lebens herauszugehen und in die Weite des Christuslebens hineinzuwachsen. Wer den Herrn in seinem Haus aufsucht, wird ihn ja nicht immer nur mit sich selbst und seinen Angelegenheiten beschäftigen wollen. Er wird anfangen, sich für die Angelegenheiten des Herrn zu interessieren. (Edith Stein/Sr. Teresia Benedicta a Cruce)

ZEHNTER SONNTAG
IM JAHRESKREIS

Es gibt das Böse, und es gibt den Bösen. Jesus hat mit dem Bösen gerechnet und ist ihm in vielfacher Gestalt begegnet: dem Dämon der Stummheit, der Unreinheit, der Lüge, des Hasses. Wir tun gut daran, mit dem Bösen zu rechnen, auch wenn er in unserem Jahrhundert andere Gestalten annimmt. Wir wissen aber, dass Jesus der Stärkere ist.

ERÖFFNUNGSVERS Ps 27 (26), 1–2

Der Herr ist mein Licht und mein Heil;
vor wem sollte ich mich fürchten?
Der Herr ist die Kraft meines Lebens;
vor wem sollte mir bangen?
Meine Bedränger und Feinde,
sie müssen straucheln und fallen.

Ehre sei Gott, S 371 f.

TAGESGEBET

Gott, unser Vater,
alles Gute kommt allein von dir.
Schenke uns deinen Geist,
damit wir erkennen, was recht ist,
und es mit deiner Hilfe auch tun.
Darum bitten wir durch Jesus Christus.

ZUR 1. LESUNG *Die biblische Erzählung vom Sündenfall beschreibt in wenigen Sätzen den scheinbar kurzen und doch ungeheuren Weg von der Unschuld zur Schuld und von der Schuld zur Angst. – Die Lehre von der Erbsünde ergibt sich nicht direkt aus der Erzählung vom Sündenfall im Buch Genesis, sondern erst aus dem größeren Zusammenhang der Offenbarung (vgl. Röm 5,12). Die messianische Deutung von Genesis 3,15 versteht unter dem Nachkommen der Frau Christus, den Überwinder des Bösen.*

ERSTE LESUNG Gen 3, 9–15

Feindschaft setze ich zwischen dir und der Frau, zwischen deinem Nachkommen und ihrem Nachkommen

Lesung
  aus dem Buch Génesis.

Nachdem Adam von der Frucht des Baumes gegessen hatte,
⁹ rief Gott, der HERR nach ihm
und sprach zu ihm: Wo bist du?
¹⁰ Er antwortete: Ich habe deine Schritte gehört im Garten;
da geriet ich in Furcht, weil ich nackt bin,
und versteckte mich.
¹¹ Darauf fragte er: Wer hat dir gesagt, dass du nackt bist?
Hast du von dem Baum gegessen,
  von dem ich dir geboten habe, davon nicht zu essen?
¹² Adam antwortete:
  Die Frau, die du mir beigesellt hast,
  sie hat mir von dem Baum gegeben.
  So habe ich gegessen.
¹³ Gott, der HERR, sprach zu der Frau:
  Was hast du getan?
Die Frau antwortete:
  Die Schlange hat mich verführt.
  So habe ich gegessen.
¹⁴ Da sprach Gott, der HERR, zur Schlange:
Weil du das getan hast, bist du verflucht
  unter allem Vieh und allen Tieren des Feldes.
Auf dem Bauch wirst du kriechen
und Staub fressen alle Tage deines Lebens.
¹⁵ Und Feindschaft setze ich zwischen dir und der Frau,
zwischen deinem Nachkommen und ihrem Nachkommen.
Er trifft dich am Kopf
  und du triffst ihn an der Ferse.

ANTWORTPSALM
Ps 130 (129), 1–2.3–4.5–6.7–8 (Kv: 7bc)

Kv Beim HERRN ist die Huld, GL 518
bei ihm ist Erlösung in Fülle. – Kv

¹ Aus den Tiefen rufe ich, HERR, zu dir: *
² Mein Herr, höre doch meine Stimme!
Lass deine Ohren achten *
auf mein Flehen um Gnade. – (Kv)

³ Würdest du, HERR, die Sünden beachten, *
mein Herr, wer könnte bestehen?
⁴ Doch bei dir ist Vergebung, *
damit man in Ehrfurcht dir dient. – (Kv)

⁵ Ich hoffe auf den HERRN, es hofft meine Seele, *
ich warte auf sein Wort.
⁶ Meine Seele wartet auf meinen Herrn /
mehr als Wächter auf den Morgen, *
ja, mehr als Wächter auf den Morgen. – (Kv)

⁷ Israel, warte auf den HERRN, /
denn beim HERRN ist die Huld, *
bei ihm ist Erlösung in Fülle.
⁸ Ja, er wird Israel erlösen *
aus all seinen Sünden. – Kv

ZUR 2. LESUNG *Das Zentrum des apostolischen Dienstes ist der Glaube. Weil er an Jesus, den Auferstandenen, glaubt, verbraucht der Apostel sein Leben im Dienst der Verkündigung. Sein Glaube ist Liebe zu Christus und Liebe zu den Menschen, denen er das Licht Christi bringen will. Und sein Glaube ist Hoffnung: Warten auf die Begegnung mit Christus und die Offenbarung seiner Herrlichkeit.*

ZWEITE LESUNG
2 Kor 4, 13 – 5, 1

Wir glauben, darum reden wir

Lesung
aus dem zweiten Brief des Apostels Paulus
an die Gemeinde in Korínth.

Schwestern und Brüder!
¹³ Wir haben den gleichen Geist des Glaubens,

von dem es in der Schrift heißt:
  Ich habe geglaubt, darum habe ich geredet.
Auch wir glauben und darum reden wir.
¹⁴ Denn wir wissen,
  dass der, welcher Jesus, den Herrn, auferweckt hat,
  auch uns mit Jesus auferwecken
  und uns zusammen mit euch vor sich stellen wird.
¹⁵ Alles tun wir euretwegen,
  damit immer mehr Menschen
    aufgrund der überreich gewordenen Gnade
    den Dank vervielfachen
    zur Verherrlichung Gottes.
¹⁶ Darum werden wir nicht müde;
  wenn auch unser äußerer Mensch aufgerieben wird,
    der innere wird Tag für Tag erneuert.
¹⁷ Denn die kleine Last unserer gegenwärtigen Not
  schafft uns in maßlosem Übermaß
    ein ewiges Gewicht an Herrlichkeit,
¹⁸ uns, die wir nicht auf das Sichtbare,
  sondern auf das Unsichtbare blicken;
denn das Sichtbare ist vergänglich,
  das Unsichtbare ist ewig.
⁵,¹ Wir wissen: Wenn unser irdisches Zelt abgebrochen wird,
  dann haben wir eine Wohnung von Gott,
ein nicht von Menschenhand errichtetes ewiges Haus im Himmel.

RUF VOR DEM EVANGELIUM Vers: vgl. Joh 12,31b.32

Halleluja. Halleluja.

(So spricht der Herr:)
Jetzt wird der Herrscher dieser Welt hinausgeworfen.
Und wenn ich über die Erde erhöht bin, werde ich alle an mich ziehen.

Halleluja.

ZUM EVANGELIUM *Die Angehörigen Jesu verstehen ihn nicht mehr; sie halten ihn für krank. Die Schriftgelehrten aus Jerusalem aber sagen, er sei vom*

Teufel besessen. Ihnen sagt Jesus in verhüllter Rede, dass er mächtiger ist als der Widersacher. Dann erklärt er, wer seine wahren Verwandten sind: nicht die „draußen", sondern die Freunde und Jünger an seinem Tisch. Sie hören sein Wort und halten ihm die Treue; Jesus ist ihnen Freund und Bruder geworden.

EVANGELIUM

Mk 3, 20–35

Das Reich des Satans hat keinen Bestand

✛ Aus dem heiligen Evangelium nach Markus.

In jener Zeit
²⁰ ging Jesus in ein Haus
und wieder kamen so viele Menschen zusammen,
 dass er und die Jünger nicht einmal mehr essen konnten.
²¹ Als seine Angehörigen davon hörten,
 machten sie sich auf den Weg,
 um ihn mit Gewalt zurückzuholen;
denn sie sagten: Er ist von Sinnen.
²² Die Schriftgelehrten, die von Jerusalem herabgekommen waren,
 sagten: Er ist von Beélzebul besessen;
mit Hilfe des Herrschers der Dämonen treibt er die Dämonen aus.
²³ Da rief er sie zu sich
 und belehrte sie in Gleichnissen:

Wie kann der Satan den Satan austreiben?
²⁴ Wenn ein Reich in sich gespalten ist,
 kann es keinen Bestand haben.
²⁵ Wenn eine Familie in sich gespalten ist,
 kann sie keinen Bestand haben.
²⁶ Und wenn sich der Satan gegen sich selbst erhebt
 und gespalten ist,
 kann er keinen Bestand haben,
 sondern es ist um ihn geschehen.
²⁷ Es kann aber auch keiner
 in das Haus des Starken eindringen
 und ihm den Hausrat rauben,
 wenn er nicht zuerst den Starken fesselt;

erst dann kann er sein Haus plündern.

²⁸ Amen, ich sage euch:
Alle Vergehen und Lästerungen
    werden den Menschen vergeben werden,
    so viel sie auch lästern mögen;
²⁹ wer aber den Heiligen Geist lästert,
    der findet in Ewigkeit keine Vergebung,
sondern seine Sünde wird ewig an ihm haften.
³⁰ Sie hatten nämlich gesagt:
    Er hat einen unreinen Geist.
³¹ Da kamen seine Mutter und seine Brüder;
sie blieben draußen stehen
    und ließen ihn herausrufen.
³² Es saßen viele Leute um ihn herum
und man sagte zu ihm:
    Siehe, deine Mutter und deine Brüder stehen draußen
    und suchen dich.
³³ Er erwiderte:
    Wer ist meine Mutter
und wer sind meine Brüder?
³⁴ Und er blickte auf die Menschen,
    die im Kreis um ihn herumsaßen,
    und sagte: Das hier sind meine Mutter und meine Brüder.
³⁵ Wer den Willen Gottes tut,
    der ist für mich Bruder und Schwester und Mutter.

Glaubensbekenntnis, S. 374 ff.
Fürbitten vgl. S. 805 ff.

ZUR EUCHARISTIEFEIER *Christus ist in unserer Mitte: Wir gehören zu ihm als seine Schwestern und Brüder. Und mit uns alle, die „den Willen Gottes tun", so wie er selbst nichts anderes gesucht hat als den Willen des Vaters.*

GABENGEBET

Herr, sieh gütig auf dein Volk,
das sich zu deinem Lob versammelt hat.
Nimm an, was wir darbringen,
und mehre durch diese Feier unsere Liebe.
Darum bitten wir durch Christus, unseren Herrn.
Präfation, S. 427 ff.

KOMMUNIONVERS   Ps 18 (17), 3

Herr, du bist mein Fels, meine Burg, mein Retter,
mein Gott, meine Zuflucht.

Oder: 1 Joh 4, 16

Gott ist Liebe, und wer in der Liebe bleibt, bleibt in Gott,
und Gott bleibt in ihm.

SCHLUSSGEBET

Barmherziger Gott,
die heilende Kraft dieses Sakramentes
befreie uns von allem verkehrten Streben
und führe uns auf den rechten Weg.
Darum bitten wir durch Christus, unseren Herrn.

FÜR DEN TAG UND DIE WOCHE
Der Weg des Glaubens ist der Weg, auf dem Menschen Zutrauen lernen zu Gottes Geschenk wie zu der Herausforderung, die sich ihnen darin erschließt – und verbindlich wird. Sie beginnen zu spüren, wie gut es für sie ist, sich diesem Geschenk anzuvertrauen und dem Versprechen zu glauben, das es ihnen macht. Sie lernen die Güte des Willens zu ermessen, der sie darin berührt und für sich gewinnen will. Sie lernen verstehen, dass er nicht nur ihnen gilt, sondern ebenso den Anderen, zumal den in Not Geratenen. Und sie lernen, dass man die Güte dieses Willens nur ermessen, sie nur erahnen kann, wenn man an ihm teilnimmt – wenn man ihn leidenschaftlich mit-will. Menschen, die sich diesen Weg in der Christus-Nachfolge von Gottes gutem Geist führen lassen, gewinnen Anteil an der schöpferischen Leidenschaft des Gottesgeistes und werden erlöst von ihrem geistlosen Un-Willen. (Jürgen Werbick)

ELFTER SONNTAG IM JAHRESKREIS

Jesus spricht vom Reich Gottes in Gleichnissen. Dabei sagt er nicht das, was wir schon wissen, sondern das Neue und Unerwartete. Wir sollen begreifen, dass Gott anders ist und anders handelt als die Menschen.

ERÖFFNUNGSVERS   Ps 27 (26), 7.9

Vernimm, o Herr, mein lautes Rufen, sei mir gnädig und erhöre mich.
Du bist meine Hilfe: Verstoß mich nicht,
verlass mich nicht, du Gott meines Heils!
Ehre sei Gott, S. 371 f.

TAGESGEBET

**Gott, du unsere Hoffnung und unsere Kraft,
ohne dich vermögen wir nichts.
Steh uns mit deiner Gnade bei,**
damit wir denken, reden und tun was dir gefällt.
Darum bitten wir durch Jesus Christus.

ZUR 1. LESUNG   *Im Jahr 587 v. Chr. wurde Jerusalem samt dem Tempel zerstört. Das wurde als Gottesgericht verstanden. Ein großer Teil der Bevölkerung wurde nach Babel verschleppt. Aber Gott wird sich nach seinem Gericht auch darin als Gott erweisen, dass er Rettung bringt. Er wird Israel wieder in seinem heimatlichen Boden einpflanzen, wie man den Ableger eines Baumes in den Boden einsetzt. Der Baum wird wachsen und blühen; die Völker sollen Gottes Macht und Größe erkennen.*

ERSTE LESUNG   Ez 17, 22–24

Ich mache den niedrigen Baum hoch

**Lesung
   aus dem Buch Ezéchiel.**

²² *So spricht* GOTT, *der Herr:*
Ich selbst nehme vom hohen Wipfel der Zeder
   und setze ihn ein.
Einen zarten Zweig aus ihren obersten Ästen breche ich ab,

ich selbst pflanze ihn auf einen hohen und aufragenden Berg.
²³ Auf dem hohen Berg Israels pflanze ich ihn.
Dort treibt er dann Zweige,
er trägt Früchte und wird zur prächtigen Zeder.
Alle Vögel wohnen darin;
alles, was Flügel hat, wohnt im Schatten ihrer Zweige.
²⁴ Dann werden alle Bäume des Feldes erkennen,
dass ich der HERR bin.
Ich mache den hohen Baum niedrig,
den niedrigen Baum mache ich hoch.
Ich lasse den grünenden Baum verdorren,
den verdorrten Baum lasse ich erblühen.
Ich, der HERR, habe gesprochen
und ich führe es aus.

ANTWORTPSALM   Ps 92 (91), 2–3.13–14.15–16 (Kv: 2a)

Kv Gut ist es, dem HERRN zu danken. – Kv   GL 401

² Gut ist es, dem HERRN zu danken, *
deinem Namen, du Höchster, zu singen und zu spielen,
³ am Morgen deine Huld zu verkünden *
und in den Nächten deine Treue. – (Kv)
¹³ Der Gerechte sprießt wie die Palme, *
er wächst wie die Zeder des Líbanon.
¹⁴ Gepflanzt im Hause des HERRN, *
sprießen sie in den Höfen unseres Gottes. – (Kv)
¹⁵ Sie tragen Frucht noch im Alter *
und bleiben voll Saft und Frische;
¹⁶ sie verkünden: Der HERR ist redlich, *
mein Fels! An ihm ist kein Unrecht. – Kv

ZUR 2. LESUNG   *Jeder Mensch, auch der Apostel, erwartet den eigenen Tod mit Spannung und nicht ohne Furcht. Im Licht des Glaubens verstehen wir dieses Ereignis als eine Rückkehr aus der Fremde in die Heimat, aus der Ferne in die Nähe. Aber auch so bleibt es für uns ein dunkles und schmerzliches Geschehen. Paulus hat den Tod nicht aus seinem Bewusstsein verdrängt; er hat ihn nüchtern in sein Leben eingebaut. Gerade das gab seinem Leben die klare Richtung.*

ZWEITE LESUNG 2 Kor 5, 6–10
Wir suchen unsere Ehre darin, dem Herrn zu gefallen

Lesung
aus dem zweiten Brief des Apostels Paulus
an die Gemeinde in Korínth.

Schwestern und Brüder!

⁶ Wir sind immer zuversichtlich,
auch wenn wir wissen,
dass wir fern vom Herrn in der Fremde leben,
solange wir in diesem Leib zu Hause sind;
⁷ denn als Glaubende gehen wir unseren Weg,
nicht als Schauende.
⁸ Weil wir aber zuversichtlich sind,
ziehen wir es vor, aus dem Leib auszuwandern
und daheim beim Herrn zu sein.
⁹ Deswegen suchen wir unsere Ehre darin, ihm zu gefallen,
ob wir daheim oder in der Fremde sind.
¹⁰ Denn wir alle
müssen vor dem Richterstuhl Christi offenbar werden,
damit jeder seinen Lohn empfängt
für das Gute oder Böse, das er im irdischen Leben getan hat.

RUF VOR DEM EVANGELIUM

Halleluja. Halleluja.
Der Samen ist das Wort Gottes, der Sämann ist Christus.
Wer Christus findet, der bleibt in Ewigkeit.
Halleluja.

ZUM EVANGELIUM *Jesus hat vom Reich Gottes in Gleichnissen gesprochen. Mit dem Gleichnis von der wachsenden Saat will Jesus uns sagen, dass wir keinen Grund haben, mutlos zu werden, wenn wir vom verborgenen Wachstum des Gottesreiches nicht viel sehen können. Am Tag der Ernte wird es offenbar werden. Das Gleichnis vom Senfkorn spricht vom machtvollen Handeln Gottes durch das scheinbar so schwache Wort des Evangeliums.*

11. Sonntag im Jahreskreis

EVANGELIUM Mk 4, 26–34

Das kleinste von allen Samenkörnern geht auf und wird größer als alle anderen Gewächse

✢ Aus dem heiligen Evangelium nach Markus.

In jener Zeit
 sprach Jesus zu der Menge:
²⁶ Mit dem Reich Gottes ist es so,
 wie wenn ein Mann Samen auf seinen Acker sät;
²⁷ dann schläft er und steht wieder auf,
es wird Nacht und wird Tag,
der Samen keimt und wächst
und der Mann weiß nicht, wie.
²⁸ Die Erde bringt von selbst ihre Frucht,
zuerst den Halm,
dann die Ähre,
dann das volle Korn in der Ähre.
²⁹ Sobald aber die Frucht reif ist,
 legt er die Sichel an;
denn die Zeit der Ernte ist da.
³⁰ Er sagte:
 Womit sollen wir das Reich Gottes vergleichen,
 mit welchem Gleichnis sollen wir es beschreiben?
³¹ Es gleicht einem Senfkorn.
Dieses ist das kleinste von allen Samenkörnern,
 die man in die Erde sät.
³² Ist es aber gesät,
 dann geht es auf
 und wird größer als alle anderen Gewächse
und treibt große Zweige,
sodass in seinem Schatten die Vögel des Himmels nisten können.
³³ Durch viele solche Gleichnisse verkündete er ihnen das Wort,
 so wie sie es aufnehmen konnten.
³⁴ Er redete nur in Gleichnissen zu ihnen;

seinen Jüngern aber erklärte er alles,
  wenn er mit ihnen allein war.

Glaubensbekenntnis, S. 374 ff.
Fürbitten vgl. S. 805 ff.

ZUR EUCHARISTIEFEIER *Alles Große hat einen kleinen Anfang. Mit dem Reich Gottes ist es nicht anders. Wir können zu seinem Wachsen beitragen: Mit dem wenigen anfangen, das wir begriffen haben; der Macht des Wortes und des Sakramentes vertrauen, und allmählich werden wir die lebendige Wirklichkeit des anwesenden Gottes erfahren.*

GABENGEBET

Herr,
durch diese Gaben
nährst du den ganzen Menschen:
du gibst dem irdischen Leben Nahrung
und dem Leben der Gnade Wachstum.
Lass uns daraus immer neue Kraft schöpfen
für Seele und Leib.
Darum bitten wir durch Christus, unseren Herrn.

Präfation, S. 427 ff.

KOMMUNIONVERS   Ps 27 (26), 4

Nur eines erbitte ich mir vom Herrn, danach verlangt mich:
im Haus des Herrn zu wohnen alle Tage meines Lebens.

Oder: Joh 17, 11

Heiliger Vater, bewahre sie in deinem Namen, die du mir gegeben hast,
damit sie eins sind wie wir.

SCHLUSSGEBET

Herr, unser Gott,
das heilige Mahl ist ein sichtbares Zeichen,
dass deine Gläubigen in dir eins sind.
Lass diese Feier wirksam werden
für die Einheit der Kirche.
Darum bitten wir durch Christus, unseren Herrn.

FÜR DEN TAG UND DIE WOCHE

Du lebst, wenn das Reich Gottes in dir angefangen hat, Wurzeln zu schlagen, nicht nur „innen"; du wächst mit dem Reich Gottes ins Weite. Deine Seele wird nicht nur stiller, sondern auch sensibler. Achtsamer. Das Innere und die Welt der sichtbaren Dinge und auch die unsichtbare Welt, die über sie hinausreicht, verweben sich. Innere und äußere Welt werden größer. Sie wachsen beide um all die Dimensionen, die dir natürlicherweise verschlossen sind. Seele und Welt werden umfassender, tiefer und wunderbarer, denn sie öffnen sich beide zur Welt Gottes. ... Du lebst von innen nach außen und prägst deine kleine Welt so, dass das Reich Gottes in ihr Raum findet. (Jörg Zink)

ZWÖLFTER SONNTAG IM JAHRESKREIS

Jesus hat in Gleichnissen gesprochen und er hat Wunder getan. Auch seine Wunder sind Gleichnisse, Zeichen. Das Wunder ist erst zu Ende getan, wenn das gemeinte Zeichen gesehen wird. Die Frage, ob die Wunder Jesu wirklich so geschehen sind, wie uns berichtet wird, ist nur eine Teilfrage. Die Wahrheit dieser Wunder reicht viel tiefer als nur in die historische Vergangenheit; sie berührt die Tiefen Gottes.

ERÖFFNUNGSVERS
Ps 28 (27), 8–9

Der Herr ist die Stärke seines Volkes,
er ist Schutz und Heil für seinen Gesalbten.
Herr, hilf deinem Volk und segne dein Erbe,
führe und trage es in Ewigkeit.
Ehre sei Gott, S. 371 f.

TAGESGEBET

Heiliger Gott,
gib, dass wir deinen Namen
allezeit fürchten und lieben.
Denn du entziehst keinem deine väterliche Hand,
der fest in deiner Liebe verwurzelt ist.
Darum bitten wir durch Jesus Christus.

ZUR 1. LESUNG *Die Freunde des geprüften Ijob sind gekommen, um ihn zu trösten, aber sie wissen keinen Trost. Die Antwort auf die Klagen Ijobs steht in den Gottesreden in Kapitel 38–41. Gott weist auf seine Weisheit und Größe hin, wie sie in der Schöpfung sichtbar werden. Wer Gottes Größe schauen und die Gemeinschaft mit ihm erfahren durfte, der sieht seine eigenen Fragen in einem neuen Licht und kann sich vielleicht mit seinem Leid versöhnen. – Auf die Frage nach dem Sinn des Leidens hat Christus durch sein eigenes Leiden und Sterben eine ganz neue Antwort gegeben.*

ERSTE LESUNG Ijob 38, 1.8–11
Hier muss sich legen deiner Wogen Stolz

**Lesung
aus dem Buch Íjob.**

¹ **Der HERR antwortete dem Íjob aus dem Wettersturm
und sprach:**

⁸ Wer verschloss das Meer mit Toren,
als schäumend es dem Mutterschoß entquoll,

⁹ als Wolken ich zum Kleid ihm machte,
ihm zur Windel dunklen Dunst,

¹⁰ als ich ihm ausbrach meine Grenze,
ihm Tor und Riegel setzte

¹¹ und sprach: Bis hierher darfst du und nicht weiter,
hier muss sich legen deiner Wogen Stolz?

ANTWORTPSALM Ps 107 (106), 23–24.26–27.28–29.30–31 (Kv: vgl. 15a)

Kv **Danken sollen alle dem HERRN;** GL 40, 1
denn seine Huld währt ewig. – Kv

(Oder: **Halleluja.**)

²³ Sie, die mit Schiffen das Meer befuhren, *
Handel trieben auf den großen Wassern,

²⁴ *die dort schauten die Werke des HERRN,* *
seine Wundertaten in der Tiefe. – (Kv)

²⁶ Sie stiegen empor zum Himmel, /
in die Urtiefen sanken sie hinab, *

sodass ihre Seele vor Not verzagte,
²⁷ sie wankten und schwankten wie Betrunkene, *
verschlungen war all ihre Weisheit. – (Kv)
²⁸ Sie schrien zum HERRN in ihrer Bedrängnis *
und er führte sie heraus aus ihren Nöten,
²⁹ er machte aus dem Sturm ein Säuseln *
und es schwiegen die Wogen des Meeres. – (Kv)
³⁰ Sie freuten sich, dass die Wogen sich legten, *
und er führte sie zum ersehnten Hafen.
³¹ Sie sollen dem HERRN danken für seine Huld, *
für seine Wundertaten an den Menschen. – Kv

ZUR 2. LESUNG   *Die Welt ist eine andere geworden, seitdem Christus für uns alle gestorben ist. Durch den Glauben und die Taufe haben wir Gemeinschaft mit Christus, wir sind eine „neue Schöpfung" geworden. Die Tat der Liebe Christi wartet auf die Antwort unserer Liebe. Hier ist die treibende Kraft für das Wirken des Paulus und jedes wahren Apostels.*

ZWEITE LESUNG   2 Kor 5, 14–17
Wenn jemand in Christus ist, dann ist er eine neue Schöpfung

Lesung
   aus dem zweiten Brief des Apostels Paulus
   an die Gemeinde in Korínth.

Schwestern und Brüder!
¹⁴ **Die Liebe Christi drängt uns,**
   da wir erkannt haben: Einer ist für alle gestorben,
      also sind alle gestorben.
¹⁵ Er ist aber für alle gestorben,
      damit die Lebenden nicht mehr für sich leben,
      sondern für den, der für sie starb und auferweckt wurde.
¹⁶ Also kennen wir von jetzt an
      niemanden mehr dem Fleische nach;
   auch wenn wir früher
      Christus dem Fleische nach gekannt haben,
      jetzt kennen wir ihn nicht mehr so.

¹⁷ Wenn also jemand in Christus ist,
dann ist er eine neue Schöpfung:
Das Alte ist vergangen,
siehe, Neues ist geworden.

RUF VOR DEM EVANGELIUM   Vers: vgl. Lk 7, 16

Halleluja. Halleluja.
Ein großer Prophet wurde unter uns erweckt:
Gott hat sein Volk heimgesucht.
Halleluja.

ZUM EVANGELIUM   *Nach den Gleichnisreden Jesu (Mk 4,35 bis 6,6) berichtet das Evangelium von seinen Wundern. Diese sind an sich noch keine zwingenden Beweise für die Gottheit Jesu, weder für den wissenschaftlich denkenden Menschen von heute noch für die Zeitgenossen Jesu. Das Wesentliche am Wunder ist nicht, dass etwas Seltsames oder Unmögliches geschieht, sondern dass im geschehenen Zeichen Gott zum Menschen spricht. Das Wunder hat jedoch keinen Sinn, wenn niemand da ist, der fähig wäre, zu sehen und zu verstehen. Die Jünger Jesu sahen das Wunder; es führte sie zur Frage des Glaubens: Was ist das für ein Mensch?*

EVANGELIUM   Mk 4, 35–41

Wer ist denn dieser, dass ihm sogar der Wind und der See gehorchen?

✛ Aus dem heiligen Evangelium nach Markus.

³⁵ An jenem Tag,
als es Abend geworden war,
sagte Jesus zu seinen Jüngern:
Wir wollen ans andere Ufer hinüberfahren.
³⁶ Sie schickten die Leute fort
und fuhren mit ihm in dem Boot, in dem er saß, weg;
und andere Boote begleiteten ihn.
³⁷ Plötzlich erhob sich ein heftiger Wirbelsturm
und die Wellen schlugen in das Boot,
sodass es sich mit Wasser zu füllen begann.

³⁸ Er aber lag hinten im Boot auf einem Kissen und schlief.
Sie weckten ihn
und riefen:
Meister, kümmert es dich nicht, dass wir zugrunde gehen?
³⁹ Da stand er auf,
drohte dem Wind
und sagte zu dem See: Schweig,
sei still!
Und der Wind legte sich
und es trat völlige Stille ein.
⁴⁰ Er sagte zu ihnen: Warum habt ihr solche Angst?
Habt ihr noch keinen Glauben?
⁴¹ Da ergriff sie große Furcht
und sie sagten zueinander: Wer ist denn dieser,
dass ihm sogar der Wind und das Meer gehorchen?

Glaubensbekenntnis, S. 374 ff.
Fürbitten vgl. S. 805 ff.

ZUR EUCHARISTIEFEIER *Angst ist ein schlechter Ratgeber – und das Gegenteil von Glauben. Der Glaube ermutigt uns, auch in bedrohlichen Situationen nicht zu verzagen; das Vertrauen in die Nähe des Herrn ist der Schlüssel, der uns immer wieder eine neue Perspektive eröffnet.*

GABENGEBET

Barmherziger Gott,
nimm das Opfer des Lobes
und der Versöhnung an.
Löse uns durch diese Feier aus aller Verstrickung,
damit wir in freier Hingabe ganz dir angehören.
Darum bitten wir durch Christus, unseren Herrn.

Präfation, S. 427 ff.

KOMMUNIONVERS   Ps 145 (144), 15

Aller Augen warten auf dich, o Herr,
und du gibst ihnen Speise zur rechten Zeit.

Oder: Joh 10,11.15

Ich bin der gute Hirt. Ich gebe mein Leben für meine Schafe –
so spricht der Herr.

SCHLUSSGEBET

Gütiger Gott,
du hast uns
durch den Leib und das Blut Christi gestärkt.
Gib, dass wir niemals verlieren,
was wir in jeder Feier der Eucharistie empfangen.
Darum bitten wir durch Christus, unseren Herrn.

FÜR DEN TAG UND DIE WOCHE

Furcht und Angst weichen nie ganz von uns. Aber langsam verlieren sie die Macht über uns; eine tiefere und zentralere Erfahrung beginnt sich abzuzeichnen: die Erfahrung der Dankbarkeit. Dankbarkeit ist die Erkenntnis, dass das Leben in all seinen Erscheinungsformen ein Geschenk ist, für das wir danken möchten. Je näher wir Gott im Gebet kommen, umso mehr erkennen wir den unendlichen Reichtum seiner Gaben. Vielleicht lernen wir dann sogar, in unseren Leiden und Schmerzen sein Geschenk zu sehen. (Henri Nouwen)

DREIZEHNTER SONNTAG
IM JAHRESKREIS

Wunder geschehen auch heute noch; nur müssen wir sie nicht dort suchen, wo Lärm gemacht wird, nicht dort, wo es zwar etwas zu bestaunen, aber nichts zu glauben gibt. Wunder heute sind zum Beispiel Menschen, die Christus mit glühendem Herzen lieben, trotz der Gleichgültigkeit ringsum; Menschen, die sich für andere opfern, ohne davon zu reden; Menschen, die Leid und Schmerz als Gabe Gottes annehmen.

ERÖFFNUNGSVERS Ps 47 (46), 2

Ihr Völker alle, klatscht in die Hände,
jauchzt Gott zu mit lautem Jubel.
Ehre sei Gott, S. 371 f.

TAGESGEBET

Gott, unser Vater,
du hast uns in der Taufe
zu Kindern des Lichtes gemacht.
Lass nicht zu,
dass die Finsternis des Irrtums
über uns Macht gewinnt,
sondern hilf uns,
im Licht deiner Wahrheit zu bleiben.
Darum bitten wir durch Jesus Christus.

ZUR 1. LESUNG *Gott hat den Menschen zum Glück und zur Unsterblichkeit geschaffen. Der Tod kam „durch den Neid des Teufels" in die Welt. Damit gibt der Verfasser uns zu verstehen, wie er die Gestalt der Schlange in der Erzählung vom Sündenfall deutet (Gen 3). Beim Menschen selbst liegt es, für welchen Weg er sich entscheiden will.*

ERSTE LESUNG Weish 1, 13–15; 2, 23–24

Durch den Neid des Teufels kam der Tod in die Welt

Lesung
  aus dem Buch der Weisheit.

¹³ Gott hat den Tod nicht gemacht
und hat keine Freude am Untergang der Lebenden.
¹⁴ Zum Dasein hat er alles geschaffen
und heilbringend sind die Geschöpfe der Welt.
Kein Gift des Verderbens ist in ihnen,
das Reich der Unterwelt hat keine Macht auf der Erde;
¹⁵ denn die Gerechtigkeit ist unsterblich.

²,²³ Gott hat den Menschen zur Unvergänglichkeit erschaffen
und ihn zum Bild seines eigenen Wesens gemacht.
²⁴ Doch durch den Neid des Teufels kam der Tod in die Welt
und ihn erfahren alle, die ihm angehören.

ANTWORTPSALM   Ps 30 (29), 2 u. 4.5–6b.6cd u. 12a u. 13b (Kv: vgl. 2ab)

Kv HERR, du zogst mich herauf aus der Tiefe; GL 312, 5
ich will dich rühmen in Ewigkeit. – Kv

² Ich will dich erheben, HERR, /
denn du zogst mich herauf *
und ließest nicht zu, dass meine Feinde sich über mich freuen.

⁴ HERR, du hast meine Seele heraufsteigen lassen aus der Totenwelt, *
hast mich am Leben erhalten, sodass ich nicht
    in die Grube hinabstieg. – (Kv)

⁵ Singt und spielt dem HERRN, ihr seine Frommen, *
dankt im Gedenken seiner Heiligkeit!

⁶ᵃᵇ Denn sein Zorn dauert nur einen Augenblick, *
doch seine Güte ein Leben lang. – (Kv)

⁶ᶜᵈ Wenn man am Abend auch weint, *
am Morgen herrscht wieder Jubel.

¹²ᵃ Du hast mein Klagen in Tanzen verwandelt, *

¹³ᵇ HERR, mein Gott, ich will dir danken in Ewigkeit. – Kv

ZUR 2. LESUNG   *Im zweiten Teil des zweiten Korintherbriefs nimmt die Sammlung zugunsten der armen Gemeinde von Jerusalem einen breiten Raum ein. Es geht hier um Geld; aber Paulus spricht nicht von Geld, sondern vom „Liebeswerk", das zwischen Armen und Reichen einen Ausgleich schaffen soll. Die Christengemeinde soll Sammlungen dieser Art nicht als eine lästige Störung empfinden. Wer gibt, schafft brüderliche Gemeinschaft, und er wird Gott selber ähnlich, dessen Wesen schenkende Liebe ist.*

ZWEITE LESUNG   2 Kor 8, 7.9.13–15

Euer Überfluss soll ihrem Mangel abhelfen

**Lesung
    aus dem zweiten Brief des Apostels Paulus
    an die Gemeinde in Korínth.**

Schwestern und Brüder!
⁷ Wie ihr an allem reich seid,
    an Glauben, Rede und Erkenntnis,
    an jedem Eifer

    und an der Liebe, die wir in euch begründet haben,
so sollt ihr euch auch an diesem Liebeswerk
    mit reichlichen Spenden beteiligen.

⁹ Denn ihr kennt die Gnade unseres Herrn Jesus Christus:
Er, der reich war,
    wurde euretwegen arm,
    um euch durch seine Armut reich zu machen.

¹³ Es geht nicht darum,
    dass ihr in Not geratet, indem ihr anderen helft;
es geht um einen Ausgleich.

¹⁴ Im Augenblick soll euer Überfluss ihrem Mangel abhelfen,
    damit auch ihr Überfluss einmal eurem Mangel abhilft.
So soll ein Ausgleich entstehen,

¹⁵ wie es in der Schrift heißt:
    Wer viel gesammelt hatte, hatte nicht zu viel,
und wer wenig, hatte nicht zu wenig.

RUF VOR DEM EVANGELIUM
Vers: vgl. 2 Tim 1, 10

Halleluja. Halleluja.

Unser Retter Jesus Christus hat den Tod vernichtet
und uns das Licht des Lebens gebracht durch das Evangelium.

Halleluja.

ZUM EVANGELIUM *Im Evangelium (Mk 5,21–43) sind zwei Wundererzählungen ineinander geschoben: eine Krankenheilung und die Auferweckung eines toten Mädchens. Jesus hat Macht über die Krankheit und über den Tod. Ein Mensch, der Macht hat über den Tod, das ist fast noch erschreckender als der Tod selbst. Der Evangelist berichtet, die Leute seien entsetzt gewesen. Ob sie zum Glauben kamen, erfahren wir nicht. Den Vater des toten Mädchens hat Jesus zum Glauben an das Unmögliche ermutigt.*

1 EVANGELIUM   Mk 5, 21–43

Mädchen, ich sage dir, steh auf!

✛ Aus dem heiligen Evangelium nach Markus.

In jener Zeit
²¹ fuhr Jesus im Boot
   an das andere Ufer des Sees von Galiläa hinüber
und eine große Menschenmenge versammelte sich um ihn.
Während er noch am See war,
²² kam einer der Synagogenvorsteher namens Jaïrus zu ihm.
Als er Jesus sah,
   fiel er ihm zu Füßen
²³ und flehte ihn um Hilfe an;
er sagte: Meine Tochter liegt im Sterben.
Komm und leg ihr die Hände auf,
   damit sie geheilt wird und am Leben bleibt!
²⁴ Da ging Jesus mit ihm.
Viele Menschen folgten ihm und drängten sich um ihn.
²⁵ Darunter war eine Frau,
   die schon zwölf Jahre an Blutfluss litt.
²⁶ Sie war von vielen Ärzten behandelt worden
   und hatte dabei sehr zu leiden;
ihr ganzes Vermögen hatte sie ausgegeben,
   aber es hatte ihr nichts genutzt,
   sondern ihr Zustand war immer schlimmer geworden.
²⁷ Sie hatte von Jesus gehört.
Nun drängte sie sich in der Menge von hinten heran –
   und berührte sein Gewand.
²⁸ Denn sie sagte sich:
   Wenn ich auch nur sein Gewand berühre, werde ich geheilt.
²⁹ Und sofort versiegte die Quelle des Blutes
und sie spürte in ihrem Leib,
   dass sie von ihrem Leiden geheilt war.
³⁰ Im selben Augenblick fühlte Jesus,
   dass eine Kraft von ihm ausströmte,

und er wandte sich in dem Gedränge um
und fragte: Wer hat mein Gewand berührt?
³¹ Seine Jünger sagten zu ihm:
   Du siehst doch, wie sich die Leute um dich drängen,
und da fragst du: Wer hat mich berührt?
³² Er blickte umher, um zu sehen, wer es getan hatte.
³³ Da kam die Frau,
zitternd vor Furcht,
   weil sie wusste, was mit ihr geschehen war;
sie fiel vor ihm nieder
   und sagte ihm die ganze Wahrheit.
³⁴ Er aber sagte zu ihr: Meine Tochter,
dein Glaube hat dich gerettet.
Geh in Frieden!
Du sollst von deinem Leiden geheilt sein.
³⁵ Während Jesus noch redete,
   kamen Leute,
   die zum Haus des Synagogenvorstehers gehörten,
und sagten zu Jaïrus: Deine Tochter ist gestorben.
Warum bemühst du den Meister noch länger?
³⁶ Jesus, der diese Worte gehört hatte,
   sagte zu dem Synagogenvorsteher: Fürchte dich nicht!
Glaube nur!
³⁷ Und er ließ keinen mitkommen
   außer Petrus, Jakobus und Johannes, den Bruder des Jakobus.
³⁸ Sie gingen zum Haus des Synagogenvorstehers.

Als Jesus den Tumult sah
   und wie sie heftig weinten und klagten,
³⁹ trat er ein
und sagte zu ihnen: Warum schreit und weint ihr?
Das Kind ist nicht gestorben,
   es schläft nur.
⁴⁰ Da lachten sie ihn aus.

Er aber warf alle hinaus
und nahm den Vater des Kindes und die Mutter
   und die, die mit ihm waren,
   und ging in den Raum, in dem das Kind lag.
⁴¹ Er fasste das Kind an der Hand
und sagte zu ihm: Talíta kum!,
das heißt übersetzt: Mädchen, ich sage dir, steh auf!
⁴² Sofort stand das Mädchen auf
   und ging umher.
Es war zwölf Jahre alt.
Die Leute waren ganz fassungslos vor Entsetzen.
⁴³ Doch er schärfte ihnen ein,
   niemand dürfe etwas davon erfahren;
dann sagte er,
   man solle dem Mädchen etwas zu essen geben.

Oder Kurzfassung:

2 **EVANGELIUM**   Mk 5, 21–24.35b–43
Mädchen, ich sage dir, steh auf!

✛ Aus dem heiligen Evangelium nach Markus.

²¹ In jener Zeit
   fuhr Jesus im Boot
   an das andere Ufer des Sees von Galiläa hinüber
und eine große Menschenmenge versammelte sich um ihn.
Während er noch am See war,
²² kam einer der Synagogenvorsteher namens Jaïrus zu ihm.
Als er Jesus sah,
   fiel er ihm zu Füßen
²³ und flehte ihn um Hilfe an;
er sagte: Meine Tochter liegt im Sterben.
Komm und leg ihr die Hände auf,
   damit sie geheilt wird und am Leben bleibt!
²⁴ Da ging Jesus mit ihm.
Viele Menschen folgten ihm und drängten sich um ihn.

⁵ᵇ Unterwegs kamen Leute,
   die zum Haus des Synagogenvorstehers gehörten,
und sagten zu Jaïrus: Deine Tochter ist gestorben.
Warum bemühst du den Meister noch länger?
³⁶ Jesus, der diese Worte gehört hatte,
   sagte zu dem Synagogenvorsteher: Fürchte dich nicht!
Glaube nur!
³⁷ Und er ließ keinen mitkommen
   außer Petrus, Jakobus und Johannes, den Bruder des Jakobus.
³⁸ Sie gingen zum Haus des Synagogenvorstehers.

Als Jesus den Tumult sah
   und wie sie heftig weinten und klagten,
³⁹   trat er ein
und sagte zu ihnen: Warum schreit und weint ihr?
Das Kind ist nicht gestorben,
   es schläft nur.
⁴⁰ Da lachten sie ihn aus.

Er aber warf alle hinaus
und nahm den Vater des Kindes und die Mutter
   und die, die mit ihm waren,
   und ging in den Raum, in dem das Kind lag.
⁴¹ Er fasste das Kind an der Hand
und sagte zu ihm: Talíta kum!,
das heißt übersetzt: Mädchen, ich sage dir, steh auf!
⁴² Sofort stand das Mädchen auf
   und ging umher.
Es war zwölf Jahre alt.
Die Leute waren ganz fassungslos vor Entsetzen.
⁴³ Doch er schärfte ihnen ein,
   niemand dürfe etwas davon erfahren;
dann sagte er,
   man solle dem Mädchen etwas zu essen geben.

Glaubensbekenntnis, S. 374 ff.
Fürbitten vgl. S. 805 ff.

ZUR EUCHARISTIEFEIER   *Kann ich noch an Wunder glauben? Daran glauben, dass für Gott mehr möglich ist, als ich mit meiner Wahrnehmung erfassen und erschließen kann? – Die Wunder Jesu sind eine Einladung, über das Augenscheinliche hinauszuschauen und mit dem Herzen zu erkennen, dass für ihn mehr möglich ist, als wir uns vorstellen können.*

GABENGEBET

Herr, unser Gott,
in den Geheimnissen, die wir feiern,
wirkst du unser Heil.
Gib, dass wir den Dienst an diesem Altar
würdig vollziehen,
von dem wir deine Gaben empfangen.
Darum bitten wir durch Christus, unseren Herrn.
Präfation, S. 427 ff.

KOMMUNIONVERS   Ps 103 (102), 1

Lobe den Herrn, meine Seele!
Alles in mir lobe seinen heiligen Namen.

Oder: Joh 17, 20–21

Vater, ich bitte für sie, dass sie in uns eins seien,
damit die Welt glaubt, dass du mich gesandt hast – so spricht der Herr.

SCHLUSSGEBET

Gütiger Gott,
die heilige Opfergabe,
die wir dargebracht und empfangen haben,
schenke uns neues Leben.
Lass uns Frucht bringen in Beharrlichkeit
und dir auf immer verbunden bleiben.
Darum bitten wir durch Christus, unseren Herrn.

FÜR DEN TAG UND DIE WOCHE
Der Glaube an Gott, der keinen Menschen fallen lässt, ist die Bedingung, dass wir auch an den Menschen glauben können, dass wir Vertrauen in ihn setzen, in die Kraft, die in ihm liegt. ... Das Vertrauen, das wir einem Menschen entgegen-

bringen, weckt das Vertrauen in ihm selbst auf. Weil wir ihm vertrauen, vermag er nun auch sich selbst zu vertrauen. Weil wir an ihn glauben, kann er an sich selbst glauben, an seine Fähigkeiten, an seine Kräfte. So hat unser Vertrauen immer auch eine heilende Wirkung auf den anderen. Es befähigt ihn, sich selbst und den heilenden Kräften in sich zu vertrauen und so stärker zu werden. (Anselm Grün)

VIERZEHNTER SONNTAG IM JAHRESKREIS

An den fernen Gott glauben ist leichter, als dem nahen Gott begegnen. In der Nähe ist alles konkret, Menschen und Dinge haben Namen und brauchen Raum. Glauben, dass es Christus ist, der uns begegnet im Wort und im Sakrament, aber auch ja zu sagen zu dem Menschen neben mir in der Kirchenbank, auf der Straße, im eigenen Haus – das müsste die Welt verändern.

ERÖFFNUNGSVERS
Ps 48 (47), 10–11

Deiner Huld, o Gott, gedenken wir in deinem heiligen Tempel.
Wie dein Name, Gott, so reicht dein Ruhm bis an die Enden der Erde;
deine rechte Hand ist voll von Gerechtigkeit.

Ehre sei Gott, S. 371 f.

TAGESGEBET

Barmherziger Gott,
durch die Erniedrigung deines Sohnes
hast du die gefallene Menschheit
wieder aufgerichtet
und aus der Knechtschaft der Sünde befreit.
Erfülle uns mit Freude über die Erlösung
und führe uns zur ewigen Seligkeit.
Darum bitten wir durch Jesus Christus.

ZUR 1. LESUNG   *Der Prophet ist Bote und Sprecher Gottes für die Menschen. Dazu empfängt er die Kraft des Geistes. Vielleicht wird man auf seine Botschaft hören; aber das ist fast die Ausnahme. Menschen können geradezu unfähig werden zu hören: Menschen „mit trotzigem Gesicht und hartem Herzen". Der Pro-*

phet Ezechiel hat das erfahren müssen wie andere Propheten vor ihm und nach ihm. Auch Jesus ging es nicht anders.

ERSTE LESUNG Ez 1, 28c – 2, 5

Sie sind ein widerspenstiges Volk, sie werden erkennen müssen, dass mitten unter ihnen ein Prophet war

Lesung
  aus dem Buch Ezéchiel.

In jenen Tagen,
1,28cd schaute ich das Aussehen der Gestalt
der Herrlichkeit des HERRN.
Und ich fiel nieder auf mein Angesicht.
Da hörte ich die Stimme eines Redenden.

² ,¹ Er sagte zu mir: Menschensohn, stell dich auf deine Füße;
ich will mit dir reden.

² Da kam Geist in mich, als er zu mir redete,
und er stellte mich auf meine Füße.
Und ich hörte den, der mit mir redete.

³ Er sagte zu mir: Menschensohn,
ich sende dich zu den Söhnen Israels,
zu abtrünnigen Völkern, die von mir abtrünnig wurden.
Sie und ihre Väter sind von mir abgefallen,
bis zum heutigen Tag.

⁴ Es sind Söhne mit trotzigem Gesicht und hartem Herzen.
Zu ihnen sende ich dich.
Du sollst zu ihnen sagen: So spricht GOTT, der Herr.

⁵ Sie aber: Mögen sie hören oder es lassen
  – denn sie sind ein Haus der Widerspenstigkeit –,
  sie werden erkennen müssen,
  dass mitten unter ihnen ein Prophet war.

ANTWORTPSALM Ps 123 (122), 1–2.3–4 (Kv: vgl. 2c) GL 307, 5

Kv Unsere Augen sind erhoben zum HERRN, unserm Gott,
bis er uns gnädig ist. – Kv

14. Sonntag im Jahreskreis

¹ Ich erhebe meine Augen zu dir, *
 der du thronst im Himmel.
² Siehe, wie die Augen der Knechte auf die Hand ihres Herrn, /
 wie die Augen der Magd auf die Hand ihrer Herrin, *
 so sind unsere Augen erhoben zum HERRN, unserem Gott,
   bis er uns gnädig ist. – (Kv)
³ Sei uns gnädig, HERR, sei uns gnädig! *
 Denn übersatt sind wir von Verachtung,
⁴ vom Spott der Selbstsicheren ist übersatt unsere Seele, *
 von der Verachtung durch die Stolzen. – Kv

ZUR 2. LESUNG *Der Apostel Paulus kann auf Leistungen und Erfolge hinweisen. Er weiß aber, dass es die Gnade Gottes ist, der er alles zu danken hat. Gott kann auch schwache Menschen in seinen Dienst rufen. Paulus spricht von einem Boten Satans, der ihm zusetzte; vielleicht war es eine Krankheit oder eine seelische Not. Paulus ertrug alles für Christus, in seinem Dienst und in seiner Kraft.*

ZWEITE LESUNG   2 Kor 12, 7–10

Ich will mich meiner Schwachheit rühmen, damit die Kraft Christi auf mich herabkommt

Lesung
 aus dem zweiten Brief des Apostels Paulus
 an die Gemeinde in Korínth.

Schwestern und Brüder!
⁷ **Damit ich mich wegen der einzigartigen Offenbarungen**
    nicht überhebe,
  wurde mir ein Stachel ins Fleisch gestoßen:
 ein Bote Satans,
    der mich mit Fäusten schlagen soll,
    damit ich mich nicht überhebe.
⁸ **Dreimal habe ich den Herrn angefleht,**
    dass dieser Bote Satans von mir ablasse.
⁹ **Er aber antwortete mir: Meine Gnade genügt dir;**
  denn die Kraft wird in der Schwachheit vollendet.

Viel lieber also will ich mich meiner Schwachheit rühmen,
  damit die Kraft Christi auf mich herabkommt.
¹⁰ Deswegen bejahe ich meine Ohnmacht,
alle Misshandlungen und Nöte,
Verfolgungen und Ängste, die ich für Christus ertrage;
denn wenn ich schwach bin,
  dann bin ich stark.

RUF VOR DEM EVANGELIUM Vers: vgl. Jes 61, 1ab (Lk 4, 18)

Halleluja. Halleluja.
Der Geist des Herrn ruht auf mir.
Der Herr hat mich gesandt,
den Armen die frohe Botschaft zu bringen.
Halleluja.

ZUM EVANGELIUM *Für seine Landsleute in Nazaret war Jesus nichts weiter als der Zimmermann, den man seit Langem kannte. Diese menschliche Nähe machte es ihnen schwer, die göttliche Größe zu sehen. Wenn Jesus wirklich von Gott käme, müsste er göttlicher auftreten, meinen sie. Hier kann Jesus kein Wunder tun; es ist ja niemand da, der das Wunder sehen und die Kraft Gottes bezeugen könnte.*

EVANGELIUM Mk 6, 1b–6

Nirgends ist ein Prophet ohne Ansehen außer in seiner Heimat

✛ Aus dem heiligen Evangelium nach Markus.

In jener Zeit
¹ᵇ kam Jesus in seine Heimatstadt;
seine Jünger folgten ihm nach.
² Am Sabbat lehrte er in der Synagoge.
Und die vielen Menschen, die ihm zuhörten,
  gerieten außer sich vor Staunen
und sagten: Woher hat er das alles?
Was ist das für eine Weisheit, die ihm gegeben ist?
Und was sind das für Machttaten, die durch ihn geschehen?

³ Ist das nicht der Zimmermann,
der Sohn der Maria
  und der Bruder von Jakobus, Joses, Judas und Simon?
Leben nicht seine Schwestern hier unter uns?
Und sie nahmen Anstoß an ihm.
⁴ Da sagte Jesus zu ihnen:
  Nirgends ist ein Prophet ohne Ansehen
  außer in seiner Heimat,
  bei seinen Verwandten und in seiner Familie.
⁵ Und er konnte dort keine Machttat tun;
nur einigen Kranken legte er die Hände auf und heilte sie.
⁶ Und er wunderte sich über ihren Unglauben.
Und Jesus zog durch die benachbarten Dörfer
  und lehrte dort.

Glaubensbekenntnis, S. 374 ff.
Fürbitten vgl. S. 805 ff.

ZUR EUCHARISTIEFEIER *Herr, nimm den Schleier von meinen Augen und meinem Herzen, damit ich in Wahrheit erkenne, wer du für mich bist. Mache mich bereit, in den sichtbaren Zeichen von Brot und Wein das Geheimnis deiner lebendigen Gegenwart zu erfassen.*

GABENGEBET

Herr, zu deiner Ehre feiern wir dieses Opfer.
Es befreie uns vom Bösen
und helfe uns,
Tag für Tag das neue Leben sichtbar zu machen,
das wir von dir empfangen.
Darum bitten wir durch Christus, unseren Herrn.

Präfation, S. 427 ff.

KOMMUNIONVERS   Ps 34 (33), 9

Kostet und seht, wie gütig der Herr ist.
Selig der Mensch, der bei ihm seine Zuflucht nimmt.

Oder: Mt 11, 28

Kommt alle zu mir,
die ihr euch plagt und unter Lasten stöhnt!
Ich will euch Ruhe verschaffen – so spricht der Herr.

SCHLUSSGEBET

Herr, du hast uns mit reichen Gaben beschenkt.
Lass uns in der Danksagung verharren
und einst die Fülle des Heils erlangen.
Darum bitten wir durch Christus, unseren Herrn.

FÜR DEN TAG UND DIE WOCHE

Er war nicht einzuordnen, dieser Jesus aus Nazaret. Er legte die Bibel aus, aber er tat es anders als die überall tätigen Ausleger. Er redete vom kommenden Gottesreich, aber anders als die Propheten jener Zeit. Er sprach von Freiheit, aber er tat es anders als die Freiheitskämpfer in den Höhlen der galiläischen Berge. Er sprach von Gerechtigkeit, aber er meinte damit etwas anderes als die Rechtsgelehrten seines Landes. ... Was er sagte, war schön, war hilfreich und tröstlich, und es war zugleich unerhört hart und kantig. ... Haben wir Jesus verstanden? Kann es bei dem sanften Bild bleiben, zu dem unsere lange Überlieferung ihn stilisiert hat? Es ist zu befürchten, dass vieles an ihm ganz anders war und ist. So nämlich, dass man auch heute wieder ganz neu von ihm reden muss. (Jörg Zink)

FÜNFZEHNTER SONNTAG IM JAHRESKREIS

Wer sich in der Welt durchsetzen will, braucht Macht; er muss stärker sein als andere. Die Macht hat vielerlei Gestalten: Energie, Geld, Intelligenz, Beziehungen, Organisation, Waffen. Der Jünger Jesu hat aber nicht den Auftrag, sich durchzusetzen, sondern er soll das Wort Gottes weitersagen und Zeuge Gottes sein in dieser Welt; er soll der Kraft Gottes Raum geben in seinem eigenen Leben. Die Menschen werden seinem Wort nur glauben, wenn sie es als gelebte Wahrheit sehen.

ERÖFFNUNGSVERS
Ps 17 (16), 15

Ich will in Gerechtigkeit dein Angesicht schauen,
mich satt sehen an deiner Gestalt, wenn ich einst erwache.
Ehre sei Gott, S. 371 f.

TAGESGEBET

Gott, du bist unser Ziel,
du zeigst den Irrenden das Licht der Wahrheit
und führst sie auf den rechten Weg zurück.
Gib allen, die sich Christen nennen, die Kraft,
zu meiden, was diesem Namen widerspricht
und zu tun, was unserem Glauben entspricht.
Darum bitten wir durch Jesus Christus.

ZUR 1. LESUNG *Amos ist der älteste Schriftprophet des Alten Testaments (8. Jh. v. Chr.). Er stammte aus der Gegend von Jerusalem, er hatte seinen Beruf und seine Arbeit. Aber Gott schickte ihn in das Nordreich Israel; in Samaria und Bet-El musste er Gottes warnendes Wort verkünden. Er rügte die soziale Ungerechtigkeit, die unwahre Gottesverehrung und kündigte das Gericht an. Es ist daher nicht erstaunlich, dass er auf Widerstand stieß.*

ERSTE LESUNG
Am 7, 12–15

Geh und prophezeie meinem Volk Israel!

**Lesung
aus dem Buch Amos.**

In jenen Tagen
¹² sagte Amázja, der Priester von Bet-El, zu Amos:
Seher, geh, flieh ins Land Juda!
Iss dort dein Brot
und prophezeie dort!
¹³ In Bet-El darfst du nicht mehr prophezeien;
denn das hier ist das königliche Heiligtum und der Reichstempel.
¹⁴ Amos antwortete Amázja:
Ich bin kein Prophet und kein Prophetenschüler,
sondern ich bin ein Viehhirte

und veredle Maulbeerfeigen.
¹⁵ Aber der HERR hat mich hinter meiner Herde weggenommen
und zu mir gesagt:
Geh und prophezeie meinem Volk Israel!

ANTWORTPSALM
Ps 85 (84), 9–10.11–12.13–14 (Kv: 8)

Kv Lass uns schauen, o HERR, deine Huld   GL 657, 3
und schenke uns dein Heil! – Kv

⁹ Ich will hören, was Gott redet: /
Frieden verkündet der HERR seinem Volk und seinen Frommen, *
sie sollen sich nicht zur Torheit wenden.
¹⁰ Fürwahr, sein Heil ist denen nahe, die ihn fürchten, *
seine Herrlichkeit wohne in unserm Land. – (Kv)
¹¹ Es begegnen einander Huld und Treue; *
Gerechtigkeit und Friede küssen sich.
¹² Treue sprosst aus der Erde hervor; *
Gerechtigkeit blickt vom Himmel hernieder. – (Kv)
¹³ Ja, der HERR gibt Gutes *
und unser Land gibt seinen Ertrag.
¹⁴ Gerechtigkeit geht vor ihm her *
und bahnt den Weg seiner Schritte. – Kv

ZUR 2. LESUNG *Der Brief an die Epheser (geschrieben um 63 n. Chr.) beginnt mit einem feierlichen Lobpreis, der alles Handeln Gottes in dem einen Wort „Segen" zusammenfasst. Gott offenbart den Menschen seine ewige Liebe, um so die ganze Schöpfung ihrem Ziel entgegenzuführen: dem Lobpreis seiner Gnade. Mittler des Segens Gottes ist Jesus Christus, der ewige Sohn.*

1 ZWEITE LESUNG
Eph 1, 3–14

In Christus hat Gott uns erwählt vor der Grundlegung der Welt

**Lesung
aus dem Brief des Apostels Paulus
an die Gemeinde in Éphesus.**

³ Gepriesen sei Gott,
der Gott und Vater unseres Herrn Jesus Christus.

Er hat uns mit allem Segen seines Geistes gesegnet
durch unsere Gemeinschaft mit Christus im Himmel.

⁴ Denn in ihm hat er uns erwählt vor der Grundlegung der Welt,
damit wir heilig und untadelig leben vor ihm.

⁵ Er hat uns aus Liebe im Voraus dazu bestimmt,
seine Söhne zu werden durch Jesus Christus
und zu ihm zu gelangen nach seinem gnädigen Willen,

⁶ zum Lob seiner herrlichen Gnade.
Er hat sie uns geschenkt in seinem geliebten Sohn.

⁷ In ihm haben wir die Erlösung durch sein Blut,
die Vergebung der Sünden nach dem Reichtum seiner Gnade.

⁸ Durch sie hat er uns reich beschenkt,
in aller Weisheit und Einsicht,

⁹ er hat uns das Geheimnis seines Willens kundgetan,
wie er es gnädig im Voraus bestimmt hat in ihm.

¹⁰ Er hat beschlossen, die Fülle der Zeiten heraufzuführen,
das All in Christus als dem Haupt zusammenzufassen,
was im Himmel und auf Erden ist, in ihm.

¹¹ In ihm sind wir auch als Erben vorherbestimmt
nach dem Plan dessen, der alles so bewirkt,
wie er es in seinem Willen beschließt;

¹² wir sind zum Lob seiner Herrlichkeit bestimmt,
die wir schon früher in Christus gehofft haben.

¹³ In ihm habt auch ihr das Wort der Wahrheit gehört,
das Evangelium von eurer Rettung;
in ihm habt ihr das Siegel
des verheißenen Heiligen Geistes empfangen,
als ihr zum Glauben kamt.

¹⁴ Der Geist ist der erste Anteil unseres Erbes, hin zur Erlösung,
durch die ihr Gottes Eigentum werdet,
zum Lob seiner Herrlichkeit.

Oder Kurzfassung:

2 ZWEITE LESUNG
Eph 1, 3–10

In Christus hat Gott uns erwählt vor der Grundlegung der Welt

Lesung
aus dem Brief des Apostels Paulus
an die Gemeinde in Éphesus.

Gepriesen sei Gott,
³ der Gott und Vater unseres Herrn Jesus Christus.
Er hat uns mit allem Segen seines Geistes gesegnet
durch unsere Gemeinschaft mit Christus im Himmel.
⁴ Denn in ihm hat er uns erwählt vor der Grundlegung der Welt,
damit wir heilig und untadelig leben vor ihm.
⁵ Er hat uns aus Liebe im Voraus dazu bestimmt,
seine Söhne zu werden durch Jesus Christus
und zu ihm zu gelangen nach seinem gnädigen Willen,
⁶ zum Lob seiner herrlichen Gnade.
Er hat sie uns geschenkt in seinem geliebten Sohn.
⁷ In ihm haben wir die Erlösung durch sein Blut,
die Vergebung der Sünden nach dem Reichtum seiner Gnade.
⁸ Durch sie hat er uns reich beschenkt,
in aller Weisheit und Einsicht,
⁹ er hat uns das Geheimnis seines Willens kundgetan,
wie er es gnädig im Voraus bestimmt hat in ihm.
¹⁰ Er hat beschlossen, die Fülle der Zeiten heraufzuführen,
das All in Christus als dem Haupt zusammenzufassen,
was im Himmel und auf Erden ist, in ihm.

RUF VOR DEM EVANGELIUM
Vers: vgl. Eph 1, 17–18

Halleluja. Halleluja.
Der Vater unseres Herrn Jesus Christus
erleuchte die Augen unseres Herzens,
damit wir verstehen, zu welcher Hoffnung wir berufen sind.
Halleluja.

15. Sonntag im Jahreskreis

ZUM EVANGELIUM *Aus dem Kreis seiner Jünger hat Jesus die Zwölf ausgewählt, um sie zu Boten des Evangeliums zu machen. Die Aussendungsrede Jesu steht ausführlicher im Matthäusevangelium (10, 5–14); sie ist die Missionsregel der Urkirche. Durch die Jahrhunderte hindurch versteht die Kirche ihre Missionsarbeit als die Fortsetzung dessen, was Jesus seinen Jüngern aufgetragen hat. Die Richtlinien, die er ihnen gab, gelten grundsätzlich für die ganze Zeit der Kirche.*

EVANGELIUM Mk 6, 7–13
Er begann, die Zwölf auszusenden

✛ Aus dem heiligen Evangelium nach Markus.

In jener Zeit
7 rief Jesus die Zwölf zu sich
und sandte sie aus,
jeweils zwei zusammen.
Er gab ihnen Vollmacht über die unreinen Geister
8 und er gebot ihnen,
außer einem Wanderstab nichts auf den Weg mitzunehmen,
kein Brot, keine Vorratstasche, kein Geld im Gürtel,
9 kein zweites Hemd und an den Füßen nur Sandalen.
10 Und er sagte zu ihnen: Bleibt in dem Haus, in dem ihr einkehrt,
bis ihr den Ort wieder verlasst!
11 Wenn man euch aber in einem Ort nicht aufnimmt
und euch nicht hören will,
dann geht weiter
und schüttelt den Staub von euren Füßen, ihnen zum Zeugnis.
12 Und sie zogen aus
und verkündeten die Umkehr.
13 Sie trieben viele Dämonen aus
und salbten viele Kranke mit Öl
und heilten sie.

Glaubensbekenntnis, S. 374 ff.
Fürbitten vgl. S. 805 ff.

ZUR EUCHARISTIEFEIER   *Das ist wahrer „Gottesdienst": mich in Dienst nehmen lassen von Gott, seinem Wort und seinem Geist in mir Raum geben und durch mich wirken lassen. Es ist der lebendige Herr selbst, der durch mich und mein Tun den Menschen begegnen will.*

GABENGEBET

Gott,
sieh auf dein Volk, das im Gebet versammelt ist,
und nimm unsere Gaben an.
**Heilige sie, damit alle, die sie empfangen,
in deiner Liebe wachsen und dir immer treuer dienen.
Darum bitten wir durch Christus, unseren Herrn.**
Präfation, S. 427 ff.

KOMMUNIONVERS   Ps 84 (83), 4–5

Der Sperling findet ein Haus
und die Schwalbe ein Nest für ihre Jungen –
deine Altäre, Herr der Heere, mein Gott und mein König!
Selig, die wohnen in deinem Haus, die dich allezeit loben!

Oder: Joh 6, 56

So spricht der Herr:
Wer mein Fleisch isst und mein Blut trinkt,
der bleibt in mir, und ich bleibe in ihm.

SCHLUSSGEBET

Herr, unser Gott,
wir danken dir für die heilige Gabe.
**Lass deine Heilsgnade in uns wachsen,
sooft wir diese Speise empfangen.
Darum bitten wir durch Christus, unseren Herrn.**

FÜR DEN TAG UND DIE WOCHE
Unsere winzigen Einsamkeiten sind gleich groß, gleich erregend und heilig wie alle Wüsten der Welt, derselbe Gott bewohnt sie, er, der die Einsamkeit heiligt. Einsamkeit der schwarzen Straße, die das Haus von der Untergrundbahn trennt, Einsamkeit der Sitzbank, auf der andere Wesen ihren Anteil am Weltgeschick

tragen, Einsamkeit der langen unterirdischen Gänge, wo der reißende Strom all dieser Leben seinem neuen Tag entgegenbraust. Einsamkeit einiger Augenblicke, da man am Ofen kauernd das Aufflammen der Holzstaude abwartet, um Kohlen nachzuschütten; Einsamkeit der Küche angesichts des Gemüsetrogs. Kniende Einsamkeit beim Scheuern des Fußbodens, einsamer Gang durch den Garten, um einen Salatkopf zu holen. Kleine Einsamkeiten auf der hundertmal täglich hinauf- und hinuntergetretenen Stiege. Stundenlange Einsamkeiten beim Waschen, Flicken, Bügeln. (Madeleine Delbrêl)

SECHZEHNTER SONNTAG IM JAHRESKREIS

Wer andern das Wort Gottes sagen will, muss selbst ein Hörender und Lernender sein. Jedes wirklich gelernte Wort verändert den Menschen, und jede Erfahrung bereichert sein Leben. Erfahrungen mit Gott, mit den Menschen und den Dingen machen den Menschen weise und gut. Er wird still und lernt zu helfen.

ERÖFFNUNGSVERS
Ps 54 (53), 6.8

Gott ist mein Helfer, der Herr beschützt mein Leben.
Freudig bringe ich dir mein Opfer dar
und lobe deinen Namen, Herr,
denn du bist gütig.

Ehre sei Gott, S. 371 f.

TAGESGEBET

Herr, unser Gott, sieh gnädig auf alle,
die du in deinen Dienst gerufen hast.
Mach uns stark im Glauben,
in der Hoffnung und in der Liebe,
damit wir immer wachsam sind
und auf dem Weg deiner Gebote bleiben.
Darum bitten wir durch Jesus Christus.

ZUR 1. LESUNG *An die Hirten Israels, d. h. die Könige auf dem Thron Davids, richtet sich das warnende Wort des Propheten Jeremia. Die Zerstörung Jerusalems steht bevor, die Zeit der Könige endet im Gericht Gottes. Nach dem Gericht aber wird Gott selbst als guter Hirt für sein Volk sorgen. Ein Nachkomme Davids wird Recht und Rettung bringen. In seinem Thronnamen „Der Herr ist unsere Gerechtigkeit" sind die Verheißung Gottes und die Hoffnung des Volkes enthalten.*

ERSTE LESUNG Jer 23, 1–6
Ich sammle den Rest meiner Schafe und erwecke Hirten für sie

Lesung
   aus dem Buch Jeremía.

¹ Weh den Hirten,
   die die Schafe meiner Weide zugrunde richten und zerstreuen –
Spruch des HERRN.
² Darum – so spricht der HERR, der Gott Israels,
   über die Hirten, die mein Volk weiden:
Ihr habt meine Schafe zerstreut und sie versprengt
und habt euch nicht um sie gekümmert.
Jetzt kümmere ich mich bei euch um die Bosheit eurer Taten –
Spruch des HERRN.
³ Ich selbst aber sammle den Rest meiner Schafe
   aus allen Ländern, wohin ich sie versprengt habe.
Ich bringe sie zurück auf ihre Weide
und sie werden fruchtbar sein und sich vermehren.
⁴ Ich werde für sie Hirten erwecken, die sie weiden,
und sie werden sich nicht mehr fürchten und ängstigen
und nicht mehr verloren gehen –
Spruch des HERRN.
⁵ Siehe, Tage kommen
   – Spruch des HERRN –,
   da werde ich für David einen gerechten Spross erwecken.
Er wird als König herrschen und weise handeln
und Recht und Gerechtigkeit üben im Land.
⁶ In seinen Tagen wird Juda gerettet werden,
Israel kann in Sicherheit wohnen.
Man wird ihm den Namen geben:
   Der HERR ist unsere Gerechtigkeit.

ANTWORTPSALM
Ps 23 (22), 1–3.4.5.6 (Kv: 1)

Kv Der HERR ist mein Hirt, GL 37, 1
nichts wird mir fehlen. – Kv

1 Der HERR ist mein Hirt, nichts wird mir fehlen. /
2 Er lässt mich lagern auf grünen Auen *
und führt mich zum Ruheplatz am Wasser.
3 Meine Lebenskraft bringt er zurück. *
Er führt mich auf Pfaden der Gerechtigkeit,
   getreu seinem Namen. – (Kv)
4 Auch wenn ich gehe im finsteren Tal, *
ich fürchte kein Unheil;
denn du bist bei mir, *
dein Stock und dein Stab, sie trösten mich. – (Kv)
5 Du deckst mir den Tisch *
vor den Augen meiner Feinde.
Du hast mein Haupt mit Öl gesalbt, *
übervoll ist mein Becher. – (Kv)
6 Ja, Güte und Huld *
werden mir folgen mein Leben lang
und heimkehren werde ich ins Haus des HERRN *
für lange Zeiten. – Kv

ZUR 2. LESUNG *Je nach dem Grad der Gotteserkenntnis kann das Verhältnis des Menschen zu Gott als „Nähe" oder als „Ferne" gekennzeichnet werden. Vom Judentum aus gesehen, waren die Heiden (die Nichtjuden) in der Ferne, aber seit Christus gibt es diese Unterscheidung für Christen nicht mehr: Die trennende Wand ist gefallen; für alle hat Christus sein Blut vergossen und hat sie zu dem einen neuen Menschen gemacht.*

ZWEITE LESUNG
Eph 2, 13–18

Er ist unser Friede: Er vereinigte Juden und Heiden

Lesung
   aus dem Brief des Apostels Paulus
   an die Gemeinde in Éphesus.

Schwestern und Brüder!

¹³ Jetzt seid ihr, die ihr einst in der Ferne wart,
   in Christus Jesus,
   nämlich durch sein Blut,
   in die Nähe gekommen.
¹⁴ Denn er ist unser Friede.
   Er vereinigte die beiden Teile – Juden und Heiden –
   und riss die trennende Wand der Feindschaft
   in seinem Fleisch nieder.
¹⁵ Er hob das Gesetz mit seinen Geboten und Forderungen auf,
   um die zwei
   in sich zu einem neuen Menschen zu machen.
   Er stiftete Frieden
¹⁶ und versöhnte die beiden
   durch das Kreuz mit Gott in einem einzigen Leib.
   Er hat in seiner Person die Feindschaft getötet.
¹⁷ Er kam und verkündete den Frieden:
   euch, den Fernen,
   und Frieden den Nahen.
¹⁸ Denn durch ihn
   haben wir beide in dem einen Geist Zugang zum Vater.

RUF VOR DEM EVANGELIUM   Vers: Joh 10, 27

Halleluja. Halleluja.

(So spricht der Herr:)
Meine Schafe hören auf meine Stimme;
ich kenne sie und sie folgen mir.

Halleluja.

ZUM EVANGELIUM *Die Zwölf, die Jesus ausgesandt hat (Evangelium am vergangenen Sonntag), werden im heutigen Evangelium Apostel genannt: Als bevollmächtigte Boten haben sie die Botschaft vom Reich Gottes verkündet. Nach der anstrengenden Missionsarbeit brauchen sie Ruhe und sind jetzt wieder Lernende. Sie hören das Wort Jesu und erfahren aufs Neue die Kraft seiner Gegenwart. Der zweite Teil des Evangeliums leitet zur Brotvermehrung über. Jesus sorgt als guter Hirt für die Seinen; er gibt ihnen das notwendige Brot für Seele und Leib.*

EVANGELIUM
Mk 6, 30–34

Sie waren wie Schafe, die keinen Hirten haben

✠ Aus dem heiligen Evangelium nach Markus.

In jener Zeit
³⁰ versammelten sich die Apostel, die Jesus ausgesandt hatte, wieder bei ihm
und berichteten ihm alles, was sie getan und gelehrt hatten.
³¹ Da sagte er zu ihnen:
Kommt mit an einen einsamen Ort, wo wir allein sind,
und ruht ein wenig aus!
Denn sie fanden nicht einmal Zeit zum Essen,
so zahlreich waren die Leute, die kamen und gingen.
³² Sie fuhren also mit dem Boot in eine einsame Gegend,
um allein zu sein.
³³ Aber man sah sie abfahren
und viele erfuhren davon;
sie liefen zu Fuß aus allen Städten dorthin
und kamen noch vor ihnen an.
³⁴ Als er ausstieg, sah er die vielen Menschen
und hatte Mitleid mit ihnen;
denn sie waren wie Schafe,
die keinen Hirten haben.
Und er lehrte sie lange.

Glaubensbekenntnis, S. 374 ff.
Fürbitten vgl. S. 805 ff.

ZUR EUCHARISTIEFEIER *Auch heute lädt Jesus uns ein: Kommt mit an einen einsamen Ort... Wir brauchen die Stille, wir brauchen die Gemeinschaft, den gemeinsamen Tisch des Wortes und des Leben spendenden Brotes. Wir brauchen die Erneuerung unseres Glaubens, unserer Treue. Wir brauchen die Freude seiner Nähe.*

GABENGEBET

Herr, du hast die vielen Opfer,
die dir je von Menschen dargebracht werden,
in dem einen Opfer des Neuen Bundes vollendet.
Nimm die Gaben deiner Gläubigen an
und heilige sie,
wie du einst das Opfer Abels angenommen hast;
und was jeder Einzelne zu deiner Ehre darbringt,
das werde allen zum Heil.
Darum bitten wir durch Christus, unseren Herrn.

Präfation, S. 427 ff.

KOMMUNIONVERS　　　　　　　　　　　　　　　　Ps 111 (110), 4–5

Ein Gedächtnis seiner Wunder hat der Herr gestiftet,
gnädig und barmherzig ist der Herr.
Er gibt denen Speise, die ihn fürchten.

Oder:　　　　　　　　　　　　　　　　　　　　　　　　　　Offb 3, 20

So spricht der Herr:
Ich stehe an der Tür und klopfe.
Wenn einer meine Stimme hört und die Tür öffnet,
werde ich bei ihm eintreten und mit ihm Mahl halten,
und er mit mir.

SCHLUSSGEBET

Barmherziger Gott, höre unser Gebet.
Du hast uns im Sakrament
das Brot des Himmels gegeben,
damit wir an Seele und Leib gesunden.
Gib, dass wir
die Gewohnheiten des alten Menschen ablegen
und als neue Menschen leben.
Darum bitten wir durch Christus, unseren Herrn.

FÜR DEN TAG UND DIE WOCHE

Gott ist ein Freund der Stille. Die Stille lässt uns alles auf neue Weise sehen. Wir brauchen Stille, um Seelen anrühren zu können. Nicht was wir sagen, ist wesentlich, sondern was Gott zu uns und durch uns sagt. Jesus wartet in der Stille immer auf uns. In der Stille wird er auf uns hören, wird er zu unserer Seele sprechen, werden wir seine Stimme hören. Innere Stille ist schwer zu erreichen, aber wir müssen uns darum bemühen. In der Stille finden wir neue Kraft und wirkliches Einssein. Die Kraft Gottes wird in allem unser sein, damit wir alles gut zu tun vermögen. Unsere Gedanken werden eins sein mit seinen Gedanken, unsere Gebete mit seinen Gebeten, unser Tun mit seinem Tun, unser Leben mit seinem Leben. All unsere Worte werden nutzlos sein, wenn sie nicht aus unserem Innern kommen. Worte, die nicht das Licht Christi geben, vergrößern die Dunkelheit. (Mutter Teresa von Kalkutta)

SIEBZEHNTER SONNTAG IM JAHRESKREIS

Wir glauben, dass Christus als Retter und Erlöser gekommen ist. In der Welt sehen wir jedoch immer noch Not: Hunger, Ungerechtigkeit, Hass, und Tod. Auch in unseren Gemeinden stehen wir vor ungelösten Fragen. Das Licht Christi leuchtet, aber es leuchtet in der Finsternis, und es gibt leuchtende Menschen, mitten unter uns; wir müssen sie nur sehen. Sie sind Boten und Zeugen des liebenden Gottes. Christus ist mitten unter uns, mitten in unserer Not. Damit aber ist alles anders geworden.

ERÖFFNUNGSVERS   Vgl. Ps 68 (67), 6–7.36

Gott ist hier, an heiliger Stätte.
Gott versammelt sein Volk in seinem Haus,
er schenkt ihm Stärke und Kraft.
Ehre sei Gott, S. 371 f.

TAGESGEBET

Gott, du Beschützer aller, die auf dich hoffen,
ohne dich ist nichts gesund und nichts heilig.
Führe uns in deinem Erbarmen den rechten Weg
und hilf uns,
die vergänglichen Güter so zu gebrauchen,
dass wir die ewigen nicht verlieren.
Darum bitten wir durch Jesus Christus.

17. Sonntag im Jahreskreis

ZUR 1. LESUNG *Der Prophet Elischa ist im Alten Testament neben Elija der großе Wundertäter. Es scheint, als hätten sich die Wunder des Auszugs aus Ägypten wiederholt. Die Erzählung von der Brotvermehrung durch Elischa erinnert an das Manna in der Wüste (Exodus 16) und auch an die Brotvermehrung durch Jesus. Der Überfluss kündigt an, was Gott mit dieser Welt vorhat: nicht Überfluss, in dem die Menschen ersticken, sondern Überfluss des Friedens und der Freude.*

ERSTE LESUNG   2 Kön 4, 42–44
Man wird essen und noch übrig lassen

Lesung
  aus dem zweiten Buch der Könige.

In jenen Tagen
⁴² kam ein Mann von Báal-Schalíscha
und brachte dem Gottesmann Elíscha
Brot von Erstlingsfrüchten, zwanzig Gerstenbrote
und frische Körner in einem Beutel.
Elíscha sagte:
  Gib es den Leuten zu essen!
⁴³ Doch sein Diener sagte:
  Wie soll ich das hundert Männern vorsetzen?

Elíscha aber sagte: Gib es den Leuten zu essen!
Denn so spricht der HERR:
Man wird essen und noch übrig lassen.
⁴⁴ Nun setzte er es ihnen vor;
und sie aßen und ließen noch übrig,
  wie der HERR gesagt hatte.

ANTWORTPSALM   Ps 145 (144), 8–9.15–16.17–18 (Kv: 16)

Kv Herr, du tust deine Hand auf   GL 87
und sättigst alles, was lebt, mit Wohlgefallen. – Kv

⁸ Der HERR ist gnädig und barmherzig, *
langmütig und reich an Huld.
⁹ Der HERR ist gut zu allen, *
sein Erbarmen waltet über all seinen Werken. – (Kv)

17. Sonntag im Jahreskreis

¹⁵ Aller Augen warten auf dich *
und du gibst ihnen ihre Speise zur rechten Zeit.
¹⁶ Du tust deine Hand auf *
und sättigst alles, was lebt, mit Wohlgefallen. – (Kv)
¹⁷ Gerecht ist der HERR auf all seinen Wegen *
und getreu in all seinen Werken.
¹⁸ Nahe ist der HERR allen, die ihn rufen, *
allen, die ihn aufrichtig rufen. – Kv

ZUR 2. LESUNG *Die Berufung zum Glauben ist Ruf in die Gemeinschaft der Glaubenden. In dieser Gemeinschaft, in der Kirche Christi, gibt es vielfache Gnaden, Gaben des einen Geistes, und viele Ausprägungen des einen Glaubens. Das Wesensgesetz der Kirche aber ist die Einheit, und diese ist nur möglich, wenn alle bereit sind, einander in Liebe anzunehmen und in Geduld zu ertragen.*

ZWEITE LESUNG
Eph 4, 1–6

Ein Leib, ein Herr, ein Glaube, eine Taufe

Lesung
aus dem Brief des Apostels Paulus
an die Gemeinde in Éphesus.

Schwestern und Brüder!
¹ Ich, der Gefangene im Herrn,
ermahne euch, ein Leben zu führen,
das des Rufes würdig ist, der an euch erging.
² Seid demütig,
friedfertig und geduldig,
ertragt einander in Liebe
³ und bemüht euch, die Einheit des Geistes zu wahren
durch das Band des Friedens!
⁴ Ein Leib und ein Geist,
wie ihr auch berufen seid
zu einer Hoffnung in eurer Berufung:
⁵ ein Herr, ein Glaube, eine Taufe,
⁶ ein Gott und Vater aller,
der über allem und durch alles und in allem ist.

RUF VOR DEM EVANGELIUM
Vers: vgl. Lk 7, 16

Halleluja. Halleluja.

Ein großer Prophet wurde unter uns erweckt:
Gott hat sein Volk heimgesucht.

Halleluja.

ZUM EVANGELIUM *An diesem und den vier folgenden Sonntagen wird das 6. Kapitel aus Johannes gelesen: die Brotvermehrung, das Gehen Jesu über den See, die große Rede in Kafarnaum und schließlich die Krise bei den Jüngern Jesu. – Die wunderbare Brotvermehrung ist, wie die früheren Zeichen, ein Hinweis auf die geheimnisvolle Macht Jesu. Dass sie auch ein Hinweis auf das Geheimnis der Eucharistie ist, wird erst in der Rede Jesu in Kafarnaum deutlich ausgesprochen. Die Leute wollen Jesus zum König machen; aber das Paschafest ist nahe, und Jesus weiß, dass in Jerusalem eine andere Krone auf ihn wartet.*

EVANGELIUM
Joh 6, 1–15

Jesus teilte an die Leute aus, so viel sie wollten

☩ Aus dem heiligen Evangelium nach Johannes.

In jener Zeit
1 ging Jesus an das andere Ufer des Sees von Galiläa,
der auch See von Tibérias heißt.
2 Eine große Menschenmenge folgte ihm,
weil sie die Zeichen sahen, die er an den Kranken tat.
3 Jesus stieg auf den Berg
und setzte sich dort mit seinen Jüngern nieder.
4 Das Pascha•, das Fest der Juden, war nahe.
5 Als Jesus aufblickte
und sah, dass so viele Menschen zu ihm kamen,
fragte er Philíppus: Wo sollen wir Brot kaufen,
damit diese Leute zu essen haben?
6 Das sagte er aber nur, um ihn auf die Probe zu stellen;
denn er selbst wusste, was er tun wollte.
7 Philíppus antwortete ihm:

• Sprich: Pas-cha.

Brot für zweihundert Denáre reicht nicht aus,
wenn jeder von ihnen
auch nur ein kleines Stück bekommen soll.
⁸ Einer seiner Jünger,
Andreas, der Bruder des Simon Petrus,
sagte zu ihm:
⁹ Hier ist ein kleiner Junge,
der hat fünf Gerstenbrote und zwei Fische;
doch was ist das für so viele?
¹⁰ Jesus sagte: Lasst die Leute sich setzen!
Es gab dort nämlich viel Gras.
Da setzten sie sich;
es waren etwa fünftausend Männer.
¹¹ Dann nahm Jesus die Brote,
sprach das Dankgebet
und teilte an die Leute aus, so viel sie wollten;
ebenso machte er es mit den Fischen.
¹² Als die Menge satt geworden war,
sagte er zu seinen Jüngern:
Sammelt die übrig gebliebenen Brocken,
damit nichts verdirbt!
¹³ Sie sammelten
und füllten zwölf Körbe mit den Brocken,
die von den fünf Gerstenbroten nach dem Essen übrig waren.
¹⁴ Als die Menschen das Zeichen sahen, das er getan hatte,
sagten sie: Das ist wirklich der Prophet,
der in die Welt kommen soll.
¹⁵ Da erkannte Jesus,
dass sie kommen würden, um ihn in ihre Gewalt zu bringen
und zum König zu machen.
Daher zog er sich wieder auf den Berg zurück,
er allein.

Glaubensbekenntnis, S. 374 ff.
Fürbitten vgl. S. 805 ff.

ZUR EUCHARISTIEFEIER *Die Hungrigen beschenkt der Herr mit seinen Gaben, und er gibt sie im Überfluss. Im Brot der Eucharistie schenkt er uns sich selbst und seine Liebe. Diese Liebe wächst umso mehr, als wir sie mit anderen teilen. – Herr, gib mir Hunger nach dir, dem „Brot des Himmels".*

GABENGEBET

Gütiger Gott,
nimm die Gaben an,
die wir von deiner Güte empfangen haben.
Lass deine Kraft in ihnen wirken,
damit sie uns in diesem Leben heiligen
und zu den ewigen Freuden führen.
Darum bitten wir durch Christus, unseren Herrn.

Präfation, S. 427 ff.

KOMMUNIONVERS   Ps 103 (102), 2

Lobe den Herrn, meine Seele,
und vergiss nicht, was er dir Gutes getan hat!

Oder: Mt 5, 7–8
Selig, die barmherzig sind; denn sie werden Erbarmen finden.
Selig, die ein reines Herz haben; denn sie werden Gott schauen.

SCHLUSSGEBET

Herr, unser Gott,
wir haben
das Gedächtnis des Leidens Christi gefeiert
und das heilige Sakrament empfangen.
Was uns dein Sohn
in unergründlicher Liebe geschenkt hat,
das werde uns nicht zum Gericht,
sondern bringe uns das ewige Heil.
Darum bitten wir durch Christus, unseren Herrn.

FÜR DEN TAG UND DIE WOCHE
Haben wir wirklich begriffen, dass Eucharistie ein Mahl ist? Gemeinsames Brotbrechen? Miteinander das gleiche Brot essen, aus dem gleichen Kelch trinken?

Untereinander und mit allen Menschen teilen? Ich weiß, dass wir auch da unter einer einseitigen Betrachtung in der Vergangenheit immer noch leiden. Eucharistie sei Opfer, was sie auch ist, aber eben auf einer anderen Ebene. Auf der des Zeichens, auf der Ebene dessen, was wir tun und was wir sehen, ist Eucharistie Mahl, Brotbrechen, Essen und Trinken, Tischgemeinschaft. Auf der Ebene der Bedeutung, auf der Ebene dessen, was sich beim Essen und Trinken ereignet, ist Eucharistie das Opfer Christi, seine Hingabe, seine radikale und selbstlose Liebe. Die Liebe Christi, die sich einsetzt, die Liebe, die sich aussetzt, die Liebe, die sich hingibt. Aber das wird nur in unserem liebenden Zusammensein erfahrbar; nur wenn wir miteinander essen und trinken, am gleichen Tisch sitzen. (Anton Rotzetter)

ACHTZEHNTER SONNTAG IM JAHRESKREIS

Die Werbung sagt uns jeden Tag, was wir alles kaufen müssen, um modern zu sein. Sie sagt uns aber nicht, was wir brauchen, um Menschen zu sein. Der moderne Mensch ist noch lange nicht der neue Mensch, wie Gott ihn haben will. Der neue Mensch lässt sich weder auf das Diesseits einschränken noch auf das Jenseits vertrösten. Er ist nicht damit zufrieden, dass er „noch" lebt; er weiß, dass er „schon" lebt: das ewige Leben hat schon begonnen.

ERÖFFNUNGSVERS   Ps 70 (69), 2.6

Gott, komm mir zu Hilfe; Herr, eile, mir zu helfen.
Meine Hilfe und mein Retter bist du, Herr, säume nicht.

Ehre sei Gott, S. 371 f.

TAGESGEBET

Gott, unser Vater,
steh deinen Dienern bei
und erweise allen, die zu dir rufen,
Tag für Tag deine Liebe.
Du bist unser Schöpfer
und der Lenker unseres Lebens.
Erneuere deine Gnade in uns, damit wir dir gefallen,
und erhalte, was du erneuert hast.
Darum bitten wir durch Jesus Christus.

ZUR 1. LESUNG   *Der Weg Israels durch die Wüste (und der Weg des Gottesvolkes durch die Jahrhunderte) ist gekennzeichnet durch die Führung und Fürsorge Gottes, zugleich aber durch das immer wiederkehrende Murren des Volkes. Im Murren ist Unzufriedenheit, Vorwurf und auch Bitte enthalten. Gott lässt auch diese Form der Bitte immer wieder gelten. Gott wirkt seine Wunder, indem er irdische Wirklichkeiten in seinen Dienst nimmt; auch bei den Sakramenten des Neuen Bundes ist es nicht anders. Dadurch erweist er sich als der Herr über die Schöpfung.*

ERSTE LESUNG   Ex 16, 2–4.12–15

Ich will euch Brot vom Himmel regnen lassen

Lesung
  aus dem Buch Éxodus.

In jenen Tagen
² murrte die ganze Gemeinde der Israeliten
  in der Wüste gegen Mose und Aaron.
³ Die Israeliten sagten zu ihnen:
  Wären wir doch im Land Ägypten
  durch die Hand des HERRN gestorben,
  als wir an den Fleischtöpfen saßen
  und Brot genug zu essen hatten.
Ihr habt uns nur deshalb in diese Wüste geführt,
  um alle, die hier versammelt sind, an Hunger sterben zu lassen.
⁴ Da sprach der HERR zu Mose:
Ich will euch Brot vom Himmel regnen lassen.
Das Volk soll hinausgehen,
  um seinen täglichen Bedarf zu sammeln.
Ich will es prüfen,
  ob es nach meiner Weisung lebt oder nicht.
¹² Ich habe das Murren der Israeliten gehört.
Sag ihnen:
  In der Abenddämmerung werdet ihr Fleisch zu essen haben,
  am Morgen werdet ihr satt werden von Brot
  und ihr werdet erkennen, dass ich der HERR, euer Gott, bin.

¹³ Am Abend kamen die Wachteln und bedeckten das Lager.
Am Morgen lag eine Schicht von Tau rings um das Lager.
¹⁴ Als sich die Tauschicht gehoben hatte,
    lag auf dem Wüstenboden etwas Feines, Knuspriges,
    fein wie Reif, auf der Erde.
¹⁵ Als das die Israeliten sahen,
    sagten sie zueinander: Was ist das?
Denn sie wussten nicht, was es war.
Da sagte Mose zu ihnen:
    Das ist das Brot, das der HERR euch zu essen gibt.

ANTWORTPSALM   Ps 78 (77), 3–4b.23–24.25 u. 54 (Kv: vgl. 24b)

Kv Der Herr gab ihnen Brot vom Himmel. – Kv   GL 657, 3

³ Was wir hörten und erfuhren, *
was uns die Väter erzählten,
⁴ᵃᵇ das wollen wir ihren Kindern nicht verbergen, *
sondern dem kommenden Geschlecht erzählen. – (Kv)
²³ Er gebot den Wolken droben *
und öffnete die Tore des Himmels.
²⁴ Er ließ Manna auf sie regnen als Speise, *
er gab ihnen Korn vom Himmel. – (Kv)
²⁵ Jeder aß vom „Brot der Starken"; *
er sandte Nahrung, sie zu sättigen.
⁵⁴ Er brachte sie in sein heiliges Gebiet, *
zum Berg, den seine Rechte erworben hat. – Kv

ZUR 2. LESUNG   *Von Christus lernen wir, wie der neue Mensch beschaffen ist, der Mensch nach der Idee Gottes und seinem eigenen Bild. „Verblendung und Begierde" hatten den Menschen zugrunde gerichtet, in Christus aber beginnt eine neue Menschheit. Ihre Kennzeichen sind: Wahrheit, Gerechtigkeit und Heiligkeit.*

ZWEITE LESUNG Eph 4, 17.20–24

Zieht den neuen Menschen an, der nach dem Bild Gottes geschaffen ist

Lesung
   aus dem Brief des Apostels Paulus
   an die Gemeinde in Éphesus.

Schwestern und Brüder!
¹⁷ Das also sage ich und beschwöre euch im Herrn:
Lebt nicht mehr wie die Heiden in ihrem nichtigen Denken!
²⁰ Ihr habt Christus nicht so kennengelernt.
²¹ Ihr habt doch von ihm gehört
   und seid unterrichtet worden, wie es Wahrheit ist in Jesus.
²² Legt den alten Menschen
   des früheren Lebenswandels ab,
der sich in den Begierden des Trugs zugrunde richtet,
²³ und lasst euch erneuern durch den Geist in eurem Denken!
²⁴ Zieht den neuen Menschen an,
   der nach dem Bild Gottes geschaffen ist
   in wahrer Gerechtigkeit und Heiligkeit!

RUF VOR DEM EVANGELIUM Vers: vgl. Mt 4, 4b

Halleluja. Halleluja.

Nicht nur vom Brot lebt der Mensch,
sondern von jedem Wort aus Gottes Mund.

Halleluja.

ZUM EVANGELIUM *Die wunderbare Brotvermehrung war ein Zeichen. Die Menschen aber, die Jesus nachliefen, hatten vom wirklichen Sinn des Wunders nicht viel begriffen. Sie wollten satt werden; weiter dachten sie nicht. Jesus weist sie und uns auf die größere Gabe hin: Er selbst ist die Gabe Gottes für das Leben der Welt. Dieses Brot kann man auf keine Weise verdienen, man kann es nur als Gabe Gottes empfangen, wenn man sich glaubend der Wirklichkeit Gottes öffnet.*

EVANGELIUM

Joh 6, 24–35

Wer zu mir kommt, wird nie mehr hungern, und wer an mich glaubt, wird nie mehr Durst haben

✚ Aus dem heiligen Evangelium nach Johannes.

In jener Zeit,
24 als die Leute sahen,
dass weder Jesus noch seine Jünger
am Ufer des Sees von Galiläa waren,
stiegen sie in die Boote,
fuhren nach Kafárnaum
und suchten Jesus.
25 Als sie ihn am anderen Ufer des Sees fanden,
fragten sie ihn: Rabbi, wann bist du hierhergekommen?
26 Jesus antwortete ihnen: Amen, amen, ich sage euch:
Ihr sucht mich nicht, weil ihr Zeichen gesehen habt,
sondern weil ihr von den Broten gegessen habt
und satt geworden seid.
27 Müht euch nicht ab für die Speise, die verdirbt,
sondern für die Speise, die für das ewige Leben bleibt
und die der Menschensohn euch geben wird!
Denn ihn hat Gott, der Vater, mit seinem Siegel beglaubigt.
28 Da fragten sie ihn:
Was müssen wir tun, um die Werke Gottes zu vollbringen?
29 Jesus antwortete ihnen:
Das ist das Werk Gottes,
dass ihr an den glaubt, den er gesandt hat.
30 Sie sagten zu ihm:
Welches Zeichen tust du denn,
damit wir es sehen und dir glauben?
Was für ein Werk tust du?

³¹ Unsere Väter haben das Manna in der Wüste gegessen,
wie es in der Schrift heißt:
    Brot vom Himmel gab er ihnen zu essen.
³² Jesus sagte zu ihnen: Amen, amen, ich sage euch:
Nicht Mose hat euch das Brot vom Himmel gegeben,
    sondern mein Vater gibt euch das wahre Brot vom Himmel.
³³ Denn das Brot, das Gott gibt,
    kommt vom Himmel herab und gibt der Welt das Leben.
³⁴ Da baten sie ihn:
    Herr, gib uns immer dieses Brot!
³⁵ Jesus antwortete ihnen:
    Ich bin das Brot des Lebens;
wer zu mir kommt,
    wird nie mehr hungern,
und wer an mich glaubt,
    wird nie mehr Durst haben.

Glaubensbekenntnis, S. 374 ff.
Fürbitten vgl. S. 805 ff.

ZUR EUCHARISTIEFEIER *Hunger und Durst sind Bilder der Sehnsucht: Sehnsucht nach Glück und Sinn, nach erfülltem Leben, nach Heil. Gott kommt uns entgegen; dem Dürstenden gibt er sich als das lebendige Wasser, dem Hungernden als das wahrhaftige Brot. – Herr, gib uns immer dieses Brot.*

GABENGEBET

Barmherziger Gott, heilige diese Gaben.
Nimm das Opfer an,
das dir im Heiligen Geist dargebracht wird,
und mache uns selbst zu einer Gabe,
die für immer dir gehört.
Darum bitten wir durch Christus, unseren Herrn.

Präfation, S. 427 ff.

KOMMUNIONVERS
Weish 16, 20

Herr, du hast uns Brot vom Himmel gegeben,
das allen Wohlgeschmack in sich enthält.

Oder:
Joh 6, 35

So spricht der Herr:
Ich bin das Brot des Lebens,
wer zu mir kommt, wird nicht mehr hungern,
und wer an mich glaubt, wird nicht mehr Durst haben.

SCHLUSSGEBET

Barmherziger Gott,
in den heiligen Gaben empfangen wir neue Kraft.
Bleibe bei uns in aller Gefahr
und versage uns nie deine Hilfe,
damit wir der ewigen Erlösung würdig werden.
Darum bitten wir durch Christus, unseren Herrn.

FÜR DEN TAG UND DIE WOCHE
Du hast deine Wohnung unter uns genommen Gott,
und überall, wo Menschen leben, bist du zugegen;
an deiner Gnade klammern wir uns an.
Lass uns also deine Gegenwart ehren
und wecke in uns die Weisheit und Kraft,
einander aufzubauen zu einer Stadt auf Erden,
zum Leib Christi,
zu einer Welt, die bewohnbar ist heute und für immer. (Huub Oosterhuis)

NEUNZEHNTER SONNTAG IM JAHRESKREIS

„Wer dieses Brot isst, wird nicht sterben; er wird in Ewigkeit leben." Damit hat Jesus den leiblichen Tod nicht abgeschafft, im Gegenteil, er nimmt ihn ernst. Biologisch hat der Mensch, als dieser Mensch, keine Zukunft. Aber der Mensch, den Gott angesprochen hat und dessen Leben eins geworden ist mit dem Leben des menschgewordenen Gottessohnes, der ist in das Leben eingetreten, das für immer bleibt.

ERÖFFNUNGSVERS
Vgl. Ps 74 (73), 20.19.22.23

Blick hin, o Herr, auf deinen Bund
und vergiss das Leben deiner Armen nicht für immer.
Erhebe dich, Gott, und führe deine Sache.
Vergiss nicht das Rufen derer, die dich suchen.
Ehre sei Gott, S. 371 f.

TAGESGEBET

Allmächtiger Gott,
wir dürfen dich Vater nennen,
denn du hast uns an Kindes statt angenommen
und uns den Geist deines Sohnes gesandt.
Gib, dass wir in diesem Geist wachsen
und einst das verheißene Erbe empfangen.
Darum bitten wir durch Jesus Christus.

ZUR 1. LESUNG *Die Wanderung des Propheten Elija zum Gottesberg Horeb hatte als Flucht vor dem Zorn der Königin Isebel begonnen. Dann begegnete er dem Gottesboten. Der Prophet erlebt wie das Volk Israel in der Wüste Müdigkeit und Verzweiflung. Jeder Prophet muss durch diese Nacht hindurchgehen. Aber Gott verlässt ihn nicht. Elija isst das Brot, das ihm der Engel hinstellt, und trinkt das frische Wasser. Dann geht er seinen Weg weiter bis zum Berg der Gottesbegegnung.*

ERSTE LESUNG
1 Kön 19, 4–8

Durch diese Speise gestärkt, wanderte er bis zum Gottesberg

Lesung
  aus dem ersten Buch der Könige.

In jenen Tagen
4   ging Elíja eine Tagereise weit in die Wüste hinein.
Dort setzte er sich unter einen Ginsterstrauch
  und wünschte sich den Tod.
Er sagte: Nun ist es genug, HERR.
Nimm mein Leben;
denn ich bin nicht besser als meine Väter.

⁵ Dann legte er sich unter den Ginsterstrauch und schlief ein.
Doch ein Engel rührte ihn an
und sprach: Steh auf und iss!
⁶ Als er um sich blickte,
sah er neben seinem Kopf Brot,
das in glühender Asche gebacken war,
und einen Krug mit Wasser.
Er aß und trank und legte sich wieder hin.
⁷ Doch der Engel des HERRN kam zum zweiten Mal,
rührte ihn an und sprach: Steh auf und iss!
Sonst ist der Weg zu weit für dich.
⁸ Da stand er auf,
aß und trank
und wanderte, durch diese Speise gestärkt,
vierzig Tage und vierzig Nächte bis zum Gottesberg Horeb.

ANTWORTPSALM   Ps 34 (33), 2–3.4–5.6–7.8–9 (Kv: 9a)

Kv Kostet und seht, wie gut der HERR ist! – Kv   GL 39, 1

² Ich will den HERRN allezeit preisen; *
immer sei sein Lob in meinem Mund.
³ Meine Seele rühme sich des HERRN; *
die Armen sollen es hören und sich freuen. – (Kv)
⁴ Preist mit mir die Größe des HERRN, *
lasst uns gemeinsam seinen Namen erheben!
⁵ Ich suchte den HERRN und er gab mir Antwort, *
er hat mich all meinen Ängsten entrissen. – (Kv)
⁶ Die auf ihn blickten, werden strahlen, *
nie soll ihr Angesicht vor Scham erröten.
⁷ Da rief ein Armer und der HERR erhörte ihn *
und half ihm aus all seinen Nöten. – (Kv)
⁸ Der Engel des HERRN umschirmt, die ihn fürchten, *
und er befreit sie.
⁹ Kostet und seht, wie gut der HERR ist! *
Selig der Mensch, der zu ihm sich flüchtet! – Kv

ZUR 2. LESUNG Der Heilige Geist, Siegel und Garant unserer Erlösung, ist der Geist der Liebe. Man kann diesen Geist „beleidigen" durch die kleinen Unmenschlichkeiten, von denen in der Lesung die Rede ist. Diese widersprechen dem Wesen Gottes ebenso wie der Berufung der Christen. Gott allein ist der Maßstab für das Verhalten der Menschen, die von ihm geliebt und von seinem Geist geprägt sind.

ZWEITE LESUNG

Eph 4, 30 – 5, 2

Führt euer Leben in Liebe, wie auch Christus uns geliebt hat

Lesung
aus dem Brief des Apostels Paulus
an die Gemeinde in Éphesus.

Schwestern und Brüder!

4,30 Betrübt nicht den Heiligen Geist Gottes,
den ihr als Siegel empfangen habt für den Tag der Erlösung!

31 Jede Art von Bitterkeit
und Wut und Zorn
und Geschrei und Lästerung
mit allem Bösen verbannt aus eurer Mitte!

32 Seid gütig zueinander,
seid barmherzig,
vergebt einander,
wie auch Gott euch in Christus vergeben hat.

5,1 Ahmt Gott nach als seine geliebten Kinder
2 und führt euer Leben in Liebe,
wie auch Christus uns geliebt
und sich für uns hingegeben hat
als Gabe und Opfer, das Gott gefällt!

RUF VOR DEM EVANGELIUM

Vers: vgl. Joh 6, 51

Halleluja. Halleluja.
(So spricht der Herr:)
Ich bin das lebendige Brot, das vom Himmel gekommen ist.
Wer dieses Brot isst, wird in Ewigkeit leben.
Halleluja.

19. Sonntag im Jahreskreis

ZUM EVANGELIUM   *Für die Zeitgenossen Jesu war es schwer, seinen unerhörten Anspruch hinzunehmen. Wie soll dieser Mensch, einer wie wir, vom Himmel herabgekommen sein? Wie kann er Brot sein für das Leben der Welt? Das kann niemand glauben, wenn nicht Gott ihm diesen Glauben schenkt.*

EVANGELIUM   Joh 6, 41–51
Ich bin das lebendige Brot, das vom Himmel herabgekommen ist

✢ Aus dem heiligen Evangelium nach Johannes.

In jener Zeit
⁴¹ murrten die Juden gegen Jesus,
weil er gesagt hatte:
Ich bin das Brot, das vom Himmel herabgekommen ist.
⁴² Und sie sagten: Ist das nicht Jesus, der Sohn Josefs,
dessen Vater und Mutter wir kennen?
Wie kann er jetzt sagen: Ich bin vom Himmel herabgekommen?
⁴³ Jesus sagte zu ihnen: Murrt nicht!
⁴⁴ Niemand kann zu mir kommen,
wenn nicht der Vater, der mich gesandt hat, ihn zieht;
und ich werde ihn auferwecken am Jüngsten Tag.
⁴⁵ Bei den Propheten steht geschrieben:
Und alle werden Schüler Gottes sein.
Jeder, der auf den Vater hört und seine Lehre annimmt,
wird zu mir kommen.
⁴⁶ Niemand hat den Vater gesehen
außer dem, der von Gott ist;
nur er hat den Vater gesehen.
⁴⁷ Amen, amen, ich sage euch:
Wer glaubt, hat das ewige Leben.
⁴⁸ Ich bin das Brot des Lebens.
⁴⁹ Eure Väter haben in der Wüste das Manna gegessen
und sind gestorben.
⁵⁰ So aber ist es mit dem Brot, das vom Himmel herabkommt:
Wenn jemand davon isst,
wird er nicht sterben.

⁵¹ Ich bin das lebendige Brot,
   das vom Himmel herabgekommen ist.
Wer von diesem Brot isst,
   wird in Ewigkeit leben.
Das Brot, das ich geben werde,
   ist mein Fleisch
für das Leben der Welt.

Glaubensbekenntnis, S. 374 ff.
Fürbitten vgl. S. 805 ff.

ZUR EUCHARISTIEFEIER *Das Brot, das wir in diesem Mahl empfangen, ist keine vergängliche Speise; es ist das „lebendige Brot, das vom Himmel herabgekommen ist" (Joh 6,51). Es nährt und stärkt in uns den Glauben an das ewige Leben, das uns verheißen ist und an dem wir schon jetzt Anteil erhalten.*

GABENGEBET

Herr, unser Gott,
wir bringen die Gaben zum Altar,
die du selber uns geschenkt hast.
Nimm sie von deiner Kirche entgegen
und mache sie für uns zum Sakrament des Heiles.
Darum bitten wir durch Christus, unseren Herrn.

Präfation, S. 427 ff.

KOMMUNIONVERS   Ps 147, 12.14

Jerusalem, preise den Herrn, er sättigt dich mit bestem Weizen.

Oder: Joh 6, 51

So spricht der Herr:
Das Brot, das ich geben werde, ist mein Fleisch;
ich gebe es hin für das Leben der Welt.

SCHLUSSGEBET

Barmherziger Gott,
wir haben
den Leib und das Blut deines Sohnes empfangen.
Das heilige Sakrament bringe uns Heil,

es erhalte uns in der Wahrheit
und sei unser Licht in der Finsternis.
Darum bitten wir durch Christus, unseren Herrn.

FÜR DEN TAG UND DIE WOCHE

Im Sakrament kommt zum Vorschein, wie unser Leben verwandelt werden kann: eben durch den Geist des lebendigen Gottes. Der Geist Gottes ist in Jesus Fleisch geworden, er will in unserer Mitte Fleisch werden, Jesus, der leibhaftige Gott, den wir uns einverleiben. Er rückt uns auch in Gestalt anderer Menschen auf den Leib, die uns in ihrer Not beanspruchen. Im Sinne Jesu essen, das geht niemals allein; als Privatbesitz ist Jesus nicht zu haben. Er ist unter uns real präsent in der Gestalt des gebrochenen Brotes. Das Brot, das wir teilen, sagt dies: Das bin ich für euch – und für alle. (Franz Kamphaus)

ZWANZIGSTER SONNTAG IM JAHRESKREIS

In der Art zu sprechen offenbart sich der Mensch. Die Sprache Jesu ist einfach und klar. Was er sagt, ist die Wahrheit. Er allein kann sagen: „Ich bin die Wahrheit." Er allein ist das Licht der Welt, und er ist das Brot des Lebens. Nur wer ihn selbst annimmt, versteht seine Wahrheit.

ERÖFFNUNGSVERS   Ps 84 (83), 10–11

Gott, du unser Beschützer, schau auf das Angesicht deines Gesalbten.
Denn ein einziger Tag in den Vorhöfen deines Heiligtums
ist besser als tausend andere.

Ehre sei Gott, S. 371 f.

TAGESGEBET

Barmherziger Gott,
was kein Auge geschaut und kein Ohr gehört hat,
das hast du denen bereitet, die dich lieben.
Gib uns ein Herz,
das dich in allem und über alles liebt,
damit wir
den Reichtum deiner Verheißungen erlangen,

der alles übersteigt, was wir ersehnen.
Darum bitten wir durch Jesus Christus.

ZUR 1. LESUNG *Die Weisheit, von der die Bibel spricht, ist ein Geschenk Gottes und zugleich eine große Tugend. Durch sie lernt der Mensch, die Wege Gottes und der Menschen zu verstehen und seinem eigenen Leben Form und Richtung zu geben. In der Lesung wird die Weisheit mit einer Frau verglichen, die ein großes Haus führt. Das Mahl, zu dem sie einlädt, ist die Weisheit selbst; ihre Verheißung ist das Leben.*

ERSTE LESUNG   Spr 9, 1–6
Kommt, esst von meinem Mahl und trinkt vom Wein, den ich mischte!

Lesung
   aus dem Buch der Sprichwörter.

¹ **Die Weisheit hat ihr Haus gebaut,**
   ihre sieben Säulen behauen.
² **Sie hat ihr Vieh geschlachtet,**
   ihren Wein gemischt
   und schon ihren Tisch gedeckt.
³ **Sie hat ihre Mägde ausgesandt**
   und lädt ein auf der Höhe der Stadtburg:
⁴ **Wer unerfahren ist,**
   kehre hier ein.
   Zum Unwissenden sagt sie:
⁵   **Kommt,**
   esst von meinem Mahl
   und trinkt vom Wein, den ich mischte!
⁶ **Lasst ab von der Torheit,**
   dann bleibt ihr am Leben
   und geht auf dem Weg der Einsicht!

ANTWORTPSALM   Ps 34 (33), 2–3.10–11.12–13.14–15 (Kv: 9a)
Kv **Kostet und seht, wie gut der HERR ist! – Kv**   GL 39, 1
² Ich will den HERRN allezeit preisen; *
   immer sei sein Lob in meinem Mund.

³ Meine Seele rühme sich des HERRN; *
die Armen sollen es hören und sich freuen. – (Kv)
¹⁰ Fürchtet den HERRN, ihr seine Heiligen; *
denn die ihn fürchten, leiden keinen Mangel.
¹¹ Junglöwen darbten und hungerten; *
aber die den HERRN suchen,
  leiden keinen Mangel an allem Guten. – (Kv)
¹² Kommt, ihr Kinder, hört mir zu! *
Die Furcht des HERRN will ich euch lehren!
¹³ Wer ist der Mensch, der das Leben liebt, *
der Tage ersehnt, um Gutes zu sehen? – (Kv)
¹⁴ Bewahre deine Zunge vor Bösem; *
deine Lippen vor falscher Rede!
¹⁵ Meide das Böse und tu das Gute, *
suche Frieden und jage ihm nach! – Kv

ZUR 2. LESUNG   *Wer die Wahrheit Gottes begriffen hat, der kann nicht weiterleben, als wüsste er nichts. Die Wahrheit befreit uns und zeigt uns den Weg. In der Taufe haben wir den Geist Gottes empfangen; er macht uns fähig, aus der eigenen Enge herauszutreten und Gott zu danken.*

ZWEITE LESUNG
Eph 5, 15–20

Begreift, was der Wille des Herrn ist!

Lesung
  aus dem Brief des Apostels Paulus
  an die Gemeinde in Éphesus.

Schwestern und Brüder!
¹⁵ Achtet sorgfältig darauf, wie ihr euer Leben führt,
nicht wie Toren, sondern wie Kluge!
¹⁶ Nutzt die Zeit,
denn die Tage sind böse.
¹⁷ Darum seid nicht unverständig,
sondern begreift, was der Wille des Herrn ist!

¹⁸ Berauscht euch nicht mit Wein
 – das macht zügellos –,
 sondern lasst euch vom Geist erfüllen!
¹⁹ Lasst in eurer Mitte Psalmen, Hymnen
 und geistliche Lieder erklingen,
 singt und jubelt aus vollem Herzen dem Herrn!
²⁰ Sagt Gott, dem Vater, jederzeit Dank für alles
 im Namen unseres Herrn Jesus Christus!

RUF VOR DEM EVANGELIUM Vers: Joh 6, 56

Halleluja. Halleluja.
(So spricht der Herr:)
Wer mein Fleisch isst und mein Blut trinkt,
der bleibt in mir und ich bleibe in ihm.
Halleluja.

ZUM EVANGELIUM *Das Brot, das Jesus geben will, ist sein „Fleisch": sein eigenes Leben, hingegeben für das Leben der Welt. Sein Fleisch essen und sein Blut trinken bedeutet mehr, als nur an Jesus zu glauben, es geht um ein wirkliches Essen; beim Letzten Abendmahl werden die Jünger es begreifen. Nach dem Weggang Jesu werden sie zusammenkommen, um das Mahl zu feiern, das Mysterium des Todes und der Auferstehung des Herrn, das Zeichen des ewigen Bundes und der bleibenden Gemeinschaft. Teilnahme an diesem Mahl bedeutet Teilhabe an der ewigen Gemeinschaft des Vaters und des Sohnes im Heiligen Geist.*

EVANGELIUM Joh 6, 51–58

Mein Fleisch ist wahrhaft eine Speise und mein Blut ist wahrhaft ein Trank

✛ Aus dem heiligen Evangelium nach Johannes.

In jener Zeit sprach Jesus zu der Menge:
⁵¹ Ich bin das lebendige Brot,
 das vom Himmel herabgekommen ist.
Wer von diesem Brot isst,
 wird in Ewigkeit leben.
Das Brot, das ich geben werde, ist mein Fleisch
für das Leben der Welt.

20. Sonntag im Jahreskreis

⁵² Da stritten sich die Juden
und sagten: Wie kann er uns sein Fleisch zu essen geben?
⁵³ Jesus sagte zu ihnen: Amen, amen, ich sage euch:
Wenn ihr das Fleisch des Menschensohnes nicht esst
und sein Blut nicht trinkt,
habt ihr das Leben nicht in euch.
⁵⁴ Wer mein Fleisch isst und mein Blut trinkt,
hat das ewige Leben
und ich werde ihn auferwecken am Jüngsten Tag.
⁵⁵ Denn mein Fleisch ist wahrhaft eine Speise
und mein Blut ist wahrhaft ein Trank.
⁵⁶ Wer mein Fleisch isst und mein Blut trinkt,
der bleibt in mir
und ich bleibe in ihm.
⁵⁷ Wie mich der lebendige Vater gesandt hat
und wie ich durch den Vater lebe,
so wird jeder, der mich isst, durch mich leben.
⁵⁸ Dies ist das Brot, das vom Himmel herabgekommen ist.
Es ist nicht wie das Brot, das die Väter gegessen haben,
sie sind gestorben.
Wer aber dieses Brot isst,
wird leben in Ewigkeit.

Glaubensbekenntnis, S. 374 ff.
Fürbitten vgl. S. 805 ff.

ZUR EUCHARISTIEFEIER *In IHM bleiben, und ER in uns – das bedeutet „ewiges Leben". Dies geschieht aber nicht von selbst und automatisch, sondern nur durch einen lebendigen Glauben an seine Gegenwart. Die Feier der Eucharistie, in der wir den Leib Christi in uns aufnehmen, hält diesen Glauben in uns wach.*

GABENGEBET

Herr, wir bringen unsere Gaben dar
für die Feier,
in der sich ein heiliger Tausch vollzieht.

Nimm sie in Gnaden an
und schenke uns dich selbst
in deinem Sohn Jesus Christus,
der mit dir lebt und herrscht in alle Ewigkeit.
Präfation, S. 427 ff.

KOMMUNIONVERS   Ps 130 (129), 7
Beim Herrn ist die Huld, bei ihm ist Erlösung in Fülle.

Oder: Joh 6, 51
So spricht der Herr:
Ich bin das lebendige Brot, das vom Himmel herabgekommen ist.
Wer von diesem Brote isst, wird leben in Ewigkeit.

SCHLUSSGEBET
Barmherziger Gott,
im heiligen Mahl
schenkst du uns Anteil am Leben deines Sohnes.
Dieses Sakrament
mache uns auf Erden Christus ähnlich,
damit wir im Himmel
zur vollen Gemeinschaft mit ihm gelangen,
der mit dir lebt und herrscht in alle Ewigkeit.

FÜR DEN TAG UND DIE WOCHE

Als Jesus am Abend vor seinem Leiden das Brot nahm, es segnete, brach und seinen Jüngern gab, fasste er in dieser Geste sein ganzes Leben zusammen. Jesus wurde vor aller Ewigkeit auserwählt, bei der Taufe im Jordan gesegnet, durch den Tod am Kreuz gebrochen und als Brot der Welt hingegeben. Ausgewählt, gesegnet, gebrochen und hingegeben werden sind die Stationen der heiligen Reise des Gottessohnes Jesus Christus.

Wenn wir das Brot nehmen, es segnen, brechen und mit den Worten „Der Leib Christi" reichen, verpflichten wir uns, unser Leben mit dem Leben Jesu in Einklang zu bringen. Auch wir wollen als Menschen leben, die ausgewählt, gesegnet und gebrochen wurden, um Speise für die Welt zu sein. (Henri Nouwen)

EINUNDZWANZIGSTER SONNTAG IM JAHRESKREIS

Das Wort Jesu ist lebendiges Wort für den, der an die Person Jesu glaubt. Der Unglaube fängt beim Misstrauen an und endet im Verrat. Das Wort Jesu ist göttliches Leben für den, der es aufnimmt und erfüllt. Die Eucharistie ist lebendiges Brot für den, der Hunger hat nach dem lebendigen Gott.

ERÖFFNUNGSVERS   Ps 86 (85), 1–3

Wende dein Ohr mir zu, erhöre mich, Herr,
hilf deinem Knecht, der dir vertraut, sei mir gnädig, o Herr.
Den ganzen Tag rufe ich zu dir.

Ehre sei Gott, S. 371 f.

TAGESGEBET

Gott, unser Herr,
du verbindest alle, die an dich glauben,
zum gemeinsamen Streben.
Gib, dass wir lieben, was du befiehlst,
und ersehnen, was du uns verheißen hast,
damit in der Unbeständigkeit dieses Lebens
unsere Herzen dort verankert seien,
wo die wahren Freuden sind.
Darum bitten wir durch Jesus Christus.

ZUR 1. LESUNG   *Josua, der Nachfolger des Mose, hat die Stämme Israels in das verheißene Land hineingeführt. Hier aber begegnet Israel den Göttern Kanaans, die ihren Verehrern Glück und Wohlstand verheißen. In seiner Abschiedsrede stellt Josua das Volk vor die Entscheidung: der treue Gott, der sein Volk befreit und gesegnet hat, oder die Götter der Heiden ringsum. In Zukunft wird jede Generation aufs Neue vor dieser Entscheidung stehen.*

ERSTE LESUNG
Jos 24, 1–2a.15–17.18b

Wir wollen dem HERRN dienen; denn er ist unser Gott

Lesung
  aus dem Buch Jósua.

In jenen Tagen
¹ versammelte Jósua alle Stämme Israels in Sichem;
er rief die Ältesten Israels,
  seine Oberhäupter, Richter und Aufsichtsleute zusammen
und sie traten vor Gott hin.

²ᵃ Jósua sagte zum ganzen Volk:
¹⁵ Wenn es euch nicht gefällt, dem HERRN zu dienen,
  dann entscheidet euch heute, wem ihr dienen wollt:
den Göttern, denen eure Väter jenseits des Stroms dienten,
  oder den Göttern der Amoríter, in deren Land ihr wohnt.
Ich aber und mein Haus,
  wir wollen dem HERRN dienen.

¹⁶ Das Volk antwortete:
  Das sei uns fern,
  dass wir den HERRN verlassen
  und anderen Göttern dienen.
¹⁷ Denn der HERR, unser Gott, war es,
  der uns und unsere Väter
  aus dem Sklavenhaus Ägypten herausgeführt hat
  und der vor unseren Augen
  alle die großen Wunder getan hat.
Er hat uns beschützt
  auf dem ganzen Weg, den wir gegangen sind,
und unter allen Völkern, durch deren Gebiet wir gezogen sind.
¹⁸ᵇ Auch wir wollen dem HERRN dienen;
  denn er ist unser Gott.

ANTWORTPSALM   Ps 34 (33), 2–3.16–17.18–19.20–21.22–23 (Kv: 9a)

Kv Kostet und seht, wie gut der HERR ist! – Kv   GL 39, 1

2 Ich will den HERRN allezeit preisen; *
   immer sei sein Lob in meinem Mund.
3 Meine Seele rühme sich des HERRN; *
   die Armen sollen es hören und sich freuen. – (Kv)
16 Die Augen des HERRN sind den Gerechten zugewandt, *
   seine Ohren ihrem Hilfeschrei.
17 Das Angesicht des HERRN richtet sich gegen die Bösen, *
   ihr Andenken von der Erde zu tilgen. – (Kv)
18 Die aufschrien, hat der HERR erhört, *
   er hat sie all ihren Nöten entrissen.
19 Nahe ist der HERR den zerbrochenen Herzen *
   und dem zerschlagenen Geist bringt er Hilfe. – (Kv)
20 Viel Böses erleidet der Gerechte, *
   doch allem wird der HERR ihn entreißen.
21 Er behütet all seine Glieder, *
   nicht eins von ihnen wird zerbrochen. – (Kv)
22 Den Frevler wird die Bosheit töten, *
   die den Gerechten hassen, werden es büßen.
23 Der HERR erlöst das Leben seiner Knechte, *
   niemals müssen büßen, die bei ihm sich bergen. – Kv

ZUR 2. LESUNG   *Wo Christen tatsächlich als Christen leben, wird etwas vom Geheimnis Gottes sichtbar in dieser Welt. Das gilt im Besonderen von der christlichen Ehe. Paulus stellt die damaligen rechtlichen und sozialen Voraussetzungen nicht unmittelbar in Frage; aber er vergleicht die Ehe mit dem Verhältnis Christi zu seiner Kirche. Wenn der Mann seine Frau liebt, wie Christus seine Kirche geliebt hat, d.h. bis zur Hingabe, dann kann seine Stellung als „Haupt der Frau" kein Recht zur Gewaltherrschaft bedeuten. Durch ihre Ehrfurcht vor Christus und die Liebe zu Christus erweisen christliche Eheleute ihre Gemeinschaft als Sakrament, als lebendiges Abbild der Verbindung, die zwischen Christus und seiner Kirche besteht.*

ZWEITE LESUNG
Eph 5, 21–32

Dies ist ein tiefes Geheimnis; ich beziehe es auf Christus und die Kirche

Lesung
aus dem Brief des Apostels Paulus
an die Gemeinde in Éphesus.

Schwestern und Brüder!
²¹ Einer ordne sich dem andern unter
in der gemeinsamen Furcht Christi!
²² Ihr Frauen
euren Männern wie dem Herrn;
²³ denn der Mann ist das Haupt der Frau,
wie auch Christus das Haupt der Kirche ist.
Er selbst ist der Retter des Leibes.
²⁴ Wie aber die Kirche sich Christus unterordnet,
so sollen sich auch die Frauen in allem den Männern
unterordnen.
²⁵ Ihr Männer,
liebt eure Frauen,
wie auch Christus die Kirche geliebt
und sich für sie hingegeben hat,
²⁶ um sie zu heiligen,
da er sie gereinigt hat durch das Wasserbad im Wort!
²⁷ So will er die Kirche herrlich vor sich hinstellen,
ohne Flecken oder Falten oder andere Fehler;
heilig soll sie sein und makellos.
²⁸ Darum sind die Männer verpflichtet,
ihre Frauen so zu lieben wie ihren eigenen Leib.
Wer seine Frau liebt,
liebt sich selbst.
²⁹ Keiner hat je seinen eigenen Leib gehasst,
sondern er nährt und pflegt ihn,
wie auch Christus die Kirche.
³⁰ Denn wir sind Glieder seines Leibes.

³¹ Darum wird der Mann Vater und Mutter verlassen
und sich an seine Frau binden
und die zwei werden ein Fleisch sein.
³² Dies ist ein tiefes Geheimnis;
ich beziehe es auf Christus und die Kirche.

RUF VOR DEM EVANGELIUM
Vers: vgl. Joh 6, 63b.68c

Halleluja. Halleluja.

Deine Worte, Herr, sind Geist und Leben.
Du hast Worte des ewigen Lebens.

Halleluja.

ZUM EVANGELIUM *Die Rede Jesu über das lebendige Brot, das er der Welt geben will, ist für die Jünger eine Offenbarung und zugleich eine Glaubensprobe. Sie müssen sich entscheiden. Jesus gibt den Jüngern und uns zu verstehen, dass Menschwerdung, Kreuzesopfer und Himmelfahrt (Verherrlichung) die drei Stationen des einen Christusgeheimnisses sind und dass im „Brot des Lebens" der ganze Christus gegenwärtig ist: seine Menschheit, sein Opfer, seine göttliche Herrlichkeit. Unsere Glaubensentscheidung gilt der ganzen Wahrheit und Wirklichkeit Christi.*

EVANGELIUM
Joh 6, 60–69

Herr, zu wem sollen wir gehen? Du hast Worte des ewigen Lebens

✛ Aus dem heiligen Evangelium nach Johannes.

In jener Zeit
⁶⁰ sagten viele der Jünger Jesu, die ihm zuhörten:
Diese Rede ist hart.
Wer kann sie hören?
⁶¹ Jesus erkannte, dass seine Jünger darüber murrten,
und fragte sie: Daran nehmt ihr Anstoß?
⁶² Was werdet ihr sagen,
wenn ihr den Menschensohn aufsteigen seht,
dorthin, wo er vorher war?
⁶³ Der Geist ist es, der lebendig macht;
das Fleisch nützt nichts.

Die Worte, die ich zu euch gesprochen habe,
    sind Geist und sind Leben.
⁶⁴ Aber es gibt unter euch einige, die nicht glauben.
Jesus wusste nämlich von Anfang an,
    welche es waren, die nicht glaubten,
    und wer ihn ausliefern würde.
⁶⁵ Und er sagte: Deshalb habe ich zu euch gesagt:
    Niemand kann zu mir kommen,
    wenn es ihm nicht vom Vater gegeben ist.
⁶⁶ Daraufhin zogen sich viele seiner Jünger zurück
    und gingen nicht mehr mit ihm umher.
⁶⁷ Da fragte Jesus die Zwölf: Wollt auch ihr weggehen?
⁶⁸ Simon Petrus antwortete ihm: Herr, zu wem sollen wir gehen?
Du hast Worte des ewigen Lebens.
⁶⁹ Wir sind zum Glauben gekommen
    und haben erkannt: Du bist der Heilige Gottes.

Glaubensbekenntnis, S. 374 ff.
Fürbitten vgl. S. 805 ff.

ZUR EUCHARISTIEFEIER *„Ich bin das Brot des Lebens", sagt Christus. „Du bist der Heilige Gottes", antwortet ihm Petrus als Sprecher der glaubenden Jüngergemeinschaft. Christus, der Sohn, ist der ganz Heilige. Wer bei ihm bleibt, der bleibt in der Gegenwart Gottes und hat schon jetzt Anteil am ewigen Leben.*

GABENGEBET

Herr und Gott,
du hast dir
das eine Volk des Neuen Bundes erworben
durch das Opfer deines Sohnes,
das er ein für alle Mal dargebracht hat.
Sieh gnädig auf uns
und schenke uns in deiner Kirche
Einheit und Frieden.
Darum bitten wir durch Christus, unseren Herrn.

Präfation, S. 427 ff.

KOMMUNIONVERS Vgl. Ps 104 (103), 13–15

Herr, von den Früchten deiner Schöpfung werden alle satt.
Du schenkst dem Menschen Brot von der Erde
und Wein, der sein Herz erfreut.

Oder: Joh 6, 54

So spricht der Herr:
Wer mein Fleisch isst und mein Blut trinkt, hat das ewige Leben,
und ich werde ihn auferwecken am Letzten Tag.

SCHLUSSGEBET

Herr, unser Gott,
schenke uns durch dieses Sakrament
die Fülle deines Erbarmens und mache uns heil.
Gewähre uns deine Hilfe,
damit wir so vor dir leben können,
wie es dir gefällt.
Darum bitten wir durch Christus, unseren Herrn.

FÜR DEN TAG UND DIE WOCHE

Aus Liebe *Dass wir dich doch als das sehen möchten, was du bist und warst und bis zu deiner Wiederkunft sein wirst: als das Zeichen des Ärgernisses und den Gegenstand des Glaubens, als den geringen Menschen und doch den Retter und Erlöser des Menschengeschlechts, der aus Liebe zur Erde kam, um die Verlorenen zu suchen, um zu leiden und zu sterben, und der du doch bekümmert wiederholen musstest: Selig, wer an mir nicht Ärgernis nimmt. Dass wir dich so sehen möchten und dass wir uns dann nicht an dir ärgern möchten. (Søren Kierkegaard)*

ZWEIUNDZWANZIGSTER SONNTAG IM JAHRESKREIS

Jesus hat mit großer Freiheit nach dem Ursprung der Gesetzesvorschriften gefragt: Gotteswille oder Menschensatzung. Die Gesetze Gottes sind – das ist die Überraschung – viel menschlicher als die Satzungen der Menschen. Es gibt aber Menschen, die sich lieber hinter Gesetzen und Vorschriften verstecken, als in Freiheit nach dem Willen Gottes zu fragen. Wer in die Schule Jesu geht, lernt die Freiheit.

22. Sonntag im Jahreskreis

ERÖFFNUNGSVERS
Ps 86 (85), 3.5

Sei mir gnädig, o Herr. Den ganzen Tag rufe ich zu dir.
Herr, du bist gütig und bereit zu verzeihen;
für alle, die zu dir rufen, reich an Gnade.

Ehre sei Gott, S. 371 f.

TAGESGEBET

Allmächtiger Gott,
von dir kommt alles Gute.
Pflanze in unser Herz
die Liebe zu deinem Namen ein.
Binde uns immer mehr an dich,
damit in uns wächst, was gut und heilig ist.
Wache über uns und erhalte, was du gewirkt hast.
Darum bitten wir durch Jesus Christus.

ZUR 1. LESUNG *Israel hat das Gesetz Gottes nicht als Last, sondern als Gabe verstanden, als Wegweisung für das Volk und für jeden Einzelnen. Heute noch wird im Judentum das „Fest der Gesetzesfreude" gefeiert. Das Gesetz Gottes muss immer wieder neu ausgelegt und in die jeweilige Zeit hineingestellt werden. Aber immer noch gilt die Norm: nichts hinzufügen und nichts wegnehmen. Das bedeutet nicht sklavische Bindung, sondern Klarheit und Freiheit.*

ERSTE LESUNG
Dtn 4, 1–2.6–8

Bewahrt die Gebote des HERRN! Fügt nichts hinzu!

**Lesung
aus dem Buch Deuteronómium.**

Mose sprach zum Volk:
¹ Israel, hör auf die Gesetze und Rechtsentscheide,
  die ich euch zu halten lehre!
Hört und ihr werdet leben,
ihr werdet in das Land,
  das der HERR, der Gott eurer Väter, euch gibt, hineinziehen
  und es in Besitz nehmen.

² Ihr sollt dem Wortlaut dessen, worauf ich euch verpflichte,
nichts hinzufügen und nichts davon wegnehmen;
ihr sollt die Gebote des Herrn, eures Gottes, bewahren,
auf die ich euch verpflichte.
⁶ Ihr sollt sie bewahren und sollt sie halten.
Denn darin besteht eure Weisheit und eure Bildung
in den Augen der Völker.
Wenn sie dieses Gesetzeswerk kennenlernen,
müssen sie sagen: In der Tat,
diese große Nation ist ein weises und gebildetes Volk.
⁷ Denn welche große Nation hätte Götter,
die ihr so nah sind, wie der Herr, unser Gott, uns nah ist,
wo immer wir ihn anrufen?
⁸ Oder welche große Nation besäße Gesetze und Rechtsentscheide,
die so gerecht sind wie alles in dieser Weisung,
die ich euch heute vorlege?

ANTWORTPSALM   Ps 15 (14), 2–3.4.5 (Kv: 1)

Kv Herr, wer darf Gast sein in deinem Zelt, GL 34, 1
wer darf weilen auf deinem heiligen Berg? – Kv
² Der makellos lebt und das Rechte tut, /
der von Herzen die Wahrheit sagt, *
³ der mit seiner Zunge nicht verleumdet hat,
der seinem Nächsten nichts Böses tat *
und keine Schmach auf seinen Nachbarn gehäuft hat. – (Kv)
⁴ Der Verworfene ist in seinen Augen verachtet, *
aber die den Herrn fürchten, hält er in Ehren.
Er wird nicht ändern, *
was er zum eigenen Schaden geschworen hat. – (Kv)
⁵ Sein Geld hat er nicht auf Wucher verliehen *
und gegen den Schuldlosen nahm er keine Bestechung an.
Wer das tut, *
der wird niemals wanken. – Kv

ZUR 2. LESUNG *Gott, der Schöpfer des Alls („Vater der Gestirne"), ist absolut lauter in seinem Wesen und eindeutig in dem, was er tut. Dass von Gott nur gute Gaben kommen, ist eine Glaubensaussage. Allerdings scheint sie oft genug der erfahrenen Wirklichkeit zu widersprechen. Die eigentliche Gabe Gottes jedoch, die in allen anderen mitgemeint ist, ist das „Wort der Wahrheit": das Evangelium Jesu Christi. Wer durch den Glauben und die Taufe als neuer Mensch wieder geboren wurde, muss durch die Tat das verwirklichen, was er geworden ist. Er muss ständig neu das Wort hören und danach handeln.*

ZWEITE LESUNG

Jak 1, 17–18.21b–22.27

Werdet Täter des Wortes und nicht nur Hörer!

**Lesung
aus dem Jakobusbrief.**

Meine geliebten Schwestern und Brüder!

¹⁷ **Jede gute Gabe und jedes vollkommene Geschenk
kommt von oben herab,
vom Vater der Gestirne,
bei dem es keine Veränderung oder Verfinsterung gibt.**

¹⁸ **Aus freiem Willen
hat er uns durch das Wort der Wahrheit geboren,
damit wir eine Erstlingsfrucht seiner Schöpfung seien.**

^{21b} **Nehmt in Sanftmut das Wort an,
das in euch eingepflanzt worden ist
und die Macht hat, euch zu retten!**

²² **Werdet aber Täter des Wortes
und nicht nur Hörer,
sonst betrügt ihr euch selbst!**

²⁷ **Ein reiner und makelloser Gottesdienst ist es
vor Gott, dem Vater:
für Waisen und Witwen in ihrer Not zu sorgen
*und sich unbefleckt von der Welt zu bewahren.***

RUF VOR DEM EVANGELIUM
Vers: vgl. Jak 1, 18

Halleluja. Halleluja.

Durch das Wort der Wahrheit hat uns der Vater das Leben geschenkt
und uns zu Erstlingen seiner Schöpfung gemacht.

Halleluja.

ZUM EVANGELIUM *Für das Judentum in der Zeit Jesu spielte die Frage nach Rein und Unrein eine große Rolle. Nach Meinung der Pharisäer sollten alle die Reinheitsvorschriften einhalten, die ursprünglich nur für die Priester galten. Damit ergibt sich aber auch die Frage nach dem Verhältnis zwischen dem Gebot Gottes und den Vorschriften der Menschen („Überlieferung der Alten"). Jesus stellt sich in die Reihe der Propheten, die nach dem eigentlichen Gotteswillen fragen. Gott aber fragt nach dem Herzen des Menschen, nicht nach seinem äußeren Tun.*

EVANGELIUM
Mk 7, 1–8.14–15.21–23

Ihr gebt Gottes Gebot preis und haltet euch an die Überlieferung der Menschen

+ Aus dem heiligen Evangelium nach Markus.

In jener Zeit
1 versammelten sich die Pharisäer
und einige Schriftgelehrte, die aus Jerusalem gekommen waren,
bei Jesus.
2 Sie sahen, dass einige seiner Jünger ihr Brot
mit unreinen, das heißt mit ungewaschenen Händen aßen.
3 Die Pharisäer essen nämlich wie alle Juden nur,
wenn sie vorher mit einer Handvoll Wasser
die Hände gewaschen haben;
so halten sie an der Überlieferung der Alten fest.
4 Auch wenn sie vom Markt kommen,
essen sie nicht, ohne sich vorher zu waschen.
Noch viele andere überlieferte Vorschriften halten sie ein,
wie das Abspülen von Bechern, Krügen und Kesseln.
5 Die Pharisäer und die Schriftgelehrten fragten ihn also:

Warum halten sich deine Jünger
nicht an die Überlieferung der Alten,
sondern essen ihr Brot mit unreinen Händen?
⁶ Er antwortete ihnen: Der Prophet Jesája hatte Recht
mit dem, was er über euch Heuchler sagte,
wie geschrieben steht:
Dieses Volk ehrt mich mit den Lippen,
sein Herz aber ist weit weg von mir.
⁷ Vergeblich verehren sie mich;
was sie lehren, sind Satzungen von Menschen.
⁸ Ihr gebt Gottes Gebot preis
und haltet euch an die Überlieferung der Menschen.
¹⁴ Dann rief Jesus die Leute wieder zu sich
und sagte: Hört mir alle zu
und begreift, was ich sage!
¹⁵ Nichts, was von außen in den Menschen hineinkommt,
kann ihn unrein machen,
sondern was aus dem Menschen herauskommt,
das macht ihn unrein.
²¹ Denn von innen, aus dem Herzen der Menschen,
kommen die bösen Gedanken,
Unzucht, Diebstahl, Mord,
²² Ehebruch, Habgier, Bosheit,
Hinterlist, Ausschweifung,
Neid, Lästerung, Hochmut und Unvernunft.
²³ All dieses Böse kommt von innen
und macht den Menschen unrein.

Glaubensbekenntnis, S. 374 ff.
Fürbitten vgl. S. 805 ff.

ZUR EUCHARISTIEFEIER *Der Weg Jesu führt über das Paradox, das Ärgernis des Kreuzes. Es braucht die Umkehr, ein neues Denken, um begreifen zu können, was mit ihm und durch ihn geschieht. Wer sich darauf einlässt, spürt die Härte des Kreuzes – aber auch seine befreiende und erlösende Kraft.*

GABENGEBET

Herr, unser Gott,
diese Opferfeier bringe uns Heil und Segen.
Was du jetzt unter heiligen Zeichen wirkst,
das vollende in deinem Reich.
Darum bitten wir durch Christus, unseren Herrn.
Präfation, S. 427 ff.

KOMMUNIONVERS
Ps 31 (30), 20

Wie groß ist deine Güte, o Herr,
die du bereithältst für alle, die dich fürchten und ehren.

Oder: Mt 5, 9–10

Selig, die Frieden stiften;
denn sie werden Söhne Gottes genannt werden.
Selig, die um der Gerechtigkeit willen verfolgt werden;
denn ihnen gehört das Himmelreich.

SCHLUSSGEBET

Allmächtiger Gott,
du hast uns gestärkt durch das lebendige Brot,
das vom Himmel kommt.
Deine Liebe,
die wir im Sakrament empfangen haben,
mache uns bereit,
dir in unseren Brüdern zu dienen.
Darum bitten wir durch Christus, unseren Herrn.

FÜR DEN TAG UND DIE WOCHE
Wagnis der Freude *Lass uns doch spüren, dass es dir bis ins Einzelne und Kleinste hinein um die Liebe geht zu Gott und den Menschen, und nicht um unsere Ordnungen, die wir ängstlich verteidigen. Jesus, Bruder der Sünder, reiße uns die Herzen auf, wenn du uns heute zeigst, wo sich hinter heilig-bewährten Ordnungen Unrecht und Unmenschlichkeit verbirgt. Nicht Angst willst du uns machen, sondern Freude, es mit dem Gott zu wagen, der es so gnädig mit uns riskiert. (Theo Brüggemann)*

DREIUNDZWANZIGSTER SONNTAG IM JAHRESKREIS

Dialog heißt Gespräch. Das Wort wird „gesendet" und vielleicht kommt es an. Dann schafft es Beziehung, Gemeinschaft, Einheit. Der Mensch verwirklicht sich im Gespräch; ohne Gespräch verkümmert er. Wenn Menschen aneinander vorbeischweigen, steht es schlecht. Gott selbst ist wesentlich Gespräch: er spricht das ewige Wort, und er sendet es in unsere Zeit, in mein Leben hinein. Das Wort aber wartet auf Antwort.

ERÖFFNUNGSVERS   Ps 119 (118), 137.124

Herr, du bist gerecht, und deine Entscheide sind richtig.
Handle an deinem Knecht nach deiner Huld.
Ehre sei Gott, S. 371 f.

TAGESGEBET

Gütiger Gott,
du hast uns durch deinen Sohn erlöst
und als deine geliebten Kinder angenommen.
Sieh voll Güte auf alle, die an Christus glauben,
und schenke ihnen die wahre Freiheit
und das ewige Erbe.
Darum bitten wir durch Jesus Christus.

ZUR 1. LESUNG   *Die Lesung aus dem Buch Jesaja ist der Form nach eher ein Lied als eine Lesung. Dem Inhalt nach ist es ein prophetisches Heilswort, eine Weissagung über die Endzeit. Mit hoffnungsvoller Phantasie wird ausgemalt, was geschehen wird, wenn Gott sein Werk vollendet. In der Gegenwart sind die Menschen blind, taub, stumm. Aber das wird nicht so bleiben. Gott gibt nicht auf; er selbst wird eingreifen; er wird kommen, um zu helfen und zu heilen.*

ERSTE LESUNG   Jes 35, 4–7a

Die Ohren der Tauben öffnen sich; die Zunge des Stummen frohlockt

Lesung
 aus dem Buch Jesája.

⁴ **Sagt den Verzagten: Seid stark,**

fürchtet euch nicht!
Seht, euer Gott!
Die Rache kommt, die Vergeltung Gottes!
Er selbst kommt und wird euch retten.

⁵ Dann werden die Augen der Blinden aufgetan
und die Ohren der Tauben werden geöffnet.
⁶ Dann springt der Lahme wie ein Hirsch
und die Zunge des Stummen frohlockt,
denn in der Wüste sind Wasser hervorgebrochen
und Flüsse in der Steppe.
⁷ᵃ Der glühende Sand wird zum Teich
und das durstige Land zu sprudelnden Wassern.

ANTWORTPSALM Ps 146 (145), 6–7.8–9a.9b–10 (Kv: 1)

Kv Lobe den HERRN, meine Seele! – Kv GL 57, 1
(Oder: Halleluja.)

⁶ Der HERR ist es, der Himmel und Erde erschafft, /
das Meer und alles, was in ihm ist. *
Er hält die Treue auf ewig.
⁷ Recht schafft er den Unterdrückten, /
Brot gibt er den Hungernden, *
der HERR befreit die Gefangenen. – (Kv)
⁸ Der HERR öffnet die Augen der Blinden, *
der HERR richtet auf die Gebeugten,
der HERR liebt die Gerechten. *
⁹ᵃ Der HERR beschützt die Fremden. – (Kv)
⁹ᵇᶜ Er hilft auf den Waisen und Witwen, *
doch den Weg der Frevler krümmt er.
¹⁰ Der HERR ist König auf ewig, *
dein Gott, Zion, durch alle Geschlechter. – Kv

ZUR 2. LESUNG   *Es gibt Grundhaltungen und auch Umgangsformen, die mit dem Glauben an Christus nicht vereinbar sind. Dahin gehört, was in der Lesung „Ansehen der Person" genannt wird: dass man den Menschen danach beurteilt, was er hat und darstellt, nicht aber nach dem, was er wirklich ist. Im Licht Christi verblassen unsere Unterscheidungen zwischen Klein und Groß, Arm und*

Reich. Wenn es überhaupt eine Bevorzugung gibt, die vor Gott gilt, dann müssen die Armen an erster Stelle stehen. Der Glaube der Kirche und jeder Gemeinde zeigt sich daran, ob die Armen geehrt werden.

ZWEITE LESUNG Jak 2, 1–5
Hat nicht Gott die Armen zu Erben des Reiches erwählt?

Lesung
 aus dem Jakobusbrief.

1 Meine Schwestern und Brüder,
   haltet den Glauben an unseren Herrn Jesus Christus,
   den Herrn der Herrlichkeit,
   frei von jedem Ansehen der Person!

2 Wenn in eure Versammlung
   ein Mann mit goldenen Ringen
   und prächtiger Kleidung kommt
   und zugleich kommt ein Armer in schmutziger Kleidung

3 und ihr blickt auf den Mann in der prächtigen Kleidung
   und sagt: Setz du dich hier auf den guten Platz!
   und zu dem Armen sagt ihr: Du stell dich
   oder setz dich dort zu meinen Füßen! –

4 macht ihr dann nicht untereinander Unterschiede
   und seid Richter mit bösen Gedanken?

5 Hört, meine geliebten Brüder und Schwestern!
  Hat nicht Gott die Armen in der Welt
   zu Reichen im Glauben
   und Erben des Reiches erwählt,
   das er denen verheißen hat, die ihn lieben?

RUF VOR DEM EVANGELIUM Vers: Mt 4, 23b

Halleluja. Halleluja.
Jesus verkündete das Evangelium vom Reich
und heilte im Volk alle Krankheiten und Leiden.
Halleluja.

23. Sonntag im Jahreskreis

ZUM EVANGELIUM *Die Schöpfung, wie sie aus der Hand Gottes hervorging, war gut, „sehr gut", wie es im Schöpfungsbericht heißt. Das Unglück beginnt damit, dass der Mensch das Wort Gottes nicht hören will. Er entfernt sich von Gott so weit, dass er schließlich zum Hören nicht mehr fähig ist; er wird taub, und weil er nichts mehr hört, meint er, Gott sei stumm. Der Gehörlose des Evangeliums ist das Symbol dieser Situation des Menschen. Jesus spricht das erlösende Wort: Effata – öffne dich!*

EVANGELIUM   Mk 7, 31–37

Er macht, dass die Tauben hören und die Stummen sprechen

+ Aus dem heiligen Evangelium nach Markus.

In jener Zeit
31 verließ Jesus das Gebiet von Tyrus
und kam über Sidon an den See von Galiläa,
mitten in das Gebiet der Dekápolis.
32 Da brachten sie zu ihm einen, der taub war und stammelte,
und baten ihn, er möge ihm die Hand auflegen.
33 Er nahm ihn beiseite,
von der Menge weg,
legte ihm die Finger in die Ohren
und berührte dann die Zunge des Mannes mit Speichel;
34 danach blickte er zum Himmel auf,
seufzte
und sagte zu ihm: Éffata!,
das heißt: Öffne dich!
35 Sogleich öffneten sich seine Ohren,
seine Zunge wurde von ihrer Fessel befreit
und er konnte richtig reden.
36 Jesus verbot ihnen, jemandem davon zu erzählen.
Doch je mehr er es ihnen verbot,
desto mehr verkündeten sie es.
37 Sie staunten über alle Maßen
und sagten: Er hat alles gut gemacht;
er macht, dass die Tauben hören und die Stummen sprechen.

Glaubensbekenntnis, S. 374 ff.
Fürbitten vgl. S. 805 ff.

ZUR EUCHARISTIEFEIER *In der Eucharistiefeier rühmen wir Gottes große Taten und danken ihm für seine Gaben. Er selbst verleiht uns Wort und Stimme und öffnet unsere Herzen zum Lobpreis. Und indem wir uns öffnen und ihm danken, schaffen wir Raum für die noch größere Gabe, die er selbst für uns sein will.*

GABENGEBET

Herr, unser Gott,
du schenkst uns den Frieden
und gibst uns die Kraft, dir aufrichtig zu dienen.
Lass uns dich mit unseren Gaben ehren
und durch die Teilnahme
an dem einen Brot und dem einen Kelch
eines Sinnes werden.
Darum bitten wir durch Christus, unseren Herrn.

Präfation, S. 427 ff.

KOMMUNIONVERS   Ps 42 (41), 2–3

Wie der Hirsch lechzt nach frischem Wasser,
so lechzt meine Seele, Gott, nach dir.
Meine Seele dürstet nach Gott, nach dem lebendigen Gott.

Oder: Joh 8, 12

So spricht der Herr:
Ich bin das Licht der Welt.
Wer mir nachfolgt, wird nicht in der Finsternis gehen,
sondern wird das Licht des Lebens haben.

SCHLUSSGEBET

Herr, unser Gott,
in deinem Wort und Sakrament
gibst du uns Nahrung und Leben.
Lass uns durch diese großen Gaben
in der Liebe wachsen

und zur ewigen Gemeinschaft
mit deinem Sohn gelangen,
der mit dir lebt und herrscht in alle Ewigkeit.

FÜR DEN TAG UND DIE WOCHE
Hör. Doch ich kann nicht hören.
Die Ohren zugestopft.
Mein Atem abgeblockt.
Mein leeres Herz wie Blei.
Ich bin noch nicht geboren.
Ich bin nicht ich. Nicht frei.

Hör. Doch ich will nicht hören.
Würd ich dein Wort verstehen,
müsst deinen Weg ich gehen,
dir folgen hier und nun.
Fürchte, noch ungeboren,
das Leben auf dich zu.

Hör, rufst du, und ich höre,
da ist die Angst vorbei.
O Ruf durch Mark und Bein,
erweck mich aus dem Grab,
dein Mensch, aufs neu geboren –
o Zukunft, lass nicht ab.
(Huub Oosterhuis)

VIERUNDZWANZIGSTER SONNTAG IM JAHRESKREIS

Wer nach Jesus fragt, wird vor die Entscheidung gestellt: Und du, wer bist du, was glaubst du, was tust du? Der Glaube ist nur als Tat des ganzen Menschen möglich. Der Ort des Glaubens ist die Mitte des Menschen, das „Herz". Aus dem Herzen kommt das gute Wort und die gute Tat.

ERÖFFNUNGSVERS
Vgl. Sir 36, 18.21–22

Herr, gib Frieden denen, die auf dich hoffen,
und erweise deine Propheten als zuverlässig.
Erhöre das Gebet deiner Diener und deines Volkes.
Ehre sei Gott, S. 371 f.

TAGESGEBET

Gott, du Schöpfer und Lenker aller Dinge,
sieh gnädig auf uns.
Gib, dass wir dir mit ganzem Herzen dienen
und die Macht deiner Liebe an uns erfahren.
Darum bitten wir durch Jesus Christus.

ZUR 1. LESUNG *Im zweiten Teil des Buches Jesaja ist an vier Stellen vom „Gottesknecht" die Rede. Wer damit gemeint ist, wird nirgendwo ausdrücklich gesagt. In der heutigen Lesung tritt er uns als eine prophetische Gestalt entgegen. Er hat sich ganz dem Wort Gottes geöffnet, und er ist zum Sprecher Gottes geworden. Das hat ihm Feindschaft und Verfolgung eingetragen und wird ihm schließlich den Tod bringen. Das weiß er und nimmt es an. – Jesus hat diese prophetischen Aussagen auf sich selbst bezogen. Er ist Gottessohn und Gottesknecht. Er weiß auch in Leiden und Tod, dass der Vater ihn nicht allein lässt.*

ERSTE LESUNG
Jes 50, 5–9a

Ich hielt meinen Rücken denen hin, die mich schlugen

Lesung
   aus dem Buch Jesája.

⁵ GOTT, der Herr, hat mir das Ohr geöffnet.
Ich aber wehrte mich nicht
   und wich nicht zurück.
⁶ Ich hielt meinen Rücken denen hin, die mich schlugen,
und meine Wange denen, die mir den Bart ausrissen.
Mein Gesicht verbarg ich nicht
   vor Schmähungen und Speichel.
⁷ Und GOTT, der Herr, wird mir helfen;
darum werde ich nicht in Schande enden.

Deshalb mache ich mein Gesicht hart wie einen Kiesel;
ich weiß, dass ich nicht in Schande gerate.
⁸ Er, der mich freispricht, ist nahe.
Wer will mit mir streiten?
Lasst uns zusammen vortreten!
Wer ist mein Gegner im Rechtsstreit?
Er trete zu mir heran.
⁹ᵃ Siehe,
    Gott, der Herr, wird mir helfen.

ANTWORTPSALM Ps 116 (114), 1–2.3–4.5–6.8–9 (Kv: vgl. 9)

Kv Ich gehe meinen Weg vor Gott GL 629, 3
im Lande der Lebenden. – Kv
(Oder: Halleluja.)

¹ Ich liebe den Herrn; *
denn er hört meine Stimme, mein Flehen um Gnade.
² Ja, er hat sein Ohr mir zugeneigt, *
alle meine Tage will ich zu ihm rufen. – (Kv)
³ Mich umfingen Fesseln des Todes, /
Bedrängnisse der Unterwelt haben mich getroffen, *
Bedrängnis und Kummer treffen mich.
⁴ Ich rief den Namen des Herrn: *
„Ach Herr, rette mein Leben!" – (Kv)
⁵ Gnädig ist der Herr und gerecht, *
unser Gott erbarmt sich.
⁶ Arglose behütet der Herr. *
Ich war schwach, er hat mich gerettet. – (Kv)
⁸ Ja, du hast mein Leben dem Tod entrissen, /
mein Auge den Tränen, *
meinen Fuß dem Straucheln.
⁹ So gehe ich meinen Weg vor dem Herrn *
im Lande der Lebenden. – Kv

ZUR 2. LESUNG *Glaube ist mehr als nur die Zustimmung zu bestimmten Wahrheiten; er ist etwas anderes: Er ist das Ja des Menschen zum Wort Gottes und zur ganzen Wirklichkeit Christi. Es entspricht dem Glauben, dass er auch nach außen wirkt: im Bekenntnis und in der brüderlichen Liebe.*

ZWEITE LESUNG

Jak 2, 14–18

Der Glaube für sich allein ist tot, wenn er nicht Werke vorzuweisen hat

Lesung
  aus dem Jakobusbrief.

¹⁴ Meine Schwestern und Brüder,
  was nützt es, wenn einer sagt, er habe Glauben,
  aber es fehlen die Werke?
Kann etwa der Glaube ihn retten?

¹⁵ Wenn ein Bruder oder eine Schwester ohne Kleidung sind
  und ohne das tägliche Brot

¹⁶ und einer von euch zu ihnen sagt: Geht in Frieden,
wärmt und sättigt euch!,
ihr gebt ihnen aber nicht, was sie zum Leben brauchen –
was nützt das?

¹⁷ So ist auch der Glaube für sich allein tot,
  wenn er nicht Werke vorzuweisen hat.

¹⁸ Aber es könnte einer sagen: Du hast Glauben
  und ich kann Werke vorweisen;
zeige mir deinen Glauben ohne die Werke
und ich zeige dir aus meinen Werken den Glauben.

RUF VOR DEM EVANGELIUM

Vers: Gal 6, 14

Halleluja. Halleluja.
Ich will mich allein des Kreuzes Jesu Christi, unseres Herrn, rühmen,
durch das mir die Welt gekreuzigt ist und ich der Welt.
Halleluja.

24. Sonntag im Jahreskreis

ZUM EVANGELIUM *Die wichtigste Frage im ganzen Evangelium lautet: Wer ist dieser Jesus eigentlich? Ein Handwerker aus Nazaret – ein Wanderprediger – ein Träumer – ein Prophet? Simon Petrus antwortet: Du bist der Messias. Jesus selbst aber nennt sich den „Menschensohn". Er ist der Messias, der erwartete Retter, aber nicht der Messias hochgespannter Erwartungen, sondern der Menschensohn, der durch Leiden und Tod gehen wird. Wer an ihn glaubt, folgt ihm auf seinem Weg.*

EVANGELIUM
Mk 8, 27–35

Du bist der Christus. – Der Menschensohn muss vieles erleiden

✛ Aus dem heiligen Evangelium nach Markus.

In jener Zeit
²⁷ ging Jesus mit seinen Jüngern
in die Dörfer bei Cäsaréa Philíppi.
Auf dem Weg fragte er die Jünger:
Für wen halten mich die Menschen?
²⁸ Sie sagten zu ihm: Einige für Johannes den Täufer,
andere für Elíja,
wieder andere für sonst einen von den Propheten.
²⁹ Da fragte er sie: Ihr aber,
für wen haltet ihr mich?
Simon Petrus antwortete ihm: Du bist der Christus!
³⁰ Doch er gebot ihnen, niemandem etwas über ihn zu sagen.
³¹ Dann begann er, sie darüber zu belehren:
Der Menschensohn muss vieles erleiden
und von den Ältesten,
den Hohepriestern und den Schriftgelehrten
verworfen werden;
er muss getötet werden
und nach drei Tagen auferstehen.
³² Und er redete mit Freimut darüber.

Da nahm ihn Petrus beiseite
und begann, ihn zurechtzuweisen.

24. Sonntag im Jahreskreis

³³ Jesus aber wandte sich um,
sah seine Jünger an
und wies Petrus mit den Worten zurecht:
   Tritt hinter mich, du Satan!
Denn du hast nicht das im Sinn, was Gott will,
   sondern was die Menschen wollen.

³⁴ Er rief die Volksmenge und seine Jünger zu sich
und sagte:
   Wenn einer hinter mir hergehen will,
   verleugne er sich selbst,
nehme sein Kreuz auf sich
und folge mir nach.

³⁵ Denn wer sein Leben retten will,
   wird es verlieren;
wer aber sein Leben um meinetwillen
   und um des Evangeliums willen verliert,
   wird es retten.

Glaubensbekenntnis, S. 374 ff.
Fürbitten vgl. S. 805 ff.

ZUR EUCHARISTIEFEIER *Nur wer in der Nachfolge Jesu bereit ist, mit ihm auch den Weg des Kreuzes zu gehen, weiß wirklich, wer er ist. Und er weiß, je länger, je mehr, das große Geschenk der Erlösung zu schätzen, das uns durch den Messias zuteilwird.*

GABENGEBET

Herr,
nimm die Gebete und Gaben deiner Kirche an;
und was jeder Einzelne
zur Ehre deines Namens darbringt,
das werde allen zum Heil.
Darum bitten wir durch Christus, unseren Herrn.

Präfation, S. 427 ff.

KOMMUNIONVERS
Ps 36 (35), 8

Gott, wie köstlich ist deine Huld.
Die Menschen bergen sich im Schatten deiner Flügel.

Oder: Vgl. 1 Kor 10, 16

Der Kelch des Segens, über den wir den Segen sprechen,
ist Teilhabe am Blut Christi.
Das Brot, das wir brechen, ist Teilhabe am Leib Christi.

SCHLUSSGEBET

Herr, unser Gott,
wir danken dir,
dass du uns Anteil
am Leib und Blut Christi gegeben hast.
Lass nicht unser eigenes Streben
Macht über uns gewinnen,
sondern gib, dass die Wirkung dieses Sakramentes
unser Leben bestimmt.
Darum bitten wir durch Christus, unseren Herrn.

FÜR DEN TAG UND DIE WOCHE

Du bist es   *Christus, du forderst mich unablässig heraus und fragst mich: Wer bin ich für dich?*
Du bist der, der mich liebt bis in das Leben, das niemals endet.
Du öffnest mir den Weg zum Wagnis. Du gehst mir auf dem Weg zur Heiligkeit voran. Glücklich ist dort, wer grenzenlos liebt, bis in den Tod; auf diesem Weg, der bis zum Zeugnis des Martyriums führen kann.
Du bist es, der Tag und Nacht in mir betet, ohne dass ich wüsste wie. Mein Stammeln ist ein Gebet: Dich bei dem einen Namen Jesus nennen, darin erfüllt sich unsere Gemeinschaft.
Du hast es mir wiederholt gesagt: Lebe das, was du vom Evangelium begriffen hast, und sei es noch so wenig. Verkünde mein Leben unter den Menschen. Du, folge mir nach. (Frère Roger, Taizé)

FÜNFUNDZWANZIGSTER SONNTAG IM JAHRESKREIS

Solange wir im Gottesdienst nur Zuschauer und Zuhörer sind (wie beim Fernsehen), geschieht mit uns nichts, und wir verstehen den Weg Jesu nicht. Er wartet darauf, dass wir mitgehen, mittragen, mitleiden. Dann beginnen wir ihn zu verstehen.

ERÖFFNUNGSVERS

Das Heil des Volkes bin ich – so spricht der Herr.
In jeder Not, aus der sie zu mir rufen, will ich sie erhören.
Ich will ihr Herr sein für alle Zeit.
Ehre sei Gott, S. 371 f.

TAGESGEBET

Heiliger Gott,
du hast uns das Gebot der Liebe
zu dir und zu unserem Nächsten aufgetragen
als die Erfüllung des ganzen Gesetzes.
Gib uns die Kraft,
dieses Gebot treu zu befolgen,
damit wir das ewige Leben erlangen.
Darum bitten wir durch Jesus Christus.

ZUR 1. LESUNG *In der Lesung ist von zwei Gruppen von Menschen die Rede: von „Gerechten" und von „Frevlern". Mit den Gerechten sind gesetzestreue Juden gemeint, die in der heidnischen Stadt Alexandrien in Ägypten lebten; sie wurden von den Heiden und auch von abgefallenen Juden beschimpft und angefeindet. Die bloße Existenz der „Gerechten" und erst recht ihr Anspruch, in besonderer Weise von Gott geliebt zu sein, waren für die „Frevler" eine unerträgliche Herausforderung. Später in Jerusalem schien es den Juden ein todeswürdiges Verbrechen, als Jesus mit dem Anspruch auftrat, der Sohn Gottes zu sein.*

25. Sonntag im Jahreskreis

ERSTE LESUNG Weish 2, 1a.12.17–20

Zu einem ehrlosen Tod wollen wir ihn verurteilen

Lesung
aus dem Buch der Weisheit.

¹ᵃ Die Frevler tauschen ihre verkehrten Gedanken aus
und sagen:
¹² Lasst uns dem Gerechten auflauern!
Er ist uns unbequem und steht unserem Tun im Weg.
Er wirft uns Vergehen gegen das Gesetz vor
und beschuldigt uns des Verrats an unserer Erziehung.
¹⁷ Wir wollen sehen, ob seine Worte wahr sind,
und prüfen, wie es mit ihm ausgeht.
¹⁸ Ist der Gerechte wirklich Sohn Gottes,
dann nimmt sich Gott seiner an
und entreißt ihn der Hand seiner Gegner.
¹⁹ Durch Erniedrigung und Folter wollen wir ihn prüfen,
um seinen Gleichmut kennenzulernen
und seine Widerstandskraft auf die Probe zu stellen.
²⁰ Zu einem ehrlosen Tod wollen wir ihn verurteilen;
er behauptet ja, es werde ihm Hilfe gewährt.

ANTWORTPSALM Ps 54 (53), 3–4.5–6.8–9 (Kv: 6)

Kv Gott ist mir Helfer, GL 431
der Herr ist unter denen, die mein Leben stützen. – Kv

³ Gott, durch deinen Namen rette mich, *
verschaff mir Recht mit deiner Kraft!
⁴ Gott, höre mein Bittgebet, *
vernimm die Worte meines Mundes! – (Kv)
⁵ Denn fremde Menschen standen auf gegen mich, /
Gewalttätige trachteten mir nach dem Leben, *
sie stellten sich Gott nicht vor Augen.
⁶ Siehe, Gott ist mir Helfer, *
der Herr ist unter denen, die mein Leben stützen. – (Kv)

⁸ Bereitwillig will ich dir opfern, *
    will deinem Namen danken, HERR, denn er ist gut.
⁹ Denn er hat mich herausgerissen aus all meiner Not, *
    mein Auge schaut herab auf meine Feinde. – Kv

ZUR 2. LESUNG *Weisheit ist das Wissen um die Wege Gottes und der Menschen und das entsprechende Verhalten; an ihren Früchten erkennt man, ob es gottgeschenkte Weisheit ist. Wenn sich in einer Gemeinde Ehrgeiz und Streitsucht breitmachen, ist kein christliches Leben und natürlich auch kein gemeinsames Beten mehr möglich.*

ZWEITE LESUNG Jak 3, 16 – 4, 3
Die Frucht der Gerechtigkeit wird in Frieden für die gesät, die Frieden schaffen

Lesung
   aus dem Jakobusbrief.

Schwestern und Brüder!
3,16 Wo Eifersucht und Streit herrschen,
    da gibt es Unordnung und böse Taten jeder Art.
¹⁷ Doch die Weisheit von oben
    ist erstens heilig,
sodann friedfertig, freundlich, gehorsam,
reich an Erbarmen und guten Früchten,
sie ist unparteiisch, sie heuchelt nicht.
¹⁸ Die Frucht der Gerechtigkeit
    wird in Frieden für die gesät,
    die Frieden schaffen.
4,1 Woher kommen Kriege bei euch,
woher Streitigkeiten?
Etwa nicht von den Leidenschaften, die in euren Gliedern streiten?
² Ihr begehrt
    und erhaltet doch nichts.
Ihr mordet und seid eifersüchtig
    und könnt dennoch nichts erreichen.
Ihr streitet und führt Krieg.

Ihr erhaltet nichts, weil ihr nicht bittet.
³ Ihr bittet und empfangt doch nichts,
  weil ihr in böser Absicht bittet,
  um es in euren Leidenschaften zu verschwenden.

RUF VOR DEM EVANGELIUM   Vers: vgl. 2 Thess 2, 14

Halleluja. Halleluja.
Durch das Evangelium hat Gott uns berufen
zur Herrlichkeit Jesu Christi, unseres Herrn.
Halleluja.

ZUM EVANGELIUM   *Jesus, der Menschensohn, wird den Menschen ausgeliefert werden, und sie werden ihn töten. Gott wird ihn von den Toten auferwecken. Den Jüngern bleibt dies fremd. Sie träumen von Macht und Größe. Jesus aber lässt uns nicht im Zweifel darüber, worin die wahre Größe besteht. Er steht auf der Seite der Kleinen und hat sich zum Diener aller gemacht.*

EVANGELIUM   Mk 9, 30–37

Der Menschensohn wird in die Hände von Menschen ausgeliefert.
Wer der Erste sein will, soll der Diener aller sein

✛ Aus dem heiligen Evangelium nach Markus.

In jener Zeit
³⁰ zogen Jesus und seine Jünger durch Galiläa.
Jesus wollte aber nicht, dass jemand davon erfuhr;
³¹ denn er belehrte seine Jünger
und sagte zu ihnen:
  Der Menschensohn
  wird in die Hände von Menschen ausgeliefert
  und sie werden ihn töten;
doch drei Tage nach seinem Tod wird er auferstehen.
³² Aber sie verstanden das Wort nicht,
fürchteten sich jedoch, ihn zu fragen.
³³ Sie kamen nach Kafárnaum.
Als er dann im Haus war,
  fragte er sie: Worüber habt ihr auf dem Weg gesprochen?

³⁴ Sie schwiegen,
   denn sie hatten auf dem Weg miteinander darüber gesprochen,
     wer der Größte sei.
³⁵ Da setzte er sich,
   rief die Zwölf
   und sagte zu ihnen: Wer der Erste sein will,
     soll der Letzte von allen und der Diener aller sein.
³⁶ Und er stellte ein Kind in ihre Mitte,
   nahm es in seine Arme
   und sagte zu ihnen:
³⁷ Wer ein solches Kind in meinem Namen aufnimmt,
     der nimmt mich auf;
   und wer mich aufnimmt,
     der nimmt nicht nur mich auf,
     sondern den, der mich gesandt hat.

Glaubensbekenntnis, S. 374 ff.
Fürbitten vgl. S. 805 ff.

ZUR EUCHARISTIEFEIER *Es ist schwer, den Sinn des Weges Jesu zu verstehen, wenn man ihn nur mit unseren menschlichen Kategorien betrachtet. Es braucht die Weisheit Gottes, den Blick von oben, um wirklich zu begreifen, dass die Erhöhung des Gottessohnes seine Erniedrigung am Kreuz voraussetzt.*

GABENGEBET

Herr, unser Gott,
nimm die Gaben deines Volkes an
und gib, dass wir im Geheimnis
der heiligen Eucharistie empfangen,
was wir im Glauben erkennen.
Darum bitten wir durch Christus, unseren Herrn.

Präfation, S. 427 ff.

KOMMUNIONVERS Ps 119 (118), 4–5

Herr, du hast deine Befehle gegeben, damit man sie genau beachtet.
Wären doch meine Schritte fest darauf gerichtet,
deinen Gesetzen zu folgen.

Oder: Joh 10, 14

So spricht der Herr:
Ich bin der gute Hirt, ich kenne die Meinen,
und die Meinen kennen mich.

SCHLUSSGEBET

Allmächtiger Gott,
du erneuerst uns durch deine Sakramente.
Gewähre uns deine Hilfe
und mache das Werk der Erlösung,
das wir gefeiert haben,
auch in unserem Leben wirksam.
Darum bitten wir durch Christus, unseren Herrn.

FÜR DEN TAG UND DIE WOCHE
Kinder haben eine besondere Begabung zur Begeisterung und zum Staunen; „wer das Reich Gottes nicht annimmt wie ein Kind, wird nicht hineingelangen", sagt Jesus, der Liebhaber des Lebens (Mk 10,15). ... In jeder Lebenssituation, auch im hohen Alter, brauche ich dieses Wohlwollen, um Verwandlung an mir geschehen zu lassen. Staunen, dass auch gut eingespielte Mechanismen oder immer wiederkehrende „Fallen" mir zur Wachstumschance werden, ist nur möglich, wenn mir der Schonraum des Kindes zugestanden wird. Zum Staunen, wie sich verhärtete Beziehungen aufweichen lassen, weil einander Verwandlung zugestanden wird, gehört die Offenheit des Kindes in mir. Hier liegt einer der tiefsten Gründe, warum in meinem ganzen Leben das Staunen Raum haben soll: Bei Gott zählt nicht, was ich war, sondern nur, was ich bin. (Pierre Stutz)

SECHSUNDZWANZIGSTER SONNTAG IM JAHRESKREIS

Gott ist größer als das Herz der Menschen. Auch bei Menschen, die anders fromm und anders gläubig sind als wir, ist der Geist Gottes am Werk; ohne ihn gibt es nichts Gutes. Auch bei denen, die das Christentum bekämpfen, ist nicht alles nur böser Wille. Vielleicht bekämpfen sie nur das, was wir zu Unrecht als Christentum ausgegeben haben. Innerhalb der christlichen Gemeinschaft aber lautet die Grundfrage: Wie stehst du zu Christus?

ERÖFFNUNGSVERS Vgl. Dan 3, 31.29.30.43.42

Alles, was du uns getan hast, o Herr,
das hast du nach deiner gerechten Entscheidung getan,
denn wir haben gesündigt, wir haben dein Gesetz übertreten.
Verherrliche deinen Namen und rette uns
nach der Fülle deines Erbarmens.

Ehre sei Gott, S. 371 f.

TAGESGEBET

Großer Gott, du offenbarst deine Macht vor allem
im Erbarmen und im Verschonen.
Darum nimm uns in Gnaden auf,
wenn uns auch Schuld belastet.
Gib, dass wir unseren Lauf vollenden
und zur Herrlichkeit des Himmels gelangen.
Darum bitten wir durch Jesus Christus.

ZUR 1. LESUNG *Der Geist Gottes bestimmt das Leben des Propheten. Er kann dann Zeuge Gottes durch sein Wort sein. Weil der Geist Gottes in ihm war, konnte Mose seine Aufgabe erfüllen; er hat Israel aus Ägypten herausgeführt und war der Mittler zwischen Gott und dem Volk. Der Geist aber weht, wo er will; er teilt sich auch anderen mit. Im Neuen Bund teilt Christus die Gaben des Geistes all denen aus, die bereit sind, sie zu empfangen.*

ERSTE LESUNG Num 11, 25–29

Willst du dich für mich ereifern?
Wenn nur das ganze Volk zu Propheten würde!

Lesung
   aus dem Buch Númeri.

In jenen Tagen
²⁵ **kam der HERR in der Wolke herab und redete mit Mose.**
Er nahm etwas von dem Geist, der auf ihm ruhte,
   und legte ihn auf die siebzig Ältesten.
Sobald der Geist auf ihnen ruhte,
   redeten sie prophetisch.

Danach aber nicht mehr.
²⁶ Zwei Männer aber waren im Lager geblieben;
der eine hieß Eldad,
  der andere Medad.
Auch über sie kam der Geist.
Sie gehörten zu den Aufgezeichneten,
  waren aber nicht zum Offenbarungszelt hinausgegangen.
Auch sie redeten prophetisch im Lager.
²⁷ Ein junger Mann lief zu Mose
und berichtete ihm:
  Eldad und Medad
  sind im Lager zu Propheten geworden.
²⁸ Da ergriff Jósua, der Sohn Nuns,
  der von Jugend an der Diener des Mose gewesen war, das Wort
und sagte: Mose, mein Herr, hindere sie daran!
²⁹ Doch Mose sagte zu ihm: Willst du dich für mich ereifern?
Wenn nur das ganze Volk des HERRN zu Propheten würde,
wenn nur der HERR seinen Geist auf sie alle legte!

ANTWORTPSALM   Ps 19 (18), 8.10.12–13.14 (Kv: 9ab)

Kv Die Befehle des HERRN sind gerade;   GL 312, 7
sie erfüllen das Herz mit Freude. – Kv

⁸ Die Weisung des HERRN ist vollkommen, *
sie erquickt den Menschen.
Das Zeugnis des HERRN ist verlässlich, *
den Unwissenden macht es weise. – (Kv)
¹⁰ Die Furcht des HERRN ist lauter, *
sie besteht für immer.
Die Urteile des HERRN sind wahrhaftig, *
gerecht sind sie alle. – (Kv)
¹² Auch dein Knecht lässt sich von ihnen warnen; *
reichen Lohn hat, wer sie beachtet.
¹³ Versehentliche Fehler, wer nimmt sie wahr? *
Sprich mich frei von verborgenen Sünden! – (Kv)

¹⁴ Verschone deinen Knecht auch vor vermessenen Menschen; *
sie sollen nicht über mich herrschen!
Dann bin ich vollkommen *
und frei von schwerer Sünde. – Kv

ZUR 2. LESUNG   *Die Lesung aus dem Jakobusbrief ist eine Warnung an die Reichen, die ihren Überfluss nicht mit denen teilen wollen, die Not leiden, und das noch in diesen „letzten Tagen" vor dem Gericht Gottes. Das wird zu uns heute gesagt. Ob es viel oder wenig Geld ist, das wir haben, macht wenig Unterschied. Im Gericht wird der Menschensohn uns danach fragen, wie wir die Armen behandelt haben.*

ZWEITE LESUNG Jak 5, 1–6
Euer Reichtum verfault

Lesung
   aus dem Jakobusbrief.

¹ Ihr Reichen,
weint nur und klagt über das Elend, das über euch kommen wird!
² Euer Reichtum verfault
und eure Kleider sind von Motten zerfressen,
³ euer Gold und Silber verrostet.
Ihr Rost wird als Zeuge gegen euch auftreten
und euer Fleisch fressen wie Feuer.
Noch in den letzten Tagen habt ihr Schätze gesammelt.
⁴ Siehe, der Lohn der Arbeiter, die eure Felder abgemäht haben,
   der Lohn, den ihr ihnen vorenthalten habt,
   schreit zum Himmel;
die Klagerufe derer, die eure Ernte eingebracht haben,
   sind bis zu den Ohren des Herrn Zebaoth gedrungen.
⁵ Ihr habt auf Erden geschwelgt und geprasst
und noch am Schlachttag habt ihr eure Herzen gemästet.
⁶ Verurteilt und umgebracht habt ihr den Gerechten,
er aber leistete euch keinen Widerstand.

RUF VOR DEM EVANGELIUM

Vers: vgl. Joh 17, 17

Halleluja. Halleluja.
Dein Wort, o Herr, ist Wahrheit;
heilige uns in der Wahrheit!
Halleluja.

ZUM EVANGELIUM *Jesus steht im Kampf gegen das Böse und den Widersacher, aber er kennt keinen Fanatismus, wo es um Menschen geht. „Wer nicht gegen uns ist, der ist für uns." Diese Großzügigkeit sollen wir von Jesus lernen; wir sollen es gelten lassen, wenn jemand etwas Gutes tut, auch wenn es außerhalb der Kirche geschieht. – Der zweite Teil dieses Evangeliums steht unter dem Leitwort „Ärgernis" (skándalon). Ärgernis geben heißt hier: einen Menschen um seinen Glauben bringen oder überhaupt ihn zum Bösen verleiten.*

EVANGELIUM

Mk 9, 38–43.45.47–48

Wer nicht gegen uns ist, der ist für uns.
Wenn dir deine Hand Ärgernis gibt, dann hau sie ab!

☩ Aus dem heiligen Evangelium nach Markus.

In jener Zeit
³⁸ sagte Johannes, einer der Zwölf, zu Jesus:
Meister, wir haben gesehen,
 wie jemand in deinem Namen Dämonen austrieb;
und wir versuchten, ihn daran zu hindern,
 weil er uns nicht nachfolgt.
³⁹ Jesus erwiderte: Hindert ihn nicht!
Keiner, der in meinem Namen eine Machttat vollbringt,
 kann so leicht schlecht von mir reden.
⁴⁰ Denn wer nicht gegen uns ist,
 der ist für uns.
⁴¹ Wer euch auch nur einen Becher Wasser zu trinken gibt,
 weil ihr zu Christus gehört –
 Amen, ich sage euch:
 Er wird gewiss nicht um seinen Lohn kommen.

⁴² Wer einem von diesen Kleinen, die an mich glauben,
  Ärgernis gibt,
    für den wäre es besser,
    wenn er mit einem Mühlstein um den Hals
    ins Meer geworfen würde.
⁴³ Wenn dir deine Hand Ärgernis gibt,
    dann hau sie ab;
  es ist besser für dich, verstümmelt in das Leben zu gelangen,
    als mit zwei Händen in die Hölle zu kommen,
    in das nie erlöschende Feuer.
⁽⁴⁴⁾/⁴⁵ Und wenn dir dein Fuß Ärgernis gibt,
    dann hau ihn ab;
  es ist besser für dich, lahm in das Leben zu gelangen,
    als mit zwei Füßen in die Hölle geworfen zu werden.
⁽⁴⁶⁾/⁴⁷ Und wenn dir dein Auge Ärgernis gibt,
    dann reiß es aus;
  es ist besser für dich, einäugig in das Reich Gottes zu kommen,
    als mit zwei Augen in die Hölle geworfen zu werden,
⁴⁸ wo ihr Wurm nicht stirbt und das Feuer nicht erlischt.

Glaubensbekenntnis, S. 374 ff.
Fürbitten vgl. S. 805 ff.

ZUR EUCHARISTIEFEIER *Der Glaube an Jesus ist Herausforderung und verlangt Konsequenzen. Falsche Rücksicht auf eigene oder fremde Bedürfnisse und Ansprüche hat keinen Platz für den, der sich für Jesus Christus entschieden hat. Die Kraft zur Konsequenz in der Nachfolge aber kommt nicht aus uns, sondern ist sein Geschenk.*

GABENGEBET

Barmherziger Gott,
nimm unsere Gaben an
und öffne uns in dieser Feier
die Quelle, aus der aller Segen strömt.
Darum bitten wir durch Christus, unseren Herrn.

Präfation, S. 427 ff.

KOMMUNIONVERS

Ps 119 (118), 49–50

Herr, denk an das Wort für deinen Knecht,
durch das du mir Hoffnung gabst!
Sie ist mein Trost im Elend.

Oder:

Vgl. 1 Joh 3, 16

Die Liebe Gottes haben wir daran erkannt,
dass Christus sein Leben für uns gegeben hat.
So müssen auch wir das Leben hingeben für die Brüder.

SCHLUSSGEBET

Allmächtiger Gott,
in der Feier der Eucharistie
haben wir den Tod des Herrn verkündet.
Dieses Sakrament stärke uns an Leib und Seele
und mache uns bereit, mit Christus zu leiden,
damit wir auch mit ihm zur Herrlichkeit gelangen,
der mit dir lebt und herrscht in alle Ewigkeit.

FÜR DEN TAG UND DIE WOCHE
Du, der über uns ist,
Du, der einer von uns ist,
Du, der ist – auch in uns;
dass alle dich sehen – auch in mir,
dass ich den Weg bereite für dich,
dass ich danke für alles, was mir widerfuhr.
Dass ich dabei nicht vergesse der anderen Not.
Behalte mich in deiner Liebe,
so wie du willst, dass andere bleiben in der meinen.
Möchte sich alles in diesem meinem Wesen zu deiner Ehre wenden,
und möchte ich nie verzweifeln.
Denn ich bin in deiner Hand und alle Kraft und Güte sind in dir.

Gib mir einen reinen Sinn – dass ich dich erblicke,
einen demütigen Sinn – dass ich dich höre,
einen liebenden Sinn – dass ich dir diene,
einen gläubigen Sinn – dass ich in dir bleibe.
(Dag Hammarskjöld)

SIEBENUNDZWANZIGSTER SONNTAG IM JAHRESKREIS

Die Schöpfung im reinen Naturzustand hat nie existiert: Immer war sie die Schöpfung Gottes. Nicht von der Erde her und nicht vom Tier her kann der Mensch sich selber wirklich verstehen. Er ist Gottes liebendes Wort in die geschaffene Welt hinein. Es bleibt die Frage, was wir Menschen mit dieser Schöpfung machen.

ERÖFFNUNGSVERS
Est 13, 9.10–11 (Vulgata)

Deiner Macht ist das All unterworfen, Herr,
und niemand kann sich dir widersetzen;
denn du hast Himmel und Erde gemacht
und alles, was wir unter dem Himmel bestaunen.
Du bist der Herr über alles.
Ehre sei Gott, S. 371 f.

TAGESGEBET

Allmächtiger Gott,
du gibst uns in deiner Güte mehr,
als wir verdienen,
und Größeres, als wir erbitten.
Nimm weg, was unser Gewissen belastet,
und schenke uns jenen Frieden,
den nur deine Barmherzigkeit geben kann.
Darum bitten wir durch Jesus Christus.

ZUR 1. LESUNG *Von allen Geschöpfen der Erde ist nur der andere Mensch eine „Hilfe, die dem Menschen entspricht". Mann und Frau sind füreinander geschaffen und brauchen einander. Die Liebe zwischen Mann und Frau ist stärker als jede andere menschliche Bindung.*

ERSTE LESUNG
Gen 2, 18–24

Und sie werden ein Fleisch

Lesung
aus dem Buch Génesis.

¹⁸ Gott, der HERR, sprach:
Es ist nicht gut, dass der Mensch allein ist.
Ich will ihm eine Hilfe machen, die ihm ebenbürtig ist.

¹⁹ Gott, der HERR, formte aus dem Erdboden
alle Tiere des Feldes und alle Vögel des Himmels
und führte sie dem Menschen zu,
um zu sehen, wie er sie benennen würde.
Und wie der Mensch jedes lebendige Wesen benannte,
so sollte sein Name sein.

²⁰ Der Mensch gab Namen allem Vieh,
den Vögeln des Himmels und allen Tieren des Feldes.
Aber eine Hilfe, die dem Menschen ebenbürtig war,
fand er nicht.

²¹ Da ließ Gott, der HERR,
einen tiefen Schlaf auf den Menschen fallen,
sodass er einschlief,
nahm eine seiner Rippen
und verschloss ihre Stelle mit Fleisch.

²² Gott, der HERR,
baute aus der Rippe, die er vom Menschen genommen hatte,
eine Frau und führte sie dem Menschen zu.

²³ Und der Mensch sprach:
Das endlich ist Bein von meinem Bein
und Fleisch von meinem Fleisch.
Frau soll sie genannt werden;
denn vom Mann ist sie genommen.

²⁴ Darum verlässt der Mann Vater und Mutter
und hängt seiner Frau an
und sie werden ein Fleisch.

ANTWORTPSALM
Ps 128 (127), 1–2.3.4–6 (Kv: vgl. 5)

Kv Der HERR segne uns alle Tage unseres Lebens. – Kv   GL 71, 1

1 Selig jeder, der den HERRN fürchtet, *
   der auf seinen Wegen geht!
2 Was deine Hände erarbeitet haben, wirst du genießen; *
   selig bist du – es wird dir gut ergehn. – (Kv)
3 Deine Frau ist wie ein fruchtbarer Weinstock *
   im Innern deines Hauses.
   Wie Schösslinge von Ölbäumen sind deine Kinder *
   rings um deinen Tisch herum. – (Kv)
4 Siehe, so wird der Mann gesegnet, der den HERRN fürchtet. *
5 Es segne dich der HERR vom Zion her.
   Du sollst schauen das Glück Jerusalems alle Tage deines Lebens. /
6 Du sollst schauen die Kinder deiner Kinder. *
   Friede über Israel! – Kv

ZUR 2. LESUNG   *Der Brief an die Hebräer richtet sich an Gemeinden, deren Glaube in Gefahr ist, müde zu werden. Da ist es notwendig, an den Ursprung dieses Glaubens zu erinnern. Von Anfang an war der christliche Glaube wesentlich Hoffnung. Wir schauen auf Christus, den Sohn Gottes. Er ist unser Bruder geworden. Er nahm unsere Schwachheit auf sich und starb für unsere Sünden. Er hat uns geheiligt.*

ZWEITE LESUNG
Hebr 2, 9–11

Er, der heiligt, und sie, die geheiligt werden, stammen alle aus Einem

**Lesung
   aus dem Hebräerbrief.**

Schwestern und Brüder!
9 Den, der ein wenig unter die Engel erniedrigt war,
      Jesus,
      ihn sehen wir um seines Todesleidens willen
      mit Herrlichkeit und Ehre gekrönt;
   es war nämlich Gottes gnädiger Wille,
      dass er für alle den Tod erlitt.

¹⁰ Denn es war angemessen,
dass Gott, für den und durch den das All ist
und der viele Söhne zur Herrlichkeit führen wollte,
den Urheber ihres Heils durch Leiden vollendete.

¹¹ Denn er, der heiligt, und sie, die geheiligt werden,
stammen alle aus Einem;
darum schämt er sich nicht, sie Brüder zu nennen.

RUF VOR DEM EVANGELIUM
Vers: 1 Joh 4, 12b

Halleluja. Halleluja.

Wenn wir einander lieben, bleibt Gott in uns
und seine Liebe ist in uns vollendet.

Halleluja.

ZUM EVANGELIUM   *Das Gesetz des Mose bestimmte, dass der Mann, wenn er sich von seiner Frau trennen will, ihr eine Scheidungsurkunde aushändigen muss. Jesus betrachtet die Möglichkeit der Ehescheidung als ein Zugeständnis; er begnügt sich nicht mit der Auskunft über das gesetzlich Erlaubte, sondern verweist auf die Schöpfungsordnung. Gott hat Mann und Frau als Partner einer personalen Gemeinschaft geschaffen, die der Mensch nicht auflösen darf. – Der Schlussteil dieses Evangeliums ist ein weiteres Stück Jüngerbelehrung. Wie in der Bergpredigt den Armen, so spricht Jesus hier das Reich Gottes den Kindern zu: denen, die keine Leistung aufweisen und nur ihre leeren Hände hinhalten können.*

EVANGELIUM
Mk 10, 2–16   **1**

Was Gott verbunden hat, das darf der Mensch nicht trennen

☩ Aus dem heiligen Evangelium nach Markus.

In jener Zeit
² kamen Pharisäer zu Jesus
und fragten:
Ist es einem Mann erlaubt,
seine Frau aus der Ehe zu entlassen?
Damit wollten sie ihn versuchen.

³ Er antwortete ihnen: Was hat euch Mose vorgeschrieben?

⁴ Sie sagten:
>   Mose hat gestattet, eine Scheidungsurkunde auszustellen
>   und die Frau aus der Ehe zu entlassen.
⁵ Jesus entgegnete ihnen:
>   Nur weil ihr so hartherzig seid, hat er euch dieses Gebot gegeben.
⁶ Am Anfang der Schöpfung aber
>   hat Gott sie männlich und weiblich erschaffen.
⁷ Darum wird der Mann Vater und Mutter verlassen
⁸ und die zwei werden ein Fleisch sein.
>   Sie sind also nicht mehr zwei, sondern ein Fleisch.
⁹ Was aber Gott verbunden hat,
>   das darf der Mensch nicht trennen.
¹⁰ Zu Hause befragten ihn die Jünger noch einmal darüber.
¹¹ Er antwortete ihnen: Wer seine Frau aus der Ehe entlässt
>   und eine andere heiratet,
>   begeht ihr gegenüber Ehebruch.
¹² Und wenn sie ihren Mann aus der Ehe entlässt
>   und einen anderen heiratet,
>   begeht sie Ehebruch.
¹³ Da brachte man Kinder zu ihm,
>   damit er sie berühre.
>   Die Jünger aber wiesen die Leute zurecht.
¹⁴ Als Jesus das sah, wurde er unwillig
>   und sagte zu ihnen: Lasst die Kinder zu mir kommen;
>   hindert sie nicht daran!
>   Denn solchen wie ihnen gehört das Reich Gottes.
¹⁵ Amen, ich sage euch:
>   Wer das Reich Gottes nicht so annimmt wie ein Kind,
>   der wird nicht hineinkommen.
¹⁶ Und er nahm die Kinder in seine Arme;
>   dann legte er ihnen die Hände auf und segnete sie.

Oder Kurzfassung:

EVANGELIUM Mk 10, 2–12 [2]

Was Gott verbunden hat, das darf der Mensch nicht trennen

✛ Aus dem heiligen Evangelium nach Markus.

In jener Zeit
² kamen Pharisäer zu Jesus
und fragten:
Ist es einem Mann erlaubt,
seine Frau aus der Ehe zu entlassen?
Damit wollten sie ihn versuchen.

³ Er antwortete ihnen: Was hat euch Mose vorgeschrieben?
⁴ Sie sagten:
Mose hat gestattet, eine Scheidungsurkunde auszustellen
und die Frau aus der Ehe zu entlassen.
⁵ Jesus entgegnete ihnen:
Nur weil ihr so hartherzig seid, hat er euch dieses Gebot gegeben.
⁶ Am Anfang der Schöpfung aber
hat Gott sie männlich und weiblich erschaffen.
⁷ Darum wird der Mann Vater und Mutter verlassen
⁸ und die zwei werden ein Fleisch sein.
Sie sind also nicht mehr zwei, sondern ein Fleisch.
⁹ Was aber Gott verbunden hat,
das darf der Mensch nicht trennen.
¹⁰ Zu Hause befragten ihn die Jünger noch einmal darüber.
¹¹ Er antwortete ihnen: Wer seine Frau aus der Ehe entlässt
und eine andere heiratet,
begeht ihr gegenüber Ehebruch.
¹² Und wenn sie ihren Mann aus der Ehe entlässt
und einen anderen heiratet,
begeht sie Ehebruch.

Glaubensbekenntnis, S. 374 ff.
Fürbitten vgl. S. 805 ff.

ZUR EUCHARISTIEFEIER *Erst in der Begegnung mit dem Du erwacht der Mensch zu sich selbst; er lernt zu empfangen und zu schenken. Jedes menschliche Du aber verweist auf das größere Du: auf Gott, der uns sein Gesicht und sein Herz zuwendet in Jesus Christus.*

GABENGEBET

**Allmächtiger Gott,
nimm die Gaben an,
die wir nach deinem Willen darbringen.
Vollende in uns
das Werk der Erlösung und der Heiligung
durch die Geheimnisse,
die wir zu deiner Verherrlichung feiern.
Darum bitten wir durch Christus, unseren Herrn.**

Präfation, S. 427 ff.

KOMMUNIONVERS   Klgl 3, 25

Gut ist der Herr zu dem, der auf ihn hofft, zur Seele, die ihn sucht.

Oder: Vgl. 1 Kor 10, 17

**Ein Brot ist es, darum sind wir viele ein Leib.
Denn wir alle haben teil an dem einen Brot und dem einen Kelch.**

SCHLUSSGEBET

**Gott und Vater,
du reichst uns das Brot des Lebens
und den Kelch der Freude.
Gestalte uns nach dem Bild deines Sohnes,
der im Sakrament unsere Speise geworden ist.
Darum bitten wir durch ihn, Christus, unseren Herrn.**

FÜR DEN TAG UND DIE WOCHE
Unser Herz sehnt sich so sehr nach Liebe, dass wir immer versucht sind, uns an den Menschen, der uns Liebe, Zuneigung, Sympathie, Freundschaft oder Fürsorge schenkt, zu klammern... Es fällt der Liebe schwer, nicht in Besitz zu nehmen, denn unser Herz sehnt sich nach vollkommener Liebe, die aber kein Mensch

geben kann. Nur Gott kann vollkommene Liebe schenken. Deshalb gehört zur Kunst des Liebens auch die Kunst, einander Raum zu gewähren. Wenn wir in den Raum des anderen eindringen und ihm nicht erlauben, ein freier Mensch zu sein, stiften wir in unseren Beziehungen viel Kummer und Enttäuschung. Gewähren wir jedoch einander Raum, in dem wir uns bewegen und unsere Gaben austauschen können, kann es zu wahrer Nähe kommen. (Henri Nouwen)

ACHTUNDZWANZIGSTER SONNTAG IM JAHRESKREIS

Viele Menschen haben Jesus gesehen, und er hat sie gesehen; aber einige hat er angeblickt, das waren für sie Augenblicke großer Entscheidung. Das Evangelium verschweigt nicht, dass die Begegnung mit Jesus nicht immer zur sofortigen Änderung des eigenen Lebens führt. Gott aber wird warten, bis wir uns für ihn entscheiden.

ERÖFFNUNGSVERS   Ps 130 (129), 3–4

Würdest du, Herr, unsere Sünden beachten,
Herr, wer könnte bestehen?
Doch bei dir ist Vergebung, Gott Israels.
Ehre sei Gott, S. 371 f.

TAGESGEBET

Herr, unser Gott,
deine Gnade komme uns zuvor und begleite uns,
damit wir dein Wort im Herzen bewahren
und immer bereit sind, das Gute zu tun.
Darum bitten wir durch Jesus Christus.

ZUR 1. LESUNG   *Das Lob der Weisheit in dieser Lesung wird dem König Salomo in den Mund gelegt. Macht und Reichtum, Gesundheit und Schönheit haben keinen Wert ohne die Weisheit. Sie allein hat Bestand. Die Sonne scheint nur am Tag, die Weisheit aber leuchtet auch über den Tod hinaus; sie bleibt dem Menschen als ewiges Licht der Gotteserkenntnis und Gottesgemeinschaft.*

ERSTE LESUNG
Weish 7, 7–11

Reichtum achtete ich für nichts im Vergleich mit der Weisheit

Lesung
aus dem Buch der Weisheit.

⁷ Ich betete und es wurde mir Klugheit gegeben;
ich flehte und der Geist der Weisheit kam zu mir.
⁸ Ich zog sie Zeptern und Thronen vor,
Reichtum achtete ich für nichts im Vergleich mit ihr.
⁹ Einen unschätzbaren Edelstein stellte ich ihr nicht gleich;
denn alles Gold erscheint neben ihr wie ein wenig Sand
und Silber gilt ihr gegenüber so viel wie Lehm.
¹⁰ Mehr als Gesundheit und Schönheit liebte ich sie
und zog ihren Besitz dem Lichte vor;
denn niemals erlischt der Glanz, der von ihr ausstrahlt.
¹¹ Zugleich mit ihr kam alles Gute zu mir,
unzählbare Reichtümer waren in ihren Händen.

ANTWORTPSALM
Ps 90 (89), 12–13.14–15.16–17 (Kv: vgl. 14)

Kv **Sättige uns, Herr, mit deiner Huld!**
Dann werden wir jubeln und uns freuen. – Kv
GL 50, 1

¹² Unsere Tage zu zählen, lehre uns! *
Dann gewinnen wir ein weises Herz.
¹³ Kehre doch um, HERR! – Wie lange noch? *
Um deiner Knechte willen lass es dich reuen! – (Kv)
¹⁴ Sättige uns am Morgen mit deiner Huld! *
Dann wollen wir jubeln und uns freuen all unsre Tage.
¹⁵ Erfreue uns so viele Tage, wie du uns gebeugt hast, *
so viele Jahre, wie wir Unheil sahn. – (Kv)
¹⁶ Dein Wirken werde sichtbar an deinen Knechten *
und deine Pracht an ihren Kindern.
¹⁷ Güte und Schönheit des Herrn, unseres Gottes, sei über uns! /
Lass gedeihen das Werk unsrer Hände, *
ja, das Werk unsrer Hände lass gedeihen! – Kv

ZUR 2. LESUNG   *Von Anfang an ist die Geschichte der Menschheit vom Wort Gottes bestimmt. Sein Wort ist lebendig und mächtig; es ist seine Art, in die Geschichte einzugreifen. Sein Wort ist Schöpfung und Offenbarung, es ist Verheißung und Gericht. Das Wort, mit dem er uns das Heil anbietet, fordert aber auch unsere Entscheidung.*

ZWEITE LESUNG
Hebr 4, 12–13

Das Wort Gottes richtet über die Regungen und Gedanken des Herzens

Lesung
   aus dem Hebräerbrief.

¹² Lebendig ist das Wort Gottes,
wirksam und schärfer als jedes zweischneidige Schwert;
es dringt durch bis zur Scheidung von Seele und Geist,
   von Gelenken und Mark;
es richtet über die Regungen und Gedanken des Herzens;
¹³ vor ihm bleibt kein Geschöpf verborgen,
sondern alles liegt nackt und bloß
   vor den Augen dessen, dem wir Rechenschaft schulden.

RUF VOR DEM EVANGELIUM
Vers: Mt 5, 3

Halleluja. Halleluja.
Selig, die arm sind vor Gott;
denn ihnen gehört das Himmelreich.
Halleluja.

ZUM EVANGELIUM   *Der Ruf zur Nachfolge ergeht an alle, die an Jesus glauben; aber nicht alle werden zur gleichen Form der Nachfolge gerufen. Nicht jeder muss alles hergeben, was er besitzt, wie auch nicht jeder zum Martyrium berufen ist. Der reiche junge Mann im Evangelium hat Jesus nach dem sicheren Weg zum ewigen Leben gefragt; für ihn hätte die Nachfolge im Verzicht auf seinen Reichtum bestanden. Dazu ist nur der Mensch fähig, der begriffen hat: Gott allein ist groß, alles andere ist klein und vergeht. Je deutlicher der Mensch dies erkennt, desto dringender wird sein Wunsch werden, nur Gott zu suchen.*

1 EVANGELIUM Mk 10, 17–30

Verkaufe, was du hast, und folge mir nach!

☩ Aus dem heiligen Evangelium nach Markus.

In jener Zeit
¹⁷ lief ein Mann auf Jesus zu,
fiel vor ihm auf die Knie
und fragte ihn: Guter Meister,
was muss ich tun, um das ewige Leben zu erben?

¹⁸ Jesus antwortete: Warum nennst du mich gut?
Niemand ist gut außer der eine Gott.
¹⁹ Du kennst doch die Gebote:
Du sollst nicht töten,
du sollst nicht die Ehe brechen,
du sollst nicht stehlen,
du sollst nicht falsch aussagen,
du sollst keinen Raub begehen;
ehre deinen Vater und deine Mutter!
²⁰ Er erwiderte ihm: Meister,
alle diese Gebote habe ich von Jugend an befolgt.

²¹ Da sah ihn Jesus an,
umarmte ihn
und sagte: Eines fehlt dir noch:
Geh, verkaufe, was du hast,
gib es den Armen
und du wirst einen Schatz im Himmel haben;
dann komm und folge mir nach!
²² Der Mann aber war betrübt, als er das hörte,
und ging traurig weg;
denn er hatte ein großes Vermögen.
²³ Da sah Jesus seine Jünger an
und sagte zu ihnen:
Wie schwer ist es für Menschen, die viel besitzen,
in das Reich Gottes zu kommen!
²⁴ Die Jünger waren über seine Worte bestürzt.

Jesus aber sagte noch einmal zu ihnen:
Meine Kinder, wie schwer ist es, in das Reich Gottes zu kommen!
²⁵ Leichter geht ein Kamel durch ein Nadelöhr,
   als dass ein Reicher in das Reich Gottes gelangt.
²⁶ Sie aber gerieten über alle Maßen außer sich vor Schrecken
und sagten zueinander: Wer kann dann noch gerettet werden?
²⁷ Jesus sah sie an
und sagte: Für Menschen ist das unmöglich,
aber nicht für Gott;
denn für Gott ist alles möglich.
²⁸ Da sagte Petrus zu ihm:
   Siehe, wir haben alles verlassen und sind dir nachgefolgt.
²⁹ Jesus antwortete: Amen, ich sage euch:
Jeder, der um meinetwillen und um des Evangeliums willen
   Haus oder Brüder, Schwestern, Mutter, Vater,
   Kinder oder Äcker verlassen hat,
³⁰ wird das Hundertfache dafür empfangen.
Jetzt in dieser Zeit
   wird er Häuser und Brüder, Schwestern und Mütter,
   Kinder und Äcker erhalten,
   wenn auch unter Verfolgungen,
und in der kommenden Welt das ewige Leben.

Oder Kurzfassung:

EVANGELIUM   Mk 10, 17–27   2

Verkaufe, was du hast, und folge mir nach!

✢ Aus dem heiligen Evangelium nach Markus.

In jener Zeit
¹⁷   lief ein Mann auf Jesus zu,
fiel vor ihm auf die Knie
und fragte ihn: Guter Meister,
   was muss ich tun, um das ewige Leben zu erben?
¹⁸ Jesus antwortete: Warum nennst du mich gut?
Niemand ist gut außer der eine Gott.

¹⁹ Du kennst doch die Gebote:
Du sollst nicht töten,
du sollst nicht die Ehe brechen,
du sollst nicht stehlen,
du sollst nicht falsch aussagen,
du sollst keinen Raub begehen;
ehre deinen Vater und deine Mutter!
²⁰ Er erwiderte ihm: Meister,
alle diese Gebote habe ich von Jugend an befolgt.
²¹ Da sah ihn Jesus an,
umarmte ihn
und sagte: Eines fehlt dir noch:
Geh, verkaufe, was du hast,
gib es den Armen
und du wirst einen Schatz im Himmel haben;
dann komm und folge mir nach!
²² Der Mann aber war betrübt, als er das hörte,
und ging traurig weg;
denn er hatte ein großes Vermögen.
²³ Da sah Jesus seine Jünger an
und sagte zu ihnen:
> Wie schwer ist es für Menschen, die viel besitzen,
> in das Reich Gottes zu kommen!
²⁴ Die Jünger waren über seine Worte bestürzt.
Jesus aber sagte noch einmal zu ihnen:
Meine Kinder, wie schwer ist es, in das Reich Gottes zu kommen!
²⁵ Leichter geht ein Kamel durch ein Nadelöhr,
als dass ein Reicher in das Reich Gottes gelangt.
²⁶ Sie aber gerieten über alle Maßen außer sich vor Schrecken
und sagten zueinander: Wer kann dann noch gerettet werden?
²⁷ Jesus sah sie an
und sagte: Für Menschen ist das unmöglich,
aber nicht für Gott;
denn für Gott ist alles möglich.

28. Sonntag im Jahreskreis

Glaubensbekenntnis, S. 374 ff.
Fürbitten vgl. S. 805 ff.

ZUR EUCHARISTIEFEIER *Das unruhige Menschenherz will Leben und Glück, das heißt aber: Es will Heil und Erlösung. Gott selbst hat uns so geschaffen. Er pflanzt die Sehnsucht in unser Herz, und er ist die Erfüllung. Er verleiht uns die Kraft, uns von allem zu lösen, was dieser Erlösung im Wege steht.*

GABENGEBET

Herr und Gott,
nimm die Gebete und Opfergaben
deiner Gläubigen an.
Lass uns diese heilige Feier
mit ganzer Hingabe begehen,
damit wir einst das Leben
in der Herrlichkeit des Himmels erlangen.
Darum bitten wir durch Christus, unseren Herrn.

Präfation, S. 427 ff.

KOMMUNIONVERS   Ps 34 (33), 11

Reiche müssen darben und hungern.
Wer aber den Herrn sucht, braucht kein Gut zu entbehren.

Oder: Vgl. 1 Joh 3, 2

Wenn der Herr offenbar wird, werden wir ihm ähnlich sein;
denn wir werden ihn sehen, wie er ist.

SCHLUSSGEBET

Allmächtiger Gott,
in der heiligen Opferfeier
nährst du deine Gläubigen
mit dem Leib und dem Blut deines Sohnes.
Gib uns durch dieses Sakrament auch Anteil
am göttlichen Leben.
Darum bitten wir durch Christus, unseren Herrn.

FÜR DEN TAG UND DIE WOCHE

Wir Brüder von Taizé sind keine geistlichen Meister, die bereits ans Ziel gelangt sind. Durch unser Leben als Communauté, als Gemeinschaft, möchten wir der Hoffnung Ausdruck geben, die in uns wohnt, und sogar etwas von der neuen Welt vorwegnehmen, die in Christus angebrochen ist. Aber wir sind in der Nachfolge Jesu als Arme des Evangeliums unterwegs, mit unserer Zerbrechlichkeit und unseren Verletzungen. Wir erheben nicht den Anspruch, besser zu sein als andere. Uns charakterisiert die Entscheidung, Christus zu gehören. Bei dieser Entscheidung möchten wir vollkommen konsequent sein und mit dem ganzen Volk Gottes unseren Weg im Glauben gehen. (Frère Aloïs, Taizé)

NEUNUNDZWANZIGSTER SONNTAG IM JAHRESKREIS

Jesus war ein guter Lehrer, aber er hat bis heute Schüler, die sitzen wollen, anstatt sich in Bewegung zu setzen und ihren Weg zu suchen. Den Weg, auf dem Jesus vorausgeht: den Weg der großen Befreiung, in Armut und Schwachheit. Die Kirche Christi ist Bewegung und Wachstum, Zeugnis für den lebendigen Gott.

ERÖFFNUNGSVERS   Ps 17 (16), 6.8

Ich rufe dich an, denn du, Gott, erhörst mich.
Wende dein Ohr mir zu, vernimm meine Rede!
Behüte mich wie den Augapfel, den Stern des Auges,
birg mich im Schatten deiner Flügel.

Ehre sei Gott, S. 371 f.

TAGESGEBET

Allmächtiger Gott,
du bist unser Herr und Gebieter.
Mach unseren Willen bereit,
deinen Weisungen zu folgen,
und gib uns ein Herz, das dir aufrichtig dient.
Darum bitten wir durch Jesus Christus.

ZUR 1. LESUNG *Die heutige Lesung ist eine Auswahl aus dem vierten Lied vom Gottesknecht beim Propheten Jesaja. Der volle Text wird am Karfreitag gelesen (1. Lesung). In Jesus hat diese Weissagung ihre große Erfüllung gefunden. Er ist gekommen, um die Schuld der Vielen auf sich zu nehmen und für alle den Tod zu erleiden.*

ERSTE LESUNG   Jes 53, 10–11

Gott setzte sein Leben als Schuldopfer ein; er wird Nachkommen sehen und lange leben

**Lesung
   aus dem Buch Jesája.**

¹⁰ Der HERR hat Gefallen an dem von Krankheit Zermalmten.
Wenn du, Gott, sein Leben als Schuldopfer einsetzt,
   wird er Nachkommen sehen und lange leben.
Was dem HERRN gefällt, wird durch seine Hand gelingen.

¹¹ Nachdem er vieles ertrug,
   erblickt er das Licht.
Er sättigt sich an Erkenntnis.
Mein Knecht, der gerechte,
   macht die Vielen gerecht;
er lädt ihre Schuld auf sich.

ANTWORTPSALM   Ps 33 (32), 4–5.18–19.20 u. 22 (Kv: 22)

Kv **Lass deine Huld über uns walten, o HERR!** – Kv   GL 46, 1

⁴ Das Wort des HERRN ist redlich, *
all sein Tun ist verlässlich.
⁵ Er liebt Gerechtigkeit und Recht, *
erfüllt von der Huld des HERRN ist die Erde. – (Kv)

¹⁸ Siehe, das Auge des HERRN ruht auf denen, die ihn fürchten, *
die seine Huld erwarten,
¹⁹ dass er ihre Seele dem Tod entreiße *
und, wenn sie hungern, sie am Leben erhalte. – (Kv)

²⁰ Unsre Seele hofft auf den HERRN; *
er ist unsre Hilfe und unser Schild.

²² Lass deine Huld über uns walten, o HERR, *
wie wir auf dich hofften! – Kv

ZUR 2. LESUNG   *Was Jesus für uns war, was er für uns getan hat, kann auf verschiedene Weise gesagt werden; wir können es nicht in einer einzigen Aussage zusammenfassen. Er ist der Hirt, der Lehrer, der Arzt. In der heutigen Lesung wird er als der Hohepriester gesehen, der sich selbst als Opfer dargebracht hat und nun bei Gott für uns eintritt. Als wahrer Mensch und wahrer Gott kann er Mittler sein zwischen Gott und den Menschen.*

ZWEITE LESUNG   Hebr 4, 14–16
Lasst uns voll Zuversicht hinzutreten zum Thron der Gnade

Lesung
   aus dem Hebräerbrief.

Schwestern und Brüder!
¹⁴ Da wir nun einen erhabenen Hohepriester haben,
   der die Himmel durchschritten hat,
   Jesus, den Sohn Gottes,
   lasst uns an dem Bekenntnis festhalten.
¹⁵ Wir haben ja nicht einen Hohepriester,
   der nicht mitfühlen könnte mit unseren Schwächen,
sondern einen, der in allem wie wir
   versucht worden ist,
   aber nicht gesündigt hat.
¹⁶ Lasst uns also voll Zuversicht hinzutreten zum Thron der Gnade,
   damit wir Erbarmen und Gnade finden
   und so Hilfe erlangen zur rechten Zeit!

RUF VOR DEM EVANGELIUM   Vers: vgl. Mk 10, 45
Halleluja. Halleluja.
Der Menschensohn ist gekommen, um zu dienen
und sein Leben hinzugeben als Lösegeld für viele.
Halleluja.

ZUM EVANGELIUM *Zum dritten Mal spricht Jesus von seinem bevorstehenden Leiden. Fast scheint es, als hätten die Jünger immer weniger verstanden von dem, was Jesus ihnen eigentlich sagen wollte. Er ist gekommen, um sein Leben hinzugeben für die Vielen; sie aber stellen sich das Reich Gottes wie einen Staat vor, der von den Mächtigen beherrscht wird. Im Reich Gottes können Verantwortung nur die übernehmen, die bereit sind, mit Jesus den Leidensweg zu gehen.*

EVANGELIUM Mk 10, 35–45 [1]
Der Menschensohn ist gekommen, um sein Leben hinzugeben als Lösegeld für viele

✛ Aus dem heiligen Evangelium nach Markus.

In jener Zeit
35 traten Jakobus und Johannes, die Söhne des Zebedäus,
zu Jesus
und sagten:
Meister, wir möchten, dass du uns eine Bitte erfüllst.
36 Er antwortete: Was soll ich für euch tun?
37 Sie sagten zu ihm:
Lass in deiner Herrlichkeit einen von uns rechts
und den andern links neben dir sitzen!
38 Jesus erwiderte: Ihr wisst nicht, um was ihr bittet.
Könnt ihr den Kelch trinken, den ich trinke,
oder die Taufe auf euch nehmen, mit der ich getauft werde?
39 Sie antworteten: Wir können es.
Da sagte Jesus zu ihnen:
Ihr werdet den Kelch trinken, den ich trinke,
und die Taufe empfangen, mit der ich getauft werde.
40 Doch den Platz zu meiner Rechten und zu meiner Linken
habe nicht ich zu vergeben;
dort werden die sitzen, für die es bestimmt ist.
41 Als die zehn anderen Jünger das hörten,
wurden sie sehr ärgerlich über Jakobus und Johannes.
42 Da rief Jesus sie zu sich
und sagte: Ihr wisst, dass die, die als Herrscher gelten,

ihre Völker unterdrücken
   und ihre Großen ihre Macht gegen sie gebrauchen.
43 Bei euch aber soll es nicht so sein,
   sondern wer bei euch groß sein will,
      der soll euer Diener sein,
44 und wer bei euch der Erste sein will,
      soll der Sklave aller sein.
45 Denn auch der Menschensohn ist nicht gekommen,
      um sich dienen zu lassen,
   sondern um zu dienen
      und sein Leben hinzugeben als Lösegeld für viele.

Oder Kurzfassung:

2 **EVANGELIUM** Mk 10, 42–45

Der Menschensohn ist gekommen, um sein Leben hinzugeben als Lösegeld für viele

✛ Aus dem heiligen Evangelium nach Markus.

   In jener Zeit
42   rief Jesus die Jünger zu sich
   und sagte: Ihr wisst, dass die, die als Herrscher gelten,
      ihre Völker unterdrücken
   und ihre Großen ihre Macht gegen sie gebrauchen.
43 Bei euch aber soll es nicht so sein,
   sondern wer bei euch groß sein will,
      der soll euer Diener sein,
44 und wer bei euch der Erste sein will,
      soll der Sklave aller sein.
45 Denn auch der Menschensohn ist nicht gekommen,
      um sich dienen zu lassen,
   sondern um zu dienen
      und sein Leben hinzugeben als Lösegeld für viele.

Glaubensbekenntnis, S. 374ff.
Fürbitten vgl. S. 805ff.

ZUR EUCHARISTIEFEIER *Jesus will der Diener aller sein. Er gibt sein Leben hin, als die vollkommene Opfergabe an den Vater und Ausdruck seiner Liebe zu uns Menschen. Sein Geschenk an uns ist nichts Geringeres als er selbst*

GABENGEBET

Hilf uns, Herr,
dass wir den Dienst am Altar
mit freiem Herzen vollziehen.
Befreie uns durch diese Feier von aller Schuld,
damit wir rein werden und dir gefallen.
Darum bitten wir durch Christus, unseren Herrn.

Präfation, S. 427ff.

KOMMUNIONVERS Ps 33 (32), 18–19

Das Auge des Herrn ruht auf allen, die ihn fürchten und ehren,
die nach seiner Güte ausschauen.
Denn er will sie dem Tod entreißen
und in der Hungersnot ihr Leben erhalten.

Oder: Mk 10, 45

Der Menschensohn ist gekommen,
um sein Leben als Lösegeld hinzugeben für viele.

SCHLUSSGEBET

Allmächtiger Gott,
gib, dass die heiligen Geheimnisse,
die wir gefeiert haben, in uns Frucht bringen.
Schenke uns Tag für Tag,
was wir zum Leben brauchen,
und führe uns zur ewigen Vollendung.
Darum bitten wir durch Christus, unseren Herrn.

FÜR DEN TAG UND DIE WOCHE
Was die Barmherzigkeit lebendig macht, ist die beständige Dynamik des Zugehens auf die Bedürfnisse und Nöte der Menschen, die sich in geistlicher und materieller Not befinden. Die Barmherzigkeit hat Augen, um hinzusehen; Ohren, um zuzuhören; Hände, um wieder aufzurichten... Der Alltag gibt vielfäl-

tige Gelegenheiten, viele Bedürfnisse der Armen und Leidtragenden mit Händen zu greifen... Menschen, die vorübergehen, die im Leben weitermachen, ohne die Not der Anderen zu erkennen, ohne die ganze spirituelle und materielle Not zu sehen, sind Menschen, die vorübergehen, ohne zu leben, sind Menschen, die den anderen nicht dienen. Erinnert euch gut daran: Wer nicht lebt, um zu dienen, versteht nicht zu leben. (Papst Franziskus)

DREISSIGSTER SONNTAG IM JAHRESKREIS

Der Mensch kann sehen und hören, und er weiß, dass er es kann. Dieses Wissen unterscheidet ihn vom Tier. Wenn ein Sinnesorgan gestört ist, wird alles schwerer für ihn. Außer dem äußeren Sinnesorgan hat der Mensch aber auch eine innere Fähigkeit, das Gesehene oder Gehörte aufzunehmen; diese Fähigkeit kann sich entfalten oder auch verkümmern. Es gibt Wirklichkeiten, die wir sehen, während wir für andere blind und taub sind. Wenn wir für die Wirklichkeit Gottes offen sind, dann ist das ein großes Glück.

ERÖFFNUNGSVERS   Vgl. Ps 105 (104), 3–4

Freuen sollen sich alle, die den Herrn suchen.
Sucht den Herrn und seine Macht, sucht sein Antlitz allezeit.
Ehre sei Gott, S. 371 f.

TAGESGEBET

Allmächtiger, ewiger Gott,
mehre in uns den Glauben,
die Hoffnung und die Liebe.
Gib uns die Gnade,
zu lieben, was du gebietest,
damit wir erlangen, was du verheißen hast.
Darum bitten wir durch Jesus Christus.

ZUR 1. LESUNG   *Jeremia, der Prophet des Untergangs, durfte nach dem Untergang der beiden Reiche Israel und Juda auch die Trostbotschaft ausrichten, dass Gott sich um sein Volk kümmern wird. Wie ein Hirt und Vater wird er den Rest Israels wieder sammeln; er will das Verwundete heilen und das Verlorene retten.*

Messianische Erwartungen klingen an, wenn der Prophet auch den Blinden und den Lahmen Hoffnung gibt.

ERSTE LESUNG
Jer 31, 7–9

Blinde und Lahme, in Erbarmen geleite ich sie heim

Lesung
   aus dem Buch Jeremía.

⁷ So spricht der HERR:
Jubelt Jakob voll Freude zu
und jauchzt über das Haupt der Völker!
Verkündet, lobsingt
und sagt: Rette, HERR, dein Volk,
den Rest Israels!

⁸ Siehe, ich bringe sie heim aus dem Nordland
und sammle sie von den Enden der Erde,
unter ihnen Blinde und Lahme,
Schwangere und Wöchnerinnen;
als große Gemeinde kehren sie hierher zurück.

⁹ Weinend kommen sie
   und in Erbarmen geleite ich sie.
Ich führe sie an Wasserbäche,
auf ebenem Weg, wo sie nicht straucheln.
Denn ich bin Vater für Israel
   und Éfraim ist mein Erstgeborener.

ANTWORTPSALM
Ps 126 (125), 1–2b.2c–3.4–5.6 (Kv: 3)

Kv **Groß hat der HERR an uns gehandelt.**
   Da waren wir voll Freude. – Kv
GL 432

¹ Als der HERR das Geschick Zions wendete, *
   da waren wir wie Träumende.
ab Da füllte sich unser Mund mit Lachen *
   und unsere Zunge mit Jubel. – (Kv)
cd Da sagte man unter den Völkern: *
   Groß hat der HERR an ihnen gehandelt!

³ Ja, groß hat der HERR an uns gehandelt. *
  Da waren wir voll Freude. – (Kv)
⁴ Wende doch, HERR, unser Geschick *
  wie du versiegte Bäche wieder füllst im Südland!
⁵ Die mit Tränen säen, *
  werden mit Jubel ernten. – (Kv)
⁶ Sie gehen, ja gehen und weinen *
  und tragen zur Aussaat den Samen.
  Sie kommen, ja kommen mit Jubel *
  und bringen ihre Garben. – Kv

ZUR 2. LESUNG   *Wir haben Grund, dem Wort Gottes zu glauben und der Treue Gottes zu trauen. Wir haben einen Hohepriester: Jesus, den ewigen Sohn. Er ist einer von uns, kann also mitfühlen mit unserer Schwachheit, und er ist von Gott eingesetzt zum Dienst für die Menschen. Darin gleicht er dem Hohepriester des Ersten Bundes; aber sein Priestertum ist ungleich erhabener; er ist der Sohn, und sein Priestertum ist ein ewiges Priestertum. Er hat die Macht, alle zu retten.*

ZWEITE LESUNG   Hebr 5, 1–6
Du bist Priester auf ewig nach der Ordnung Melchisedeks

**Lesung
    aus dem Hebräerbrief.**

¹ **Jeder Hohepriester wird aus den Menschen genommen
  und für die Menschen eingesetzt zum Dienst vor Gott,
  um Gaben und Opfer für die Sünden darzubringen.**
² **Er ist fähig,
    mit den Unwissenden und Irrenden mitzufühlen,
  da er auch selbst behaftet ist mit Schwachheit,**
³ **und dieser Schwachheit wegen muss er
    wie für das Volk so auch für sich selbst Sündopfer darbringen.**
⁴ **Und keiner nimmt sich selbst diese Würde,
  sondern er wird von Gott berufen, so wie Aaron.**
⁵ **So hat auch Christus
    sich nicht selbst die Würde verliehen, Hoherpriester zu werden,
  sondern der zu ihm gesprochen hat:**

> Mein Sohn bist du.
> Ich habe dich heute gezeugt,
⁶ wie er auch an anderer Stelle sagt:
> Du bist Priester auf ewig
> nach der Ordnung Melchísedeks.

RUF VOR DEM EVANGELIUM
Vers: vgl. 2 Tim 1, 10

Halleluja. Halleluja.
Unser Retter Jesus Christus hat den Tod vernichtet
und uns das Licht des Lebens gebracht durch das Evangelium.
Halleluja.

ZUM EVANGELIUM   *Die Heilung des Blinden von Jericho ist die letzte Wundererzählung im Markusevangelium. Der Blinde wusste, dass er blind war, und schrie um Hilfe. Er wurde sehend und folgte Jesus nach. Die Jünger dagegen scheinen immer noch blind zu sein. Sie ziehen zwar mit Jesus nach Jerusalem hinauf, aber sie verstehen seinen Weg nicht; bei der Kreuzigung Jesu wird der heidnische Hauptmann der Einzige sein, der sieht und begreift: „Wahrhaftig, dieser Mensch war Gottes Sohn."*

EVANGELIUM
Mk 10, 46b–52

Rabbuni, ich möchte sehen können

✝ Aus dem heiligen Evangelium nach Markus.

In jener Zeit,
⁶ᵇ als Jesus mit seinen Jüngern
    und einer großen Menschenmenge Jéricho verließ,
    saß am Weg ein blinder Bettler,
Bartimäus, der Sohn des Timäus.
⁴⁷ Sobald er hörte, dass es Jesus von Nazaret war,
   rief er laut: Sohn Davids, Jesus, hab Erbarmen mit mir!
⁴⁸ Viele befahlen ihm zu schweigen.
   Er aber schrie noch viel lauter: Sohn Davids,

hab Erbarmen mit mir!
⁴⁹ Jesus blieb stehen
und sagte: Ruft ihn her!
Sie riefen den Blinden
und sagten zu ihm: Hab nur Mut,
steh auf, er ruft dich.
⁵⁰ Da warf er seinen Mantel weg,
sprang auf
und lief auf Jesus zu.
⁵¹ Und Jesus fragte ihn: Was willst du, dass ich dir tue?
Der Blinde antwortete: Rabbúni, ich möchte sehen können.
⁵² Da sagte Jesus zu ihm: Geh!
Dein Glaube hat dich gerettet.
Im gleichen Augenblick
konnte er sehen
und er folgte Jesus auf seinem Weg nach.

Glaubensbekenntnis, S. 374 ff.
Fürbitten vgl. S. 805 ff.

ZUR EUCHARISTIEFEIER *Wie oft bin ich blind gegenüber dem, worauf es ankommt? Blind für das, was von mir gefordert wird oder was mich wirklich weiterbringt? – Der Ruf Jesu führt heraus aus dem Dunkel der Orientierungslosigkeit. Sein Wort ist das Licht, das den Weg zum wahren Leben weist.*

GABENGEBET

Allmächtiger Gott,
sieh gnädig auf die Gaben, die wir darbringen,
und lass uns dieses Opfer so feiern,
dass es dir zur Ehre gereicht.
Darum bitten wir durch Christus, unseren Herrn.
Präfation, S. 427 ff.

KOMMUNIONVERS Vgl. Ps 20 (19), 6

Wir jubeln über die Hilfe des Herrn.
Wir frohlocken im Namen unseres Gottes.

Oder: Eph 5, 2

Christus hat uns geliebt und sich für uns hingegeben
als Gabe und Opfer, das Gott wohlgefällt.

SCHLUSSGEBET

Herr, unser Gott,
gib, dass deine Sakramente
in uns das Heil wirken, das sie enthalten,
damit wir einst
als unverhüllte Wirklichkeit empfangen,
was wir jetzt in heiligen Zeichen begehen.
Darum bitten wir durch Christus, unseren Herrn.

FÜR DEN TAG UND DIE WOCHE

Pistis, der griechische Begriff, den wir im Deutschen mit „Glauben" übersetzen, heißt „Treue" und „Vertrauen". Martin Luther hat einmal gesagt: „Glaube ist eine lebendige, verwegene Zuversicht auf Gottes Gnade. Und solche Zuversicht macht fröhlich, mutig und voll Lust zu Gott und allen Geschöpfen." Gleichzeitig wusste er, dass zum Glauben immer auch Anfechtung und Zweifel gehören, ja, dass sie wohl Geschwister des Glaubens sind. Das gilt auch in unserer hochtechnisierten Zeit: Wer glaubt, wagt Vertrauen und hat die feste Zuversicht, dass Gottes Welt mehr und größer ist als das, was wir sehen und begreifen. Und dass Gottes Ewigkeit über unser begrenztes Leben hinausgeht. (Margot Käßmann)

EINUNDDREISSIGSTER SONNTAG IM JAHRESKREIS

Um ein Christ zu sein, genügt es nicht, anständig zu sein und rechtschaffen seine Pflicht zu tun. Das tun auch andere. Die große Wahrheit im Leben eines Christen ist Christus selbst: Licht vom Licht, wahrer Gott vom wahren Gott (Credo). Und das große Gebot ist die Liebe. Sie kann durch nichts anderes ersetzt werden.

ERÖFFNUNGSVERS
Ps 38 (37), 22–23

Herr, verlass mich nicht, bleib mir nicht fern, mein Gott!
Eile mir zu Hilfe, Herr, du mein Heil.
Ehre sei Gott, S. 371 f.

TAGESGEBET

Allmächtiger, barmherziger Gott,
es ist deine Gabe und dein Werk,
wenn das gläubige Volk
dir würdig und aufrichtig dient.
Nimm alles von uns,
was uns auf dem Weg zu dir aufhält,
damit wir ungehindert der Freude entgegeneilen,
die du uns verheißen hast.
Darum bitten wir durch Jesus Christus.

ZUR 1. LESUNG *Das Buch Deuteronomium ist eine große Sammlung von Gesetzen, die alle unter die Autorität des Mose gestellt werden. Die Absicht dieses Buches ist, in der späten Zeit des israelitischen Königtums das Volk daran zu erinnern, dass es Gottes heiliges Volk ist. Tatsächlich läuft dieses Volk aber ständig anderen Göttern nach: Die vielgestaltigen Naturgottheiten des Landes Kanaan sind anziehender als der Gott, der Israel aus Ägypten herausgeführt hat. Der Kernsatz des israelitischen Glaubens aber lautet bis heute: „Höre, Israel: Jahwe, unser Gott, Jahwe ist einzig."*

ERSTE LESUNG   Dtn 6, 2–6
Höre, Israel! Du sollst den HERRN, deinen Gott, lieben mit ganzem Herzen

Lesung
   aus dem Buch Deuteronómium.

² Wenn du den HERRN, deinen Gott, fürchtest,
   indem du auf alle seine Gesetze und Gebote,
   auf die ich dich verpflichte,
   dein ganzes Leben lang achtest,
   du, dein Sohn und dein Enkel,
   wirst du lange leben.

³ Deshalb sollst du hören, Israel,
   und sollst darauf achten, sie zu halten,
 damit es dir gut geht
 und ihr so unermesslich zahlreich werdet,
   wie es der HERR, der Gott deiner Väter,

dir zugesagt hat: ein Land, wo Milch und Honig fließen!
⁴ Höre, Israel!
Der HERR, unser Gott, der HERR ist einzig.
⁵ Darum sollst du den HERRN, deinen Gott, lieben
mit ganzem Herzen,
mit ganzer Seele
und mit ganzer Kraft.
⁶ Und diese Worte, auf die ich dich heute verpflichte,
sollen auf deinem Herzen geschrieben stehen.

ANTWORTPSALM Ps 18 (17), 2–3.4 u. 47.51 u. 50 (Kv: 2)

Kv Ich will dich lieben, HERR, meine Stärke. – Kv   GL 649, 5

² Ich will dich lieben, HERR, meine Stärke. *
³ HERR, du mein Fels und meine Burg und mein Retter;
mein Gott, mein Fels, bei dem ich mich berge, *
mein Schild und Horn meines Heils, meine Zuflucht. – (Kv)
⁴ Ich rufe: Der HERR sei hoch gelobt! *
und ich werde vor meinen Feinden gerettet.
⁴⁷ Es lebt der HERR, gepriesen sei mein Fels. *
Der Gott meiner Rettung sei hoch erhoben. – (Kv)
⁵¹ Seinem König verleiht er große Hilfe, /
Huld erweist er seinem Gesalbten, *
David und seinem Stamm auf ewig.
⁵⁰ Darum will ich dir danken, HERR, inmitten der Nationen, *
ich will deinem Namen singen und spielen. – Kv

ZUR 2. LESUNG *Durch Jesus Christus hat Gott eine neue, endgültige Heilsordnung geschaffen. Die Priester des Ersten Bundes waren sterbliche Menschen, der Schwachheit und Sünde unterworfen. Christus aber ist der Sohn, der ganz Heilige: er war von Anfang an bei Gott. Er allein konnte sich selbst als makelloses Opfer für unsere Sünden darbringen; durch sein Opfer sind wir geheiligt und haben Zugang zu Gott.*

ZWEITE LESUNG
Hebr 7, 23–28

Weil Jesus in Ewigkeit bleibt, hat er ein unvergängliches Priestertum

Lesung
aus dem Hebräerbrief.

Schwestern und Brüder!

²³ Im Ersten Bund folgten viele Priester aufeinander,
 weil der Tod sie hinderte zu bleiben;
²⁴ Jesus aber hat, weil er in Ewigkeit bleibt,
 ein unvergängliches Priestertum.
²⁵ Darum kann er auch die, die durch ihn vor Gott hintreten,
 für immer retten;
 denn er lebt allezeit, um für sie einzutreten.
²⁶ Ein solcher Hohepriester ziemte sich in der Tat für uns:
 einer, der heilig ist,
 frei vom Bösen, makellos,
 abgesondert von den Sündern und erhöht über die Himmel;
²⁷ einer, der es nicht Tag für Tag nötig hat,
 wie die Hohepriester
 zuerst für die eigenen Sünden Opfer darzubringen
 und dann für die des Volkes;
 denn das hat er ein für alle Mal getan,
 als er sich selbst dargebracht hat.
²⁸ Das Gesetz nämlich macht Menschen zu Hohepriestern,
 die der Schwachheit unterworfen sind;
 das Wort des Eides aber, der später als das Gesetz kam,
 setzt den Sohn ein, der auf ewig vollendet ist.

RUF VOR DEM EVANGELIUM
Vers: vgl. Joh 14, 23

Halleluja. Halleluja.
(So spricht der Herr:)
Wer mich liebt, hält mein Wort.
Mein Vater wird ihn lieben und wir werden bei ihm Wohnung nehmen.
Halleluja.

ZUM EVANGELIUM *Die Frage des Schriftgelehrten nach dem ersten und größten Gebot scheint aufrichtig gewesen zu sein. Die Antwort Jesu ist uns so bekannt, dass wir Mühe haben, sie wirklich zu hören. Jesus erinnert den Fragenden an das Glaubensbekenntnis, das er als frommer Jude jeden Tag spricht. Gott lieben heißt: ihn als den Einzigen anerkennen, sich von ihm so ergreifen lassen, dass man auch dem Nächsten etwas von der Liebe Gottes mitteilen kann. Dabei geht es nicht um Gefühle, sondern darum, dass die Menschen Gottes Macht und Herrschaft erfahren können.*

EVANGELIUM   Mk 12, 28b–34

Du sollst den Herrn, deinen Gott, lieben; du sollst deinen Nächsten lieben wie dich selbst

✠ Aus dem heiligen Evangelium nach Markus.

In jener Zeit
^{8b} ging ein Schriftgelehrter zu Jesus hin
und fragte ihn: Welches Gebot ist das erste von allen?
²⁹ Jesus antwortete:
Das erste ist: Höre, Israel,
der Herr, unser Gott, ist der einzige Herr.
³⁰ Darum sollst du den Herrn, deinen Gott, lieben
mit ganzem Herzen und ganzer Seele,
mit deinem ganzen Denken und mit deiner ganzen Kraft.
³¹ Als zweites kommt hinzu:
Du sollst deinen Nächsten lieben wie dich selbst.
Kein anderes Gebot ist größer als diese beiden.
³² Da sagte der Schriftgelehrte zu ihm: Sehr gut, Meister!
Ganz richtig hast du gesagt:
Er allein ist der Herr
und es gibt keinen anderen außer ihm
³³ und ihn mit ganzem Herzen,
ganzem Verstand und ganzer Kraft zu lieben
und den Nächsten zu lieben wie sich selbst,
ist weit mehr als alle Brandopfer und anderen Opfer.

⁳⁴ Jesus sah, dass er mit Verständnis geantwortet hatte,
und sagte zu ihm: Du bist nicht fern vom Reich Gottes.
Und keiner wagte mehr, Jesus eine Frage zu stellen.

Glaubensbekenntnis, S. 374 ff.; Fürbitten vgl. S. 805 ff.

ZUR EUCHARISTIEFEIER   *Das Wichtigste im Glauben ist einfach: Gott lieben und den Nächsten lieben. Alles andere ist demgegenüber zweitrangig. Für den, der sich auf die Liebe zu Gott und dem Nächsten aus ganzem Herzen einlässt, bekommen alle anderen Gebote ihren Sinn, insofern sie diesem Ziel dienen.*

GABENGEBET

Heiliger Gott,
diese Gabe werde zum reinen Opfer,
das deinen Namen groß macht unter den Völkern.
Für uns aber werde sie zum Sakrament,
das uns die Fülle deines Erbarmens schenkt.
Darum bitten wir durch Christus, unseren Herrn.

Präfation, S. 427 ff.

KOMMUNIONVERS   Ps 16 (15), 11

Herr, du zeigst mir den Pfad zum Leben;
vor deinem Angesicht herrscht Freude in Fülle.

Oder: Joh 6, 57

So spricht der Herr:
Wie mich der lebendige Vater gesandt hat
und wie ich durch den Vater lebe,
so wird jeder, der mich isst, durch mich leben.

SCHLUSSGEBET

Gütiger Gott,
du hast uns mit dem Brot des Himmels gestärkt.
Lass deine Kraft in uns wirken,
damit wir fähig werden,
die ewigen Güter zu empfangen,
die uns in diesen Gaben verheißen sind.
Darum bitten wir durch Christus, unseren Herrn.

FÜR DEN TAG UND DIE WOCHE
Das Wort der christlichen Liebe darf bei uns nicht für die Kanzel reserviert sein, sondern soll zuerst in der Gemeinschaft gelebt werden. Das ist unser konkretes Übungsfeld, hier bekennen wir, dass Gott Liebe ist. Wie aber können wir unsere Schwester oder den Bruder nicht lieben, die wir sehen, und dann behaupten, wir liebten Gott, den wir nicht sehen? (Vgl. 1. Johannesbrief 4,20) Nächstenliebe ist keine Theorie, die gepredigt, sondern eine Haltung, die gelebt werden soll. (Urban Federer)

ZWEIUNDDREISSIGSTER SONNTAG IM JAHRESKREIS

Etwas von seinem Überfluss hergeben ist nichts Besonderes. Echte Großzügigkeit fängt dort an, wo ich etwas schenke, das mir selbst nützlich oder notwendig wäre. Und sie endet damit, dass ich nicht nur meinen Besitz gebe, sondern alles: meine Kraft, meine Zeit, mein Leben. Jesus konnte sagen: Ich habe euch das Beispiel gegeben.

ERÖFFNUNGSVERS   Ps 88 (87), 3

**Herr, lass mein Gebet zu dir dringen,
wende dein Ohr meinem Flehen zu.**

Ehre sei Gott, S. 371 f.

TAGESGEBET

**Allmächtiger und barmherziger Gott,
wir sind dein Eigentum,
du hast uns in deine Hand geschrieben.
Halte von uns fern, was uns gefährdet,
und nimm weg, was uns an Seele und Leib bedrückt,
damit wir freien Herzens deinen Willen tun.
Darum bitten wir durch Jesus Christus.**

ZUR 1. LESUNG   *Witwen und Waisen gehören in der Bibel zu den Menschen, die Schutz und Hilfe brauchen. Aber die Witwe, die ihre schwierige Lage annimmt, kann eine innere Größe gewinnen, die den Reichen kaum erreichbar ist. Sie lernt zu unterscheiden zwischen dem, was vergeht, und dem, was bleibt.*

Sie weiß, dass Gott sich um sie kümmert. Die Witwe von Sarepta in der Elija-Erzählung ist ein Beispiel für eine solche Haltung.

ERSTE LESUNG
1 Kön 17, 10–16

Die Witwe machte aus der Handvoll Mehl ein kleines Gebäck und brachte es zu Elija heraus

**Lesung
aus dem ersten Buch der Könige.**

In jenen Tagen
¹⁰ machte sich der Prophet Elíja auf
und ging nach Sarépta.
Als er an das Stadttor kam,
traf er dort eine Witwe, die Holz auflas.
Er bat sie:
Bring mir in einem Gefäß ein wenig Wasser zum Trinken!
¹¹ Als sie wegging, um es zu holen,
rief er ihr nach: Bring mir auch einen Bissen Brot mit!
¹² Doch sie sagte: So wahr der HERR, dein Gott, lebt:
Ich habe nichts mehr vorrätig als eine Handvoll Mehl im Topf
und ein wenig Öl im Krug.
Ich lese hier ein paar Stücke Holz auf und gehe dann heim,
um für mich und meinen Sohn etwas zuzubereiten.
Das wollen wir noch essen und dann sterben.
¹³ Elíja entgegnete ihr: Fürchte dich nicht!
**Geh heim und tu, was du gesagt hast!
Nur mache zuerst für mich ein kleines Gebäck
und bring es zu mir heraus!**
Danach kannst du für dich und deinen Sohn etwas zubereiten;
¹⁴ denn so spricht der HERR, der Gott Israels:

Der Mehltopf wird nicht leer werden
 und der Ölkrug nicht versiegen
 bis zu dem Tag,
 an dem der HERR wieder Regen auf den Erdboden sendet.
¹⁵ Sie ging
 und tat, was Elíja gesagt hatte.
 So hatte sie mit ihm und ihrem Haus viele Tage zu essen.
¹⁶ Der Mehltopf wurde nicht leer
 und der Ölkrug versiegte nicht,
 wie der HERR durch Elíja versprochen hatte.

ANTWORTPSALM Ps 146 (145), 6–7.8–9a.9b–10 (Kv: 1)

Kv Lobe den HERRN, meine Seele! – Kv GL 58, 1
(Oder: Halleluja.)

⁶ Der HERR ist es, der Himmel und Erde erschafft, /
 das Meer und alles, was in ihm ist. *
 Er hält die Treue auf ewig.
⁷ Recht schafft er den Unterdrückten, /
 Brot gibt er den Hungernden, *
 der HERR befreit die Gefangenen. – (Kv)
⁸ Der HERR öffnet die Augen der Blinden, *
 der HERR richtet auf die Gebeugten,
 der HERR liebt die Gerechten. *
⁹ᵃ Der HERR beschützt die Fremden. – (Kv)
⁹ᵇᶜ Er hilft auf den Waisen und Witwen, *
 doch den Weg der Frevler krümmt er.
¹⁰ Der HERR ist König auf ewig, *
 dein Gott, Zion, durch alle Geschlechter. – Kv

ZUR 2. LESUNG *Mit dem Kommen Christi und seinem Opfertod hat das neue Zeitalter begonnen. Der Tempel und das Priestertum des Ersten Bundes sind hinfällig geworden; sie waren Hinweise auf den wahren Tempel und das wahre Opfer Christi. Christus hat die Schuld der Welt auf sich genommen. Er wird kommen, um sein Werk zu vollenden.*

ZWEITE LESUNG
Hebr 9, 24–28

Christus wurde ein einziges Mal geopfert, um die Sünden vieler hinwegzunehmen

Lesung
aus dem Hebräerbrief.

²⁴ Christus ist nicht
in ein von Menschenhand gemachtes Heiligtum
hineingegangen,
in ein Abbild des wirklichen,
sondern in den Himmel selbst,
um jetzt vor Gottes Angesicht zu erscheinen für uns;
²⁵ auch nicht, um sich selbst viele Male zu opfern,
wie der Hohepriester
jedes Jahr mit fremdem Blut in das Heiligtum hineingeht;
²⁶ sonst hätte er viele Male seit der Erschaffung der Welt
leiden müssen.
Jetzt aber ist er am Ende der Zeiten ein einziges Mal erschienen,
um durch sein Opfer die Sünde zu tilgen.
²⁷ Und wie es dem Menschen bestimmt ist,
ein einziges Mal zu sterben,
worauf dann das Gericht folgt,
²⁸ so wurde auch Christus ein einziges Mal geopfert,
um die Sünden vieler hinwegzunehmen;
beim zweiten Mal wird er nicht wegen der Sünde erscheinen,
sondern um die zu retten, die ihn erwarten.

RUF VOR DEM EVANGELIUM
Vers: Mt 5, 3

Halleluja. Halleluja.
Selig, die arm sind vor Gott;
denn ihnen gehört das Himmelreich.
Halleluja.

ZUM EVANGELIUM *Den Schriftgelehrten seiner Zeit, den Theologen, hat Jesus Heuchelei, Ehrgeiz und Habgier vorgeworfen. Demgegenüber stellt er seinen Jüngern eine arme Witwe als Beispiel hin. Mit ihrem Opferpfennig hat sie mehr gegeben als die Reichen mit ihren Spenden. Sie ist glücklich, dass ihre Gabe angenommen wurde. Jesus hat sie gesehen.*

EVANGELIUM Mk 12, 38–44

Diese arme Witwe hat mehr in den Opferkasten hineingeworfen als alle andern

✠ Aus dem heiligen Evangelium nach Markus.

In jener Zeit
³⁸ lehrte Jesus eine große Menschenmenge
und sagte: Nehmt euch in Acht vor den Schriftgelehrten!
Sie gehen gern in langen Gewändern umher,
lieben es, wenn man sie auf den Marktplätzen grüßt,
³⁹ und sie wollen in der Synagoge die Ehrensitze
und bei jedem Festmahl die Ehrenplätze haben.
⁴⁰ Sie fressen die Häuser der Witwen auf
und verrichten in ihrer Scheinheiligkeit lange Gebete.
Umso härter wird das Urteil sein, das sie erwartet.
⁴¹ Als Jesus einmal dem Opferkasten gegenübersaß,
sah er zu, wie die Leute Geld in den Kasten warfen.
Viele Reiche kamen und gaben viel.
⁴² Da kam auch eine arme Witwe
und warf zwei kleine Münzen hinein.
⁴³ Er rief seine Jünger zu sich
und sagte: Amen, ich sage euch:
Diese arme Witwe
hat mehr in den Opferkasten hineingeworfen als alle andern.
⁴⁴ Denn sie alle
haben nur etwas von ihrem Überfluss hineingeworfen;
diese Frau aber, die kaum das Nötigste zum Leben hat,
sie hat alles hergegeben, was sie besaß,
ihren ganzen Lebensunterhalt.

Oder Kurzfassung:

2 EVANGELIUM Mk 12, 41–44

Diese arme Witwe hat mehr in den Opferkasten hineingeworfen als alle andern

☩ Aus dem heiligen Evangelium nach Markus.

⁴¹ In jener Zeit,
 als Jesus im Tempel dem Opferkasten gegenübersaß,
 sah er zu, wie die Leute Geld in den Kasten warfen.
Viele Reiche kamen und gaben viel.
⁴² Da kam auch eine arme Witwe
 und warf zwei kleine Münzen hinein.
⁴³ Er rief seine Jünger zu sich
 und sagte: Amen, ich sage euch:
Diese arme Witwe
 hat mehr in den Opferkasten hineingeworfen als alle andern.
⁴⁴ Denn sie alle
 haben nur etwas von ihrem Überfluss hineingeworfen;
diese Frau aber, die kaum das Nötigste zum Leben hat,
 sie hat alles hergegeben, was sie besaß,
ihren ganzen Lebensunterhalt.

Glaubensbekenntnis, S. 374 ff.
Fürbitten vgl. S. 805 ff.

ZUR EUCHARISTIEFEIER *Wer vor Gott hintritt, muss nichts Besonderes vorweisen oder leisten, das ihn dafür würdig macht. Wir dürfen zu Gott kommen, wie wir sind, mit allem was uns ausmacht. Mit den Gaben auf dem Altar nimmt er unser Leben entgegen und wandelt unser Inneres.*

GABENGEBET

Gott, unser Vater,
nimm unsere Opfergaben gnädig an
und gib, dass wir mit gläubigem Herzen
das Leidensgeheimnis deines Sohnes feiern,
der mit dir lebt und herrscht in alle Ewigkeit.

Präfation, S. 427 ff.

KOMMUNIONVERS
Ps 23 (22), 1–2

Der Herr ist mein Hirte, nichts wird mir fehlen.
Er lässt mich lagern auf grünen Auen
und führt mich zum Ruheplatz am Wasser.

Oder:
Vgl. Lk 24, 35

Die Jünger erkannten den Herrn Jesus,
als er das Brot brach.

SCHLUSSGEBET

Wir danken dir, gütiger Gott,
für die heilige Gabe,
in der wir die Kraft von oben empfangen.
Erhalte in uns deinen Geist
und lass uns dir stets aufrichtig dienen.
Darum bitten wir durch Christus, unseren Herrn.

FÜR DEN TAG UND DIE WOCHE

Von den Armen können wir lernen, dass uns das Wesentliche geschenkt wird und wir uns das Leben nicht verdienen können. Jesus preist die Armen glücklich, weil sie offen sind für das Reich Gottes. Sie fühlen sich angewiesen auf Gottes Gnade. Reichtum kann dazu führen, dass wir uns hinter unserer Maske verschanzen und uns Gott gegenüber verschließen. Wir können von den Armen lernen, das Leben zu genießen. Wenn Arme feiern, dann geben sie alles her, was sie gerade haben. (Anselm Grün)

DREIUNDDREISSIGSTER SONNTAG IM JAHRESKREIS

Die Katastrophen der Natur und der Geschichte sind noch nicht das Endgericht. Sie laufen ihm voraus. Das Ereignis, das wir erwarten und für das wir uns bereitmachen sollen, ist das Kommen des Menschensohnes. Wie das sein wird, wissen wir nicht; es wird sicher nicht so sein, wie es auf alten und neuen Gemälden dargestellt wird. Es wird größer sein, göttlicher und menschlicher.

ERÖFFNUNGSVERS
Vgl. Jer 29, 11.12.14

So spricht der Herr:
Ich sinne Gedanken des Friedens und nicht des Unheils.
Wenn ihr mich anruft, so werde ich euch erhören
und euch aus der Gefangenschaft von allen Orten zusammenführen.
Ehre sei Gott, S. 371f.

TAGESGEBET

Gott, du Urheber alles Guten,
du bist unser Herr.
Lass uns begreifen, dass wir frei werden,
wenn wir uns deinem Willen unterwerfen,
und dass wir die vollkommene Freude finden,
wenn wir in deinem Dienst treu bleiben.
Darum bitten wir durch Jesus Christus.

ZUR 1. LESUNG *Über die Auferstehung der Toten hat das Alte Testament selten und erst in den späteren Schriften gesprochen, zum ersten Mal ausdrücklich im Buch Daniel (12,2-3). Die Gerechten – alle, die im Buch des Lebens verzeichnet sind – werden auferstehen „zum ewigen Leben", die anderen „zur Schmach, zu ewigem Abscheu". Im Zusammenhang ist die Rede von schrecklichen Ereignissen, die in der Zeit des Endes über das Volk Gottes kommen werden. Nicht alles in diesen Sätzen ist für uns verständlich; erst das Christusereignis hat auf die dunkle Frage nach dem Leben über den Tod hinaus ein helleres Licht geworfen.*

ERSTE LESUNG
Dan 12, 1–3

Dein Volk wird zu jener Zeit gerettet

**Lesung
   aus dem Buch Daniel.**

¹ **In jener Zeit tritt Michael auf,**
der große Fürst, **der für die Söhne deines Volkes eintritt.
Dann kommt eine Zeit der Not,**
   wie noch keine da war, seit es Völker gibt, bis zu jener Zeit.

Doch zu jener Zeit wird dein Volk gerettet,
jeder, der im Buch verzeichnet ist.

² Von denen, die im Land des Staubes schlafen,
werden viele erwachen,
die einen zum ewigen Leben,
die anderen zur Schmach, zu ewigem Abscheu.

³ Die Verständigen werden glänzen wie der Glanz der Himmelsfeste
und die Männer, die viele zum rechten Tun geführt haben,
wie die Sterne für immer und ewig.

ANTWORTPSALM Ps 16 (15), 5 u. 8.9–10.2 u. 11 (Kv: vgl. 1)

Kv Behüte mich, Gott, GL 312, 3
denn ich vertraue auf dich. – Kv

⁵ Der HERR ist mein Erbteil, er reicht mir den Becher, *
du bist es, der mein Los hält.
⁸ Ich habe mir den HERRN beständig vor Augen gestellt, *
weil er zu meiner Rechten ist, wanke ich nicht. – (Kv)
⁹ Darum freut sich mein Herz und jubelt meine Ehre, *
auch mein Fleisch wird wohnen in Sicherheit.
¹⁰ Denn du überlässt mein Leben nicht der Totenwelt; *
du lässt deinen Frommen die Grube nicht schauen. – (Kv)
² Ich sagte zum HERRN: Mein Herr bist du, *
mein ganzes Glück bist du allein.
¹¹ Du lässt mich den Weg des Lebens erkennen. /
Freude in Fülle vor deinem Angesicht, *
Wonnen in deiner Rechten für alle Zeit. – Kv

ZUR 2. LESUNG *Das Opfer Jesu Christi unterscheidet sich von den Opfern des Ersten Bundes dadurch, dass es einmalig und ein für alle Mal wirksam ist. Es braucht nicht wiederholt zu werden: es kann überhaupt nicht wiederholt werden. Es gibt keine Vollendung über das hinaus, was Jesus durch seine Opferhingabe erreicht hat. Es gibt keine noch größere Wirklichkeit, die an die Stelle des Neuen Bundes treten könnte. Jetzt kann es sich für uns nur darum handeln, dass wir Christus nachfolgen bis an das Ziel, zu dem er uns vorausgegangen ist.*

ZWEITE LESUNG
Hebr 10, 11–14.18

Durch ein einziges Opfer hat er die, die geheiligt werden, für immer zur Vollendung geführt

Lesung
aus dem Hebräerbrief.

¹¹ Jeder Priester des Ersten Bundes steht Tag für Tag da,
versieht seinen Dienst
und bringt viele Male die gleichen Opfer dar,
die doch niemals Sünden wegnehmen können.
¹² Jesus Christus aber
hat nur ein einziges Opfer für die Sünden dargebracht
und sich dann für immer zur Rechten Gottes gesetzt;
¹³ seitdem wartet er,
bis seine Feinde ihm als Schemel unter die Füße gelegt werden.
¹⁴ Denn durch ein einziges Opfer
hat er die, die geheiligt werden,
für immer zur Vollendung geführt.
¹⁸ Wo also die Sünden vergeben sind,
da gibt es kein Opfer für die Sünden mehr.

RUF VOR DEM EVANGELIUM
Vers: vgl. Lk 21, 36

Halleluja. Halleluja.

Wacht und betet allezeit,
damit ihr hintreten könnt vor den Menschensohn.

Halleluja.

ZUM EVANGELIUM *Der Untergang Jerusalems und das Ende des Tempels sind Ereignisse, die jenseits der berechenbaren Weltgeschichte stehen. Die Jünger haben Jesus nach dem Zeitpunkt und nach den Vorzeichen gefragt. Der Zeitpunkt bleibt im Dunkeln. Die gegenwärtige Zeit aber ist Zeit des Wachsens und Reifens bis zur Offenbarung des Menschensohnes „mit großer Macht und Herrlichkeit". – Am Ende des Kirchenjahres werden wir daran erinnert, dass die Zeit eine Richtung, ein Ziel und ein Ende hat, die Zeit der Menschheit und die kostbare Zeit unseres eigenen Lebens.*

33. Sonntag im Jahreskreis 635

EVANGELIUM Mk 13, 24–32

Er wird die von ihm Auserwählten aus allen vier Windrichtungen zusammenführen

✚ Aus dem heiligen Evangelium nach Markus.

In jener Zeit sprach Jesus zu seinen Jüngern:

²⁴ In jenen Tagen, nach jener Drangsal,
   wird die Sonne verfinstert werden
und der Mond wird nicht mehr scheinen;
²⁵ die Sterne werden vom Himmel fallen
   und die Kräfte des Himmels werden erschüttert werden.
²⁶ Dann wird man den Menschensohn
   in Wolken kommen sehen,
   mit großer Kraft und Herrlichkeit.
²⁷ Und er wird die Engel aussenden
und die von ihm Auserwählten
   aus allen vier Windrichtungen zusammenführen,
vom Ende der Erde bis zum Ende des Himmels.
²⁸ Lernt etwas aus dem Vergleich mit dem Feigenbaum!
Sobald seine Zweige saftig werden und Blätter treiben,
   erkennt ihr, dass der Sommer nahe ist.
²⁹ So erkennt auch ihr,
   wenn ihr das geschehen seht,
   dass er nahe vor der Tür ist.
³⁰ Amen, ich sage euch:
Diese Generation wird nicht vergehen,
   bis das alles geschieht.
³¹ Himmel und Erde werden vergehen,
aber meine Worte werden nicht vergehen.
³² Doch jenen Tag und jene Stunde kennt niemand,
auch nicht die Engel im Himmel,
nicht einmal der Sohn,
   sondern nur der Vater.

Glaubensbekenntnis, S. 374 ff.
Fürbitten vgl. S. 805 ff.

33. Sonntag im Jahreskreis

ZUR EUCHARISTIEFEIER *Die Gemeinschaft der Glaubenden, die sich um den Tisch des Herrn versammelt, feiert ihn als den gegenwärtigen Herrn in ihrer Mitte. Sie steht zugleich in der Spannung zwischen Gedächtnis und Erwartung seines Kommens am Ende der Zeit. Sein Wort gibt uns Geleit, bis zur endgültigen Begegnung in seinem Reich.*

GABENGEBET

Herr, unser Gott,
die Gabe, die wir darbringen,
schenke uns die Kraft, dir treu zu dienen,
und führe uns zur ewigen Gemeinschaft mit dir.
Darum bitten wir durch Christus, unseren Herrn.

Präfation, S. 427 ff.

KOMMUNIONVERS
Ps 73 (72), 28

Gott nahe zu sein ist mein Glück.
Ich setze mein Vertrauen auf Gott, den Herrn.

Oder: Mk 11, 23–24

So spricht der Herr:
Amen, ich sage euch: Betet und bittet, um was ihr wollt,
glaubt nur, dass ihr es schon erhalten habt,
dann wird es euch zuteil.

SCHLUSSGEBET

Barmherziger Gott,
wir haben den Auftrag deines Sohnes erfüllt
und sein Gedächtnis begangen.
Die heilige Gabe,
die wir in dieser Feier empfangen haben,
helfe uns,
dass wir in der Liebe zu dir und unseren Brüdern
Christus nachfolgen,
der mit dir lebt und herrscht in alle Ewigkeit.

FÜR DEN TAG UND DIE WOCHE

Die Welt ist kein Betriebsunfall und kein Chaosunternehmen, kein Irrenhaus und kein Irrgarten. Sie entstammt dem schöpferischen Wohlwollen Gottes, der selbst Beziehung ist und deshalb Beziehung schafft: „Gott sah alles an, was er gemacht hatte: Es war sehr gut/sehr schön" (Gen 1,31) ... Aber alles trägt auch ein Verfallsdatum: Nichts ist ewig, nichts in der Welt ist Gott. Nichts in ihr kann die unendliche Sehnsucht stillen, die Gott uns ins Herz gegeben hat. In allem ist etwas zu wenig. Christen sind Menschen, die daheim noch Heimweh haben – nach Gott! Sie lassen sich nicht auf das Vorfindliche festlegen. Sie verachten nicht das, was ist; aber sie sind darüber hinaus gespannt auf das, was kommt. Unsere Hoffnung greift aus bis dorthin, wo Gott die Tränen von unseren Augen abwischt und alle, wirklich alle zu ihrem Recht kommen. (Franz Kamphaus)

Letzter Sonntag im Jahreskreis

CHRISTKÖNIGSSONNTAG

Hochfest

Es gibt die Wahrheit, die mehr ist als die Summe aller Wahrheiten. Sie ist größer als wir, wir können nur an ihr teilhaben, indem wir in sie eintreten; sie ist der Raum der größeren Wirklichkeit, sie macht uns frei. Es ist die Wahrheit Gottes, die Helle seiner Heiligkeit, die Macht seiner Treue. Die Wahrheit ist sichtbar erschienen: Das Wort ist Fleisch geworden und hat unter uns gewohnt.

ERÖFFNUNGSVERS
Offb 5, 12; 1, 6

Würdig ist das Lamm, das geschlachtet ist, Macht zu empfangen, Reichtum und Weisheit, Kraft und Ehre.
Ihm sei die Herrlichkeit und die Herrschermacht in Ewigkeit.
Ehre sei Gott, S. 371 f.

TAGESGEBET

Allmächtiger, ewiger Gott,
du hast deinem geliebten Sohn
alle Gewalt gegeben im Himmel und auf Erden
und ihn zum Haupt der neuen Schöpfung gemacht.

Befreie alle Geschöpfe von der Macht des Bösen,
damit sie allein dir dienen
und dich in Ewigkeit rühmen.
Darum bitten wir durch Jesus Christus.

ZUR 1. LESUNG *In der Lesung aus dem Buch Daniel begegnet uns der Ausdruck „Menschensohn"; das bedeutet zunächst so viel wie „Mensch". Aber der Träger dieses Titels vereinigt in seiner Person menschliche Gestalt und göttliche Hoheit. Er kommt nicht von „unten", wie die unheimlichen Tiere, die bei Daniel die mächtigen Reiche dieser Welt verkörpern; der „Menschensohn" kommt „mit den Wolken des Himmels", das heißt, er steht auf der Seite Gottes. Im Buch Daniel verkörpert er das Volk Gottes, das nach vielen Leiden von Gott gerettet wird. Jesus hat den Titel „Menschensohn" für sich beansprucht, vor allem dann, wenn er von seinem Leiden und seinem Kommen in Macht und Herrlichkeit sprach.*

ERSTE LESUNG   Dan 7, 2a.13b–14
Seine Herrschaft ist eine ewige Herrschaft

Lesung
   aus dem Buch Daniel.

²ᵃ Daniel sagte:
Ich schaute in meiner Vision während der Nacht und siehe:
¹³ᵇ Da kam mit den Wolken des Himmels
   einer wie ein Menschensohn.
Er gelangte bis zu dem Hochbetagten
   und wurde vor ihn geführt.
¹⁴ Ihm wurden Herrschaft, Würde und Königtum gegeben.
Alle Völker, Nationen und Sprachen dienten ihm.
Seine Herrschaft ist eine ewige, unvergängliche Herrschaft.
Sein Reich geht niemals unter.

ANTWORTPSALM   Ps 93 (92), 1.2–3.4–5 (Kv: 1a)
Kv Der HERR ist König, bekleidet mit Hoheit. – Kv   GL 52, 1
¹ Der HERR ist König, bekleidet mit Hoheit; *
   der HERR hat sich bekleidet und mit Macht umgürtet.

Ja, der Erdkreis ist fest gegründet, *
nie wird er wanken. – (Kv)
2 Dein Thron steht fest von Anbeginn, *
du bist seit Ewigkeit.
3 Fluten erhoben, HERR, /
Fluten erhoben ihr Tosen, *
Fluten erheben ihr Brausen. – (Kv)
4 Mehr als das Tosen vieler Wasser, /
gewaltiger als die Brandung des Meeres *
ist gewaltig der HERR in der Höhe.
5 Deine Gesetze sind fest und verlässlich; /
deinem Haus gebührt Heiligkeit, *
HERR, für alle Zeiten. – Kv

ZUR 2. LESUNG *Über dem Weltgeschehen steht nicht ein blindes Schicksal. Auch die Großen der Erde sind im Grunde nur Figuren eines viel größeren Spiels: Mitte und Ziel der Geschichte und ihr eigentlicher Herr, so lehrt uns die Offenbarung, ist Christus. Er ist der „treue Zeuge"; er ist für die Wahrheit seines Zeugnisses in den Tod gegangen. Seine Königsherrschaft ruht auf der Macht der Wahrheit und der Liebe. Und er hat auch uns zu Königen und zu Priestern gemacht; das heißt: als Christen sind wir mitverantwortlich für den Gang der Weltgeschichte.*

ZWEITE LESUNG   Offb 1, 5b–8

Der Herrscher über die Könige der Erde hat uns zu einem Königreich
gemacht und zu Priestern vor Gott

Lesung
   aus der Offenbarung des Johannes.

5b Jesus Christus ist der treue Zeuge,
der Erstgeborene der Toten,
der Herrscher über die Könige der Erde.
Ihm, der uns liebt
   und uns von unseren Sünden erlöst hat durch sein Blut,
6 der uns zu einem Königreich gemacht hat
   und zu Priestern vor Gott, seinem Vater:

Ihm sei die Herrlichkeit und die Macht in alle Ewigkeit. Amen.

7 Siehe, er kommt mit den Wolken
und jedes Auge wird ihn sehen,
auch alle, die ihn durchbohrt haben;
und alle Völker der Erde
   werden seinetwegen jammern und klagen.
Ja, Amen.

8 Ich bin das Alpha und das Ómega, spricht Gott, der Herr,
der ist
und der war
und der kommt,
der Herrscher über die ganze Schöpfung.

RUF VOR DEM EVANGELIUM   Vers: Mk 11, 9.10

Halleluja. Halleluja.

Gesegnet sei er, der kommt im Namen des Herrn!
Gesegnet sei das Reich unseres Vaters David,
das nun kommt.

Halleluja.

ZUM EVANGELIUM *Jesus ist gekommen, um in der Welt die Wahrheit Gottes zu bezeugen. Gott ist Wahrheit, Licht, Leben: alle großen Worte können nur andeuten, wer Gott wirklich ist. In Jesus aber ist die Wahrheit Gottes sichtbar geworden. Vom Kreuz aus hat Christus die Königsherrschaft angetreten.*

EVANGELIUM   Joh 18, 33b–37

Du sagst es, ich bin ein König

✛ Aus dem heiligen Evangelium nach Johannes.

In jener Zeit
33b   fragte Pilatus Jesus:
   Bist du der König der Juden?

³⁴ Jesus antwortete:
    Sagst du das von dir aus
oder haben es dir andere über mich gesagt?
³⁵ Pilatus entgegnete:
    Bin ich denn ein Jude?
Dein Volk und die Hohepriester
    haben dich an mich ausgeliefert.
Was hast du getan?
³⁶ Jesus antwortete:
    Mein Königtum ist nicht von dieser Welt.
Wenn mein Königtum von dieser Welt wäre,
    würden meine Leute kämpfen,
    damit ich den Juden nicht ausgeliefert würde.
Nun aber ist mein Königtum nicht von hier.
³⁷ Da sagte Pilatus zu ihm:
    Also bist du doch ein König?
Jesus antwortete:
    Du sagst es,
ich bin ein König.
Ich bin dazu geboren und dazu in die Welt gekommen,
    dass ich für die Wahrheit Zeugnis ablege.
Jeder, der aus der Wahrheit ist,
    hört auf meine Stimme.

Glaubensbekenntnis, S. 374 ff.
Fürbitten vgl. S. 814 f.

ZUR EUCHARISTIEFEIER *Glauben und Hoffen, Beten, Arbeiten, Leiden: Unser Leben wird zur Gabe an Gott durch Jesus, den Priester und König; es wird zur Verkündigung seines Todes und seiner Auferstehung in der Zeit dieser Welt, „bis er kommt in Herrlichkeit".*

GABENGEBET

Herr, unser Gott,
wir bringen das Opfer deines Sohnes dar,
das die Menschheit mit dir versöhnt.
Er, der für uns gestorben ist,
schenke allen Völkern Einheit und Frieden,
der mit dir lebt und herrscht in alle Ewigkeit.
Präfation, S. 427

KOMMUNIONVERS
Ps 29 (28), 10–11

Der Herr thront als König in Ewigkeit.
Der Herr segne sein Volk mit Frieden.

SCHLUSSGEBET

Allmächtiger Gott,
du hast uns berufen,
Christus, dem König der ganzen Schöpfung, zu dienen.
Stärke uns durch diese Speise,
die uns Unsterblichkeit verheißt,
damit wir Anteil erhalten
an seiner Herrschaft und am ewigen Leben.
Darum bitten wir durch ihn, Christus, unseren Herrn.

FÜR DEN TAG UND DIE WOCHE
Zu glauben und zu bleiben sind wir da – draußen am Rande der Stadt.

Herr, jemand muss Dich aushalten, Dich ertragen ohne davonzulaufen.
Deine Abwesenheit aushalten und trotzdem singen.
Dein Leiden, Deinen Tod mit aushalten und daraus leben.
Das muss immer jemand tun mit allen anderen. Und für sie.

Und jemand muss singen, Herr, wenn Du kommst, das ist unser Dienst:
Dich kommen sehen und singen. Weil Du Gott bist.
Weil Du die großen Werke tust, die keiner wirkt als Du.
Und weil Du herrlich bist und wunderbar wie keiner.
(Silja Walter)

WEITERE HERRENFESTE
UND
GEDENKTAGE DER HEILIGEN

2. Februar

DARSTELLUNG DES HERRN

Fest

Das Fest am 40. Tag nach der Geburt des Herrn wurde in Jerusalem mindestens seit Anfang des 5. Jahrhunderts gefeiert; es wurde „mit gleicher Freude wie Ostern begangen" (Bericht der Pilgerin Egeria). In Rom wurde es um 650 eingeführt. Der Festinhalt ist vom Evangelium her gegeben (Lk 2,22–40). Im Osten wurde es als „Fest der Begegnung des Herrn" verstanden: Der Messias kommt in seinen Tempel und begegnet dem Gottesvolk des Ersten Bundes, vertreten durch Simeon und Hanna. Im Westen wurde es mehr ein Marienfest: „Reinigung Marias" nach dem jüdischen Gesetz (Lev 12). Kerzenweihe und Lichterprozession kamen erst später hinzu. Seit der Liturgiereform von 1960 wurde „Mariä Lichtmess" auch in der römischen Kirche wieder als Herrenfest gefeiert: Fest der „Darstellung des Herrn".

KERZENWEIHE

**Seht, Christus, der Herr, kommt in Macht und Herrlichkeit,
er wird die Augen seiner Diener erleuchten. Halleluja.**
Oder ein anderer passender Gesang.

Der Priester segnet die Kerzen und spricht:
**Gott, du Quell und Ursprung allen Lichtes,
du hast am heutigen Tag
dem greisen Simeon Christus geoffenbart
als das Licht zur Erleuchtung der Heiden.
Segne + die Kerzen
die wir in unseren Händen tragen
und zu deinem Lob entzünden.**

Führe uns auf dem Weg des Glaubens und der Liebe
zu jenem Licht, das nie erlöschen wird.
Darum bitten wir durch Christus, unseren Herrn.

Oder:
Gott, du bist das wahre Licht,
das die Welt mit seinem Glanz hell macht.
Erleuchte auch unsere Herzen,
damit alle, die heute mit brennenden Kerzen
in deinem heiligen Haus vor dich hintreten,
einst das ewige Licht deiner Herrlichkeit schauen.
Darum bitten wir durch Christus, unseren Herrn.

Nun lädt der Priester die Gemeinde zur Prozession ein:
**Lasst uns ziehen in Frieden,
Christus, dem Herrn, entgegen!**

Während der Prozession wird gesungen; man verwendet dazu den Lobgesang des Simeon oder einen anderen passenden Gesang.

Der Lobgesang des Simeon   Lk 2, 29–32
Kv **Ein Licht, das die Heiden erleuchtet,
und Herrlichkeit für dein Volk Israel.** – Kv
Nun lässt du, Herr, deinen Knecht,
wie du gesagt hast, in Frieden scheiden. – Kv
Meine Augen haben das Heil gesehen,
das du vor allen Völkern bereitet hast. – Kv

MESSFEIER

ERÖFFNUNGSVERS   Vgl. Ps 48 (47), 10–11

Wir haben dein Heil empfangen, o Gott, inmitten deines Tempels.
Wie dein Name, Gott, so reicht dein Ruhm bis an die Enden der Erde;
deine rechte Hand ist voll von Gerechtigkeit.

Ehre sei Gott, S. 371 f.

TAGESGEBET

Allmächtiger, ewiger Gott,
dein eingeborener Sohn
hat unsere menschliche Natur angenommen
und wurde am heutigen Tag im Tempel dargestellt.
Läutere unser Leben und Denken,
damit wir mit reinem Herzen vor dein Antlitz treten.
Darum bitten wir durch Jesus Christus.

Fällt das Fest auf einen Wochentag, so wird vor dem Evangelium nur eine der angegebenen Lesungen genommen.

ZUR 1. LESUNG *Nach der Rückkehr aus dem babylonischen Exil hat das jüdische Volk keine Selbständigkeit mehr erlangt. Mittelpunkt und einziger Halt der Heimgekehrten war der wieder aufgebaute Tempel. Aber mit dem Tempelkult stand es in der Zeit Maleachis (um 450 v.Chr.) ebenso schlecht wie mit den sittlichen und sozialen Verhältnissen im Volk. Der Prophet ruft die Priesterschaft und das Volk zur Umkehr auf und richtet dabei den Blick auf das bevorstehende Kommen Gottes zum Gericht. Vorher aber muss der Tempel gereinigt und die Priesterschaft geläutert werden; ein „Bote" wird dem Herrn vorausgehen und ihm den Weg bereiten. Das Neue Testament hat diese Ankündigung in Johannes dem Täufer erfüllt gesehen (Mt 17,10-13). Der „Größere", der nach ihm kommt, ist Jesus; er ist „der Herr".*

ERSTE LESUNG Mal 3,1–4

Dann kommt zu seinem Tempel der Herr, den ihr sucht

Lesung
   aus dem Buch Maleáchi.

So spricht Gott, der HERR:
¹ Seht, ich sende meinen Boten;
er soll den Weg für mich bahnen.
Dann kommt plötzlich zu seinem Tempel
   der Herr, den ihr sucht,
      und der Bote des Bundes, den ihr herbeiwünscht.
Seht, er kommt!,
   spricht der HERR der Heerscharen.

² Doch wer erträgt den Tag, an dem er kommt?
Wer kann bestehen, wenn er erscheint?
Denn er ist wie das Feuer des Schmelzers
    und wie die Lauge der Walker.
³ Er setzt sich, um das Silber zu schmelzen und zu reinigen:
Er reinigt die Söhne Levis,
    er läutert sie wie Gold und Silber.
Dann werden sie dem HERRN die richtigen Opfer darbringen.
⁴ Und dem HERRN
    wird das Opfer Judas und Jerusalems angenehm sein
wie in den Tagen der Vorzeit,
    wie in längst vergangenen Jahren.

ANTWORTPSALM

Ps 24 (23), 7–8.9–10 (Kv: vgl. 10b)

Kv Der HERR der Heere,
er ist der König der Herrlichkeit. – Kv   GL 52, 1

⁷ Ihr Tore, hebt eure Häupter, /
hebt euch, ihr uralten Pforten, *
denn es kommt der König der Herrlichkeit!
⁸ Wer ist dieser König der Herrlichkeit? *
Der HERR, stark und gewaltig, der HERR, im Kampf gewaltig. – (Kv)
⁹ Ihr Tore, hebt eure Häupter, /
hebt euch, ihr uralten Pforten, *
denn es kommt der König der Herrlichkeit!
¹⁰ Wer ist er, dieser König der Herrlichkeit? *
Der HERR der Heerscharen: Er ist der König der Herrlichkeit. – Kv

ZUR 2. LESUNG   *Durch seine Menschwerdung und sein Todesleiden hat der Sohn Gottes den Willen des Vaters erfüllt, der auf diese Weise „viele Söhne zur Herrlichkeit führen" wollte (Hebr 2,10). Der Sohn wurde uns, seinen Brüdern, gleich (2,17); er nahm Fleisch und Blut an, er erlitt die Versuchung und den Tod (2,18), so ist er „ein barmherziger und treuer Hohepriester vor Gott" geworden und hat unsere Sünden gesühnt. Durch ihn sind wir auf eine neue Weise Kinder Gottes geworden. Wir waren es immer schon, insofern wir von Gott unser Dasein empfangen haben; wir sind es neu geworden, weil er, der Sohn, der ganz Heilige, uns geheiligt und in seine eigene Gemeinschaft mit dem Vater einbezogen hat.*

ZWEITE LESUNG
Hebr 2, 11–12.13c–18

Er musste in allem seinen Brüdern gleich sein

Lesung
aus dem Hebräerbrief.

¹¹ Er, der heiligt,
und sie, die geheiligt werden,
stammen alle aus Einem;
darum schämt er sich nicht, sie Brüder zu nennen
¹² und zu sagen:
Ich will deinen Namen meinen Brüdern verkünden,
inmitten der Gemeinde dich preisen;
¹³ᶜ und ferner:
Siehe, ich und die Kinder, die Gott mir geschenkt hat.
¹⁴ Da nun die Kinder von Fleisch und Blut sind,
hat auch er in gleicher Weise daran Anteil genommen,
um durch den Tod den zu entmachten,
der die Gewalt über den Tod hat, nämlich den Teufel,
¹⁵ und um die zu befreien,
die durch die Furcht vor dem Tod
ihr Leben lang der Knechtschaft verfallen waren.
¹⁶ Denn er nimmt sich keineswegs der Engel an,
sondern der Nachkommen Abrahams nimmt er sich an.
¹⁷ Darum musste er in allem seinen Brüdern gleich sein,
um ein barmherziger und treuer Hohepriester vor Gott zu sein
und die Sünden des Volkes zu sühnen.
¹⁸ Denn da er gelitten hat und selbst in Versuchung geführt wurde,
kann er denen helfen, die in Versuchung geführt werden.

RUF VOR DEM EVANGELIUM
Vers: vgl. Lk 2, 32

Halleluja. Halleluja.

Ein Licht, das die Heiden erleuchtet,
und Herrlichkeit für das Volk Israel.

Halleluja.

ZUM EVANGELIUM *Jesus wird von seinen Eltern in den Tempel gebracht, wie es das Gesetz des Ersten Bundes verlangt. Ebenso hält sich Maria an die Vorschriften, die für jede jüdische Mutter gelten. Aber nicht nur um die Vorschrift zu erfüllen, kommt Jesus in den Tempel; er ist der Herr des Tempels (Mal 3,1). Der greise Simeon erkennt in dem Kind den Heilbringer für Israel und die Heiden, den Messias. Aber an das Loblied (Lk 2,29-32) schließt sich eine düstere Weissagung, wie auch schon im Alten Testament vom Gottesknecht zugleich Leiden und Verherrlichung vorausgesagt waren. Mit der Ankunft Jesu setzt die Krise ein. An ihm entscheidet sich das Schicksal Israels und aller Völker.*

1 EVANGELIUM   Lk 2, 22-40
Meine Augen haben das Heil gesehen

+ Aus dem heiligen Evangelium nach Lukas.

²² Als sich für die Eltern Jesu
   die Tage der vom Gesetz des Mose
   vorgeschriebenen Reinigung erfüllt hatten,
brachten sie das Kind nach Jerusalem hinauf,
   um es dem Herrn darzustellen,
²³ wie im Gesetz des Herrn geschrieben ist:
   Jede männliche Erstgeburt
   soll dem Herrn heilig genannt werden.
²⁴ Auch wollten sie ihr Opfer darbringen,
   wie es das Gesetz des Herrn vorschreibt:
ein Paar Turteltauben oder zwei junge Tauben.

²⁵ Und siehe, in Jerusalem lebte ein Mann namens Símeon.
Dieser Mann war gerecht und fromm
   und wartete auf den Trost Israels
und der Heilige Geist ruhte auf ihm.
²⁶ Vom Heiligen Geist war ihm offenbart worden,
   er werde den Tod nicht schauen,
   ehe er den Christus des Herrn gesehen habe.
²⁷ Er wurde vom Geist in den Tempel geführt;
und als die Eltern das Kind Jesus hereinbrachten,
   um mit ihm zu tun, was nach dem Gesetz üblich war,

²⁸ nahm Símeon das Kind in seine Arme
und pries Gott mit den Worten:

²⁹ Nun lässt du, Herr,
 deinen Knecht, wie du gesagt hast, in Frieden scheiden.

³⁰ Denn meine Augen haben das Heil gesehen,
³¹ das du vor allen Völkern bereitet hast,
³² ein Licht, das die Heiden erleuchtet,
 und Herrlichkeit für dein Volk Israel.

³³ Sein Vater und seine Mutter
 staunten über die Worte, die über Jesus gesagt wurden.

³⁴ Und Símeon segnete sie
 und sagte zu Maria, der Mutter Jesu:
  Siehe, dieser ist dazu bestimmt,
  dass in Israel viele zu Fall kommen
  und aufgerichtet werden,
 und er wird ein Zeichen sein, dem widersprochen wird, –
³⁵ und deine Seele wird ein Schwert durchdringen.
 So sollen die Gedanken vieler Herzen offenbar werden.

³⁶ Damals lebte auch Hanna, eine Prophetin,
 eine Tochter Pénuëls, aus dem Stamm Ascher.
 Sie war schon hochbetagt.
 Als junges Mädchen hatte sie geheiratet
  und sieben Jahre mit ihrem Mann gelebt;
³⁷ nun war sie eine Witwe von vierundachtzig Jahren.
 Sie hielt sich ständig im Tempel auf
  und diente Gott Tag und Nacht mit Fasten und Beten.

³⁸ Zu derselben Stunde trat sie hinzu,
 pries Gott
 und sprach über das Kind
  zu allen, die auf die Erlösung Jerusalems warteten.

³⁹ Als seine Eltern alles getan hatten,
 was das Gesetz des Herrn vorschreibt,
 kehrten sie nach Galiläa in ihre Stadt Nazaret zurück.

⁴⁰ Das Kind wuchs heran und wurde stark,
erfüllt mit Weisheit,
und Gottes Gnade ruhte auf ihm.

Oder Kurzfassung:

2 EVANGELIUM
Lk 2, 22–32

Meine Augen haben das Heil gesehen

✝ Aus dem heiligen Evangelium nach Lukas.

²² Als sich für die Eltern Jesu
die Tage der vom Gesetz des Mose
vorgeschriebenen Reinigung erfüllt hatten,
brachten sie das Kind nach Jerusalem hinauf,
um es dem Herrn darzustellen,
²³ wie im Gesetz des Herrn geschrieben ist:
Jede männliche Erstgeburt
soll dem Herrn heilig genannt werden.
²⁴ Auch wollten sie ihr Opfer darbringen,
wie es das Gesetz des Herrn vorschreibt:
ein Paar Turteltauben oder zwei junge Tauben.
²⁵ Und siehe, in Jerusalem lebte ein Mann namens Símeon.
Dieser Mann war gerecht und fromm
und wartete auf den Trost Israels
und der Heilige Geist ruhte auf ihm.
²⁶ Vom Heiligen Geist war ihm offenbart worden,
er werde den Tod nicht schauen,
ehe er den Christus des Herrn gesehen habe.
²⁷ Er wurde vom Geist in den Tempel geführt;
und als die Eltern das Kind Jesus hereinbrachten,
um mit ihm zu tun, was nach dem Gesetz üblich war,
²⁸ nahm Símeon das Kind in seine Arme
und pries Gott mit den Worten:
²⁹ Nun lässt du, Herr,
deinen Knecht, wie du gesagt hast, in Frieden scheiden.

³⁰ Denn meine Augen haben das Heil gesehen,
³¹   das du vor allen Völkern bereitet hast,
³² ein Licht, das die Heiden erleuchtet,
   und Herrlichkeit für dein Volk Israel.

ZUR EUCHARISTIEFEIER *In der Eucharistie setzt sich das Geheimnis der Menschwerdung fort: die rettende Begegnung Gottes mit den Menschen durch Jesus Christus; im Heiligen Mahl erhalten wir Anteil am Heil, das allen Völkern verheißen ist.*

GABENGEBET

Allmächtiger Gott,
nach deinem Ratschluss hat dein eigener Sohn
sich als makelloses Lamm
für das Leben der Welt geopfert.
Nimm die Gabe an,
die deine Kirche in festlicher Freude darbringt.
Darum bitten wir durch Christus, unseren Herrn.

Präfation, S. 434

KOMMUNIONVERS   Lk 2, 30–31

Meine Augen haben das Heil gesehen,
das du vor allen Völkern bereitet hast.

SCHLUSSGEBET

Barmherziger Gott,
stärke unsere Hoffnung
durch das Sakrament, das wir empfangen haben,
und vollende in uns das Werk deiner Gnade.
Du hast die Erwartung Simeons erfüllt
und ihn Christus schauen lassen.
Erfülle auch unser Verlangen:
Lass uns Christus entgegengehen
und in ihm das ewige Leben finden,
der mit dir lebt und herrscht in alle Ewigkeit.

19. März

HL. JOSEF
BRÄUTIGAM DER GOTTESMUTTER MARIA

Hochfest

Der hl. Josef wird von den Evangelisten Matthäus und Lukas erwähnt. Nach beiden Evangelien war Josef davidischer Abstammung: das Bindeglied zwischen dem davidischen Königshaus und dem Messias. Er war ein Mann des Glaubens und des Vertrauens, Mitwisser göttlicher Geheimnisse, ein großer Schweiger. Als Gatte der Jungfrau Maria hat er an Jesus die Stelle des Vaters vertreten. Wie lange Josef gelebt hat, wissen wir nicht; das letzte Mal wird er bei der Osterwallfahrt mit dem zwölfjährigen Jesus erwähnt. Die öffentliche Verehrung des hl. Josef beginnt im Abendland erst im 14./15. Jahrhundert. Im römischen Kalender steht sein Fest seit 1621. Pius IX. erklärte ihn 1870 zum Schutzpatron der Kirche.

ERÖFFNUNGSVERS   Vgl. Lk 12, 42

Seht, das ist der treue und kluge Hausvater,
dem der Herr seine Familie anvertraut,
damit er für sie sorge.

Ehre sei Gott, S. 371 f.

TAGESGEBET

Allmächtiger Gott,
du hast Jesus, unseren Heiland,
und seine Mutter Maria
der treuen Sorge des heiligen Josef anvertraut.
Höre auf seine Fürsprache
und hilf deiner Kirche,
die Geheimnisse der Erlösung treu zu verwalten,
bis das Werk des Heiles vollendet ist.
Darum bitten wir durch Jesus Christus.

ZUR 1. LESUNG   *König David will für die Lade Gottes ein Haus bauen, einen Tempel. Gott verwehrt es ihm durch den Propheten Natan. Gott braucht kein Haus aus Stein. Wichtiger als der Bau eines Tempels ist der Fortbestand des*

Hauses David. David erhält die Verheißung, dass Gott ihm ein „Haus" bauen, d. h. seinem Königtum ewigen Bestand geben wird. Die Verheißung geht zunächst auf Salomo, den Sohn und Nachfolger Davids, wurde aber schon früh in messianischem Sinn gedeutet. Wenn die Zeit erfüllt ist, wird aus der Jungfrau Maria, der Tochter Davids, der wahre Erbe des Thrones geboren werden.

ERSTE LESUNG 2 Sam 7, 4–5a.12–14a.16

Der Herr wird ihm den Thron seines Vaters David geben (Lk 1, 32)

Lesung
    aus dem zweiten Buch Sámuel.

⁴ Das Wort des HERRN erging an Natan:
⁵ᵃ Geh zu meinem Knecht David
    und sag zu ihm: So spricht der HERR:
¹² Wenn deine Tage erfüllt sind
    und du dich zu deinen Vätern legst,
    werde ich deinen leiblichen Sohn
    als deinen Nachfolger einsetzen
    und seinem Königtum Bestand verleihen.
¹³ Er wird für meinen Namen ein Haus bauen
und ich werde seinem Königsthron ewigen Bestand verleihen.
¹⁴ᵃ Ich werde für ihn Vater sein
    und er wird für mich Sohn sein.
¹⁶ Dein Haus und dein Königtum
    werden vor dir auf ewig bestehen bleiben;
dein Thron wird auf ewig Bestand haben.

ANTWORTPSALM Ps 89 (88), 2–3.4–5.27 u. 29 (Kv: Lk 1, 32b)

Kv Gott, der Herr, wird ihm den Thron seines Vaters David
geben. – Kv   GL 60, 1

² Von der Huld des HERRN will ich ewig singen, *
von Geschlecht zu Geschlecht mit meinem Mund deine Treue
verkünden.
³ Denn ich bekenne: Auf ewig ist Huld gegründet, *
im Himmel deine Treue gefestigt. – (Kv)

⁴ „Ich habe einen Bund geschlossen mit meinem Erwählten *
und David, meinem Knecht, geschworen:
⁵ Auf ewig gebe ich deinem Haus festen Bestand *
und von Geschlecht zu Geschlecht gründe ich deinen Thron. – (Kv)
²⁷ Er wird zu mir rufen: Mein Vater bist du, *
mein Gott, der Fels meiner Rettung.
²⁹ Auf ewig werde ich ihm meine Huld bewahren, *
mein Bund mit ihm ist verlässlich." – Kv

ZUR 2. LESUNG *Paulus unterscheidet zwei Seiten des Alten Testaments: das Gesetz und die Verheißung. Die Verheißung ist älter als das Gesetz, und sie allein gibt dem Menschen Hoffnung. Denn es gibt keinen Menschen, der das Gesetz vollkommen erfüllen und dadurch vor Gott „gerecht" sein kann. Für die Erfüllung und Verheißung aber bürgt das Wort Gottes. Im Geschehen zwischen Gott und dem Menschen gibt es diese zwei Möglichkeiten: 1. Gesetz – Übertretung – Zorn Gottes, und 2. Verheißung – Glaube – Gnade. Abraham hat der Verheißung geglaubt, nicht weil diese alle Wahrscheinlichkeit für sich gehabt hätte – das hatte sie ganz und gar nicht –, sondern weil er sich auf Gottes Macht und Treue verließ. Glauben gibt es nur als Glauben an den Gott, „der die Toten lebendig macht und das, was nicht ist, ins Dasein ruft" (V. 17). Mit einem solchen Glauben wird Gott als Gott geehrt.*

ZWEITE LESUNG   Röm 4, 13.16–18.22
Gegen alle Hoffnung hat er voll Hoffnung geglaubt

Lesung
   aus dem Brief des Apostels Paulus
   an die Gemeinde in Rom.

Schwestern und Brüder!
¹³ Abraham und seine Nachkommen
   erhielten nicht aufgrund des Gesetzes
   die Verheißung, Erben der Welt zu sein,
sondern aufgrund der Glaubensgerechtigkeit.
¹⁶ Deshalb gilt: „aus Glauben",
   damit auch gilt: „aus Gnade".

Nur so bleibt die Verheißung für die ganze Nachkommenschaft gültig,
nicht nur für die, welche aus dem Gesetz,
   sondern auch für die, welche aus dem Glauben Abrahams leben.

¹⁷ Er ist unser aller Vater, wie geschrieben steht:
   Ich habe dich zum Vater vieler Völker bestimmt –
   im Angesicht des Gottes, dem er geglaubt hat,
des Gottes, der die Toten lebendig macht
   und das, was nicht ist, ins Dasein ruft.

¹⁸ Gegen alle Hoffnung hat er voll Hoffnung geglaubt,
   dass er der Vater vieler Völker werde,
nach dem Wort:
   So zahlreich werden deine Nachkommen sein.

²² Darum wurde es ihm auch als Gerechtigkeit angerechnet.

RUF VOR DEM EVANGELIUM

In der Fastenzeit: Vers: vgl. Ps 84 (83), 5

Dein ist die Ehre, dein ist die Macht, Christus, Herr und Erlöser. – Kv

Selig, die in deinem Hause wohnen, Herr,
die dich loben allezeit.

Dein ist die Ehre, dein ist die Macht, Christus, Herr und Erlöser.

In der Osterzeit: Vers: vgl. Ps 84 (83), 5

Halleluja. Halleluja.

Selig, die in deinem Hause wohnen, Herr,
die dich loben allezeit.

Halleluja.

ZUM EVANGELIUM   *Der Stammbaum am Anfang des Matthäusevangeliums ist nicht als Beitrag zur Ahnenforschung gemeint, sondern als theologische Aussage über Jesus und über den Sinn der Geschichte Israels zu verstehen. Jesus ist der Christus, der Messias, und seine Geschichte ist es, die durch alle Geschlech-*

terfolgen hindurch das eigentlich Bewegende war. Er ist der Verheißene, seit David und seit Abraham. In ihm hat die Geschichte Israels ihr Ziel erreicht, an ihm wird sich der weitere Weg Israels und aller Völker entscheiden. – Der Abschnitt Mt 1,18-23 steht unter der zentralen Aussage: „Gott ist mit uns" (1,23; vgl. dazu Mt 28,20). Der Evangelist zitiert die Weissagung Jes 7,14, um das Geheimnis der Menschwerdung als schöpferisches, rettendes Eingreifen Gottes zu kennzeichnen. – Josef war „gerecht", das heißt in der Sprache der Bibel auch: Er war gütig. Deshalb wollte er Maria, deren Geheimnis er nicht verstand, im Frieden entlassen. Aber dann wurde er selbst zum Mitwisser und Gehilfen des göttlichen Werkes. Im Gegensatz zu Ahas (Jes 7,12) nimmt Josef das Zeichen und den Auftrag Gottes an; er wird der gesetzliche Vater Jesu und gibt ihm als solcher auch den Namen Jesus, der bedeutet: Jahwe rettet.

1 EVANGELIUM   Mt 1, 16.18–21.24a

Josef tat, was der Engel des Herrn ihm befohlen hatte

✛ Aus dem heiligen Evangelium nach Matthäus.

¹⁶ Jakob zeugte den Josef, den Mann Marias;
von ihr wurde Jesus geboren,
    der der Christus genannt wird.

¹⁸ Mit der Geburt Jesu Christi war es so:
Maria, seine Mutter, war mit Josef verlobt;
noch bevor sie zusammengekommen waren,
    zeigte sich, dass sie ein Kind erwartete –
durch das Wirken des Heiligen Geistes.

¹⁹ Josef, ihr Mann, der gerecht war und sie nicht bloßstellen wollte,
    beschloss, sich in aller Stille von ihr zu trennen.

²⁰ Während er noch darüber nachdachte,
    siehe, da erschien ihm ein Engel des Herrn im Traum
und sagte: Josef, Sohn Davids,
fürchte dich nicht, Maria als deine Frau zu dir zu nehmen;
denn das Kind, das sie erwartet, ist vom Heiligen Geist.

²¹ Sie wird einen Sohn gebären;
ihm sollst du den Namen Jesus geben;

denn er wird sein Volk von seinen Sünden erlösen.
⁴ᵃ Als Josef erwachte,
    tat er, was der Engel des Herrn ihm befohlen hatte.

Oder:

ZUM EVANGELIUM   *Jesus hat sich mit seinen Eltern auf den Weg nach Jerusalem gemacht; dort aber hat er in eigener Verantwortung den Weg des Selbstverständlichen verlassen. Er ist im Haus seines Vaters geblieben, mitten unter den Lehrern im Tempel, hörend und fragend. Der Zwölfjährige beginnt, über seine Eltern, seine Lehrer und auch über seine angestammte Religion hinauszuwachsen. Aber noch ist seine Zeit nicht gekommen. Er kehrt nach Nazaret zurück und übt dort im Gehorsam gegen seinen irdischen Vater den größeren Gehorsam ein, der ihn bis zur Hingabe seines Lebens führen wird.*

EVANGELIUM   Lk 2, 41–51a ②
Dein Vater und ich haben dich mit Schmerzen gesucht

✛ Aus dem heiligen Evangelium nach Lukas.

⁴¹ Die Eltern Jesu
    gingen jedes Jahr zum Paschafest• nach Jerusalem.
⁴² Als er zwölf Jahre alt geworden war,
    zogen sie wieder hinauf, wie es dem Festbrauch entsprach.
⁴³ Nachdem die Festtage zu Ende waren,
    machten sie sich auf den Heimweg.
Der Knabe Jesus aber blieb in Jerusalem,
    ohne dass seine Eltern es merkten.
⁴⁴ Sie meinten, er sei in der Pilgergruppe,
    und reisten eine Tagesstrecke weit;
dann suchten sie ihn bei den Verwandten und Bekannten.
⁴⁵ Als sie ihn nicht fanden,
    kehrten sie nach Jerusalem zurück und suchten nach ihm.
⁴⁶ Da geschah es, nach drei Tagen fanden sie ihn im Tempel;
er saß mitten unter den Lehrern,
    hörte ihnen zu und stellte Fragen.

• Sprich: Pas-chafest.

⁴⁷ Alle, die ihn hörten, waren erstaunt
   über sein Verständnis und über seine Antworten.
⁴⁸ Als seine Eltern ihn sahen, waren sie voll Staunen
   und seine Mutter sagte zu ihm:
      Kind, warum hast du uns das angetan?
      Siehe, dein Vater und ich haben dich mit Schmerzen gesucht.
⁴⁹ Da sagte er zu ihnen:
      Warum habt ihr mich gesucht?
      Wusstet ihr nicht,
         dass ich in dem sein muss, was meinem Vater gehört?
⁵⁰ Doch sie verstanden das Wort nicht, das er zu ihnen gesagt hatte.
⁵¹ᵃ Dann kehrte er mit ihnen nach Nazaret zurück
    und war ihnen gehorsam.

Glaubensbekenntnis, S. 374 ff.
Fürbitten vgl. S. 816 f.

ZUR EUCHARISTIEFEIER *Josef ist – wie Abraham – ein „Prototyp" des glaubenden Menschen und verkörpert das, was jeden wahrhaft Glaubenden auszeichnet: bereit sein, die eigenen Pläne immer wieder in Frage zu stellen, sich auf die Zusage Gottes verlassen, auch wenn sie auf den ersten Blick unrealistisch oder unmöglich erscheint, darauf vertrauen, dass die Wege Gottes weiser sind als die der Menschen.*

GABENGEBET

Herr, unser Gott,
der heilige Josef hat deinem ewigen Sohn,
den die Jungfrau Maria geboren hat,
in Treue gedient.
Lass auch uns Christus dienen
und dieses Opfer mit reinem Herzen feiern.
Darum bitten wir durch Christus, unseren Herrn.

Präfation vom hl. Josef, S. 432 f.

KOMMUNIONVERS   Mt 25, 21

Komm, du guter und getreuer Knecht;
nimm teil am Festmahl deines Herrn.

SCHLUSSGEBET

Herr, unser Gott,
du hast uns am Fest des heiligen Josef
um deinen Altar versammelt
und mit dem Brot des Lebens gestärkt.
Schütze deine Familie und erhalte in ihr deine Gaben.
Darum bitten wir durch Christus, unseren Herrn.

25. März

VERKÜNDIGUNG DES HERRN

Hochfest

Neun Monate vor dem Fest der Geburt des Herrn wird das Fest der Verkündigung gefeiert: der Tag, an dem der Engel zu Maria gesandt wurde und ihr verkündete, dass sie zur Mutter des Messias, des Gottessohnes, erwählt war. Maria hat mit ihrem einfachen Ja geantwortet. Die Gottesmutterschaft ist das zentrale Geheimnis im Leben Marias; alles andere zielt darauf hin oder hat dort seinen Ursprung und seine Erklärung. – Ein Fest der „Verkündigung der Geburt des Herrn" wurde in der Ostkirche bereits um 550 am 25. März gefeiert; in Rom wurde es im 7. Jahrhundert eingeführt.

ERÖFFNUNGSVERS   Vgl. Hebr 10, 5.7

Als Christus in diese Welt eintrat, sprach er zu seinem Vater:
Siehe, ich komme, um deinen Willen zu erfüllen.

Ehre sei Gott, S. 371 f.

TAGESGEBET

Gott, du bist groß und unbegreiflich.
Nach deinem Willen ist dein ewiges Wort
im Schoß der Jungfrau Maria Mensch geworden.
Gläubig bekennen wir,
dass unser Erlöser wahrer Gott und wahrer Mensch ist.
Mache uns würdig,
Anteil zu erhalten an seinem göttlichen Leben.
Darum bitten wir durch ihn, Jesus Christus.

ZUR 1. LESUNG *Der Bestand des davidischen Königshauses und damit die Verheißungen Gottes selbst waren in Gefahr, als der Prophet Jesaja im Jahr 735 v. Chr. zu König Ahas geschickt wurde. Im Auftrag Gottes bietet er dem König ein Zeichen der Rettung an. Der König glaubt weder Gott noch dem Propheten; er will seine eigene Politik machen. Aber Gott gibt dem Haus David ein Zeichen, auch wenn der König es nicht haben und sehen will: Es wird einen Sohn Davids geben, in dem der symbolische Name Immanu-El („Mit uns ist Gott") volle Wahrheit sein wird.*

ERSTE LESUNG   Jes 7, 10–14

Siehe, die Jungfrau hat ein Kind empfangen, sie gebiert einen Sohn
und wird ihm den Namen Immanuel – Gott mit uns – geben

**Lesung
aus dem Buch Jesája.**

In jenen Tagen
¹⁰ **sprach der HERR zu Ahas – dem König von Juda;
und sagte:**
¹¹ **Erbitte dir ein Zeichen vom HERRN, deinem Gott,
tief zur Unterwelt
oder hoch nach oben hin!**
¹² **Ahas antwortete:
Ich werde um nichts bitten
und den HERRN nicht versuchen.**
¹³ **Da sagte Jesája:
Hört doch, Haus Davids!
Genügt es euch nicht, Menschen zu ermüden,
dass ihr auch noch meinen Gott ermüdet?**
¹⁴ **Darum wird der Herr selbst euch ein Zeichen geben:
Siehe, die Jungfrau hat empfangen,
sie gebiert einen Sohn
und wird ihm den Namen Immánuel
– Gott mit uns – geben.**

25. März · Verkündigung des Herrn

ANTWORTPSALM Ps 40 (39), 7–8.9–10.11 (Kv: vgl. 8a.9a)

Kv **Mein Gott, ich komme;** GL 624, 5
deinen Willen zu tun, ist mein Gefallen. – Kv

7 An Schlacht- und Speiseopfern hattest du kein Gefallen, /
doch Ohren hast du mir gegraben, *
Brand- und Sündopfer hast du nicht gefordert.

8 Da habe ich gesagt: Siehe, ich komme. *
In der Buchrolle steht es über mich geschrieben. – (Kv)

9 Deinen Willen zu tun, mein Gott, war mein Gefallen *
und deine Weisung ist in meinem Innern.

10 Gerechtigkeit habe ich in großer Versammlung verkündet, *
meine Lippen verschließe ich nicht; HERR, du weißt es. – (Kv)

11 Deine Gerechtigkeit habe ich nicht in meinem Herzen verborgen. *
Ich habe gesprochen von deinem Heil und deiner Treue,
nicht verschwiegen deine Huld *
und deine Treue vor großer Versammlung. – Kv

ZUR 2. LESUNG   *„Mir geschehe, wie du es gesagt hast", war die Antwort Marias in der Stunde ihrer Berufung (Lk 1,38). „Ich komme, um deinen Willen zu tun" (Hebr 10,7.9): dieses Wort aus Psalm 40 steht nach der Deutung des Hebräerbriefs als Wort Christi am Ende eines göttlichen Zwiegesprächs und am Anfang der neuen Heilsordnung. Die Ordnung des Ersten Bundes war unzureichend; sie ist durch das Christusereignis überholt. Rettung und Heil gibt es für die Menschen nicht durch einen Opferkult, der nur als äußere Leistung verstanden wird; auch die Frommen des Ersten Bundes haben ihn nicht so verstanden. Der Sohn Gottes ist „gekommen", um uns durch die Hingabe seines Lebens mit Gott zu versöhnen. Er hat uns den Weg zum inneren Heiligtum Gottes gezeigt, er selbst ist uns vorangegangen. Er hat uns die Antwort vorgesprochen, die unser Leben retten kann: Ich komme, um deinen Willen zu erfüllen.*

ZWEITE LESUNG Hebr 10, 4–10

Siehe, ich komme – so steht es über mich in der Schriftrolle –, um deinen Willen, Gott, zu tun

Lesung
aus dem Hebräerbrief.

Schwestern und Brüder!
⁴ Das Blut von Stieren und Böcken
kann unmöglich Sünden wegnehmen.
⁵ Darum spricht Christus bei seinem Eintritt in die Welt:

Schlacht- und Speiseopfer hast du nicht gefordert,
doch einen Leib hast du mir bereitet;
⁶ an Brand- und Sündopfern hast du kein Gefallen.
⁷ Da sagte ich: Siehe, ich komme
– so steht es über mich in der Schriftrolle –,
um deinen Willen, Gott, zu tun.
⁸ Zunächst sagt er:
Schlacht- und Speiseopfer,
Brand- und Sündopfer forderst du nicht,
du hast daran kein Gefallen,
obgleich sie doch nach dem Gesetz dargebracht werden;
⁹ dann aber hat er gesagt:
Siehe, ich komme, um deinen Willen zu tun.
Er hebt das Erste auf,
um das Zweite in Kraft zu setzen.
¹⁰ Aufgrund dieses Willens
sind wir durch die Hingabe des Leibes Jesu Christi geheiligt –
ein für alle Mal.

RUF VOR DEM EVANGELIUM

In der Fastenzeit: Vers: Joh 1, 14ab

Christus, du ewiges Wort des Vaters, Ehre sei dir! – Kv

Das Wort ist Fleisch geworden und hat unter uns gewohnt
und wir haben seine Herrlichkeit geschaut.

Christus, du ewiges Wort des Vaters, Ehre sei dir!

In der Osterzeit: Vers: Joh 1, 14ab

Halleluja. Halleluja.

Das Wort ist Fleisch geworden und hat unter uns gewohnt
und wir haben seine Herrlichkeit geschaut.

Halleluja.

ZUM EVANGELIUM *Maria wird vom Engel als die Frau begrüßt, die mehr als alle anderen von Gott geliebt und begnadet ist. Sie steht in der Reihe der großen Erwählten (Abraham, David) und überragt sie alle. Was zu Maria über Jesus gesagt wird (Lk 1,31-33), übertrifft bei weitem das über Johannes Gesagte (Lk 1,15-17). Seine Titel und sein Name kennzeichnen ihn als den verheißenen Messias der Endzeit, der die Einheit von Juda und Israel wiederherstellen und über alle Völker in Ewigkeit herrschen wird. Er ist wahrer Mensch und gehört doch zur Welt Gottes (1,35). Anders als Zacharias (1,18) antwortet Maria auf die Botschaft des Engels mit dem einfachen: Mir geschehe, wie du es gesagt hast.*

EVANGELIUM Lk 1, 26–38

Du hast bei Gott Gnade gefunden, Maria; du wirst schwanger werden und einen Sohn wirst du gebären

✛ Aus dem heiligen Evangelium nach Lukas.

²⁶ In jener Zeit wurde der Engel Gábriel
  von Gott in eine Stadt in Galiläa namens Nazaret
²⁷ zu einer Jungfrau gesandt.
  Sie war mit einem Mann namens Josef verlobt,
  der aus dem Haus David stammte.
  Der Name der Jungfrau war Maria.
²⁸ Der Engel trat bei ihr ein
  und sagte: Sei gegrüßt, du Begnadete,
  der Herr ist mit dir.
²⁹ Sie erschrak über die Anrede
  und überlegte, was dieser Gruß zu bedeuten habe.
³⁰ Da sagte der Engel zu ihr: Fürchte dich nicht, Maria;
  denn du hast bei Gott Gnade gefunden.

³¹ Siehe, du wirst schwanger werden
und einen Sohn wirst du gebären;
> dem sollst du den Namen Jesus geben.

³² Er wird groß sein
und Sohn des Höchsten genannt werden.
Gott, der Herr, wird ihm den Thron seines Vaters David geben.

³³ Er wird über das Haus Jakob in Ewigkeit herrschen
und seine Herrschaft wird kein Ende haben.

³⁴ Maria sagte zu dem Engel:
> Wie soll das geschehen, da ich keinen Mann erkenne?

³⁵ Der Engel antwortete ihr:
> Heiliger Geist wird über dich kommen
und Kraft des Höchsten wird dich überschatten.
Deshalb wird auch das Kind heilig
und Sohn Gottes genannt werden.

³⁶ Siehe, auch Elisabet, deine Verwandte,
hat noch in ihrem Alter einen Sohn empfangen;
obwohl sie als unfruchtbar gilt,
ist sie schon im sechsten Monat.

³⁷ Denn für Gott ist nichts unmöglich.

³⁸ Da sagte Maria:
> Siehe, ich bin die Magd des Herrn;
mir geschehe, wie du es gesagt hast.

Danach verließ sie der Engel.

Glaubensbekenntnis, S. 374 ff.
Zu den Worten hat Fleisch angenommen bzw. empfangen durch den Heiligen Geist knien alle.
Fürbitten vgl. S. 816

ZUR EUCHARISTIEFEIER *Was mit Maria geschieht, geschieht durch das Wirken des Heiligen Geistes. So auch bei jedem von uns: Der Geist Gottes beginnt dort zu wirken, wo ein Mensch – trotz mancher Bedenken und Vorbehalte – seinem Wirken in sich Raum gibt und sich den Plänen Gottes überlässt. Wer diesen Schritt wagt, trägt dazu bei, dass auch heute Gott zu den Menschen kommen kann.*

GABENGEBET

Allmächtiger Gott,
nimm die Gaben deiner Kirche gütig an.
Sie erkennt in der Menschwerdung deines Sohnes
ihren eigenen Ursprung;
lass uns heute
in der Feier dieses Geheimnisses seine Liebe erfahren.
Darum bitten wir durch Christus, unseren Herrn.
Präfation, S. 434

KOMMUNIONVERS
Jes 7, 14

Seht, die Jungfrau wird empfangen und einen Sohn gebären.
Sein Name ist: Immanuel – Gott mit uns.

SCHLUSSGEBET

Ewiger Gott,
bewahre, was du uns
im Sakrament des Glaubens geschenkt hast.
Lass uns festhalten am Bekenntnis,
dass dein Sohn, den die Jungfrau empfangen hat,
wahrer Gott und wahrer Mensch ist,
und führe uns in der Kraft seiner Auferstehung
zur ewigen Freude.
Darum bitten wir durch ihn, Christus, unseren Herrn.

24. Juni
GEBURT DES HL. JOHANNES DES TÄUFERS

Hochfest

Johannes der Täufer ist außer Maria der einzige Heilige, dessen leibliche Geburt in der Liturgie gefeiert wird, und zwar seit dem 5. Jahrhundert am 24. Juni, sechs Monate vor der Geburt Jesu. Aus dem Bericht des Lukasevangeliums (Lk 1) wird entnommen, dass Johannes schon vor seiner Geburt geheiligt wurde, als Maria zu Elisabet kam. Die ungewöhnlichen Ereignisse bei seiner Geburt weisen auf die Bedeutung des Johannes in der Heilsgeschichte hin. Er steht an der Schwelle vom

Ersten zum Neuen Bund; er war dazu berufen, durch seine Predigt von der Gottesherrschaft und seinen Ruf zur Umkehr das Volk auf das Kommen Jesu vorzubereiten. Jesus selbst empfing von ihm die Bußtaufe. Die ersten Jünger Jesu kamen aus dem Kreis der Johannesjünger. Johannes selbst verstand sich als den Rufer in der Wüste, den Vorläufer des Größeren, der nach ihm kommen sollte. Jesus aber nennt ihn den Größten unter allen Menschen, gleichsam den wiedergekommenen Elija (Mt 11,8.11.14).

Am Vorabend

Aus pastoralen Gründen ist es erlaubt, die Texte der Messe „Am Tag", S. 672 ff., zu nehmen.

ERÖFFNUNGSVERS
Lk 1, 15.14

Johannes wird groß sein vor Gott,
und schon im Mutterleib wird er vom Heiligen Geist erfüllt sein;
viele werden sich über seine Geburt freuen.

Ehre sei Gott, S. 371 f.

TAGESGEBET

Allmächtiger Gott,
führe deine Kirche auf dem Weg des Heiles
und gib uns die Gnade,
den Weisungen Johannes' des Täufers zu folgen,
damit wir zu dem gelangen,
den er vorausverkündet hat,
zu unserem Herrn Jesus Christus, deinem Sohn.

ZUR 1. LESUNG *Die Berufung Jeremias zum Propheten erfolgte um das Jahr 626 v.Chr. Wie bei keinem anderen Propheten ist bei Jeremia das persönliche Leben aufs engste mit der prophetischen Verkündigung verbunden. Das zeigt sich schon im Bericht über seine Berufung. Jesaja hatte gerufen: Sende mich! (Jes 6,8) Jeremia war jung und schüchtern, und im Verlauf der nächsten vierzig Jahre wurde ihm das Prophetenamt nicht leichter, sondern immer noch schwerer. Aber Jahwe nimmt die Sendung nicht zurück; sie ist beschlossen, noch ehe Jeremia geboren wurde. Ich sende dich – du wirst gehen – du wirst verkünden: das*

sind Befehle. Zum Befehl kommt die Zusage: „Ich bin mit dir, um dich zu retten."
Mit diesem Wort als einziger Ausrüstung betritt der Prophet seinen Weg.

ERSTE LESUNG
Jer 1, 4–10

Noch ehe ich dich im Mutterleib formte, habe ich dich ausersehen

Lesung
   aus dem Buch Jeremía.

In den Tagen Joschíjas, des Königs von Juda,
4   erging das Wort des HERRN an mich:
5   Noch ehe ich dich im Mutterleib formte,
   habe ich dich ausersehen,
noch ehe du aus dem Mutterschoß hervorkamst,
   habe ich dich geheiligt,
zum Propheten für die Völker habe ich dich bestimmt.
6   Da sagte ich: Ach, Herr und GOTT,
   ich kann doch nicht reden,
ich bin ja noch so jung.
7   Aber der HERR erwiderte mir:
   Sag nicht: Ich bin noch so jung.
Wohin ich dich auch sende, dahin sollst du gehen,
und was ich dir auftrage, das sollst du verkünden.
8   Fürchte dich nicht vor ihnen;
denn ich bin mit dir, um dich zu retten –
Spruch des HERRN.
9   Dann streckte der HERR seine Hand aus,
berührte meinen Mund
und sagte zu mir:
   Hiermit lege ich meine Worte in deinen Mund.
10   Sieh her!
Am heutigen Tag setze ich dich über Völker und Reiche;
du sollst ausreißen und niederreißen,
   vernichten und zerstören,
   aufbauen und einpflanzen.

ANTWORTPSALM Ps 71 (70), 5–6.7–8.15 u. 17 (Kv: vgl. 6ab)

Kv **Vom Mutterleib an bist du mein Beschützer, o Gott;** GL 670, 8
dir gilt mein Lobpreis allezeit. – Kv

5 Du bist meine Hoffnung, *
 Herr und GOTT, meine Zuversicht von Jugend auf.
6 Vom Mutterleib an habe ich mich auf dich gestützt, /
 aus dem Schoß meiner Mutter hast du mich entbunden, *
 dir gilt mein Lobpreis allezeit. – (Kv)
7 Für viele wurde ich wie ein Gezeichneter, *
 du aber bist meine starke Zuflucht.
8 Mein Mund ist erfüllt von deinem Lobpreis, *
 den ganzen Tag von deinem Glanz. – (Kv)
15 Mein Mund soll von deiner Gerechtigkeit künden, /
 den ganzen Tag von deinen rettenden Taten, *
 denn ich kann sie nicht zählen.
17 Gott, du hast mich gelehrt von Jugend auf *
 und bis heute verkünde ich deine Wunder. – Kv

ZUR 2. LESUNG *Die Situation des Christen umfasst seltsame Gegensätze: Wir haben den geschichtlichen Jesus nicht gesehen, und dennoch lieben wir ihn; wir sehen den verherrlichten Christus jetzt noch nicht, und doch glauben wir an ihn. – Von den Propheten des Ersten Bundes hat als letzter Johannes der Täufer auf Christus hingewiesen. Johannes brauchte nicht mehr, wie etwa Daniel (Dan 9,4), darüber zu grübeln, zu welchem Zeitpunkt der Messias kommen würde; er konnte auf den Gekommenen zeigen. Die ganze Größe Christi und seiner Erlösungstat konnte freilich auch Johannes nur undeutlich erkennen (vgl. Mt 11,11).*

ZWEITE LESUNG 1 Petr 1, 8–12

Nach dieser Rettung haben die Propheten gesucht und geforscht

Lesung
 aus dem ersten Brief des Apostels Petrus.
 Schwestern und Brüder!
8 Ihr habt Jesus Christus nicht gesehen
 und dennoch liebt ihr ihn;
ihr seht ihn auch jetzt nicht;

aber ihr glaubt an ihn und jubelt
  in unaussprechlicher und von Herrlichkeit erfüllter Freude,
⁹   da ihr das Ziel eures Glaubens empfangen werdet: eure Rettung.
¹⁰ Nach dieser Rettung haben die Propheten gesucht und geforscht
  und sie haben über die Gnade geweissagt,
  die für euch bestimmt ist.
¹¹ Sie haben nachgeforscht,
  auf welche Zeit und welche Umstände
  der in ihnen wirkende Geist Christi hindeute,
  der die Leiden Christi und die darauf folgende Herrlichkeit
  im Voraus bezeugte.
¹² Ihnen wurde offenbart,
  dass sie damit nicht sich selbst,
  sondern euch dienten;
und jetzt ist euch dies alles von denen verkündet worden,
  die euch in der Kraft des vom Himmel gesandten Heiligen
  Geistes
  das Evangelium gebracht haben.
Das alles zu sehen
  ist sogar das Verlangen der Engel.

RUF VOR DEM EVANGELIUM   Vers: vgl. Joh 1, 7; Lk 1, 17

Halleluja. Halleluja.

Er kam als Zeuge,
um Zeugnis abzulegen für das Licht
und das Volk für den Herrn zu bereiten.

Halleluja.

ZUM EVANGELIUM   *Der Evangelist Lukas berichtet, wie die anderen Evangelisten, über das Auftreten Johannes' des Täufers (Lk 3); er erzählt aber auch, als einziger Evangelist, die Kindheitsgeschichte des Johannes, und zwar als einen Teil der Kindheitsgeschichte Jesu. Zwischen dem Vorläufer und Wegbereiter Johannes und dem Größeren, der nach ihm kommt, besteht – das will Lukas verdeutlichen – keine Rivalität, sondern von Anfang an eine enge Verbundenheit, ja sogar Blutsverwandtschaft. In der Darstellungsweise schließt sich Lukas an alttestamentliche Modelle an; auch im Alten Testament wird von der Ankündigung außerordentlicher Geburten berichtet. Im Licht von Mal 3,23-24 erscheint Johannes als der Bote und Prophet, der dem kommenden Herrn die Wege bereitet. Sein Name „Johannes" bedeutet „Gott ist gnädig".*

EVANGELIUM

Lk 1, 5–17

Sie wird dir einen Sohn gebären; dem sollst du den Namen Johannes geben

✢ Aus dem heiligen Evangelium nach Lukas.

⁵ Zur Zeit des Herodes, des Königs von Judäa,
 gab es einen Priester namens Zacharías,
 der zur Abteilung des Abíja gehörte.
Seine Frau stammte aus dem Geschlecht Aarons;
ihr Name war Elisabet.

⁶ Beide lebten gerecht vor Gott
und wandelten untadelig
 nach allen Geboten und Vorschriften des Herrn.

⁷ Sie hatten keine Kinder,
 denn Elisabet war unfruchtbar
 und beide waren schon in vorgerücktem Alter.

⁸ Es geschah aber:
Als seine Abteilung wieder an der Reihe war
 und er den priesterlichen Dienst vor Gott verrichtete,

⁹ da traf ihn, wie nach der Priesterordnung üblich, das Los,
 in den Tempel des Herrn hineinzugehen
 und das Rauchopfer darzubringen.

¹⁰ Während er nun zur festgelegten Zeit das Rauchopfer darbrachte,
 stand das ganze Volk draußen und betete.

¹¹ Da erschien dem Zacharías ein Engel des Herrn;
er stand auf der rechten Seite des Rauchopferaltars.

¹² Als Zacharías ihn sah, erschrak er
und *es befiel ihn Furcht.*

¹³ Der Engel aber sagte zu ihm: Fürchte dich nicht, Zacharías!
Dein Gebet ist erhört worden.

Deine Frau Elisabet wird dir einen Sohn gebären;
  dem sollst du den Namen Johannes geben.
¹⁴ Du wirst dich freuen und jubeln
und viele werden sich über seine Geburt freuen.
¹⁵ Denn er wird groß sein vor dem Herrn.
Wein und berauschende Getränke wird er nicht trinken
und schon vom Mutterleib an
  wird er vom Heiligen Geist erfüllt sein.
¹⁶ Viele Kinder Israels wird er zum Herrn, ihrem Gott, hinwenden.
¹⁷ Er wird ihm mit dem Geist und mit der Kraft des Elíja vorangehen,
  um die Herzen der Väter den Kindern zuzuwenden
  und die Ungehorsamen zu gerechter Gesinnung zu führen
  und so das Volk für den Herrn bereit zu machen.

Glaubensbekenntnis, S. 374 ff.
Fürbitten vgl. S. 816 f.

ZUR EUCHARISTIEFEIER *Bote und Zeuge der Wahrheit Gottes zu sein, dafür hat Johannes gelebt, und dafür ist er gestorben. Er ist das große Vorbild für alle, die durch die Taufe zum Zeugnis für Christus, das Lamm Gottes, berufen sind.*

GABENGEBET

Herr und Gott,
zum Fest des heiligen Johannes
bringen wir unsere Gaben dar.
Hilf uns, im täglichen Leben zu verwirklichen,
was wir am Altar in heiligen Zeichen begehen.
Darum bitten wir durch Christus, unseren Herrn.

Präfation, S. 434 f.

KOMMUNIONVERS   Lk 1, 68

Gepriesen sei der Herr, der Gott Israels!
Denn er hat sein Volk besucht und ihm Erlösung geschaffen.

SCHLUSSGEBET

Herr, unser Gott,
du hast uns gestärkt mit dem Brot des Lebens.
Die mächtige Fürsprache des heiligen Johannes
begleite unser ganzes Leben.
Sie erwirke uns einst
das Erbarmen des Weltenrichters,
den er als das Opferlamm für unsere Sünden
vorausverkündet hat,
unseres Herrn Jesus Christus,
der mit dir lebt und herrscht in alle Ewigkeit.

Am Tag

ERÖFFNUNGSVERS
Joh 1, 6–7; Lk 1, 17

Ein Mensch trat auf, der von Gott gesandt war;
sein Name war Johannes.
Er kam als Zeuge, um Zeugnis abzulegen für das Licht
und das Volk für den Herrn bereitzumachen.

Ehre sei Gott, S. 371 f.

TAGESGEBET

Gott,
du hast den heiligen Johannes den Täufer berufen,
das Volk des Alten Bundes
Christus, seinem Erlöser, entgegenzuführen.
Schenke deiner Kirche die Freude im Heiligen Geist
und führe alle, die an dich glauben,
auf dem Weg des Heiles und des Friedens.
Darum bitten wir durch Jesus Christus.

ZUR 1. LESUNG   *In der Lesung aus Jes 49 spricht der „Knecht Gottes", eine prophetische Gestalt, von der im zweiten Teil des Buches Jesaja wiederholt die Rede ist. Wer damit gemeint war, ist schwer zu sagen. Der Anfang der heutigen Lesung erinnert an den Propheten Jeremia (Jer 1,5; vgl. gestrige Lesung). Wie ein scharfes Schwert (Jes 49,2) sind die Worte, die er im Auftrag Gottes zu sprechen hat. Seine Aufgabe ist hart, der Erfolg gering (49,4). Nicht vom Erfolg kann er leben, sondern allein vom Wort seines Gottes und vom Glauben an seine Berufung. Der Auftrag, der in 49,6 erneuert wird, reicht über die Grenzen des eigenen Volkes hinaus; allen Völkern soll der „Knecht" die Wahrheit bringen (vgl. 49,7–9a). – Es liegt nahe, diesen Text wenigstens teilweise auf Johannes den Täufer zu beziehen, der nach Lk 1 schon vor seiner Geburt berufen und geheiligt wurde.*

ERSTE LESUNG   Jes 49, 1–6

Ich mache dich zum Licht der Nationen

**Lesung
aus dem Buch Jesája.**

¹ **Hört auf mich, ihr Inseln,
merkt auf, ihr Völker in der Ferne!
Der Herr hat mich schon im Mutterleib berufen;
als ich noch im Schoß meiner Mutter war,
   hat er meinen Namen genannt.**

² **Er machte meinen Mund wie ein scharfes Schwert,
er verbarg mich im Schatten seiner Hand.
Er machte mich zu einem spitzen Pfeil
   und steckte mich in seinen Köcher.**

³ **Er sagte zu mir: Du bist mein Knecht, Israel,
   an dem ich meine Herrlichkeit zeigen will.**

⁴ **Ich aber sagte: Vergeblich habe ich mich bemüht,
habe meine Kraft für Nichtiges und Windhauch vertan.
Aber mein Recht liegt beim Herrn
   und mein Lohn bei meinem Gott.**

⁵ **Jetzt aber hat der Herr gesprochen,
   der mich schon im Mutterleib
   zu seinem Knecht geformt hat,
   damit ich Jakob zu ihm heimführe
   und Israel bei ihm versammelt werde.
So wurde ich in den Augen des Herrn geehrt
   und mein Gott war meine Stärke.**

⁶ Und er sagte:
Es ist zu wenig, dass du mein Knecht bist,
 nur um die Stämme Jakobs wieder aufzurichten
 und die Verschonten Israels heimzuführen.
Ich mache dich zum Licht der Nationen;
damit mein Heil bis an das Ende der Erde reicht.

ANTWORTPSALM Ps 139 (138), 1–3.13–14.15–16 (Kv: vgl. 14a)

Kv Ich danke dir, Herr: GL 312, 5
Ich bin so staunenswert und wunderbar gestaltet. – Kv

¹ **Herr, du hast mich erforscht und kennst mich.** /
² **Ob ich sitze oder stehe, du kennst es.** *
 Du durchschaust meine Gedanken von fern.
³ **Ob ich gehe oder ruhe, du hast es gemessen.** *
 Du bist vertraut mit all meinen Wegen. – (Kv)
¹³ **Du selbst hast mein Innerstes geschaffen,** *
 hast mich gewoben im Schoß meiner Mutter.
¹⁴ **Ich danke dir, dass ich so staunenswert und wunderbar gestaltet bin.** *
 Ich weiß es genau: Wunderbar sind deine Werke. – (Kv)
¹⁵ **Dir waren meine Glieder nicht verborgen,** /
 als ich gemacht wurde im Verborgenen, *
 gewirkt in den Tiefen der Erde.
¹⁶ **Als ich noch gestaltlos war, sahen mich bereits deine Augen.** /
 In deinem Buch sind sie alle verzeichnet: *
 die Tage, die schon geformt waren, als noch keiner von ihnen da war. – Kv

ZUR 2. LESUNG *In allen Städten, wohin Paulus auf seinen Missionsreisen kam, wandte er sich zuerst an die dortigen Juden. Er will dieses Volk zu Christus führen. Er besucht die Synagoge, wo das Gesetz des Mose und die Propheten gelesen werden, und versucht, den versammelten Juden und „Gottesfürchtigen" den Sinn der Schrift zu erschließen. Er geht dabei von dem aus, was er mit seinen Zuhörern gemeinsam hat. Er spricht von der Herausführung Israels aus Ägypten und der Erwählung des Königs David, dann von Johannes dem Täufer und von Jesus, dem verheißenen Retter aus dem Hause Davids. Johannes hat seine Zuhörer nie darüber im Unklaren gelassen, dass Jesus der Größere war.*

ZWEITE LESUNG   Apg 13, 16.22–26

Vor dem Auftreten Jesu hat Johannes eine Taufe der Umkehr verkündet

Lesung
  aus der Apostelgeschichte.

¹⁶ **In der Synagoge von Antióchia in Pisídien stand Paulus auf,
gab mit der Hand ein Zeichen
und sagte:**
  Ihr Israeliten und ihr Gottesfürchtigen, hört!
²² Gott erhob David zum König,
  von dem er bezeugte:
  Ich habe David, den Sohn des Ísai,
  als einen Mann nach meinem Herzen gefunden,
  der alles, was ich will, vollbringen wird.
²³ Aus seinem Geschlecht
  hat Gott dem Volk Israel, der Verheißung gemäß,
  Jesus als Retter geschickt.
²⁴ Vor dessen Auftreten hat Johannes
  dem ganzen Volk Israel eine Taufe der Umkehr verkündet.
²⁵ Als Johannes aber seinen Lauf vollendet hatte,
  sagte er: Ich bin nicht der, für den ihr mich haltet;
  aber siehe, nach mir kommt einer,
  dem die Sandalen von den Füßen zu lösen ich nicht wert bin.
²⁶ Brüder,
ihr Söhne aus Abrahams Geschlecht und ihr Gottesfürchtigen!
Uns wurde das Wort dieses Heils gesandt.

RUF VOR DEM EVANGELIUM   Vers: vgl. Lk 1, 76

Halleluja. Halleluja.

Du wirst Prophet des Höchsten heißen;
denn du wirst dem Herrn vorausgehen und ihm den Weg bereiten.

Halleluja.

24. Juni · Geburt des hl. Johannes des Täufers

ZUM EVANGELIUM   *Die Erzählung von der Geburt und der Beschneidung des Vorläufers gipfelt in der Namensgebung (vgl. Lk 1,13). „Gott ist gnädig" bedeutet dieser Name, oder genauer: „Gott hat sich als gnädig erwiesen". Die Eltern und Verwandten des Johannes betrachten seine Geburt als Geschenk der Gnade Gottes. Sie wissen noch nicht, was Gott mit diesem Kind vorhat; aber sie spüren, dass etwas Großes in Gang gekommen ist.*

EVANGELIUM   Lk 1,57–66.80
Johannes ist sein Name

✛ Aus dem heiligen Evangelium nach Lukas.

⁵⁷ Für Elisabet erfüllte sich die Zeit, dass sie gebären sollte,
  und sie brachte einen Sohn zur Welt.
⁵⁸ Ihre Nachbarn und Verwandten hörten,
  welch großes Erbarmen der Herr ihr erwiesen hatte,
und freuten sich mit ihr.
⁵⁹ Und es geschah:
  Am achten Tag kamen sie zur Beschneidung des Kindes
  und sie wollten ihm den Namen seines Vaters Zacharías geben.
⁶⁰ Seine Mutter aber widersprach
  und sagte: Nein, sondern er soll Johannes heißen.
⁶¹ Sie antworteten ihr:
  Es gibt doch niemanden in deiner Verwandtschaft, der so heißt.
⁶² Da fragten sie seinen Vater durch Zeichen,
  welchen Namen das Kind haben solle.
⁶³ Er verlangte ein Schreibtäfelchen
  und schrieb darauf: Johannes ist sein Name.
  Und alle staunten.
⁶⁴ Im gleichen Augenblick
  konnte er Mund und Zunge wieder gebrauchen
  und er redete und pries Gott.
⁶⁵ Und alle ihre Nachbarn gerieten in Furcht
  und man sprach von all diesen Dingen
  im ganzen Bergland von Judäa.

24. Juni · Geburt des hl. Johannes des Täufers

⁶⁶ Alle, die davon hörten, nahmen es sich zu Herzen
und sagten: Was wird wohl aus diesem Kind werden?
Denn die Hand des Herrn war mit ihm.
⁸⁰ Das Kind wuchs heran
   und wurde stark im Geist.
Und Johannes lebte in der Wüste
   bis zu dem Tag,
   an dem er seinen Auftrag für Israel erhielt.

Glaubensbekenntnis, S. 374 ff.
Fürbitten vgl. S. 816 f.

ZUR EUCHARISTIEFEIER *Das gesamte Lebensprogramm Johannes' des Täufers bestand darin, Vorläufer des Messias zu sein und ihm den Weg zu bereiten. Sein Ruf zu Umkehr und Buße ist die Spur, an der wir uns ausrichten können, wenn wir Jesus finden wollen.*

GABENGEBET

Herr, unser Gott,
in Freude legen wir unsere Gaben auf deinen Altar
am Geburtsfest des heiligen Vorläufers Johannes.
Er hat angekündigt, dass der Erlöser kommt,
und als er gekommen war, auf ihn gezeigt,
auf Jesus Christus, deinen Sohn,
der mit dir lebt und herrscht in alle Ewigkeit.

Präfation, S. 434 f.

KOMMUNIONVERS   Lk 1, 78

Durch die barmherzige Liebe unseres Gottes
hat uns besucht das aufstrahlende Licht aus der Höhe.

SCHLUSSGEBET

Herr, unser Gott,
am Geburtstag Johannes' des Täufers
hast du deine Kirche
zum Festmahl des Lammes geladen
und sie mit Freude erfüllt.

Gib, dass wir Christus,
den Johannes vorausverkündigt hat,
als den erkennen,
der uns das ewige Leben erworben hat,
der mit dir lebt und herrscht in alle Ewigkeit.

29. Juni
HL. PETRUS UND HL. PAULUS, APOSTEL
Hochfest

Nicht der Todestag der beiden Apostel wird heute gefeiert, sondern die vermutliche Übertragung ihrer Reliquien in die Katakombe an der Via Appia, nahe bei der heutigen Kirche San Sebastiano. Das heutige Fest wird zum ersten Mal im römischen Staatskalender von 354 erwähnt. Simon, Bruder des Andreas, stammte aus Betsaida in Galiläa, war verheiratet, von Beruf Fischer. Jesus gab ihm den Namen Kephas = „Fels" (woraus lat. Petrus wurde). Petrus wird in allen Apostelverzeichnissen als Erster genannt. Nach dem Weggang Jesu übernahm er die Führung der Gemeinde in Jerusalem. Er nahm auch den ersten Heiden in die Kirche auf (Apg 10,11). Sein Aufenthalt in Rom und sein Märtyrertod unter Kaiser Nero (zw. 64 und 67) können als historisch gesichert gelten.
Als Todesjahr des Paulus wird 67 genannt. Früher gab es am 30. Juni noch einen besonderen Gedenktag des heiligen Paulus; er steht seit 1970 nicht mehr im römischen Kalender; stattdessen hat das Fest der Bekehrung des heiligen Paulus (25. Januar) einen höheren Rang erhalten.

Am Vorabend

Aus pastoralen Gründen ist es erlaubt, die Texte der Messe „Am Tag", S. 684 ff., zu nehmen.

ERÖFFNUNGSVERS

Petrus, der Apostel,
und Paulus, der Lehrer der Völker,
sie haben uns dein Gesetz gelehrt, o Herr.

Ehre sei Gott, S. 371 f.

TAGESGEBET

Herr, unser Gott,
durch die Apostel Petrus und Paulus
hast du in der Kirche den Grund des Glaubens gelegt.
Auf ihre Fürsprache hin
erhalte und vollende diesen Glauben,
der uns zum ewigen Heil führt.
Darum bitten wir durch Jesus Christus.

ZUR 1. LESUNG *Petrus und Johannes erscheinen in Apg 3 und 4 als die führenden Apostel. Als fromme Juden gehen sie zur Zeit des Abendopfers (15 Uhr) zum Tempel hinauf, um zu beten. Der Gelähmte, der an der sogenannten Schönen Pforte saß, war auf dem Tempelplatz offenbar eine bekannte Gestalt. Den eigentlichen Tempelbezirk durften nach Lev 21,17-20 Blinde, Lahme und andere körperlich Entstellte nicht betreten, so wenig wie die Heiden. Die Apostel haben kein Geld, aber sie besitzen die Kraft des Heiligen Geistes, um durch Wort und Tat zu bezeugen, dass Jesus lebt (Apg 1,8; 2,43; 5,12). Im Namen Jesu, des Nazoräers, heilen sie den Gelähmten. Das ist kein Zauber, keine Magie; es ist das Vertrauen auf Jesus, der Glaube an die machtvolle Gegenwart dessen, den Gott „zum Herrn und Messias gemacht hat" (Apg 2,36).*

ERSTE LESUNG   Apg 3, 1–10

Was ich habe, das gebe ich dir: Im Namen Jesu, steh auf und geh umher!

**Lesung
aus der Apostelgeschichte.**

In jenen Tagen
¹ gingen Petrus und Johannes zur Gebetszeit
um die neunte Stunde in den Tempel hinauf.
² Da wurde ein Mann herbeigetragen,
der von Geburt an gelähmt war.
Man setzte ihn täglich an das Tor des Tempels,
das man die Schöne Pforte nennt;
dort sollte er bei denen, die in den Tempel gingen,
um Almosen betteln.

³ Als er nun Petrus und Johannes in den Tempel gehen sah,
  bat er sie um ein Almosen.
⁴ Petrus und Johannes blickten ihn an
  und Petrus sagte: Sieh uns an!
⁵ Da wandte er sich ihnen zu
  und erwartete, etwas von ihnen zu bekommen.
⁶ Petrus aber sagte: Silber und Gold besitze ich nicht.
  Doch was ich habe, das gebe ich dir:
  Im Namen Jesu Christi, des Nazoräers, steh auf und geh umher!
⁷ Und er fasste ihn an der rechten Hand
  und richtete ihn auf.
  Sogleich kam Kraft in seine Füße und Gelenke;
⁸ er sprang auf,
  konnte stehen und ging umher.
  Dann ging er mit ihnen in den Tempel,
  lief und sprang umher und lobte Gott.
⁹ Alle Leute sahen ihn umhergehen und Gott loben.
¹⁰ Sie erkannten ihn als den,
  der gewöhnlich an der Schönen Pforte des Tempels saß
  und bettelte.
  Und sie waren voll Verwunderung und Staunen
  über das, was mit ihm geschehen war.

ANTWORTPSALM   Ps 19 (18), 2–3.4–5b (Kv: 5a)

Kv Ihre Botschaft geht hinaus in die ganze Welt. – Kv   GL 35, 1

² Die Himmel erzählen die Herrlichkeit Gottes *
  und das Firmament kündet das Werk seiner Hände.
³ Ein Tag sagt es dem andern, *
  eine Nacht tut es der andern kund. – (Kv)
⁴ Ohne Rede und ohne Worte, *
  ungehört bleibt ihre Stimme.
⁵ᵃᵇ Doch ihre Botschaft geht in die ganze Welt hinaus, *
  ihre Kunde bis zu den Enden der Erde. – Kv

ZUR 2. LESUNG   *Den Gemeinden von Galatien hat Paulus selbst das Evangelium gebracht. Nach ihm sind andere Missionare gekommen und haben die apostolische Autorität des Paulus in Frage gestellt. Paulus aber ist überzeugt, dass seine Sendung und Lehre ihren Ursprung in Jesus Christus hat, letzten Endes in der ewigen Absicht Gottes selbst. Aber wie kann er das seinen Gegnern beweisen? Er weist sie auf seine Vergangenheit hin: er war ein fanatischer Verfechter der jüdischen Religion und ein Verfolger der Christen gewesen. Ihn konnte nur Gott selbst bekehren (vgl. Apg 22,3-16), der ihn von Ewigkeit her zum Apostel der Heiden bestimmt hatte (vgl. Jer 1,5; Jes 49,1). Auf dem Weg nach Damaskus hat Christus ihn angerufen und ihn mit seinem Licht zugleich geblendet und erleuchtet.*

ZWEITE LESUNG   Gal 1, 11−20

Gott hat mich schon im Mutterleib auserwählt und durch seine Gnade berufen

**Lesung
aus dem Brief des Apostels Paulus
an die Gemeinden in Galátien.**

¹¹ **Ich erkläre euch, Schwestern und Brüder:
Das Evangelium, das ich verkündet habe,
stammt nicht von Menschen;**

¹² **ich habe es ja nicht von einem Menschen übernommen
oder gelernt,
sondern durch eine Offenbarung Jesu Christi empfangen.**

¹³ **Ihr habt doch von meinem früheren Lebenswandel
im Judentum gehört
und wisst, wie maßlos ich die Kirche Gottes verfolgte
und zu vernichten suchte.**

¹⁴ **Im Judentum machte ich größere Fortschritte
als die meisten Altersgenossen in meinem Volk
und mit dem größten Eifer
setzte ich mich für die Überlieferungen meiner Väter ein.**

¹⁵ **Als es aber Gott gefiel,
der mich schon im Mutterleib auserwählt
und durch seine Gnade berufen hat,
in mir seinen Sohn zu offenbaren,**

¹⁶ damit ich ihn unter den Völkern verkünde,
da zog ich nicht Fleisch und Blut zu Rate;
¹⁷ ich ging auch nicht sogleich nach Jerusalem hinauf
zu denen, die vor mir Apostel waren,
sondern zog nach Arábien
und kehrte dann wieder nach Damáskus zurück.
¹⁸ Drei Jahre später ging ich nach Jerusalem hinauf,
um Kephas kennenzulernen,
und blieb fünfzehn Tage bei ihm.
¹⁹ Von den anderen Aposteln sah ich keinen,
nur Jakobus, den Bruder des Herrn.
²⁰ Was ich euch hier schreibe –
siehe, bei Gott, ich lüge nicht.

RUF VOR DEM EVANGELIUM
Vers: vgl. Joh 21, 17

Halleluja. Halleluja.

Herr, du weißt alles;
du weißt, dass ich dich liebe.

Halleluja.

ZUM EVANGELIUM   *Die dritte Erscheinung des Auferstandenen vor den Jüngern gilt vor allem dem Petrus, der als Führer der Jüngergruppe auftritt. Jesus bestätigt ihn in seiner Vorrangstellung, weist ihn aber auf die Grundvoraussetzungen hin, die der Träger des Hirtenamtes erfüllen muss: unbedingte Treue, Liebe. Erst als Jesus zum dritten Mal fragt: Liebst du mich?, begreift Petrus die Schwere der Verantwortung, die ihm aufgeladen wird, und seine eigene Unwürdigkeit.*

EVANGELIUM
Joh 21, 1.15–19

Weide meine Lämmer! Weide meine Schafe!

✚ Aus dem heiligen Evangelium nach Johannes.

In jener Zeit
¹ offenbarte sich Jesus den Jüngern noch einmal,
am See von Tibérias,
und er offenbarte sich in folgender Weise.

¹⁵ Als sie gegessen hatten, sagte Jesus zu Simon Petrus:
Simon, Sohn des Johannes,
liebst du mich mehr als diese?
Er antwortete ihm: Ja, Herr, du weißt, dass ich dich liebe.
Jesus sagte zu ihm:
Weide meine Lämmer!
¹⁶ Zum zweiten Mal fragte er ihn:
Simon, Sohn des Johannes, liebst du mich?
Er antwortete ihm: Ja, Herr, du weißt, dass ich dich liebe.
Jesus sagte zu ihm:
Weide meine Schafe!
¹⁷ Zum dritten Mal fragte er ihn:
Simon, Sohn des Johannes, liebst du mich?
Da wurde Petrus traurig,
weil Jesus ihn zum dritten Mal gefragt hatte: Liebst du mich?
Er gab ihm zur Antwort: Herr, du weißt alles;
du weißt, dass ich dich liebe.
Jesus sagte zu ihm:
Weide meine Schafe!
¹⁸ Amen, amen, ich sage dir:
Als du jünger warst, hast du dich selbst gegürtet
und gingst, wohin du wolltest.
Wenn du aber alt geworden bist,
wirst du deine Hände ausstrecken
und ein anderer wird dich gürten
und dich führen, wohin du nicht willst.
¹⁹ Das sagte Jesus,
um anzudeuten, durch welchen Tod er Gott verherrlichen werde.
Nach diesen Worten sagte er zu ihm:
Folge mir nach!

Glaubensbekenntnis, S. 374 ff.
Fürbitten vgl. S. 816 f.

ZUR EUCHARISTIEFEIER *Für jeden, den Jesus in seine Nachfolge ruft, gilt die gleiche Frage: „Liebst du mich?" – Die Antwort darauf muss jeden Tag neu gegeben werden, in der persönlichen Beziehung zu ihm und in konkreten Taten der Liebe.*

GABENGEBET

Allmächtiger Gott,
das Martyrium der Apostel Petrus und Paulus
ist der Ruhm deiner Kirche.
An diesem festlichen Tag
bringen wir unsere Gaben zu deinem Altar.
Wenn wir auf unsere eigene Leistung schauen
und den Mut verlieren,
dann lass uns auf dein Erbarmen hoffen,
das sich an den Aposteln machtvoll erwiesen hat.
Darum bitten wir durch Christus, unseren Herrn.

Präfation, S. 435

KOMMUNIONVERS Joh 21, 15.17

Simon, Sohn des Johannes,
liebst du mich mehr, als diese mich lieben?
Herr, du weißt alles: du weißt, dass ich dich liebe.

SCHLUSSGEBET

Allmächtiger Gott,
stärke uns durch die heiligen Geheimnisse
und erleuchte deine Kirche allezeit
durch das Wort der Apostel.
Darum bitten wir durch Christus, unseren Herrn.

Am Tag

ERÖFFNUNGSVERS

Die Apostel Petrus und Paulus haben die Kirche begründet;
sie haben den Kelch des Herrn getrunken,
nun sind sie Gottes Freunde.

Ehre sei Gott, S. 371 f.

29. Juni · Hl. Petrus und hl. Paulus   685

TAGESGEBET

Herr, unser Gott,
am Hochfest der Apostel Petrus und Paulus
haben wir uns in Freude versammelt.
Hilf deiner Kirche,
in allem der Weisung deiner Boten zu folgen,
durch die sie den Glauben
und das Leben in Christus empfangen hat,
der in der Einheit des Heiligen Geistes
mit dir lebt und herrscht in alle Ewigkeit.

ZUR 1. LESUNG   *Dem charakterlosen König Herodes Agrippa I. ging es nicht um die Religion, weder die jüdische noch die christliche, sondern darum, sein Ansehen bei den führenden Juden aufzubessern. In Jerusalem waren Jakobus, Kephas (Petrus) und Johannes die „Säulen" der christlichen Gemeinde (Gal 2,9). Über die Hinrichtung des Jakobus berichtet die Apostelgeschichte nur ganz kurz (12,2). Dagegen wird die Gefangennahme und Befreiung des Petrus ausführlich erzählt. Petrus wurde während der Osterwoche verhaftet und sollte nach den Festtagen abgeurteilt werden. Das war zwischen den Jahren 41 und 44 n.Chr. In ihrer äußersten Not hat die Gemeinde keine andere Waffe als das Gebet. Die Befreiung ist allein Gottes Werk. Durch die Art der Darstellung rückt der Verfasser sie in die Reihe der großen Rettungstaten Gottes im Ersten Bund.*

ERSTE LESUNG   Apg 12, 1–11
Nun weiß ich, dass der Herr mich der Hand des Herodes entrissen hat

Lesung
  aus der Apostelgeschichte.

In jenen Tagen
¹ ließ der König Herodes
   einige aus der Gemeinde verhaften und misshandeln.
² Jakobus, den Bruder des Johannes,
   ließ er mit dem Schwert hinrichten.
³ Als er sah, dass es den Juden gefiel,
   ließ er auch Petrus festnehmen.
Das geschah in den Tagen der Ungesäuerten Brote.

⁴ Er nahm ihn also fest
   und warf ihn ins Gefängnis.
  Die Bewachung übertrug er vier Abteilungen von je vier Soldaten.
  Er beabsichtigte,
   ihn nach dem Paschafest* dem Volk vorführen zu lassen.
⁵ Petrus wurde also im Gefängnis bewacht.
  Die Gemeinde aber betete inständig für ihn zu Gott.
⁶ In der Nacht, ehe Herodes ihn vorführen lassen wollte,
   schlief Petrus, mit zwei Ketten gefesselt, zwischen zwei Soldaten;
  vor der Tür aber bewachten Posten den Kerker.
⁷ Und siehe, ein Engel des Herrn trat hinzu
   und ein Licht strahlte in dem Raum.
  Er stieß Petrus in die Seite,
  weckte ihn
  und sagte: Schnell, steh auf!
  Da fielen die Ketten von seinen Händen.
⁸ Der Engel aber sagte zu ihm:
   Gürte dich und zieh deine Sandalen an!
  Er tat es.
  Und der Engel sagte zu ihm:
   Wirf deinen Mantel um und folge mir!
⁹ Und Petrus ging hinaus
  und folgte ihm,
   ohne zu wissen, dass es Wirklichkeit war,
   was durch den Engel geschah;
  es kam ihm vor,
   als habe er eine Vision.
¹⁰ Sie gingen an der ersten und an der zweiten Wache vorbei
   und kamen an das eiserne Tor, das in die Stadt führt;
  es öffnete sich ihnen von selbst.
  Sie traten hinaus
   und gingen eine Gasse weit;
  und sogleich verließ ihn der Engel.

---

* Sprich: Pas-chafest.

¹¹ Da kam Petrus zu sich
und sagte: Nun weiß ich wahrhaftig,
  dass der Herr seinen Engel gesandt
  und mich der Hand des Herodes entrissen hat
  und alldem, was das Volk der Juden erwartet hat.

ANTWORTPSALM Ps 34 (33), 2–3.4–5.6–7.8–9 (Kv: vgl. 5b)

Kv All meinen Ängsten hat mich der HERR entrissen. – Kv

² Ich will den HERRN allezeit preisen; *   GL 651, 3
immer sei sein Lob in meinem Mund.
³ Meine Seele rühme sich des HERRN; *
die Armen sollen es hören und sich freuen. – (Kv)
⁴ Preist mit mir die Größe des HERRN, *
lasst uns gemeinsam seinen Namen erheben!
⁵ Ich suchte den HERRN und er gab mir Antwort, *
er hat mich all meinen Ängsten entrissen. – (Kv)
⁶ Die auf ihn blickten, werden strahlen, *
nie soll ihr Angesicht vor Scham erröten.
⁷ Da rief ein Armer und der HERR erhörte ihn *
und half ihm aus all seinen Nöten. – (Kv)
⁸ Der Engel des HERRN umschirmt, die ihn fürchten, *
und er befreit sie.
⁹ Kostet und seht, wie gut der HERR ist! *
Selig der Mensch, der zu ihm sich flüchtet! – Kv

ZUR 2. LESUNG   *Der Apostel Paulus hat nicht nur gepredigt und Briefe geschrieben. Er hat mit seinen Händen gearbeitet und keine Anstrengung und Gefahr gefürchtet. Am Ende seines Lebens sind ihm die Hände gebunden; er ist ein einsamer, alter Mann, von allen im Stich gelassen. Dennoch ist er voll Dank und voll Hoffnung. Das Geheimnis dieses Apostellebens war die Liebe; sie ist das Geheimnis jedes fruchtbaren Lebens. Und die Liebe hört nie auf. Das Opfer des eigenen Lebens wird der letzte Gottesdienst des Apostels sein.*

ZWEITE LESUNG 2 Tim 4, 6–8.17–18
Schon jetzt liegt für mich der Kranz der Gerechtigkeit bereit

**Lesung
aus dem zweiten Brief des Apostels Paulus an Timótheus.**

Mein Sohn!
⁶ Ich werde schon geopfert
und die Zeit meines Aufbruchs ist nahe.
⁷ Ich habe den guten Kampf gekämpft,
den Lauf vollendet,
die Treue bewahrt.
⁸ Schon jetzt liegt für mich der Kranz der Gerechtigkeit bereit,
den mir der Herr, der gerechte Richter,
an jenem Tag geben wird,
aber nicht nur mir,
sondern allen, die sein Erscheinen ersehnen.
¹⁷ Der Herr stand mir zur Seite und gab mir Kraft,
damit durch mich die Verkündigung vollendet wird
und alle Völker sie hören;
und so wurde ich dem Rachen des Löwen entrissen.
¹⁸ Der Herr wird mich allem bösen Treiben entreißen
und retten in sein himmlisches Reich.
Ihm sei die Ehre in alle Ewigkeit. Amen.

RUF VOR DEM EVANGELIUM Vers: Mt 16, 18
Halleluja. Halleluja.

(So spricht der Herr:)
Du bist Petrus – der Fels –
und auf diesen Felsen werde ich meine Kirche bauen
und die Pforten der Unterwelt werden sie nicht überwältigen.

Halleluja.

ZUM EVANGELIUM *Für die Jünger Jesu ist es wesentlich, seine Lehre zu verstehen, und dazu ist es auch notwendig, Klarheit über seine Person zu haben. Diese Klarheit zu schaffen, ist der Zweck der Frage Jesu: Für wen halten die Leute den Menschensohn? „Die Leute" – „ihr aber" – „Simon Petrus": das sind drei Stufen des Glaubens und des Erkennens. Im Markusevangelium lautet die Antwort des Petrus: „Du bist der Messias" (Mk 8,29); bei Matthäus fügt er hinzu: „der Sohn des lebendigen Gottes". Diese Antwort ist schon in Mt 14,33 vorbereitet, wo die Jünger in einer plötzlichen Helligkeit sagten: „Wahrhaftig, du bist Gottes Sohn". Auf Petrus und seinen Glauben baut Jesus seine Kirche; sie wird dem Ansturm der Todesmächte, den Nöten, die der Ankunft des Menschensohnes vorausgehen, nicht unterliegen. Aber es ist keine triumphierende Kirche, die Jesus gründet. Er selbst, der Menschensohn, muss „vieles erleiden und getötet werden" (16,21); auch Petrus wird lernen müssen, nicht das zu denken, „was die Menschen wollen", sondern „das, was Gott will" (16,23).*

EVANGELIUM   Mt 16, 13–19

Du bist Petrus; ich werde dir die Schlüssel des Himmelreichs geben

☩ Aus dem heiligen Evangelium nach Matthäus.

In jener Zeit,
¹³ als Jesus in das Gebiet von Cäsaréa Philíppi kam,
fragte er seine Jünger und sprach:
Für wen halten die Menschen den Menschensohn?
¹⁴ Sie sagten: Die einen für Johannes den Täufer,
andere für Elíja,
wieder andere für Jeremía oder sonst einen Propheten.
¹⁵ Da sagte er zu ihnen: Ihr aber,
für wen haltet ihr mich?
¹⁶ Simon Petrus antwortete und sprach:
Du bist der Christus,
der Sohn des lebendigen Gottes!
¹⁷ Jesus antwortete und sagte zu ihm:
Selig bist du, Simon Barjóna;
denn nicht Fleisch und Blut haben dir das offenbart,
sondern mein Vater im Himmel.
¹⁸ Ich aber sage dir:
Du bist Petrus – der Fels –
und auf diesen Felsen werde ich meine Kirche bauen
und die Pforten der Unterwelt werden sie nicht überwältigen.

¹⁹ Ich werde dir die Schlüssel des Himmelreichs geben;
was du auf Erden binden wirst,
  das wird im Himmel gebunden sein,
und was du auf Erden lösen wirst,
  das wird im Himmel gelöst sein.

Glaubensbekenntnis, S. 374 ff.
Fürbitten vgl. S. 816 f.

ZUR EUCHARISTIEFEIER   *Der Fels, auf den Christus seine Kirche gestellt hat, ist Petrus. Sein persönliches Bekenntnis gegenüber Jesus als dem Sohn des lebendigen Gottes bildet die Grundlage allen kirchlichen Lebens. Das Zeugnis dieses lebendigen Glaubens ist die wesentliche Bestimmung der Kirche und ihrer Glieder durch alle Zeiten – so auch heute.*

GABENGEBET

Herr und Gott,
in Gemeinschaft mit den Aposteln
Petrus und Paulus bitten wir dich:
Heilige unsere Gaben
und lass uns mit Bereitschaft und Hingabe
das Opfer deines Sohnes feiern,
der mit dir lebt und herrscht in alle Ewigkeit.

Präfation, S. 435

KOMMUNIONVERS   Mt 16, 16.18

Petrus sagte zu Jesus:
Du bist der Messias, der Sohn des lebendigen Gottes.
Jesus erwiderte ihm:
Du bist Petrus, und auf diesen Felsen werde ich meine Kirche bauen.

SCHLUSSGEBET

Herr, unser Gott,
du hast uns durch das heilige Sakrament gestärkt.
Gib, dass wir im Brotbrechen
und in der Lehre der Apostel verharren
und in deiner Liebe ein Herz und eine Seele werden.
Darum bitten wir durch Christus, unseren Herrn.

6. August
VERKLÄRUNG DES HERRN
Fest

Die Verklärung Christi wird von Matthäus, Markus und Lukas berichtet (Mt 17,1-9; Mk 9,2-10; Lk 9,28-36). Das Fest der Verklärung wird in der Ostkirche sicher seit dem 6. Jahrhundert gefeiert. In der abendländischen Kirche wurde es 1457 von Papst Kallistus III. allgemein vorgeschrieben zum Dank für den Sieg über die Osmanen bei Belgrad.

ERÖFFNUNGSVERS Vgl. Mt 17,5

Aus einer leuchtenden Wolke kam die Stimme des Vaters:
Dies ist mein geliebter Sohn, an dem ich Gefallen gefunden habe:
Auf ihn sollt ihr hören.
Ehre sei Gott, S. 371f.

TAGESGEBET

Allmächtiger Gott,
bei der Verklärung deines eingeborenen Sohnes
hast du durch das Zeugnis der Väter
die Geheimnisse unseres Glaubens bekräftigt.
Du hast uns gezeigt, was wir erhoffen dürfen,
wenn unsere Annahme an Kindes statt
sich einmal vollendet.
Hilf uns, auf das Wort deines Sohnes zu hören,
damit wir Anteil erhalten an seiner Herrlichkeit.
Darum bitten wir durch Jesus Christus.

ZUR 1. LESUNG   *Die Verse Dan 7,2-14 beschreiben einen Traum, den Daniel „im ersten Jahr Belschazzars" (550/549 v. Chr.) hatte. Inhaltlich gehört Dan 7 eng mit Dan 2 zusammen. In beiden Kapiteln finden wir die Vorstellung von den vier Weltreichen, die aufeinander folgen. In diesen vier Reichen fasst Daniel die ganze Weltgeschichte von ihren Uranfängen bis zum Ende zusammen. Es geht aber hier nicht um den Ablauf der Weltgeschichte im einzelnen, sondern um die Gegenüberstellung der Weltgeschichte im Ganzen und des Reiches Gottes. Die*

Weltgeschichte, für Daniel (7,8) als dämonische Macht greifbar in dem kleinen Horn des vierten Tieres (= Antiochus IV. Epiphanes, 175-164 v.Chr.), ist im Grunde schon überwunden. Die Herrschaft wird den Machthabern der Welt genommen und dem „Menschensohn" übergeben, der mit den Wolken des Himmels kommt (7,13-14). Wer ist dieser Menschensohn? Jesus hat sich selbst mit Vorliebe den Titel Menschensohn beigelegt, der zugleich menschliche Niedrigkeit und göttliche Hoheit aussagt.

ERSTE LESUNG   Dan 7, 9–10.13–14
Sein Gewand war weiß wie Schnee

Lesung
  aus dem Buch Daniel.

9 Ich, Daniel, sah in einer nächtlichen Vision:
  Throne wurden aufgestellt
  und ein Hochbetagter nahm Platz.
  Sein Gewand war weiß wie Schnee,
     sein Haar wie reine Wolle.
  Feuerflammen waren sein Thron
     und dessen Räder waren loderndes Feuer.
10 Ein Strom von Feuer ging von ihm aus.
  Tausendmal Tausende dienten ihm,
  zehntausendmal Zehntausende standen vor ihm.
  Das Gericht nahm Platz
     und es wurden Bücher aufgeschlagen.
13 Immer noch hatte ich die nächtlichen Visionen:
  Da kam mit den Wolken des Himmels
     einer wie ein Menschensohn.
  Er gelangte bis zu dem Hochbetagten
     und wurde vor ihn geführt.
14 Ihm wurden Herrschaft, Würde und Königtum gegeben.
  Alle Völker, Nationen und Sprachen dienten ihm.
  Seine Herrschaft ist eine ewige, unvergängliche Herrschaft.
  Sein Reich geht niemals unter.

ANTWORTPSALM
Ps 97 (96), 1–2.5–6.8–9 (Kv: vgl. 1a.9a)

Kv Der HERR ist König,
er ist der Höchste über der ganzen Erde. – Kv GL 52, 1

1 Der HERR ist König. Es juble die Erde! *
Freuen sollen sich die vielen Inseln.
2 Rings um ihn her sind Wolken und Dunkel, *
Gerechtigkeit und Recht sind die Stützen seines Thrones. – (Kv)
5 Berge schmelzen wie Wachs vor dem HERRN, *
vor dem Angesicht des HERRN der ganzen Erde.
6 Seine Gerechtigkeit verkünden die Himmel, *
seine Herrlichkeit schauen alle Völker. – (Kv)
8 Zion hört es und freut sich, *
Judas Töchter jubeln, HERR, über deine Urteile.
9 Denn du, HERR, bist der Höchste über der ganzen Erde, *
hoch erhaben bist du über alle Götter. – Kv

ZUR 2. LESUNG *Die „machtvolle Ankunft Jesu Christi, unseres Herrn" (1,16) ist Gegenstand der apostolischen Verkündigung. Sie beruht nicht auf irgendeinem Mythos oder auf irgendeiner Spekulation, sondern auf einem durch Augenzeugen gesicherten Ereignis im Leben des irdischen Jesus. Die Verklärung „auf dem heiligen Berg" (1,18) war das erste Aufleuchten des Tages, an dem sich Christus in seiner Herrlichkeit offenbaren wird. In der Zeit zwischen dem ersten und dem zweiten Ereignis ist das Heil, die Gemeinschaft mit Gott, zwar schon gegeben, aber wir haben es als Gut des Glaubens (1,1), nicht als vollendete Wirklichkeit. Im Vergleich zu dem Tag, der anbrechen wird, erscheint die gegenwärtige Welt wie ein „finsterer Ort". Aber die Verheißung („das Wort des Propheten" 1,19) ist für den Glaubenden „ein Licht", das den kommenden Tag ahnen lässt und bis dahin den Weg erhellt.*

ZWEITE LESUNG
2 Petr 1, 16–19

Die Stimme, die vom Himmel kam, haben wir gehört, als wir mit ihm auf dem heiligen Berg waren

Lesung
aus dem zweiten Brief des Apostels Petrus.

Schwestern und Brüder!

ⁱ⁶ Wir sind nicht
   klug ausgedachten Geschichten gefolgt,
   als wir euch die machtvolle Ankunft
   unseres Herrn Jesus Christus kundtaten,
   sondern wir waren Augenzeugen seiner Macht und Größe.
¹⁷ Denn er hat von Gott, dem Vater, Ehre und Herrlichkeit empfangen,
   als eine Stimme von erhabener Herrlichkeit an ihn erging:
      Das ist mein geliebter Sohn,
      an dem ich Wohlgefallen gefunden habe.
¹⁸ Diese Stimme, die vom Himmel kam, haben wir gehört,
   als wir mit ihm auf dem heiligen Berg waren.
¹⁹ Dadurch ist das Wort der Propheten
   für uns noch sicherer geworden
und ihr tut gut daran, es zu beachten,
wie ein Licht,
   das an einem finsteren Ort scheint,
bis der Tag anbricht
   und der Morgenstern aufgeht in eurem Herzen.

RUF VOR DEM EVANGELIUM
Vers: vgl. Lk 9,35

Halleluja. Halleluja.

Aus der leuchtenden Wolke rief die Stimme des Vaters:
Das ist mein geliebter Sohn; auf ihn sollt ihr hören.

Halleluja.

ZUM EVANGELIUM *Die Geschichte von der Verklärung Jesu ist bei Mt, Mk und Lk das Gegenstück zur vorausgegangenen Leidensweissagung (Mt 16,21-23; Mk 8,31-33; Lk 9,22). Die Jünger, die sich zu Jesus als dem Christus bekannt haben, sollen wissen, welches der Weg Jesu und auch ihr eigener Weg sein wird. Jesus ist der Menschensohn, der leiden, sterben und auferstehen wird, und er ist der künftige Herr in der Herrlichkeit Gottes. Über seine Herrlichkeit belehrt Jesus die Jünger nicht durch Worte, die ja doch unverständlich bleiben müssten, sondern durch eine Erscheinung, die die Zukunft vorausnimmt. Der Lichtglanz, in dem Jesus erscheint, ist in der Heiligen Schrift die Erscheinungsform himmlischer*

Wesen. Mose und Elija, die Männer, denen Israel seinen Glauben verdankt, hatten beide auf dem Sinai ihre große Gottesbegegnung (Ex 33,18-23; 1 Kön 19,9-13). Jetzt begegnen sie dem Herrn auf dem „heiligen Berg" (2 Petr 1,18), um ihn als den zu bezeugen, in dem das Gesetz und die Propheten sich erfüllen. Dann entschwinden sie; in Zukunft ist Jesus allein der, auf den die Jünger hören sollen.

EVANGELIUM
Mk 9, 2–10

Es erscholl eine Stimme aus der Wolke: Dieser ist mein geliebter Sohn

✠ Aus dem heiligen Evangelium nach Markus.

In jener Zeit

2 nahm Jesus Petrus, Jakobus und Johannes beiseite
und führte sie auf einen hohen Berg,
aber nur sie allein.
Und er wurde vor ihnen verwandelt;
3 seine Kleider wurden strahlend weiß,
so weiß, wie sie auf Erden kein Bleicher machen kann.
4 Da erschien ihnen Elíja und mit ihm Mose
und sie redeten mit Jesus.
5 Petrus sagte zu Jesus: Rabbi, es ist gut, dass wir hier sind.
Wir wollen drei Hütten bauen,
eine für dich, eine für Mose und eine für Elíja.
6 Er wusste nämlich nicht, was er sagen sollte;
denn sie waren vor Furcht ganz benommen.
7 Da kam eine Wolke und überschattete sie
und es erscholl eine Stimme aus der Wolke:
    Dieser ist mein geliebter Sohn;
auf ihn sollt ihr hören.
8 Als sie dann um sich blickten,
    sahen sie auf einmal niemanden mehr bei sich außer Jesus.
9 Während sie den Berg hinabstiegen,
    gebot er ihnen,
    niemandem zu erzählen, was sie gesehen hatten,
    bis der Menschensohn von den Toten auferstanden sei.

¹⁰ **Dieses Wort beschäftigte sie
und sie fragten einander, was das sei:
 von den Toten auferstehen.**

ZUR EUCHARISTIEFEIER   *Bei der Verklärung Jesu bekommen die Jünger Einblick in die göttliche Dimension seiner Existenz. Vor ihren Augen wird er offenbar als der geliebte Sohn Gottes. – Augen- und Ohrenzeugen sind wir alle nicht, aber dennoch gilt es auch für uns, auf sein Wort zu hören und seine Zeugen in der Welt zu sein.*

GABENGEBET

Gott, unser Vater,
sende über uns und diese Gaben
das Licht deiner Herrlichkeit,
das in deinem Sohn aufgestrahlt ist.
Es vertreibe das Dunkel der Sünde
und mache uns zu Kindern des Lichtes.
Darum bitten wir durch Christus, unseren Herrn.

Präfation, S. 435

KOMMUNIONVERS   1 Joh 3, 2

Wenn der Herr offenbar wird, werden wir ihm ähnlich sein,
denn wir werden ihn sehen, wie er ist.

SCHLUSSGEBET

Herr, unser Gott,
in der Verklärung deines Sohnes
wurde der Glanz seiner Gottheit offenbar.
Lass uns durch den Empfang der himmlischen Speise
seinem verherrlichten Leib gleichgestaltet werden.
Darum bitten wir durch ihn, Christus, unseren Herrn.

15. August
MARIÄ AUFNAHME IN DEN HIMMEL

Hochfest

Am 1. November 1950 hat Pius XII. die Lehre, dass Maria mit Leib und Seele in die himmlische Herrlichkeit aufgenommen wurde, als Glaubenssatz verkündet und damit die seit alters her vorhandene christliche Glaubensüberzeugung endgültig bestätigt. Das Fest „Mariä Himmelfahrt", richtiger das Fest der Aufnahme Mariens in den Himmel, ist in der Ostkirche bald nach dem Konzil von Ephesus (431) aufgekommen. Von Kaiser Mauritius (582–602) wurde der 15. August als staatlicher Feiertag anerkannt. In der römischen Kirche wird das Fest seit dem 7. Jahrhundert gefeiert.

DAS DOGMA   *„Wir verkünden, erklären und definieren es als ein von Gott offenbartes Dogma, dass die unbefleckte, allzeit jungfräuliche Gottesmutter Maria nach Ablauf ihres irdischen Lebens mit Leib und Seele in die himmlische Herrlichkeit aufgenommen wurde." (Pius XII.)*

Am Vorabend

Aus pastoralen Gründen ist es erlaubt, die Texte der Messe „Am Tag", S. 702 ff., zu nehmen.

ERÖFFNUNGSVERS

Großes wird von dir gesagt, Maria:
Der Herr hat dich erhoben
über die Chöre der Engel in seine Herrlichkeit.
Ehre sei Gott, S. 371 f.

TAGESGEBET

Allmächtiger Gott,
du hast die Jungfrau Maria
zur Mutter deines ewigen Sohnes erwählt.
Du hast auf deine niedrige Magd geschaut
und sie mit Herrlichkeit gekrönt.

Höre auf ihre Fürsprache
und nimm auch uns in deine Herrlichkeit auf,
da du uns erlöst hast
durch den Tod und die Auferstehung
deines Sohnes unseres Herrn Jesus Christus,
der in der Einheit des Heiligen Geistes
mit dir lebt und herrscht in alle Ewigkeit.

ZUR 1. LESUNG   *Die Bundeslade war ein Schrein aus Akazienholz; sie war mit Gold überzogen und enthielt die beiden Gesetzestafeln (Ex 25; Dtn 10, 1–5). König David ließ sie nach Jerusalem bringen; Salomo stellte sie im heiligsten Raum des Tempels auf. Sie war Symbol der Gegenwart Gottes bei seinem Volk und zugleich Mahnung, nach dem Wort und Willen Gottes zu leben. Bei der Zerstörung des Tempels (587 v.Chr.) ging die Bundeslade verloren. Die Verehrung, die man ihr entgegengebracht hatte, ging später auf den Tempel und die Stadt Jerusalem über; hier war der Thron Gottes, der Schemel seiner Füße. Im Neuen Bund ist auf besondere Weise Maria die Verkörperung Israels und Zions als Ort der göttlichen Gegenwart.*

ERSTE LESUNG   1 Chr 15, 3–4.15–16; 16, 1–2

Man trug die Lade Gottes in das Zelt, das David für sie aufgestellt hatte,
und setzte sie an ihren Platz in der Mitte des Zeltes

Lesung
   aus dem ersten Buch der Chronik.

In jenen Tagen
15,3   berief David ganz Israel nach Jerusalem,
      um die Lade des HERRN an den Ort zu bringen,
      den er für sie hergerichtet hatte.
4 Er ließ die Nachkommen Aarons und die Leviten kommen:
15 Die Leviten hoben die Lade Gottes
      mit den Tragstangen auf ihre Schultern,
      wie es Mose auf Befehl des HERRN angeordnet hatte.
16 Den Vorstehern der Leviten befahl David,
      sie sollten ihre Stammesbrüder, die Sänger,
      mit ihren Instrumenten,

15. August · Mariä Aufnahme in den Himmel

mit Harfen, Zithern und Zimbeln, aufstellen,
damit sie zum Freudenjubel laut ihr Spiel ertönen ließen.

^{6,1} Man trug die Lade Gottes in das Zelt,
das David für sie aufgestellt hatte,
setzte sie an ihren Platz in der Mitte des Zeltes
und brachte Brand- und Heilsopfer vor Gott dar.

² Als David
mit dem Darbringen der Brand- und Heilsopfer fertig war,
segnete er das Volk im Namen des HERRN.

ANTWORTPSALM   Ps 132 (131), 6–7.9–10.13–14 (Kv: 8a)

Kv Steh auf, HERR, zum Ort deiner Ruhe! – Kv   GL 229

⁶ Siehe, wir hörten von seiner Lade in Éfrata, *
fanden sie im Gefilde von Jáar.

⁷ Lasst uns hingehen zu seiner Wohnung, *
uns niederwerfen am Schemel seiner Füße! – (Kv)

⁹ Deine Priester sollen sich in Gerechtigkeit kleiden *
und deine Frommen sollen jubeln.

¹⁰ Um Davids willen, deines Knechtes, *
weise nicht ab das Angesicht deines Gesalbten! – (Kv)

¹³ Denn der HERR hat den Zion erwählt, *
ihn begehrt zu seinem Wohnsitz:

¹⁴ „Das ist für immer der Ort meiner Ruhe, *
hier will ich wohnen, ich hab ihn begehrt." – Kv

ZUR 2. LESUNG *Die Auferstehung der Toten ist ein „Geheimnis" (1 Kor 15,41): ein unbegreifliches, nur als Tat Gottes mögliches Geschehen. Der Anfang ist schon gemacht: Der Stachel des Todes, die Sünde, ist überwunden durch den Tod und die Auferstehung Jesu. Wer in Christus ist, hat den Schritt vom Tod zum Leben bereits getan, allen voran die Mutter Jesu, die mit der Person und dem Werk ihres Sohnes über den Tod hinaus aufs engste verbunden bleibt.*

ZWEITE LESUNG

1 Kor 15, 54–57

Gott hat uns den Sieg geschenkt durch Jesus Christus

**Lesung
aus dem ersten Brief des Apostels Paulus
an die Gemeinde in Korínth.**

Schwestern und Brüder!
⁵⁴ **Wenn sich dieses Verwesliche mit Unverweslichkeit bekleidet
und dieses Sterbliche mit Unsterblichkeit,
dann erfüllt sich das Wort der Schrift:**

Verschlungen ist der Tod vom Sieg.
⁵⁵ **Tod, wo ist dein Sieg?
Tod, wo ist dein Stachel?**
⁵⁶ **Der Stachel des Todes aber ist die Sünde,
die Kraft der Sünde ist das Gesetz.**
⁵⁷ **Gott aber sei Dank,
der uns den Sieg geschenkt hat
durch unseren Herrn Jesus Christus.**

RUF VOR DEM EVANGELIUM

Vers: vgl. Lk 11, 28

Halleluja. Halleluja.

Selig, die das Wort Gottes hören
und es befolgen.

Halleluja.

ZUM EVANGELIUM *Wer das Wort Jesu hört und seine Nähe spürt, weiß sich angesprochen und angenommen, und es drängt ihn zur Antwort. Die Frau, die in der Volksmenge stand, konnte nicht mehr schweigen: Sie musste jene andere Frau nennen und rühmen, die mit Jesus aufs engste verbunden war: seine Mutter. Die Erwiderung Jesu ist eine Klarstellung nach zwei Richtungen: 1. Maria ist nicht schon deshalb seligzupreisen, weil sie die leibliche Mutter Jesu ist, sondern weil sie außerdem zu jenen gehört, die das Wort Gottes hören und es befolgen; 2. Maria ist nicht die Einzige, die das Wort Gottes hört; alle, die es hören und befolgen, haben Gemeinschaft mit Jesus, sie sind seine wahre Verwandtschaft.*

EVANGELIUM
Lk 11, 27–28

Selig der Schoß, der dich getragen hat

✛ Aus dem heiligen Evangelium nach Lukas.

In jener Zeit,
²⁷ als Jesus zum Volk redete,
   erhob eine Frau aus der Menge ihre Stimme und rief ihm zu:
Selig der Schoß, der dich getragen,
   und die Brust, die dich gestillt hat!
²⁸ Er aber erwiderte:
   Ja, selig sind vielmehr,
   die das Wort Gottes hören
   und es befolgen.

Glaubensbekenntnis, S. 374 ff.
Fürbitten vgl. S. 816

ZUR EUCHARISTIEFEIER *Viele Menschen hören das Wort und hören es doch nicht. Nur mit dem Herzen hört man gut: Das hörende und liebende Herz, das reine Herz, ist fähig, die Gabe Gottes zu empfangen.*

GABENGEBET

Herr und Gott,
am Fest der Aufnahme Marias in den Himmel
bringen wir das Opfer des Lobes
und der Versöhnung dar.
Es erwirke uns die Vergebung der Sünden
und die Gnade, dir immer zu danken.
Darum bitten wir durch Christus, unseren Herrn.

Präfation, S. 435 f.

KOMMUNIONVERS
Vgl. Lk 11, 27

Selig der Leib der Jungfrau Maria;
denn er hat den Sohn des ewigen Gottes getragen.

SCHLUSSGEBET

Herr, unser Gott,
am Fest der Aufnahme Marias in den Himmel
hast du uns an deinem Tisch versammelt.
Erhöre unser Gebet
und lass auch uns nach aller Mühsal dieser Zeit
zu dir in die ewige Heimat gelangen.
Darum bitten wir durch Christus, unseren Herrn.

Am Tag

ERÖFFNUNGSVERS   Offb 12, 1

Ein großes Zeichen erschien am Himmel:
Eine Frau, umgeben von der Sonne, den Mond unter ihren Füßen,
und einen Kranz von zwölf Sternen auf ihrem Haupt.

Oder:

Freut euch alle im Herrn
am Fest der Aufnahme der seligsten Jungfrau Maria in den Himmel.
Mit uns freuen sich die Engel und loben Gottes Sohn.

Ehre sei Gott, S. 371 f.

TAGESGEBET

Allmächtiger, ewiger Gott,
du hast die selige Jungfrau Maria,
die uns Christus geboren hat,
vor aller Sünde bewahrt
und sie mit Leib und Seele
zur Herrlichkeit des Himmels erhoben.
Gib, dass wir auf dieses Zeichen
der Hoffnung und des Trostes schauen
und auf dem Weg bleiben,
der hinführt zu deiner Herrlichkeit.
Darum bitten wir durch Jesus Christus.

ZUR 1. LESUNG   *In wenigen Sätzen umreißt die Lesung aus Offb 12 ein gewaltiges Geschehen. Die Frau, die am Himmel als das große Zeichen erscheint, ist die Mutter des Messiaskindes. Sie ist die Verkörperung des Gottesvolkes; die zwölf*

Sterne über ihrem Haupt erinnern an die zwölf Stämme Israels. Die Geburtswehen sind weniger von der leiblichen Geburt des Messiaskindes zu verstehen als von den Leiden des Gottesvolkes im Verlauf seiner Geschichte, vor allem in der Zeit, die dem Ende vorausgeht.

ERSTE LESUNG

Offb 11, 19a; 12, 1–6a.10ab

Ein großes Zeichen erschien am Himmel: eine Frau, mit der Sonne bekleidet, der Mond unter ihren Füßen

Lesung
   aus der Offenbarung des Johannes.

¹⁹ᵃ Der Tempel Gottes im Himmel wurde geöffnet
   und in seinem Tempel wurde die Lade seines Bundes sichtbar:
²,¹ Dann erschien ein großes Zeichen am Himmel:
   eine Frau, mit der Sonne bekleidet;
   der Mond war unter ihren Füßen
      und ein Kranz von zwölf Sternen auf ihrem Haupt.
² Sie war schwanger
   und schrie vor Schmerz in ihren Geburtswehen.

³ Ein anderes Zeichen erschien am Himmel
   und siehe, ein Drache, groß und feuerrot,
      mit sieben Köpfen und zehn Hörnern
      und mit sieben Diademen auf seinen Köpfen.
⁴ Sein Schwanz fegte ein Drittel der Sterne vom Himmel
   und warf sie auf die Erde herab.
Der Drache stand vor der Frau, die gebären sollte;
er wollte ihr Kind verschlingen,
   sobald es geboren war.
⁵ Und sie gebar ein Kind,
einen Sohn,
   der alle Völker mit eisernem Zepter weiden wird.
Und ihr Kind wurde zu Gott und zu seinem Thron entrückt.
⁶ᵃ Die Frau aber floh in die Wüste,
   wo Gott ihr einen Zufluchtsort geschaffen hatte.
¹⁰ᵃᵇ Da hörte ich eine laute Stimme im Himmel rufen:

Jetzt ist er da, der rettende Sieg,
die Macht und die Königsherrschaft unseres Gottes
und die Vollmacht seines Gesalbten.

ANTWORTPSALM
Ps 45 (44), 11–12.16 u. 18

Kv Selig bist du, Jungfrau Maria,   GL 649, 1
du stehst zur Rechten des Herrn. – Kv

11 Höre, Tochter, sieh her und neige dein Ohr, *
vergiss dein Volk und dein Vaterhaus!
12 Der König verlangt nach deiner Schönheit; *
er ist ja dein Herr, wirf dich vor ihm nieder! – (Kv)
16 Sie werden geleitet mit Freude und Jubel, *
sie kommen in den Palast des Königs.
18 Ich will deinen Namen in Erinnerung rufen von Geschlecht zu Geschlecht; *
darum werden die Völker dich preisen auf immer und ewig. – Kv

ZUR 2. LESUNG *Gott hat seinen Sohn von den Toten auferweckt, damit hat die Auferstehung der Toten begonnen. An Christus (und dann auch an Maria) ist sichtbar geworden, zu welchem Ziel die Menschheit unterwegs ist. Aber erst wenn der „letzte Feind" überwunden ist, wenn es keine Sünde und keinen Tod mehr gibt, wird die Erlösung vollendet sein und die Macht Gottes offenbar werden.*

ZWEITE LESUNG
1 Kor 15, 20–27a

In Christus werden alle lebendig gemacht werden:
Erster ist Christus; dann folgen alle, die zu ihm gehören

Lesung
aus dem ersten Brief des Apostels Paulus
an die Gemeinde in Korínth.

Schwestern und Brüder!
20 Christus ist von den Toten auferweckt worden
als der Erste der Entschlafenen.
21 Da nämlich durch e i n e n Menschen der Tod gekommen ist,
kommt durch e i n e n Menschen
auch die Auferstehung der Toten.

15. August · Mariä Aufnahme in den Himmel

²² Denn wie in Adam alle sterben,
   so werden in Christus alle lebendig gemacht werden.
²³ Es gibt aber eine bestimmte Reihenfolge:
   Erster ist Christus;
   dann folgen, wenn Christus kommt,
   alle, die zu ihm gehören.
²⁴ Danach kommt das Ende,
   wenn er jede Macht, Gewalt und Kraft entmachtet hat
   und seine Herrschaft Gott, dem Vater, übergibt.
²⁵ Denn er muss herrschen,
   bis Gott ihm alle Feinde unter seine Füße gelegt hat.
²⁶ Der letzte Feind, der entmachtet wird,
   ist der Tod.
²⁷ᵃ Denn: Alles hat er seinen Füßen unterworfen.

RUF VOR DEM EVANGELIUM

Halleluja. Halleluja.

Aufgenommen in den Himmel ist die Jungfrau Maria.
Die Engel freuen sich und preisen den Herrn.

Halleluja.

ZUM EVANGELIUM   *Nachdem Maria ihr großes Ja gesprochen hat, eilt sie zu ihrer Verwandten Elisabet. Beide Frauen sind auf besondere Weise in die Heilsordnung Gottes einbezogen. Der Lobgesang Marias, das Magnifikat, ist ihre Antwort auf das, was ihr von Gott her geschehen ist. Das Lied feiert die Größe Gottes, seine Macht, seine Barmherzigkeit und seine ewige Treue. Der Lobgesang aller Glaubenden der alten Zeit und der kommenden Generationen fügt sich in dieses Danklied ein.*

EVANGELIUM   Lk 1, 39–56
Der Mächtige hat Großes an mir getan: Er erhöht die Niedrigen

✠ Aus dem heiligen Evangelium nach Lukas.
³⁹ In jenen Tagen machte sich Maria auf den Weg
   und eilte in eine Stadt im Bergland von Judäa.

⁴⁰ Sie ging in das Haus des Zacharías
   und begrüßte Elisabet.
⁴¹ Und es geschah:
Als Elisabet den Gruß Marias hörte,
   hüpfte das Kind in ihrem Leib.

Da wurde Elisabet vom Heiligen Geist erfüllt
⁴² und rief mit lauter Stimme:
   Gesegnet bist du unter den Frauen
und gesegnet ist die Frucht deines Leibes.
⁴³ Wer bin ich, dass die Mutter meines Herrn zu mir kommt?
⁴⁴ Denn siehe, in dem Augenblick, als ich deinen Gruß hörte,
   hüpfte das Kind vor Freude in meinem Leib.
⁴⁵ Und selig,
   die geglaubt hat, dass sich erfüllt,
   was der Herr ihr sagen ließ.
⁴⁶ Da sagte Maria:
Meine Seele preist die Größe des Herrn
⁴⁷   und mein Geist jubelt über Gott, meinen Retter.
⁴⁸ Denn auf die Niedrigkeit seiner Magd hat er geschaut.
Siehe, von nun an preisen mich selig alle Geschlechter.
⁴⁹ Denn der Mächtige hat Großes an mir getan
   und sein Name ist heilig.
⁵⁰ Er erbarmt sich von Geschlecht zu Geschlecht
   über alle, die ihn fürchten.
⁵¹ Er vollbringt mit seinem Arm machtvolle Taten:
Er zerstreut, die im Herzen voll Hochmut sind;
⁵² er stürzt die Mächtigen vom Thron
   und erhöht die Niedrigen.
⁵³ Die Hungernden beschenkt er mit seinen Gaben
   und lässt die Reichen leer ausgehen.
⁵⁴ Er nimmt sich seines Knechtes Israel an
und denkt an sein Erbarmen,
⁵⁵   das er unsern Vätern verheißen hat,
   Abraham und seinen Nachkommen auf ewig.

⁵⁶ Und Maria blieb etwa drei Monate bei Elisabet;
dann kehrte sie nach Hause zurück.

Glaubensbekenntnis, S. 374 ff.
Fürbitten vgl. S. 816

ZUR EUCHARISTIEFEIER *Wer wie Maria das Wirken Gottes am eigenen Leib, im eigenen Leben erfahren hat, kann nur Dank sagen. Die persönliche Erfahrung des Geistes Gottes drängt aber auch dazu, sich aufzumachen und seine Gaben nicht für sich zu behalten. Was Gott in uns wirkt, will durch unser Leben weitergetragen werden zu allen, denen wir begegnen.*

GABENGEBET

Allmächtiger Gott,
unser Gebet und unser Opfer steige zu dir empor.
Höre auf die selige Jungfrau Maria,
die du in den Himmel aufgenommen hast,
und entzünde in unseren Herzen das Feuer der Liebe,
damit wir dich allezeit suchen.
Darum bitten wir durch Christus, unseren Herrn.

Präfation, S. 435 f.

KOMMUNIONVERS   Lk 1, 48–49

Von nun an preisen mich selig alle Geschlechter.
Denn der Mächtige hat Großes an mir getan.

SCHLUSSGEBET

Barmherziger Gott,
wir haben das heilbringende Sakrament empfangen.
Lass uns auf die Fürsprache der seligen Jungfrau Maria,
die du in den Himmel aufgenommen hast,
zur Herrlichkeit der Auferstehung gelangen.
Darum bitten wir durch Christus, unseren Herrn.

14. September
KREUZERHÖHUNG
Fest

Das Kreuzfest im September hat seinen Ursprung in Jerusalem; dort wurde am 13. September 335 die Konstantinische Basilika über dem Heiligen Grab feierlich eingeweiht. Der 13. September war auch der Jahrestag der Auffindung des Kreuzes gewesen. Am 14. September, dem Tag nach der Kirchweihe, wurde in der neuen Kirche dem Volk zu ersten Mal das Kreuzesholz gezeigt („erhöht") und zur Verehrung dargereicht. Später verband man mit diesem Fest auch die Erinnerung an die Wiedergewinnung des heiligen Kreuzes durch Kaiser Heraklius im Jahr 628; zuvor war das Kreuz an die Perser verloren gegangen, Heraklius brachte es feierlich an seinen Platz in Jerusalem zurück.

ERÖFFNUNGSVERS   Vgl. Gal 6,14
Wir rühmen uns des Kreuzes unseres Herrn Jesus Christus.
In ihm ist uns Heil geworden und Auferstehung und Leben.
Durch ihn sind wir erlöst und befreit.
Ehre sei Gott, S. 371 f.

TAGESGEBET
Allmächtiger Gott,
deinem Willen gehorsam,
hat dein geliebter Sohn
den Tod am Kreuz auf sich genommen,
um alle Menschen zu erlösen.
Gib, dass wir in der Torheit des Kreuzes
deine Macht und Weisheit erkennen
und in Ewigkeit teilhaben
an der Frucht der Erlösung.
Darum bitten wir durch Jesus Christus.

ZUR 1. LESUNG   *Die Erzählung von der kupfernen Schlange geht vermutlich auf eine Schlangenplage während des Wüstenzugs zurück (Num 21,6). Die Hilfe kam nicht durch irgendwelchen Zauber, sondern durch die Reue des Volkes, durch die Fürbitte des Mose und den Glauben derer, die der Anweisung des Mose folgten und zur Schlange hinaufschauten. Noch in viel späterer Zeit (2 Kön 18, 4) wurde, wohl in Erinnerung an die Schlange in der Wüste, vom Volk in Jerusalem ein Schlangenbildnis abergläubisch verehrt; der fromme König Hiskija hat es schließlich beseitigt. – Nach Joh 3, 14 hat Jesus in jener Schlange, die am oberen Ende einer Stange befestigt war, eine Vorausdarstellung seines eigenen Todes am Kreuz gesehen. Erst der am Kreuz erhöhte Menschensohn ist das wirkliche, wirksame Zeichen der Rettung, weil er das Zeichen der übergroßen Liebe ist.*

ERSTE LESUNG Num 21, 4–9

Wenn jemand von einer Schlange gebissen wurde und zu der Kupferschlange aufblickte, blieb er am Leben

**Lesung
aus dem Buch Númeri.**

In jenen Tagen
4 **brachen die Israeliten vom Berg Hor auf
und schlugen die Richtung zum Roten Meer ein,
um Edom zu umgehen.**

Das Volk aber verlor auf dem Weg die Geduld,
5 **es lehnte sich gegen Gott und gegen Mose auf
und sagte: Warum habt ihr uns aus Ägypten heraufgeführt?
Etwa damit wir in der Wüste sterben?
Es gibt weder Brot noch Wasser
und es ekelt uns vor dieser elenden Nahrung.**

6 **Da schickte der HERR Feuerschlangen unter das Volk.
Sie bissen das Volk
und viel Volk aus Israel starb.**

7 **Da kam das Volk zu Mose
und sagte: Wir haben gesündigt,
denn wir haben uns gegen den HERRN und gegen dich aufgelehnt.
Bete zum HERRN, dass er uns von den Schlangen befreit!
Da betete Mose für das Volk.**

8 **Der HERR sprach zu Mose:**

Mach dir eine Feuerschlange
und häng sie an einer Stange auf!
Jeder, der gebissen wird,
wird am Leben bleiben, wenn er sie ansieht.

⁹ Mose machte also eine Schlange aus Kupfer
und hängte sie an einer Stange auf.
Wenn nun jemand von einer Schlange gebissen wurde
und zu der Kupferschlange aufblickte,
blieb er am Leben.

ANTWORTPSALM Ps 78 (77), 1–2.34–35.36–37.38ab u. 39 (Kv: vgl. 7b)

Kv Vergesst die Taten Gottes nicht! – Kv GL 623, 6

¹ Lausche, mein Volk, meiner Weisung! *
Neigt euer Ohr den Worten meines Mundes!
² Ich öffne meinen Mund zu einem Spruch; *
ich will Geheimnisse der Vorzeit verkünden. – (Kv)
³⁴ Wenn Gott dreinschlug, fragten sie nach ihm, *
kehrten um und suchten ihn.
³⁵ Sie dachten daran, dass Gott ihr Fels ist *
und Gott, der Höchste, ihr Erlöser. – (Kv)
³⁶ Doch sie täuschten ihn mit ihrem Mund *
und belogen ihn mit ihrer Zunge.
³⁷ Ihr Herz hielt nicht fest zu ihm, *
sie hielten seinem Bund nicht die Treue. – (Kv)
³⁸ᵃᵇ Doch er ist barmherzig, *
vergab die Schuld und vernichtete nicht.
³⁹ Denn er dachte daran, dass sie Fleisch sind, *
nur ein Hauch, der vergeht und nicht wiederkehrt. – Kv

ZUR 2. LESUNG *Phil 2,6–11 ist ein Christuslied, das Paulus vorgefunden oder neu geschaffen hat. In großen Zügen wird hier die neue Wirklichkeit gedeutet, die durch die Erniedrigung und Erhöhung Christi geschaffen wurde. Im Menschen Jesus ist uns der unsichtbare, ferne Gott nahegekommen. Jesus hat in unserer Welt das sichtbar gemacht, was in der Ewigkeit Gottes das Wesen und Leben des Sohnes ist: die ganze, ungeteilte Hinwendung zum Vater (vgl. Joh 1,1–2). Diese*

Hinwendung bedeutet für den Menschen Jesus: Erniedrigung, Gehorsam, Tod am Kreuz. Das war für ihn der Weg zur Herrlichkeit des Sohnes: „darum" hat Gott ihm Macht gegeben über alle Menschen, Welten und Zeiten (2, 9–11). Nun ist er der Kyrios, der Herr und Retter. Dieser Hoheitstitel hat den Namen Jesus nicht verdrängt, sondern ihn für alle Ewigkeit gedeutet.

ZWEITE LESUNG Phil 2, 6–11

Christus Jesus erniedrigte sich; darum hat ihn Gott über alle erhöht

Lesung
   aus dem Brief des Apostels Paulus
   an die Gemeinde in Philíppi.

⁶ Christus Jesus war Gott gleich,
hielt aber nicht daran fest, Gott gleich zu sein,
⁷ sondern er entäußerte sich
   und wurde wie ein Sklave
   und den Menschen gleich.
Sein Leben war das eines Menschen;
⁸ er erniedrigte sich
   und war gehorsam bis zum Tod,
bis zum Tod am Kreuz.
⁹ Darum hat ihn Gott über alle erhöht
und ihm den Namen verliehen,
   der größer ist als alle Namen,
¹⁰ damit alle im Himmel, auf der Erde und unter der Erde
   ihr Knie beugen vor dem Namen Jesu
¹¹ und jeder Mund bekennt:
   „Jesus Christus ist der Herr" –
zur Ehre Gottes, des Vaters.

RUF VOR DEM EVANGELIUM

Halleluja. Halleluja.

Wir beten dich an, Herr Jesus Christus, und preisen dich;
denn durch dein heiliges Kreuz hast du die Welt erlöst.

Halleluja.

ZUM EVANGELIUM *Die Offenbarungsrede in Joh 3,13-21 ist weniger an Nikodemus als den Vertreter der frühjüdischen Synagoge gerichtet; die Rede richtet sich an die Leser. – Der „Menschensohn" in 3,13-14 ist Jesus, der aus der Höhe herabgestiegene, menschgewordene und dann in die Herrlichkeit erhöhte Sohn Gottes. Weil er herabgestiegen ist und am Kreuz erhöht wurde, gibt es für die Menschen Wiedergeburt (3,5-6), Rettung im Gericht, Leben in der Gemeinschaft mit Gott. Die Wiedergeburt ist nicht das Werk menschlicher Weisheit und Anstrengung, sondern Gabe des Geistes und Geheimnis des Glaubens. Die Erhöhung Jesu am Kreuz wird dem „Lehrer Israels" (3,10) am Bild der kupfernen Schlange erklärt. Die an einer Stange befestigte Schlange war für die Israeliten in der Wüste ein Zeichen der Rettung gewesen. Gerettet hat sie freilich nicht die Schlange, sondern die Barmherzigkeit Gottes.*

EVANGELIUM
Joh 3,13–17

Der Menschensohn muss erhöht werden

+ Aus dem heiligen Evangelium nach Johannes.

In jener Zeit sprach Jesus zu Nikodémus:

¹³ Niemand ist in den Himmel hinaufgestiegen
   außer dem, der vom Himmel herabgestiegen ist:
der Menschensohn.

¹⁴ Und wie Mose die Schlange in der Wüste erhöht hat,
   so muss der Menschensohn erhöht werden,

¹⁵ damit jeder, der glaubt,
   in ihm ewiges Leben hat.

¹⁶ Denn Gott hat die Welt so sehr geliebt,
   dass er seinen einzigen Sohn hingab,
damit jeder, der an ihn glaubt, nicht verloren geht,
   sondern ewiges Leben hat.

¹⁷ Denn Gott hat seinen Sohn nicht in die Welt gesandt,
   damit er die Welt richtet,
sondern damit die Welt durch ihn gerettet wird.

ZUR EUCHARISTIEFEIER *Aus der Sicht unseres Glaubens ist das Kreuz nicht Instrument des Todes, sondern Zeichen des Heils. Mit der Hingabe Jesu bis zum Tod am Kreuz wird seine grenzenlose Liebe zu uns Menschen sichtbar: „Es gibt*

keine größere Liebe, als wenn einer sein Leben für seine Freunde hingibt."
(Joh 15,13)

GABENGEBET

Herr, unser Gott,
dieses heilige Opfer hat auf dem Altar des Kreuzes
die Sünde der ganzen Welt hinweggenommen.
Es mache auch uns rein von aller Schuld.
Darum bitten wir durch Christus, unseren Herrn.

Präfation, S. 436
oder Präfation vom Leiden Christi I, S. 422

KOMMUNIONVERS Joh 12, 32

So spricht der Herr:
Wenn ich von der Erde erhöht bin, werde ich alle an mich ziehen.

SCHLUSSGEBET

Herr Jesus Christus,
du hast am Holz des Kreuzes
der Welt das ewige Leben erworben.
Führe uns durch diese Feier,
in der wir deinen geopferten Leib
empfangen haben,
zur Herrlichkeit der Auferstehung.
Der du lebst und herrschest in alle Ewigkeit.

1. November

ALLERHEILIGEN

Hochfest

Die Anfänge des Allerheiligenfestes gehen bis ins 4. Jahrhundert zurück. Ephräm der Syrer und Johannes Chrysostomus kennen bereits ein Fest aller heiligen Märtyrer am 13. Mai bzw. am 1. Sonntag nach Pfingsten, der im griechischen Kalender heute noch der Sonntag der Heiligen heißt. Im Abendland gab es seit dem 7. Jahrhundert ein Fest aller heiligen Märtyrer am 13. Mai (Einweihung des römischen Pantheons zu Ehren der seligen Jungfrau Maria und aller heiligen Märtyrer am 13. Mai 609). Das Fest aller Heiligen (nicht nur der Märtyrer) am 1. November kam im 8. Jahrhundert aus Irland und England auf den europäischen Kontinent und hat sich bald allgemein durchgesetzt.

ALLERHEILIGEN *ist wie ein großes Erntefest; eine „Epiphanie von Pfingsten" hat man es auch genannt. Die Frucht, die aus dem Sterben des Weizenkorns wächst und reift, sehen wir. Noch ist die Ernte aber nicht beendet; Allerheiligen richtet unseren Blick auf das Endziel, für das Gott uns geschaffen hat. Noch stöhnen wir unter der Last der Vergänglichkeit, aber uns trägt die Gemeinschaft der durch Gottes Erwählung Berufenen und Geheiligten; uns treibt die Hoffnung, dass auch wir zur Freiheit und Herrlichkeit der Kinder Gottes gelangen werden. Und wir besitzen als Anfangsgabe den Heiligen Geist.*

ERÖFFNUNGSVERS

Freut euch alle im Herrn am Fest aller Heiligen;
mit uns freuen sich die Engel und loben Gottes Sohn.

Ehre sei Gott, S. 371 f.

TAGESGEBET

**Allmächtiger, ewiger Gott,
du schenkst uns die Freude,
am heutigen Fest
die Verdienste aller deiner Heiligen zu feiern.
Erfülle auf die Bitten so vieler Fürsprecher
unsere Hoffnung
und schenke uns dein Erbarmen.
Darum bitten wir durch Jesus Christus.**

ZUR 1. LESUNG *Zwischen einer Reihe von Visionen im Buch der Offenbarung über die Katastrophen der Weltgeschichte steht die Vision von der glanzvollen Versammlung der Geretteten vor dem Thron Gottes. Die Welt ist also nicht so dunkel, wie es dem Blick der Menschen oft scheinen möchte. Die Rettung kommt „von unserem Gott ... und von dem Lamm" (Offb 7,10). Durch den Opfertod und die Erhöhung des Lammes ist der Tod überwunden, das Leben ist in diese vergängliche Welt und ihre Ordnungen gekommen. Zwar ist der leibliche Tod noch nicht aus der Welt geschafft. Aber für alle, die „ihre Gewänder gewaschen und im Blut des Lammes weiß gemacht haben", ist der Tod das, was er auch für das geopferte Lamm war: ein Hinübergehen aus Not und Verfolgung in die Welt Gottes, wo es keine Not und keinen Tod mehr gibt.*

ERSTE LESUNG Offb 7, 2–4.9–14

Ich sah eine große Schar aus allen Nationen und Sprachen; niemand konnte sie zählen

Lesung
  aus der Offenbarung des Johannes.

² Ich, Johannes,
  sah vom Aufgang der Sonne her
  einen anderen Engel emporsteigen;
er hatte das Siegel des lebendigen Gottes
und rief den vier Engeln,
  denen die Macht gegeben war,
  dem Land und dem Meer Schaden zuzufügen,
  mit lauter Stimme zu und sprach:
³ Fügt dem Land, dem Meer und den Bäumen keinen Schaden zu,
  bis wir den Knechten unseres Gottes
  das Siegel auf die Stirn gedrückt haben!
⁴ Und ich erfuhr die Zahl derer,
  die mit dem Siegel gekennzeichnet waren.
Es waren hundertvierundvierzigtausend
  aus allen Stämmen der Söhne Israels, die das Siegel trugen:
⁹ Danach sah ich und siehe, eine große Schar
  aus allen Nationen und Stämmen, Völkern und Sprachen;
niemand konnte sie zählen.
Sie standen vor dem Thron und vor dem Lamm,
  gekleidet in weiße Gewänder,
  und trugen Palmzweige in den Händen.
¹⁰ Sie riefen mit lauter Stimme und sprachen:
Die Rettung kommt von unserem Gott, der auf dem Thron sitzt,
  und von dem Lamm.

¹¹ Und alle Engel standen rings um den Thron,
   um die Ältesten und die vier Lebewesen.
Sie warfen sich vor dem Thron auf ihr Angesicht nieder,
beteten Gott an
¹² und sprachen:

Amen, Lob und Herrlichkeit,
Weisheit und Dank,
Ehre und Macht und Stärke
   unserem Gott in alle Ewigkeit. Amen.

¹³ Da nahm einer der Ältesten das Wort und sagte zu mir:
   Wer sind diese, die weiße Gewänder tragen,
und woher sind sie gekommen?
¹⁴ Ich erwiderte ihm: Mein Herr, du weißt das.
Und er sagte zu mir:
   Dies sind jene, die aus der großen Bedrängnis kommen;
sie haben ihre Gewänder gewaschen
   und im Blut des Lammes weiß gemacht.

ANTWORTPSALM   Ps 24 (23), 1–2.3–4.5–6 (Kv: vgl. 6)

Kv Aus allen Völkern hast du sie erwählt,   GL 653, 3
die dein Angesicht suchen, o Herr. – Kv

¹ Dem HERRN gehört die Erde und was sie erfüllt, *
der Erdkreis und seine Bewohner.
² Denn er hat ihn auf Meere gegründet, *
ihn über Strömen befestigt. – (Kv)
³ Wer darf hinaufziehn zum Berg des HERRN, *
wer darf stehn an seiner heiligen Stätte?
⁴ Der unschuldige Hände hat und ein reines Herz, /
der seine Seele nicht an Nichtiges hängt *
und keinen trügerischen Eid geschworen hat. – (Kv)
⁵ Er wird Segen empfangen vom HERRN *
und Gerechtigkeit vom Gott seines Heils.
⁶ Das ist das Geschlecht, das nach ihm fragt, *
die dein Angesicht suchen, Jakob. – Kv

1. November · Allerheiligen

ZUR 2. LESUNG *Wer nicht an Gott glaubt und wer Jesus Christus nicht kennt, wird nie verstehen, was das überhaupt heißen soll: Kind Gottes sein. Es heißt vor allem: von Gott geliebt und angenommen sein, ganz und endgültig. Und auch: in Gottes Nähe leben, von seiner Liebe geprägt sein. „Die Welt erkennt uns nicht" (3,1); wir selbst, die wir glauben, haben oft genug Mühe, es zu fassen. Erst indem wir das, was wir sind, wirklich leben, und „die Gerechtigkeit tun", begreifen wir allmählich die Wahrheit dessen, was wir glauben; wir werden fähig, auch in anderen Menschen das Leuchten der Gegenwart Gottes zu sehen. Aber auch so gilt, dass noch nicht offenbar geworden ist, was wir sein werden, wenn wir Christus sehen, wie er ist: in der Herrlichkeit, die er von Ewigkeit her beim Vater hat (Joh 17,5.24). Dann werden auch wir, schauend, in seine Klarheit hineinverwandelt.*

ZWEITE LESUNG
1 Joh 3, 1–3

Wir werden Gott sehen, wie er ist

Lesung
   aus dem ersten Johannesbrief.

Schwestern und Brüder!
¹ Seht, welche Liebe uns der Vater geschenkt hat:
Wir heißen Kinder Gottes
   und wir sind es.
Deshalb erkennt die Welt uns nicht,
   weil sie ihn nicht erkannt hat.
² Geliebte, jetzt sind wir Kinder Gottes.
Doch ist noch nicht offenbar geworden,
   was wir sein werden.
Wir wissen,
   dass wir ihm ähnlich sein werden, wenn er offenbar wird;
denn wir werden ihn sehen, wie er ist.
³ Jeder, der diese Hoffnung auf ihn setzt,
   heiligt sich,
   so wie er heilig ist.

RUF VOR DEM EVANGELIUM
Vers: Mt 11, 28

Halleluja. Halleluja.

(So spricht der Herr:)
Kommt alle zu mir,
die ihr mühselig und beladen seid!
Ich will euch erquicken.

Halleluja.

ZUM EVANGELIUM   *Die Seligpreisungen der Bergpredigt sind der Form nach Glückwünsche („Selig, die..."), der Sache nach Bedingungen für den Einlass in das Reich Gottes. Sie sind zu allen Menschen gesagt, nicht etwa nur zu den Frommen. Es ist anzunehmen, dass die kürzere Form der Seligpreisungen bei Lk (6,20-23) die ursprünglichere ist; in den Erweiterungen bei Matthäus liegen bereits Deutungen vor, in denen die Situation und Denkweise dieses Evangelisten (oder seiner Vorlage) sichtbar werden. Die Teilhabe an der Gottesherrschaft, der Eintritt in die neue Welt Gottes, wird den Armen, den Trauernden, den Hungernden zugesagt. Damit sind nicht nur wirtschaftlich-soziale Gruppen gemeint; es sind die Menschen, die („vor Gott") wissen und bejahen, dass sie nichts haben und nichts können, dass sie ganz auf Gott angewiesen sind. Nach den Armen wird das Himmelreich denen zugesprochen, die um Jesu willen beschimpft, verleumdet und verfolgt werden. Nicht weil er arm ist, wird der Arme glücklich gepriesen, und der Verfolgte nicht, weil er verfolgt wird; glücklich ist, wer zu Armut und Verfolgung Ja sagen und sich darüber sogar freuen kann, weil er so Christus ähnlicher wird und in seiner eigenen Schwachheit die Kraft Gottes erfährt.*

EVANGELIUM
Mt 5, 1–12a

Freut euch und jubelt: Denn euer Lohn wird groß sein im Himmel

✝ Aus dem heiligen Evangelium nach Matthäus.

In jener Zeit,
1   als Jesus die vielen Menschen sah, die ihm folgten,
   stieg er auf den Berg.
Er setzte sich
   und seine Jünger traten zu ihm.

1. November · Allerheiligen

² Und er öffnete seinen Mund,
er lehrte sie und sprach:
³ Selig, die arm sind vor Gott;
denn ihnen gehört das Himmelreich.
⁴ Selig die Trauernden;
denn sie werden getröstet werden.
⁵ Selig die Sanftmütigen;
denn sie werden das Land erben.
⁶ Selig, die hungern und dürsten nach der Gerechtigkeit;
denn sie werden gesättigt werden.
⁷ Selig die Barmherzigen;
denn sie werden Erbarmen finden.
⁸ Selig, die rein sind im Herzen;
denn sie werden Gott schauen.
⁹ Selig, die Frieden stiften;
denn sie werden Kinder Gottes genannt werden.
¹⁰ Selig, die verfolgt werden um der Gerechtigkeit willen;
denn ihnen gehört das Himmelreich.
¹¹ Selig seid ihr, wenn man euch schmäht und verfolgt
und alles Böse über euch redet um meinetwillen.
¹²ᵃ Freut euch und jubelt:
Denn euer Lohn wird groß sein im Himmel.

Glaubensbekenntnis, S. 374 ff.
Fürbitten vgl. S. 816 f.

ZUR EUCHARISTIEFEIER *Im Leben der Heiligen werden die Kriterien des Reiches Gottes im Leben eines Menschen sichtbar und greifbar: Armut, Reinheit des Herzens, Hunger und Durst nach Gerechtigkeit, Barmherzigkeit und Frieden. Darin kann schon in diesem Leben ein Stück des Himmelreiches aufscheinen.*

GABENGEBET

Herr, unser Gott,
nimm die Gaben entgegen,
die wir am heutigen Fest darbringen.
Wir glauben, dass deine Heiligen bei dir leben

und dass Leid und Tod sie nicht mehr berühren.
Erhöre ihr Gebet
und lass uns erfahren, dass sie uns nahe bleiben
und für uns eintreten.
Darum bitten wir durch Christus, unseren Herrn.
Präfation, S. 436

KOMMUNIONVERS
Mt 5, 8–10

Selig, die ein reines Herz haben;
denn sie werden Gott sehen.
Selig, die Frieden stiften;
denn sie werden Söhne Gottes genannt werden.
Selig, die um der Gerechtigkeit willen verfolgt werden;
denn ihnen gehört das Himmelreich.

SCHLUSSGEBET

Gott, du allein bist heilig,
dich ehren wir, wenn wir der Heiligen gedenken.
Stärke durch dein Sakrament
in uns das Leben der Gnade
und führe uns auf dem Weg der Pilgerschaft
zum ewigen Gastmahl,
wo du selbst die Vollendung der Heiligen bist.
Darum bitten wir durch Christus, unseren Herrn.

2. November

ALLERSEELEN

Der Allerseelentag am 2. November geht auf den heiligen Abt Odilo von Cluny zurück; er hat diesen Gedenktag in allen von Cluny abhängigen Klöstern eingeführt. Das Dekret Odilos vom Jahr 998 ist noch erhalten. Bald wurde der Allerseelentag auch außerhalb der Klöster gefeiert.

Wenn der 2. November auf einen Sonntag fällt, wird das Gedächtnis Allerseelen an diesem Tag begangen.
Statt der Schriftlesungen, die hier für die drei Messformulare angegeben sind, können auch andere gewählt werden.

I

ERÖFFNUNGSVERS 1 Thess 4, 14; 1 Kor 15, 22

Wie Jesus gestorben und auferstanden ist,
so wird Gott auch die in Jesus Entschlafenen mit ihm vereinen.
Denn wie in Adam alle sterben,
so werden in Christus einst alle lebendig gemacht.

TAGESGEBET

Allmächtiger Gott,
wir glauben und bekennen,
dass du deinen Sohn
als Ersten von den Toten auferweckt hast.
Stärke unsere Hoffnung,
dass du auch unsere Brüder und Schwestern
auferwecken wirst zum ewigen Leben.
Darum bitten wir durch ihn, Jesus Christus.

ZUR 1. LESUNG *Im 2. Makkabäerbuch, nicht lange vor dem Jahr 100 v. Chr. geschrieben, wird mehrfach der Glaube an die leibliche Auferstehung ausgesprochen. Nicht alle Juden haben diesen Glauben geteilt; zur Zeit Jesu wurde er von den Sadduzäern bestritten. Annehmbar ist ein solcher Glaube nur für den, der an die Macht des lebendigen Gottes glaubt. Die Stelle 2 Makk 12,45 ist im Alten Testament der einzige Text, der ausdrücklich von einem Läuterungszustand nach dem Tod und von der Fürbitte für die Verstorbenen spricht.*

ERSTE LESUNG 2 Makk 12, 43–45

Er handelte schön und edel; denn er dachte an die Auferstehung

Lesung
  aus dem zweite Buch der Makkabäer.

In jenen Tagen
⁴³ veranstaltete Judas, der Makkabäer, eine Sammlung,
  an der sich alle beteiligten,
und schickte etwa zweitausend Silberdrachmen nach Jerusalem,
damit man dort ein Sündopfer darbringe.
Damit handelte er sehr schön und edel;

denn er dachte an die Auferstehung.
44 Denn hätte er nicht erwartet,
dass die Gefallenen auferstehen werden,
wäre es überflüssig und sinnlos gewesen,
für die Toten zu beten.
45 Auch hielt er sich den herrlichen Lohn vor Augen,
der für die hinterlegt ist, die in Frömmigkeit entschlafen.
Ein heiliger und frommer Gedanke!
Darum ließ er die Toten entsühnen,
damit sie von der Sünde befreit werden.

ANTWORTPSALM Ps 130 (129), 1–2.3–4.5–6.7–8 (Kv: 1)

Kv Aus den Tiefen rufe ich, HERR, zu dir. – Kv GL 511

1 Aus den Tiefen rufe ich, HERR, zu dir: *
2 Mein Herr, höre doch meine Stimme!
Lass deine Ohren achten *
auf mein Flehen um Gnade. – (Kv)
3 Würdest du, HERR, die Sünden beachten, *
mein Herr, wer könnte bestehen?
4 Doch bei dir ist Vergebung, *
damit man in Ehrfurcht dir dient. – (Kv)
5 Ich hoffe auf den HERRN, es hofft meine Seele, *
ich warte auf sein Wort.
6 Meine Seele wartet auf meinen Herrn /
mehr als Wächter auf den Morgen, *
ja, mehr als Wächter auf den Morgen. – (Kv)
7 Israel, warte auf den HERRN, /
denn beim HERRN ist die Huld, *
bei ihm ist Erlösung in Fülle.
8 Ja, er wird Israel erlösen *
aus all seinen Sünden. – Kv

ZUR 2. LESUNG *Zwischen der Auferstehung Jesu und seiner Wiederkunft läuft die Zeit der Kirche, auch die Zeit unseres eigenen Lebens. An jenem Tag werden alle, die durch ihren Glauben und die Taufe zu Christus gehören, ihm entgegen-*

gehen, um für immer bei ihm zu sein. Das ist die Hoffnung, die es den Christen unmöglich macht, traurig zu sein wie die anderen, die keine Hoffnung haben.

ZWEITE LESUNG   1 Thess 4, 13–18
Wir werden immer beim Herrn sein

Lesung
   aus dem ersten Brief des Apostels Paulus
   an die Gemeinde in Thessalónich.

¹³ Schwestern und Brüder,
wir wollen euch über die Entschlafenen nicht in Unkenntnis lassen,
damit ihr nicht trauert wie die anderen,
   die keine Hoffnung haben.
¹⁴ Denn wenn wir glauben,
   dass Jesus gestorben und auferstanden ist,
   so wird Gott die Entschlafenen
   durch Jesus in die Gemeinschaft mit ihm führen.
¹⁵ Denn dies sagen wir euch nach einem Wort des Herrn:
Wir, die Lebenden,
   die noch übrig sind bei der Ankunft des Herrn,
   werden den Entschlafenen nichts voraushaben.
¹⁶ Denn der Herr selbst wird vom Himmel herabkommen,
   wenn der Befehl ergeht,
   der Erzengel ruft und die Posaune Gottes erschallt.
Zuerst werden die in Christus Verstorbenen auferstehen;
¹⁷ dann werden wir, die Lebenden, die noch übrig sind,
   zugleich mit ihnen auf den Wolken in die Luft entrückt
   zur Begegnung mit dem Herrn.
Dann werden wir immer beim Herrn sein.
¹⁸ Tröstet also einander mit diesen Worten!

RUF VOR DEM EVANGELIUM
Vers: vgl. Joh 11, 25a.26b

Christus Sieger, Christus König, Christus Herr in Ewigkeit!* – Kv

(So spricht der Herr:)
Ich bin die Auferstehung und das Leben.
Jeder, der an mich glaubt, wird auf ewig nicht sterben.

Christus Sieger, Christus König, Christus Herr in Ewigkeit!

ZUM EVANGELIUM   *„Wer an mich glaubt, wird leben, auch wenn er stirbt", sagt Jesus zu Marta. Er wird das Licht des Lebens haben, er wird gerettet werden. „Glaubst du das?" Die Frage ist an uns Christen des 21. Jahrhunderts gerichtet. Marta hat mit einem Bekenntnis zu Jesus als dem von Gott gesandten Messias und Retter geantwortet.*

EVANGELIUM
Joh 11, 17–27

Ich bin die Auferstehung und das Leben

✛ Aus dem heiligen Evangelium nach Johannes.

Als Jesus in Betánien ankam,
17   fand er Lázarus schon vier Tage im Grab liegen.
18   Betánien war nahe bei Jerusalem,
etwa fünfzehn Stadien entfernt.
19   Viele Juden waren zu Marta und Maria gekommen,
um sie wegen ihres Bruders zu trösten.
20   Als Marta hörte, dass Jesus komme,
ging sie ihm entgegen,
Maria aber blieb im Haus sitzen.
21   Marta sagte zu Jesus:
Herr, wärst du hier gewesen,
dann wäre mein Bruder nicht gestorben.
22   Aber auch jetzt weiß ich:
Alles, worum du Gott bittest,
wird Gott dir geben.

---

* Oder ein anderer der im Anhang II, S. 791, vorgesehenen Rufe oder das Halleluja.

²³ Jesus sagte zu ihr: Dein Bruder wird auferstehen.
²⁴ Marta sagte zu ihm:
   Ich weiß, dass er auferstehen wird
   bei der Auferstehung am Jüngsten Tag.
²⁵ Jesus sagte zu ihr:
   Ich bin die Auferstehung und das Leben.
Wer an mich glaubt,
   wird leben, auch wenn er stirbt,
²⁶ und jeder, der lebt und an mich glaubt,
   wird auf ewig nicht sterben.
Glaubst du das?
²⁷ Marta sagte zu ihm:
   Ja, Herr, ich glaube, dass du der Christus bist,
der Sohn Gottes, der in die Welt kommen soll.

Am Sonntag: Glaubensbekenntnis, S. 374ff.
Fürbitten vgl. S. 817f.

GABENGEBET

Herr, unser Gott,
schau gütig auf unsere Gaben.
Nimm deine Diener und Dienerinnen auf
in die Herrlichkeit deines Sohnes,
mit dem auch wir
durch das große Sakrament der Liebe verbunden sind.
Darum bitten wir durch ihn, Christus, unseren Herrn.

Präfation, S. 439f.

KOMMUNIONVERS   Joh 11, 25–26

So spricht der Herr:
Ich bin die Auferstehung und das Leben;
wer an mich glaubt, wird leben, auch wenn er stirbt,
und jeder, der lebt und an mich glaubt,
wird in Ewigkeit nicht sterben.

SCHLUSSGEBET

Barmherziger Gott,
wir haben das Gedächtnis
des Todes und der Auferstehung Christi gefeiert
für unsere Brüder und Schwestern.
Führe sie vom Tod zum Leben,
aus dem Dunkel zum Licht,
aus der Bedrängnis in deinen Frieden.
Darum bitten wir durch Christus, unseren Herrn.

II

ERÖFFNUNGSVERS Vgl. 4 Esra 2, 34–35
Herr, gib ihnen die ewige Ruhe, und das ewige Licht leuchte ihnen.

TAGESGEBET

Herr, unser Gott,
du bist das Licht der Glaubenden
und das Leben der Heiligen.
Du hast uns durch den Tod
und die Auferstehung deines Sohnes erlöst.
Sei deinen Dienern und Dienerinnen gnädig,
die das Geheimnis unserer Auferstehung
gläubig bekannt haben,
und lass sie auf ewig deine Herrlichkeit schauen.
Darum bitten wir durch Jesus Christus.

ZUR 1. LESUNG *Die Offenbarung der Unsterblichkeit des Menschen und seiner Auferstehung zu einem neuen Leben hat sich im Alten Testament auf vielfache Weise vorbereitet. Der Glaube an die Gerechtigkeit Gottes, auch die Überzeugung, dass die Freundschaft Gottes mit einem Menschen den Tod überdauern müsse, sowie das Wissen um Gottes Macht und Größe: das alles führte zu der Überzeugung, dass der Tod nicht das Ende des Menschenlebens sein könne. Für Ijob, der alles verloren hat und den Tod vor sich sieht, bleibt am Schluss die Gewissheit, dass Gott lebt; er hat jetzt sein Gesicht vor Ijob verborgen, aber er wird sich ihm wieder zuwenden, nicht als Fremder, sondern als Freund. Das wird die Erfüllung seines Lebens sein.*

ERSTE LESUNG Ijob 19, 1.23–27a

Ich weiß: Mein Erlöser lebt

Lesung
aus dem Buch Íjob.

¹ Íjob sprach:
²³ Würden meine Worte doch geschrieben,
würden sie doch in ein Buch eingeritzt,
²⁴ mit eisernem Griffel und mit Blei,
für immer gehauen in den Fels.
²⁵ Doch ich, ich weiß:
Mein Erlöser lebt,
als Letzter erhebt er sich über dem Staub.
²⁶ Ohne meine Haut, die so zerfetzte,
und ohne mein Fleisch werde ich Gott schauen.
²⁷ᵃ Ihn selber werde ich dann für mich schauen;
meine Augen werden ihn sehen, nicht mehr fremd.

ANTWORTPSALM Ps 42 (41), 2–3.5bcd; 43 (42), 3–4 (Kv: 42 [41], 3a)

Kv Meine Seele dürstet nach Gott, GL 42, 1
nach dem lebendigen Gott. – Kv

42, 2 Wie der Hirsch lechzt nach frischem Wasser, *
so lechzt meine Seele, Gott, nach dir.
³ Meine Seele dürstet nach Gott, /
nach dem lebendigen Gott. *
Wann darf ich kommen und erscheinen vor Gottes Angesicht? – (Kv)

5bcd Ich will in einer Schar einherziehn. *
Ich will in ihr zum Hause Gottes schreiten,
im Schall von Jubel und Dank *
in festlich wogender Menge. – (Kv)

43, 3 Sende dein Licht und deine Wahrheit; sie sollen mich leiten; *
sie sollen mich bringen zu deinem heiligen Berg und zu deinen
Wohnungen.
⁴ So will ich kommen zu Gottes Altar, /
zum Gott meiner Freude und meines Jubels. *
Ich will dir danken zur Leier, Gott, du mein Gott. – Kv

ZUR 2. LESUNG *Jesus hat Gott seinen Vater genannt. Anders als alle Geschöpfe ist er Gottes Sohn. Der Geist, der vom Vater ausgeht, erfüllt und verherrlicht ihn. Denselben Geist empfängt in der Taufe der Glaubende, er wird in den Lebensstrom zwischen Vater und Sohn einbezogen. Als Kinder Gottes sind wir auch „Erben Gottes". Dem Menschen ist Gottes Schöpfung anvertraut; durch den Menschen soll die ganze Schöpfung am ewigen Leben Gottes teilhaben: durch die „Erlösung unseres Leibes" zur „Freiheit und Herrlichkeit der Kinder Gottes". Das gemeinsame Leiden des Menschen und der Kreatur sind die Geburtswehen der neuen Schöpfung.*

ZWEITE LESUNG Röm 8, 14–23

Wir warten auf die Erlösung unseres Leibes

Lesung
   aus dem Brief des Apostels Paulus
   an die Gemeinde in Rom.

Schwestern und Brüder!

¹⁴ Alle, die sich vom Geist Gottes leiten lassen,
   sind Kinder Gottes.

¹⁵ Denn ihr habt nicht einen Geist der Knechtschaft empfangen,
   sodass ihr immer noch Furcht haben müsstet,
   sondern ihr habt den Geist der Kindschaft empfangen,
   in dem wir rufen: Abba, Vater!

¹⁶ Der Geist selber bezeugt unserem Geist,
   dass wir Kinder Gottes sind.

¹⁷ Sind wir aber Kinder, dann auch Erben;
   Erben Gottes
   und Miterben Christi,
   wenn wir mit ihm leiden,
   um mit ihm auch verherrlicht zu werden.

¹⁸ Ich bin nämlich überzeugt,
   dass die Leiden der gegenwärtigen Zeit nichts bedeuten
   im Vergleich zu der Herrlichkeit, die an uns offenbar werden
   soll.

¹⁹ Denn die Schöpfung
  wartet sehnsüchtig auf das Offenbarwerden der Söhne Gottes.
²⁰ Gewiss, die Schöpfung ist der Nichtigkeit unterworfen,
nicht aus eigenem Willen,
  sondern durch den, der sie unterworfen hat,
  auf Hoffnung hin:
²¹ Denn auch sie, die Schöpfung,
  soll von der Knechtschaft der Vergänglichkeit befreit werden
  zur Freiheit und Herrlichkeit der Kinder Gottes.
²² Denn wir wissen,
  dass die gesamte Schöpfung
  bis zum heutigen Tag seufzt und in Geburtswehen liegt.
²³ Aber nicht nur das, sondern auch wir,
  obwohl wir als Erstlingsgabe den Geist haben,
  auch wir seufzen in unserem Herzen
und warten darauf,
  dass wir mit der Erlösung unseres Leibes
  als Söhne offenbar werden.

RUF VOR DEM EVANGELIUM
Vers: vgl. Joh 14, 2a.3b

Lob sei dir, Herr, König der ewigen Herrlichkeit! – Kv

(So spricht der Herr:)
Im Hause meines Vaters sind viele Wohnungen.
Ich werde wiederkommen und euch zu mir holen,
damit auch ihr dort seid, wo ich bin.

Lob sei dir, Herr, König der ewigen Herrlichkeit!

ZUM EVANGELIUM   *Die Jünger haben Mühe zu verstehen, was Jesus mit seinem Weggehen meint. In der Frage „Wohin gehst du?" ist die größere Frage verborgen: Wer bist du? Und die andere Frage: Wohin gehen wir? Was sind wir, was werden wir endgültig sein? Jesus antwortet mit seinem göttlichen „Ich bin". Auf dem „Ich" liegt das Gewicht der Aussage: „Ich bin der Weg und die Wahrheit und das Leben." Der Weg ist nicht vom Ziel getrennt; wer auf diesem Weg die Wahrheit sucht, der hat sie schon gefunden, und er hat, weil er Jesus hat, auch das Leben gefunden, jetzt schon.*

EVANGELIUM   Joh 14, 1–6

Im Haus meines Vaters gibt es viele Wohnungen

✛ Aus dem heiligen Evangelium nach Johannes.

In jener Zeit sprach Jesus zu seinen Jüngern:
1 Euer Herz lasse sich nicht verwirren.
Glaubt an Gott
  und glaubt an mich!
2 Im Haus meines Vaters gibt es viele Wohnungen.
Wenn es nicht so wäre,
  hätte ich euch dann gesagt:
  Ich gehe, um einen Platz für euch vorzubereiten?
3 Wenn ich gegangen bin
  und einen Platz für euch vorbereitet habe,
  komme ich wieder
und werde euch zu mir holen,
  damit auch ihr dort seid, wo ich bin.
4 Und wohin ich gehe –
  den Weg dorthin kennt ihr.
5 Thomas sagte zu ihm:
  Herr, wir wissen nicht, wohin du gehst.
Wie können wir dann den Weg kennen?
6 Jesus sagte zu ihm:
  Ich bin der Weg und die Wahrheit und das Leben;
niemand kommt zum Vater
  außer durch mich.

Am Sonntag: Glaubensbekenntnis, S. 374 ff.
Fürbitten vgl. S. 817 f.

GABENGEBET

Allmächtiger und barmherziger Gott,
du hast deine Diener und Dienerinnen
durch das Wasser der Taufe geheiligt.
Reinige sie im Blute Christi von ihren Sünden

und führe sie voll Erbarmen zur letzten Vollendung.
Darum bitten wir durch Christus, unseren Herrn.
Präfation, S. 439 f.

KOMMUNIONVERS
Vgl. 4 Esra 2, 35.34

Das ewige Licht leuchte ihnen, o Herr,
bei deinen Heiligen in Ewigkeit; denn du bist unser Vater.
Herr, gib ihnen die ewige Ruhe,
und das ewige Licht leuchte ihnen; denn du bist unser Vater.

SCHLUSSGEBET

Herr, unser Gott,
wir haben das Mahl deines Sohnes gefeiert,
der sich für uns geopfert hat
und in Herrlichkeit auferstanden ist.
Erhöre unser Gebet
für deine Diener und Dienerinnen.
Läutere sie durch das österliche Geheimnis Christi
und lass sie auferstehen zur ewigen Freude.
Darum bitten wir durch Christus, unseren Herrn.

III

ERÖFFNUNGSVERS
Vgl. Röm 8, 11

Gott, der Jesus von den Toten auferweckt hat,
wird auch unseren sterblichen Leib lebendig machen
durch seinen Geist, der in uns wohnt.

TAGESGEBET

Allmächtiger Gott,
du hast deinen Sohn
als Sieger über den Tod zu deiner Rechten erhöht.
Gib deinen verstorbenen Dienern und Dienerinnen
Anteil an seinem Sieg über die Vergänglichkeit,
damit sie dich, ihren Schöpfer und Erlöser,
schauen von Angesicht zu Angesicht.
Darum bitten wir durch Jesus Christus.

ZUR 1. LESUNG *Die Kapitel 24–27 des Jesajabuches werden zu den sogenannten apokalyptischen Texten gerechnet, d. h. zu den Schriften, deren Hauptthema die Verwirklichung der Gottesherrschaft in der Endzeit ist. Von einer Auferweckung der Toten ist zwar im Jesaja-Text noch nicht die Rede. Wenn aber gesagt wird, dass Gott alle Völker zu einem Festmahl versammelt, dass es keinen Tod und keine Trauer mehr geben wird, dann darf auch jeder Einzelne auf Rettung hoffen: auf die Rettung, die von Gott kommt und die in der bleibenden Gemeinschaft mit Gott besteht.*

ERSTE LESUNG Jes 25, 6a.7–9
GOTT, der Herr, hat den Tod für immer verschlungen

Lesung
  aus dem Buch Jesája.

An jenem Tag
6a wird der HERR der Heerscharen
  auf diesem Berg – dem Zion –
  für alle Völker ein Festmahl geben.
7 Er verschlingt auf diesem Berg
  die Hülle, die alle Völker verhüllt,
  und die Decke, die alle Nationen bedeckt.
8 Er hat den Tod für immer verschlungen
und GOTT, der Herr, wird die Tränen von jedem Gesicht abwischen
und die Schande seines Volkes
  entfernt er von der ganzen Erde,
denn der HERR hat gesprochen.
9 An jenem Tag wird man sagen:
  Siehe, das ist unser Gott,
auf ihn haben wir gehofft,
  dass er uns rettet.
Das ist der HERR,
  auf ihn haben wir gehofft.
Wir wollen jubeln
  und uns freuen über seine rettende Tat.

ANTWORTPSALM

Ps 23 (22), 1–3.4.5.6 (Kv: 1)

Kv Der HERR ist mein Hirt, GL 37, 1
nichts wird mir fehlen. – Kv

1 Der HERR ist mein Hirt, nichts wird mir fehlen. /
2 Er lässt mich lagern auf grünen Auen *
und führt mich zum Ruheplatz am Wasser.
3 Meine Lebenskraft bringt er zurück. *
Er führt mich auf Pfaden der Gerechtigkeit, getreu seinem Namen.
– (Kv)
4 Auch wenn ich gehe im finsteren Tal, *
ich fürchte kein Unheil;
denn du bist bei mir, *
dein Stock und dein Stab, sie trösten mich. – (Kv)
5 Du deckst mir den Tisch *
vor den Augen meiner Feinde.
Du hast mein Haupt mit Öl gesalbt, *
übervoll ist mein Becher. – (Kv)
6 Ja, Güte und Huld *
werden mir folgen mein Leben lang
und heimkehren werde ich ins Haus des HERRN *
für lange Zeiten. – Kv

ZUR 2. LESUNG *In der Gemeinde von Philippi gab es Leute, die den Leib missachteten, andere, die ihn überschätzten. Es ist ein armseliger Leib, sagt Paulus; aber Christus, der Auferstandene, hat die Macht, diesen Leib in seine eigene Herrlichkeit aufzunehmen, ihm den Glanz seiner Gottheit mitzuteilen. Bei ihm, „im Himmel", ist jetzt unsere Heimat. Er ist unsere Zukunft. Er stellt unser gegenwärtiges Leben und seine Werte in Frage; er zeigt uns das Bleibende.*

ZWEITE LESUNG

Phil 3, 20–21

Christus wird uns verwandeln in die Gestalt seines verherrlichten Leibes

Lesung
aus dem Brief des Apostels Paulus
an die Gemeinde in Philippi.

Schwestern und Brüder!

³,²⁰ Unsere Heimat ist im Himmel.
Von dorther erwarten wir auch Jesus Christus, den Herrn,
als Retter,
²¹ der unseren armseligen Leib verwandeln wird
in die Gestalt seines verherrlichten Leibes,
in der Kraft, mit der er sich auch alles unterwerfen kann.

RUF VOR DEM EVANGELIUM
Vers: Mt 25, 34

Lob dir, Christus, König und Erlöser! – Kv

(So spricht der Herr:)
Kommt her, ihr, die ihr von meinem Vater gesegnet seid,
empfangt das Reich als Erbe,
das seit Erschaffung der Welt für euch bestimmt ist!

Lob dir, Christus, König und Erlöser!

ZUM EVANGELIUM *Der junge Mann aus Naïn war das einzige Kind seiner Mutter. Jesus hat ihn auferweckt, um die Mutter zu trösten, aber auch, um die Macht Gottes zu offenbaren, um zu sagen: Die Zeit ist gekommen, die Verheißungen gehen in Erfüllung, Tote stehen auf, den Armen wird das Evangelium verkündet.*

EVANGELIUM
Lk 7, 11–17

Jüngling, ich sage dir: Steh auf!

✛ Aus dem heiligen Evangelium nach Lukas.

In jener Zeit
¹¹ kam Jesus in eine Stadt namens Naïn;
seine Jünger und eine große Volksmenge folgten ihm.
¹² Als er in die Nähe des Stadttors kam,
siehe, da trug man einen Toten heraus.
Es war der einzige Sohn seiner Mutter, einer Witwe.
Und viele Leute aus der Stadt begleiteten sie.

¹³ Als der Herr die Frau sah,
   hatte er Mitleid mit ihr
und sagte zu ihr: Weine nicht!
¹⁴ Und er trat heran und berührte die Bahre.
Die Träger blieben stehen
und er sagte: Jüngling, ich sage dir: Steh auf!
¹⁵ Da setzte sich der Tote auf
   und begann zu sprechen
und Jesus gab ihn seiner Mutter zurück.
¹⁶ Alle wurden von Furcht ergriffen;
sie priesen Gott
und sagten: Ein großer Prophet ist unter uns erweckt worden:
Gott hat sein Volk heimgesucht.
¹⁷ Und diese Kunde über ihn
   verbreitete sich überall in Judäa und
   im ganzen Gebiet ringsum.

Am Sonntag: Glaubensbekenntnis, S. 374 ff.
Fürbitten vgl. S. 817 f.

GABENGEBET

Herr, unser Gott,
nimm die Gabe an, die wir darbringen
für deine Diener und Dienerinnen
und für alle, die in Christus entschlafen sind.
Befreie durch dieses einzigartige Opfer
unsere Verstorbenen aus den Fesseln des Todes
und schenke ihnen das unvergängliche Leben.
Darum bitten wir durch Christus, unseren Herrn.

Präfation, S. 439 f.

KOMMUNIONVERS　　　　　　　　　　　　　　　　　Phil 3, 20–21

Wir erwarten den Retter, den Herrn Jesus Christus,
der unseren armseligen Leib verwandeln wird
in die Gestalt seines verherrlichten Leibes.

SCHLUSSGEBET

Barmherziger Gott,
wir haben das Opfer dargebracht,
das du in Gnaden annimmst.
Erbarme dich unserer Verstorbenen.
Du hast sie in der Taufe als deine Kinder angenommen;
schenke ihnen in der Freude des Himmels
das verheißene Erbe.
Darum bitten wir durch Christus, unseren Herrn.

9. November

WEIHETAG DER LATERANBASILIKA

Fest

Die dem Allerheiligsten Erlöser und seit dem 12. Jahrhundert auch dem hl. Johannes dem Täufer geweihte Lateranbasilika ist die älteste Papstkirche und führt den Titel „Mutter und Haupt aller Kirchen des Erdkreises". Im anliegenden Lateranpalast residierten die Päpste vom 4. bis zum 14. Jahrhundert. Die Kirche wurde von Kaiser Konstantin errichtet und im Jahr 324 von Papst Silvester I. eingeweiht. Die durch Brand, Erdbeben und Plünderungen heimgesuchte Kirche wurde im Lauf der Jahrhunderte wiederholt restauriert. Papst Benedikt XIII. hat sie am 28. April 1726 nach größeren Restaurationsarbeiten neu eingeweiht und den 9. November als Kirchweihtag der Basilika bestätigt.

Commune-Texte für Kirchweihe, S. 768 f.; außer:

ZUR 1. LESUNG *Der Prophet Ezechiel hatte in einer früheren Vision gesehen, wie Jahwe aus dem Tempel und aus Jerusalem fortzog (10,18-22; 11,22-23). Dann durfte er, wieder in einer Vision, die Rückkehr Jahwes in den neuerbauten Tempel schauen (43,1-9; 44,1-2). In der heutigen Lesung schildert der Prophet die heilbringende Wirkung dieser neuen Gegenwart Gottes bei seinem Volk. Dabei verbindet er geographische Erinnerungen an die Tempelquelle (vgl. Jes 8,6-8; Ps 16) und die Vorstellung vom Wasserreichtum des Paradieses (Gen 2,10-14) zu einem Bild, in dem aller Segen vom Heiligtum, d.h. von Gott selbst, ausgeht. Das Neue Testament hat dieses Bild vor allem in Offb 22 aufgegriffen, aber auch im Johannesevangelium (Kapitel 4 und 5).*

ERSTE LESUNG
Ez 47, 1–2.8–9.12

Ich sah, wie vom Tempel Wasser hervorströmte, und alle, zu denen das Wasser kam, wurden gerettet (vgl. Messbuch: Antiphon zum sonntäglichen Taufgedächtnis)

Lesung
   aus dem Buch Ezéchiel.

¹ Der Mann, der mich begleitete,
   führte mich zum Eingang des Tempels
und siehe,
   Wasser strömte unter der Tempelschwelle hervor
   nach Osten hin;
denn die vordere Seite des Tempels schaute nach Osten.
Das Wasser floss unterhalb der rechten Seite des Tempels herab,
   südlich vom Altar.
² Dann führte er mich durch das Nordtor hinaus
   und ließ mich außen herum zum äußeren Osttor gehen.
Und siehe, das Wasser rieselte an der Südseite hervor.
⁸ Er sagte zu mir:
   Dieses Wasser fließt hinaus in den östlichen Bezirk,
es strömt in die Áraba hinab und mündet in das Meer,
in das Meer mit dem salzigen Wasser.
So wird das salzige Wasser gesund.
⁹ Wohin der Fluss gelangt,
   da werden alle Lebewesen,
   alles, was sich regt, leben können
und sehr viele Fische wird es geben.
Weil dieses Wasser dort hinkommt,
   werden sie gesund;
wohin der Fluss kommt,
   dort bleibt alles am Leben.
¹² An beiden Ufern des Flusses wachsen alle Arten von Obstbäumen.
Ihr Laub wird nicht welken
und sie werden nie ohne Frucht sein.
Jeden Monat tragen sie frische Früchte;

denn ihre Wasser kommen aus dem Heiligtum.
Die Früchte werden als Speise
   und die Blätter als Heilmittel dienen.

ANTWORTPSALM Ps 46 (45), 2–3.5–6.8–9 (Kv: vgl. 5)

Kv **Des Stromes Wasser erfreuen die Gottesstadt,**   GL 550
des Höchsten heilige Wohnung. – Kv

2 Gott ist uns Zuflucht und Stärke, *
   als mächtig erfahren, als Helfer in allen Nöten.
3 Darum fürchten wir uns nicht, wenn die Erde auch wankt, *
   wenn Berge stürzen in die Tiefe des Meeres. – (Kv)
5 Eines Stromes Arme erfreuen die Gottesstadt, *
   des Höchsten heilige Wohnung.
6 Gott ist in ihrer Mitte, sie wird nicht wanken. *
   Gott hilft ihr, wenn der Morgen anbricht. – (Kv)
8 Mit uns ist der HERR der Heerscharen, *
   der Gott Jakobs ist unsre Burg.
9 Kommt und schaut die Taten des HERRN, *
   der Schauder erregt auf der Erde. – Kv

ZUR 2. LESUNG *Durch die Bilder von der Pflanzung und vom Hausbau verdeutlicht Paulus, wie der apostolische Dienst in der Gemeinde zu verstehen ist. „Tempel Gottes" ist die ganze Gemeinde. Die Gegenwart des Heiligen Geistes macht die Gemeinde „heilig"; sie ist die Gemeinde Gottes. Wo Gottes heiliger Geist anwesend ist, hat es keinen Sinn, Menschen zu vergöttern oder gegeneinander auszuspielen, wie es in der Gemeinde von Korinth vorkam. Christus allein ist der Herr der Gemeinde, er ist das Fundament, auf dem das Haus ruht; durch ihn ist die Gemeinde eine göttliche Wirklichkeit in dieser Welt.*

ZWEITE LESUNG 1 Kor 3, 9c–11.16–17

Ihr seid Gottes Tempel: der Geist Gottes wohnt in euch

Lesung
   aus dem ersten Brief des Apostels Paulus
   an die Gemeinde in Korínth.

Schwestern und Brüder!

9. November · Weihetag der Lateranbasilika

⁹ᶜ Ihr seid Gottes Bau.

¹⁰ Der Gnade Gottes entsprechend, die mir geschenkt wurde,
   habe ich wie ein weiser Baumeister den Grund gelegt;
ein anderer baut darauf weiter.
Aber jeder soll darauf achten, wie er weiterbaut.

¹¹ Denn einen anderen Grund kann niemand legen
   als den, der gelegt ist:
Jesus Christus.

¹⁶ Wisst ihr nicht, dass ihr Gottes Tempel seid
   und der Geist Gottes in euch wohnt?

¹⁷ Wer den Tempel Gottes zerstört,
   den wird Gott zerstören.
Denn Gottes Tempel ist heilig
und der seid ihr.

RUF VOR DEM EVANGELIUM   Vers: vgl. 2 Chr 7, 16

Halleluja. Halleluja.

(So spricht Gott, der Herr:)
Ich habe dieses Haus erwählt und geheiligt,
damit mein Name hier sei auf ewig.

Halleluja.

ZUM EVANGELIUM   *siehe Einführung S. 765 f.*

EVANGELIUM   Joh 2, 13–22

Reißt diesen Tempel nieder, in drei Tagen werde ich ihn wieder aufrichten. Er meinte den Tempel seines Leibes

✛ Aus dem heiligen Evangelium nach Johannes.

¹³ Das Paschafest* der Juden war nahe
und Jesus zog nach Jerusalem hinauf.

¹⁴ Im Tempel
   fand er die Verkäufer von Rindern, Schafen und Tauben
und die Geldwechsler, die dort saßen.

---

* Sprich: Pas-chafest.

¹⁵ Er machte eine Geißel aus Stricken
  und trieb sie alle aus dem Tempel hinaus
 samt den Schafen und Rindern;
 das Geld der Wechsler schüttete er aus,
 ihre Tische stieß er um
¹⁶ und zu den Taubenhändlern sagte er:
  Schafft das hier weg,
 macht das Haus meines Vaters nicht zu einer Markthalle!
¹⁷ Seine Jünger erinnerten sich, dass geschrieben steht:
  Der Eifer für dein Haus wird mich verzehren.
¹⁸ Da ergriffen die Juden das Wort und sagten zu ihm:
  Welches Zeichen lässt du uns sehen,
  dass du dies tun darfst?
¹⁹ Jesus antwortete ihnen: Reißt diesen Tempel nieder
 und in drei Tagen werde ich ihn wieder aufrichten.
²⁰ Da sagten die Juden:
  Sechsundvierzig Jahre wurde an diesem Tempel gebaut
  und du willst ihn in drei Tagen wieder aufrichten?
²¹ Er aber meinte den Tempel seines Leibes.
²² Als er von den Toten auferweckt war,
  erinnerten sich seine Jünger, dass er dies gesagt hatte,
 und sie glaubten der Schrift
  und dem Wort, das Jesus gesprochen hatte.

8. Dezember

HOCHFEST DER OHNE ERBSÜNDE EMPFANGENEN JUNGFRAU UND GOTTESMUTTER MARIA

Die Glaubenslehre, dass Maria vom ersten Augenblick ihres Lebens an von aller Erbschuld frei war, hat sich erst im Lauf der Jahrhunderte allmählich geklärt. Sie wird ausdrücklich in der Heiligen Schrift nicht ausgesprochen, doch wurden einige Aussagen der Schrift schon früh in dem Sinn verstanden, dass Maria das reinste Geschöpf Gottes war, die neue Eva, die ohne Sünde blieb und so zur „Mutter aller Lebenden" werden konnte. Dabei muss klar bleiben, dass Maria

8. Dezember · Unbefleckte Empfängnis Mariä

auf dem natürlichen Weg als Kind ihrer Eltern geboren wurde und dass auch sie alle Gnade durch Jesus Christus, durch seinen Kreuzestod, empfangen hat. – Die liturgische Feier der Empfängnis Mariä kam im 9. Jahrhundert von Konstantinopel nach Süditalien und Sizilien; aber durchgesetzt hat sich das Fest von England her, wo der hl. Anselm von Canterbury es in seiner Diözese einführte. 1476 wurde es durch den Franziskanerpapst Sixtus IV. von der römischen Kirche übernommen. Am 8. Dezember 1854 hat Pius IX. die Lehre von der Unbefleckten Empfängnis Mariä verbindlich definiert und als Glaubenssatz erklärt.

DAS DOGMA *„Zu Ehren der Heiligen und Ungeteilten Dreifaltigkeit, zu Schmuck und Zierde der jungfräulichen Gottesmutter, zur Erhöhung des katholischen Glaubens und zur Mehrung der christlichen Religion, in der Autorität unseres Herrn Jesus Christus, der seligen Apostel Petrus und Paulus und der Unseren erklären, verkünden und definieren Wir: Die Lehre, dass die seligste Jungfrau Maria im ersten Augenblick ihrer Empfängnis durch ein einzigartiges Gnadenprivileg des allmächtigen Gottes, im Hinblick auf die Verdienste Jesu Christi, des Erretters des Menschengeschlechtes, von jedem Schaden der Erbsünde unversehrt bewahrt wurde, ist von Gott offenbart und darum von allen Gläubigen fest und beständig zu glauben." (Pius IX., Apostolisches Schreiben „Ineffabilis Deus", verkündet am 8. Dezember 1854)*

ERÖFFNUNGSVERS   Jes 61, 10

Von Herzen will ich mich freuen über den Herrn.
Meine Seele soll jubeln über meinen Gott.
Denn er kleidet mich in Gewänder des Heils,
er hüllt mich in den Mantel der Rettung
und schmückt mich köstlich wie eine Braut.

Ehre sei Gott, S. 371 f.

TAGESGEBET

Großer und heiliger Gott,
im Hinblick auf den Erlösertod Christi
hast du die selige Jungfrau Maria
schon im ersten Augenblick ihres Daseins
vor jeder Sünde bewahrt,
um deinem Sohn eine würdige Wohnung zu bereiten.

Höre auf ihre Fürsprache:
Mache uns frei von Sünden
und erhalte uns in deiner Gnade,
damit wir mit reinem Herzen zu dir gelangen.
Darum bitten wir durch Jesus Christus.

ZUR 1. LESUNG *Die Geschichte vom verlorenen Paradies ist wahr. Gott will dem Menschen seine Nähe und Freundschaft schenken, das ist der Sinn des „Gartens". Aber Gott kann nur dem etwas schenken, der fähig ist, es zu empfangen. Der Mensch mit der gierig raffenden Hand oder mit der trotzig geballten Faust ist dazu nicht fähig. Er bekommt vielleicht das, was er wollte, aber nur, um dann zu sehen, dass er arm und „nackt" ist. Er wird auf sich selbst zurückgeworfen, und die ganze Natur leidet darunter, dass die Ordnung gestört ist. Das wissen wir auch dann, wenn wir keine Dornen und Disteln mehr sehen. Aber nicht das Gericht ist Gottes letztes Wort. Die Rückkehr zu Gott, zum Leben, zum Glück ist dem Menschen verheißen und aufgetragen. Die Schlange, dieses geheimnisvolle, übermenschlich schlaue und bösartige Wesen, wird vom Nachkommen der Frau besiegt werden: einer wird kommen und den Kopf der Schlange treffen (Gen 3,15); er wird dem tödlichen Unsinn ein Ende machen und den Menschen eine neue Zukunft geben.*

ERSTE LESUNG Gen 3, 9–15.20

Feindschaft setze ich zwischen dir und der Frau, zwischen deinem Nachkommen und dem Nachkommen der Frau

**Lesung
aus dem Buch Génesis.**

Nachdem Adam vom Baum gegessen hatte,
9 **rief Gott, der HERR, ihm zu
und sprach: Wo bist du?**
10 **Er antwortete: Ich habe deine Schritte gehört im Garten;
da geriet ich in Furcht, weil ich nackt bin,
und versteckte mich.**
11 **Darauf fragte er: Wer hat dir gesagt, dass du nackt bist?
Hast du von dem Baum gegessen,
von dem ich dir geboten habe, davon nicht zu essen?**
12 **Adam antwortete:**

Die Frau, die du mir beigesellt hast,
sie hat mir von dem Baum gegeben.
So habe ich gegessen.

¹³ Gott, der HERR, sprach zu der Frau:
Was hast du getan?
Die Frau antwortete:
Die Schlange hat mich verführt.
So habe ich gegessen.

¹⁴ Da sprach Gott, der HERR, zur Schlange:
Weil du das getan hast, bist du verflucht
unter allem Vieh und allen Tieren des Feldes.
Auf dem Bauch wirst du kriechen
und Staub fressen alle Tage deines Lebens.

¹⁵ Und Feindschaft setze ich zwischen dir und der Frau,
zwischen deinem Nachkommen und ihrem Nachkommen.
Er trifft dich am Kopf
und du triffst ihn an der Ferse.

²⁰ Adam gab seiner Frau den Namen Eva, Leben,
denn sie wurde die Mutter aller Lebendigen.

ANTWORTPSALM   Ps 98 (97), 1.2–3b.3c–4 (Kv: 1ab)

Kv Singet dem HERRN ein neues Lied,   GL 55, 1
denn er hat wunderbare Taten vollbracht! – Kv

¹ Singet dem HERRN ein neues Lied, *
denn er hat wunderbare Taten vollbracht!
Geholfen hat ihm seine Rechte *
und sein heiliger Arm. – (Kv)

² Der HERR hat sein Heil bekannt gemacht *
und sein gerechtes Wirken enthüllt vor den Augen der Völker.

³ᵃᵇ Er gedachte seiner Huld *
und seiner Treue zum Hause Israel. – (Kv)

³ᶜᵈ Alle Enden der Erde *
sahen das Heil unsres Gottes.

⁴ Jauchzet dem HERRN, alle Lande, *
freut euch, jubelt und singt! – Kv

ZUR 2. LESUNG *Am Anfang des Epheserbriefs steht ein hymnischer Lobpreis, der alles Handeln Gottes in dem Wort „Segen" zusammenfasst (1,3-14). Von Ewigkeit her hat Gott uns erkannt und geliebt. Das Offenbarwerden seiner ewigen Größe („Herrlichkeit") und seiner Gnade ist das Ziel der Schöpfung und der Sinn der Menschheitsgeschichte, auch der Sinn jedes Menschenlebens. Von sich aus kann die Schöpfung dieses Ziel nicht erreichen. Hier greift Gottes Erbarmen ein; er macht Christus zum Haupt und zur Mitte einer neuen Schöpfung, zu ihrem Retter. Von Sünde ist in diesem Abschnitt nur in Vers 7 die Rede und nur indirekt: durch das Blut Christi haben wir die Erlösung, die Vergebung der Sünden. Er gibt uns als Siegel der Gottesgemeinschaft den Heiligen Geist. Durch ihn haben wir Hoffnung; wir wissen, dass Gott uns angenommen hat.*

ZWEITE LESUNG
Eph 1,3–6.11–12

In Christus hat Gott uns erwählt vor der Grundlegung der Welt, zum Lob seiner herrlichen Gnade

Lesung
aus dem Brief des Apostels Paulus
an die Gemeinde in Éphesus.

³ Gepriesen sei Gott,
der Gott und Vater unseres Herrn Jesus Christus.
Er hat uns mit allem Segen seines Geistes gesegnet
durch unsere Gemeinschaft mit Christus im Himmel.

⁴ Denn in ihm hat er uns erwählt vor der Grundlegung der Welt,
damit wir heilig und untadelig leben vor ihm.

⁵ Er hat uns aus Liebe im Voraus dazu bestimmt,
seine Söhne zu werden durch Jesus Christus
und zu ihm zu gelangen nach seinem gnädigen Willen,

⁶ zum Lob seiner herrlichen Gnade.
Er hat sie uns geschenkt in seinem geliebten Sohn.

¹¹ In ihm sind wir auch als Erben vorherbestimmt
nach dem Plan dessen, der alles so bewirkt,
wie er es in seinem Willen beschließt;

¹² wir sind zum Lob seiner Herrlichkeit bestimmt,
die wir schon früher in Christus gehofft haben.

RUF VOR DEM EVANGELIUM
Vers: vgl. Lk 1, 28.42

Halleluja. Halleluja.

**Gegrüßet seist du, Maria, voll der Gnade,
der Herr ist mit dir,
du bist gebenedeit unter den Frauen.**

Halleluja.

ZUM EVANGELIUM   *Maria wird vom Engel als die Frau begrüßt, die mehr als alle anderen begnadet ist. Sie steht in der Reihe der großen Erwählten (Abraham, David) und überragt sie alle. Sie ist der neue Zion, das wahre Jerusalem, dem Gottes besondere Liebe und Gegenwart gilt (vgl. Zef 3,14–16; Sach 9,9). Was zu Maria über Jesus gesagt wird (Lk 1,31–33), übertrifft bei weitem das über Johannes Gesagte (1,15–17). Seine Titel und sein Name kennzeichnen ihn als den verheißenen Messias der Endzeit, der die Einheit von Juda und Israel wiederherstellen und über alle Völker in Ewigkeit herrschen wird. Er ist der Sohn der Jungfrau, ist wahrer Mensch und gehört doch zur Welt Gottes (1,35). Anders als Zacharias (1,18) antwortet Maria auf die Botschaft des Engels mit dem einfachen und großen: „Mir geschehe, wie du es gesagt hast."*

EVANGELIUM
Lk 1, 26–38

Sei gegrüßt, du Begnadete, der Herr ist mit dir

✛ Aus dem heiligen Evangelium nach Lukas.

²⁶ **In jener Zeit wurde der Engel Gábriel
von Gott in eine Stadt in Galiläa namens Nazaret**
²⁷ **zu einer Jungfrau gesandt.
Sie war mit einem Mann namens Josef verlobt,
der aus dem Haus David stammte.
Der Name der Jungfrau war Maria.**
²⁸ **Der Engel trat bei ihr ein
und sagte: Sei gegrüßt, du Begnadete,
der Herr ist mit dir.**
²⁹ **Sie erschrak über die Anrede
und überlegte, was dieser Gruß zu bedeuten habe.**

³⁰ Da sagte der Engel zu ihr: Fürchte dich nicht, Maria;
denn du hast bei Gott Gnade gefunden.
³¹ Siehe, du wirst schwanger werden
und einen Sohn wirst du gebären;
dem sollst du den Namen Jesus geben.
³² Er wird groß sein
und Sohn des Höchsten genannt werden.
Gott, der Herr, wird ihm den Thron seines Vaters David geben.
³³ Er wird über das Haus Jakob in Ewigkeit herrschen
und seine Herrschaft wird kein Ende haben.
³⁴ Maria sagte zu dem Engel:
Wie soll das geschehen, da ich keinen Mann erkenne?
³⁵ Der Engel antwortete ihr:
Heiliger Geist wird über dich kommen
und Kraft des Höchsten wird dich überschatten.
Deshalb wird auch das Kind heilig
und Sohn Gottes genannt werden.
³⁶ Siehe, auch Elisabet, deine Verwandte,
hat noch in ihrem Alter einen Sohn empfangen;
obwohl sie als unfruchtbar gilt,
ist sie schon im sechsten Monat.
³⁷ Denn für Gott ist nichts unmöglich.
³⁸ Da sagte Maria:
Siehe, ich bin die Magd des Herrn;
mir geschehe, wie du es gesagt hast.
Danach verließ sie der Engel.

Glaubensbekenntnis, S. 374 ff.
Fürbitten vgl. S. 816

ZUR EUCHARISTIEFEIER *Von Gott erwählt zu sein, ist Geschenk und Herausforderung zugleich. Wenn wir bereit sind, dem Glauben an die Möglichkeiten Gottes in uns mehr Raum zu geben als den inneren Widerständen, die uns daran hindern, kann sich sein Wirken in uns Bahn brechen. Maria ist dafür das große Vorbild.*

GABENGEBET

Herr, unser Gott,
in deiner Gnade
hast du die selige Jungfrau Maria auserwählt
und vor jeder Sünde bewahrt.
An ihrem Fest feiern wir das Opfer,
das alle Schuld der Menschen tilgt.
Befreie uns auf ihre Fürsprache
aus der Verstrickung in das Böse,
damit auch wir heilig und makellos vor dir stehen.
Darum bitten wir durch Christus, unseren Herrn.

Präfation, S. 437

KOMMUNIONVERS

Großes hat man von dir gesagt, Maria,
denn aus dir ging hervor die Sonne der Gerechtigkeit,
Christus, unser Gott.

SCHLUSSGEBET

Herr und Gott,
das Sakrament, das wir empfangen haben,
heile in uns die Wunden jener Schuld,
vor der du die allerseligste Jungfrau Maria
vom ersten Augenblick ihres Daseins an
auf einzigartige Weise bewahrt hast.
Darum bitten wir durch Christus, unseren Herrn.

26. Dezember

HL. STEPHANUS, ERSTER MÄRTYRER

Fest

Unter den sieben Diakonen der Gemeinde von Jerusalem (Apg 6,5) ragte Stephanus heraus als ein Mann voll Heiligen Geistes. Seine Auseinandersetzung mit den Führern des hellenistischen Judentums endete damit, dass Stephanus vor den Hohen Rat geschleppt und zum Tod verurteilt wurde. Stephanus ist das Urbild des christlichen Märtyrers; er hat Jesus als den gekreuzigten und in die Herrlichkeit Gottes erhobenen Messias verkündet; er hat „den Menschensohn zur Rechten Gottes stehend" geschaut und für ihn Zeugnis abgelegt durch sein Wort und mit seinem Blut.

ERÖFFNUNGSVERS

Das Tor des Himmels öffnete sich für Stephanus.
Er zog als Erster der Blutzeugen ein
und empfing die Krone der Herrlichkeit.
Ehre sei Gott, S. 371 f.

TAGESGEBET

Allmächtiger Gott,
wir ehren am heutigen Fest
den ersten Märtyrer deiner Kirche.
Gib, dass auch wir unsere Feinde lieben
und so das Beispiel
des heiligen Stephanus nachahmen,
der sterbend für seine Verfolger gebetet hat.
Darum bitten wir durch Jesus Christus.

ZUR 1. LESUNG   *Die zum Dienst „an den Tischen" eingesetzten Diakone waren keine stummen Tischdiener. Es waren Männer „voll Gnade und Kraft", voll „Weisheit und Geist" (Apg 6,8.10). Ihr Auftreten war dem der Apostel ähnlich: durch Wort und Tat warben sie für den „Weg", den sie entdeckt hatten, für den „Namen", der für sie alle Hoffnung in sich schloss. Der bedeutendste dieser Diakone war Stephanus, und er stieß auf den heftigsten Widerstand bei den Leuten seiner Synagoge. Das waren Griechisch sprechende Juden aus der Diaspora. In dem Prozess, den sie gegen Stephanus führen, wiederholt sich manches aus dem Prozess Jesu. Zuerst wird das Volk aufgehetzt, die Sache wird vor den Hohen Rat gebracht, falsche Zeugen werden vorgeschickt (6,13-14). Die Rede des Stephanus vor dem Hohen Rat (Apg 7,2-53) hat programmatische Bedeutung. Sein Martyrium ist das Signal zur ersten größeren Verfolgung, es markiert eine Wende in der Geschichte des jungen Christentums. Bei der Steinigung des Stephanus tritt zum ersten Mal Saulus, der spätere Paulus, in Erscheinung.*

ERSTE LESUNG
Ich sehe den Himmel offen

Apg 6, 8–10; 7, 54–60

Lesung
aus der Apostelgeschichte.

In jenen Tagen
6, 8 tat Stéphanus aber,
voll Gnade und Kraft,
Wunder und große Zeichen unter dem Volk.
9 Doch einige von der sogenannten Synagoge der Libertíner
und Kyrenäer und Alexandríner
und Leute aus Kilíkien und der Provinz Asien
erhoben sich, um mit Stéphanus zu streiten;
10 aber sie konnten der Weisheit und dem Geist, mit dem er sprach,
nicht widerstehen.

7, 54 Als sie seine Rede hörten,
waren sie in ihren Herzen aufs Äußerste über ihn empört
und knirschten mit den Zähnen gegen ihn.
55 Er aber, erfüllt vom Heiligen Geist,
blickte zum Himmel empor,
sah die Herrlichkeit Gottes und Jesus zur Rechten Gottes stehen
56 und rief:
Siehe, ich sehe den Himmel offen
und den Menschensohn zur Rechten Gottes stehen.
57 Da erhoben sie ein lautes Geschrei,
hielten sich die Ohren zu,
stürmten einmütig auf ihn los,
58 trieben ihn zur Stadt hinaus und steinigten ihn.
Die Zeugen legten ihre Kleider
zu Füßen eines jungen Mannes nieder, der Saulus hieß.
59 So steinigten sie Stéphanus;
er aber betete
und rief: Herr Jesus, nimm meinen Geist auf!
60 Dann sank er in die Knie
und schrie laut:

Herr, rechne ihnen diese Sünde nicht an!
Nach diesen Worten starb er.

ANTWORTPSALM
Ps 31 (30), 3b–4.6 u. 8.16–17 (Kv: vgl. 6a)

Kv HERR, in deine Hand lege ich meinen Geist. – Kv   GL 308, 1

³ᵇ Sei mir ein schützender Fels, *
ein festes Haus, mich zu retten!
⁴ Denn du bist mein Fels und meine Festung; *
um deines Namens willen wirst du mich führen und leiten. – (Kv)
⁶ In deine Hand lege ich voll Vertrauen meinen Geist; *
du hast mich erlöst, HERR, du Gott der Treue.
⁸ Ich will jubeln und deiner Huld mich freuen; /
denn du hast mein Elend angesehn, *
du kanntest die Ängste meiner Seele. – (Kv)
¹⁶ In deiner Hand steht meine Zeit; *
entreiß mich der Hand meiner Feinde und Verfolger!
¹⁷ Lass dein Angesicht leuchten über deinem Knecht, *
hilf mir in deiner Huld! – Kv

RUF VOR DEM EVANGELIUM
Vers: vgl. Ps 118 (117), 26a.27a

Halleluja. Halleluja.

Gesegnet sei, der kommt im Namen des Herrn!
Gott, der Herr, erleuchte uns.

Halleluja.

ZUM EVANGELIUM   *Bereits in der Bergpredigt steht der Hinweis auf Verfolgungen, mit denen der Jünger Jesu zu rechnen hat (Mt 5,10–12). Die Ankündigung in Mt 10,17–22 steht im Zusammenhang mit der Jüngeraussendung: sie kehrt wieder in der Rede Jesu über die Ereignisse der Endzeit (Mt 24,9–14). Wir werden also nachdrücklich darauf aufmerksam gemacht, was wir von den „Menschen" zu erwarten haben. „Menschen" werden hier die genannt, die von Gott nichts wissen wollen und den christlichen „Aberglauben" aus der Welt schaffen möchten. Dafür setzen sie verschiedene Mittel ein: gleichgültige Duldung, Verächtlichmachung, Verleumdung, Benachteiligung, Gewalt – viele Formen hat der Hass. Aber die Verfolger wissen nicht, was sie tun: der Jünger weiß, wofür er leidet. „Um meinetwillen ... damit ihr ... Zeugnis ablegt" (10,18). Der Glaube der Verfolgten ist für die Verfolger ein „Zeugnis", das sie anklagt.*

EVANGELIUM
Mt 10, 17–22

Nicht ihr werdet dann reden, sondern der Geist eures Vaters wird durch euch reden

✙ Aus dem heiligen Evangelium nach Matthäus.

In jener Zeit sprach Jesus zu seinen Jüngern:
¹⁷ Nehmt euch vor den Menschen in Acht!
Denn sie werden euch an die Gerichte ausliefern
und in ihren Synagogen auspeitschen.
¹⁸ Ihr werdet um meinetwillen
vor Statthalter und Könige geführt werden,
ihnen und den Heiden zum Zeugnis.
¹⁹ Wenn sie euch aber ausliefern,
macht euch keine Sorgen, wie und was ihr reden sollt;
denn es wird euch in jener Stunde eingegeben,
was ihr sagen sollt.
²⁰ Nicht ihr werdet dann reden,
sondern der Geist eures Vaters wird durch euch reden.
²¹ Der Bruder wird den Bruder dem Tod ausliefern
und der Vater das Kind
und Kinder werden sich gegen die Eltern auflehnen
und sie in den Tod schicken.
²² Und ihr werdet um meines Namens willen
von allen gehasst werden;
wer aber bis zum Ende standhaft bleibt,
der wird gerettet.

ZUR EUCHARISTIEFEIER *Wer wie Stephanus zu seinem Glauben steht und ihn bekennt, muss mit Unverständnis und Widerstand rechnen. Standhaftigkeit ist gefragt. Aber nicht als kämpferische Sturheit, sondern als authentische Haltung dessen, der seine Kraft nicht aus sich selbst, sondern aus der Beziehung zu Gott schöpft.*

GABENGEBET

Herr, unser Gott,
schau gütig auf dein Volk,
das mit Freude und Hingabe
den Festtag des heiligen Stephanus feiert,
und nimm unsere Gaben an.
Darum bitten wir durch Christus, unseren Herrn.

Präfation von Weihnachten, S. 416f.

KOMMUNIONVERS
Apg 7, 59

Die Menge steinigte den Stephanus.
Er aber betete und rief: Herr Jesus, nimm meinen Geist auf!

SCHLUSSGEBET

Herr, unser Gott,
wir danken dir
für die Gnade dieser festlichen Tage.
In der Geburt deines Sohnes
schenkst du uns das Heil;
im Sterben des heiligen Stephanus
zeigst du uns das Beispiel
eines unerschrockenen Glaubenszeugen.
Wir bitten dich:
Stärke unsere Bereitschaft,
deinen Sohn, unseren Herrn Jesus Christus,
standhaft zu bekennen,
der mit dir lebt und herrscht in alle Ewigkeit.

27. Dezember

HL. JOHANNES, APOSTEL, EVANGELIST

Fest

Der Apostel Johannes, nach der Überlieferung Verfasser des vierten Evangeliums und dreier Briefe, war ein Bruder Jakobus' des Älteren und stammte aus Betsaida, wo sein Vater Zebedäus die Fischerei betrieb. Johannes war kaum jener sanfte

Jüngling, den uns die christliche Kunst gemalt hat; er hatte wie sein Bruder ein heftiges Temperament, Jesus nannte die beiden „Donnersöhne". Johannes war zuerst Jünger des Täufers gewesen, dann folgte er Jesus. Das besondere Vertrauen, das Jesus zu ihm hatte, zeigte sich darin, dass er ihm sterbend seine Mutter anvertraute (Joh 19, 26–27).

ERÖFFNUNGSVERS

Johannes ruhte beim Abendmahl an der Brust des Herrn.
Ihm wurden die Geheimnisse des Himmels enthüllt.
Die Worte des Lebens hat er dem ganzen Erdkreis verkündet.

Oder: Vgl. Sir 15, 5

Inmitten der Gemeinde öffnete der Herr ihm den Mund
und erfüllte ihn mit dem Geist der Weisheit und der Einsicht.
Das Kleid der Herrlichkeit zog er ihm an.

Ehre sei Gott, S. 371 f.

TAGESGEBET

Allmächtiger Gott,
du hast uns durch den Evangelisten Johannes
einen Zugang eröffnet
zum Geheimnis deines ewigen Wortes.
Lass uns mit erleuchtetem Verstand
und liebendem Herzen erfassen,
was er in gewaltiger Sprache verkündet hat.
Darum bitten wir durch Jesus Christus.

ZUR LESUNG *Der erste Johannesbrief richtet sich gegen Irrlehren, die um die Wende vom ersten zum zweiten Jahrhundert die christliche Kirche bedrohten. Ihnen gegenüber stehen die zwei großen Anliegen dieses Briefs: 1. der rechte Glaube an Jesus Christus als Sohn Gottes und wahren Menschen, 2. die Verwirklichung dieses Glaubens in einem Leben, das von der Liebe bestimmt wird. Der Verfasser stellt sich selbst als Zeugen vor, der das, was er verkündet, gesehen und gehört, ja mit seinen eigenen Händen berührt hat: „das ewige Leben, das beim Vater war und uns offenbart wurde" in der Person Jesu.*

ERSTE LESUNG
1 Joh 1, 1–4

Was wir gesehen und gehört haben, das verkünden wir auch euch

Lesung
aus dem ersten Johannesbrief.

Schwestern und Brüder!
¹ Was von Anfang an war,
was wir gehört,
was wir mit unseren Augen gesehen,
was wir geschaut und was unsere Hände angefasst haben
vom Wort des Lebens

² – das Leben ist erschienen
und wir haben gesehen und bezeugen
und verkünden euch das ewige Leben,
das beim Vater war und uns erschienen ist –,

³ was wir gesehen und gehört haben,
das verkünden wir auch euch,
damit auch ihr Gemeinschaft mit uns habt.
Wir aber haben Gemeinschaft mit dem Vater
und mit seinem Sohn Jesus Christus.

⁴ Dies schreiben wir,
damit unsere Freude vollkommen ist.

ANTWORTPSALM
Ps 97 (96), 1–2.5–6.11–12 (Kv: 12a)

Kv Freut euch am HERRN, ihr Gerechten! – Kv   GL 444

¹ Der HERR ist König. Es juble die Erde! *
Freuen sollen sich die vielen Inseln.
² Rings um ihn her sind Wolken und Dunkel, *
Gerechtigkeit und Recht sind die Stützen seines Thrones. – (Kv)
⁵ Berge schmelzen wie Wachs vor dem HERRN, *
vor dem Angesicht des HERRN der ganzen Erde.
⁶ Seine Gerechtigkeit verkünden die Himmel, *
seine Herrlichkeit schauen alle Völker. – (Kv)

¹¹ Licht wird ausgesät für den Gerechten, *
Freude für die, die geraden Herzens sind.
¹² Freut euch am HERRN, ihr Gerechten, *
dankt seinem heiligen Namen! – Kv

RUF VOR DEM EVANGELIUM

Halleluja. Halleluja.

Dich, Gott, loben wir, dich, Herr, preisen wir.
Dich preist der glorreiche Chor der Apostel.

Halleluja.

ZUM EVANGELIUM   *Der Jünger, „den Jesus liebte" (Joh 20,2), ist nach Joh 21,20 der Jünger, der sich beim Abendmahl an die Brust Jesu gelehnt und gefragt hatte: Herr, wer ist es, der verrät? Er wird im Evangelium nie mit Namen genannt, aber in der christlichen Kirche schon früh mit Johannes, dem Sohn des Zebedäus, gleichgesetzt. Der Wettlauf der beiden Jünger zum Grab Jesu wurde als Wettlauf zwischen Amt und Geist, zwischen Recht und Liebe gedeutet: Petrus als Vertreter der Amtskirche, Johannes, der Lieblingsjünger, als Vertreter der vom Geist getragenen Liebeskirche. Oder auch: Petrus als Vertreter des Judenchristentums, dessen Vorrangstellung anerkannt wird, und Johannes als Vertreter des Heidenchristentums, das eine größere Bereitschaft zum Glauben bewiesen hat. Jedoch: Beide Jünger liefen zum Grab, so schnell sie konnten; beide sahen zunächst nur das leere Grab. Von Johannes wird gesagt: „Er sah und glaubte"; aber er konnte ebenso wie Petrus nur durch göttliche Erleuchtung zum Glauben an die Auferstehung Jesu kommen.*

EVANGELIUM   Joh 20,2–8

Auch der andere Jünger, der als Erster an das Grab gekommen war, ging hinein; er sah und glaubte

✚ Aus dem heiligen Evangelium nach Johannes.

² Am ersten Tag der Woche
   lief Maria von Mágdala schnell zu Simon Petrus
   und dem anderen Jünger, den Jesus liebte,
und sagte zu ihnen:

Sie haben den Herrn aus dem Grab weggenommen
und wir wissen nicht, wohin sie ihn gelegt haben.
³ Da gingen Petrus und der andere Jünger hinaus
und kamen zum Grab;
⁴ sie liefen beide zusammen,
aber weil der andere Jünger schneller war als Petrus,
kam er als Erster ans Grab.
⁵ Er beugte sich vor
und sah die Leinenbinden liegen,
ging jedoch nicht hinein.
⁶ Da kam auch Simon Petrus, der ihm gefolgt war,
und ging in das Grab hinein.
Er sah die Leinenbinden liegen
⁷ und das Schweißtuch, das auf dem Haupt Jesu gelegen hatte;
es lag aber nicht bei den Leinenbinden,
sondern zusammengebunden daneben
an einer besonderen Stelle.
⁸ Da ging auch der andere Jünger,
der als Erster an das Grab gekommen war, hinein;
er sah und glaubte.

GABENGEBET

Allmächtiger Gott,
heilige die Gaben, die wir darbringen,
und lass uns im heiligen Mahl
das Geheimnis deines ewigen Wortes erfassen,
das du dem Evangelisten Johannes
in dieser Feier erschlossen hast.
Darum bitten wir durch Christus, unseren Herrn.

Präfation von Weihnachten, S. 416 f.

KOMMUNIONVERS   Joh 1, 14.16

Das Wort ist Fleisch geworden und hat unter uns gewohnt.
Aus seiner Fülle haben wir alle empfangen.

SCHLUSSGEBET

Allmächtiger Gott,
der heilige Apostel Johannes
hat deinen Sohn verkündet
als das Wort, das Fleisch geworden ist.
Gib, dass Christus durch diese Feier
immer unter uns wohne,
damit wir die Fülle deiner Gnade empfangen.
Darum bitten wir durch Christus, unseren Herrn.

28. Dezember

UNSCHULDIGE KINDER

Fest

Die Erzählung vom Kindermord in Betlehem steht bei Mt 2,16-18; Matthäus sieht in diesem schrecklichen Vorgang das Wort des Propheten Jeremia (31,15) erfüllt. Einen liturgischen Gedenktag dieser kindlichen „Blutzeugen" im Anschluss an Weihnachten gibt es seit dem 5. Jahrhundert. Cäsarius von Arles, Augustinus und andere Kirchenväter haben die kindlichen Märtyrer gerühmt, denen es vergönnt war, nicht nur als Zeugen für Jesus, sondern stellvertretend für ihn zu sterben.

ERÖFFNUNGSVERS

Die Unschuldigen Kinder erlitten für Christus den Tod.
Nun folgen sie dem Lamm und singen sein Lob.

Ehre sei Gott, S. 371 f.

TAGESGEBET

Vater im Himmel,
nicht mit Worten
haben die Unschuldigen Kinder dich gepriesen,
sie haben dich verherrlicht durch ihr Sterben.
Gib uns die Gnade,
dass wir in Worten und Taten
unseren Glauben an dich bekennen.
Darum bitten wir durch Jesus Christus.

ZUR LESUNG *„Gott ist Licht", er ist die Helligkeit, die wir brauchen, um als Menschen und als Christen leben zu können. Licht und Leben gehören ebenso zusammen wie Finsternis und Tod. Das gilt im physischen Leben und erst recht in der geistigen Wirklichkeit. Seitdem Christus, das wahre Licht, in die Welt gekommen ist, steht der Mensch eindeutiger als bisher vor der Entscheidung; er kann „im Licht wandeln" (1 Joh 1,7), d.h. sich nach der offenbar gewordenen Wahrheit Gottes richten, oder er kann in der Finsternis bleiben und aus seinem Leben eine Lüge machen. Für den, der sich als Sünder bekennt, gibt es Rettung; das Licht ist stärker als die Finsternis.*

ERSTE LESUNG   1 Joh 1, 5 – 2, 2

Das Blut Jesu reinigt uns von aller Sünde

Lesung
   aus dem ersten Johannesbrief.

Schwestern und Brüder!

1,5 **Das ist die Botschaft,**
   die wir von Jesus Christus gehört haben und euch verkünden:
Gott ist Licht und keine Finsternis ist in ihm.

6 **Wenn wir sagen, dass wir Gemeinschaft mit ihm haben**
   und doch in der Finsternis wandeln,
lügen wir und tun nicht die Wahrheit.

7 **Wenn wir im Licht wandeln, wie er im Licht ist,**
   haben wir Gemeinschaft miteinander
und das Blut seines Sohnes Jesus reinigt uns von aller Sünde.

8 **Wenn wir sagen, dass wir keine Sünde haben,**
   führen wir uns selbst in die Irre
und die Wahrheit ist nicht in uns.

9 **Wenn wir unsere Sünden bekennen,**
   ist er treu und gerecht;
er vergibt uns die Sünden und reinigt uns von allem Unrecht.

10 **Wenn wir sagen, dass wir nicht gesündigt haben,**
   machen wir ihn zum Lügner
und sein Wort ist nicht in uns.

2,1 **Meine Kinder, ich schreibe euch dies, damit ihr nicht sündigt.**

Wenn aber einer sündigt,
   haben wir einen Beistand beim Vater:
Jesus Christus, den Gerechten.
² Er ist die Sühne für unsere Sünden,
aber nicht nur für unsere Sünden,
   sondern auch für die der ganzen Welt.

ANTWORTPSALM Ps 124 (123), 2–3.4–5.7–8 (Kv: 7a)

Kv Unsre Seele ist wie ein Vogel dem Netz des Jägers entkommen.
– Kv GL 651, 3

² Wäre es nicht der HERR gewesen, der da war für uns, *
als sich gegen uns Menschen erhoben,
³ dann hätten sie uns lebendig verschlungen, *
als gegen uns ihr Zorn entbrannte. – (Kv)

⁴ Dann hätten die Wasser uns weggespült, *
hätte sich über uns ein Wildbach ergossen,
⁵ dann hätten sich über uns ergossen *
die wilden und wogenden Wasser. – (Kv)

⁷ Unsre Seele ist wie ein Vogel dem Netz des Jägers entkommen; *
das Netz ist zerrissen und wir sind frei.
⁸ Unsere Hilfe ist im Namen des HERRN, *
der Himmel und Erde erschaffen hat. – Kv

RUF VOR DEM EVANGELIUM

Halleluja. Halleluja.

Dich, Gott, loben wir, dich, Herr, preisen wir.
Dich preist der Märtyrer leuchtendes Heer.

Halleluja.

ZUM EVANGELIUM   *Neben Verehrung und Anbetung stehen an der Wiege des Messiaskindes Hass und Verfolgung. Der „neugeborene König der Juden" war unerwünscht. Als Herodes von ihm hörte, „erschrak er und ganz Jerusalem mit ihm" (Mt 2,3). So war nach der jüdischen Legende auch der Pharao erschrocken, als ihm die Geburt des Mose berichtet wurde. Das Geschick des Kindes lässt bereits die Zukunft ahnen: Jesus wird von seinem Volk verworfen.*

EVANGELIUM Mt 2, 13–18

Herodes ließ in Betlehem alle Knaben töten

+ Aus dem heiligen Evangelium nach Matthäus.

¹³ Als die Sterndeuter wieder gegangen waren,
  siehe, da erschien dem Josef im Traum ein Engel des Herrn
und sagte: Steh auf,
nimm das Kind und seine Mutter
  und flieh nach Ägypten;
dort bleibe, bis ich dir etwas anderes auftrage;
denn Herodes wird das Kind suchen,
  um es zu töten.

¹⁴ Da stand Josef auf
  und floh in der Nacht mit dem Kind und dessen Mutter
nach Ägypten.

¹⁵ Dort blieb er bis zum Tod des Herodes.
Denn es sollte sich erfüllen,
  was der Herr durch den Propheten gesagt hat:
Aus Ägypten habe ich meinen Sohn gerufen.

¹⁶ Als Herodes merkte, dass ihn die Sterndeuter getäuscht hatten,
  wurde er sehr zornig
und er sandte aus
und ließ in Betlehem und der ganzen Umgebung
  alle Knaben bis zum Alter von zwei Jahren töten,
genau der Zeit entsprechend,
  die er von den Sterndeutern erfahren hatte.

¹⁷ Damals erfüllte sich,
  was durch den Propheten Jeremía gesagt worden ist:

¹⁸ Ein Geschrei war in Rama zu hören,
lautes Weinen und Klagen:
Rahel weinte um ihre Kinder
und wollte sich nicht trösten lassen,
  denn sie waren nicht mehr.

GABENGEBET

Herr, unser Gott,
nimm diese Gaben an
und heilige uns
durch die Erlösungstat deines Sohnes,
der auch die Unschuldigen Kinder gerechtfertigt
und zu seinen Zeugen erwählt hat,
der mit dir lebt und herrscht in alle Ewigkeit.

Präfation von Weihnachten, S. 416 f.

KOMMUNIONVERS   Offb 14, 4

Sie sind es, die aus den Menschen losgekauft wurden
als Weihegabe für Gott und das Lamm.
Sie folgen dem Lamm, wohin immer es geht.

SCHLUSSGEBET

Herr, unser Gott,
du hast den Unschuldigen Kindern
die Krone der Märtyrer geschenkt,
obwohl sie noch nicht fähig waren,
deinen Sohn mit dem Munde zu bekennen.
Christus, für den sie gestorben sind,
schenke auch uns im Sakrament die Fülle des Heiles.
Er, der mit dir lebt und herrscht in alle Ewigkeit.

COMMUNE-TEXTE

BEIM JAHRESGEDÄCHTNIS EINER KIRCHWEIHE

1. In der Kirche, deren Weihefest gefeiert wird

ERÖFFNUNGSVERS   Ps 68 (67), 36

Gott in seinem Heiligtum ist voll Majestät, Israels Gott;
seinem Volk verleiht er Stärke und Kraft.
Gepriesen sei Gott.
Ehre sei Gott, S. 371 f.

TAGESGEBET

Großer und heiliger Gott,
jedes Jahr
feiern wir den Weihetag dieses heiligen Hauses.
Höre auf die Bitten deines Volkes.
Hilf uns, dass wir an diesem Ort
in rechter Gesinnung den heiligen Dienst vollziehen
und den Reichtum der Erlösungsgnade empfangen.
Darum bitten wir durch Jesus Christus.

ZUR 1. LESUNG   *Nach einer kurzen Erklärung für das versammelte Volk (1 Kön 8,14–21) spricht Salomo das große Tempelweihegebet (8,22–53). Das eigentliche Weihegebet beginnt bei 8,27 mit dem ehrfürchtigen Staunen darüber, dass der unfassbare Gott in einem Haus wohnen soll, das Menschen gebaut haben. Tatsächlich ist der Tempel nicht eigentlich Gottes Wohnung, sondern der Ort, an dem „sein Name wohnt", der Ort, wo man ihn anrufen und ihm begegnen kann. Alle Menschen sollen hier beten können, auch die Fremden, die nicht zum Volk Israel gehören.*

ERSTE LESUNG

1 Kön 8, 22–23.27–30

Halte deine Augen offen über diesem Haus bei Nacht und bei Tag

Lesung
  aus dem ersten Buch der Könige.

In jenen Tagen
²² trat Sálomo
  in Gegenwart der ganzen Versammlung Israels
  vor den Altar des HERRN,
breitete seine Hände zum Himmel aus
²³ und betete:
  HERR, Gott Israels,
  im Himmel oben und auf der Erde unten gibt es keinen Gott,
    der so wie du Bund und Huld seinen Knechten bewahrt,
    die mit ungeteiltem Herzen vor ihm leben.
²⁷ Wohnt denn Gott wirklich auf der Erde?
Siehe,
  selbst der Himmel
  und die Himmel der Himmel fassen dich nicht,
wie viel weniger dieses Haus, das ich gebaut habe.
²⁸ Wende dich, HERR, mein Gott,
  dem Beten und Flehen deines Knechtes zu!
Höre auf das Rufen und auf das Gebet,
  das dein Knecht heute vor dir verrichtet!
²⁹ Halte deine Augen offen über diesem Haus bei Nacht und bei Tag,
über der Stätte, von der du gesagt hast,
  dass dein Name hier wohnen soll!
Höre auf das Gebet, das dein Knecht an dieser Stätte verrichtet!
³⁰ Achte auf das Flehen deines Knechtes und deines Volkes Israel,
  wenn sie an dieser Stätte beten!
Höre sie im Himmel, dem Ort, wo du wohnst!
Höre sie
  und verzeih!

ANTWORTPSALM
Ps 84 (83), 2–3.4–5.10–11a (Kv: vgl. 5)

Kv Selig, die in deinem Hause wohnen, Herr, GL 651, 7
die dich loben allezeit. – Kv

2 Wie liebenswert ist deine Wohnung, du HERR der Heerscharen! /
3 Meine Seele verzehrt sich in Sehnsucht *
nach den Höfen des HERRN.
Mein Herz und mein Fleisch, *
sie jubeln dem lebendigen Gott entgegen. – (Kv)
4 Auch der Sperling fand ein Haus /
und die Schwalbe ein Nest, wohin sie ihre Jungen gelegt hat – *
deine Altäre, HERR der Heerscharen, mein Gott und mein König.
5 Selig, die wohnen in deinem Haus, *
die dich allezeit loben. – (Kv)
10 Gott, sieh her auf unsern Schild, *
schau auf das Angesicht deines Gesalbten!
11a Ja, besser ist ein einziger Tag in deinen Höfen *
als tausend andere. – Kv

ZUR 2. LESUNG *Christus der Grundstein, die Kirche der Tempel, die Gläubigen als lebendige Bausteine und zugleich als heiliges Volk und königliche Priesterschaft: Gedanken und Bilder häufen sich und deuten sich gegenseitig. Im Grunde ist ständig von Christus die Rede, dem lebendigen Stein, der weggeworfen wurde; er wurde getötet, aber er lebt.*

ZWEITE LESUNG
1 Petr 2, 4–9

Lasst euch als lebendige Steine zu einem geistigen Haus aufbauen

Lesung
aus dem ersten Brief des Apostels Petrus.

Schwestern und Brüder!
4 Kommt zum Herrn, dem lebendigen Stein,
der von den Menschen verworfen,
aber von Gott auserwählt und geehrt worden ist!
5 Lasst euch als lebendige Steine zu einem geistigen Haus
aufbauen,
zu einer heiligen Priesterschaft,

um durch Jesus Christus geistige Opfer darzubringen,
   die Gott gefallen!
⁶ Denn es heißt in der Schrift:
   Siehe, ich lege in Zion einen auserwählten Stein,
einen Eckstein, den ich in Ehren halte;
wer an ihn glaubt, der geht nicht zugrunde.
⁷ Euch, die ihr glaubt, gilt diese Ehre.
Für jene aber, die nicht glauben,
   ist dieser Stein, den die Bauleute verworfen haben,
   zum Eckstein geworden,
⁸ zum Stein, an den man anstößt,
und zum Felsen, an dem man zu Fall kommt.
Sie stoßen sich an ihm,
   weil sie dem Wort nicht gehorchen;
doch dazu sind sie bestimmt.
⁹ Ihr aber seid ein auserwähltes Geschlecht,
eine königliche Priesterschaft,
ein heiliger Stamm,
ein Volk, das sein besonderes Eigentum wurde,
damit ihr die großen Taten dessen verkündet,
   der euch aus der Finsternis
   in sein wunderbares Licht gerufen hat.

RUF VOR DEM EVANGELIUM   Vers: vgl. 2 Chr 7, 16

(Halleluja. Halleluja.)

(So spricht Gott, der Herr:)
Ich habe dieses Haus erwählt und geheiligt,
damit mein Name hier sei auf ewig.

(Halleluja.)

ZUM EVANGELIUM   *Der wahre Tempel ist da, wo Gott im Geist und in Wahrheit angebetet wird (Joh 4,23). Wo das nicht geschieht, bleibt vom Tempel vielleicht noch das Gebäude, aber es ist leer und überflüssig geworden. Der Zorn, der Jesus antreibt, die Verkäufer samt ihrer Ware vom Tempelplatz zu vertreiben, ist Ausdruck seiner leidenschaftlichen Liebe zum Haus seines Vaters. Die Tempel-*

reinigung ist aber auch Anzeichen des nahen Gerichts: Der Tempel wird zerstört werden. Gott will in einem lebendigen Heiligtum wohnen: in Christus, dem menschgewordenen und auferstandenen Herrn, und in der Kirche, d.h. in der Gemeinde derer, die an Christus glauben und mit ihm Gemeinschaft haben.

EVANGELIUM
Joh 2, 13–22

Reißt diesen Tempel nieder, in drei Tagen werde ich ihn wieder aufrichten. Er meinte den Tempel seines Leibes

✛ Aus dem heiligen Evangelium nach Johannes.

¹³ Das Paschafest• der Juden war nahe
und Jesus zog nach Jerusalem hinauf.

¹⁴ Im Tempel fand er die Verkäufer von Rindern,
　　Schafen und Tauben
und die Geldwechsler, die dort saßen.

¹⁵ Er machte eine Geißel aus Stricken
　　und trieb sie alle aus dem Tempel hinaus
samt den Schafen und Rindern;
das Geld der Wechsler schüttete er aus,
ihre Tische stieß er um

¹⁶ und zu den Taubenhändlern sagte er:
　　Schafft das hier weg,
macht das Haus meines Vaters nicht zu einer Markthalle!

¹⁷ Seine Jünger erinnerten sich, dass geschrieben steht:
　　Der Eifer für dein Haus wird mich verzehren.

¹⁸ Da ergriffen die Juden das Wort und sagten zu ihm:
　　Welches Zeichen lässt du uns sehen,
　　dass du dies tun darfst?

¹⁹ Jesus antwortete ihnen: Reißt diesen Tempel nieder
und in drei Tagen werde ich ihn wieder aufrichten.

• Sprich: Pas-chafest.

²⁰ **Da sagten die Juden:**
   Sechsundvierzig Jahre wurde an diesem Tempel gebaut
   und du willst ihn in drei Tagen wieder aufrichten?
²¹ **Er aber meinte den Tempel seines Leibes.**
²² **Als er von den Toten auferweckt war,**
   erinnerten sich seine Jünger, dass er dies gesagt hatte,
und sie glaubten der Schrift
   und dem Wort, das Jesus gesprochen hatte.

Glaubensbekenntnis, S. 374 ff.
Fürbitten vgl. S. 815

GABENGEBET

Heiliger Gott,
wir gedenken des Tages,
an dem du dieses Haus zu eigen genommen
und mit deiner Gegenwart erfüllt hast.
Nimm die Gaben an,
die wir an dieser Stätte darbringen,
und mache auch uns selbst zu einer Gabe,
die dir wohlgefällt.
Darum bitten wir durch Christus, unseren Herrn.

Präfation, S. 437

KOMMUNIONVERS   1 Kor 3, 16–17

Ihr seid Gottes Tempel, und der Geist Gottes wohnt in euch.
Der Tempel Gottes ist heilig, und der seid ihr.

SCHLUSSGEBET

Herr, unser Gott,
am Weihetag dieser Kirche
haben wir das Opfer des Lobes dargebracht.
Mache diese Feier
für uns zur Quelle der Gnade und der Freude,
damit deine Gemeinde im Heiligen Geist
zum Tempel deiner Herrlichkeit wird.
Darum bitten wir durch Christus, unseren Herrn.

2. Außerhalb der Kirche, deren Weihefest gefeiert wird

ERÖFFNUNGSVERS
Offb 21, 2

Ich sah die heilige Stadt, das neue Jerusalem,
von Gott her aus dem Himmel herabkommen.
Sie war bereit wie eine Braut,
die sich für ihren Mann geschmückt hat.

Ehre sei Gott, S. 371 f.

TAGESGEBET

Erhabener Gott,
du erbaust dir aus lebendigen
und erlesenen Steinen ein ewiges Haus.
Mache die Kirche reich an Früchten des Geistes,
den du ihr geschenkt hast,
und lass alle Gläubigen in der Gnade wachsen,
bis das Volk, das dir gehört,
im himmlischen Jerusalem vollendet wird.
Darum bitten wir durch Jesus Christus.

Oder:

Allmächtiger Gott,
du hast gewollt, dass dein Volk Kirche heiße,
denn wir sind das Haus,
in dem deine Herrlichkeit wohnt.
Gib, dass die Gläubigen,
die sich in deinem Namen versammeln,
dich ehren, dich lieben und dir gehorchen,
damit sie unter deiner Führung
das ewige Erbe erlangen.
Darum bitten wir durch Jesus Christus.

Lesungen, S. 763 ff.
Fürbitten vgl. S. 815

GABENGEBET

Herr und Gott,
nimm unsere Gaben an,
schenke uns durch deine Sakramente
Kraft und Zuversicht
und erhöre alle, die an heiliger Stätte zu dir beten.
Darum bitten wir durch Christus, unseren Herrn.
Präfation, S. 437f.

KOMMUNIONVERS 1 Petr 2,5

Lasst euch als lebendige Steine zu einem geistigen Haus aufbauen,
zu einer heiligen Priesterschaft.

SCHLUSSGEBET

Allmächtiger Gott,
du hast uns in der Kirche auf Erden
ein Abbild des himmlischen Jerusalem geschenkt.
Mache uns durch diese heilige Kommunion
zum Tempel deiner Gnade
und lass uns dorthin gelangen,
wo deine Herrlichkeit thront.
Darum bitten wir durch Christus, unseren Herrn.

ANHÄNGE

ANHANG I

COMMUNE-TEXTE FÜR DEN GESANG DES ANTWORTPSALMS

In der Regel soll man den angegebenen Psalm nehmen, weil sein Text mit den Lesungen in Zusammenhang steht, denn er ist im Hinblick auf sie ausgewählt.
Damit jedoch die Gemeinde leichter einen Kehrvers zum Psalm singen kann, werden einige Antwortpsalmen für die einzelnen Zeiten des Kirchenjahres angeboten, die man anstelle des vorgesehenen Psalms verwenden kann, wenn man den Psalm singen will (Messbuch, Allgemeine Einführung, Nr. 36).

KEHRVERSE

Im Advent:	Komm, HERR, uns zu retten!
In der Weihnachtszeit:	**Heute haben wir deine Herrlichkeit gesehen, HERR.**
In der Fastenzeit:	**Gedenke, HERR, deiner Treue und Barmherzigkeit!**
In der Osterzeit:	Halleluja. (zwei- oder dreimal)
Im Jahreskreis:	
Mit einem Lobpsalm:	Danket dem HERRN, denn er ist gut!
Oder:	Wir preisen dich, HERR, denn wunderbar sind deine Werke.

> Oder: Singet dem HERRN ein neues Lied!
> Mit einem Bittpsalm: Nahe ist der HERR allen, die ihn rufen.
> Oder: Erhöre uns, HERR, und rette uns!
> Oder: Barmherzig und gnädig ist der Herr.

ANTWORTPSALMEN

IM ADVENT

1 **ANTWORTPSALM** Ps 25 (24), 4–5.8–9.10 u. 14 (Kv: 1)

Kv Zu dir, o HERR, erhebe ich meine Seele. – Kv GL 307, 5

⁴ Zeige mir, HERR, deine Wege, *
lehre mich deine Pfade!
⁵ Führe mich in deiner Treue und lehre mich; /
denn du bist der Gott meines Heiles. *
Auf dich hoffe ich den ganzen Tag. – (Kv)
⁸ Der HERR ist gut und redlich, *
darum weist er Sünder auf den rechten Weg.
⁹ Die Armen leitet er nach seinem Recht, *
die Armen lehrt er seinen Weg. – (Kv)
¹⁰ Alle Pfade des HERRN sind Huld und Treue *
denen, die seinen Bund und seine Zeugnisse wahren.
¹⁴ Der Rat des HERRN steht denen offen, die ihn fürchten, *
und sein Bund, um ihnen Erkenntnis zu schenken. – Kv

Oder:

2 **ANTWORTPSALM** Ps 85 (84), 9–10.11–12.13–14 (Kv: 8)

Kv Lass uns schauen, o HERR, deine Huld GL 46, 1
und schenke uns dein Heil! – Kv

⁹ Ich will hören, was Gott redet: /
Frieden verkündet der HERR seinem Volk und seinen Frommen, *
sie sollen sich nicht zur Torheit wenden.
¹⁰ Fürwahr, sein Heil ist denen nahe, die ihn fürchten, *
seine Herrlichkeit wohne in unserm Land. – (Kv)

¹¹ Es begegnen einander Huld und Treue; *
Gerechtigkeit und Friede küssen sich.
¹² Treue sprosst aus der Erde hervor; *
Gerechtigkeit blickt vom Himmel hernieder. – (Kv)
¹³ Ja, der HERR gibt Gutes *
und unser Land gibt seinen Ertrag.
¹⁴ Gerechtigkeit geht vor ihm her *
und bahnt den Weg seiner Schritte. – Kv

IN DER WEIHNACHTSZEIT

ANTWORTPSALM Ps 98 (97), 1.2–3b.3c–4.5–6 (Kv: vgl. 3cd) 3

Kv Alle Enden der Erde
sehen das Heil unsres Gottes. – Kv

GL 55, 1

¹ Singet dem HERRN ein neues Lied, *
denn er hat wunderbare Taten vollbracht!
Geholfen hat ihm seine Rechte *
und sein heiliger Arm. – (Kv)
² Der HERR hat sein Heil bekannt gemacht *
und sein gerechtes Wirken enthüllt vor den Augen der Völker.
³ᵃᵇ Er gedachte seiner Huld *
und seiner Treue zum Hause Israel. – (Kv)
³ᶜᵈ Alle Enden der Erde *
sahen das Heil unsres Gottes.
⁴ Jauchzet dem HERRN, alle Lande, *
freut euch, jubelt und singt! – (Kv)
⁵ Spielt dem HERRN auf der Leier, *
auf der Leier zu lautem Gesang!
⁶ Mit Trompeten und lautem Widderhorn *
jauchzt vor dem HERRN, dem König! – Kv

AN ERSCHEINUNG DES HERRN

4 **ANTWORTPSALM** Ps 72 (71), 1–2.7–8.10–11.12–13 (Kv: 11)

Kv Alle Könige werfen sich vor ihm nieder, GL 260
es dienen ihm alle Völker. – Kv

1 Verleih dein Richteramt, o Gott, dem König, *
dem Königssohn gib dein gerechtes Walten.
2 Er regiere dein Volk in Gerechtigkeit *
und deine Elenden durch rechtes Urteil. – (Kv)

7 In seinen Tagen sprosse der Gerechte *
und Fülle des Friedens, bis der Mond nicht mehr da ist.
8 Er herrsche von Meer zu Meer, *
vom Strom bis an die Enden der Erde. – (Kv)

10 Die Könige von Tarschisch und von den Inseln bringen Gaben, *
mit Tribut nahen die Könige von Scheba und Saba.
11 Alle Könige werfen sich vor ihm nieder, *
es dienen ihm alle Völker. – (Kv)

12 Ja, er befreie den Armen, der um Hilfe schreit, *
den Elenden und den, der keinen Helfer hat.
13 Er habe Mitleid mit dem Geringen und Armen, *
er rette das Leben der Armen. – Kv

IN DER FASTENZEIT

5 **ANTWORTPSALM** Ps 51 (50), 3–4.5–6b.12–13.14 u. 17 (Kv: vgl. 3)

Kv Erbarme dich unser, o Herr, GL 639, 1
denn wir haben gesündigt. – Kv

3 Gott, sei mir gnädig nach deiner Huld, *
tilge meine Frevel nach deinem reichen Erbarmen!
4 Wasch meine Schuld von mir ab *
und mach mich rein von meiner Sünde! – (Kv)

5 Denn ich erkenne meine bösen Taten, *
meine Sünde steht mir immer vor Augen.
6ab Gegen dich allein habe ich gesündigt, *
ich habe getan, was böse ist in deinen Augen. – (Kv)

¹² Erschaffe mir, Gott, ein reines Herz *
und einen festen Geist erneuere in meinem Innern!
¹³ Verwirf mich nicht vor deinem Angesicht, *
deinen heiligen Geist nimm nicht von mir! – (Kv)
¹⁴ Gib mir wieder die Freude deines Heiles, *
rüste mich aus mit dem Geist der Großmut!
¹⁷ Herr, öffne meine Lippen, *
damit mein Mund dein Lob verkünde! – Kv

Oder:

ANTWORTPSALM   Ps 91 (90), 1–2.10–11.12–13.14–15 (Kv: vgl. 15b)   6

Kv Herr, sei bei mir in der Bedrängnis! – Kv   GL 75, 1

¹ Wer im Schutz des Höchsten wohnt, *
der ruht im Schatten des Allmächtigen.
² Ich sage zum HERRN: Du meine Zuflucht und meine Burg, *
mein Gott, auf den ich vertraue. – (Kv)
¹⁰ Dir begegnet kein Unheil, *
deinem Zelt naht keine Plage.
¹¹ Denn er befiehlt seinen Engeln, *
dich zu behüten auf all deinen Wegen. – (Kv)
¹² Sie tragen dich auf Händen, *
damit dein Fuß nicht an einen Stein stößt;
¹³ du schreitest über Löwen und Nattern, *
trittst auf junge Löwen und Drachen. – (Kv)
¹⁴ Weil er an mir hängt, will ich ihn retten. *
Ich will ihn schützen, denn er kennt meinen Namen.
¹⁵ Ruft er zu mir, gebe ich ihm Antwort. /
In der Bedrängnis bin ich bei ihm, *
ich reiße ihn heraus und bringe ihn zu Ehren. – Kv

Oder:

7 ANTWORTPSALM   Ps 130 (129), 1–2.3–4.5–6.7–8 (Kv: 7bc)

Kv Beim HERRN ist die Huld, GL 639, 3
bei ihm ist Erlösung in Fülle. – Kv

1 Aus den Tiefen rufe ich, HERR, zu dir: *
2 Mein Herr, höre doch meine Stimme!
  Lass deine Ohren achten *
  auf mein Flehen um Gnade. – (Kv)

3 Würdest du, HERR, die Sünden beachten, *
  mein Herr, wer könnte bestehen?
4 Doch bei dir ist Vergebung, *
  damit man in Ehrfurcht dir dient. – (Kv)

5 Ich hoffe auf den HERRN, es hofft meine Seele, *
  ich warte auf sein Wort.
6 Meine Seele wartet auf meinen Herrn /
  mehr als Wächter auf den Morgen, *
  ja, mehr als Wächter auf den Morgen. – (Kv)

7 Israel, warte auf den HERRN, /
  denn beim HERRN ist die Huld, *
  bei ihm ist Erlösung in Fülle.
8 Ja, er wird Israel erlösen *
  aus all seinen Sünden. – Kv

IN DER KARWOCHE

8 ANTWORTPSALM   Ps 22 (21), 8–9.17–18.19–20.23–24 (Kv: 2a)

Kv Mein Gott, mein Gott, GL 293
warum hast du mich verlassen? – Kv

8 Alle, die mich sehen, verlachen mich, *
  verziehen die Lippen, schütteln den Kopf:
9 „Wälze die Last auf den HERRN! /
  Er soll ihn befreien, *
  er reiße ihn heraus, wenn er an ihm Gefallen hat!" – (Kv)

17 Denn Hunde haben mich umlagert, /
  eine Rotte von Bösen hat mich umkreist. *

Sie haben mir Hände und Füße durchbohrt.
¹⁸ Ich kann all meine Knochen zählen; *
sie gaffen und starren mich an. – (Kv)

¹⁹ Sie verteilen unter sich meine Kleider *
und werfen das Los um mein Gewand.

²⁰ Du aber, HERR, halte dich nicht fern! *
Du, meine Stärke, eile mir zu Hilfe! – (Kv)

²³ Ich will deinen Namen meinen Brüdern verkünden, *
inmitten der Versammlung dich loben.

²⁴ Die ihr den HERRN fürchtet, lobt ihn; /
all ihr Nachkommen Jakobs, rühmt ihn; *
erschauert vor ihm, all ihr Nachkommen Israels! – Kv

IN DER OSTERNACHT

ANTWORTPSALM   Ps 136 (135), 1–3.4–6.7–9.24–26 (Kv: 1b)   9

¹ Danket dem HERRN, denn er ist gut, *   GL 558, 2
Kv denn seine Huld währt ewig!

² Danket dem Gott der Götter, *
Kv denn seine Huld währt ewig!

³ Danket dem Herrn der Herren, *
Kv denn seine Huld währt ewig!

⁴ Ihm, der allein große Wunder tut, *
Kv denn seine Huld währt ewig,

⁵ der den Himmel gemacht hat in Weisheit, *
Kv denn seine Huld währt ewig,

⁶ der die Erde gefestigt hat über den Wassern, *
Kv denn seine Huld währt ewig!

⁷ Der die großen Leuchten gemacht hat, *
Kv denn seine Huld währt ewig,

⁸ die Sonne zur Herrschaft über den Tag, *
Kv denn seine Huld währt ewig,

⁹ den Mond und die Sterne zur Herrschaft über die Nacht, *
Kv denn seine Huld währt ewig!

²⁴ Der uns unseren Feinden entriss, *
Kv denn seine Huld währt ewig!

²⁵ Der allem Fleisch Nahrung gibt, *
   Kv denn seine Huld währt ewig!
²⁶ Danket dem Gott des Himmels, *
   Kv denn seine Huld währt ewig!

Oder:

10 ANTWORTPSALM   Ps 136 (135), 1 u. 3.16 u. 21–22.23–26 (Kv: 1b)

¹ Danket dem HERRN, denn er ist gut, *   GL 558, 2
  Kv denn seine Huld währt ewig!
³ Danket dem Herrn der Herren, *
  Kv denn seine Huld währt ewig!
¹⁶ Der sein Volk durch die Wüste führte, *
   Kv denn seine Huld währt ewig,
²¹ und der ihr Land zum Erbe gab, *
   Kv denn seine Huld währt ewig,
²² zum Erbe Israel, seinem Knecht, *
   Kv denn seine Huld währt ewig!
²³ Der unser gedachte in unserer Erniedrigung, *
   Kv denn seine Huld währt ewig,
²⁴ der uns unseren Feinden entriss, *
   Kv denn seine Huld währt ewig!
²⁵ Der allem Fleisch Nahrung gibt, *
   Kv denn seine Huld währt ewig!
²⁶ Danket dem Gott des Himmels, *
   Kv denn seine Huld währt ewig!

IN DER OSTERZEIT

11 ANTWORTPSALM   Ps 118 (117), 1–2.16–17.22–23 (Kv: vgl. 24)

Kv Das ist der Tag, den der HERR gemacht;   GL 66, 1
wir wollen jubeln und uns über ihn freuen. – Kv

Oder: Kv Halleluja. – Kv

¹ Danket dem HERRN, denn er ist gut, *
  denn seine Huld währt ewig!
² So soll Israel sagen: *

AN CHRISTI HIMMELFAHRT

13 ANTWORTPSALM Ps 47 (46), 2–3.6–7.8–9 (Kv: vgl. 6) GL 340

Kv Gott steigt empor unter Jubel,
der HERR beim Schall der Posaunen. – Kv

Oder: Kv Halleluja. – Kv

2 Ihr Völker alle, klatscht in die Hände; *
jauchzt Gott zu mit lautem Jubel!
3 Denn Furcht gebietend ist der HERR, der Höchste, *
ein großer König über die ganze Erde. – (Kv)
6 Gott stieg empor unter Jubel, *
der HERR beim Schall der Hörner.
7 Singt unserm Gott, ja singt ihm! *
Singt unserm König, singt ihm! – (Kv)
8 Denn König der ganzen Erde ist Gott. *
Singt ihm ein Weisheitslied!
9 Gott wurde König über die Völker, *
Gott hat sich auf seinen heiligen Thron gesetzt. – Kv

AN PFINGSTEN

14 ANTWORTPSALM Ps 104 (103), 1–2.24–25.27–28.29–30 (Kv: vgl. 30)

Kv Sende aus deinen Geist GL 312,2
und das Angesicht der Erde wird neu. – Kv

Oder: Kv Halleluja. – Kv

1 Preise den HERRN, meine Seele! /
HERR, mein Gott, überaus groß bist du! *
Du bist mit Hoheit und Pracht bekleidet.
2 Du hüllst dich in Licht wie in einen Mantel, *
du spannst den Himmel aus gleich einem Zelt. – (Kv)
24 Wie zahlreich sind deine Werke, HERR, /
sie alle hast du mit Weisheit gemacht, *
die Erde ist voll von deinen Geschöpfen.
25 Da ist das Meer, so groß und weit, *
darin ein Gewimmel, nicht zu zählen: kleine und große Tiere. – (Kv)

Antwortpsalmen 779

ANTWORTPSALM
Ps 66 (65), 1-3.4-5.6-7.16 u. 20 (Kv: 1)   12

Kv Jauchzet Gott zu, alle Länder der Erde. – Kv   GL 54, 1

Oder: Kv Halleluja. – Kv

1 Jauchzt Gott zu, alle Länder der Erde! /
2 Spielt zur Ehre seines Namens! *
    Verherrlicht ihn mit Lobpreis!
3 Sagt zu Gott: Wie Ehrfurcht gebietend sind deine Taten; *
    vor deiner gewaltigen Macht müssen die Feinde sich beugen. – (Kv)
4 Alle Welt bete dich an und singe dein Lob, *
    sie lobsinge deinem Namen!
5 Kommt und seht die Taten Gottes! *
    Ehrfurcht gebietend ist sein Tun an den Menschen: – (Kv)
6 Er verwandelte das Meer in trockenes Land, /
    sie schreiten zu Fuß durch den Strom; *
    dort wollen wir uns über ihn freuen.
7 In seiner Kraft ist er Herrscher auf ewig; /
    seine Augen prüfen die Völker.
    Die Aufsässigen können sich gegen ihn nicht erheben. – (Kv)
16 Alle, die ihr Gott fürchtet, kommt und hört;
    ich will euch erzählen, was er mir Gutes getan hat.
20 Gepriesen sei Gott; /
    denn er hat mein Bittgebet nicht unterbunden *
    und mir seine Huld nicht entzogen. – Kv

²⁷ Auf dich warten sie alle, *
 dass du ihnen ihre Speise gibst zur rechten Zeit.
²⁸ Gibst du ihnen, dann sammeln sie ein, *
 öffnest du deine Hand, werden sie gesättigt mit Gutem. – (Kv)
²⁹ Verbirgst du dein Angesicht, sind sie verstört, /
 nimmst du ihnen den Atem, so schwinden sie hin *
 und kehren zurück zum Staub.
³⁰ Du sendest deinen Geist aus: Sie werden erschaffen *
 und du erneuerst das Angesicht der Erde. – Kv

IM JAHRESKREIS

ANTWORTPSALM Ps 19 (18), 8.9.10.11–12 (Kv: Joh 6, 68c oder vgl. 6, 63b) 15
Kv Herr, du hast Worte des ewigen Lebens. – Kv   GL 312, 7
Oder:
Kv Deine Worte, Herr, sind Geist und Leben. – Kv

⁸ Die Weisung des HERRN ist vollkommen, *
 sie erquickt den Menschen.
 Das Zeugnis des HERRN ist verlässlich, *
 den Unwissenden macht es weise. – (Kv)
⁹ Die Befehle des HERRN sind gerade, *
 sie erfüllen das Herz mit Freude.
 Das Gebot des HERRN ist rein, *
 es erleuchtet die Augen. – (Kv)
¹⁰ Die Furcht des HERRN ist lauter, *
 sie besteht für immer.
 Die Urteile des HERRN sind wahrhaftig, *
 gerecht sind sie alle. – (Kv)
¹¹ Sie sind kostbarer als Gold, als Feingold in Menge. *
 Sie sind süßer als Honig, als Honig aus Waben.
¹² Auch dein Knecht lässt sich von ihnen warnen; *
 reichen Lohn hat, wer sie beachtet. – Kv

Oder:

16 ANTWORTPSALM Ps 27 (26), 1.4.13–14 (Kv: 1a)

Kv Der HERR ist mein Licht und mein Heil. – Kv GL 38, 1

¹ Der HERR ist mein Licht und mein Heil: *
Vor wem sollte ich mich fürchten?
Der HERR ist die Zuflucht meines Lebens: *
Vor wem sollte mir bangen? – (Kv)

⁴ Eines habe ich vom HERRN erfragt, dieses erbitte ich: *
im Haus des HERRN zu wohnen alle Tage meines Lebens;
die Freundlichkeit des HERRN zu schauen *
und nachzusinnen in seinem Tempel.

¹³ Ich bin gewiss, zu schauen *
die Güte des HERRN im Land der Lebenden.

¹⁴ Hoffe auf den HERRN, /
sei stark und fest sei dein Herz! *
Und hoffe auf den HERRN! – Kv

Oder:

17 ANTWORTPSALM Ps 34 (33), 2–3.4–5.6–7.8–9 (Kv: vgl. 2a oder 9a)

Kv Den HERRN will ich preisen allezeit. – Kv GL 58, 1

Oder:

Kv Kostet und seht, wie gut der HERR ist! – Kv

² Ich will den HERRN allezeit preisen; *
immer sei sein Lob in meinem Mund.

³ Meine Seele rühme sich des HERRN; *
die Armen sollen es hören und sich freuen. – (Kv)

⁴ Preist mit mir die Größe des HERRN, *
lasst uns gemeinsam seinen Namen erheben!

⁵ Ich suchte den HERRN und er gab mir Antwort, *
er hat mich all meinen Ängsten entrissen. – (Kv)

⁶ *Die auf ihn blickten, werden strahlen,* *
nie soll ihr Angesicht vor Scham erröten.

⁷ Da rief ein Armer und der HERR erhörte ihn *
und half ihm aus all seinen Nöten. – (Kv)

⁸ Der Engel des HERRN umschirmt, die ihn fürchten, *
und er befreit sie.
⁹ Kostet und seht, wie gut der HERR ist! *
Selig der Mensch, der zu ihm sich flüchtet! – Kv

Oder:

ANTWORTPSALM Ps 63 (62), 2.3–4.5–6.8–9 (Kv: vgl. 2) 18

Kv Meine Seele dürstet nach dir, mein Gott. – Kv GL 420

² Gott, mein Gott bist du, dich suche ich, *
es dürstet nach dir meine Seele.
Nach dir schmachtet mein Fleisch *
wie dürres, lechzendes Land ohne Wasser. – (Kv)
³ Darum halte ich Ausschau nach dir im Heiligtum, *
zu sehen deine Macht und Herrlichkeit.
⁴ Denn deine Huld ist besser als das Leben. *
Meine Lippen werden dich rühmen. – (Kv)
⁵ So preise ich dich in meinem Leben, *
in deinem Namen erhebe ich meine Hände.
⁶ Wie an Fett und Mark wird satt meine Seele, *
mein Mund lobt dich mit jubelnden Lippen. – (Kv)
⁸ Ja, du wurdest meine Hilfe, *
ich juble im Schatten deiner Flügel.
⁹ Meine Seele hängt an dir, *
fest hält mich deine Rechte. – Kv

Oder:

ANTWORTPSALM Ps 95 (94), 1–2.6–7c.7d–9 (Kv: vgl. 7d.8a) 19

Kv Hört auf die Stimme des Herrn; GL 53, 1
verhärtet nicht euer Herz! – Kv

¹ Kommt, lasst uns jubeln dem HERRN, *
jauchzen dem Fels unsres Heiles!
² Lasst uns mit Dank seinem Angesicht nahen, *
ihm jauchzen mit Liedern! – (Kv)
⁶ Kommt, wir wollen uns niederwerfen, uns vor ihm verneigen, *
lasst uns niederknien vor dem HERRN, unserm Schöpfer!

⁷ᵃᵇᶜ Denn er ist unser Gott, /
  wir sind das Volk seiner Weide, *
  die Herde, von seiner Hand geführt. – (Kv)

⁷ᵈ Würdet ihr doch heute auf seine Stimme hören! /
⁸ Verhärtet euer Herz nicht wie in Meríba, *
  wie in der Wüste am Tag von Massa!
⁹ Dort haben eure Väter mich versucht, *
  sie stellten mich auf die Probe und hatten doch mein Tun gesehen. – Kv

Oder:

20 ANTWORTPSALM   Ps 100 (99), 1–3.4–5 (Kv: vgl. 3c)

Kv Wir sind das Volk des HERRN,   GL 56, 1
die Herde seiner Weide. – Kv

¹ Jauchzt dem HERRN, alle Lande! /
² Dient dem HERRN mit Freude! *
  Kommt vor sein Angesicht mit Jubel!
³ Erkennt: Der HERR allein ist Gott. /
  Er hat uns gemacht, wir sind sein Eigentum, *
  sein Volk und die Herde seiner Weide. – (Kv)
⁴ Kommt mit Dank durch seine Tore, /
  mit Lobgesang in seine Höfe! *
  Dankt ihm, preist seinen Namen!
⁵ Denn der HERR ist gut, /
  ewig währt seine Huld *
  und von Geschlecht zu Geschlecht seine Treue. – Kv

Oder:

21 ANTWORTPSALM   Ps 103 (102), 1–2.3–4.8 u. 10.12–13 (Kv: vgl. 8)

Kv Gnädig und barmherzig ist der HERR,   GL 518
voll Langmut und reich an Huld. – Kv

¹ Preise den HERRN, meine Seele, *
  und alles in mir seinen heiligen Namen!
² Preise den HERRN, meine Seele, *
  und vergiss nicht, was er dir Gutes getan hat! – (Kv)
³ Der dir all deine Schuld vergibt *

und all deine Gebrechen heilt,
⁴ der dein Leben vor dem Untergang rettet *
und dich mit Huld und Erbarmen krönt. – (Kv)

⁸ Der HERR ist barmherzig und gnädig, *
langmütig und reich an Huld.

¹⁰ Er handelt an uns nicht nach unsern Sünden *
und vergilt uns nicht nach unsrer Schuld. – (Kv)

¹² So weit der Aufgang entfernt ist vom Untergang, *
so weit entfernt er von uns unsere Frevel.

¹³ Wie ein Vater sich seiner Kinder erbarmt, *
so erbarmt sich der HERR über alle, die ihn fürchten. – Kv

Oder:

ANTWORTPSALM   Ps 145 (144), 1–2.8–9.10–11.13c–14 (Kv: 1a)   22

Kv Ich will dich erheben, mein Gott und König. – Kv   GL 649, 5

¹ Ich will dich erheben, meinen Gott und König, *
ich will deinen Namen preisen auf immer und ewig.

² Jeden Tag will ich dich preisen *
und deinen Namen loben auf immer und ewig. – (Kv)

⁸ Der HERR ist gnädig und barmherzig, *
langmütig und reich an Huld.

⁹ Der HERR ist gut zu allen, *
sein Erbarmen waltet über all seinen Werken. – (Kv)

¹⁰ Danken sollen dir, HERR, all deine Werke, *
deine Frommen sollen dich preisen.

¹¹ Von der Herrlichkeit deines Königtums sollen sie reden, *
von deiner Macht sollen sie sprechen. – (Kv)

¹³ᶜᵈ] Treu ist der HERR in seinen Reden, *
und heilig in all seinen Werken.

¹⁴ Der HERR stützt alle, die fallen, *
er richtet alle auf, die gebeugt sind. – Kv

AN DEN LETZTEN SONNTAGEN IM KIRCHENJAHR

23 **ANTWORTPSALM** Ps 122 (121), 1–3.4–5.6–7.8–9 (Kv: 1b)

Kv Zum Haus des HERRN wollen wir gehen. – Kv GL 78, 1

1. Ich freute mich, als man mir sagte: *
„Zum Haus des HERRN wollen wir gehen."
2. Schon stehen unsere Füße in deinen Toren, Jerusalem: /
3. Jerusalem, als Stadt erbaut, *
die fest in sich gefügt ist. – (Kv)
4. Dorthin zogen die Stämme hinauf, die Stämme des HERRN, /
wie es Gebot ist für Israel, *
den Namen des HERRN zu preisen.
5. Denn dort standen Throne für das Gericht, *
die Throne des Hauses David. – (Kv)
6. Erbittet Frieden für Jerusalem! *
Geborgen seien, die dich lieben.
7. Friede sei in deinen Mauern, *
Geborgenheit in deinen Häusern! – (Kv)
8. Wegen meiner Brüder und meiner Freunde *
will ich sagen: In dir sei Friede.
9. Wegen des Hauses des HERRN, unseres Gottes, *
will ich dir Glück erflehen. – Kv

ANHANG II

RUFE VOR DEM EVANGELIUM

Für die Sonntage im Jahreskreis

RUF VOR DEM EVANGELIUM Vers: vgl. 1 Sam 3, 9c; Joh 6, 68c 1

Halleluja. Halleluja.

Rede, Herr, dein Diener hört.
Du hast Worte des ewigen Lebens.

Halleluja.

RUF VOR DEM EVANGELIUM Vers: vgl. Mt 11, 25 2

Halleluja. Halleluja.

Sei gepriesen, Vater, Herr des Himmels und der Erde;
du hast die Geheimnisse des Reiches den Unmündigen offenbart.

Halleluja.

RUF VOR DEM EVANGELIUM Vers: vgl. Lk 19, 38 3

Halleluja. Halleluja.

Gepriesen sei der König, der kommt im Namen des Herrn.
Im Himmel Friede und Ehre in der Höhe!

Halleluja.

RUF VOR DEM EVANGELIUM Vers: Joh 1, 14a.12a 4

Halleluja. Halleluja.

Das Wort ist Fleisch geworden und hat unter uns gewohnt.
Allen, die ihn aufnahmen,
gab er Macht, Kinder Gottes zu werden.

Halleluja.

5   RUF VOR DEM EVANGELIUM   Vers: vgl. Joh 6, 63b.68c

Halleluja. Halleluja.

Deine Worte, Herr, sind Geist und Leben.
Du hast Worte des ewigen Lebens.

Halleluja.

6   RUF VOR DEM EVANGELIUM   Vers: vgl. Joh 8, 12

Halleluja. Halleluja.

(So spricht der Herr:)
Ich bin das Licht der Welt.
Wer mir nachfolgt, hat das Licht des Lebens.

Halleluja.

7   RUF VOR DEM EVANGELIUM   Vers: Joh 10, 27

Halleluja. Halleluja.

(So spricht der Herr:)
Meine Schafe hören auf meine Stimme;
ich kenne sie und sie folgen mir.

Halleluja.

8   RUF VOR DEM EVANGELIUM   Vers: Joh 14, 6

Halleluja. Halleluja.

(So spricht der Herr:)
Ich bin der Weg und die Wahrheit und das Leben.
Niemand kommt zum Vater außer durch mich.

Halleluja.

9   RUF VOR DEM EVANGELIUM   Vers: vgl. Joh 14, 23

Halleluja. Halleluja.

(So spricht der Herr:)
Wer mich liebt, hält mein Wort.

Mein Vater wird ihn lieben und wir werden bei ihm Wohnung nehmen.

Halleluja.

RUF VOR DEM EVANGELIUM
Vers: Joh 15, 15b — 10

Halleluja. Halleluja.

(So spricht der Herr:)
Ich habe euch Freunde genannt;
denn ich habe euch alles mitgeteilt,
was ich gehört habe von meinem Vater.

Halleluja.

RUF VOR DEM EVANGELIUM
Vers: vgl. Joh 17, 17 — 11

Halleluja. Halleluja.

Dein Wort, o Herr, ist Wahrheit;
heilige uns in der Wahrheit!

Halleluja.

RUF VOR DEM EVANGELIUM
Vers: vgl. Apg 16, 14b — 12

Halleluja. Halleluja.

Herr, öffne uns das Herz,
dass wir auf die Worte deines Sohnes hören.

Halleluja.

RUF VOR DEM EVANGELIUM
Vers: vgl. Eph 1, 17–18 — 13

Halleluja. Halleluja.

Der Vater unseres Herrn Jesus Christus
erleuchte die Augen unseres Herzens,
damit wir verstehen, zu welcher Hoffnung wir berufen sind.

Halleluja.

Für die letzten Sonntage im Kirchenjahr

14 RUF VOR DEM EVANGELIUM Vers: vgl. Mt 24, 42a.44

Halleluja. Halleluja.

Seid wachsam und haltet euch bereit!
Denn der Menschensohn kommt
zu einer Stunde, in der ihr es nicht erwartet.

Halleluja.

15 RUF VOR DEM EVANGELIUM Vers: vgl. Lk 21, 36

Halleluja. Halleluja.

Wacht und betet allezeit,
damit ihr hintreten könnt vor den Menschensohn.

Halleluja.

16 RUF VOR DEM EVANGELIUM Vers: Offb 2, 8b.10c

Halleluja. Halleluja.

(So spricht Er, der Erste und der Letzte:)
Sei treu bis in den Tod;
dann werde ich dir den Kranz des Lebens geben.

Halleluja.

RUFE VOR DEM EVANGELIUM

in der Fastenzeit
und in den Messen für Verstorbene

Die Rufe, die an die Stelle des Halleluja treten können, sind hier zusammengestellt. An Ort und Stelle ist jeweils ein Beispiel abgedruckt.

1. Ruhm und Ehre sei dir, Christus!
2. Ehre sei dir, Christus, Sohn des lebendigen Gottes!
3. Wie wunderbar sind deine Werke, Herr!
4. Dein ist die Ehre, dein ist die Macht, Christus, Herr und Erlöser!
5. Herr Jesus, dir sei Ruhm und Ehre!
6. Christus, du Weisheit Gottes des Vaters, Ehre sei dir!
7. Christus, du ewiges Wort des Vaters, Ehre sei dir!
8. Christus, du König der ewigen Herrlichkeit, Ehre sei dir!
9. Lob sei dir, Herr, König der ewigen Herrlichkeit!
10. Lob dir, Christus, König und Erlöser!
11. Christus Sieger, Christus König, Christus Herr in Ewigkeit!
12. Herr, du bist König über alle Welt.
13. Jesus Christus ist der Herr – zur Ehre Gottes des Vaters.
14. Christus gestern, Christus heute, Christus in Ewigkeit.
15. Ruhm und Preis und Ehre sei dir, Erlöser, Herr und König.
16. Christus ist Sieger, Christus ist König, Christus ist Weltenherr.
17. Christus Erlöser, Christus Befreier, Leben in Ewigkeit.
18. Dir sei Preis und Dank und Ehre!
19. Gelobt seist du, mein Herr!

ANHANG III

FÜRBITTEN

ADVENT

I.

In dieser Zeit, in der wir mit Sehnsucht und Hoffnung das Kommen des Menschensohns erwarten, beten wir voll Zuversicht:

Für alle, die in der Kirche Verantwortung tragen: Stärke sie in ihrem Dienst an Frieden und Versöhnung.
Lasset zum Herrn uns beten: Herr, erbarme dich …

Für die Menschen, die sich nach Freiheit und Gerechtigkeit sehnen: Befreie sie aus Unterdrückung und Unrecht.
Lasset zum Herrn uns beten: Herr, erbarme dich …

Für die Menschen, die unter Armut, Hunger und Einsamkeit leiden: Lass sie Trost und konkrete Hilfe erfahren.
Lasset zum Herrn uns beten: Herr, erbarme dich …

Für unsere Familien und Gemeinschaften: Führe uns zusammen in freudiger Erwartung des kommenden Weihnachtsfestes.
Lasset zum Herrn uns beten: Herr, erbarme dich …

Für unsere Verstorbenen: Lass sie aus dem Dunkel des Todes ins Licht des Ewigen Lebens gelangen.
Lasset zum Herrn uns beten: Herr, erbarme dich …

Denn du wirst kommen und allen leuchten, die in Finsternis sitzen und im Schatten des Todes, und unsere Füße lenken auf den Weg des Friedens. Durch dich preisen wir den Vater in Ewigkeit. –
A: Amen.

II.

In der zuversichtlichen Hoffnung auf eine neue Erde, in der die Gerechtigkeit wohnt, beten wir zu unserem Gott, der uns eine Zukunft verspricht:

A: Komm deinem Volk zu Hilfe.
Oder Liedruf: Herr erhebe dich, hilf uns und mach uns frei (GL 229)

Hilf uns, die sozialen Unterschiede in unserem Land wahrzunehmen und gib uns Mut, um auf Menschen anderer Milieus und Religionen zuzugehen.

Hilf den jungen Menschen, die vor wichtigen Entscheidungen stehen und sich fragen, was für ein gutes und gelingendes Leben wichtig ist.

Hilf allen, die sich in Strukturen und Institutionen gefangen fühlen, die unter der Begrenztheit ihrer Möglichkeiten leiden und sich nach Selbstverwirklichung und Freiheit sehnen.

Hilf allen, die sich als selbstbewusste Christinnen und Christen in Politik, Wirtschaft, Kultur und Gesellschaft engagieren.

Hilf uns, die Hindernisse aus dem Weg zu räumen, die der Einheit der christlichen Konfessionen im Weg stehen.

Sei den Sterbenden nahe in ihren Ängsten und führe die Verstorbenen in das verheißene Land des Friedens.

Denn du bleibst treu deinen Verheißungen, du bist unser Gott in Ewigkeit. – A: Amen.

III.

Lasst uns zu Christus rufen, dessen Kommen wir voll Freude erwarten:

V: Christus, höre uns. – A: Christus, erhöre uns.

Für die Kirche in Lateinamerika:
Dass sie nicht müde wird in ihrem Einsatz für die Armen und Unterdrückten.

Für alle, die in ihrem Glauben an Gott erschüttert worden sind:
Dass sie auf Menschen treffen, die sie in ihren Zweifeln durch ehrliche und offene Gespräche begleiten.

Für allein lebende Menschen, die in der vorweihnachtlichen Zeit ihre Einsamkeit besonders schmerzlich erfahren:
Dass Freunde, Angehörige und Nachbarn für sie da sind und sie darin Gottes Nähe verspüren.

Für die Kinder, die voll Sehnsucht und Freude auf Weihnachten warten:
Dass sie in ihren Familien Liebe und Geborgenheit erfahren können.

Allmächtiger Gott, du lässt uns das Kommen deines Sohnes in Freude erwarten. Wir danken dir für deine Liebe durch ihn, Christus, unsern Herrn. – A: Amen.

IV. (mit Kindern)

Wir beten zu Gott, dem Vater, der alle Menschen liebt und sie glücklich machen will:

Für alle Kinder, die sich über den Advent freuen und versuchen, in dieser Zeit in ihrer Liebe zu dir, Gott, zu wachsen.

A: Wir bitten dich, erhöre uns.

Oder: Sei uns nahe, guter Gott.

Für alle Kinder, die hungern müssen, und besonders für die Kinder, die keine Eltern mehr haben. Lass sie gute Menschen finden (wie einst den heiligen Nikolaus), die ihnen helfen.

Für alle Familien, in denen Streit herrscht und die Kinder nur wenig von der Liebe ihrer Eltern spüren können. Lass sie wieder zueinander finden.

Für alle kranken und alten Menschen. Schenke ihnen deine Liebe und bringe Licht in die einsamen Herzen.

Für alle Menschen, die unter Gewalt und Krieg leiden und die sich von Weihnachten ein bisschen Frieden erhoffen.

Hilf allen Menschen, die unglücklich und mutlos sind, damit auch sie frohe Weihnachten feiern können.

Guter Gott, wir freuen uns darauf, dass Jesus zu uns kommen möchte. Wir danken dir für deine Liebe, die du uns in Jesus gezeigt hast. – A: Amen.

WEIHNACHTEN

I.

In dieser hochheiligen Nacht (in diesen festlichen Tagen) lasst uns aus ganzem Herzen zum menschgewordenen Gottessohn beten:

Für das Volk Gottes auf der ganzen Erde:
Dass die Menschen den lebendigen Gott in der Gemeinschaft der Kirche finden, dass die christlichen Gemeinden und Gruppen die Frohe Botschaft kraftvoll bezeugen,
lasset zum Herrn uns beten: A: Herr, erbarme dich ...

Für die Kirche in Lateinamerika (für die unsere heutige Kollekte bestimmt ist):
Dass sie den Gefangenen Befreiung, den Armen und Entrechteten Recht und Gerechtigkeit bringen kann,
lasset zum Herrn uns beten: A: Herr, erbarme dich ...

Für alle Verfolgten, Vertriebenen und Heimatlosen:
Dass sie in Not und Verzweiflung die Nähe helfender Menschen erfahren,
lasset zum Herrn uns beten: A: Herr, erbarme dich ...

Für die Menschen, mit denen wir in dieser Stunde besonders verbunden sind:
die Alten und Kranken und alle, die nicht mitfeiern können, die vielen, die für uns Dienst tun (in dieser Nacht), aber auch die vielen, denen deine Geburt nichts mehr bedeutet,
lasset zum Herrn uns beten: A: Herr, erbarme dich ...

Für unsere Verstorbenen:
Schenke ihnen Erfüllung und Vollendung in der Freude des Himmels,
lasset zum Herrn uns beten: A: Herr, erbarme dich ...

Denn dich hat der Vater gesandt als den Retter der Welt. Dich preisen wir mit dem Vater und dem Heiligen Geist jetzt und in Ewigkeit. – A: Amen.

II.

In dieser Nacht wollen wir unsere Bitten vor Christus bringen:

Wir bitten dich, erhöre uns.

Oder Liedruf: Kýrie eléison (GL 156)

Man nennt dich wunderbarer Ratgeber:
Wir beten für die jungen Menschen, die vor wichtigen Entscheidungen stehen. Wir beten für alle, die mit ihrem Leben unzufrieden sind und einen Neuanfang suchen.

Man nennt dich starker Gott:
Wir beten für die schwachen und schutzbedürftigen Menschen, für die noch nicht und die neugeborenen Kinder am Anfang und für die Schwerkranken und Sterbenden am Ende ihres Lebens. Wir beten auch für alle, die auf der Flucht sind, die ihre Heimat verloren haben und unter Verfolgung und Gewalt leiden.

Man nennt dich Vater in Ewigkeit:
Wir beten für alle, die das Scheitern einer Beziehung erleben mussten. Wir beten für alle, die von ihren Familien oder Freunden enttäuscht worden sind. Wir beten für alle, die sich nach Geborgenheit und Gemeinschaft sehnen.

Man nennt dich Fürst des Friedens:
Wir beten für die Menschen in den zahlreichen Kriegs- und Krisengebieten unserer Erde. Für alle, die in ständiger Angst vor Tod und Gewalt leben müssen. (Wir beten heute ganz besonders für die Menschen in ...)

Wir beten auch für unsere Verstorbenen, die nun teilhaben an der Freude des Himmels. Wir beten für alle, die um einen Menschen trauern, der in ihrem Leben für sie wichtig war.

Jesus Christus, du bist für uns Mensch geworden und hast unser menschliches Leben geteilt. Durch dich ist Gott uns nahe, heute und in alle Ewigkeit. – A: Amen.

ERSCHEINUNG DES HERRN

Zum Herrn Jesus Christus, in dem die Menschenfreundlichkeit Gottes aufstrahlt über der Welt, lasst uns voll Zuversicht rufen:

Für die Kirche in … (das Land nennen, das mit der Sternsingeraktion unterstützt wird), für die unsere Sternsinger in diesem Jahr sammeln: Lass sie unsere Verbundenheit spüren und ermutige sie im Zeugnis für die Frohe Botschaft.

V: Christus, du Licht der Welt. – A: Wir bitten dich, erhöre uns.

Für die Regierenden und Verantwortlichen in den internationalen Gremien: Lass sie Frieden und Gerechtigkeit suchen für alle Völker und halte sie zurück von Krieg und Gewalt.

Für alle Kinder und Jugendlichen, die unter den Kriegen und Streitigkeiten der Erwachsenen leiden müssen. Für alle, die nicht die Möglichkeit haben, eine Schule zu besuchen oder zu einem Arzt zu gehen, wenn sie krank sind.

Für alle, die sich in sozialen Einrichtungen und Hilfsorganisationen dafür einsetzen, dass Kindern eine hellere Zukunft ermöglicht wird.

Für alle Erwachsenen, die in ihrem Beruf unter hohem Leistungsdruck stehen und sich erschöpft fühlen.

Für unsere Verstorbenen, die uns vorausgegangen sind in der Hoffnung auf das ewige Leben in deinem Reich.

Wir danken dir, Gott, unser Vater, dass du uns in Jesus Christus die Fülle der Wahrheit und des Friedens geschenkt hast. Lass uns diesen Frieden hineintragen in die ganze Welt. Das gewähre uns durch Christus, unseren Herrn. – A: Amen.

Oder:

Gott, auf dich vertrauen wir. Durch Jesus bist du uns immer nahe. Dafür danken wir dir aus ganzem Herzen. – A: Amen.

FASTENZEIT

I.

In den Tagen und Wochen vor Ostern suchen wir nach dem, was unserem Leben Tiefe und Sinn verleiht. Im Vertrauen auf Christus, der uns seinen Beistand zugesagt hat, bitten wir:

A: **Geh mit uns auf unserm Weg.**

Geh mit allen, die die kommenden vierzig Tage als eine Zeit der Besinnung, der Umkehr und des Verzichts gestalten.

Geh mit allen, die sich auf den Weg zu Menschen machen, die sie um Verzeihung und Versöhnung bitten möchten.

Geh mit allen, die in dieser Zeit unsere heilige Schrift, die Bibel, neu entdecken wollen, und höre alle, die sich im Gebet an dich wenden.

Geh mit allen, die mit sich selbst unzufrieden sind und neu nach dem fragen, was ihnen Glück und Erfüllung schenken kann.

Geh mit allen, die sich schuldig fühlen und auf die Barmherzigkeit und Vergebungsbereitschaft anderer hoffen.

Geh mit deiner Kirche, die sich gemeinschaftlich auf das Osterfest vorbereitet, und stärke sie im Glauben, in der Hoffnung und in der Liebe.

Denn du bist uns selbst voraus in die Wüste gegangen und hast gefastet und gebetet. Dich preisen wir jetzt und in Ewigkeit. –
A: **Amen.**

II.

In einer Welt voller Dunkel, voll von Fragen und Problemen, wenden wir uns im fürbittenden Gebet an Christus, unseren Retter und Erlöser:

Der Herr hat seine Kirche berufen, Licht für die Welt zu sein. Wir bitten ihn, dass er sie aus aller Verstrickung in das Böse befreit und für ihren Dienst an den Menschen ermutigt.

V: Christus, höre uns. – A: **Christus, erhöre uns.**

Hunger und Krankheit in den Entwicklungsländern gefährden den Frieden in der ganzen Welt. Wir bitten den Herrn, dass unser Fastenopfer mit beiträgt zu mehr Gerechtigkeit und Frieden.

In diesen Wochen beginnt die Vorbereitung der Kinder, die zum ersten Mal mit uns an den Tisch des Herrn treten dürfen. Wir beten, dass sie als Kinder des Lichtes leben und sich im Glauben bewähren.

Vor unseren Augen steht in der Fastenzeit auch das bittere Leiden und Sterben des Herrn. Wir bitten ihn, dass aus dem Kreuz der Kranken und Sterbenden österliches Heil und Segen für alle erwächst.

Allmächtiger, ewiger Gott, wir danken dir, dass Christus uns vorausgeht und unsern Weg auch in dunklen Stunden erhellt. Lass dieses Licht über unserer Welt niemals untergehen. Denn du liebst die Menschen jetzt und in Ewigkeit. – A: Amen.

III.

Zu Jesus Christus, den wir im Credo als unseren Erlöser bekannt haben, beten wir voll Vertrauen:

V: Heiliger, starker Gott. – A: Wir bitten dich, erhöre uns.
Oder: Heiliger Herre Gott (GL 300,1)

Schenke uns in diesen Tagen der österlichen Bußzeit Räume und Zeiten der Stille und des Gebets, sodass wir unser Inneres für deine Gegenwart öffnen können.

Stärke in uns die Solidarität mit allen Menschen, damit wir ihre Freude und Hoffnung, ihre Trauer und Angst teilen und uns mit ihnen auf den Weg machen.

Ermutige alle, die sich in der Politik gegen Ausgrenzung und Diskriminierung und für eine menschenfreundliche Gesellschaft einsetzen.

Sei bei allen Menschen, deren Herzen von Hass, Neid und Eifersucht erfüllt sind.

Steh den Sterbenden bei in ihrer Angst und stärke sie durch dein Wort und Sakrament.

Vater im Himmel, schau gütig auf deine Gemeinde, für die dein Sohn sich hingegeben hat, und höre unsere Bitten durch ihn, Christus, unsern Herrn. – A: Amen.

Oder:

Denn du bist der Freund der Menschen; du willst unser Leben und unser Glück. Dir sei die Ehre in Ewigkeit. – A: Amen.

IV.

Wir sind um Christus, den Gekreuzigten, versammelt, der sich hingegeben hat für die Rettung der Welt. Ihn bitten wir voll Vertrauen:

Für alle, die einen Dienst in der Kirche ausüben und für andere Verantwortung tragen.

A: Wir bitten dich, erhöre uns.

Für alle, die unter alltäglicher Gewalt, Terror und Misshandlung zu leiden haben.

Für alle, die von einem schweren Schicksalsschlag getroffen wurden und denen es schwerfällt, an einen guten und menschenfreundlichen Gott zu glauben.

Für alle, die mit Krankheit und Schmerzen leben müssen und keine Aussicht auf Besserung haben.

Für alle, die um einen Verstorbenen trauern.

Allmächtiger, ewiger Gott, blicke auf Not und Leid der Menschen. Erbarme dich aller, für die unser Herr und Heiland Jesus Christus sein Leben hingegeben hat, der mit dir lebt und herrscht in Ewigkeit. – A: Amen.

Oder:

Gott, du bist für alle Menschen da und hörst uns. Du bist stärker als alles Leid, mächtiger als der Tod. Dich preisen wir in Ewigkeit. – A: Amen.

V. (mit Kindern und Jugendlichen)

Menschenfreundlicher Gott, du bist uns treu und willst mit uns durchs Leben gehen. Wir vertrauen auf dein Versprechen und kommen mit unseren Anliegen zu dir:

Wir beten für unsere Freundinnen und Freunde, mit denen wir gemeinsam auf unserem Weg durchs Leben unterwegs sind.

Liedruf: Herr, erbarme dich (GL 157)

Oder: Geh mit uns auf unserm Weg.

Wir beten für unsere Familien, in denen wir Geborgenheit und Sicherheit erfahren dürfen.

Wir beten für alle, die sich für die Fastenzeit etwas Besonderes vorgenommen haben, die auf etwas verzichten, versuchen umzudenken oder sich mit jemandem zu versöhnen.

Wir beten für die Menschen, die unter den Folgen des Klimawandels leiden und deren Heimat durch Naturkatastrophen bedroht ist.

Wir beten für alle, die unter Krieg und Terror leiden (wir denken besonders an die Menschen in ...).

In einem Augenblick der Stille bringen wir unsere persönlichen Anliegen vor Gott. (kurze Stille)

Treuer Gott, du lässt uns nicht allein auf unserem Weg. Dir vertrauen wir und danken dir durch Jesus Christus, der für uns Freund und Bruder ist. – A: Amen.

OSTERZEIT

I.

Liebe Schwestern und Brüder, in dieser heiligsten aller Nächte (in der Freude der österlichen Tage), in der (denen) uns die Fülle des Lebens geschenkt wird, rufen wir zum auferstandenen Herrn:

Liedruf: Kýrie eléison (GL 154)

Dass die Kirchen aus Spaltung zur Einheit, aus Starrheit zu neuer Vitalität finden, und so die österliche Botschaft glaubwürdig verkünden,
zu Christus, dem Auferstandenen, lasst uns rufen:

Dass die in dieser Nacht (in der Osternacht) Getauften als lebendige Glieder des Leibes Christi in unsern Gemeinden/Gemeinschaften leben,
zu Christus, dem Auferstandenen, lasst uns rufen:

Dass die Verantwortlichen in Politik und Wirtschaft sich um die Grundlagen für ein Leben in Freiheit, Gerechtigkeit und Frieden bemühen, an dem alle Menschen teilhaben können,
zu Christus, dem Auferstandenen, lasst uns rufen:

Dass die österliche Freude Menschen aller Geschlechter, Generationen, Milieus und Völker vereint und zur Mitgestaltung einer menschenfreundlichen Gesellschaft motiviert,
zu Christus, dem Auferstandenen, lasst uns rufen:

Dass unsere Toten zum ewigen Leben auferstehen,
zu Christus, dem Auferstandenen, lasst uns rufen:

Allmächtiger, gütiger Gott, du hast deinen Sohn aus dem Tod zu neuem Leben erweckt; erfülle die ganze Welt mit diesem österlichen Leben durch Christus, unsern Bruder und Herrn. – A: Amen.

II.

In der Taufe hat Christus uns Anteil gegeben an seiner Auferstehung. Im Vertrauen auf seine helfende Nähe bitten wir ihn, den Auferstandenen, den wahren Retter der Welt:

Um österliche Freude, um Geborgenheit und Frieden für alle Menschen, lasset zum Herrn uns rufen: A: Herr, erbarme dich …

Für die Vielen, die durch die Ungerechtigkeit und das sinnlose Leid in der Welt den Glauben an Gott verloren haben, lasset zum Herrn uns rufen: A: Herr, erbarme dich ...

Für alle, die um ihres Glaubens willen verfolgt und misshandelt werden, für die Völker, die nicht in Freiheit über sich selber entscheiden können, lasset zum Herrn uns rufen: A: Herr, erbarme dich ...

Für die Vielen, die in diesen Tagen unterwegs sind und Erholung suchen, und für die Alten und Kranken, die das Haus nicht mehr verlassen können, lasset zum Herrn uns rufen: A: Herr, erbarme dich ...

Für alle unsere Verstorbenen, die uns im Glauben an die Auferstehung vorausgegangen sind, lasset zum Herrn uns rufen: A: Herr, erbarme dich ...

Denn du allein, Herr Jesus Christus, hast die Macht, unsere Welt zu vollenden. Dir gebührt unser Lobpreis jetzt und in Ewigkeit. –
A: Amen.

III.

Gott begleitet uns in unserer Verantwortung für die Welt und die Menschen. Ihn dürfen wir voll Zuversicht bitten:

V: Du Gott des Lebens. – A: Wir bitten dich, erhöre uns.

Befreie die Kirche aus aller Enge und Ängstlichkeit und führe sie zu österlicher Freiheit.

Überwinde in unserer Welt die Macht des Bösen durch die Kraft deiner Gerechtigkeit und Liebe.

Bewahre die Einflussreichen in Politik, Wirtschaft und Medien vor dem Missbrauch ihrer Macht.

Heile die Christinnen und Christen der verschiedenen Konfessionen von den Wunden der Spaltungen und des gegenseitigen Missverstehens.

Begleite unser Arbeiten und unsere Freizeit mit deinem Segen, damit wir in all unserem Tun und auch in der Ruhe deine Gegenwart erfahren.

Lebendiger Gott, du hast Jesus aus dem Tod errettet; erneuere deine Schöpfung und führe uns alle zur vollkommenen Freude, durch ihn, Christus, unsern Herrn. – A: Amen.

Oder:

Denn dein Geist belebt die ganze Welt und führt sie zum Frieden. Durch dich preisen wir den Vater in alle Ewigkeit. – A: Amen.

PFINGSTEN

Zu Jesus Christus, in dessen Gegenwart wir uns durch Gottes Geist versammelt haben, wollen wir beten:

Herr, erbarme dich. – Christus, erbarme dich. – Herr, erbarme dich.

Oder Liedruf: Herr, sende uns deinen Geist (GL 617,4)

Für die Kirche, die nach Wegen sucht, Gottes Botschaft den Menschen von heute glaubwürdig zu verkünden, zu Christus, dem Freund der Menschen, lasst uns rufen:

Für die Mächtigen in der Welt, die Verantwortung tragen für den Frieden und die Gerechtigkeit, zu Christus, dem Freund der Menschen, lasst uns rufen:

Für alle, die in diesen Tagen unterwegs sind und Erholung suchen, zu Christus, dem Freund der Menschen, lasst uns rufen:

Für alle Menschen, denen es am Lebensnotwendigen fehlt, an Wasser, frischer Luft, Nahrung, Kleidung und einer Wohnung, zu Christus, dem Freund der Menschen, lasst uns rufen:

Für alle, die sich für die Achtung der menschlichen Freiheit und Würde einsetzen, zu Christus, dem Freund der Menschen, lasst uns rufen:

Für alle, die hier versammelt sind, und für unsere Freunde und Bekannten bitten wir um Gottes heilige Geistkraft, um Lebendigkeit, Liebe und Freude, um Güte, Treue und Weisheit, zu Christus, dem Freund der Menschen, lasst uns rufen:

Du schenkst uns den Heiligen Geist, der uns mit Gott verbindet. Durch dich und in ihm preisen wir den Vater in alle Ewigkeit. – A: Amen.

IM JAHRESKREIS

I.

Vereint im Glauben an Christi Gegenwart unter uns beten wir aus ganzem Herzen in den Nöten der Welt:

Dass die Kirche aus Spaltung und Trennung zu Einheit und Liebe findet und Gottes Botschaft glaubwürdig verkündet, zu Christus, dem Auferstandenen, lasst uns rufen: – A: Herr, erbarme dich ...

Dass die Mächtigen in Politik und Wirtschaft für alle Menschen Wohlergehen und Freiheit suchen und so den Frieden festigen, zu Christus, dem Erlöser, lasst uns rufen: – A: Herr, erbarme dich ...

Dass die Armen und die Kranken, die Hungernden und die Trauernden und alle, die wegen ihres Glaubens verfolgt und benachteiligt werden, die Hoffnung und den Mut nicht sinken lassen, zu Christus, dem Gekreuzigten, lasst uns rufen: – A: Herr, erbarme dich ...

Dass die Verstorbenen (der letzten Woche ... und alle unsere Toten) auferstehen und ins ewige Leben gelangen, zu Christus, dem Erstling der Entschlafenen, lasst uns rufen: – A: Herr, erbarme dich ...

Allmächtiger Gott, du hast deinen Sohn aus Grab und Tod zum Leben auferweckt. Erfülle die ganze Welt mit seinem österlichen Leben. Darum bitten wir durch ihn, Christus, unseren Herrn. – A: Amen.

II.

Mit Vertrauen und Zuversicht bitten wir den Herrn um seinen Geist, der Leben schafft und die Welt in seiner Liebe zur Einheit verbindet:

Herr Jesus Christus, erwecke und entfalte in allen Gliedern unserer Gemeinde dein göttliches Leben.

V: Christus, höre uns. – A: Christus, erhöre uns.

Oder Liedruf: Herr, sende uns deinen Geist (GL 617,4)

Führe Junge und Alte, Starke und Schwache zusammen in der Gemeinschaft deines Volkes.

Gib den Gemeinden unseres Landes immer genügend Seelsorgerinnen und Seelsorger.

Setze dem Argwohn und dem Wettrüsten unter den Völkern ein Ende und führe sie zum Frieden.

Hilf den Kranken, ihre Schmerzen zu ertragen, und lass sie nicht verzagen.

Führe unsere Verstorbenen in die selige Gemeinschaft des Himmels.

Denn du hast dein Leben eingesetzt, damit wir das Leben haben. Dir sei Lob und Dank in Ewigkeit. – A: Amen.

III.

Gott lädt uns ein, zu ihm zu kommen mit allem, was uns bewegt. So rufen wir voll Vertrauen zu ihm:

A: Wir bitten dich, erhöre uns.

Oder Liedruf: Sende aus deinen Geist (GL 312,2)

Ermutige die Bischöfe und alle Verantwortlichen, dass sie bei der Erneuerung der Kirche im Geist des Evangeliums mit gutem Beispiel vorangehen.

Mach uns frei, wo wir uns in Hass und Neid verstrickt haben, wo uns Versöhnung und Hilfsbereitschaft schwerfallen.

Steh allen bei, die sich gegen Fremdenfeindlichkeit und für eine vielfältige, offene und angstfreie Gesellschaft einsetzen.

Erbarme dich aller, die wegen ihres Glaubens unterdrückt und benachteiligt werden. (Wir denken heute besonders an unsere Glaubensgeschwister in ...)

Wir beten auch besonders für alle, die sich für den Dialog zwischen den verschiedenen Religionen einsetzen.

Gib uns Mut und Kraft, wo von uns Entscheidungen gefordert werden.

Gott, unsere Zuflucht und unsere Kraft, höre das Rufen deines Volkes durch Christus, unsern Bruder und Herrn. – A: Amen.

IV.

Getreu der Mahnung des Herrn, dass wir allezeit beten und darin nicht nachlassen sollen, rufen wir gemeinsam um Gottes Hilfe in den vielerlei Nöten der Menschen:

Allmächtiger Gott und Vater, blicke gütig auf alle, die du in deiner Gemeinde versammelt hast, die Starken und Schwachen, die Gesunden und die Kranken, die Jungen und die Alten, und segne sie.
A: Wir bitten dich, erhöre uns.
Gib den Alten, Vereinsamten und Gebrechlichen neue Hoffnung, dass sie auch in ihrem Leben einen Sinn und eine Aufgabe erkennen.
Gib den Jungen und Gesunden die Bereitschaft, sich für andere einzusetzen und zu helfen.
Hilf den Vielen, die mit Nachbarn, Kollegen oder Angehörigen uneins sind, sich zu versöhnen, und führe auch die Völker der Erde zu mehr gegenseitiger Achtung und Hilfe.
Lösche die Flamme des Hasses, die immer wieder zwischen den Nationen, aber auch in unserem engsten Lebenskreis aufflackert, und schenke der Menschheit den Frieden.
Steh den Sterbenden in der Stunde ihres Abschieds bei und gewähre auch uns eine gute Sterbestunde.
Nimm unsere Verstorbenen auf in dein Reich und schenke ihnen den Lohn für all ihre Mühen.

Allmächtiger, ewiger Gott, du hast uns als dein Volk zusammengerufen. So höre unser Beten und schenke allen Menschen dein Heil. Durch Christus, unseren Herrn. – A: Amen.

V.

Zu unserem Herrn Jesus Christus, der uns nicht mehr Knechte, sondern seine Freunde nennt, beten wir voll Vertrauen:

Für die Glieder der Kirche auf der ganzen Erde, besonders für alle Christinnen und Christen in unserem Land:
Dass sie im Glauben wachsen und mutig die Frohe Botschaft bezeugen.

V: Christus, höre uns. – A: Christus, erhöre uns.

Für die menschliche Gesellschaft, für die Verantwortlichen in Politik und Wirtschaft, in Erziehung und Forschung:
Dass sie ihren Dienst in aufrichtiger Gesinnung und echter Verantwortung ausüben.

Für die Menschen, die in unserer oft so harten Welt zu kurz kommen: die Behinderten und die Kranken, die Alten und die Einsamen, die Verfolgten und die Hungernden:
Dass sie Freunde und Helfer finden.

Für unsere Ehen und Familien:
Dass die Partner sich treu bleiben, Eltern und Kinder sich gegenseitig verstehen und die alten Menschen nicht alleingelassen werden.

Für unsere Verstorbenen:
Dass ihre Sehnsucht gestillt wird und sie das Leben in Fülle erlangen.

Denn du hast selbst gesagt: Bittet, und ihr werdet empfangen. So höre das Gebet deiner Gemeinde und schenke ihr und der ganzen Welt deinen Frieden. Der du lebst und herrschst in Ewigkeit. –
A: Amen.

Oder:

Denn du hast das ganze Menschenleben mit uns geteilt, mit seinen Freuden und mit seinen Leiden. Du gehst den Weg mit uns zum Vater, wo du lebst und herrschst in Ewigkeit. – A: Amen.

VI.

Gott schenkt uns die Gaben des Lebens, der Freiheit und der Liebe. Ihn bitten wir:

A: Wir bitten dich, erhöre uns.

Oder Liedruf: Herr, sende uns deinen Geist. (GL 617,4)

Wir beten für die Kirche, die oft ängstlich und um sich selbst besorgt ist: mache sie offen für die vielfältigen Begabungen, die der Heilige Geist in ihr weckt.

Wir beten für die Naturwissenschaftler und Forscher: lass ihre Arbeit dem Wohl der Menschen dienen und hilf ihnen, die möglichen negativen Folgen ihrer Entdeckungen im Blick zu behalten.

Wir beten für die Verantwortlichen in der Wirtschaft, die Gewinnmaximierung und Wachstum anstreben: dass sie das Wohl des Menschen neu in den Mittelpunkt stellen.

Wir beten für alle, die an dir zweifeln und nicht mehr an unserer Gemeinschaft teilnehmen: lass sie ihren eigenen Weg zu einem glücklichen Leben finden und begleite sie.

Wir beten für unsere Verstorbenen: erfülle ihre Hoffnung und lass sie Wohnung und Heimat finden bei dir.

Denn du bleibst bei uns bis zur Vollendung der Welt. Dich preisen wir in Ewigkeit. – A: Amen.

VII.

In der Unsicherheit und in den Veränderungen unserer Tage richten wir den Blick auf den, von dem wir uns Antworten erhoffen auf unsere Fragen. Wir rufen zu Gott:

V: Vater aller Menschen. – A: Wir bitten dich, erhöre uns.

Oder Liedruf: **Du sei bei uns (GL 182,2)**

Du hast die Welt in Weisheit und Liebe erschaffen; hilf uns, dass wir diesen von dir geschenkten Lebensraum für die uns nachfolgenden Generationen erhalten.

Du hast Menschen aus allen Völkern und Sprachen zu deinem Volk zusammengerufen; bewahre uns vor aller Menschenfurcht und hilf uns, Vorurteile gegenüber anderen in Kirche und Gesellschaft abzubauen.

Viele führen ein menschenunwürdiges Leben; sie sind auf der Flucht, haben keine Zuhause, werden ausgegrenzt; lass uns ihnen gegenüber nicht in bloßem Mitleid verharren, sondern nachfragen, wo sie konkret unser helfendes Handeln brauchen.

In einem Augenblick der Stille wollen wir unsere persönlichen Anliegen vor Gott bringen. (Stille)

Gott, vollende durch deine Liebe alles, was unserer menschlichen Kraft nicht gelingt. Denn dir vertrauen wir und dich lieben wir durch Christus, unsern Herrn. – A: Amen.

Oder:

Allmächtiger, ewiger Gott, in deine Hände legen wir unsere Ängste und Sorgen, unsere Bitten und unsere Anliegen. Du wirst uns hören durch Christus, unsern Herrn. – A: Amen.

VIII. (mit Kindern)

Wir beten zu Jesus, unserem Freund, der alle Menschen liebt und uns einlädt zum gemeinsamen Mahl:

A: Sei uns nahe und begleite uns.

Oder Liedruf: Siehe, wir kommen (GL 189) – Zu jeder Bitte wird eine Hostie in die Schale gelegt.

Für alle, die unter der ungerechten Verteilung von sauberem Trinkwasser und Nahrungsmitteln auf unserer Erde leiden.

Für alle, die Angst davor haben zu teilen, weil sie meinen, dass sie selbst zu kurz kommen könnten.

Für alle, die versuchen, einfach und bescheiden zu leben und mit anderen zu teilen.

Für alle, die hungern und dürsten nach Frieden, Liebe und Gerechtigkeit.

Für alle, die auf der Flucht sind vor Krieg, Terror und Armut und bei uns eine neue Heimat suchen.

Jesus, du bist das Brot des Lebens. Du ermutigst uns dazu, miteinander zu teilen und füreinander da zu sein. Wir danken dir und loben dich alle Tage unseres Lebens. – A: Amen.

Oder:

Jesus, du bringst Licht und Wärme in unsere Welt. Durch dich preisen wir den Vater im Himmel, alle Tage bis in Ewigkeit. – A: Amen.

IX. (mit Jugendlichen)

Jesus Christus, du hast als Mensch unter Menschen gelebt. Du kennst uns und alles, was uns beschäftigt. Deshalb kommen wir zu dir mit unseren Wünschen:

Liedruf: Kýrie eléison (GL 154)

Für alle, die in unserer Kirche Verantwortung tragen und Macht haben. Für unseren Papst N. und unseren Bischof N.

Für alle, die sich mit ihrer ganzen Lebenskraft für Gerechtigkeit und Frieden einsetzen.

Für alle Menschen, die unter Krieg und Terror leiden. (Wir beten heute besonders für die Menschen in …)

Für alle, die unter den Folgen des Klimawandels leiden und jeden Tag ums Überleben kämpfen müssen.

Für alle, die sich nach Wärme und Geborgenheit sehnen, weil sie sich nicht wertgeschätzt und anerkannt fühlen.

Für alle, deren Lebensweg von einer Krankheit oder Behinderung durchkreuzt worden ist – und für alle, die sie unterstützen.

Für alle, die verzweifelt und traurig sind, weil sie um einen verstorbenen Menschen trauern, der in ihrem Leben eine wichtige Rolle gespielt hat.

Guter Gott, du weißt, was uns am Herzen liegt. Auf dich hoffen und vertrauen wir alle Tage unseres Lebens. – A: Amen.

HERRENFESTE IM JAHRESKREIS

DREIFALTIGKEITSSONNTAG

Gott ist Liebe und lässt uns teilhaben an seinem Leben. Als sein Volk versammelt beten wir aus ganzem Herzen:

Für unseren Papst und die Bischöfe und alle, die für die Zukunft der Kirche Verantwortung tragen.

Liedruf: Kýrie eléison. (GL 154)

Für die Männer und Frauen, die in unserem Land die Regierungsverantwortung tragen und sich für ein friedliches Zusammenleben in einer pluralen Gesellschaft einsetzen.

Für alle, denen durch eine Naturkatastrophe schweres Leid widerfahren ist. (Wir denken heute besonders an die Menschen in ...)

Für alle Menschen, die sich einsam, ausgegrenzt und ungeliebt fühlen und sich nach echter Gemeinschaft und Geborgenheit sehnen.

Für alle, die unter einer zerbrochenen Freundschaft oder Partnerschaft leiden und sich einen neuen Anfang wünschen.

Für alle, die ausgebrannt und erschöpft sind, und alle, die sich um kranke Menschen kümmern.

In einem Augenblick der Stille dürfen wir unsere persönlichen Anliegen vor Gott bringen. (Stille)

Lebendiger Gott, dein ist das Reich und die Kraft und die Herrlichkeit in Ewigkeit. – A: Amen.

Oder:

Dreieiniger Gott, wir vertrauen auf deine Hilfe. Dir sei Lob und Dank in Ewigkeit. – A: Amen.

FRONLEICHNAM

Zu Jesus Christus, der unter uns gegenwärtig ist, wenn wir Brot und Wein miteinander teilen, lasst uns rufen:

V: Christus, höre uns. – A: Christus, erhöre uns.
Oder Liedruf: Du sei bei uns (GL 182,2)

Dass er die getrennte Christenheit eines Tages vereint um den einen Tisch zum eucharistischen Mahl zusammenführe, zu Christus lasst uns rufen:

Dass er die Völker der Erde in Frieden und Gerechtigkeit miteinander verbinde, zu Christus lasst uns rufen:

Dass er den Hungernden Brot, den Fragenden und Suchenden sein tröstendes Wort schenke, zu Christus lasst uns rufen:

Dass er den Menschen, die als Flüchtlinge auf den Straßen dieser Welt unterwegs sind, Heimat und Geborgenheit schenke, zu Christus lasst uns rufen:

Dass er uns bereit mache, Zeugnis zu geben von der Hoffnung, die uns erfüllt, zu Christus lasst uns rufen:

Dass er unsere Verstorbenen zur Vollendung führe in seinem Reich, zu Christus lasst uns rufen:

Menschenfreundlicher Gott, du begleitest uns und bist uns nahe in allen Sorgen und Nöten. Auf dich vertrauen wir heute und alle Tage bis in Ewigkeit. – A: Amen.

HERZ JESU

Zu Jesus Christus, dessen liebendes Herz alle Menschen umschließt, lasst uns voll Vertrauen und Zuversicht rufen:

Herr, erbarme dich. – Christus, erbarme dich. – Herr, erbarme dich
Oder Liedruf: Kýrie eléison (GL 156)

Sei bei allen Menschen, die sich nach Liebe, Geborgenheit und Gemeinschaft sehnen.

Schenke denen, die als Flüchtlinge in unser Land kommen, Vertrauen und Perspektiven für einen Neubeginn.

Gib unserer Kirche Menschenfreundlichkeit und Barmherzigkeit, beständige Erneuerung und Mut, um neue Wege zu beschreiten.

Stärke uns in der Liebe, damit wir nicht müde werden im Einsatz gegen Diskriminierung, Rassismus und Ungerechtigkeit.

Tröste die Kranken und Verzweifelten, damit sie die Hoffnung auf eine bessere Zukunft nicht verlieren.

Lass unsere Verstorbenen bei dir die Erfüllung all dessen erfahren, was in ihrem Leben unvollendet geblieben ist.

Jesus Christus, durch dich hat uns Gott seine unverbrüchliche Liebe gezeigt. Dich preisen wir mit ihm und dem Heiligen Geist in alle Ewigkeit. – A: Amen.

Oder:

Gütiger Gott, blicke auf deine Gemeinde, die sich im Namen deines Sohnes versammelt hat zum Mahl der Liebe. Erhöre unser Gebet durch Christus, unsern Herrn. – A: Amen.

CHRISTKÖNIGSSONNTAG

Jesus Christus ist kein König, der mit Gewalt regiert. Seine Macht ist die Macht der Liebe. Deshalb dürfen wir mit allem zu ihm kommen, was uns auf dem Herzen liegt. So lasst uns rufen:

V: Christus, unser König. – A: Wir bitten dich, erhöre uns.

Oder Liedruf: Herr erhebe dich, hilf uns und mach uns frei (GL 229)

Für die Kirche auf der ganzen Erde: dass sie ohne Menschenfurcht Zeugnis ablegt für Gottes Liebe, lasset zum Herrn uns beten:

Für die Menschen in der Vielfalt ihrer Lebensentwürfe und Kulturen: dass sie durch Gottes liebevolle Nähe zu Einheit und Frieden finden, lasset zum Herrn uns beten:

Für die Eltern, Erzieher und Lehrer: dass sie voll Wärme und Geduld für die ihnen anvertrauten Kinder und Jugendlichen da sind, lasset zum Herrn uns beten:

Für die Kranken und für alle, die von Unfällen, Gewalttaten und Katastrophen betroffen sind: dass sie Trost, Hilfe und Heilung erlangen, lasset zum Herrn uns beten:

Für die Verstorbenen: dass sie Gottes Stimme hören und ins Reich des Lichtes gerufen werden, lasset zum Herrn uns beten:

Höre, Vater, das Rufen deines Volkes, das dir vertraut. Denn dein ist das Reich und die Kraft und die Herrlichkeit in Ewigkeit. – A: Amen.

KIRCHWEIHE – PATROZINIUM

Durch die Taufe sind wir alle Glieder des einen Leibes geworden, dessen Haupt Christus ist. In seinem Namen versammelt tragen wir voll Vertrauen unsere Bitten vor:

Für die Kirche auf der ganzen Erde: Dass sie als lebendiges Zeichen deiner Gegenwart den Menschen Heimat und Geborgenheit schenke.

A: Wir bitten dich, erhöre uns.

Oder Liedruf: Herr, bleibe bei uns (GL 92)

Für alle, die sich in unseren Gemeinden engagieren: Dass sie ihre Ideen und Talente einbringen für ein lebendiges Miteinander.

Für alle, die sich von der Kirche entfremdet haben: Dass Enttäuschung und Frustration ihren persönlichen Glauben nicht zerstört.

Für alle, die durch Krieg und Terror ihre Heimat verloren haben: Dass sich ihnen Wege auftun zu einem neuen Anfang.

Für alle Kranken und Leidenden: Dass sie Menschen begegnen, die ihnen Trost und Hilfe spenden.

Für unsere Verstorbenen: Dass sie Vollendung finden in der ewigen Gemeinschaft mit dir.

Wir bitten dich, Herr und Gott, höre auf die Fürsprache des (der) N. (Kirchenpatron), bewahre uns vor Unheil und Leid und schenke uns einst die ewige Freude. Durch Christus, unseren Herrn. – A: Amen.

Oder:

Gott, du willst bei uns Menschen wohnen und verbindest uns zur Gemeinschaft der Kirche. Dir gebührt unser Lobpreis und Dank, heute und alle Tage, bis in Ewigkeit. – A: Amen.

MARIENFESTE

Lasst uns zu Christus rufen, dem Sohn des lebendigen Gottes, der zu unserem Heil Mensch geworden ist aus der Jungfrau Maria:

Wir verehren Maria als unsere (Patronin und) Helferin; bewahre unter ihrem Schutz unsere Gemeinde und unser Land und gewähre auf ihre Fürsprache den Kranken Heilung, den Trauernden Trost und den Sündern Vergebung.

V: Christus, höre uns. – A: Christus, erhöre uns.

Oder Liedruf: Erhöre uns, Christus (GL 563,3)

Maria hat sich entschieden, den Ruf Gottes anzunehmen; schenke uns Klarheit, wenn wir vor wichtigen Entscheidungen und Herausforderungen stehen.

Maria hat ganz auf die Kraft von oben vertraut; mache uns Mut, wenn wir uns selbst zu wenig zutrauen.

Christus hat in Kana die Bitte seiner Mutter gehört; erhöre das Beten aller, die dir (in diesem Haus) ihre persönlichen Anliegen und Nöte anvertrauen.

Du hast Maria zur Königin des Himmels gekrönt; schenke allen unseren Verstorbenen die ewige Freude.

Allmächtiger, ewiger Gott, höre auf die Fürbitte der seligen Jungfrau Maria, bewahre uns vor allem, was uns bedroht und Angst macht, und nimm uns dereinst auf in die ewige Herrlichkeit. Darum bitten wir durch Christus, unseren Herrn. – A: Amen.

ALLERHEILIGEN – HEILIGENFESTE

In den Heiligen spiegelt sich das Wirken des Geistes Gottes im Leben eines Menschen, der zur Vollendung gelangt ist. Im Vertrauen auf seinen Beistand bitten wir ihn:

Für alle, die den Mut haben, auf etwas zu verzichten, mit anderen zu teilen und nach alternativen Lebenswegen zu suchen.

V: Gott, Vater aller Menschen. – A: Wir bitten dich, erhöre uns.

Für alle, die einem anderen Menschen beistehen, in dessen Leben gerade Trauer und Enttäuschung herrschen.

Für alle, die sich für die Deeskalation von Konflikten einsetzen, auf Gewalt verzichten und bei einem Streit zu schlichten versuchen.

Für alle, die sich dafür einsetzen, dass alle Menschen die gleichen Chancen auf ein glückliches Leben erhalten.

Für alle, die nicht wegschauen, wo ihnen Not und Benachteiligung begegnen, sondern anpacken und helfen.

Für alle, die zu ihren eigenen Fehlern stehen, und für alle, die ihre Stimme erheben, wo Unrecht geschieht.

Für alle, die sich für den Frieden starkmachen, wo andere auf einen Konflikt zusteuern.

Für alle, die sich trotz aller Rückschläge für ihre Träume und Ideale einsetzen und anderen Mut und Hoffnung machen.

Allmächtiger, ewiger Gott, dein Geist heiligt und lenkt die ganze Kirche. Erhöre unsere Bitten und lass unser Leben gelingen. Darum bitten wir durch Christus, unseren Herrn. – A: Amen.

Oder:

Allmächtiger ewiger Gott du hast uns die Heiligen als Vorbilder vor Augen gestellt. Höre auf die Fürbitte des heiligen N. und erhalte uns in deinem Frieden. Durch Christus, unseren Herrn. – A: Amen.

ALLERSEELEN – TOTENGEDENKEN

Wir beten zum Herrn Jesus Christus, der durch seine Auferstehung den Tod überwunden hat:

Gekreuzigter und auferstandener Heiland, führe die Verstorbenen unserer Pfarrei in das ewige Reich des Vaters.

A: Wir bitten dich, erhöre uns.

Oder Liedruf: Ich schreie zu dir, o Herr, meine Zuflucht bist du (GL 75,1)

Nimm unsere verstorbenen Eltern, Angehörigen und Freunde in deine himmlischen Wohnungen auf.

Erbarme dich der Leidenden, richte die Kranken auf und steh den Sterbenden bei.

Sei allen nahe, die über den Verlust eines lieben Menschen trauern.

Erhalte in uns die Treue zum Glauben und die Hoffnung auf das ewige Leben bei dir.

Schaffe Frieden in unseren Familien, in unseren Gemeinden und zwischen den Völkern.

Allmächtiger, ewiger Gott, blicke gütig auf deine Gemeinde, die sich um unseren gekreuzigten und auferstandenen Herrn versammelt hat. Erbarme dich der Verstorbenen und führe auch uns ins ewige Leben. Darum bitten wir durch Christus, unseren Herrn. –
A: Amen.

EINHEIT DER CHRISTEN

Die Einheit unter den Jüngern ist ein Herzensanliegen Jesu.
Zu ihm, der uns zu seinen Zeugen in der Welt berufen hat, lasst uns beten:

Für alle Verantwortlichen in den christlichen Kirchen: Erfülle sie mit deinem Geist, damit sie nicht nachlassen im Bemühen um die vollständige Einheit im Glauben.
V: Christus, Haupt deiner Kirche. – A: Wir bitten dich, erhöre uns.
Oder Liedruf: Kýrie, eléison (GL 619,5+6)

Mache uns bereit, Vorbehalte und Vorurteile gegenüber den anderen christlichen Kirchen zu überwinden und immer neu Wege zueinander zu suchen.

Begleite alle, die den Kirchen den Rücken gekehrt haben, weil Missbrauch geistlicher Macht und menschliches Versagen ihr Erscheinungsbild verdunkelt haben.

Sei du bei allen, die auf der Suche sind nach einer Gemeinschaft, in der sie ihren Glauben gemeinsam mit anderen leben können.

Segne die Bemühungen der Kirchen und christlichen Gemeinschaften um Gerechtigkeit und Frieden auf der ganzen Erde.

Gütiger Gott, du Vater aller Menschen. Höre auf unser Gebet um die Einheit im Glauben, in der Hoffnung und in der Liebe. Dir sei Lob und Ehre, jetzt und in Ewigkeit. – A: Amen

SCHÖPFUNG – UMWELT

Allmächtiger Gott, du bist gegenwärtig in der Weite des Alls und im Kleinsten deiner Geschöpfe. Zu dir rufen wir in unserer Sorge um die Bewahrung deiner Schöpfung:

Erfülle unsere Herzen mit der Kraft deiner Liebe, damit wir das Leben und die Schönheit der Erde schützen.

V: Gott, Schöpfer des Weltalls. – A: Wir bitten dich, erhöre uns.

Oder Liedruf: Biete deine Macht auf, Herr unser Gott (GL 48,1)

Schenke uns Frieden, damit alle Menschen als Brüder und Schwestern miteinander leben können.

Hilf uns, den Verlassenen und Vergessenen dieser Erde, die so wertvoll sind in deinen Augen, beizustehen.

Rüttle uns auf, damit wir Beschützer der Welt sind und nicht Räuber, damit wir Schönheit säen und nicht Zerstörung.

Rühre die Herzen derer an, die nur ihren Gewinn suchen auf Kosten der Armen und der natürlichen Ressourcen.

Lehre uns, den Wert aller Dinge zu entdecken und zu erkennen, dass wir zutiefst mit allen Geschöpfen verbunden sind.

Guter Gott, wir danken dir, dass du immer bei uns bist und uns am Leben erhältst. Ermutige uns in unserem Kampf für Gerechtigkeit, Liebe und Frieden. Dir sei Lob und Dank in Ewigkeit. – A: Amen.

FRIEDEN UND GERECHTIGKEIT

Herr Jesus Christus, du bist in diese Welt gekommen, um Frieden und Gerechtigkeit zum Sieg zu verhelfen. Im Vertrauen auf deine Hilfe bitten wir:

Für alle, die politische Verantwortung tragen und die versuchen, ein friedliches und gerechtes Zusammenleben unter den Völkern zu ermöglichen.

V: Christus, höre uns. – A: Christus, erhöre uns.

Oder Liedruf: Herr, erhebe dich, hilf uns und mach uns frei (GL 229)

Für alle Menschen auf der Erde, die verfolgt, unschuldig verhaftet, gefoltert und hingerichtet werden.

Für die (jungen) Menschen, deren Zukunftspläne von Terror und Krieg, von Krankheit und Naturkatastrophen durchkreuzt werden.

Für die Helferinnen und Helfer in den Kriegs- und Krisengebieten unserer Erde, die oft ihr Leben riskieren, um die Not der dortigen Bevölkerung zu lindern.

Für alle Menschen, die aufgrund ihrer Herkunft, ihrer Religion, ihrer Hautfarbe, ihres Geschlechts oder ihrer sexuellen Orientierung diskriminiert werden.

Für alle, die sich in unserer Zeit für eine Kultur der Erinnerung an die Opfer von Gewalt, für Versöhnung und gegenseitigen Respekt unter den Menschen einsetzen.

Gott des Friedens und der Gerechtigkeit. Du bist uns nahe in aller Not und willst uns Kraft und Hoffnung spenden. Wir danken dir durch Christus, unseren Herrn. – A: Amen.

VERZEICHNIS DER SCHRIFTLESUNGEN

Genesis
1, 1 – 2, 2 _____ 212
1, 1.26–31a _____ 216
2, 18–24 _____ 595
3, 9–15 _____ 490
3, 9–15.20 _____ 742
9, 8–15 _____ 102
11, 1–9 _____ 313
15, 1–6; 21, 1–3 _____ 56
22, 1–18 _____ 219
22, 1–2.9a.10–13.15–18 _____ 108, 221

Exodus
12, 1–8.11–14 _____ 170
14, 15 – 15, 1 _____ 224
16, 2–4.12–15 _____ 540
19, 3–8a.16–20 _____ 314
20, 1–17 _____ 114
20, 1–3.7–8.12–17 _____ 116
24, 3–8 _____ 348

Levitikus
13, 1–2.43ac.44ab.45–46 _____ 466

Numeri
6, 22–27 _____ 65
11, 25–29 _____ 588
21, 4–9 _____ 709

Deuteronomium
4, 1–2.6–8 _____ 564
4, 32–34.39–40 _____ 342
5, 12–15 _____ 483
6, 2–6 _____ 620
18, 15–20 _____ 455

Josua
24, 1–2a.15–17.18b _____ 558

1 Samuel
3, 3b–10.19 _____ 444

2 Samuel
7, 1–5.8b–12.14a.16 _____ 22
7, 4–5a.12–14a.16 _____ 653

1 Könige
8, 22–23.27–30 _____ 763
17, 10–16 _____ 626
19, 4–8 _____ 546

2 Könige
4, 42–44 _____ 534

1 Chronik
15, 3–4.15–16; 16, 1–2 _____ 698

2 Chronik
36, 14–16.19–23 _____ 122

2 Makkabäer
12, 43–45 _____ 721

Ijob
7, 1–4.6–7 _____ 461
19, 1.23–27a _____ 727
38, 1.8–11 _____ 502

Sprichwörter
9, 1–6 _____ 552

Weisheit
1, 13–15; 2, 23–24 _____ 507
2, 1a.12.17–20 _____ 583
7, 7–11 _____ 602

Jesus Sirach
3, 2–6.12–14 (3–7.14–17a) _____ 55
24, 1–2.8–12 (1–4.12–16) _____ 71

Jesaja
7, 10–14 _____ 660
9, 1–6 _____ 37
25, 6a.7–9 _____ 732
35, 4–7a _____ 570
40, 1–5.9–11 _____ 10
42, 5a.1–4.6–7 _____ 83
43, 18–19.21–22.24b–25 _____ 471
49, 1–6 _____ 673
50, 4–7 _____ 141
50, 5–9a _____ 576
52, 7–10 _____ 47
52, 13 – 53, 12 _____ 182
53, 10–11 _____ 609
54, 5–14 _____ 228
55, 1–11 _____ 85, 230
60, 1–6 _____ 77
61, 1–2a.10–11 _____ 16
61, 1–3a.6a.8b–9 _____ 164
62, 1–5 _____ 29
62, 11–12 _____ 43
63, 16b–17.19b; 64, 3–7 _____ 3

Jeremia
1, 4–10 _____ 667
23, 1–6 _____ 528
31, 7–9 _____ 615
31, 31–34 _____ 129

Baruch
3, 9–15.32 – 4, 4 _____ 232

Ezechiel
1, 28c – 2, 5 _____ 516
17, 22–24 _____ 496
36, 16–17a.18–28 _____ 235
37, 1–14 _____ 316, 336
47, 1–2.8–9.12 _____ 737

Daniel
7, 2a.13b–14 _____ 638
7, 9–10.13–14 _____ 692
12, 1–3 _____ 632

Hosea
2, 16b.17b.21–22 _____ 477
11, 1.3–4.8ac–9 _____ 358

Joël
2, 12–18 _____ 93
3, 1–5 _____ 318

Amos
7, 12–15 _____ 521

Jona
3, 1–5.10 _____ 450

Maleachi
3, 1–4 _____ 645

Matthäus
1, 1–25 _____ 31
1, 16.18–21.24a _____ 656
1, 18–25 _____ 34
2, 1–12 _____ 79
2, 13–18 _____ 760
5, 1–12a _____ 718
6, 1–6.16–18 _____ 96
10, 17–22 _____ 751
16, 13–19 _____ 689
28, 8–15 _____ 265
28, 16–20 _____ 345

Markus
1, 1–8 _____ 13
1, 7–11 _____ 89
1, 12–15 _____ 105
1, 14–20 _____ 452
1, 21–28 _____ 458
1, 29–39 _____ 463
1, 40–45 _____ 469

2, 1–12	474		2, 15–20	45
2, 18–22	480		2, 16–21	67
2, 23 – 3, 6	485		2, 22–40	61, 648
2, 23–28	487		2, 22–32	650
3, 20–35	493		2, 22.39–40	63
4, 26–34	499		2, 41–51a	657
4, 35–41	504		4, 16–21	167
5, 21–43	510		7, 11–17	734
5, 21–24.35b–43	512		10, 21–24	338
6, 1b–6	518		11, 27–28	701
6, 7–13	525		24, 13–35	262
6, 30–34	531		24, 35–48	276
7, 1–8.14–15.21–23	567			
7, 31–37	573		**Johannes**	
8, 27–35	579		1, 1–18	50
9, 2–10	111, 695		1, 1–5.9–14	52, 73
9, 30–37	585		1, 6–8.19–28	18
9, 38–43.45.47–48	591		1, 35–42	447
10, 2–16	597		2, 13–25	118
10, 2–12	599		2, 13–22	739, 766
10, 17–30	604		3, 13–17	712
10, 17–27	605		3, 14–21	125
10, 35–45	611		6, 1–15	536
10, 42–45	612		6, 24–35	543
10, 46b–52	617		6, 41–51	549
11, 1–10	136		6, 51–58	554
12, 28b–34	623		6, 60–69	561
12, 38–44	629		7, 37–39	321
12, 41–44	630		10, 11–18	282
13, 24–32	635		11, 17–27	724
13, 24–37	6		12, 12–16	138
13, 33–37	6		12, 20–33	131
14, 1 – 15, 47	144		13, 1–15	174
14, 12–16.22–26	354		14, 1–6	730
15, 1–39	157		15, 1–8	289
16, 1–7	241		15, 9–17	294
16, 15–20	304		15, 26–27; 16, 12–15	332
			17, 6a.11b–19	309
Lukas			18, 1 – 19, 42	186
1, 5–17	670		18, 33b–37	640
1, 26–38	25, 663, 745		19, 31–37	361
1, 39–56	705		20, 1–18	254
1, 57–66.80	676		20, 1–9	253
2, 1–14	40		20, 2–8	755

Verzeichnis der Schriftlesungen

20, 19–31	270
20, 19–23	331
21, 1.15–19	682

Apostelgeschichte

1, 1–11	298
1, 15–17.20ac–26	306
2, 1–11	326
2, 14.22b–33	259
3, 1–10	679
3, 12a.13–15.17–19	274
4, 8–12	280
4, 32–35	268
6, 8–10; 7, 54–60	749
8, 1bc.4.14–17	335
9, 26–31	286
10, 25–26.34–35.44–48	292
10, 34a.37–43	249
10, 34–38	87
12, 1–11	685
13, 16.22–26	675
13, 16–17.22–25	30

Römer

4, 13.16–18.22	654
6, 3–11	239
8, 14–23	728
8, 14–17	344
8, 22–27	319
8, 31b–34	110
16, 25–27	24

1 Korinther

1, 3–9	5
1, 22–25	117
3, 9c–11.16–17	738
5, 6b–8	252
6, 13c–15a.17–20	446
7, 29–31	451
7, 32–35	457
9, 16–19.22–23	462
10, 31 – 11, 1	468
11, 23–26	173
12, 3b–7.12–13	328
15, 1–8.11	261
15, 20–27a	704
15, 54–57	700

2 Korinther

1, 18–22	473
3, 1b–6	478
4, 6–11	484
4, 13 – 5, 1	491
5, 6–10	498
5, 14–17	503
5, 20 – 6, 2	95
8, 7.9.13–15	508
12, 7–10	517

Galater

1, 11–20	681
4, 4–7	66
5, 16–25	329

Epheser

1, 3–14	522
1, 3–10	524
1, 3a.4a.13–19a	337
1, 3–6.11–12	744
1, 3–6.15–18	72
1, 17–23	300
2, 4–10	124
2, 13–18	529
3, 2–3a.5–6	78
3, 8–12.14–19	360
4, 1–13	301
4, 1–7.11–13	302
4, 1–6	535
4, 17.20–24	542
4, 30 – 5, 2	548
5, 15–20	553
5, 21–32	560

Philipper
2, 6–11 — 142, 711
3, 20–21 — 733

Kolosser
3, 1–4 — 251
3, 12–21 — 58

1 Thessalonicher
4, 13–18 — 723
5, 16–24 — 17

2 Timotheus
4, 6–8.17–18 — 688

Titus
2, 11–14 — 39
3, 4–7 — 44

Hebräer
1, 1–6 — 49
2, 9–11 — 596
2, 11–12.13c–18 — 647
4, 12–13 — 603
4, 14–16 — 610
4, 14–16; 5, 7–9 — 185
5, 1–6 — 616
5, 7–9 — 130
7, 23–28 — 622
9, 11–15 — 349
9, 24–28 — 628
10, 4–10 — 662
10, 11–14.18 — 634
11, 8.11–12.17–19 — 59

Jakobus
1, 17–18.21b–22.27 — 566
2, 1–5 — 572
2, 14–18 — 578
3, 16 – 4, 3 — 584
5, 1–6 — 590

1 Petrus
1, 8–12 — 668
2, 4–9 — 764
3, 18–22 — 103

2 Petrus
1, 16–19 — 693
3, 8–14 — 12

1 Johannes
1, 1–4 — 754
1, 5 – 2, 2 — 758
2, 1–5a — 275
3, 1–3 — 717
3, 1–2 — 282
3, 18–24 — 287
4, 7–10 — 293
4, 11–16 — 308
5, 1–9 — 88
5, 1–6 — 269

Offenbarung
1, 5–8 — 166
1, 5b–8 — 639
7, 2–4.9–14 — 715
11, 19a; 12, 1–6a.10ab — 703

VERZEICHNIS DER ANTWORTPSALMEN

4, 2.4 u. 7.8–9	275
15 (14), 2–3.4.5	565
16 (15), 5 u. 8.9–10.2 u. 11	223, 633
18 (17), 2–3.4 u. 47.51 u. 50	621
19 (18), 2–3.4–5b	680
19 (18), 8.9.10. 11–12	117, 234, 323, 781
19 (18), 8.10.12–13.14	589
22 (21), 8–9.17–18.19–20. 23–24	141, 776
22 (21), 23–24.26–27.28 u. 31b–32	336
22 (21), 26–27.28 u. 30ab.31–32	287
23 (22), 1–3.4.5.6	529, 733
24 (23), 1–2.3–4.5–6	716
24 (23), 7–8.9–10	646
25 (24), 4–5.6–7.8–9	103, 451
25 (24), 4–5.8–9.10 u. 14	772
27 (26), 1.4.13–14	782
29 (28), 1–2.3ac–4.3b u. 9b–10	84
30 (29), 2 u. 4.5–6b.6cd u. 12a u. 13b	229, 508
31 (30), 2 u. 6.12–13.15–16. 17 u. 25	184
31 (30), 3b–4.6 u. 8.16–17	750
32 (31), 1–2.5.10–11	467
33 (32), 4–5.6 u. 9.18–19.20 u. 22	343
33 (32), 4–5.6–7.12–13.20 u. 22	218
33 (32), 4–5.18–19.20 u. 22	609
33 (32), 10–11.12–13.14–15	322
34 (33), 2–3.4–5.6–7. 8–9	547, 687, 782
34 (33), 2–3.10–11.12–13.14–15	552
34 (33), 2–3.16–17.18–19.20–21. 22–23	559
40 (39), 2 u. 4ab.7–8.9–10	445
40 (39), 7–8.9–10.11	661
41 (40), 2–3a.4–5.13–14	472
42 (41), 2–3.5bcd; 43 (42), 3–4	727
42 (41), 3.5bcd; 43 (42), 3–4	236
45 (44), 11–12.16 u. 18	704
46 (45), 2–3.5–6.8–9	738
47 (46), 2–3.6–7.8–9	299, 780
51 (50), 3–4.5–6b.12–13. 14 u. 17	94, 774
51 (50), 3–4.12–13.14–15	129
51 (50), 12–13.14–15.18–19	237
54 (53), 3–4.5–6.8–9	583
63 (62), 2.3–4.5–6.8–9	783
66 (65), 1–3.4–5.6–7.16 u. 20	779
67 (66), 2–3.5–6.7–8	66
71 (70), 5–6.7–8.15 u. 17	668
72 (71), 1–2.7–8.10–11.12–13	78, 774
78 (77), 1–2.34–35.36–37. 38ab u. 39	710
78 (77), 3–4b.23–24.25 u. 54	541
80 (79), 2ac u. 3bc.15–16.18–19	4
81 (80), 3–4.5–6b.6c–8a.10–11	483
84 (83), 2–3.4–5.10–11a	764
85 (84), 9–10.11–12. 13–14	11, 522, 772
89 (88), 2–3.4–5.27 u. 29	653
89 (88), 2–3.20a u. 4–5.27 u. 29	23
89 (88), 20a u. 4–5.16–17.27 u. 29	30
89 (88), 20a u. 21–22.25 u. 27	165
89 (88), 2–3.4–5	260
90 (89), 12–13.14–15.16–17	602
91 (90), 1–2.10–11.12–13.14–15	775
92 (91), 2–3.13–14.15–16	497
93 (92), 1.2–3.4–5	638
95 (94), 1–2.6–7c.7d–9	456, 783
96 (95), 1–2.3 u. 11.12–13a	38
97 (96), 1 u. 6.11–12	43
97 (96), 1–2.5–6.8–9	693
97 (96), 1–2.5–6.11–12	754
98 (97), 1.2–3b.3c–4	293, 743
98 (97), 1.2–3b.3c–4.5–6	48, 773
100 (99), 1–3.4–5	784
103 (102), 1–2.3–4.8 u. 10.12–13	478, 784
103 (102), 1–2.11–12.19–20b	307

Verzeichnis der Antwortpsalmen   827

104 (103), 1–2.5–6.10 u. 12.
   13–14b.24 u. 1ab _____ 217
104 (103), 1–2.24–25.
   27–28.29–30 _____ 318, 780
104 (103), 1–2.24–25.29–30.
   31 u. 34 _____ 327
105 (104), 1–2.3–4.5–6.8–9 _____ 57
107 (106), 2–3.4–5.6–7.8–9 _____ 324
107 (106), 23–24.26–27.28–29.
   30–31 _____ 502
116 (114), 1–2.3–4.5–6.8–9 _____ 577
116 (115), 10 u. 15.16–17.18–19 _____ 109
116 (115), 12–13.15–16.
   17–18 _____ 172, 349
118 (117), 1 u. 4.8–9.21–22.23 u.
   26.28–29 _____ 281
118 (117), 1–2.16–17.
   22–23 _____ 240, 250, 778
118 (117), 2 u. 4.16–17.18 u. 22.
   23–24 _____ 268
122 (121), 1–3.4–5.6–7.8–9 _____ 786
123 (122), 1–2.3–4 _____ 516
124 (123), 2–3.4–5.7–8 _____ 759
126 (125), 1–2b.2c–3.4–5.6 _____ 615

128 (127), 1–2.3.4–5 _____ 55
128 (127), 1–2.3.4–6 _____ 596
130 (129), 1–2.3–4.5–6.
   7–8 _____ 491, 722, 776
132 (131), 6–7.9–10.13–14 _____ 699
136 (135), 1 u. 3.16 u. 21–22.
   23–26 _____ 778
136 (135), 1–3.4–6.7–9.24–26 _____ 777
137 (136), 1–2.3–4.5–6 _____ 123
139 (138), 1–3.13–14.15–16 _____ 674
145 (144), 1–2.8–9.10–11.13c–14 _____ 785
145 (144), 8–9.15–16.17–18 _____ 534
146 (145), 6–7.8–9a.9b–10 _____ 571, 627
147 (146), 1–2.3–4.5–6 _____ 461
147 (146), 12–13.14–15.19–20 _____ 71

Cantica
Ex 15, 1b–2b.2c–3.4–5.6 u. 13.
   17–18 _____ 226
Jes 12, 2.3 u. 4bcd.5–6 _____ 86, 231, 359
Dan 3, 52.53.54.55.56 _____ 323
Lk 1, 46b–48.49–50.53–54 _____ 16

ALPHABETISCHES VERZEICHNIS DER FESTE UND HEILIGENGEDENKTAGE IM LITURGISCHEN KALENDARIUM

H = Hochfest G = Gebotener Gedenktag
F = Fest g = nichtgebotener Gedenktag

Achilleus	Märtyrer († um 304)	g: 12.05.
Adalbert	Bischof, Glaubensbote, Märtyrer († 997)	g: 23.04.
Agatha	Jungfrau, Märtyrin (3. Jh.)	G: 05.02.
Agnes	Jungfrau, Märtyrin († 304)	g: 21.01.
Albert d. Gr.	Bischof, Kirchenlehrer († 1280)	g: 15.11.
Alfons Maria von Liguori	Ordensgründer, Bischof, Kirchenlehrer († 1787)	G: 01.08.
Allerheiligen		H: 01.11.
Allerseelen		02.11.
Aloisius Gonzaga	Ordensmann († 1591)	G: 21.06.
Ambrosius	Bischof, Kirchenlehrer († 397)	G: 07.12.
Andreas	Apostel	F: 30.11.
Andreas Dung-Lac	Priester, Märtyrer († 1839)	G: 24.11.
Andreas Kim Taegon	Priester, Märtyrer († 1846)	G: 20.09.
Angela Merici	Ordensgründerin († 1540)	g: 27.01.
Anna	Mutter der seligen Jungfrau Maria	G: 26.07.
Anno	Bischof († 1075)	g: 05.12.
Anselm	Bischof, Kirchenlehrer († 1109)	g: 21.04.
Ansgar	Bischof, Glaubensbote († 865)	g: 03.02.
Antonius	Mönchsvater († 356)	G: 17.01.
Antonius Maria Claret	Bischof Ordensgründer († 1870)	g: 24.10.
Antonius Maria Zaccaria	Priester, Ordensgründer († 1539)	g: 05.07.
Antonius von Padua	Ordenspriester, Kirchenlehrer († 1231)	G: 13.06.
Apollinaris	Bischof, Märtyrer († um 200)	g: 20.07.
Athanasius	Bischof, Kirchenlehrer († 373)	G: 02.05.
Augustinus	Bischof, Kirchenlehrer († 430)	G: 28.08.
Augustinus von Canterbury	Bischof, Glaubensbote († 605)	g: 27.05.
Augustinus Zhao Rong	Priester, Märtyrer († 1815)	g: 09.07.
Barbara	Märtyrin	g: 04.12.
Barnabas	Apostel	G: 11.06.
Bartholomäus	Apostel	F: 24.08.

Verzeichnis der Feste und Heiligengedenktage 829

Basilius d. Gr.	Bischof, Kirchenlehrer († 379)	G: 02.01.
Beda d. Ehrwürdige	Ordenspriester, Kirchenlehrer († 735)	g: 25.05.
Benedikt von Nursia	Mönchsvater, Schutzpatron Europas († um 547)	F: 11.07.
Benno	Bischof († 1106)	g: 16.06.
Bernhard von Clairvaux	Abt, Kirchenlehrer († 1153)	G: 20.08.
Bernhardin von Siena	Ordenspriester († 1444)	g: 20.05.
Birgitta von Schweden	Ordensgründerin, Schutzpatronin Europas († 1373)	F: 23.07.
Blasius	Bischof, Märtyrer († um 316)	g: 03.02.
Bonaventura	Bischof, Kirchenlehrer († 1274)	G: 15.07.
Bonifatius	Bischof, Glaubensbote, Märtyrer († 754)	G: 05.06.
Bruno	Mönch, Einsiedler, Ordensgründer († 1101)	g: 06.10.
Bruno von Querfurt	Bischof, Glaubensbote, Märtyrer († 1009)	g: 09.03.
Cäcilia	Jungfrau, Märtyrin	G: 22.11.
Christophorus	Märtyrer	g: 24.07.
Christophorus Magallanes	Priester, Märtyrer	g: 21.05.
Cyprian	Bischof, Märtyrer († 258)	G: 16.09.
Cyrill	Mönch, Glaubensbote, Schutzpatron Europas († 869)	F: 14.02.
Cyrill von Alexandrien	Bischof, Kirchenlehrer († 444)	g: 27.06.
Cyrill von Jerusalem	Bischof, Kirchenlehrer († 386)	g: 18.03.
Damasus I.	Papst († 384)	g: 11.12.
Damian	Märtyrer († 303)	g: 26.09.
Darstellung des Herrn		F: 02.02.
Dionysius	Bischof, Märtyrer	g: 09.10.
Dominikus	Priester, Ordensgründer († 1221)	G: 08.08.
Elisabeth von Portugal	(† 1336)	g: 04.07.
Elisabeth von Thüringen	(† 1231)	G: 19.11.
Ephräm der Syrer	Diakon, Kirchenlehrer († 373)	g: 09.06.
Erich von Schweden	Märtyrer († 1160)	g: 10.07.
Eusebius	Bischof († 371)	g: 02.08.
Fabian	Papst, Märtyrer († 250)	g: 20.01.
Felizitas	Märtyrin († 203)	G: 07.03.
Fidelis von Sigmaringen	Ordenspriester, Märtyrer († 1622)	g: 24.04.
Florian	Märtyrer († 304)	g: 04.05.
Franz von Assisi	Ordensgründer († 1226)	G: 04.10.

Verzeichnis der Feste und Heiligengedenktage

Franz von Paola	Einsiedler, Ordensgründer († 1507)	g: 02.04.
Franz von Sales	Bischof, Ordensgründer, Kirchenlehrer († 1622)	G: 24.01.
Franziska von Rom	Witwe, Ordensgründerin († 1440)	g: 09.03.
Franz Xaver	Ordenspriester, Glaubensbote († 1552)	G: 03.12.
Fridolin von Säckingen	Mönch, Glaubensbote († um 540)	g: 06.03.
Gabriel	Erzengel	F: 29.09.
Gallus	Mönch, Einsiedler, Glaubensbote († 640)	g: 16.10.
Gebhard	Bischof († 995)	g: 26.11.
Georg	Märtyrer († 4. Jh.)	g: 23.04.
Gertrud von Helfta	Ordensfrau, Mystikerin († 1302)	g: 17.11.
Gertrud von Nivelles	Äbtissin († 653 od. 659)	g: 17.03.
Godehard	Bischof († 1038)	g: 05.05.
Gregor der Große	Papst, Kirchenlehrer († 604)	G: 03.09.
Gregor VII.	Papst († 1085)	g: 25.05.
Gregor von Nazianz	Bischof, Kirchenlehrer († 389 od. 390)	G: 02.01.
Gründer des Servitenordens	(† 14. Jh.)	g: 17.02.
Hedwig	Herzogin von Schlesien († 1243)	g: 16.10.
Heinrich II.	Kaiser († 1024)	g: 13.07.
Heinrich Seuse	Ordenspriester, Mystiker († 1366)	g: 23.01.
Hemma von Gurk	Stifterin von Gurk und Admont († 1045)	g: 27.06.
Hermann Josef	Ordenspriester, Mystiker († 1241)	g: 21.05.
Hieronymus	Priester, Kirchenlehrer († 420)	G: 30.09.
Hieronymus Ämiliani	Ordensgründer († 1537)	g: 08.02.
Hilarius	Bischof, Kirchenlehrer († um 367)	g: 13.01.
Hildegard von Bingen	Äbtissin, Mystikerin, Kirchenlehrerin († 1179)	g: 17.09.
Hippolyt	Priester, Märtyrer († 235)	g: 13.08.
Hubert	Bischof († 727)	g: 03.11.
Ignatius von Antiochien	Bischof, Märtyrer († um 115)	G: 17.10.
Ignatius von Loyola	Priester, Ordensgründer († 1556)	G: 31.07.
Irenäus	Bischof, Märtyrer († um 202)	G: 28.06.
Isaak Jogues	Priester, Märtyrer († 1646)	g: 19.10.
Isidor	Bischof, Kirchenlehrer († 636)	g: 04.04.
Jakobus d. Ä.	Apostel († um 44)	F: 25.07.
Jakobus d. J.	Apostel († um 62)	F: 03.05.
Januarius	Bischof, Märtyrer († um 304)	g: 19.09.

Joachim	Vater der seligen Jungfrau Maria	G: 26.07.
Johanna Franziska von Chantal	Ordensgründerin († 1641)	g: 12.08.
Johannes	Apostel, Evangelist	F: 27.12.
Johannes I.	Papst, Märtyrer († 526)	g: 18.05.
Johannes XXIII.	Papst († 1963)	g: 11.10.
Johannes Baptist de la Salle	Priester, Ordensgründer († 1719)	G: 07.04.
Johannes Bosco	Priester, Ordensgründer († 1888)	G: 31.01.
Johannes de Brébeuf	Priester, Märtyrer († 1649)	g: 19.10.
Johannes von Capestrano	Ordenspriester († 1456)	g: 23.10.
Johannes Chrysostomus	Bischof, Kirchenlehrer († 407)	G: 13.09.
Johannes von Damaskus	Priester, Kirchenlehrer († um 750)	g: 04.12.
Johannes Didacus Cuauhtlatoatzin	Glaubenszeuge († 1548)	g: 09.12.
Johannes Eudes	Priester, Ordensgründer († 1680)	g: 19.08.
Johannes von Gott	Ordensgründer († 1550)	g: 08.03.
Johannes von Krakau	Priester († 1473)	g: 23.12.
Johannes vom Kreuz	Ordenspriester, Kirchenlehrer († 1591)	G: 14.12.
Johannes Leonardi	Priester, Ordensgründer († 1609)	g: 09.10.
Johannes Maria Vianney	Priester († 1859)	G: 04.08.
Johannes Nepomuk	Priester, Märtyrer († 1393)	g: 16.05.
Johannes Paul II.	Papst († 2005)	g: 22.10.
Johannes der Täufer	Geburtsfest	H: 24.06.
	Enthauptung	G: 29.08.
John Fisher	Bischof, Märtyrer († 1535)	g: 22.06.
Josaphat	Bischof, Märtyrer († 1623)	G: 12.11.
Josef	Bräutigam	H: 19.03.
	der Arbeiter	g: 01.05.
Josef von Calasanza	Priester, Ordensgründer († 1648)	g: 25.08.
Josefine Bakhita	Jungfrau († 1947)	g: 08.02.
Judas	Apostel	F: 28.10.
Justin	Märtyrer († um 165)	G: 01.06.
Kajetan	Priester, Ordensgründer († 1547)	g: 07.08.
Kallistus I.	Papst, Märtyrer († 222)	g: 14.10.
Kamillus von Lellis	Priester, Ordensgründer († 1614)	g: 14.07.
Karl Borromäus	Bischof († 1584)	G: 04.11.
Karl Lwanga	Märtyrer († 1886)	G: 03.06.
Kasimir	Königssohn († 1484)	g: 04.03.
Katharina von Alexandrien	Jungfrau, Märtyrin († 4. Jh.)	g: 25.11.

Katharina von Siena	Ordensfrau, Kirchenlehrerin, Schutzpatronin Europas († 1380)	F: 29.04.
Kilian	Bischof, Glaubensbote, Märtyrer († 689)	g: 08.07.
Klara	Jungfrau († 1253)	G: 11.08.
Klemens I.	Papst, Märtyrer († 101)	g: 23.11.
Klemens Maria Hofbauer	Ordenspriester († 1820)	g: 15.03.
Knud von Dänemark	Märtyrer († 1086)	g: 10.07.
Kolumban	Abt, Glaubensbote († 615)	g: 23.11.
Konrad	Bischof († 975)	g: 26.11.
Konrad von Parzham	Ordensbruder († 1894)	g: 21.04.
Kornelius	Papst, Märtyrer († 253)	G: 16.09.
Kosmas	Märtyrer († 303)	g: 26.09.
Kreuzerhöhung		F: 14.09.
Kunigunde	Kaiserin († 1033)	g: 13.07.
Lambert	Bischof, Glaubensbote, Märtyrer († 705/06)	g: 18.09.
Laurentius	Diakon, Märtyrer († 258 ?)	F: 10.08.
Laurentius von Brindisi	Ordenspriester, Kirchenlehrer († 1619)	g: 21.07.
Laurentius Ruiz	Märtyrer († 1637)	g: 28.09.
Leo d. Gr.	Papst, Kirchenlehrer († 461)	G: 10.11.
Leo IX.	Papst († 1054)	g: 19.04.
Leonhard	Einsiedler († 6. Jh.)	g: 06.11.
Leopold	Markgraf von Österreich († 1136)	g: 15.11.
Lioba	Äbtissin († um 782)	g: 28.09.
Liudger	Bischof († 809)	g: 26.03.
Ludwig	König von Frankreich († 1270)	g: 25.08.
Ludwig Maria Grignion de Monfort	Priester († 1716)	g: 28.04.
Lukas	Evangelist	F: 18.10.
Luzia	Jungfrau, Märtyrin	g: 13.12.
Luzius	Bischof, Märtyrer	g: 02.12.
Marcellinus	Märtyrer († um 304)	g: 02.06.
Margareta	Jungfrau, Märtyrin († um 305)	g: 20.07.
Margareta Maria Alacoque	Ordensfrau († 1690)	g: 16.10.
Margareta von Schottland	(† 1093)	g: 16.11.
Maria	Aufnahme in den Himmel	H: 15.08.
	Geburt	F: 08.09.
	Gottesmutter	H: 01.01.
	Heimsuchung	F: 02.07.

	Königin	G: 22.08.
	Namen	g: 12.09.
	Ohne Erbsünde empfangen	H: 08.12.
	Schmerzen	G: 15.09.
	Unbeflecktes Herz	G: Sa. nach Herz-Jesu-Fest
	U. L. F. von Fatima	g: 13.05.
	U. L. F. von Guadalupe	g: 12.12.
	U. L. F. in Jerusalem	G: 21.11
	U. L. F. auf dem Berge Karmel	g: 16.07.
	U. L. F. in Lourdes	g: 11.02.
	U. L. F. vom Rosenkranz	G: 07.10.
Maria Goretti	Jungfrau, Märtyrin († 1902)	g: 06.07.
Maria Magdalena	Apostelin der Apostel	F: 22.07.
Maria Magdalena von Pazzi	Ordensfrau († 1607)	g: 25.05.
Markus	Evangelist	F: 25.04.
Marta		G: 29.07.
Martin	Bischof († 397)	G: 11.11.
Martin I.	Papst, Märtyrer († 655)	g: 13.04.
Martin von Porres	Ordensbruder († 1639)	g: 03.11.
Märtyrer von Lorch	(† 304)	g: 04.05.
Märtyrer der Stadt Rom		g: 30.06.
Mathilde	Königin († 968)	g: 14.03.
Matthäus	Apostel, Evangelist	F: 21.09.
Matthias	Apostel	F: 24.02.
Mauritius	Märtyrer († um 290)	g: 22.09.
Maximilian Kolbe	Ordenspriester, Märtyrer († 1941)	G: 14.08.
Meinrad	Mönch, Einsiedler, Märtyrer († 861)	g: 21.01.
Methodius	Bischof, Glaubensbote, Schutzpatron Europas († 885)	F: 14.02.
Michael	Erzengel	F: 29.09.
Monika	(† 387)	G: 27.08.
Nereus	Märtyrer († um 304)	g: 12.05.
Niklaus von Flüe	Einsiedler († 1487)	g: 25.09.
Nikolaus	Bischof († 4. Jh.)	g: 06.12.
Norbert von Xanten	Bischof, Ordensgründer († 1134)	g: 06.06.
Odilia	Äbtissin († 720)	g: 13.12.
Olaf von Norwegen	(† 1030)	g: 10.07.
Otto	Bischof, Glaubensbote († 1139)	g: 30.06.
Pankratius	Märtyrer († 304)	g: 12.05.
Patrick	Bischof, Glaubensbote († 461)	g: 17.03.

834 Verzeichnis der Feste und Heiligengedenktage

Paul vom Kreuz	Priester, Ordensgründer († 1775)	g: 19.10.
Paul Miki	Märtyrer († 1597)	G: 06.02.
Paulinus von Nola	Bischof († 431)	g: 22.06.
Paulinus von Trier	Bischof, Märtyrer († 358)	g: 31.08.
Paulus	Apostel	H: 29.06.
	Bekehrung	F: 25.01.
Paulus Chong Hasang	Märtyrer († 1839)	G: 20.09.
Perpetua	Märtyrin († 203)	G: 07.03.
Peter Chanel	Priester, Märtyrer († 1841)	g: 28.04.
Petrus	Apostel	H: 29.06.
	Kathedra	F: 22.02.
Petrus	Märtyrer († um 304)	g: 02.06.
Petrus Chrysologus	Bischof, Kirchenlehrer († 450)	g: 30.07.
Petrus Claver	Ordenspriester († 1654)	g: 09.09.
Petrus Damiani	Bischof, Kirchenlehrer († 1072)	g: 21.02.
Petrus Julianus Eymard	Ordenspriester († 1868)	g: 02.08.
Petrus Kanisius	Ordenspriester, Kirchenlehrer († 1597)	g: 27.04.
Philipp Neri	Priester († 1595)	G: 26.05.
Philippus	Apostel	F: 03.05.
Pirmin	Abtbischof, Glaubensbote († 753)	g: 03.11.
Pius V.	Papst († 1572)	g: 30.04.
Pius X.	Papst († 1914)	G: 21.08.
Pius von Pietrelcina	Ordenspriester († 1968)	G: 23.09.
Polykarp	Bischof, Märtyrer († 155)	G: 23.02.
Pontianus	Papst († 235)	g: 13.08.
Rabanus Maurus	Bischof († 856)	g: 04.02.
Rafael	Erzengel	F: 29.09.
Raimund von Penyafort	Ordensgründer († 1275)	g: 07.01.
Rita von Cascia	Ordensfrau († 1447)	g: 22.05.
Robert Bellarmin	Bischof, Kirchenlehrer († 1621)	g: 17.09.
Romuald	Abt, Ordensgründer († 1027)	g: 19.06.
Rosa von Lima	Jungfrau († 1617)	g: 23.08.
Rupert	Bischof, Glaubensbote († 718)	g: 24.09.
Scharbel Mahluf	Ordenspriester († 1898)	g: 24.07.
Scholastika	Jungfrau († um 547)	G: 10.02.
Schutzengel		G: 02.10.
Sebastian	Märtyrer († 288)	g: 20.01.
Severin	Mönch († 482)	g: 08.01.
Silvester I.	Papst († 335)	g: 31.12.
Simon	Apostel	F: 28.10.

Stanislaus	Bischof, Märtyrer († 1079)	G: 11.04.
Stephan von Ungarn	(† 1038)	g: 16.08.
Stephanus	erster Märtyrer	F: 26.12.
Teresia Benedicta vom Kreuz (Edith Stein)	Jungfrau, Märtyrin, Schutzpatronin Europas († 1942)	F: 09.08.
Theresia von Ávila	Ordensfrau, Kirchenlehrerin († 1582)	G: 15.10.
Theresia vom Kinde Jesu	Ordensfrau († 1897)	G: 01.10.
Thomas	Apostel	F: 03.07.
Thomas von Aquin	Ordenspriester, Kirchenlehrer († 1274)	G: 28.01.
Thomas Becket	Bischof, Märtyrer († 1170)	g: 29.12.
Thomas Morus	Märtyrer († 1535)	g: 22.06.
Timotheus	Bischof, Apostelschüler	G: 26.01.
Titus	Bischof, Apostelschüler	G: 26.01.
Turibio von Mongrovejo	Bischof († 1606)	g: 23.03.
Ulrich	Bischof († 973)	g: 04.07.
Unschuldige Kinder		F: 28.12.
Ursula	Märtyrin	g: 21.10.
Valentin	Bischof († um 475)	g: 07.01.
Verklärung des Herrn		F: 06.08.
Verkündigung des Herrn		H: 25.03.
Vinzenz	Diakon, Märtyrer († 304 ?)	g: 22.01.
Vinzenz Ferrer	Ordenspriester († 1419)	g: 05.04.
Vinzenz von Paul	Priester, Ordensgründer († 1660)	G: 27.09.
Virgil	Bischof, Glaubensbote († 784)	g: 24.09.
Vitus	Märtyrer († um 304)	g: 15.06.
Walburga	Äbtissin († 779)	g: 25.02.
Weihetag der Basilika am Lateran in Rom		F: 09.11.
Weihetag der Basilika Santa Maria Maggiore in Rom		g: 05.08.
Weihetag der Basiliken St. Peter und St. Paul in Rom		g: 18.11.
Wendelin	Einsiedler († 6. Jh.)	g: 20.10.
Wenzel	Märtyrer († 929)	g: 28.09.
Willibald	Bischof, Glaubensbote († 787)	g: 07.07.
Willibrord	Bischof, Glaubensbote († 739)	g: 07.11.
Wolfgang	Bischof († 994)	g: 31.10.
Xystus II.	Papst, Märtyrer († 258)	g: 07.08.

QUELLENNACHWEIS

S. 9: Alfred Kardinal Bengsch, In der Schule des Glaubens. Ansprachen und Betrachtungen © Verlag Neue Stadt GmbH, München 1980, S. 174ff.; S. 15/205/481: Papst Franziskus, Gottesdienstbuch, Verlag Herder GmbH, Freiburg i. Br. 2019 © Libreria Editrice Vaticana; S. 20/91/470/551/637: Franz Kamphaus, Lichtblicke © Verlag Herder GmbH, Freiburg i. Br. 2014; S. 27/334/608: Frère Alois, Glauben wagen © Verlag Herder GmbH, Freiburg i. Br. 2016; S. 36/121: Andrea Schwarz, Und jeden Tag mehr leben, Verlag Herder GmbH, Freiburg i. Br. 4. Aufl. 2017; S. 42: Christa Spilling-Nöker, Ein Bibelwort für jeden Tag, Verlag Herder GmbH, Freiburg i. Br. 2013; S. 46/100/257/363/625: Urban Federer, Quellen der Gottesfreundschaft © Paulusverlag, Einsiedeln/Schweiz 2018; S. 53f.: Edith Stein, Vom Endlichen zum Ewigen, Butzon & Bercker, Kevelaer 1973; S. 64/613f.: Papst Franziskus, Lasst euch die Hoffnung nicht nehmen, Verlag Herder GmbH, Freiburg i. Br. 2017 © Libreria Editrice Vaticana; S. 69f.: Jörg Zink, Wie wir beten können © Kreuz Verlag in der Verlag Herder GmbH, Freiburg im Breisgau 2018; S. 75f.: Das Huub Oosterhuis Lesebuch, Verlag Herder GmbH, Freiburg i. Br. 2013 © beim Autor; S. 82/112f.: Benedikt XVI., Gott ist bei uns jeden Tag, Verlag Herder GmbH, Freiburg i. Br. 2008 © Libreria Editrice Vaticana; S. 106: Henri Nouwen, In IHM das Leben finden, Verlag Herder GmbH, Freiburg i. Br. 1984 © Rechtsnachfolge; S. 127: Karl Rahner, Ein Bibelwort für jeden Tag, Verlag Herder GmbH, Freiburg i. Br. 2013 © Deutsche Provinz der Jesuiten; S. 133f.: Jörg Zink, Das Vaterunser. Das Gebet, in dem alles gesagt ist, Kreuz Verlag, Stuttgart 2005 © Jörg Zink Erben; S. 162: Wilhelm Bruners, Wie Jesus glauben lernte © Verlag Herder GmbH, Freiburg i. Br., 2. Auflage 2018; S. 248: Dietrich Bonhoeffer, Bonhoeffer Brevier, Kaiser, München 1968; S. 267: Andrea Schwarz, Eigentlich ist Ostern ganz anders © Verlag Herder GmbH, Freiburg i. Br., 3. Auflage 2020; S. 273: Frère Roger, In allem ein innerer Friede, © Verlag Herder GmbH, Freiburg i. Br. 2019; S. 278f.: Anton Rotzetter, Gott, der mich atmen lässt. Gebete © Verlag Herder GmbH, Freiburg i. Br. 2016; S. 284/311: Johannes Paul II., Die Freude, die bleibt, Verlag Herder GmbH, Freiburg i. Br. 1980 © Libreria Editrice Vaticana; S. 290f./296/476/581: Frère Roger, Worte der Versöhnung, Verlag Herder GmbH, Freiburg i. Br. 1980 © Ateliers et Presses de Taizé, 71250 Taizé, Frankreich; S. 305: Edith Stein, Meister des Weges, Verlag Herder GmbH, Freiburg i. Br. 1994; S. 340/449/526f.: Madeleine Delbrêl, Wir Nachbarn der Kommunisten. Diagnosen © Johannes Verlag, Einsiedeln 1975; S. 346f.: Henri Nouwen, Ich hörte auf die Stille. Sieben Monate im Kloster © Verlag Herder GmbH, Freiburg i. Br., Neuausgabe 2018; S. 356f.: Edith Stein Gesamtausgabe Bd. 20, Verlag Herder GmbH, Freiburg i. Br. 2007; S. 454: Sascha Veitl, Alles wird gut. Vitamine für jeden Tag. Jahreslesebuch, Verlag Herder GmbH, Freiburg i. Br.

Quellennachweis

2002 © beim Autor; S. 459f.: Hans Küng, Christ sein, dtv, 8. Aufl. 1987 © Pieper Verlag GmbH, München; S. 465: Bettina Reichmann in: Eli Wiesel, Hoffnung. Bleib dem Leben treu, Verlag Herder GmbH, Freiburg 2008 © bei der Autorin; S. 495: Jürgen Werbick, Vater unser. Theologische Meditationen zur Einführung ins Christsein © Verlag Herder GmbH, Freiburg i. Br. 2011; S. 501/520: Jörg Zink, Jesus. Funke aus dem Feuer, Kreuz Verlag in der Verlag Herder GmbH, Freiburg im Breisgau, 3. Aufl. 2013 © Jörg Zink Erben; S. 506: Henri Nouwen, Gebete aus der Stille, Verlag Herder GmbH, Freiburg i. Br. 2013 © Rechtsnachfolge; S. 514f.: Anselm Grün, Vertrauen schenken, Vertrauen stärken. Was unserem Leben Halt und Richtung gibt © Verlag Herder GmbH, Freiburg i. Br. 2019; S. 532f.: Mutter Teresa von Kalkutta, Ein Bibelwort für jeden Tag, Verlag Herder GmbH, Freiburg i. Br. 2013; S. 538f.: Anton Rotzetter, Du unser Leben. Meditationen für die Fasten- und Osterzeit © Verlag Herder GmbH, Freiburg i. Br. 2017; S. 545: Huub Oosterhuis, Du bist der Atem und die Glut, Verlag Herder GmbH, Freiburg i. Br. 1994 © beim Autor; S. 556/600f.: Henri Nouwen, Leben hier und jetzt, Verlag Herder GmbH, Freiburg i. Br. 1996 © Rechtsnachfolge; S. 569: Theo Brüggemann, Gebete zur Bergpredigt, Kaufmann Verlag, Lahr 1972; S. 575: Huub Oosterhuis, Du Atem meiner Lieder. Hundert Lieder und Gesänge © Verlag Herder GmbH, Freiburg i. Br., 2. Aufl. 2017; S. 587: Pierre Stutz, Kleines Buch vom Kreis des Lebens © Verlag Herder GmbH, Freiburg i. Br. 2011; S. 593: Dag Hammarskjöld, Zeichen am Weg © Verlag Urachhaus, Stuttgart, 6. Aufl. 2019; S. 619: Margot Käßmann, Ein Bibelwort für jeden Tag, Verlag Herder GmbH, Freiburg i. Br. 2013 © bei der Autorin; S. 631: Anselm Grün, Und alles lassen, weil er mich nicht lässt, Verlag Herder GmbH, Freiburg i. Br. 1996 © beim Autor; S. 642: Silja Walter, Gebet des Klosters am Rande der Stadt © Paulusverlag, Einsiedeln/Schweiz.

Die Bearbeitung der Neuausgabe erfolgte durch Pater Franziskus Berzdorf OSB, Bruder Jakobus Kaffanke OSB und Wolfgang Herkel, Freiburg.